Tötungsdelikte im Gesundheitswesen und die Bedeutung von Compliance-Management-Systemen

Luca Kuhlmann

Tötungsdelikte im Gesundheitswesen und die Bedeutung von Compliance-Management-Systemen

Springer

Luca Kuhlmann
Deutsche Hochschule der Polizei – Universität
der Polizeien des Bundes und der Länder
Fachbereich für Strafrecht, Strafprozessrecht
und Kriminalpolitik
Münster, Deutschland

ISBN 978-3-658-48763-8 ISBN 978-3-658-48764-5 (eBook)
https://doi.org/10.1007/978-3-658-48764-5

Die Deutsche Nationalbibliothek verzeichnet diese Publikation in der Deutschen Nationalbibliografie; detaillierte bibliografische Daten sind im Internet über https://portal.dnb.de abrufbar.

Springer ist ein Imprint der eingetragenen Gesellschaft Springer Fachmedien Wiesbaden GmbH und ist ein Teil von Springer Nature.
Die Anschrift der Gesellschaft ist: Abraham-Lincoln-Str. 46, 65189 Wiesbaden, Germany

Es kann nicht sein, was nicht sein darf

In Anlehnung an Christian Morgenstern (1871–1914) „Die unmögliche Tatsache“

Vorwort

Die vorliegende Arbeit entstand als externe Promotion an der Deutschen Hochschule der Polizei, der Universität der Polizeien des Bundes und der Länder am Fachbereich III.5 für Strafrecht, Strafprozessrecht und Kriminalpolitik. Die Dissertationsschrift wurde vom Promotionsausschuss im Januar 2025 angenommen. Nach erfolgreicher mündlicher Prüfung wurde die Dissertation insgesamt mit „summa cum laude“ bewertet.

Mein besonderer Dank gilt zunächst meiner Doktormutter, Frau Professorin Dr. Anja Schiemann, inzwischen Lehrstuhlinhaberin für Strafrecht, Strafprozessrecht und Kriminalpolitik am Institut für Strafrecht und Strafprozessrecht der Universität zu Köln, für die Übernahme der Betreuung, ihre hervorragende Unterstützung und ihre zahlreichen sowie konstruktiven Hinweisen, die entscheidend zum Erfolg der Arbeit beigetragen haben.

Zudem möchte ich mich herzlich bei Herrn Professor Dr. Arthur Hartmann für seine Bereitschaft zur Übernahme des Zweitgutachtens und die damit verbundene Betreuung bedanken sowie für seine jahrelange Begleitung meines akademischen Weges.

Ebenfalls danken möchte ich dem Institut für Polizei- und Sicherheitsforschung der Hochschule für Öffentliche Verwaltung Bremen, für die Bereitstellung von Räumlichkeiten zur Auswertung von Strafverfahrensakten sowie für die Entgegennahme zahlreicher Antwortschreiben im Rahmen der für die Dissertation erfolgten Befragung.

Auch möchte ich an dieser Stelle Frau Professorin Dr. Claudia Kestermann danken, die mich auf meinem akademischen Weg ebenfalls begleitet und unterstützt hat.

Dank gebührt auch meinen Freunden und meiner Familie, die mich stets in meinem Vorhaben bestärkt haben sowie mir Rückhalt gaben. Für die bedingungslose und geduldige Unterstützung, die Ermutigungen sowie ihr Verständnis, möchte ich mich besonders bei meiner Mutter bedanken. Ihr ist die Dissertation in Liebe und Dankbarkeit gewidmet.

Bremen
im Februar 2025

Luca David M. Kuhlmann

Inhaltsverzeichnis

Abkürzungsverzeichnis

Abb.	Abbildung
Abs.	Absatz
AG	Aktiengesellschaft
AktG	Aktiengesetz
ArbZG	Arbeitszeitgesetz
ArchivG	Gesetz über die Sicherung und Nutzung öffentlichen Archivguts
Art.	Artikel
ASRS	Aviation Safety Reporting System
ASS	Acetylsalicylsäure
AÜG	Arbeitnehmerüberlassungsgesetz
Az.	Aktenzeichen
BaFin	Finanzdienstleistungsaufsicht
BAG	Bundesarbeitsgericht
BeckOK	Beck-Online Kommentar
BestattG	Bestattungsgesetz
BGB	Bürgerliches Gesetzbuch
BGH	Bundesgerichtshof
BKA	Bundeskriminalamt
BMI	Bundesministerium des Innern
BMJ	Bundesministerium der Justiz
bspw.	beispielsweise
BTM	Betäubungsmittel
BTMG	Betäubungsmittelgesetz
BVerfG	Bundesverfassungsgericht
BZgA	Bundeszentrale für gesundheitliche Aufklärung
bzw.	beziehungsweise

CA	Carcinoma (Karzinom)
ca.	circa
CCO	Chief-Compliance-Officer
CIRS	Critical-Incident-Reporting-System
CMS	Compliance-Management-System
COVID-19	Coronavirus Disease 2019
CSO	Chief-Security-Officer
CSR	Corporate Social Responsibility
CT	Computertomographie
DAV	Deutscher Apotheker Verlag
DC.	District Columbia
DCGK	Deutscher Corporate Governance Kodex
Destatis	Statistisches Bundesamt
DHPol	Deutsche Hochschule der Polizei
Dr.	Doktor
EGMR	Europäische Gerichtshof für Menschenrechte
EKG	Elektrokardiogramm
EMRK	Europäischen Menschenrechtskonvention
et al.	et alii (und andere)
EU	Europäischen Union
EY	Ernst&Young
FBG	Friedhofs- und Bestattungsgesetz
gem.	gemäß
GeNo	Gesundheit Nord
GG	Grundgesetz
ggf.	gegebenenfalls
GKV	Gesetzliche Krankenversicherung
GmbHG	Gesetz betreffend die Gesellschaften mit beschränkter Haftung
GMK	Gesundheitsministerkonferenz
HE	Hessen
HfÖV	Hochschule für Öffentliche Verwaltung
HH	Hansestadt Hamburg
HinSchG	Hinweisgeberschutzgesetz
HinSchG-RL	Hinweisgeberschutzgesetz-Richtlinie
h. M.	herrschende Meinung
Hrsg.	Herausgeber
ICD	International Statistical Classification of Diseases and Related Health Problems
IDW	Institut der Wirtschaftsprüfer in Deutschland e.V.

IDW PS 980	Institut der Wirtschaftsprüfer in Deutschland Prüfstandard 980
i. d. R.	in der Regel
IPoS	Institut für Polizei- und Sicherheitsforschung
i. S. d.	im Sinne des/der
ISO	International Organization for Standardization
i. S. v.	im Sinne von
IT	Information Technology
i. v.	intravenös
i. V. m.	in Verbindung mit
JuMiKo	Justizministerkonferenz
juris	Juristische Informationssystem für die Bundesrepublik Deutschland
KonTraG	Gesetz zur Kontrolle und Transparenz im Unternehmensbereich
KWG	Kreditwesengesetz
LAG	Landesarbeitsgericht
LeichWG	Leichenwesengesetz
LG	Landgericht
LK	Leipziger Kommentar
LKA	Landeskriminalamt
MaComp	Mindestanforderungen an die Compliance-Funktion und die weiteren Verhaltens-, Organisations- und Transparenzpflichten für Wertpapierdienstleistungsunternehmen
med.	medicinae
medstra	Zeitschrift für Medizinrecht
MHH	Medizinischen Hochschule Hannover
mmHg	Millimeter-Quecksilbersäule
MüKo	Münchener Kommentar
NASA	National Aeronautics and Space Administration
NDR	Norddeutscher Rundfunk
Nds	Niedersachsen
NJW	Neue Juristische Wochenschrift
NK	Nomos Kommentar
NK-GS	Nomos Kommentar – Gesamtes Strafrecht
NKHG	Niedersächsische Krankenhausgesetz
NRW	Nordrhein-Westfalen
NStZ	Neue Zeitschrift für Strafrecht
NW	Nordrhein-Westfalen
o. g.	oben genannt
OLG	Oberlandesgericht

OwiG	Gesetz über Ordnungswidrigkeiten
p. a.	per annum
PDL	Pflegedienstleitung
PKS	Polizeiliche Kriminalstatistik
PSB	Periodischer Sicherheitsbericht
RDG	Rechtsprechung für das Gesundheitswesen
RKI	Robert-Koch-Institut
Rn.	Randnummer
S.	Seite
SGB	Sozialgesetzbuch
SK	Systematischer Kommentar
SL	Schleswig-Holstein
sog.	so genannt
Soko	Sonderkommission
SPD	Sozialdemokratische Partei Deutschlands
SPSS	Statistical Package für Social Sciences
ST	Sachsen-Anhalt
StA	Staatsanwaltschaft
StGB	Strafgesetzbuch
StMWi	Bayerisches Staatsministerium für Wirtschaft, Landesentwicklung und Energie
StPO	Strafprozessordnung
SWR	Südwestrundfunk
Tab.	Tabelle
TIA	Transitorische-Ischämische-Attacke
TKÜ	Telekommunikationsüberwachung
TOA	Täter-Opfer-Ausgleich
TV	Tatverdächtige/Tatverdächtiger
u. a.	unter anderem
USA	United States of America
u. U.	unter Umständen
VAG	Versicherungsaufsichtsgesetz
Vgl.	Vergleiche
WHO	World Health Organization
wistra	Zeitschrift für Wirtschafts- und Steuerstrafrecht
WpHG	Wertpapierhandelsgesetz
z. B.	zum Beispiel
ZDF	Zweites Deutsches Fernsehen
Zif.	Ziffer

ZKG	Zentralstelle zur Bekämpfung von Betrug und Korruption im Gesundheitswesen
z. T.	zum Teil
ZVK	Zentraler Venenkatheter

Abbildungsverzeichnis

Tabellenverzeichnis

1 Einleitung

Das Schwurgericht I des Bremer Landgerichts verurteilte am 08.04.2024 den Pflegehelfer Manuel W. wegen Mordes sowie Mordversuchs zu einer lebenslangen Freiheitsstrafe und stellte zudem die besondere Schwere der Schuld fest.[1] In dem Strafverfahren mit dem Aktenzeichen 21 Ks 250 Js 60302/19 (27/21) wurde Manuel W. durch die Staatsanwaltschaft Bremen vorgeworfen, zwei Menschen durch die Gabe von Medikamenten vorsätzlich getötet zu haben.[2] Der 44-jährige Mann verbüßte bereits eine 5-jährige Haftstrafe wegen der Misshandlung von Schutzbefohlenen und gefährlicher Körperverletzung aus dem Jahr 2020.[3] Insgesamt sollen 27 Ermittlungsverfahren, u. a. wegen Mordes in 13 Fällen eingeleitet worden sein.[4] Um den gesamten Tatkomplex aufzuklären, wurde im Jahr 2019 die Sonderkommission (Soko) „Weser" gegründet. Die Ermittlungen gestalteten sich schwierig, weil Manuel W. in den drei Jahren vor seiner Verhaftung in

---

[1] Vgl. *Hagedorn*: Lebenslang für Pflegehelfer: Bremer Gericht sieht Heimtücke (letzter Zugriff am 16.04.2024).

[2] Vgl. *Hagedorn*: Ermittlungen gegen Pflegehelfer: Mehr als 100 weitere Verdachtsfälle (letzter Zugriff am 13.12.2023).

[3] Vgl. *Radio Bremen* (Hrsg.): Bremer Altenpfleger wird weiter mutmaßlicher Morde verdächtigt (letzter Zugriff am 10.12.2023); *Zeit* (Hrsg.): Staatsanwaltschaft ermittelt weiter gegen Pfleger (letzter Zugriff am 13.12.2023).

[4] Vgl. *Meier/Schnurr*: Tatort Pflegeheim: Bremer Pflegehelfer steht unter mehrfachem Mordverdacht (letzter Zugriff am 13.12.2023); *Hagedorn*: Ermittlungen gegen Pflegehelfer: Mehr als 100 weitere Verdachtsfälle (letzter Zugriff am 13.12.2023).

L. Kuhlmann, *Tötungsdelikte im Gesundheitswesen und die Bedeutung von Compliance-Management-Systemen*,
https://doi.org/10.1007/978-3-658-48764-5_1

mehr als 30 Pflegeeinrichtungen gearbeitet hat.[5] Nach rund vier Jahren Ermittlungstätigkeit wurde die Soko „Weser" 2023 aufgelöst. Weitere 100 mögliche Fälle wurden anschließend im zuständigen Fachkommissariat für Kapitaldelikte im Bremer Landeskriminalamt geprüft.[6]

Im Mai 2023 wurde ein Krankenpfleger eines Krankenhauses durch das Landgericht München I wegen zweifachen Mordes und Mordversuchs in sechs Fällen an Patientinnen und Patienten ebenfalls zu einer lebenslangen Freiheitsstrafe mit der Feststellung der besonderen Schwere der Schuld verurteilt.[7]

Auch in den vorherigen Jahren wurden wiederholt Tötungsserien in Einrichtungen des Gesundheitswesens aufgedeckt, bei denen Patientinnen und Patienten durch Angehörige von Gesundheitsberufen getötet wurden.[8]

Im Februar 2006 wurde eine Altenpflegerin vom Landgericht Bonn zu einer lebenslangen Freiheitsstrafe wegen Mordes verurteilt. Das Gericht konnte ihr nachweisen, zwischen 2003 und 2005 neun Bewohnerinnen eines Pflegeheimes getötet zu haben.[9] Im gleichen Jahr verurteilte das Landgericht Kempten (Allgäu) einen Krankenpfleger ebenfalls zu einer lebenslangen Freiheitsstrafe wegen der Tötung von 28 Patientinnen und Patienten einer Klinik in Sonthofen.[10]

Weltweite Aufmerksamkeit erlangte der beispiellose Fall des Krankenpflegers Niels H., der in den niedersächsischen Kliniken Delmenhorst und Oldenburg 87 Patientinnen und Patienten tötete.[11] Die für die Ermittlungen gegründete Sonderkommission „Kardio" soll insgesamt 332 Verdachtsfälle der vorsätzlicher Tötung

---

[5] Vgl. *Hagedorn*: Ermittlungen gegen Pflegehelfer: Mehr als 100 weitere Verdachtsfälle (letzter Zugriff: 13.12.2023); *Meier/Schnurr*: Tatort Pflegeheim: Bremer Pflegehelfer steht unter mehrfachem Mordverdacht (letzter Zugriff am 13.12.2023).

[6] Vgl. *Hagedorn*: Ermittlungen gegen Pflegehelfer: Mehr als 100 weitere Verdachtsfälle (letzter Zugriff am 13.12.2023).

[7] Vgl. *Spiegel* (Hrsg.): Gericht verurteilt Pfleger wegen Mordes zu lebenslanger Haft (letzter Zugriff am 13.12.2023).

[8] Vgl. *Dettmeyer et al.*, in: Deutsches Ärzteblatt, 526 (526); *Beine*, in: Psychiatrische Praxis, 63 (63); *Püschel/Lach*, in Deutsches Ärzteblatt, 2285 (2285); *Richter/Sauter*: Patiententötungen und Gewaltakte durch Pflegekräfte, S. 13; *Beine/Turczynski*: Tatort Krankenhaus, S. 130; *Krogmann/Seng*: Der Todespfleger, S. 21; *Maisch:* Patiententötungen, S. 98; *Gibiec*: Tatort Krankenhaus, S. 18.

[9] Vgl. LG Bonn, Urteil v. 22.02.2006, Ks 900 Js 581/05 – 24 G 3/05, S. 71, Hauptakte, Band II, Blatt 73.

[10] Vgl. LG Kempten, Urteil v. 30.11.2006, 1 Ks 212 Js 14068/04, Seite 121, Hauptakte, Band XVI, Blatt 122.

[11] Vgl. *Eddy*: German Nurse Convicted of Killing 85 Patients (letzter Zugriff am 25.09.2023); *Oltermann*: German nurse given second life sentence for murder of 85 patients,

untersucht haben und hiervon wiederum 134 verstorbene Personen exhumieren lassen.[12]

Die genannten Fälle zeigen die möglichen Dimensionen und teils hoch komplexen Sachverhalte, die derartige Taten im Gesundheitswesen annehmen können.

Besondere Bedeutung ist dem Ort der entsprechenden Delikte zuzusprechen. Es handelt sich bei Einrichtungen des Gesundheitswesens immer um sensible Schutzräume, in denen die Patientinnen und Patienten besonders arglos sind. Ethisch und beruflich ist Personal in Gesundheitseinrichtungen verpflichtet, den Patientinnen und Patienten Hilfe zu leisten, Leiden zu mildern und Leben zu retten.[13]

Vorsätzliche Tötungen können als medizinische Interventionshandlungen erscheinen und können, auch weil im Umfeld des Gesundheitswesens Mord und Totschlag nur schwer vorstellbar sind, lange unentdeckt bleiben.[14]

Die Entdeckung von Tötungsserien im Gesundheitswesen ist häufig erschwert und beruht regelmäßig auf Zufällen.[15]

In Deutschland werden 46 % aller Sterbefälle in Krankenhäusern und 31 % in Pflegeeinrichtungen registriert.[16] Circa dreiviertel aller Todesfälle ereignen sich folglich an diesen besonders zu schützenden Orten. Todesfälle sind dort keine Ausnahme und führen zunächst nicht zu dem Verdacht, dass es sich um einen nicht natürlichen Tod handeln könnte, da das dafür notwendige Gefahrenbewusstsein in der Regel nicht vorhanden ist.[17]

Es gibt wohl kaum einen anderen Ort, an dem es so schwierig ist, vorsätzliche Tötungen aufzudecken, wie in Pflegeeinrichtungen sowie in Krankenhäusern.

(letzter Zugriff am 25.09.2023); *McKenzie/Otto*: German nurse who killed at least 85 patients jailed for life (letzter Zugriff am 25.09.2023); zunächst verurteilte das LG Oldenburg Niels H. wegen Mordes in zwei Fällen und in einem weiteren Prozess wegen Mordes in 85 Fällen, vgl. LG Oldenburg, Urteil v. 06.06.2019, 5 Ks 800 Js 54254/17 (1/18), juris, S. 1.

[12] Vgl. *DAV* (Hrsg.), in: Deutsche Apotheker Zeitung, 20 (20); *Doberentz et al.*, in: Rechtsmedizin, 243 (247).

[13] Vgl. *Doberentz et al.*, in: Rechtsmedizin, 155 (156).

[14] Vgl. *Beine*, in: Psychiatrische Praxis, 63 (63).

[15] Vgl. StA Bonn, Ks 900 Js 581/05 – 24 G 3/05, Hauptakte, Band I, Blatt 4; StA Kempten, 1 Ks 212 Js 14068/04, Hauptakte, Band 12, Blatt 1; LG Berlin, Urteil v. 29.06.2007, (522) 1 Kap Js 1904/06 Ks (1/07), juris, S. 7; LG Oldenburg, Urteil v. 06.06.2019, 5 Ks 800 Js 54254/17 (1/18), juris, S. 59.

[16] Vgl. *Haschke*: Medizinische Versorgung am Lebensende noch häufig im Krankenhaus (letzter Zugriff am 06.01.2024).

[17] Vgl. *Beine*, in: Psychiatrische Praxis, 63 (63).

Umso erforderlicher ist das Wissen um derartige Taten und die Sicherstellung organisatorischer Maßnahmen zur Fehlverhaltensbekämpfung.

1.1 Ziel und Eingrenzung der Arbeit

Ziel der Untersuchung soll es sein, einen Beitrag zur Aufhellung des Phänomens von Tötungsdelikten zum Nachteil von Patientinnen und Patienten im Gesundheitswesen zu leisten.

Zunächst sollen mit Hilfe einer ausgewählten Analyse von Strafverfahrensakten bekannt gewordene Tötungsserien im Gesundheitswesen untersucht und die Erkenntnisse aus den Akten nachvollziehbar verglichen werden.

In diesem Zusammenhang ist zu klären, ob durch sogenannte „Compliance-Management-Systeme“ (CMS) derartige Taten hätten verhindert werden bzw. in einem frühen Stadium gestoppt werden können und so einen Beitrag zur Aufklärung hätten leisten können.[18]

Zudem soll die Frage geklärt werden, ob und wie organisatorisch und strukturell verhindert werden kann, dass derartige Taten begangen werden und wie sich die Arbeitgeber zu verhalten haben, wenn (auch vage) Hinweise auf mögliche Unregelmäßigkeiten bekannt werden. Hierbei könnten sog. Hinweisgebersysteme, die regelmäßig Teil von Compliance-Management-Systemen sind, eine wichtige Rolle spielen und bei fachgerechter Implementierung, einen Beitrag zur strukturierten Bearbeitung von Hinweisen auf mögliche Tötungsdelikte liefern.

Eine von Yorker et al. (2006) weltweit durchgeführte Studie konnte nachweisen, dass in 55 % aller untersuchten Fälle von Tötungsdelikten im Gesundheitswesen, eine Injektion bzw. die Gabe von nicht indizierten Medikamenten als Tötungsmethode gewählt wurde.[19] Die vorliegende Arbeit soll klären, ob sich bei den deutschen Tötungsserien in Kliniken und Heimen Zusammenhänge zwischen den Tatmitteln ergeben und ob sich daraus besondere Risiken ergeben sowie mögliche organisatorische Anforderungen abzuleiten sind.

---

[18] Vordergründig werden Compliance-Management-Systeme im Gesundheitswesen zur Bekämpfung von Wirtschaftsstraftaten implementiert, um beispielsweise Korruption oder Abrechnungsbetrug innerhalb der Organisation aufzudecken, vgl. *Bauchowitz*: Compliance Management im Gesundheitswesen, S. 45 ff.; *Deffland*, in: Handbuch Klinisches Risikomanagement, 207 (208).

[19] Mit 11 % wurde in der Untersuchung Ersticken angegeben und belegt damit, nach unbekannt gebliebener Tötungsart, die dritthäufigste Methode, vgl. *Yorker et al.*, in: *Journal of Forensic Sciences,* 1362 (1369).

Die Untersuchung soll Aufschluss über die Organisation der Fehlverhaltensbekämpfung in deutschen Krankenhäusern liefern und klären, ob ausreichend organisatorische Maßnahmen, z. B. in Form eines Compliance-Management-Systems vorhanden sind und wie ausgeprägt das Risikobewusstsein zum Thema Tötungsdelikte ist.

Des Weiteren soll eine vertiefende Analyse verschiedener interagierender Faktoren vorgenommen werden, insbesondere im Hinblick auf den Umgang mit zielgerichteten, strafrechtlich relevanten und lebensbeendenden Handlungen durch Mitarbeiterinnen und Mitarbeitern an Patientinnen und Patienten, die nicht unter den Begriff der Sterbehilfe fallen. Außerdem wird analysiert, ob möglicherweise Hinweise auf Tötungsdelikte vorlagen.

Zu klären ist zudem, ob Tötungsdelikte im Gesundheitswesen eine Form der Eskalation von bereits vorangegangenen aggressiven Verhaltensweisen und/oder gewalttätigen Übergriffen von medizinischem Personal gegenüber Patientinnen und Patienten sind.

Aus den gewonnenen Erkenntnissen sollen Maßnahmen zur Verhinderung bzw. zur frühzeitigen Aufdeckung von Tötungsdelikten im Gesundheitswesen abgeleitet werden und einen Beitrag zur Nutzung von Good Practices im Klinikalltag leisten sowie das Risikobewusstsein steigern.

Aufgrund der kontinuierlichen Zunahme von multimorbiden sowie pflegebedürftigen Menschen im Zuge des demographischen Wandels und einem gleichzeitig immer angespannterem Fachkräftemangel sowie erheblichen Kostensteigerungen, steht das Gesundheitswesen vor großen Herausforderungen.[20] Unterstützenden Managementsystemen und Handlungsempfehlungen u. a. auch zur Bewältigung der Bekämpfung von Fehlverhalten im Gesundheitswesen, muss somit eine immer größere Bedeutung beigemessen werden.[21]

Die Arbeit soll Leitfäden definieren, die einen Beitrag leisten können, wie in der Praxis bereits im Vorfeld Tötungsdelikten entgegengewirkt werden kann, wie die Organisation dies in ihren Managementsystemen berücksichtigen kann und wie die Herausforderungen von präventiven und repressiven Maßnahmen bewältigt werden können, wenn Verdachtsmomente vorliegen.

Auf Basis der gesammelten Erkenntnisse sollen mögliche allgemeingültige Frühwarnzeichen abgeleitet werden, die geeignet sind, zufällige und zielgerichtete Tötungsdelikte und -serien frühzeitig aufzudecken.

---

[20] Vgl. *RKI* (Hrsg.): Gesundheit in Deutschland – Gesundheitsberichterstattung des Bundes, S. 446; *Destatis* (Hrsg.): Auswirkungen auf Krankenhausbehandlungen und Pflegebedürftige im Bund und in den Ländern, S. 8; *Schneider*: Sterben zuhause im Heim – Hospizkultur und Palliativkompetenz in der stationären Langzeitpflege, S. 7.

[21] Vgl. *StMWi* (Hrsg.): Aktuelle normierte Managementsysteme, S. 3.

Die Ergebnisse und Empfehlungen der Untersuchung sollen perspektivisch einen Beitrag dazu leisten, das Vertrauen in die stationären Behandlungseinrichtungen nachhaltig zu steigern, die Patientensicherheit zu erhöhen und damit zu einer Stärkung des Gesundheitssystems insgesamt beitragen.

Die vorliegende Arbeit berücksichtigt Tatkomplexe, die sich in Krankenhäusern und stationären Pflegeeinrichtungen ereignet haben, nicht aber solche im Bereich der ambulanten medizinischen Leistungen.

1.2 Theoretische Einordnung

Eine Untersuchung von Beine/Schubert (2015) liefert Daten, die an dem klassischen Bild von Einzelfällen in Bezug auf Tötungsdelikte im Gesundheitswesen zweifeln lassen. Die Autoren dieser Studie befürchteten, dass es weitaus mehr Tötungsdelikte im Gesundheitswesen geben könnte, als bisher angenommen. Insgesamt wurden hierzu rund 5.000 Krankenpflegerinnen und Krankenpfleger, Altenpflegerinnen und Altenpfleger sowie Ärztinnen und Ärzte befragt. Die Ergebnisse dieser Befragung wurden für eine qualifizierte Hochrechnung herangezogen.[22]

Bei der Auswertung der Fragebögen und einer entsprechenden Hochrechnung auf die Gesamtzahl der in Deutschland beschäftigten Pflegerinnen und Pfleger sowie Ärztinnen und Ärzte, kommen die Autoren der Studie auf rund 21.000 Tötungen in Deutschland pro Jahr.[23]

Da sich die Fragen auf das Leiden der Patientinnen und Patienten bzw. auf Sterbehilfe beziehen, ist, wie die Autoren selbst anmerken, von einer Antwortverzerrung in Bezug auf ethisch und strafrechtlich relevantes Fehlverhalten auszugehen und reduziert die Aussagekraft der Studie im Hinblick auf die hier in Frage stehende Problematik.[24] Die Hochrechnung ist somit nur eingeschränkt für die Ableitung des Dunkelfeldes von Tötungsdelikten gem. §§ 211, 212 StGB im Gesundheitswesen nutzbar.

Ebenfalls untersuchte Beine (2014) in einer Studie mit dem Titel „Falsches Mitleid – tödliche Konsequenzen – Wie aus Helfern Täter werden“ über 40 Fälle

---

[22] Vgl. *Beine/Schubert*, in: Deutsche Medizinische Wochenschrift 83 (83); *Beine/Turczynski*: Tatort Krankenhaus, S. 13.

[23] Vgl. *Beine/Turczynski*: Tatort Krankenhaus, S. 13.

[24] Vgl. *Beine/Schubert*, in: Deutsche Medizinische Wochenschrift 83 (86).

von Tötungsserien in Kliniken und Heimen durch Mitarbeiterinnen und Mitarbeitern der Gesundheitsberufe.[25] Für die Untersuchung wurden Daten im Hinblick auf spezifische Opfer-, Tatort- und Tätermerkmale ausgewertet. Die jeweiligen Arbeitsfelder wurden insbesondere im Hinblick auf das Betriebsklima, die Stellung der Täter in ihrem Team, Konflikte am Arbeitsplatz sowie auf Hinweise betrachtet.[26]

Im Jahr 2017 befragte die Wirtschaftsprüfungsgesellschaft Ernst & Young (EY) zusammen mit der Rhön-Klinikum AG und dem Deutschen Krankenhaus Kompass insgesamt 200 verantwortliche Personen aus deutschen Krankenhäusern im Rahmen einer Studie mit dem Titel „Compliance im Klinikmarkt".[27]

Die Ergebnisse aus der Studie von EY, sind für die Ableitung des Risikobewusstseins, dem Umgang mit Hinweisen, dem Schutz hinweisgebender Personen sowie der Vermeidung und Aufdeckung von Tötungsdelikten im Gesundheitswesen, nur eingeschränkt geeignet, da sich die Risiken auf Delikte, die dem Bereich der Wirtschaftskriminalität zuzuordnen sind, beziehen.[28]

Es fehlt bis dato ein Gesamtüberblick über das Risikobewusstsein, der organisatorischen, personellen und fachlichen Ausstattung sowie der Strukturen der Kliniken in Bezug auf Tötungsdelikte.

Die vorliegende Arbeit liefert daher einen Beitrag dazu, das Ausmaß eines möglichen Handlungsbedarfs in deutschen Kliniken festzustellen und sich mit dem Phänomen der Tötungsdelikte im Gesundheitswesen wissenschaftlich tiefgreifend auseinanderzusetzen.

---

[25] Vgl. *Beine*, in: Psychiatrische Praxis, 63 (63).

[26] Vgl. *Beine*, in: Psychiatrische Praxis, 63 (63).

[27] Vgl. *Gehring* et al.: Compliance im Klinikmarkt, S. 6.

[28] Vgl. *Gehring* et al.: Compliance im Klinikmarkt, S. 39.

2 Kriminologische und rechtliche Grundlagen

Die Tötung eines Menschen stellt die schwerste Form von Gewalt dar.[1] Jedes Tötungsdelikt ist demnach auch ein Gewaltdelikt.[2] Aus Sicht des Verfassers ist es somit notwendig, zunächst Gewalt zu definieren, einen Überblick zur Gewaltkriminalität in Deutschland und in einem weiteren Schritt Erklärungsansätze für Gewalt im pflegerischen- sowie medizinischen Kontext zu liefern. Es folgt eine Abgrenzung von Formen der Sterbehilfe und vorsätzlichen Tötungsdelikten.

2.1 Gewaltkriminalität

2.1.1 Gewaltbegriff

Der Gewaltbegriff wird regelmäßig mit der Anwendung körperlicher Kraft gegen eine andere Person, also mit einem negativen Ereignis verknüpft.[3] Je nach Bezug kann der Gewaltbegriff aber auch neutral oder positiv konnotiert sein, beispielsweise im Zusammenhang mit der *Staatsgewalt*, als Gewaltmonopol des Staates

[1] Vgl. *StMAS* (Hrsg.): Einen Menschen töten (letzter Zugriff am 10.05.2024): *Staubli et al.*: Ursachen von Tötungsdelikten innerhalb der Partnerschaft, S. 6.

[2] Vgl. *BMI* (Hrsg.): PKS 2020, S. 26; *BMI/BMJ* (Hrsg.): 3. PSB 2021, S. 77; *Bock*: Kriminologie, S. 357.

[3] Vgl. *Osterbrink/Andratsch:* Gewalt in der Pflege, S. 40; *Sinn*, in: MüKo-StGB, § 240, Rn. 32.

L. Kuhlmann, *Tötungsdelikte im Gesundheitswesen und die Bedeutung von Compliance-Management-Systemen*,
https://doi.org/10.1007/978-3-658-48764-5_2

im verfassungsrechtlichen Sinne oder der Gewaltenteilung.[4] Der Begriff Gewalt erfasst ebenso institutionelle bzw. strukturelle Gewalt, verbale und psychische Gewalt, aber auch physische Gewalt gegen Sachen und Personen.[5]

Das deutsche Strafgesetzbuch (StGB) kennt keine Legaldefinition des Begriffes *Gewalt* oder *Gewaltkriminalität*, obwohl der Begriff dort eine zentrale Stellung einnimmt.[6]

Je nach Tatbestand wird die Deliktsbegehung mit unterschiedlichen Begriffen, wie z. B. „*Gewalttätigkeit*", „*Gewaltmaßnahmen*" oder „*mit Gewalt*" beschrieben und unterschiedlich ausgelegt.[7]

Der Gesetzgeber unterließ es, den Gewaltbegriff vollumfänglich in alle Normen einzufügen, wenngleich die Voraussetzung für die Erfüllung des Tatbestands die Anwendung von Gewalt bedingt.[8] Dies fällt besonders bei klassischen Gewaltdelikten, wie beispielsweise Mord i. S. v. § 211 StGB auf.[9] Darüber hinaus findet sich im Strafgesetzbuch kein Straftatbestand, der Gewalt in all seinen vielfältigen Erscheinungsformen und Facetten gleichermaßen erfasst.[10]

Der aus der Polizeilichen Kriminalitätsstatistik (PKS) zu entnehmende Gewaltbegriff im Sinne des Summenschlüssels 892000 „Gewaltkriminalität", ist auf gravierende vorsätzliche, physische Gewalt gegen Personen fokussiert und erfasst die folgenden Delikte:[11]

---

[4] Vgl. *Rux*, in: BeckOK-GG, Art. 20, Rn. 155; *Herdegen*, in: Dürig/Herzog/Scholz-GG, Art. 79, Rn. 180; *Kaiser:* Kriminologie, S. 371; *Osterbrink/Andratsch:* Gewalt in der Pflege, S. 40; *Bock*: Kriminologie, S. 356; *von Danwitz*: Kriminologie, S. 178; *Schreiner*, in: Pflegezeitschrift, 51 (52).

[5] Vgl. *von Danwitz*: Kriminologie, S. 178; *Kaiser:* Kriminologie, S. 368; *Valerius*, in: BeckOK-StGB, § 240, Rn. 26.

[6] Vgl.*Toepel* in: NK-StGB, § 240 Rn. 37; *Altvater* in: LK-StGB, § 240 Rn. 38; *Sinn*, in: MüKo-StGB, § 240, Rn. 31; *Bock*: Kriminologie, S. 356.

[7] Vgl. *Sternberg-Lieben/Schittenhelm*, in: Schönke/Schröder-StGB, § 130, 5b; *Feilcke*, in: MüKo-StGB, § 131, Rn. 16; *Paeffgen/Klesczewski*, in: NK-StGB, § 81, Rn. 18; *Rackow*, in: BeckOK-StGB, § 131, Rn. 8; *Sander*, in: MüKo-StGB, § 253, Rn. 8; *Neubacher*: Kriminologie, S. 209; *Bock*: Kriminologie, S. 356; *BMI/BMJ* (Hrsg.): 3. PSB 2021, S. 76.

[8] Vgl. *Bosch*, in: Schönke/Schröder- StGB, § 255, Rn. 2; *Heger*, in: Lackner/Kühl/Heger-StGB, § 223, Rn. 3; *Maier*, in: Matt/Renzikowski-StGB, § 253, Rn. 6; *Schneider*, in: MüKo-StGB, § 211, Rn. 1; *Valerius*, in: BeckOK-StGB, § 240, Rn. 6.

[9] Vgl. *Schneider*, in: MüKo-StGB, § 211, Rn. 1; *Bock*: Kriminologie, S. 356; *BMI/BMJ* (Hrsg.): 2. PSB 2021, S. 76.

[10] Vgl. *Sinn*, in: MüKo-StGB, *§ 240, Rn. 55 ff.; Kaiser*: Kriminologie, S. 370; *Bock*: Kriminologie, S. 356; *Paeffgen/Klesczewski*, in: NK-StGB, § 81, Rn. 18.

[11] Vgl. *BMI* (Hrsg.): PKS 2020, S. 26; *BMI/BMJ* (Hrsg.): 3. PSB 2021, S. 77; *Bock*: Kriminologie, S. 357.

- Mord und Totschlag sowie Tötung auf Verlangen (§§ 211, 212, 213, 216 StGB)
- Sexueller Übergriff, sexuelle Nötigung und Vergewaltigung (§§ 177, 178 StGB)
- Raub und räuberische Erpressung sowie räuberischer Angriff auf Kraftfahrer (§§ 249–252, 255, 316a StGB)
- Körperverletzung mit Todesfolge, Verstümmelung weiblicher Genitalien, gefährliche und schwere Körperverletzung (§§ 224, 226–227, 231 StGB)
- Erpresserischer Menschenraub und Geiselnahme (§§ 239a, 239b StGB)
- Angriff auf den Luft- und Seeverkehr (§ 316c StGB)

Unter anderem ist die einfache Körperverletzung i. S. v. § 223 StGB nicht unter dem Summenschlüssel 892000 „Gewaltkriminalität" berücksichtigt.[12] Innerhalb der PKS wird diese Differenzierung vorgenommen, weil die Schwere derartiger Taten im Durchschnitt niedriger ausfällt, als es z. B. bei der gefährlichen oder der schweren Körperverletzung i. S. d. Summenschlüssels „Gewaltkriminalität" der Fall ist.[13]

Gewaltdelikte im Gesundheitswesen werden nicht gesondert ausgewiesen. Ein Rückschluss auf die Ausprägung von Gewalt im Gesundheitswesen ist somit nicht ohne Weiteres möglich. Um sich einen Überblick über den Umfang der Gewaltkriminalität in Deutschland insgesamt zu verschaffen, werden zu diesem Zweck im Folgenden die Daten aus der PKS wiedergegeben.

2.1.2 Übersicht zur Entwicklung der Gewaltkriminalität in Deutschland

Insgesamt entfallen in der PKS 2024 11,2 % aller registrierten Delikte auf Gewalt gegen Personen, hiervon sind jedoch nur 3,7 % im Summenschlüssel 892000 „Gewaltkriminalität" enthalten.[14]

Bei der PKS handelt es sich um eine Zusammenstellung aller polizeilich bekanntgewordenen Straftaten in der Bundesrepublik Deutschland. Ebenfalls erfasst wird die Zahl der tatverdächtigen Personen sowie die Anzahl der Opfer.[15]

---

[12] Vgl. *BMI/BMJ* (Hrsg.): 3. PSB 2021, S. 77.

[13] Vgl. *BMI/BMJ* (Hrsg.): 3. PSB 2021, S. 77.

[14] 437.461 Fälle der vorsätzlichen einfachen Körperverletzung, vgl. *BMI* (Hrsg.): PKS 2024, S. 21; 217.277 Fälle von Gewaltkriminalität, vgl. *BMI* (Hrsg.): PKS 2024, S. 16; Insgesamt wurden 5.837.445 Straftaten im Jahr 2024 in der PKS erfasst, vgl. *BMI* (Hrsg.): PKS 2024, S. 10.

[15] Vgl. *BMI* (Hrsg.): PKS 2022, S. 6.

Es handelt sich bei der PKS somit um eine Statistik des Hellfeldes und um die wohl gebräuchlichste Datenquelle, um die Kriminalitätsentwicklung in Deutschland zu betrachten.[16] Die Erfassung der Daten erfolgt durch die jeweiligen Polizeibehörden erst nach Abschluss des Ermittlungsverfahrens und vor der Abgabe an die zuständige Staatsanwaltschaft.[17]

Es kommt somit regelmäßig zu einer Verschiebung der Daten, da die statistische Erfassung einer Straftat in der PKS unter Umständen nicht in das Jahr fällt, in dem die Polizei von dem Delikt Kenntnis erlangt hat.[18] Der Tatzeitpunkt stimmt demnach nicht zwingend mit dem Zeitpunkt überein, in dem sie in der PKS erscheint.

Dieser Umstand zeigte sich sehr anschaulich im Fall des in der vorliegenden Arbeit untersuchten Falls des Krankenpflegers Niels H. aus Oldenburg und Delmenhorst. Zwischen den Jahren 2007 und 2014 bewegten sich die vollendenten Tötungsdelikte in Niedersachsen konstant unter 80 Fällen pro Jahr.[19] Ab 2015 stiegen die vollendeten Tötungsdelikte stark an.[20] Im Jahr 2014 wurden durch das LKA Niedersachen noch 74 vollendete Tötungsdelikte in die PKS aufgenommen und im Jahr 2017 waren es insgesamt 163. Dies führte zu einem Anstieg der Tötungsdelikte im Bundesland Niedersachen zwischen den Jahren 2014 und 2017 um 45,4 %.[21] Die größte Steigerung innerhalb eines Jahres wurde von 2015 auf 2016 registriert und betrug hier 47,5 % (Anstieg von 101 auf 149 vollendete Tötungsdelikte).[22] Der Anstieg der vollendeten Tötungsdelikte war laut LKA Niedersachsen auf die Tötungsserien aus den Kliniken Oldenburg und Delmenhorst zurückzuführen.[23] Wie die vorliegende Arbeit zeigt, wurden die Taten aber bereits im Jahr 2000 durch den Täter Niels H. begangen.[24]

---

[16] Vgl. *Kunz/Singelnstein*: Kriminologie, S. 203; *Heinke*: Tottreten, S. 76; *BMI/BMJ* (Hrsg.): 3. PSB 2021, S. 17.

[17] Vgl. *BKA (Hrsg.):* PKS Richtlinien 2018, S. 5.

[18] Vgl. *Kunz/Singelnstein*: Kriminologie, S. 203; *BMI* (Hrsg.): PKS 2022, S. 7.

[19] Vgl. *LKA Nds.* (Hrsg.): PKS-Jahrbuch 2015, S. 37.

[20] Vgl. *LKA Nds.* (Hrsg.): PKS-Jahrbuch 2015, S. 36.

[21] Vgl. *LKA Nds.* (Hrsg.): PKS-Jahrbuch 2015, S. 36; *LKA Nds.* (Hrsg.): PKS-Jahrbuch 2016, S. 39; *LKA Nds.* (Hrsg.): PKS-Jahrbuch 2017, S. 41.

[22] Vgl. *LKA Nds.* (Hrsg.): PKS-Jahrbuch 2016, S. 39.

[23] Vgl. *LKA Nds.* (Hrsg.): PKS-Jahrbuch 2015, S. 36 f.; *LKA Nds.* (Hrsg.): PKS-Jahrbuch 2016, S. 39 f.; *LKA Nds.* (Hrsg.): PKS-Jahrbuch 2017, S. 41.

[24] Vgl. Abschnitt 3.4.1.4 „Niels H. – Tathandlungen“.

Ebenso wie der eigentliche Tatzeitpunkt, bleibt offen, welchen Verlauf das jeweilige Verfahren in den Justizbehörden nimmt und ob die durch die Polizei getätigte juristische Einordnung des Deliktes bestehen bleibt.[25] Nicht selten kommt es bei der späteren Bewertung der Tat zu einer Herabstufung der Deliktsschwere.[26] Besonders deutlich wird dies bei Tötungsdelikten, bei denen beispielsweise ein durch die Polizei eingeordnetes Mord- oder versuchtes Morddelikt im weiteren Verfahrensverlauf zu Totschlag oder Körperverletzung mit Todesfolge herabgestuft wird.[27] Ebenfalls ergibt sich aus der PKS nicht, ob es überhaupt zu einer anschließenden Verurteilung gekommen ist. Bei der PKS handelt es sich um eine Ausgangsstatistik, die lediglich besagt, dass Fälle durch die Polizei an die Staatsanwaltschaft abgegeben wurden. Als aufgeklärt gelten demnach auch Fälle, in denen es im Verfahrensverlauf zu einer Einstellung oder zu einem Freispruch gekommen ist.[28]

Im Jahr 2024 wurden 217.277 Delikte als Gewalttaten im Sinne des PKS-Summenschlüssels „Gewaltkriminalität" in der Bundesrepublik Deutschland registriert.[29] Im Jahr 2008 wurden noch 210.885 Gewaltdelikte in der PKS erfasst. Gegenüber 2008 entsprechen die im Jahr 2024 erfassten 217.277 Gewalttaten einer Zunahme von 2,9 % und verzeichnen damit den Höchststand an Gewalttaten.[30]

Im Fokus innerhalb der Gewaltkriminalität, wie auch in der vorliegenden Arbeit, stehen die Tötungsdelikte[31], obwohl diese im Jahr 2024 nur einen Anteil von ca. 1,0 %[32] an den polizeilich erfassten Gewalttaten ausmachten (Abb. 2.1).[33]

---

[25] Vgl. *BMI* (Hrsg.): PKS 2022, S. 7 f.; *BMI/BMJ* (Hrsg.): 3. PSB 2021, S. 17.

[26] Vgl. *Albrecht:* Kriminologie, S. 364; *Kunz/Singelnstein*: Kriminologie, S. 204; *BMI/BMJ* (Hrsg.): 3. PSB 2021, S. 17.

[27] Vgl. *Blankenburg et al.:* Die Staatsanwaltschaft im Prozess strafrechtlicher Sozialkontrolle, S. 262; *Albrecht:* Kriminologie, S. 364; *Sessar:* Rechtliche und soziale Prozesse einer Definition der Tötungskriminalität, S. 203.

[28] Vgl. *Kunz/Singelnstein*: Kriminologie, S. 204.

[29] Vgl. *BMI* (Hrsg.): PKS 2024, S. 16.

[30] Vgl. *BMI* (Hrsg.): PKS 2022, S. 35.; *BMI* (Hrsg.): PKS 2024, S. 16.

[31] Mord, Totschlag und Tötung auf Verlange (Schlüssel 892500).

[32] Insgesamt 2.303 erfasste Taten.

[33] Vgl. *BMI* (Hrsg.): PKS 2024, S. 20.

Schlüssel	Gewaltkriminalität	Trend 2024	Anzahl		Veränderung		AQ	
			2024	2023	absolute	in %	2024	2023
892000	Gewaltkriminalität	→	217.277	214.099	3.178	1,5	77,2	76,5
	Aufgeklärte Fälle	→	167.639	163.845	3.794	2,3		
	Tatverdächtige	→	197.347	190.605	6.742	3,5		
	Deutsche TV	→	112.335	111.517	818	0,7		
	nichtdeutsche TV	↗	85.012	79.088	5.924	7,5		
	darunter Zuwanderinnen/Zuwanderer	↗	27.095	25.732	1.363	5,3		
darunter								
892500	Mord Totschlag und Tötung auf Verlangen	→	2.303	2.282	21	0,9	94,1	93,9
	Aufgeklärte Fälle	→	2.166	2.143	23	1,1		
	Tatverdächtige	→	2.881	2.789	92	3,3		
	Deutsche TV	→	1.596	1.568	28	1,8		
	nichtdeutsche TV	↗	1.285	1.221	64	5,2		
	darunter Zuwanderinnen/Zuwanderer	↑	422	395	47	11,9		

Abb. 2.1 Gewaltkriminalität mit Tötungsdelikten[34]

[34] Veränderte Darstellung nach: *BMI* (Hrsg.): PKS 2024, S. 16.

Wie bereits im Ersten Periodischen Sicherheitsbericht und auch im nachfolgenden Periodischen Sicherheitsbericht aus dem Jahr 2006 festgestellt wurde, zeigt sich im Bereich der Tötungsdelikte insgesamt ein Rückgang der Fallzahlen.[35] Die vollendeten Tötungen bewegen sich insgesamt auf einem niedrigen Niveau von 584 vollendeten Tötungsdelikten im Berichtsjahr 2024.[36] Der Anteil der versuchten Tötungsdelikte gegenüber den vollendeten Taten steigt jedoch seit Anfang der 1990er Jahre an. So wurden im Jahr 1993 insgesamt 4.259 Taten registriert, von denen 65 % versuchte Taten waren.[37]

Im Jahr 2024 wurden 2.303 Tötungsdelikte in der PKS erfasst, von denen wiederum 74,6 % versuchte Tötungsdelikte waren.[38]

Die Gründe für den Anstieg von versuchten Tötungsdelikten kann nicht abschließend geklärt werden. Wie aus dem 2. PSB jedoch hervorgeht, wird die Veränderung damit erklärt, dass die Polizeibehörden heute grundsätzlich eher dazu tendieren, Taten aus diesem Deliktsfeld schwerer zu qualifizieren, als es früher der Fall war.[39] Möglich sind aber auch definitorische Unklarheiten bei der juristischen Einordnung auf Seiten der Polizeibehörden.[40]

Die Aufklärungsquote beträgt bei Tötungsdelikten regelmäßig über 90 % und lag im Jahr 2024 bei 94,0 %.[41] Die Aufklärungsquote bezieht sich jedoch immer auf die bekannt gewordenen Taten im Hellfeld. Angemerkt wird im Zweiten Periodischen Sicherheitsbericht hierzu, dass „*[...] mit einem relevanten Anteil nicht erkannter Fälle zu rechnen [ist]*“.[42]

Die im Folgenden genannten Studien belegen, dass auch, auf Tötungsdelikte bezogen, von einem Dunkelfeld nicht erkannter Taten ausgegangen werden kann. Immer wieder gelangen durch Zufälle Tötungsdelikte an die Öffentlichkeit, bei denen zuvor davon ausgegangen wurde, dass es sich um natürliche Tode handelte.[43]

---

[35] Vgl. *BMI/BMJ* (Hrsg.): 2. PSB, S. 77; der 3. PSB geht nicht näher auf die Entwicklung von Tötungsdelikten ein, weshalb auf den 2. PSB Bezug genommen wird.

[36] Vgl. *BMI* (Hrsg.): PKS 2024, S. 20.

[37] Vgl. *BMI* (Hrsg.): 2. PSB, S. 78.

[38] Vgl. *BMI* (Hrsg.): 2. PSB, S. 78; *BMI* (Hrsg.): PKS 2024, S. 20.

[39] Vgl. *BMI* (Hrsg.): 2. PSB, S. 77.

[40] Vgl. *BMI* (Hrsg.): 2. PSB, S. 77.

[41] Vgl. *BMI* (Hrsg.): PKS 2024, S. 16.

[42] *BMI/BMJ* (Hrsg.): 2. PSB, S. 79.

[43] Vgl. *Schwind:* Kriminologie und Kriminalpolitik, S. 24; *Görgen:* Ältere Menschen als Opfer polizeilich registrierter Straftaten, S. 49; *Karger et al.*, in: International Journal of Legal Medicine 90 (93).

Schon 1997 versuchte eine von Brinkmann et al. durchgeführte multizentrische Studie, Fehlleistungen bei der Todesursachenfeststellung zu erfassen.[44] Innerhalb von knapp einem Jahr wurden ca. 13.000 Sektionen durchgeführt. Bei 92 Todesfällen hätte die Todesart *nicht natürlich* heißen müssen und bei zehn Personen konnte nachgewiesen werden, dass diese getötet wurden.[45] In einer weiteren Studie der Universität Münster aus dem Jahr 2004 wurden 155 forensische Exhumierungen durchgeführt.[46] Bei der Untersuchung der Leichen wurde festgestellt, dass 25 Frauen und Männer Opfer eines Tötungsdeliktes wurden. 15 der 25 Getöteten wurden als Patientin oder Patient im Rahmen von medizinischen Behandlungen getötet.[47]

Angesicht des demographischen Wandels und der Zunahme hochbetagter sowie pflegebedürftiger Menschen, ist der Gewaltkriminalität gegen ältere Menschen vermehrt Aufmerksamkeit zu schenken, wobei besonders Pflegebeziehungen im Fokus stehen.[48] Vor allem im sozialen Nahbereich und im medizinisch ambulanten sowie stationären Kontext können Gewalttaten respektive Tötungsdelikte, die nicht als solche erkannt werden, zu einem relevanten Dunkelfeld beitragen.[49] Auch wenn, wie im Zweiten Periodischen Sicherheitsbericht angemerkt wird, Menschen ab 60 Jahre statistisch dem geringsten Risiko ausgesetzt sind, Opfer eines Tötungsdeliktes zu werden, ist gleichzeitig der Anteil nicht erkannter Taten in dieser Altersgruppe mutmaßlich hoch.[50]

Im nachfolgenden Kapitel wird Gewalt im Kontext von Pflegebeziehungen einer genaueren Betrachtung unterzogen sowie mögliche Erklärungsansätze dargestellt.

---

[44] Vgl. *Brinkmann et al.*: Archiv für Kriminologie, 1 (1).

[45] Vgl. *Brinkmann et al.*: Archiv für Kriminologie, 1 (5).

[46] Vgl. *Karger et al.*, in: International Journal of Legal Medicine, 90 (90).

[47] Vgl. *Karger et al.*, in: International Journal of Legal Medicine, 90 (93).

[48] Vgl. *Görgen:* Ältere Menschen als Opfer polizeilich registrierter Straftaten, S. 11; *BMI/BMJ* (Hrsg.): 2. PSB, S. 79.

[49] Vgl. *BMI/BMJ* (Hrsg.): 2. PSB, S. 79; *Görgen:* Ältere Menschen als Opfer polizeilich registrierter Straftaten, S. 31.

[50] Vgl. *Görgen:* Ältere Menschen als Opfer polizeilich registrierter Straftaten, S. 49; *BMI/BMJ* (Hrsg.): 2. PSB, S. 79.

2.1.3 Gewaltdelikte im Gesundheitswesen

Gewalt tritt in allen Lebensbereichen einer Gesellschaft auf und stellt sich in seinen Erscheinungsformen facettenreich und komplex dar.[51] Wahrnehmbar ist Gewalt vor allem durch Taten, die in der Öffentlichkeit geschehen und durch Pressemeldungen regelmäßig große mediale Beachtung finden.[52] Gewalttaten im privaten Umfeld werden weniger stark wahrgenommen, obwohl sie dennoch allgegenwärtig und somit auch in der pflegerischen Versorgung zu finden sind.[53] Die Taten selbst bleiben dabei ganz überwiegend im Verborgenen, da sie vorwiegend in der Privatsphäre stattfinden und somit dem öffentlichen Blick entzogen sind.[54]

Anders als es bei der polizeilichen Definition von „Gewaltkriminalität" im Sinne des PKS-Summenschlüssels 892000 der Fall ist, kann Gewalt im Kontext von Pflege nicht auf einzelne Tatbestände reduziert und abgegrenzt werden.[55] Die World Health Organization (WHO) definiert Gewalt gegen ältere Menschen wie folgt:

> *„Eine einzelne oder wiederholte Handlung, oder das Fehlen einer angemessenen Handlung, die im Rahmen einer Beziehung geschieht, in der Vertrauen erwartet wird und die einer älteren Person Schaden oder Leid zufügt."*[56]

Kienzle/Paul-Ettinger (2012) subsumieren unter den Begriff *Aggression* alle Formen der Gewalt, *„[…] bis hin zur Verletzung und Vernichtung von Sachen und Personen […]"*.[57] Aggressive Handlungen und verbale Äußerungen können zunächst als bedeutungslose und nicht näher zu erwähnende Handlungen gesehen

---

[51] Vgl. *Görgen*, in: Gewaltprävention in der Pflege, 8 (8).

[52] Vgl. *BMI/BMJ* (Hrsg.): 2. PSB, S. 60.

[53] Vgl. *Görgen:* Ältere Menschen als Opfer polizeilich registrierter Straftaten, S. 18; *Graß:* Gefahren für alte Menschen in der Pflege, S. 7; *Hörl/Spannring*: Gewalt gegen alte Menschen, S. 308.

[54] Vgl. *Leopold,* in: bewegt euch!, Streitschrift für eine würdevolle Pflege in Deutschland, 30 (31); *Görgen:* Ältere Menschen als Opfer polizeilich registrierter Straftaten, S. 69; *Osterbrink/Andratsch:* Gewalt in der Pflege, S. 43; *Graß:* Gefahren für alte Menschen in der Pflege, S. 7; *Hörl/Spannring*: Gewalt gegen alte Menschen, S. 308.

[55] Vgl. *Hörl/Spannring*: Gewalt gegen alte Menschen, S. 308

[56] *WHO* (Hrsg.): The Toronto Declaration on the Global Prevention of Elder Abuse (letzter Zugriff am 29.07.2021).

[57] *Kienzle/Paul-Ettinger*: Aggression in der Pflege, S. 22.

werden, sich aber schleichend im pflegerischen Alltag etablieren und sich dabei weiter verstärken.[58]

Die WHO geht in dem im Jahr 2002 erschienenen Bericht „The Toronto Declaration on the Global Prevention of Elder Abuse“ davon aus, dass hochbetagte Menschen einem hohen Gewaltrisiko, vor allem durch Misshandlungen und Vernachlässigungen ausgesetzt sind.[59] Im „European report on preventing elder maltreatment“ aus dem Jahr 2011, schätzt die WHO, dass in Europa jährlich rund 2.500 pflegebedürftige Menschen an den Folgen von Gewalt versterben.[60]

Bei den Täterinnen und Tätern handelt es sich nicht um unbekannte Dritte, sondern regelmäßig um die direkten Bezugspersonen innerhalb der Pflegebeziehung. Diese können aus dem privaten/familiären Umfeld stammen oder es handelt sich um professionelle Pflegekräfte.[61]

Die pflegerische Versorgung ist gekennzeichnet durch ein asymmetrisches Verhältnis von Abhängigkeiten und führt zu einem Ungleichgewicht der Machtverhältnisse[62] zwischen der pflegenden[63] und der gepflegten Person.[64] Aufgrund der Pflege- und Betreuungsbedürftigkeit sind die zu pflegenden Personen in ihrer Selbstständigkeit eingeschränkt und dem medizinisch und pflegerischen Personal ausgeliefert.[65]

---

[58] Vgl. *Osterbrink/Andratsch:* Gewalt in der Pflege, S. 18.

[59] Vgl. *WHO* (Hrsg.)*:* The Toronto Declaration on the Global Prevention of Elder Abuse (letzter Zugriff am 29.07.2021).

[60] *WHO* (Hrsg.): European report on preventing elder maltreatment (letzter Zugriff am 29.07.2021).

[61] Vgl. *Osterbrink/Andratsch:* Gewalt in der Pflege, S. 42; *Leopold,* in: bewegt euch!, Streitschrift für eine würdevolle Pflege in Deutschland, 30 (31); *Görgen:* Ältere Menschen als Opfer polizeilich registrierter Straftaten, S. 69; *Graß:* Gefahren für alte Menschen in der Pflege, S. 7; *Hörl/Spannring*: Gewalt gegen alte Menschen, S. 308.

[62] Macht ist *„[…] jede Chance, innerhalb einer sozialen Beziehung den eigenen Willen auch gegen Widerstreben durchzusetzen, gleichviel worauf diese Chance beruht.“ Weber:* Wirtschaft und Gesellschaft. Grundriß der verstehenden Soziologie, S. 28.

[63] Pflegende Person wird synonyme mit Krankenpflegerin/Krankenpfleger, Altenpflegerin/Altenpfleger, Pflegehelferin/Pflegehelfer verwendet und schließt alle weiteren privaten sowie beruflichen Personen ein, die für die Betreuung bzw. Pflege zuständig sind.

[64] Vgl. *Osterbrink/Andratsch:* Gewalt in der Pflege, S. 29.

[65] Vgl. *Staudhammer:* Prävention von Machtmissbrauch und Gewalt in der Pflege, S. 15; *Osterbrink/Andratsch:* Gewalt in der Pflege, S. 29.

Das unausgeglichene Machtverhältnis zwischen Pflegendem und Gepflegtem kann die Gefahr beinhalten, missbraucht zu werden.[66] Aber auch institutionelle Bedingungen und Strukturen können Aggressionen und Gewalt begünstigen.[67]

„Je größer die Macht des einen ist, desto größer die Ohnmacht des anderen.“[68]

Grundsätzlich ist Gewalt im Gesundheitswesen schwer zu erkennen, da es sich u. a. bei dem Ort der Gewaltausübung um isolierte Lebensbereiche handelt, nur selten Kontakt zu unabhängigen Personen oder Institutionen besteht und faktisch keine Kontrollen stattfinden.[69]

Opfer von Gewalt erleben Schamgefühl nach Übergriffen oder Herabsetzungen, befinden sich in Abhängigkeitsverhältnissen und haben Angst, dass ein Mitteilen des Erlebten negative Konsequenzen nach sich zieht und sich ihre Situation weiter verschlechtert.[70]

Des Weiteren können die Opfer u. U. nicht immer in der Lage sein, Erlebtes adäquat wiederzugeben, um so auf Missstände aufmerksam zu machen.[71]

Verletzungen sind häufig nur schwierig von alters- bzw. krankheitsbezogenen Ursachen und gewalttätigen Übergriffen jeglicher Art zu unterscheiden.[72] Gleiches gilt für die Differenzierung von natürlichen und nicht natürlichen Todesursachen für nicht erfahrene und darüberhinaus möglicherweise nicht ausreichend sensibilisierte Leichenschauärztinnen und -ärzte.[73]

Hämatome an pflegebedürftigen Personen können durch Antikoagulation[74] in der Dauermedikation – die viele Menschen im Alter verschrieben bekommen – verursacht werden, da Unterblutungen der Haut schon durch kleinste Stöße oder Berührungen verursacht werden können, gleichzeitig aber auch Hinweise auf mögliche Gewalthandlungen sein können.[75] Frakturen oder Platzwunden können

---

[66] Vgl. *Staudhammer:* Prävention von Machtmissbrauch und Gewalt in der Pflege, S. 11.

[67] Vgl. *Staudhammer:* Prävention von Machtmissbrauch und Gewalt in der Pflege, S. 11.

[68] *Osterbrink/Andratsch:* Gewalt in der Pflege, S. 32.

[69] Vgl. *Graß:* Gefahren für alte Menschen in der Pflege, S. 14.

[70] Vgl. *Graß:* Gefahren für alte Menschen in der Pflege, S. 14.

[71] Vgl. *Graß:* Gefahren für alte Menschen in der Pflege, S. 14.

[72] Vgl. *Görgen:* Ältere Menschen als Opfer polizeilich registrierter Straftaten, S. 30; *Osterbrink/Andratsch:* Gewalt in der Pflege, S. 54.

[73] Vgl. *Madea*: Praxis Rechtsmedizin, S. 33; *Vennemann et al.*: Deutsche Medizinische Wochenschrift 712 (714); zu Problemen bei der Todesursachenfeststellung im Rahmen der Leichenschau, siehe Kapitel 4 „Leichenschau“.

[74] Gerinnungshemmende Medikamente wie z. B. ASS oder Marcumar.

[75] Vgl. *Graß:* Gefahren für alte Menschen in der Pflege, S. 15.

aus Sturzereignissen im Rahmen von chronischem Schwindel und Kreislaufproblemen oder Gangunsicherheiten resultieren, aber auch durch vorsätzliche Gewaltanwendung.[76]

In den vergangenen Jahren wurden wiederholt Fälle von Gewaltanwendungen bis zur Tötung von pflegebedürftigen Personen durch Angehörige von Gesundheitsberufen bekannt.[77]

Die Staatsanwaltschaft München II hat im Mai 2020 ein Ermittlungsverfahren gegen eine Seniorenresidenz am Schliersee in Oberbayern eingeleitet. Es wurde u. a. wegen verschiedener Körperverletzungsdelikte an 88 Bewohnerinnen und Bewohnern ermittelt, sowie 17 Todesfälle in der Einrichtung auf ihre Umstände überprüft.[78] In mindestens einem Fall soll eine Bewohnerin durch äußere Gewalteinwirkung getötet worden sein, in den weiteren Fällen sollen die Personen u. a. verhungert sein.[79] Noch im selben Monat konnten die zuständigen Behörden eine gegenwärtige Gefahr für Leib und Leben nicht ausschließen, weshalb die Bundeswehr mit 45 Soldatinnen und Soldaten bei der Versorgung der Bewohnerinnen und Bewohner unterstützte.[80]

Im Jahr 2021 wurde im baden-württembergischen Rastatt ein Seniorenheim vom Landratsamt geschlossen, da erhebliche Mängel bestanden und „*[...] eine unmittelbare Gefahr für Leib und Leben [bestand]*“, wie ein Sprecher des Landratsamts der Zeitung „Badische Neueste Nachricht“ bestätigte.[81] Obwohl das Pflegeheim erst ein knappes Jahr zuvor eröffnet wurde, hat die Heimaufsicht gravierende Mängel bei der Versorgung von Wunden, der Grund- und Behandlungspflege sowie der Ausgabe von Medikamenten festgestellt.[82]

---

[76] Vgl. *Graß:* Gefahren für alte Menschen in der Pflege, S. 15.

[77] Vgl. *Osterbrink/Andratsch:* Gewalt in der Pflege, S. 54; *Beine:* Krankentötungen in Kliniken und Heimen, S. 13; *Maisch*: Patiententötungen, S. 98; *Richter/Sauter*: Patiententötungen und Gewaltakte durch Pflegekräfte, S. 13.

[78] Vgl. *Bayrischer Rundfunk* (Hrsg.): Altenheim: Verdacht auf Körperverletzung bei 88 Bewohnern (letzter Zugriff am 15.07.2021); *Süddeutsche Zeitung* (Hrsg.): Seniorenheim-Betreiber droht die Kündigung (letzter Zugriff am 15.07.2021).

[79] Vgl. *Bayrischer Rundfunk* (Hrsg.): Altenheim: Verdacht auf Körperverletzung bei 88 Bewohnern (letzter Zugriff am 15.07.2021).

[80] Vgl. *ZDF* (Hrsg.): Missstände im Pflegeheim Schliersee (letzter Zugriff am 15.07.2021); *Bayrischer Rundfunk* (Hrsg.): Altenheim: Verdacht auf Körperverletzung bei 88 Bewohnern (letzter Zugriff am 15.07.2021).

[81] *Siebnich:* Landratsamt sieht Gefahr: Seniorenheim „Haus Benedikt“ in Rastatt teilweise geschlossen (letzter Zugriff am 04.08.2021).

[82] *SWR* (Hrsg.): Seniorenheim wegen gravierender Mängel geschlossen (letzter Zugriff am 04.08.2021).

Derartige Gewalttaten können sich über die vollstationäre Langzeitpflege, über die stationäre Kurzzeitpflege und die ambulante sowie häuslich-familiäre Pflege bis zur Akutversorgung im Krankenhaus erstrecken. Die Komplexität des Themas zeigt sich durch die vielschichtigen Formen und die verschiedenen Fallkonstellationen.[83] So unterschiedlich die Gewaltformen selbst auch sein mögen, so mannigfaltig können die Ursachen sein.[84] In diesem Kapitel werden unterschiedliche Ansätze betrachtet und versucht, Erklärungsansätze für Gewalt bis hin zu Tötungsdelikten im Gesundheitswesen zu finden.

2.2 Erklärungsansätze

Gewalttätiges Handeln kann einerseits durch psychologische und andererseits durch soziologische Modelle theoretisch erklärt werden.[85] Vor diesem Hintergrund werden im Folgenden jeweils zwei psychologische und soziologische Modelle näher vorgestellt.[86] Die Psychologie fokussiert die individuellen Ursachen von Gewalt auf Seiten der Täterinnen und Täter und die Soziologie auf die soziale Interaktion sowie auf gesellschaftliche bzw. strukturelle Ursachen.[87]

2.2.1 Psychologische Erklärungsansätze

In der Psychologie wird Gewalt als eine besonders extreme Ausprägung der Aggression verstanden, weshalb psychologische Erklärungsansätze vornehmlich in der Aggressionsforschung zu suchen sind.[88]

---

[83] Vgl. *Osterbrink/Andratsch:* Gewalt in der Pflege, S. 7.

[84] Vgl. *Osterbrink/Andratsch:* Gewalt in der Pflege, S. 157 f.

[85] Vgl. *Hörl/Spannring:* Gewalt gegen alte Menschen, S. 332 f.; *Lessing/Greve*, in: Handbuch Aggression, Gewalt und Kriminalität bei Kindern und Jugendlichen 128 (128); *Neise/Zank*, in: Alternsforschung, 459 (472); *Groenemeyer*, in: Handbuch Aggression, Gewalt und Kriminalität bei Kindern und Jugendlichen 134 (134).

[86] Zur Anwendbarkeit der Modelle auf die in der vorliegenden Arbeit untersuchten Tötungsserien im Gesundheitswesen und zu Kritik, siehe Kapitel 10 „Schlussbetrachtung".

[87] Vgl. *Raiser*: Grundlagen der Rechtssoziologie, S. 2; *Groenemeyer*, in: Handbuch Aggression, Gewalt und Kriminalität bei Kindern und Jugendlichen, 134 (134).

[88] Vgl. *Gerrig*: Psychologie, S. 691; *Osterbrink/Andratsch:* Gewalt in der Pflege, S. 158; *Hörl/Spannring:* Gewalt gegen alte Menschen, S. 332; *Kienzle/Paul-Ettinger*: Aggression in der Pflege, S. 16 f.; *Meyer:* Gewalt gegen alte Menschen in Pflegeeinrichtungen, S. 45.

Der auch heute noch häufig in der pflegewissenschaftlichen Literatur zahlreich zitierte Erklärungsansatz zu Gewalt in der Pflege, ist die von Dollard et al. entwickelte „Frustrations-Aggressions-Hypothese" aus dem Jahr 1939.[89]

Daneben führen u. a. die Autoren Hörl/Spannring (2001), Staudhammer (2018) und Schirmer et al. (2012) die sog. „Lerntheorie" von Bandura aus dem Jahr 1973 als weiteren Erklärungsansatz für Gewalt aus.[90] Die beiden ausgewählten psychologischen Erklärungsansätze haben für die Entstehung von Gewalt in der Pflege, wie die vorstehend genannten Verweise auf die Literatur zeigen, große Relevanz.[91] Für die vorliegende Arbeit könnte sich die „Frustrations-Aggressions-Hypothese" als Erklärung für Gewaltentstehung eignen, da Mitarbeitende im Gesundheitswesen durch die Arbeitsbedingungen hohen physischen und psychischen Belastungen ausgesetzt sind.[92] Bei den Mitarbeitenden kann in der Folge Frustration entstehen und so möglicherweise Gewalthandlungen erklären. Die „Lerntheorie" wurde neben der „Frustrations-Aggressions-Hypothese" als psychologischer Erklärungsansatz gewählt, da in den Biographien der Täterinnen und Täter möglicherweise Hinweise gefunden werden könnten, die den Schluss zulassen, dass gewalttätiges Verhalten *erlernt* wurde.

Es ist in der Arbeit zu prüfen, ob in den zu untersuchenden Fällen Hinweise für die Erklärungsansätze oder auf eine Kombination dieser zu finden sind und so Tötungsdelikte im Gesundheitswesen als Form einer Handlungseskalation von vorangegangenen gewalttätigen Verhaltensweisen zu erklären sind.

---

[89] Vgl. *Kienzle/Paul-Ettinger*: Aggression in der Pflege, S. 22; *Hörl/Spannring:* Gewalt gegen alte Menschen, S. 332; *Staudhammer:* Prävention von Machtmissbrauch und Gewalt in der Pflege, S. 27; *Schirmer et al.:* Prävention von Aggression und Gewalt in der Pflege, S. 13; *Gerrig*: Psychologie, S. 691; *Meyer:* Gewalt gegen alte Menschen in Pflegeeinrichtungen, S. 46; *Karrasch*: Gewalt im Rahmen der Pflege eines Partners im höheren Lebensalter, S. 56; *Schünemann*: Nur gut gemein? Gewalt in der Intensivpflege, S. 72.

[90] Vgl. *Hörl/Spannring:* Gewalt gegen alte Menschen, S. 332; *Staudhammer:* Prävention von Machtmissbrauch und Gewalt in der Pflege, S. 28; *Schirmer et al.:* Prävention von Aggression und Gewalt in der Pflege, S. 13.

[91] Vgl. *Kienzle/Paul-Ettinger*: Aggression in der Pflege, S. 22; *Gerrig*: Psychologie, S. 691; *Meyer:* Gewalt gegen alte Menschen in Pflegeeinrichtungen, S. 46; *Karrasch*: Gewalt im Rahmen der Pflege eines Partners im höheren Lebensalter, S. 56; *Hörl/Spannring:* Gewalt gegen alte Menschen, S. 332; *Staudhammer:* Prävention von Machtmissbrauch und Gewalt in der Pflege, S. 27 f.; *Schirmer et al.:* Prävention von Aggression und Gewalt in der Pflege, S. 13; *Neise/Zank*, in: Alternsforschung, 459 (474).

[92] Vgl. *Drupp/Meyer*, in: Pflege-Report 2019 25 (25); *Vincent-Höper* et al., in: Deutsches Ärzteblatt 1143 (1143).

2.2.1.1 Frustrations-Aggressions-Hypothese

Die „Frustrations-Aggressions-Hypothese“ von Dollard et al. besagt in seiner ursprünglichen Form, dass Aggression immer die Folge von Frustration[93] ist und Frustration immer zu Aggression führt.[94] Je stärker die Frustration der Betroffenen, umso intensiver sind die Aggressionen und richten sich direkt oder indirekt meist gegen die Quelle der Frustration.[95] Die Aggressionen können auch stellvertretend gegen Personen gerichtet werden, die sich innerhalb der Hierarchieebene unter der agierenden Person befinden. Diese können beispielsweise Minderheiten, Kinder oder hilfsbedürftige Personen sein.[96] Durch das asymmetrische Machtverhältnis zwischen Pflegendem und Gepflegtem ist das Risiko innerhalb einer Pflegebeziehung, Opfer von Aggressionen und somit auch von Gewalt zu werden, erhöht.[97]

Frustration tritt nach Dollard et al. immer dann auf, *„[…] wenn die Ausführung einer Zielreaktion unterbrochen oder blockiert wird.“*[98] Ist die Befriedigung einer Zielvorstellung verhindert, tritt Frustration als Folge von Enttäuschung auf.[99]

Im pflegerischen Kontext sind eine Vielzahl von Frustrationsmöglichkeiten denkbar und reichen von Undankbarkeit und Respektlosigkeit, Belastung durch Tod sowie schwerst kranker Menschen, über nicht zu erfüllende Erwartungen[100], bis hin zu strukturellen Zwängen innerhalb der Organisation.[101] Die eigenen Bewältigungsstrategien sind je nach individuellen Faktoren nicht mehr ausreichend und können anschließend zu Frustration führen.[102]

In der durch Dollard et al. ursprünglich entwickelten „Frustrations-Aggressions-Hypothese“ führt jede Frustration zu Aggression und jede Aggression ist gleichsam immer Folge von Frustration.[103] Im Gegensatz zur Ausgangshypothese stellte sich jedoch heraus, dass nicht jede Frustration zwangläufig zu

---

93 *„Frustration ist die Nichtbefriedigung eines Bedürfnisses, eines Triebs oder einer Motivation.“ Staudhammer:* Prävention von Machtmissbrauch und Gewalt in der Pflege, S. 27.

94 Vgl. *Dollard et al.:* Frustration und Aggression, S. 9.

95 Vgl. *Dollard et al.:* Frustration und Aggression, S. 9 u. 36 ff.

96 Vgl. *Meyer:* Gewalt gegen alte Menschen in Pflegeeinrichtungen, S. 47; *Dollard et al.:* Frustration und Aggression, S. 9 u. 36 ff.

97 Vgl. *Meyer:* Gewalt gegen alte Menschen in Pflegeeinrichtungen, S. 47.

98 *Dollard et al.:* Frustration und Aggression, S. 15.

99 Vgl. *Kienzle/Paul-Ettinger*: Aggression in der Pflege, S. 22.

100 Eigene Erwartungen an die Pflegetätigkeit und/oder Erwartungen des zu Pflegenden sowie deren Angehörige.

101 Vgl. *Staudhammer:* Prävention von Machtmissbrauch und Gewalt in der Pflege, S. 27.

102 Vgl. *Staudhammer:* Prävention von Machtmissbrauch und Gewalt in der Pflege, S. 27.

103 Vgl. *Dollard et al.:* Frustration und Aggression, S. 9.

Aggression führt und somit auch nicht jede Aggression Folge von Frustration sein muss.[104] Der Mensch ist nämlich durchaus in der Lage, aggressive Reaktionen zu unterdrücken und somit unter Kontrolle zu bringen.[105] Reaktionen als Folge von Frustration können folglich vielfältiger Art sein und auch ihr Ausmaß hängt stark von der individuellen Wahrnehmung des Betroffenen ab.[106] Die These von Dollard et al. behält aber trotz dieser Einschränkung für viele Fälle eine hohe Plausibilität und ist auch weiterhin ein bedeutsamer Erklärungsansatz für das Entstehen von Gewalt in der Pflege.[107]

2.2.1.2 Lerntheorien

Ein weiterer möglicher Erklärungsansatz für die Entstehung von Gewalt sind lerntheoretische Überlegungen, die davon ausgehen, dass jedes soziale Verhalten und somit auch aggressive Verhaltensweisen durch soziales Lernen erworben wird.[108] Die elementaren Fähigkeiten aggressiver Verhaltensmuster werden demnach durch persönliche Erfahrungen und durch Beobachtungen erlernt.[109] *„Menschen werden nicht mit einem angeborenen Repertoire an aggressiven Verhaltensweisen geboren; sie müssen sie auf irgendeine Art und Weise lernen.“*[110]

Die bekannteste Lerntheorie ist das „Lernen am Modell“ oder auch „Modelllernen“ des kanadischen Psychologen Bandura aus dem Jahr 1973. Er beschreibt diesen Prozess als einen kognitiven Lernprozess, der geeignet ist, komplexe Verhaltensmuster einer anderen Person durch Erfahrungen und Beobachtungen selbst zu erlernen.[111] *„Die meisten aggressiven Verhaltensweisen [...] erfordern komplizierte Fertigkeiten, die ausgedehnte soziale Lernprozesse verlangen.“*[112] Hierbei erlernt ein Individuum Verhaltensweisen und deren mögliche positive wie negative Konsequenzen in Folge von Beobachtungen an einer anderen Person oder passt bereits vorhandene Verhaltensweisen entsprechend den beobachteten

---

[104] Vgl. *Dollard et al.:* Frustration und Aggression, S. 9 u. 36 ff.

[105] Vgl. *Hörl/Spannring:* Gewalt gegen alte Menschen, S. 332.

[106] Vgl. *Meyer:* Gewalt gegen alte Menschen in Pflegeeinrichtungen, S. 47; *Kienzle/Paul-Ettinger*: Aggression in der Pflege, S. 22 f.

[107] Vgl. *Hörl/Spannring:* Gewalt gegen alte Menschen, S. 332; *Meyer:* Gewalt gegen alte Menschen in Pflegeeinrichtungen, S. 46.

[108] Vgl. *Staudhammer:* Prävention von Machtmissbrauch und Gewalt in der Pflege, S. 28; *Hörl/Spannring:* Gewalt gegen alte Menschen, S. 332; *Schirmer et al.:* Prävention von Aggression und Gewalt in der Pflege, S. 13; *Jungnitz et al.*: Gewaltfreie Pflege, S. 32.

[109] Vgl. *Bandura:* Aggression, S. 85.

[110] *Bandura*: Aggression, S. 78.

[111] Vgl. *Bandura*: Aggression, S. 78.

[112] *Bandura*: Aggression, S. 78.

Mustern an. Damit eine Person als Modell im Rahmen des Lernprozesses wahrgenommen wird, ist u. a. der soziale Rang von Bedeutung.[113] „*Das Verhalten von Modellen, die einen hohen Status in Prestige-, Macht- und Kompetenzhierarchien besitzen, ist mit größerer Wahrscheinlichkeit erfolgreich und es ist von daher wahrscheinlicher, dass es mehr Aufmerksamkeit bei anderen hervorruft als das Verhalten von Modellen, die sozial, beruflich und intellektuell nur schlecht zurechtkommen.*“[114] Als Vorbild werden folglich Personen wahrgenommen, die einen höheren sozialen Status haben, wie es beispielsweise bei Vorgesetzten der Fall ist. Nach Bandura werden Personen mit höherem Status eher nachgeahmt, als Personen mit gleichem oder niedrigerem sozialen Status.[115] Des Weiteren ist eine emotionale Beziehung zwischen den Akteuren wichtig. Je intensiver die Beziehung ist, desto wahrscheinlicher ist die Nachahmungstendenz. „*Unter den zahlreichen Faktoren, die beobachtungsmäßige Erfahrungen bestimmen, sind die Freundschaftspräferenzen einer Person zweifellos von größerer Wichtigkeit.*“[116] Dabei kommt den sogenannten erwachsenen oder gleichaltrigen Peer-Groups besondere Bedeutung zu.[117]

So kann beispielsweise aggressives Verhalten nachgeahmt werden, weil eine damit verbundene soziale Anerkennung als positiv gesehen wird.[118] Des Weiteren kann das Verhalten dadurch gefördert werden, dass durch Aggression ein Ziel erfolgreich erreicht wird oder zu Anerkennung, der sog. kontinuierlichen Verstärkung, führt. Ist dies nur manchmal der Fall, handelt es sich um eine sog. „*intermittierende Verstärkung*“.[119]

Führt das aggressive Verhalten zum Erfolg, wird die Erwartung hervorgerufen, dass in einer ähnlichen Situation das angewendete Verhalten erneut zum Ziel führt.[120]

Im Gegensatz zur „Frustrations-Aggressions-Hypothese“ geht Bandura nicht davon aus, dass aggressives Verhalten zwangsläufig durch Frustration bzw. Wut verursacht werden muss. „*Wenn aggressive Verhaltensweisen gelernt worden sind, bestimmen im Wesentlichen die sozialen Umstände, ob und wann sie ausgeführt*

---

113 Vgl. *Bandura*: Aggression, S. 87.

114 *Bandura*: Aggression, S. 87.

115 Vgl. *Bandura*: Aggression, S. 87.

116 *Bandura*: Aggression, S. 86.

117 Vgl. *Bandura*: Aggression, S. 87.

118 Vgl. *Bandura*: Aggression, S. 116.

119 *Bandura*: Aggression, S. 89.

120 Vgl. *Bandura*: Aggression, S. 89.

werden."[121] Es kommt also vielmehr auf den Erfolg an, der durch das aggressive Verhalten erzielt werden kann und ist somit solange unabhängig von dem Niveau der Frustration, wie das Ziel mit dem Verhalten erreicht wird.

2.2.2 Soziologische Erklärungsansätze

Neben den psychologischen Erklärungsansätzen sind auch soziologische Modelle geeignet, Gewalt an Menschen zumindest theoretisch zu erklären.[122] Im Folgenden werden die „Austauschtheorie" und das Modell der „Totale[n] Institution" exemplarisch dargestellt, da sie zur Erklärung von Gewalt – insbesondere gegen pflegebedürftige Menschen – einen Beitrag leisten können. Das Modell der „Totale[n] Institution" nimmt in der Literatur eine zentrale Rolle bei der Erklärung von Gewalt in geschlossenen Einrichtungen – wie beispielsweise innerhalb des Gesundheitswesens – ein und wird auch heute noch zahlreich zitiert.[123] Hauptmerkmal einer „Totale[n] Institution" ist der eingeschränkte Kontakt zur Außenwelt und dem eindimensionalen Ort des täglichen Lebens, der durch Autoritäten bestimmt wird.[124] Insbesondere auf Pflegeheime trifft dieses Modell zu, aber auch auf Krankenhäuser. Besonders sind hierbei Intensivstationen hervorzuheben, da diese Orte innerhalb der Organisationen nochmal in besonderer Weise abgeschirmt und verschlossen sind, zu denen nicht einmal jede mitarbeitende Person der Klinik Zugang hat. Die „Austauschtheorie" wird vielfach vornehmlich zur Erklärung von Gewalt im familiären Pflegekontext herangezogen.[125] Denkbar ist jedoch auch, dass die „Austauschtheorie" auf Pflegebeziehungen in Alten- und Pflegeheimen angewendet werden kann, weshalb dieser Erklärungsansatz ebenfalls durch den Verfasser der vorliegenden Arbeit gewählt wurde. Der Aufenthalt in Pflegeeinrichtungen kann wenige Wochen oder Monate, aber auch viele Jahre

---

[121] *Bandura*: Aggression, S. 84.

[122] Vgl. *Hörl/Spannring:* Gewalt gegen alte Menschen, S. 333; *Neise/Zank*, in: Alternsforschung, 459 (472); *Groenemeyer*, in: Handbuch Aggression, Gewalt und Kriminalität bei Kindern und Jugendlichen 134 (134).

[123] Vgl. *Schirmer et al.:* Prävention von Aggression und Gewalt in der Pflege, S. 19; *BMI/BMJ* (Hrsg.): 3. PSB 2021, S. 75; *Lisch*: Totale Institution Schiff, S. 10; *Bravo*: Sicherheit auf See, S. 28; *Feest et al.*: Totale Institution und Rechtschutz, S. 12; *Schröder*: Gewalt in der Pflege, Betreuung und Erziehung, S. 90.

[124] Vgl. *Goffman*: Asyle, S.17.

[125] Vgl. *Hörl/Spannring:* Gewalt gegen alte Menschen, S. 333; *Jungnitz et al.*: Gewaltfreie Pflege, S. 32; *Karrasch*: Gewalt im Rahmen der Pflege eines Partners im höheren Lebensalter, S. 56; *Neise/Zank*, in: Alternsforschung, 459 (474).

betragen.[126] Denkbar ist, dass sich zwischen den Bewohnerinnen und Bewohnern sowie den Pflegenden über die Zeit persönliche Beziehungsverhältnisse entwickeln und schließlich auf Seiten der pflegenden Person Erwartungen entstehen. Werden diese Erwartungen anschließend nicht erfüllt, kann es zu einem – zumindest subjektiven – Ungleichgewicht und zu Unzufriedenheit kommen, die dann in Gewalt enden können.

Wie bei der „Lerntheorie" sowie der „Frustrations-Aggressions-Hypothese" als psychologische Erklärungen für Gewaltentstehung im medizinisch-pflegerischen Kontext ist in der vorliegenden Arbeit zudem zu prüfen, ob die „Austauschtheorie" und/oder das Modell der „Totale[n] Institution" als Erklärungen für Tötungsdelikte in der Form der Gewalteskalation in den zu untersuchenden Tötungsserien herangezogen werden können.

2.2.2.1 Austauschtheorie

Als soziologischer Erklärungsansatz ist die von Hörl (1986) entwickelte „Austauschtheorie" geeignet, Gewalt gegen Menschen, besonders im Kontext von familiären Pflegebeziehungen, zu erklären.[127]

Nach der Austauschtheorie findet während menschlicher Interaktionen immer wechselseitiges Geben und Nehmen statt, welches sich im Idealfall innerhalb der Beziehung im Gleichgewicht befindet. Es handelt sich dabei um Materielles, aber vor allem auch um Immaterielles wie Emotionen, Gefühle oder wertschätzendes Verhalten. Die Austauschbeziehung sollte hierbei folglich durch beide Akteure wechselseitig längerfristig ausgeglichen sein.[128]

Werden Erwartungen innerhalb der Beziehung, auch unausgesprochene Erwartungen, nicht erfüllt und übersteigt das Geben einseitig die Austauschbeziehung, führt dies zu einem Ungleichgewicht und damit zu Unzufriedenheit und dem Gefühl, ungerecht behandelt zu werden.[129] Gewalt kann folglich aus dem Ärger darüber entstehen, dass die Reziprozitätsnorm[130] nicht erfüllt wird oder nicht

---

[126] Vgl. *Caritas* (Hrsg.): Lebenszeit in Pflegeeinrichtungen immer kürzer (letzter Zugriff am 08.02.2025).

[127] Vgl. *Hörl/Spannring:* Gewalt gegen alte Menschen, S. 333; *Jungnitz et al.*: Gewaltfreie Pflege, S. 32; *Karrasch*: Gewalt im Rahmen der Pflege eines Partners im höheren Lebensalter, S. 56; *Neise/Zank*, in: Alternsforschung, 459 (474).

[128] Vgl. *Hörl/Spannring:* Gewalt gegen alte Menschen, S. 333.

[129] Vgl. *Hörl/Spannring:* Gewalt gegen alte Menschen, S. 333.

[130] Reziprozitätsnorm ist ein basales und kulturübergreifendes sozialpsychologisches Prinzip der Gegenseitigkeit.

erfüllt werden kann, was die Balance der Austauschbeziehung empfindlich stören und belasten und bis hin zu einem Umschlagen der Beziehung in Richtung Gewalt führen kann.[131]

Im Rahmen einer qualitativen Studie in Bezug auf private Pflegebeziehungen konnte Hörl (1986) nachweisen, dass sich trotz objektiv starker Belastungen innerhalb der Pflege, drei Austauschformen als geeignet erwiesen haben, eine stabile Balance im Sinne der Austauschtheorie zu gewährleisten:[132]

1. Ausdruck von Dankbarkeit auf Seiten des Gepflegten, also des Nehmenden
2. Wechselseitige Interaktion wie z. B. tiefgehende Gespräche, Spiele oder andere gemeinsame Aktivitäten
3. Materielle Entschädigungen des Gebenden

Fehlt es an einem der drei Austauschformen, kann dies zu Konflikten und auf Seiten des Pflegenden zu aggressivem Verhalten führen und folgend in Gewalt enden.[133]

2.2.2.2 Totale Institution

Ein weiterer soziologischer Erklärungsansatz für Gewalt in Institutionen, wie z. B. Pflegeeinrichtungen, ist das Konzept der „Totale[n] Institution" von Goffman aus dem Jahr 1973.[134] Auf das Konzept der „Totale[n] Institution" wird in der Literatur zahlreich Bezug genommen und daraus zitiert.[135]

Goffmans Theorie erklärt, wie strukturelle Zwänge innerhalb einer Institution zu Gewalt führen können. Das Konzept stellt hierbei u. a. auf soziale Einrichtungen ab, in denen Bewohnerinnen und Bewohner zumindest für einen längeren Zeitraum leben, nur eingeschränkten Kontakt zur Außenwelt haben[136] und in der

---

[131] Vgl. *Lamnek et al.:* Tatort Familie, S. 104; *Hörl/Spannring:* Gewalt gegen alte Menschen, S. 333.

[132] Vgl. *Hörl:* Betreuungserfahrungen und Sozialbeziehungen älterer Menschen (348) 348 ff.

[133] Vgl. *Hörl/Spannring:* Gewalt gegen alte Menschen, S. 333.

[134] Erste Fassung aus dem Jahr 1961.

[135] Vgl. *Schirmer et al.:* Prävention von Aggression und Gewalt in der Pflege, S. 19; *BMI/BMJ* (Hrsg.): 3. PSB 2021, S. 75; *Lisch*: Totale Institution Schiff, S. 10; *Bravo*: Sicherheit auf See, S. 28; *Feest et al.*: Totale Institution und Rechtschutz, S. 12; *Schröder*: Gewalt in der Pflege, Betreuung und Erziehung, S. 90.

[136] Vgl. *Goffman*: Asyle, S.18.

Einrichtung *„[…] regelmäßig eine bestimmte Tätigkeit ausgeübt wird.“*[137] Goffman erfasst hierbei ausdrücklich Pflegeheime als totale Institution.[138]

Der *Totale Charakter* der Institution wird *„[…] durch Beschränkung des sozialen Verkehrs mit der Außenwelt sowie der Freizügigkeit […]“* symbolisiert.[139]

Nach Goffmans Theorie umfassen totale Institutionen insgesamt vier Merkmale:[140]

1. Alle Tätigkeiten des täglichen Lebens finden an einem Ort und unter einer Autorität statt.
2. Die Aufgaben werden gemeinsam und bei gleichem Umgang durchgeführt.
3. Die Phasen des Tages sind genau getaktet, gehen ineinander über und sind formal festgelegt.
4. Alle Tätigkeiten dienen dazu, festgelegte Ziele der Institution zu erreichen.

Neben diesen vier Merkmalen kennzeichnet die „Totale Institution“ eine strikte Trennung zwischen den Bewohnerinnen und Bewohnern auf der einen und dem Personal der Einrichtung auf der anderen Seite.[141]

Für die Bewohnerinnen und Bewohner sowie für die Mitarbeiterinnen und Mitarbeiter sind *Totale Institutionen* von umfangreichen Handlungszwängen gekennzeichnet. So führt die Aufnahme von Bewohnerinnen und Bewohner in eine solche Einrichtung häufig zum Verlust der *„[…] Identitäts-Ausrüstung zur Aufrechterhaltung seiner persönlichen Fassade“*[142] und dem *„[…] Gefühl der persönlichen Sicherheit […].“*[143] Die Handlungszwänge begrenzen sie in ihrem persönlichen Selbstbild und drängen ihnen die Identität der Einrichtung auf, was sie damit zu Objekten derselben werden lässt. Die Wahrscheinlichkeit, dass ein Mensch Opfer von Aggression und Gewalt wird, steigt, sobald er oder sie zu einem Objekt herabgesetzt wird und es zu einer *Dehumanisierung* kommt.[144]

---

[137] *Goffman*: Asyle, S.15.
[138] Vgl. *Goffman*: Asyle, S.16.
[139] *Goffman*: Asyle, S.15 f.
[140] Vgl. *Goffman*: Asyle, S.17.
[141] Vgl. *Goffman*: Asyle, S.18.
[142] *Goffman*: Asyle, S.30.
[143] *Goffman:* Asyle, S.31.
[144] Vgl. *Goffman:* Asyle, S.31.

Die Handlungszwänge betreffen ebenso die Mitarbeiterinnen und Mitarbeiter der Einrichtung selbst.[145] Die offiziellen Ziele und Anforderungen der Einrichtung einzuhalten und gleichzeitig dem Anspruch an eine empathische und fürsorgliche Versorgung der Bewohnerinnen und Bewohner gerecht werden zu können, ist kaum möglich und steht den Zielen der Einrichtung entgegen.[146]

Wenn sich das Personal in einer Situation befindet, in der sie oder er das Gefühl hat, den Anforderungen nicht gerecht werden zu können, kann dies in der Folge zu inneren Konflikten und Frustration führen.[147] Dem inneren Konflikt versucht der oder die Betroffene mit Hilfe von Abwehrmechanismen aus dem Weg zu gehen.[148] Machtausübung stellt hierbei einen Abwehrmechanismus dar, da der oder die Betroffene in die Lage versetzt wird, von einer passiven in eine aktive Rolle zu wechseln und so die Kontrolle über die eigene Situation zurückerlangt.[149] Es überrascht demnach nicht, dass Aggression und Gewalt innerhalb von Pflegeeinrichtungen (Totale Institution) als Folge von strukturellen Zwängen beschrieben werden.[150]

2.3 Abgrenzung Sterbehilfe von vorsätzlichen Tötungsdelikten

Um möglichen Unklarheiten bei der Einordnung von lebensbeendenden Handlungen im Gesundheitswesen entgegenzuwirken, bedarf es aus Sicht des Verfassers einer Abgrenzung der sog. *Sterbehilfe* von klassischen *Tötungsdelikten*, um die es in der vorliegenden Dissertation geht und die in der Regel bei verübten Tötungsserien erfüllt werden.[151] Tötungsdelikte setzten den Tod eines Menschen als Taterfolg voraus.[152] Mögliche Tötungsdelikte können die Tötung auf Verlangen

---

[145] Vgl. *Goffman*: Asyle, S.78 ff.

[146] Vgl. *Goffman*: Asyle, S.78.

[147] Vgl. *Osterbrink/Andratsch:* Gewalt in der Pflege, S. 169 f.; *Gröning*, in: Neue Praxis, (587) 590 f.

[148] Vgl. *Osterbrink/Andratsch:* Gewalt in der Pflege, S. 37.

[149] Vgl. *Osterbrink/Andratsch:* Gewalt in der Pflege, S. 37.

[150] Vgl. *Schirmer et al.:* Prävention von Aggression und Gewalt in der Pflege, S. 19; *Meyer:* Gewalt gegen alte Menschen in Pflegeeinrichtungen, S. 81; *Osterbrink/Andratsch:* Gewalt in der Pflege, S. 169 f.; *Gröning,* in: Neue Praxis, 587 (590 f.).

[151] Mehr dazu siehe Kapitel 3 „Auswertung verübter Tötungsserien im Gesundheitswesen“.

[152] Vgl. *Safferlin*, in: Matt/Renzikowski-StGB, § 211, Rn. 3; *Saliger*, in: NK-StGB, § 212, Rn. 2; *Heger*, in: Lackner/Kühl/Heger-StGB, § 216, Rn. 3; *Hardtung,* in: MüKo-StGB, § 222, Rn. 3; *Sternberg-Lieben*, in: Schönke/Schröder-StGB, § 227, Rn. 3.

(§ 216 StGB), die fahrlässige Tötung (§ 222 StGB), die Körperverletzung mit Todesfolge (§ 227 StGB) sowie Mord und Totschlag (§§ 211, 212 StGB) sein.[153]

2.3.1 Sterbehilfe

Nach Oduncu (2007) umfasst die Sterbehilfe *„[...] medizinische Maßnahmen, die bei einem schwer erkrankten Menschen mit fortgeschrittener Krankheit oder lebensbedrohlicher Verletzung und verkürzter Lebenszeit auf seinen Wunsch oder mindestens im Hinblick auf seinen mutmaßlichen Willen zur Anwendung kommen, um ihm ein seinen Vorstellungen entsprechendes menschenwürdiges Sterben und Tod zu ermöglichen.“*[154]

Zu Beginn der Sterbehilfediskussionen Anfang der 1960er Jahre bezog sich der Begriff Sterbehilfe auf Personen, die sich aufgrund einer unheilbaren Erkrankung in der letzten Phase des Lebens, also bereits in der Sterbephase befinden.[155] Heute ist es jedoch nicht mehr zwingend erforderlich, dass sich der Mensch bereits in der konkreten Sterbephase befindet.[156] Es ist jedoch weiterhin eine zum Tod führende Erkrankung mit einer infausten Prognose erforderlich und dass das Leiden der Person durch lebensverlängernde Maßnahmen weitergeführt werden würde.[157]

Das Thema Sterbehilfe wird seit Jahren innerhalb verschiedener Fachdisziplinen öffentlich kontrovers diskutiert. Diese Debatte findet sowohl in der Medizin, der Philosophie, der Soziologie, der Theologie als auch in den Rechtswissenschaften statt und ist regelmäßig Teil der medialen Berichterstattung.[158] Der Begriff Sterbehilfe wird dabei häufig in Kombination mit den Adjektiven *passiv*, *aktiv* oder *indirekt* verwendet.[159] Mit dem Begriff der Sterbehilfe liegt gleichzeitig eine deskriptive sowie ethisch-normative Bedeutung der Terminologie vor.[160]

---

[153] Vgl. *Schneider*, in: MüKo-StGB, § 212, Rn. 122; *Altvater*: Neue Zeitschrift für Strafrecht, 86 (91).

[154] *Oduncu*: In Würde sterben, S. 33.

[155] Vgl. *Oduncu*: In Würde sterben, S. 32.

[156] Vgl. BGH Urteil v. 13.9.1994 – 1 StR 357/94, NJW 1995, 204 (204).

[157] Vgl. *Roggendorf*: Indirekte Sterbehilfe, S. 21.

[158] Vgl. *Schluchter*: Sterbehilfe – Tabuthema im Wandel?, S. 3; *Bosshard*, in: Lehrbuch Palliative Care, 863 (864).

[159] Vgl. *Woellert/Schmiedebach*: Sterbehilfe, S. 17; *Sahm*: Sterbebegleitung und Patientenverfügung, S. 29; *Oduncu*: In Würde sterben, S. 32.

[160] Vgl. *Bosshard*, in: Lehrbuch Palliative Care, 863 (864).

Die Kombination der oben genannten Adjektive mit dem Begriff Sterbehilfe führt dazu, dass der rein deskriptiven Unterscheidung eines Handlungsverzichts (passiv) bzw. eines Tuns (aktiv) regelmäßig auch eine ethisch-normative Bedeutung zukommt. So werden in der öffentlichen Debatte um und über das Thema Sterbehilfe passive Handlungen als ethisch eher akzeptiert beurteilt und aktive Handlungen als ethisch eher nicht akzeptiert bewertet.[161] In den westlichen Staaten ist eine zunehmende Liberalisierung der Sterbehilfe zu beobachten und unterliegt somit auch dem Zeitgeist. So wurde beispielsweise im Jahr 2021 durch das spanische Parlament die Legalisierung der aktiven Sterbehilfe für schwerstkranke Menschen beschlossen.[162]

Bei der Definition der verschiedenen Sterbehilfearten herrscht über die theoretischen Unterschiede der Begriffe *aktiv*, *passiv*, *indirekt* und der *Suizidhilfe* bzw. dem *assistierten Suizid* im öffentlichen Diskurs weitestgehender Konsens.[163] Das vorrangige Kriterium der unterschiedlichen Sterbehilfearten ist hierbei das jeweilige Behandlungsziel.[164]

2.3.1.1 Passive Sterbehilfe

Bei der sog. *passiven Sterbehilfe* wird auf ausdrücklichen Wunsch bzw. auf den mutmaßlichen Willen der Person, auf lebenserhaltende Maßnahmen verzichtet oder bereits eingeleitete Maßnahmen beendet und so das natürliche Sterben der Person zugelassen.[165] Die passive Sterbehilfe kann durch das Absetzen lebenswichtiger Medikationsverabreichung (passiv) vollzogen werden oder beispielsweise durch eine aktive Handlung wie dem Ausschalten lebenserhaltener

---

[161] Vgl. *Bosshard,* in: Lehrbuch Palliative Care, 863 (864).

[162] Vgl. *Tagesschau* (Hrsg.): Spanien legalisiert aktive Sterbehilfe (letzter Zugriff am 06.06.2024); *Ärzteblatt* (Hrsg.): Sterbehilfegesetz tritt in Spanien in Kraft (letzter Zugriff am 01.06.2024).

[163] Vgl. *Sahm:* Sterbebegleitung und Patientenverfügung, S. 29; *Roggendorf:* Indirekte Sterbehilfe, S. 21; *Oduncu*: In Würde sterben, S. 32.

[164] Vgl. *Woellert/Schmiedebach*: Sterbehilfe, S. 19.

[165] Vgl. *Sahm*: Sterbebegleitung und Patientenverfügung, S. 31; *Roggendorf:* Indirekte Sterbehilfe, S. 23; *Woellert/Schmiedebach:* Sterbehilfe, S. 18; *Bosshard*, in: Lehrbuch Palliative Care, 863 (864); *Fischer*: StGB, vor §§ 211–217, Rn. 33; *Schneider*: MüKo-StGB, vor § 211, Rn. 114; *Safferling*, in: Matt/Renzikowski-StGB, § 212, Rn. 45.

Geräte.[166] Es handelt sich bei der passiven Sterbehilfe demnach um einen Therapieabbruch oder einen Therapieverzicht.[167] Weitergeführt werden im Fall der passiven Sterbehilfe nur noch die medizinische (z. B. Schmerzlinderung) und pflegerische Grundversorgung.[168]

2.3.1.2 Indirekte Sterbehilfe

Im Rahmen der *indirekten Sterbehilfe* werden Medikamente zur Linderung des Leidens verabreicht, die jedoch auf Grund von Nebenwirkungen, wie es beispielsweise bei Opiaten der Fall ist, zu Atemdepressionen führen können und somit der frühzeitige Tod zwar in Kauf genommen wird, aber nicht beabsichtigt ist.[169] Das Therapieziel ist nicht die Beschleunigung des Sterbeprozesses, sondern die Linderung des Leidens.[170]

2.3.1.3 Beihilfe zum Suizid

Bei der *Beihilfe zum Suizid*, der *Suizidhilfe*, oder auch *assistierter Suizid* genannt, handelt es sich ebenfalls um eine Form der Sterbehilfe.[171] Es wird hierbei ein tödlich wirkendes Medikament bereitgestellt oder zur Selbsteinnahme verschrieben, um den Suizid zu ermöglichen.[172] Die Person nimmt das tödlich wirkende Medikament selbstständig ein oder verabreicht es sich mit medizinischen Hilfsmitteln[173] und führt somit den Suizid selbst herbei.[174] Möglich ist

---

[166] Vgl. BGH Urteil v. 25.06.2010 – 2 StR 454/09, NJW 2010, 2963 (2965); *Woellert/Schmiedebach*: Sterbehilfe, S. 17; *Roggendorf:* Indirekte Sterbehilfe, S. 27; *Sahm:* Sterbebegleitung und Patientenverfügung, S. 38; *Oduncu*: In Würde sterben, S. 33; *Fischer:* StGB, vor §§ 211–217, Rn. 60; *Schneider*: MüKo-StGB, vor § 211, Rn. 114; *Safferling*, in: Matt/Renzikowski-StGB, § 212, Rn. 52.

[167] Vgl. *Safferling*, in: Matt/Renzikowski-StGB, § 212, Rn. 45; *Oduncu*: In Würde sterben, S. 33.

[168] Vgl. *BÄK* (Hrsg.), in: Deutsches Ärzteblatt 346 (347); *Woellert/Schmiedebach*: Sterbehilfe, S. 19.

[169] Vgl. *Bosshard*, in: Lehrbuch Palliative Care, 863 (864); *Sahm:* Sterbebegleitung und Patientenverfügung, S. 31; *Roggendorf:* Indirekte Sterbehilfe, S. 24; *Oduncu*: In Würde sterben, S. 34; *Rissing-van Saan/Zimmermann*, in: LK-StGB, vor § 211, Rn. 42: *Fischer*: StGB, vor §§ 211–217, Rn. 33.

[170] Vgl. *Woellert/Schmiedebach:* Sterbehilfe, S. 18; *Oduncu*: In Würde sterben, S. 34; *Rissing-van Saan/Zimmermann*, in: LK-StGB, vor § 211, Rn. 42.

[171] Vgl. *Roggendorf:* Indirekte Sterbehilfe, S. 23.

[172] Vgl. *Oduncu*: In Würde sterben, S. 36.

[173] Denkbar ist das Öffnen einer Infusion oder das Starten technischer Hilfsmittel wie z. B. Perfusoren.

[174] Vgl. *Bosshard,* in: Lehrbuch Palliative Care, 863 (864).

nach Roggendorf (2011) die Subsumierung der Suizidbeihilfe als *„Grenzfall der aktiven Sterbehilfe“*[175], da der Arzt bzw. die Ärztin zwar nicht das *„ausführende Organ ist“*[176], jedoch durch die Überlassung oder Verschreibung des tödlich wirkenden Medikaments über die Konsequenzen seiner Handlung weiß und durch die Bereitstellung an dem Suizid beteiligt ist.[177] Die Suizidbeihilfe bzw. der assistierte Suizid ist in Deutschland nicht strafbar, da es darauf ankommt, wer zum Zeitpunkt der Medikamenteneinnahme das zum Tod führende Geschehen tatsächlich beherrscht, wie aus der Hackethal-Entscheidung des OLG München vom 31.07.1987 hervorgeht.[178] Auch in einem späteren Beschluss vom 28.06.2022 hat der BGH entschieden, dass eine zuvor vom Landgericht Stendal wegen Tötung auf Verlangen i. S. v. § 216 Abs. 1 StGB verurteilte Frau, die ihrem Ehemann eine tödlich wirkende Dosis Insulin injizierte, frei zu sprechen sei, weil nicht sie, sondern ihr Mann das zum Tod führende Geschehen beherrschte und somit eine straflose Beihilfe zum Suizid vorlag.[179] Neben dem injizierten Insulin, nahm der Ehemann selbst weitere potenziell tödlich wirkende Arzneimittel ein, die den Tod jedoch zu einem späteren Zeitpunkt verursacht hätten, als es mit dem durch die Ehefrau verabreichenden Insulin der Fall gewesen ist.[180]

Aus den im Jahr 2015 neu gefassten und später durch das Bundesverfassungsgericht (BVerfG) als nicht mit dem Grundgesetz zu vereinbarenden Straftatbestand der geschäftsmäßigen Förderung der Selbsttötung i. S. d. § 217 StGB wird unter dem Gliederungspunkt 2.4 näher eingegangen.

2.3.1.4 Aktive Sterbehilfe

Bei der aktiven Sterbehilfe handelt es sich um die intendierte Beendigung des Lebens.[181] Typischerweise erfolgt die Herbeiführung des Todes durch die Gabe von Medikamenten durch eine Drittperson.[182] Es kommt bei der aktiven Sterbehilfe zum einen auf den Vorsatz und zum anderen auf die todbringende Behandlung auf ausdrücklichen Wunsch der schwersterkrankten oder im Sterben

---

[175] *Roggendorf:* Indirekte Sterbehilfe, S. 23.

[176] *Roggendorf:* Indirekte Sterbehilfe, S. 23.

[177] Vgl. *Roggendorf:* Indirekte Sterbehilfe, S. 23.

[178] Vgl. OLG München, Beschluss v. 31.07.1987 - 1 Ws 23/87, NJW 1987, 2940 (2942); *Rissing-van Saan/Zimmermann*, in: LK-StGB, vor § 211, Rn. 73.

[179] Vgl. BGH, Beschluss v. 28.06.2022, 6 StR 68/21, NJW 2022, 3021 (3022).

[180] Vgl. BGH, Beschluss v. 28.06.2022, 6 StR 68/21, NJW 2022, 3021 (3022).

[181] Vgl. *Oduncu*: In Würde sterben, S. 33; *Fischer*: StGB, vor §§ 211–217, Rn. 33.

[182] Vgl. *Roggendorf:* Indirekte Sterbehilfe, S. 22; *Woellert/Schmiedebach:* Sterbehilfe, S. 18.

liegenden Person an, sowie auf die Frage, wer das zum Tod führende Geschehen tatsächlich beherrscht.[183]

Bei der aktiven Sterbehilfe kommt der Straftatbestand der Tötung auf Verlangen i. S. d. § 216 StGB in Betracht und stellt somit in Deutschland grundsätzlich eine strafbare Handlung dar.[184]

2.3.2 Fehlende Trennschärfe der Begriffsdefinitionen

Bei der Anwendung sowie der Unterscheidung der einzelnen Sterbehilfearten sind wiederholt Unsicherheiten in der Praxis festzustellen.[185]

So ist beispielsweise für die Beendigung der künstlichen Ernährung oder der Beatmung eine aktive Handlung durch das Ausschalten eines Gerätes bzw. das Extubieren (Entfernung des Beatmungsschlauches) nötig und wird nicht selten in der Praxis fälschlicherweise eher der aktiven Sterbehilfe zugeordnet, obwohl der Abbruch lebenserhaltener medizinischer Maßnahmen unter die passive Sterbehilfe fällt und somit nicht strafbar ist.[186]

Die Person wird sich selbst und damit dem ursprünglichen natürlichen Sterbeprozess überlassen, der nur durch die medizinischen Maßnahmen unterbrochen wurde.[187] Durch diese Verkennung der Rechtslage ist auch zu erklären, weshalb aus einer 2008 veröffentlichten Studie mit dem Titel „A "little bit illegal"? Withholding and withdrawing of mechanical ventilation in the eyes of German

[183] Vgl. BGH, Beschluss v. 28.06.2022, 6 StR 68/21, NJW 2022, 3021 (3022); *Roggendorf:* Indirekte Sterbehilfe, S. 22 f.; zur Abgrenzung von Beihilfe zum Suizid siehe Gliederungspunkt 2.3.1.3.

[184] Vgl. BGH, Urteil v. 25.06.2010, 2 StR 454/09, NJW 210, 2963 (2966); *Schneider*, in: MüKo-StGB, § 216 Rn. 1; *Eser/Sternberg-Lieben*, in: Schönke/Schröder-StGB, § 216, Rn. 1a; *Neumann/Saliger*, in: NK-StGB, § 216, Rn. 5; *Sahm:* Sterbebegleitung und Patientenverfügung, S. 30; *Oduncu*: In Würde sterben, S. 41; *Rissing-van Saan/Zimmermann*, in: LK-StGB, vor § 211, Rn. 36; *Fischer*: StGB, vor §§ 211–217, Rn. 69; *Safferlin*, in: Matt/Renzikowski-StGB, § 212, Rn. 38; siehe auch Gliederungspunkt 2.3.1.3 und 2.7.

[185] Vgl. *Oduncu*: In Würde sterben, S. 32; *Sahm:* Sterbebegleitung und Patientenverfügung, S. 11 f.; *Roggendorf:* Indirekte Sterbehilfe, S. 27.

[186] Vgl. BGH Urteil v. 25.06.2010 – 2 StR 454/09, NJW 2010, 2963 (2965); *Woellert/Schmiedebach*: Sterbehilfe, S. 17; *Roggendorf:* Indirekte Sterbehilfe, S. 27; *Sahm:* Sterbebegleitung und Patientenverfügung, S. 38; *Oduncu*: In Würde sterben, S. 33; *Fischer:* StGB, vor §§ 211–217, Rn. 60.

[187] Vgl. *Roggendorf:* Indirekte Sterbehilfe, S. 27; *Woellert/Schmiedebach*: Sterbehilfe, S. 17.

intensive care physicians“ hervorging, dass 12 von 26 Ärztinnen und Ärzte glauben, dass das Abbrechen der künstlichen Beatmung illegal sei, da es sich dabei um aktive Sterbehilfe handeln würde.[188]

Nach Roggendorf (2011) ist die indirekte Sterbehilfe ebenfalls missverständlich zu interpretieren, da der Anwender durch den Terminus zu dem Schluss kommen könnte, dass damit der Tod durch die Sterbehilfe indirekt beabsichtigt ist. Dies ist jedoch – wie unter dem Gliederungspunkt 2.3.1.2 bereits ausgeführt – ausdrücklich nicht gemeint und kann ebenfalls zu Unsicherheiten in der Praxis führen.[189] Woellert/Schmiedebach (2008) kritisieren den Terminus „Sterbehilfe“ insgesamt, da eine Nähe zum Begriff *Verhelfen* besteht und damit ausdrückt, dass eine dritte Person am „*Entscheidungs- und Umsetzungsprozess*“[190] beteiligt ist, anstatt „*[...] sich am Gesundheitszustand des Patienten zu orientieren, wird dadurch die Handlung [des Dritten] in den Mittelpunkt gestellt.*“[191]

Des Weiteren kritisiert der Nationale Ethikrat, dass der Terminus *Helfen* einen positiven und somit legitimen Vorgang beschreibt.[192] Zumindest ist im Zusammenhang mit der strafrechtlich relevanten aktiven Sterbehilfe ein Widerspruch zu dem eigentlichen Wortsinn zu erkennen.[193] Darüber hinaus merken Roggendorf (2011) und Sahm (2006) an, dass der Terminus Sterbehilfe doppeldeutig sein kann: Zum einen kann der Begriff als die Hilfe zum Sterben und zum anderen als die Hilfe beim Sterben interpretiert werden.[194] Bei der Hilfe zum Sterben ist die Absicht, den Tod der betroffenen Person beispielsweise durch aktive oder passive Sterbehilfe herbeizuführen. Bei der Hilfe beim Sterben ist die Begleitung sowie die gesamte Betreuung im Alltag zu verstehen. Der Hilfe beim Sterben kann nach Roggendorf (2011) beispielsweise die indirekte Sterbehilfe zugeordnet werden.[195] Um der Schwäche des Terminus Sterbehilfe zu begegnen, änderte die Bundesärztekammer, die im Jahr 1979 erstmals veröffentlichten „Richtlinien

---

[188] Vgl. *Beck et al.*: Medicine, Health Care and Philosophy, 7 (11).

[189] Vgl. *Roggendorf:* Indirekte Sterbehilfe, S. 27.

[190] *Woellert/Schmiedebach*: Sterbehilfe, S. 17.

[191] *Woellert/Schmiedebach*: Sterbehilfe, S. 17.

[192] Vgl. *Nationaler Ethikrat* (Hrsg.): Selbstbestimmung und Fürsorge am Lebensende, S. 49.

[193] Vgl. *Nationaler Ethikrat* (Hrsg.): Selbstbestimmung und Fürsorge am Lebensende S. 49; so auch: *Roggendorf:* Indirekte Sterbehilfe, S. 27.

[194] Vgl. *Sahm:* Sterbebegleitung und Patientenverfügung, S. 32; *Roggendorf:* Indirekte Sterbehilfe, S. 21.

[195] Vgl. *Roggendorf:* Indirekte Sterbehilfe, S. 22.

für die Sterbehilfe"[196] und publiziert sie seit dem Jahr 1993 als „Richtlinien für die Sterbebegleitung."[197]

2.4 § 217 StGB und BVerfG Urteil vom 26.02.2020

In dem öffentlichen Diskurs über das Thema Sterbehilfe herrscht in Bezug auf die Anwendung der indirekten und der passiven Form der Sterbehilfe in der Praxis weitgehender Konsens und sie gelten als unumstritten, da – wie bereits bei der Definition erläutert – es hier nicht Ziel ist, das Leben der betroffenen Person unnatürlich zu beenden.[198]

In den verschiedenen wissenschaftlichen Fachdisziplinen sowie in der Politik sind die aktive Sterbehilfe und die Suizidhilfe bzw. der assistierte Suizid dagegen umstritten.[199] Die aktive Sterbehilfe[200] ist in Deutschland rechtswidrig und stellt den Tatbestand der Tötung auf Verlangen gemäß § 216 StGB dar.[201] Es ist auf Seiten der Politik in Deutschland kein Interesse erkennbar, die aktive Sterbehilfe legalisieren zu wollen.[202]

---

[196] Vgl. *BÄK* (Hrsg.), in: Deutsches Ärzteblatt, 346 (346).

[197] Seit 1998 unter der Bezeichnung „Grundsätze der Bundesärztekammer zur ärztlichen Sterbebegleitung".

[198] Vgl. *Philipp*: Sterbehilfe, S. 8; *Rissing-van Saan/Zimmermann*, in: LK-StGB, vor § 211, Rn. 42.

[199] Vgl. *Beck-Online* (Hrsg.): Bundestag beschließt Verbot geschäftsmäßiger Sterbehilfe (letzter Zugriff am 17.12.2021); *Woellert/Schmiedebach*: Sterbehilfe, S. 29 f.; *Bosshard*, in: Lehrbuch Palliative Care, 863 (868); *Oduncu*: In Würde sterben, S. 146 f.

[200] Gemeint ist die aktive Sterbehilfe wie unter 2.3.1.4 definiert. Nicht gemeint sind Fallkonstellationen von aktiven Tuns bei der passive Sterbehilfe wie unter 2.3.1.1 definiert. Zudem wird auf eine Entscheidung vom BGH verwiesen, die eine Frau nach einer tödlichen Insulingabe frei gesprochen hat, weil sie nicht das zum Tod führende Geschehen beherrschte und es sich somit eben nicht um aktive Sterbehilfe handelte (§ 216 Abs. 1 StGB), sondern um straflose Suizidbeihilfe, vgl. Gliederungspunkt 2.3.1.3; BGH, Beschluss v. 28.06.2022, 6 StR 68/21, NJW 2022, 3021 (3022).

[201] Vgl. BGH, Urteil v. 25.06.2010, 2 StR 454/09, NJW 210, 2963 (2966); *Schneider*: MüKo-StGB, § 216, Rn. 1; *Eser/Sternberg-Lieben*, in: Schönke/Schröder-StGB, § 216, Rn. 1a; *Neumann/Saliger*, in: NK-StGB, § 216, Rn. 5; *Sahm:* Sterbebegleitung und Patientenverfügung, S. 30; *Oduncu*: In Würde sterben, S. 41.

[202] Vgl. *Woellert/Schmiedebach*: Sterbehilfe, S. 38 f.; *Bosshard*, in: Lehrbuch Palliative Care, 863 (868).

In Europa ist die aktive Sterbehilfe nur in den Niederlanden, in Belgien und in Luxemburg in unterschiedlichem Ausmaß erlaubt.[203] Seit 2021 ist die aktive Sterbehilfe ebenfalls in Spanien legal.[204] Ebenfalls im Jahr 2021 stimmte das portugiesische Parlament mehrheitlich für die Legalisierung der aktiven Sterbehilfe.[205] Der portugiesische Verfassungsgerichtshof stoppte das Gesetz allerdings, da es nach Auffassung des Gerichts in seiner verabschiedeten Fassung nicht mit der portugiesischen Verfassung vereinbar ist und verwies es zurück an das Parlament.[206] Mitte 2023 hat das portugiesische Parlament erneut ein angepasstes Gesetz zur aktiven Sterbehilfe verabschiedet.[207] Es handelt sich dabei bereits um den fünften Entwurf zur aktiven Sterbehilfe.[208]

In Zusammenhang mit der Suizidhilfe bzw. dem assistierten Suizid wurde im Jahr 2015 durch den deutschen Bundestag der § 217 StGB geschaffen, welcher die geschäftsmäßige Sterbehilfe verbot.[209] Ziel des Gesetzgebers war, zu unterbinden, dass z. B. Vereine oder Medizinerinnen und Mediziner bei dem Suizid eines freiverantwortlichen Menschen professionell unterstützen und beraten.[210] Nach Einführung der Strafvorschrift war es fortan in den in § 217 StGB genannten Konstellationen illegal, einer Person die Gelegenheit zum Suizid zu gewähren, zu verschaffen oder vermittelnd aufzutreten.[211]

Der neu geschaffene Tatbestand führte dazu, dass u. a. Sterbehilfeorganisationen und andere organisierte Hilfsangebote eingestellt wurden, um nicht

---

[203] Vgl. *Ärzteblatt* (Hrsg.): Sterbehilfegesetz tritt in Spanien in Kraft (letzter Zugriff am 31.01.2022).

[204] Vgl. *Tagesschau* (Hrsg.): Spanien legalisiert aktive Sterbehilfe (letzter Zugriff am 17.12.2021).

[205] Vgl. *Ärzteblatt* (Hrsg.): Portugals Parlament stimmt für Legalisierung von Sterbehilfe (letzter Zugriff am 12.12.2021).

[206] Vgl. *García:* Aktive Sterbehilfe in Portugal vorläufig gestoppt (letzter Zugriff am 17.12.2021).

[207] Vgl. *Ärzteblatt* (Hrsg.): Portugals Parlament billigt aktive Sterbehilfe (letzter Zugriff am 06.11.2022); *Spiegel* (Hrsg.): Portugals Parlament billigt aktive Sterbehilfe (letzter Zugriff am 06.11.2023).

[208] Vgl. *Spiegel* (Hrsg.): Portugals Parlament billigt aktive Sterbehilfe (letzter Zugriff am 06.11.2023).

[209] Vgl. *Rissing-van Saan/Zimmermann*, in: LK-StGB, vor § 211, Rn. 33.

[210] Vgl. *Brunhöber*, in: MüKo-StGB, § 217, Rn. 5; *Saliger*, in: NK-StGB, § 217 StGB, Rn. 1 f.; *Rissing-van Saan/Zimmermann*, in: LK-StGB, vor § 211, Rn. 33.

[211] Vgl. *Saliger*, in: NK-StGB, § 217 StGB, Rn. 9.

einem möglichen Strafbarkeitsrisiko ausgesetzt zu sein.[212] Dem Gesetzgeber kam es nicht auf eine gewerbsmäßige Dienstleistung mit einer Gewinnerzielungsabsicht an, sondern auf eine organisierte und professionelle Unterstützung sowie Beratung zum Suizid, sodass grundsätzlich nur nahestehende Personen und Angehörige von dem § 217 StGB nicht erfasst wurden und somit straffrei blieben.[213]

Gegen das Verbot der geschäftsmäßigen Sterbehilfe i. S. d. § 217 StGB reichten vor dem BVerfG u. a. Vereine, Medizinerinnen und Mediziner sowie schwer erkrankte Personen Verfassungsbeschwerde ein.[214] Das BVerfG hat in seiner Entscheidung vom 26.02.2020 festgestellt, dass die Norm verfassungswidrig ist, da das im Grundgesetz verankerte allgemeine Persönlichkeitsrecht auch ein Recht auf ein selbstbestimmtes Sterben einschließt. „*Die Entscheidung des Einzelnen, seinem Leben entsprechend seinem Verständnis von Lebensqualität und Sinnhaftigkeit der eigenen Existenz ein Ende zu setzen, ist im Ausgangspunkt als Akt autonomer Selbstbestimmung von Staat und Gesellschaft zu respektieren. [...] Das von Art. 2 Abs. 1 i.V.m Art. 1 Abs. 1 GG geschützte Recht, sich selbst zu töten, umfasst auch die Freiheit, hierfür bei Dritten Hilfe zu suchen und Hilfe, soweit sie angeboten wird, in Anspruch zu nehmen*“, wie das Bundesverfassungsgericht in seiner Entscheidung feststellte und damit das Verbot der geschäftsmäßigen Sterbehilfe für nichtig erklärte.[215]

Bei der gesamten Diskussion um und über Sterbehilfe ist ausdrücklich auf die Wahrung der Patientenautonomie hinzuweisen. So ist nur auf den freiwilligen und ausdrücklichen Willen z. B. auf Grund einer zuvor angefertigten Patientenverfügung der betroffenen Person zu handeln oder zumindest auf deren mutmaßlichen Willen abzustellen.[216]

Demgegenüber stehen die bereits in der Einleitung unter dem Gliederungspunkt 2.3 angesprochenen klassischen Tötungsdelikte, bei denen – ausgenommen von der Tötung auf Verlangen i. S. v. § 216 StGB – es sich nicht um den Wunsch des oder der Geschädigten handelt, zu versterben.

---

[212] Vgl. BVerfG Urteil v. 26.02.2020 – 2 BvR 2347/15, NStZ 2020, 528 (530); *Beck-Online* (Hrsg.): BVerfG kippt Verbot der geschäftsmäßigen Sterbehilfe (letzter Zugriff am 16.11.2021); *Putz,* in: Deutsche Medizinische Wochenschrift 389 (392).

[213] Vgl. *Brunhöber*, in: MüKo-StGB, § 217, Rn. 15; *Saliger*, in: NK-StGB, § 217, Rn. 19.

[214] Vgl. BVerfG Urteil v. 26.02.2020 – 2 BvR 2347/15, NStZ 2020, 528 (528).

[215] BVerfG Urteil v. 26.02.2020 – 2 BvR 2347/15, NStZ 2020, 528 (530).

[216] Vgl. *Sitte,* in: Sterbehilfe oder Sterbebegleitung?, 13 (10); *Roggendorf:* Indirekte Sterbehilfe, S. 22; *Oduncu*: In Würde sterben, S. 32; *Fischer:* StGB, vor §§ 211–217, Rn. 36.

Um die Sterbehilfe von den Tötungsdelikten abzugrenzen, wird sich der Autor im Folgenden mit den schwerwiegendsten Formen der Tötungsdelikte, dem Mord i. S. v. § 211 StGB sowie dem Totschlag i. S. v. § 212 StGB befassen.

2.5 Totschlag i. S. v. § 212 StGB

Das geschützte Rechtsgut ist beim Totschlag i. S. v. § 212 StGB, wie beim Mord i. S. v. § 211 StGB auch, der Schutz des menschlichen Lebens.[217] Ist eine Täterin oder ein Täter für den Tod eines anderen Menschen verantwortlich, ohne dabei ein Mordmerkmal zu erfüllen und handelte zudem vorsätzlich, ist der Tatbestand des Totschlags i. S. d. § 212 StGB erfüllt.[218] Bei einem Totschlag handelt es sich immer um eine Lebensverkürzung, die auch, beispielsweise im Fall von Schwerstkranken, die Beschleunigung des Todeseintritts bedeuten kann.[219] Für die Erfüllung des Tatbestandes ist es nicht von Bedeutung, ob die getötete Person gesund oder krank war und in welcher geistigen Verfassung sie sich befand.[220] Erfasst sind demnach auch Personen im präfinalen Stadium, auch wenn die Lebensverkürzung nur geringe Zeitspanne oder gar Minuten betragen mag.[221] Der Lebensschutz ist absolut, weshalb die Schutzwürdigkeit nicht in verschiedenen Lebensstadien unterschieden werden kann.[222] Dieser Umstand ist insbesondere in Bezug auf Tötungsdelikte im Gesundheitswesen von Bedeutung, da – wie die Auswertung verübter Tötungsserien im Gesundheitswesen in der vorliegenden Arbeit zeigen wird –, die Opfer regelmäßig schwer erkrankt

[217] Vgl. *Saliger*, in: NK-StGB, § 212, Rn. 1; *Schneider*, in: MüKo-StGB, § 211, vor § 211, Rn.1; *Eschelbach*, in: BeckOK-StGB, § 212, Rn. 3.

[218] Vgl. *Sinn*, in: SK-StGB, § 212, Rn. 3; *Rissing-van Saan/Zimmermann*, in: LK-StGB, § 212, Rn. 2.

[219] Vgl. BGH, Urteil v. 27.04.1966, 2 StR 36/66, NJW 1966, 1871 (1872); *Schneider*, in: MüKo-StGB, § 212, Rn. 1; *Eser/Sternberg-Lieben*, in: Schönke/Schröder-StGB, § 212, Rn. 3; *Saliger*, in: NK-StGB, § 212, Rn. 3.

[220] Vgl. *Wenkel*, in: NK-GS, § 212, Rn. 3; *Schneider*, in: MüKo-StGB, § 212, Rn. 1; *Eschelbach*, in: BeckOK-StGB, § 212, Rn. 3.

[221] Vgl. BGH, Urteil v. 20.05.1980, 1 StR 177/80, NStZ 1981, 218 (219); BGH, Urteil v. 27.4.1966, 2 StR 36/66, NJW 1966, 1871 (1872); *Schneider*, in: MüKo-StGB, § 212, Rn. 1.

[222] Vgl. BGH, Urteil v. 27.04.1966, 2 StR 36/66, NJW 1966, 1871 (1872); *Rissing-van Saan/Zimmermann*, in: LK-StGB, § 212, Rn. 5; *Fischer*: StGB, § 212, Rn. 3a; *Schneider*, in: MüKo-StGB, § 212, Rn. 1.

waren und ihnen zum Teil nur noch eine kurz bis mittelfristige Lebenserwartung prognostiziert wurde.[223]

Objekt einer Tötung ist der lebende, nicht aber notwendigerweise allein lebensfähige Mensch. Mit dem Zeitpunkt des Einsetzens der Eröffnungswehen wird die ungeborene Leibesfrucht i. S. d. § 218 StGB von dem Menschen i. S. d. § 211 ff. StGB abgegrenzt.[224]

Das Leben endet mit dem irreversiblen Ausfall des menschlichen Gesamthirns, dem sog. Hirntod.[225] In der medizinischen Praxis spielt der Hirntod bis auf wenige Ausnahmen beispielsweise bei der sog. Hirntoddiagnostik bei potenziellen Organspenderinnen und -spendern oder bei der Feststellung von Hirnverletzungen, keine große Rolle, sondern vielmehr der klinische Tod eines Menschen.[226] Der klinische Tod ist gekennzeichnet durch das Aussetzen des Herzschlages sowie der Atemtätigkeit.[227]

Auch die konkrete Art der Einwirkung, die für die Tötung ursächlich ist, ist nicht entscheidend.[228] In Frage kommt jede physische oder psychische auf das Opfer gerichtete Handlung, die zu einer Lebensverkürzung führt.[229] Grundsätzlich kommt auch eine vorsätzlich herbeigeführte Infektion einer tödlichen Erkrankung in Betracht.[230]

---

[223] Vgl. LG Bonn, Urteil v. 22.02.2006, Ks 900 Js 581/05 – 24 G 3/05, S. 15 ff., Hauptakte Band II, Blatt 17 ff.; LG Kempten, Urteil v. 30.11.2006, 1 Ks 212 Js 14068/04, Seite 12 ff., Hauptakte, Band XVI, Blatt 13 ff.; LG Berlin, Urteil v. 29.06.2007, (522) 1 Kap Js 1904/06 Ks (1/07), juris, S. 4 ff.; LG Oldenburg, Urteil v. 06.06.2019, 5 Ks 800 Js 54254/17 (1/18), juris, S. 37 ff.

[224] Vgl. BGH, Urteil v. 22.04.1983, 3 StR 25/83, NJW 1983, 2097 (2097); BGH, Urteil v. 07.12.1983 – 1 StR 665/83, NJW 1984 674 (675); *Gropp/Wörner*, in: MüKo-StGB, § 218, Rn. 1; *Sinn*, in: SK-StGB, § 212, Rn 4; *Saliger*, in: NK-StGB, § 212, Rn. 1; *Safferlin*, in: Matt/Renzikowski-StGB, § 212, Rn. 8.

[225] Vgl. *Safferlin*, in: Matt/Renzikowski-StGB, § 212, Rn. 14; *Sinn*, in: SK-StGB, § 212, Rn 6; *Heger*, in: Lackner/Kühl/Heger-StGB, vor § 211, Rn. 4.

[226] Vgl. *Schneider*, in: MüKo-StGB, vor § 211, Rn. 19; *Sinn*, in: SK-StGB, § 212, Rn. 6.

[227] Vgl. *Sinn*, in: SK-StGB, § 212, Rn. 6; *Schneider*, in: MüKo-StGB, vor § 211, Rn. 15; *Safferlin*, in: Matt/Renzikowski-StGB, § 212, Rn. 13.

[228] Vgl. *Fischer*: StGB, § 212, Rn. 4; *Safferlin*, in: Matt/Renzikowski-StGB, § 212, Rn. 4; *Eser/Sternberg-Lieben*, in: Schönke/Schröder-StGB, § 212, Rn. 3; *Eschelbach*, in: BeckOK-StGB, § 212, Rn. 5.

[229] Vgl. *Safferlin*, in: Matt/Renzikowski-StGB, § 212, Rn. 4; *Fischer*: StGB, § 212, Rn. 4; *Eser/Sternberg-Lieben*, in: Schönke/Schröder-StGB, § 212, Rn. 3.

[230] Vgl. *Fischer*: StGB, § 212, Rn. 4; *Eser/Sternberg-Lieben*, in: Schönke/Schröder-StGB, § 212, Rn. 3.

Der Tatbestand des Totschlags i. S. d. § 212 StGB kann durch Unterlassen unter den Voraussetzungen des § 13 Abs. 1 StGB begangen werden.[231]

Sofern eine Person mit Garantenstellung den Tod und somit den tatbestandlichen Erfolg durch eine gebotene Handlung hätte verhindern oder zumindest hinauszögern können, kommt eine Strafbarkeit wegen der vollendeten Tötung durch Unterlassen in Betracht.[232] Die hypothetische Lebensverlängerung dürfte jedoch nicht einer unerheblichen und geringfügigen Zeitspanne entsprechen.[233]

Erforderlich ist, dass die gebotene und lebensrettende Handlung mit an Sicherheit grenzender Wahrscheinlichkeit das Leben wesentlich verlängert hätte.[234] Die Berücksichtigung einer bloßen Überlebenschance reicht indes für die tatbestandsrelevante Lebensverlängerung nicht aus.[235]

Zunächst erscheint das Kriterium der nicht unwesentlichen Lebensverlängerung als Widerspruch zum absoluten Lebensschutz.[236] Die Anforderung zielt jedoch darauf ab, dass bei einer Prüfung sichergestellt wird, dass das Handeln eines Garanten i. S. d. Grundsatzes *in dubio pro reo*[237] überhaupt zu einer Lebensverlängerung hätte führen können.[238]

Wie lang ein Zeitraum mindestens sein muss, ist nicht genau festgelegt, jedoch bejaht der BGH die Voraussetzungen einer nicht unwesentlichen Lebensverlängerung für einen Zeitraum von einem Tag, bereits aber auch schon von Stunden.[239]

---

[231] Vgl. *Schneider*, in: MüKo-StGB, § 212, Rn. 3; *Fischer*: StGB, § 212, Rn. 5; *Eschelbach*, in: BeckOK-StGB, § 212, Rn. 14; *Safferlin*, in: Matt/Renzikowski-StGB, § 212, Rn. 5.

[232] Vgl. *Neumann*, in: NK-StGB, § 212, Rn. 4; *Rissing-van Saan/Zimmermann*, in LK-StGB, § 212, Rn. 6; *Eschelbach*, in: BeckOK-StGB, § 212, Rn. 14; *Schneider*, in: MüKo-StGB, § 212, Rn. 3.

[233] Vgl. *Saliger*, in: NK-StGB, § 212 Rn. 5; *Schneider*, in: MüKo-StGB, § 212, Rn. 3; *Eschelbach*, in: BeckOK-StGB, § 212, Rn. 17.

[234] Vgl. *Safferlin*, in: Matt/Renzikowski-StGB, § 212, Rn. 5; *Saliger*, in: NK-StGB, § 212 Rn. 5; *Heger*, in: Lackner/Kühl/Heger-StGB, § 212, Rn. 2; *Eschelbach*, in: BeckOK-StGB, § 212, Rn. 16.

[235] Vgl. BGH, Beschluss v. 06.03.2007, 3 StR 497/06, NStZ 2007, 469 (469).

[236] Vgl. BGH, Urteil v. 27.04.1966, 2 StR 36/66, NJW 1966, 1871 (1872); *Rissing-van Saan/Zimmermann*, in: LK-StGB, § 212, Rn. 5; *Fischer*: StGB, § 212, Rn. 3a; *Schneider*, in: MüKo-StGB, § 212, Rn. 1.

[237] Vgl. Art. 1 Abs. 1 GG, Art. 20 Abs. 3 GG, Art. 6 Abs. 1 und 2 EMRK, §§ 261 und 267 Abs. 1 Satz 1 StPO.

[238] Vgl. *Safferlin*, in: Matt/Renzikowski-StGB, § 212, Rn. 5; *Saliger*, in: NK-StGB, § 212, Rn. 5.

[239] Vgl. BGH, Urteil v. 20.05.1980 – 1 StR 177/80, NStZ 1981, 218 (219); BGH, Urteil v. 10.08.1984 – 1 StR 9/84, NStZ 1985, 26 (27); *Rissing-van Saan/Zimmermann*, in LK-StGB, § 212, Rn. 6; *Neumann*, in: NK-StGB, § 212, Rn. 4; *Fischer*: StGB, § 212, Rn. 5a.

In Bezug auf das Gesundheitswesen ist beispielsweise das Unterlassen der Herbeiführung ärztlicher Hilfe für eine Patientin oder einen Patienten denkbar.[240] Ebenfalls kommt das Unterlassen intensivmedizinischer Interventionen bei vitaler Bedrohung einer Patientin oder eines Patienten in Betracht.[241]

Speziell der im Rahmen dieser Arbeit untersuchten Tötungsdelikte im Gesundheitswesen, kommt das Unterlassen durch das Nichteinschreiten eines Garanten gegen die Tötungshandlung eines anderen in Betracht.[242] In einer solchen Konstellation kommt eine Beihilfe zum Todschlag durch Unterlassen in Frage.[243] So wurden in dem Tatkomplex um den Krankenpfleger Niels H., der in den Kliniken Oldenburg und Delmenhorst tätig war, mehrere Personen wegen Beihilfe zum Todschlag durch Unterlassen i. S. v. §§ 13, 27, 212 StGB angeklagt.[244] Weiteres ist hierzu dem Kapitel 7 zu entnehmen.

2.6 Mord i. S. v. § 211 StGB

Der Tatbestand des Mordes i. S. d. § 211 StGB setzt zunächst sämtliche tatbestandlichen Voraussetzungen des Totschlages i. S. d. § 212 StGB voraus.[245] Darüber hinaus ist gem. § 211 Abs. 2 StGB die Erfüllung mindestens eines der acht sog. Mordmerkmale erforderlich.[246] Besonders verwerfliche, gefährliche oder in einem besonders extremen Missverhältnis zwischen Motiv und Tat stehende vorsätzliche Tötungen, wie es bei Mord i. S. d. § 211 StGB der Fall ist, werden durch die besondere sozialethische Verwerflichkeit mit der absoluten und herausgehobenen Strafandrohung der lebenslangen Freiheitsentziehung bestraft.[247]

---

[240] Vgl. BGH, Beschluss v. 06.03.2007 – 3 StR 497/06, NStZ 2007, 469 (469).

[241] Vgl. BGH, Urteil v. 07.07.2011 – 5 StR 561/10, NJW 2011, 2895 (2897).

[242] Mehr dazu ist dem Kapitel 3 „Auswertung verübter Tötungsserien im Gesundheitswesen" zu entnehmen.

[243] Vgl. BGH, Beschluss v. 18.10.2018 – 3 StR 126/18, NStZ 2019, 341 (341).

[244] Vgl. LG Oldenburg, Urteil v. 13.10.2022, 5 Ks 23/19, medstra 2023, 122 (123); LG Oldenburg, Urteil v. 13.10.2022, 5 Ks 800 Js 69047/14 (20/16), juris, S. 1.

[245] Vgl. *Rissing-van Saan/Zimmermann*, in: LK-StGB, § 211, Rn. 1; *Schneider*, in: MüKo-StGB, § 211, Rn. 1.

[246] Vgl. *Schneider*, in: MüKo-StGB, § 211, Rn. 1; *Eschelbach*, in: BeckOK-StGB, § 212, Rn. 15.

[247] Vgl. BGH, Beschluss v. 22.09.1956 – GSSt. 1/56, NJW 1957, 70 (70); BGH, Urteil v. 02.12.1960, 4 StR 453/60, NJW 1961, 519 (520); *Rissing-van Saan/Zimmermann*, in: LK-StGB, vor § 211, Rn. 109; *Sinn*, in: SK-StGB, § 211, Rn 12; *Safferlin*, in: Matt/Rezikowski-StGB, § 211, Rn. 3.

Die Erfüllung eines Mordmerkmales ist ein zwingend zu erfüllendes Kriterium für die Feststellung, ob es sich bei der Täterin oder dem Täter um einen Mörder bzw. eine Mörderin handelt.[248] Die Mordmerkmale kennzeichnen, wie bereits erwähnt, besonders verwerfliche oder gefährliche vorsätzliche Tötungen und lassen sich nach den Beweggründen der Täterin oder des Täters, der Art und Weise der Tatausführung sowie dem mit der Tat verfolgten Zweck unterteilen.[249] Ob es sich bei Mord i. S. v. § 211 StGB um eine Qualifikation des Totschlags i. S. v. 212 StGB handelt oder ob es sich beim Mord und Totschlag um zwei selbstständige Straftatbestände handelt, ist strittig. Der BGH vertritt die Ansicht, dass Mord und Todschlag in einem Exklusivitätsverhältnis zueinander stehen und somit voneinander unabhängige Tatbestände sind.[250] In der Literatur wird dagegen die nahezu einhellige Ansicht vertreten, dass es sich bei Mord um eine Qualifikation des Totschlags handelt.[251]

Ist bei einer vorsätzlichen Tötung eines der Mordmerkmale erfüllt, sieht § 211 StGB grundsätzlich die Verhängung einer lebenslangen Freiheitsstrafe vor.[252]

Nach der Rechtsprechung des BGH kann jedoch in außergewöhnlich gelagerten Fallkonstellationen eine Strafrahmenverschiebung gem. § 49 Abs. 1 StGB ausnahmsweise gerechtfertigt sein, wenn die Verhängung einer lebenslangen Freiheitsstrafe mit dem verfassungsrechtlichen Grundsatz der Verhältnismäßigkeit unvereinbar erscheint.[253] Nach der durch den BGH entwickelten „Rechtsfolgenlösung“ müssen schuldmindernde Umstände besonderer Art vorliegen, sodass

---

[248] Vgl. *Wenkel*, in: NK-GS, § 211, Rn. 3; *Rissing-van Saan/Zimmermann*, in: LK-StGB, § 211, Rn. 1.

[249] Vgl. *Rissing-van Saan/Zimmermann*, in: LK-StGB, § 211, Rn. 1; *Schneider*, in: MüKo-StGB, § 211, Rn. 1; *Safferlin*, in: Matt/Rezikowski-StGB, § 211, Rn. 6.

[250] Vgl. BGH, Urteil v. 09.11.1951 – 2 StR 296/51, NJW 1952 110 (111); BGH, Urteil vom 20. 5. 1969 – 5 StR 658/68, NJW 1969, 1181; BGH, Urteil vom 25.07.1989 – 1 StR 479/88, NJW 1989, 2826; BGH, Urteil vom 12. 1. 2005 – 2 StR 229/04, NJW 2005, 997.

[251] Vgl. *Heger*, in: Lackner/Kühl-StGB, vor § 211, Rn. 22; *Schneider*, in: MüKo-StGB, vor § 211, Rn. 184; *Neumann*, in: NK-StGB, vor §§ 211–217, Rn. 154; *Safferlin*, in: Matt/Renzikowski-StGB, vor § 211, Rn. 6; *Sinn*, in: SK-StGB, § 212, Rn 3; *Rissing-van Saan/Zimmermann*, in: LK-StGB, § 212, Rn.1; *Eser/Sternberg-Lieben*, in: Schönke/Schröder-StGB, vor §§ 211 ff., Rn. 6.

[252] Vgl. *Wenkel*, in: NK-GS, § 211, Rn. 2.

[253] Vgl. BVerfG, Urteil v. 21.06.1977, BvL 14/76, NJW 1977, 1525 (1533); BGH Beschluss v. 19.5.1981, GSSt 1/81, NJW 1981, 1968 (1968); BGH, Urteil v. 01.07.2004, 3 StR 107/04, NStZ-RR 2004, 294 (294); *Schneider*, in: MüKo-StGB, § 211, Rn. 47; *Eser/Sternberg-Liegen*, in: Schönke/Schröder-StGB, § 211, Rn. 10a.

von einem *„Grenzfall“* des Mordes gesprochen werden kann.[254] Ausnahmekonstellationen können sich beispielsweise aus notstandsähnlichen, ausweglos erscheinenden Situationen ergeben, aus großer Verzweiflung begangener Taten, aus Mitleid oder aus „gerechtem Zorn“ auf Grund einer schweren Provokation. Zudem kommen zermürbende Konflikte oder schwere Kränkungen durch das Opfer in Betracht.[255]

Für die Anwendung der Rechtsfolgenlösung müssten besondere schuldmindernde Umstände vorliegen, die in ihrer Gewichtung mit den gesetzlichen Milderungsgründen vergleichbar sind. Im Hinblick auf die herausgehobene Bedeutung des Rechtsguts Leben, sind schuldmindernde Umstände jedoch stets kritisch zu prüfen.[256]

Insbesondere für besonders gelagerte Fälle der Heimtücke ist die Rechtsfolgenlösung anwendbar.[257] Für eine Strafrahmenverschiebung gelten sehr hohe Anforderungen, sodass die Rechtsfolgenlösung in der Praxis eine eher untergeordnete Rolle spielt.[258]

Die acht Mordmerkmale werden in drei Gruppen unterteilt. Bei den Mordmerkmalen der ersten Gruppe handelt es sich um Mordlust, Befriedigung des Geschlechtstriebes, Habgier und der sonstigen niedrigen Beweggründe.[259] Die Mordmerkmale der ersten Gruppe sind durch die besondere Verwerflichkeit der tatbezogenen Beweggründe gekennzeichnet.[260]

Die Mordmerkmale der zweiten Gruppe sind höchststrafwürdige Taten, die heimtückisch, grausam oder mit gemeingefährlichen Mitteln verübt werden und somit durch ihr äußeres Tatbild gekennzeichnet sind.[261] Bei den Merkmalen der

---

[254] BGH Beschluss v. 19.5.1981, GSSt 1/81, NJW 1981, 1968 (1968); BGH Urteil v. 22.09.1983, 4 StR 369/83, NStZ 1984, 20 (20).

[255] Vgl. BGH, Beschluss v. 19.05.1981, GSSt 1/81, NJW 1981, 1965 (1965); BGH, Urteil v. 21.02.2018, 5 StR 267/17, NStZ-RR 2018, 172 (174)

[256] Vgl. BGH, Beschluss v. 23.11.2004, 1 StR 331/04, NStZ 2005, 154 (155); BGH, Urteil v. 10.05.2005, 1 StR 30/05, BeckRS 2005, 6381 (6381); BGH, Urteil v. 21.02.2018, 5 StR 267/17, NStZ-RR 2018 172 (174)

[257] Vgl. BGH, Urteil v. 21.02.2018, 5 StR 267/17, NStZ-RR 2018, 172 (172); *Eser/Sternberg-Lieben*, in: Schönke/Schröder-StGB, § 211, Rn. 10a; *Schneider*, in: MüKo-StGB, § 211, Rn. 39; *Kett-Straub*, in: NK-StGB, § 49, Rn. 23.

[258] Vgl. *Saliger*, in: NK-StGB, § 211, Rn. 128.

[259] Vgl. *Schneider*, in: MüKo-StGB, § 211, Rn. 48; *Wenkel*, in: NK-GS, § 211, Rn. 3; *Safferlin*, in: Matt/Rezikowski-StGB, § 211, Rn. 9.

[260] Vgl. *Wenkel*, in: NK-GS, § 211, Rn. 21; *Safferlin*, in: Matt/Rezikowski-StGB, § 211, Rn. 3; *Schneider*, in: MüKo-StGB, § 211, Rn. 48.

[261] Vgl. *Schneider*, in: MüKo-StGB, § 211, Rn. 125; *Wenkel*, in: NK-GS, § 211, Rn. 3.

zweiten Gruppe handelt es sich um besonders gefährliche oder unmenschliche Taten, die durch ihre Art und Weise der Tatausführung gekennzeichnet sind.[262]

Bei der dritten und letzten Gruppe handelt es sich um Mordmerkmale, die durch Ermöglichungs- und/oder Verdeckungsabsicht gekennzeichnet sind.[263] Diese Merkmale zeichnen sich durch eine besondere Verwerflichkeit des Handlungszweckes aus.[264]

Der Tatbestand des Mordes i. S. d. § 211 StGB kann grundsätzlich auch durch Unterlassen erfüllt werden, sofern die Voraussetzungen des § 13 StGB erfüllt sind.[265] Die Auffassung, dass die Gleichstellung von Tun und Unterlassen in der lebenslangen Strafandrohung des § 211 StGB als unvereinbar mit dem Schuldprinzip zu sehen ist, ist zumindest mit der Möglichkeit der Milderung nach § 13 Abs. 2 StGB überholt.[266]

Für die vorliegende Arbeit ergeben sich insbesondere zwei relevante Mordmerkmale, die sich aus den untersuchten Tatkomplexen ergaben und deshalb an dieser Stelle näher ausgeführt werden. Es handelt sich hierbei um das Mordmerkmal der Heimtücke und um sonstige niedrige Beweggründe.[267]

Mörderin oder Mörder ist, wer *heimtückisch* die zum Tatzeitpunkt bestehende Arg- und Wehrlosigkeit des Opfers für seinen Angriff in feindlicher Willensrichtung bewusst ausnutzt und die Wehrlosigkeit des Opfers auf Arglosigkeit beruht.[268]

Besondere Beachtung findet das Mordmerkmal der Heimtücke in der vorliegenden Arbeit in den vier untersuchten Tötungsserien (Michaela G., Stephan L., Irene B., Niels H.). Die Täterinnen und Täter wurden jeweils u. a. wegen Mord aus Heimtücke verurteilt.[269]

---

[262] Vgl. *Fischer*: StGB, § 211, Rn. 33; *Wenkel*, in: NK-GS, § 211, Rn. 4; *Schneider*, in: MüKo-StGB, § 211, Rn. 125.

[263] Vgl. *Wenkel*, in: NK-GS, § 211, Rn. 3; *Schneider*, in: MüKo-StGB, § 211, Rn. 215.

[264] Vgl. *Fischer*: StGB, § 211, Rn. 62; *Wenkel*, in: NK-GS, § 211, Rn. 3 u. 32.

[265] Vgl. *Neumann*, in: NK-StGB, § 211, Rn. 2; *Wenkel*, in: NK-GS, § 211, Rn. 45.

[266] Vgl. *Rissing-van Saan/Zimmermann*, in: LK-StGB, § 211, Rn. 5.

[267] Vgl. LG Bonn, Urteil v. 22.02.2006, Ks 900 Js 581/05 – 24 G 3/05, Blatt 71, Hauptakte, Band II, Blatt 73; LG Kempten, Urteil v. 30.11.2006, 1 Ks 212 Js 14068/04, Seite 121, Hauptakte, Band XVI, Blatt 122; LG Berlin, Urteil v. 29.06.2007, (522) 1 Kap Js 1904/06 Ks (1/07), juris, S. 29; LG Oldenburg, Urteil v. 06.06.2019, 5 Ks 800 Js 54254/17 (1/18), juris, S. 137.

[268] Vgl. *Rissing-van Saan/Zimmermann*, in: LK-StGB, § 211, Rn. 93; *Sinn*, in: SK-StGB, § 211, Rn. 39.

[269] Vgl. LG Bonn, Urteil v. 22.02.2006, Ks 900 Js 581/05 – 24 G 3/05, Blatt 65, Hauptakte, Band II, Blatt 67; LG Kempten, Urteil v. 30.11.2006, 1 Ks 212 Js 14068/04, Seite 113, Hauptakte, Band XVI, Blatt 114; LG Berlin, Urteil v. 29.06.2007, (522) 1 Kap Js 1904/06 Ks (1/

Eine Täterin oder ein Täter handelt besonders verwerflich, wenn sie oder er das Opfer in einer hilflosen Lage überrascht und infolgedessen daran hindert, sich gegen den Angriff auf ihr oder sein Leben zu verteidigen oder zumindest diesen zu erschweren.[270] Die besondere Tatausführungsart hindert das Opfer an der Chance zum Selbstschutz, worin die Unrechtssteigerung der Heimtücke liegt.[271] Das Heimtückmerkmal ist durch eine besonders gefährliche Begehungsweise gekennzeichnet.[272] So liegt beispielsweise ein Mord aus Heimtücke vor, wenn die oder der mit Tötungsabsicht handelnde Täterin oder Täter das Opfer in einen Hinterhalt lockt bzw. ihr oder ihm eine Falle stellt.[273]

Heimtückisch handelt eine Täterin oder ein Täter mit Tötungsabsicht zudem, wenn sie oder er die eingeschränkte Verteidigungsfähigkeit des arglosen Opfers für seinen Angriff bewusst ausnutzt.[274] Rechnet das Opfer zum Tatzeitpunkt nicht mit einem Angriff auf ihr oder sein Leben, liegt Arglosigkeit vor. Arglosigkeit ist ein in der Bewusstseinslage des Opfers vorzufindender Zustand.[275] Denkbar wäre der Fall, in dem das Opfer der Täterin oder dem Täter besonderes Vertrauen entgegenbringt oder zumindest aus den Gesamtumständen nicht mit einem Angriff auf ihr oder sein Leben rechnen muss.[276]

Voraussetzung für Arglosigkeit ist die Fähigkeit des Opfers, Argwohn zu hegen.[277] Arglos ist eine Person, wenn sie sich zum Tatzeitpunkt keines Angriffs von Seiten der Täterin oder des Täters versieht. Ein heimliches Vorgehen der Täterin oder des Täters ist hierbei jedoch nicht erforderlich.[278]

Im Fall von beispielsweise bewusstlosen Patientinnen und Patienten in Einrichtungen des Gesundheitswesens, ist Arglosigkeit nicht zu bejahen, da bewusstlose Personen nicht in der Lage sein können, die böse Absicht der Täterin oder des

07), juris, S. 29; LG Oldenburg, Urteil v. 06.06.2019, 5 Ks 800 Js 54254/17 (1/18), juris, S. 134.

[270] Vgl. *Rissing-van Saan/Zimmermann*, in: LK-StGB, § 211, Rn. 95; *Sinn*, in: SK-StGB, § 211, Rn. 40.

[271] Vgl. *Sinn*, in: SK-StGB, § 211, Rn. 42; *Schneider*, in: MüKo-StGB, § 211, Rn. 149.

[272] Vgl. BGH, Beschluss v. 19.05.1981, GSSt 1/81, NJW 1981, 1965 (1967).

[273] Vgl. *Schneider*, in: MüKo-StGB, § 211, Rn. 149; *Rissing-van Saan/Zimmermann*, in: LK-StGB, § 211, Rn. 97.

[274] Vgl. *Rissing-van Saan/Zimmermann*, in: LK-StGB, § 211, Rn. 99; *Sinn*, in: SK-StGB, § 211, Rn. 42.

[275] Vgl. *Wenkel*, in: NK-GS, § 211, Rn. 8.

[276] Vgl. *Rissing-van Saan/Zimmermann*, in: LK-StGB, § 211, Rn. 100.

[277] Vgl. *Wenkel*, in: NK-GS, § 211, Rn. 10; *Schneider*, in: MüKo-StGB, § 211, Rn. 175.

[278] Vgl. *Schneider*, in: MüKo-StGB, § 211, Rn 151; *Wenkel*, in: NK-GS, § 211, Rn. 8; *Sinn*, in: SK-StGB, § 211, Rn. 40.

Täters zu erkennen.[279] So befinden sich nicht mehr ansprechbare Personen in einem unnatürlichen Zustand und können keine Erwartungen auf tätliches Verhalten haben.[280] Heimtücke kann jedoch dann bejaht werden, wenn die Täterin oder der Täter die Bewusstlosigkeit des Opfer selbst herbeiführt, um das Opfer anschließend unter Ausnutzung seiner Arg- und Wehrlosigkeit zu töten.[281]

Denkbar wäre zudem ein Mord aus Heimtücke, wenn die Täterin oder der Täter die Aufsichtsperson eines zu pflegenden Menschen weglockt oder ablenkt, um das pflegebedürftige Opfer, auch wenn es bewusstlos sein mag, zu töten, da es in dieser Tatvariante auf die Täuschung der schutzbereiten Aufsichtsperson ankommt.[282]

Umstritten ist jedoch, ob die Arglosigkeit schutzbereiter Dritter tatsächlich auf Ablenkung oder Weglocken durch die Täterin oder den Täter der beruhen muss. So konnte auch das Landgericht Oldenburg in einem ersten Verfahren gegen den Krankenpfleger Niels H., der auf einer Intensivstation versuchte, Patientinnen und Patienten zu töten, das Mordmerkmal der Heimtücke nicht feststellen, weil die Kolleginnen und Kollegen nicht zielgerichtet von ihrer pflegerischen Tätigkeit gegenüber der geschädigten Person durch den Täter abgelenkt oder in Sicherheit gewogen wurden.[283]

Der BGH ist jedoch der Ansicht, dass das Ausnutzen der Arg- und Wehrlosigkeit nicht daran scheitert, dass die Täterin oder der Täter den schutzbereiten Dritten gezielt habe ausschalten müssen, um ihre oder seine Tat ungehindert ausführen zu können.[284] Vielmehr ist ausreichend, dass die Täterin oder der Täter, die erkannte Arglosigkeit bewusst für seine Tat ausnutzt, unabhängig davon, worauf die Arglosigkeit des schutzbereiten Dritten beruht.[285] Des Weiteren steht dem Mordmerkmal der Heimtücke nicht entgegen, dass die Täterin oder der Täter selbst zum besonderen Schutz der geschädigten Person verpflichtet ist.[286]

---

[279] Vgl. BGH, Urteil v. 18.10.2007 – 3 StR 226/07, NStZ 2008, 93 (94); *Wenkel*, in: NK-GS, § 211, Rn. 9; *Rissing-van Saan/Zimmermann*, in: LK-StGB, § 211, Rn. 104; *Schneider*, in: MüKo-StGB, § 211, Rn 175; *Sinn*, in: SK-StGB, § 211, Rn. 4.

[280] Vgl. BGH, Beschluss v. 29.04.1997 – 4 StR 158/97, NStZ 1997, 490 (491); *Wenkel*, in: NK-GS, § 211, Rn. 9; *Schneider*, in: MüKo-StGB, § 211, Rn. 175.

[281] Vgl. *Sinn*, in: SK-StGB, § 211, Rn. 41; *Schneider*, in: MüKo-StGB, § 211, Rn. 179.

[282] Vgl. *Schneider*, in: MüKo-StGB, § 211, Rn. 178; *Rissing-van Saan/Zimmermann*, in: LK-StGB, § 211, Rn. 98.

[283] Vgl. BGH, Urteil v. 18.10.2007, 3 StR 226/07, NStZ 2008, 93 (94).

[284] Vgl. BGH, Urteil v. 18.10.2007, 3 StR 226/07, NStZ 2008, 93 (94).

[285] Vgl. BGH, Urteil v. 18.10.2007, 3 StR 226/07, NStZ 2008, 93 (94).

[286] Vgl. BGH, Urteil v. 18.10.2007, 3 StR 226/07, NStZ 2008, 93 (94).

Anders als bei bewusstlosen Personen ist bei Schlafenden Arglosigkeit anzunehmen, sofern das Opfer vor dem Einschlafen keinen Argwohn hegte und die Arglosigkeit mit in den Schlaf genommen hat, was grundsätzlich angenommen wird.[287]

Die Wehrlosigkeit des Opfers liegt dann vor, wenn eine auf Grund der Arglosigkeit vorliegende Reduzierung der Verteidigungsbereitschaft und -fähigkeit vorliegt.[288] So ist von Wehrlosigkeit auszugehen, wenn in dem Moment des mit Tötungsabsicht vorliegenden Angriffes das Opfer der Täterin oder dem Täter nichts Wirkungsvolles entgegensetzen kann.[289]

Der BGH verlangt als zusätzliches Merkmal der Heimtücke, dass eine Tat in feindlicher Willensrichtung erfolgen muss.[290] Die feindselige Haltung der Täterin oder des Täters zeigt sich in der für die Tötung auszunutzenden Arg- und Wehrlosigkeit des Tatopfers.[291] Es kann an der feindlichen Willensrichtung fehlen, wenn eine Täterin oder ein Täter zum (vermeintlich) Besten des Opfers handelt.[292]

Die feindliche Willensrichtung kann grundsätzlich nur dann entfallen, wenn die Tötung dem ausdrücklichen Willen oder einer objektiv nachvollziehbaren

---

[287] Vgl. *Rissing-van Saan/Zimmermann*, in: LK-StGB, § 211, Rn. 106; *Wenkel*, in: NK-GS, § 211, Rn. 9; *Schneider*, in: MüKo-StGB, § 211, Rn. 179; *Sinn*, in: SK-StGB, § 211, Rn. 41.

[288] Vgl. *Wenkel*, in: NK-GS, § 211, Rn. 12; *Schneider*, in: MüKo-StGB, § 211, Rn. 181; *Sinn*, in: SK-StGB, § 211, Rn. 41.

[289] Vgl. *Rissing-van Saan/Zimmermann*, in: LK-StGB, § 211, Rn. 113; *Schneider*, in: MüKo-StGB, § 211, Rn. 182; *Sinn*, in: SK-StGB, § 211, Rn. 41.

[290] Vgl. BGH, Beschluss v. 22.09.1956, GSSt. 1/56, NJW, 1957, 70 (70); BGH, Urteil v. 27.09.1977, 1 StR 470/77, NJW 1978, 709 (709); BGH, Urteil v. 08.05.1991, 3 StR 467/90, NStZ 1992, 34 (35); BGH, Urteil v. 22.11.1994, 1 StR 626/94, NStZ 1995 230, (231); BGH, Urteil, v. 10.03.2006, 2 StR 561/05, NStZ 2006, 338 (339); ein Teil des Schrifttums ist der Ansicht, dass neben der Arg- und Wehrlosigkeit zur Bejahung einer heimtückischen Begehung, ein besonders verwerflicher Vertrauensbruch vorliegen muss, vgl. *Eser/Sternberg-Lieben*, in: Schönke/Schröder-StGB, § 211 Rn. 26. Eine weitere Ansicht verlangt bei der Gesamtwürdigung eine (positive/negative) Typenkorrektur, wonach eine heimtückische Tötung nur dann vorliegt, wenn die Tat von besonderer Verwerflichkeit getragen ist, vgl. *Neumann,* in: NK-StGB, vor § 211–217, Rn. 160. Der BGH lehnt die „besondere Verwerflichkeit" als ungeschriebenes Tatbestandsmerkmal jedoch ab, da das Kriterium zu unbestimmt sei, vgl. BGH, Beschluss v. 25.08.2010, 1 StR 393/10, BeckRS 2010, 23039 (23039); BGH, Beschluss v. 22.09.1956, GSSt. 1/56, NJW 1957, 70 (70).

[291] Vgl. BGH, Beschluss v. 22.09.1956, GSSt. 1/56, NJW, 1957, 70 (71).

[292] Vgl. BGH, Urteil v. 08.05.1991 – 3 StR 467/90, NStZ 1992, 34 (35); BGH, Urteil v. 22.11.1994, 1 StR 626/94, NStZ 1995, 230 (231); BGH, Urteil, v. 10.03.2006, 2 StR 561/05, NStZ 2006, 338 (339).

Wertung des mutmaßlichen Willens eines nicht mehr zur autonomen Entscheidung fähigen Opfers entspricht.[293] Für anders gelagerte Ausnahmefälle kann eine Strafrahmenverschiebung gem. § 49 Abs. 1 StGB im Sinne der bereits erwähnten Rechtsfolgenlösung in Betracht kommen.[294]

Das Mordmerkmal der Heimtücke kann entfallen, wenn eine Tötung aus Mitleid dem Opfer gegenüber – wie auch in einzelnen untersuchten Fällen der vorliegenden Arbeit[295] – und somit ohne feindliche Willensrichtung erfolgt.[296] Das Mordmerkmal der Heimtücke kann dann entfallen, wenn die Täterin oder der Täter eine todkranke Patientin bzw. einen todkranken Patienten tötet, um ihr oder ihm schwerstes Leiden zu ersparen.[297]

Das Mitleid muss sich hierbei aus einer objektiv nachvollziehbaren Wertung der Täterin oder des Täters, die der Vermeidung schwersten Leidens den Vorrang gibt, ergeben.[298]

Ein privilegierungsfähiges Mitleidsmotiv ist im Einzelfall jedoch genau zu prüfen, da das vorgegebene Motiv möglicherweise auch aus narzisstisch geprägten und individuellen Vorstellungen der Täterin oder des Täters über den Wert des Lebens beruhen kann und sie oder er mit ihren oder seinen Wertmaßstäben über Leben und Tod entscheidet.[299]

So kann sich gerade in einer oberflächlich vorhandenen Mitleidmotivation einer Täterin oder eines Täters die Feindseligkeit gegenüber dem Lebensrecht einer schwer erkrankten Person zeigen.[300] Zumal, wenn das Opfer sich im

[293] Vgl. BGH, Urteil, v. 19.06.2019, 5 StR 128/19, NJW 2019, 2413 (2413); bei einer Tötung auf Verlangen ist § 216 StGB einschlägig, siehe hierzu Gliederungspunkt 2.7 in diesem Kapitel.

[294] Vgl. BGH, Beschluss v. 19.5.1981, GSSt 1/81, NJW 1981 (1968); *Schneider*, in: MüKo-StGB, § 211, Rn. 47; *Eser/Sternberg-Lieben*, in: Schönke/Schröder-StGB, § 211, Rn. 10a.

[295] Vgl. LG Bonn, Urteil v. 22.02.2006, Ks 900 Js 581/05 – 24 G 3/05, Blatt 65, Hauptakte, Band II, Blatt 67; LG Kempten, Urteil v. 30.11.2006, 1 Ks 212 Js 14068/04, Seite 117, Hauptakte, Band XVI, Blatt 118.

[296] Vgl. BGH, Urteil v. 08.05.1991 – 3 StR 467/90, NStZ 1992, 34 (35); BGH, Beschluss v. 22.09.1956, GSSt. 1/56, NJW 1957, 70 (71).

[297] Vgl. BGH, Urteil v. 08.05.1991 – 3 StR 467/90, NStZ 1992, 34 (35); BGH, Urteil v. 18.10.2007 – 3 StR 226/07, NStZ 2008, 93 (94); *Sinn*, in: SK-StGB, § 211, Rn. 42; *Schneider*, in: MüKo-StGB, § 211, Rn. 150 u.199; *Wenkel*, in: NK-GS, § 211, Rn. 14.

[298] Vgl. BGH, Urteil v. 08.05.1991 – 3 StR 467/90, NStZ, 34 (35); *Schneider*, in: MüKo-StGB, § 211, Rn. 199.

[299] Vgl. *Schneider*, in: MüKo-StGB, § 211, Rn. 199; *Saliger*, in: NK-StGB, § 211, Rn. 73; hierzu auch Kapitel 3 „Auswertung verübter Tötungsserien im Gesundheitswesen“.

[300] Vgl. BGH, Urteil v. 18.10.2007, 3 StR 226/07, NStZ 2008, 93 (94); BGH, Urteil v. 08.05.1991, 3 StR 467/90, NStZ 1992, 34 (35).

Koma befindet und weder seinen Zustand realisiert, noch Schmerzen erleidet und Angehörige möglicherweise um das Leben kämpfen.[301]

Nicht näher konkret benannte Merkmale einer Tat, die nicht unter einem anderen Mordmerkmal erfasst sind, aber dennoch mordtypische und höchst strafwürdige Taten sind, werden unter dem Mordmerkmal *sonstige niedrige Beweggründe* erfasst.[302] Charakteristisch sind derartige Taten, die nach sittlicher Wertung auf niedrigster Stufe stehen und somit besonders verwerflich sind.[303] Beispielsweise können enthemmte, eigensüchtige und als rücksichtslos gekennzeichnete Taten in Bezug auf die anerkannte Sozialmoral unter Berücksichtigung der Gesamtschau besonders verwerflich und geradezu verachtenswert sein, sodass die maximale Strafandrohung in Betracht kommt.[304] Besonders verachtenswert und verwerflich sei eine Tat dann, wenn die Tötung in besonderem Maße sowie in der Art und Weise von dem eines Totschlages abweicht.[305]

In den in der vorliegenden Arbeit untersuchten Tötungsserien, wurden in insgesamt 90 Fällen sonstige niedrige Beweggründe durch die Gerichte als Mordmerkmal angenommen.[306]

2.7 Tötung auf Verlangen i. S. v. § 216 StGB

Für die Verwirklichung der Tötung auf Verlangen i. S. v. § 216 StGB werden sämtliche Merkmale des objektiven und subjektiven Tatbestandes des Totschlages i. S. v. § 212 StGB vorausgesetzt.[307] Die Tathandlung der Strafvorschrift ist die vorsätzliche Tötung eines anderen Menschen, weshalb die Beteiligung an einem

[301] BGH, Urteil v. 18.10.2007, 3 StR 226/07, NStZ 2008, 93 (94).

[302] Vgl. *Schneider*, in: MüKo-StGB, § 211, Rn. 70; *Sinn*, in: SK-StGB, § 211, Rn. 20.

[303] Vgl. *Wenkel*, in: NK-GS, § 211, Rn. 25; *Rissing-van Saan/Zimmermann*, in: LK-StGB, § 211, Rn. 20; *Schneider*, in: MüKo-StGB, § 211, Rn. 70; *Sinn*, in: SK-StGB, § 211, Rn. 21.

[304] Vgl. *Schneider*, in: MüKo-StGB, § 211, Rn. 70/73; *Sinn*, in: SK-StGB, § 211, Rn. 21.

[305] Vgl. *Sinn*, in: SK-StGB, § 211, Rn. 21; *Rissing-van Saan/Zimmermann*, in: LK-StGB, § 211, Rn. 61; *Schneider*, in: MüKo-StGB, § 211, Rn. 72.

[306] Vgl. LG Berlin, Urteil v. 29.06.2007, (522) 1 Kap Js 1904/06 Ks (1/07), juris, S. 29; LG Oldenburg, Urteil v. 06.06.2019, 5 Ks 800 Js 54254/17 (1/18), juris, S. 134; in 79 Fällen wurden jeweils Heimtücke sowie das Mordmerkmal der sonstigen niedrigen Beweggründe angenommen. Die einzelnen Fallkonstellationen sind im nachfolgenden Kapitel 3 dargestellt.

[307] Vgl. *Eser/Sternberg-Lieben*, in: Schönke/Schröder-StGB, § 216, Rn. 3; *Schneider*, in: MüKo-StGB, § 216, Rn. 9; *Knauer/Brose*, in: Spickhoff Medizinrecht-StGB, § 216, Rn. 13; *Heger*, in: Lackner/Kühl/Heger-StGB, § 216, Rn. 1.

freiverantwortlichen Suizid nicht durch die Strafbestimmung des § 216 StGB erfasst ist.[308]

Voraussetzung für eine Tötung auf Verlangen i. S. v. § 216 StGB ist, dass ein ausdrückliches sowie ernstliches Tötungsverlangen der lebensmüden Person vorliegt.[309] Erforderlich ist hierzu eine zielgerichtete und willensbetätigende Einwirkung des Opfers auf die Täterin oder auf den Täter.[310] Zudem muss ein durch das Verlangen hervorgerufener Tatentschluss vorliegen.[311]

Der Privilegierungsgrund der Tötung auf Verlangen wird zum Teil auf die Minderung des Unrechtsgehalts durch die Disposition der Rechtsgutsträgerin oder des Rechtsgutsträgers über das tatbestandliche Schutzobjekt zurückgeführt.[312] Durch die Strafmilderung soll das „suizidähnliche" Verlangen der lebensmüden Person, durch das die Täterin oder der Täter geleitet ist, Berücksichtigung finden, da durch den Rechtsgutverzicht das Unrecht der Tat gemindert ist.[313] Zudem wird teilweise auf die Schuldminderung infolge einer Konfliktlage (z. B. Mitleid) abgestellt.[314]

Das Tötungsverlangen bedarf – unter den Voraussetzungen der Einwilligungsgrundsätze – der autonomen und defektfreien Willensentscheidung des Opfers.[315]

---

[308] Vgl. *Schneider*, in: MüKo-StGB, § 216, Rn. 9; *Eser/Sternberg-Lieben*, in; Schönke/Schröder-StGB, § 216, Rn. 1a; *Saliger*, in: NK-StGB, § 216, Rn. 5; *Knauer/Brose*, in: Spickhoff Medizinrecht-StGB, § 216, Rn. 13.

[309] Vgl. *Eser/Sternberg-Lieben*, in; Schönke/Schröder-StGB, § 216, Rn. 4; *Schneider*, in: MüKo-StGB, § 216, Rn. 12.

[310] Vgl. *Saliger*, in: NK-StGB, § 216, Rn. 10; *Eser/Sternberg-Lieben*, in; Schönke/Schröder-StGB, § 216, Rn. 5; *Knauer/Brose*, in: Spickhoff Medizinrecht-StGB, § 216, Rn. 41.

[311] Vgl. *Schneider*, in: MüKo-StGB, § 216, Rn. 10; *Saliger*, in: NK-StGB, § 216, Rn. 17; *Eser/Sternberg-Lieben*, in; Schönke/Schröder-StGB, § 216, Rn. 13.

[312] Vgl. *Knauer/Brose*, in: Spickhoff Medizinrecht-StGB, § 216, Rn. 1; *Saliger*, in: NK-StGB, § 216, Rn. 2; *Schneider*, in: MüKo-StGB, § 216, Rn. 1.

[313] Vgl. *Saliger*, in: NK-StGB, § 216, Rn. 2; *Schneider*, in: MüKo-StGB, § 216, Rn. 1; *Knauer/Brose*, in: Spickhoff Medizinrecht-StGB, § 216, Rn. 1.

[314] Vgl. *Eser/Sternberg-Lieben*, in; Schönke/Schröder-StGB, § 216, Rn. 1; *Saliger*, in: NK-StGB, § 216, Rn. 7; *Heger*, in: Lackner/Kühl/Heger-StGB, § 216, Rn. 1.

[315] Vgl. BGH, Urteil v. 22.01.1981, 4 StR 480/80, NJW 1981, 932 (932); *Schneider*, in: MüKo-StGB, § 216, Rn. 12; *Saliger*, in: Kindhäuser/Neumann/Pfaeffgen/Saliger-StGB, § 216, Rn. 14.

Das Tatopfer muss den Wunsch, sterben zu wollen, verlangen. „Verlangen" geht über ein bloßes Geschehenlassen oder Hinnehmen einer Tötung hinaus.[316]

Voraussetzung ist, dass *„[...] eine auf das Vorstellungsbild des Erklärungsadressaten abzielende Einwirkung in Form einer Willenäußerung des Opfers [vorliegt]."*[317]

Sofern das Opfer durch sein Verhalten darauf abzielt, den Entschluss der Täterin oder des Täters zur Tatbegehung hervorzurufen, liegt ein tatbestandliches Verlangen vor.[318]

Daneben wird partiell ein nachdrückliches, nicht ganz leidenschaftsloses Anstreben des Sterbewunsches der lebensmüden Person verlangt.[319]

Nicht erforderlich ist, dass die Initiative zur Tatbegehung stets vom Opfer ausgehen muss.[320] Die Strafvorschrift ist auch dann einschlägig, wenn die Anregung zur Tatverwirklichung von Dritten oder gar von der Täterin oder dem Täter ausgeht, solange das Tötungsverlangen auf der freien Willensentscheidung der getöteten Person beruht.[321]

In der Regel ist das Verlangen an eine bestimmte Person gerichtet, die sich typischerweise in einem Beziehungsverhältnis[322] zu dem Opfer befindet.[323] Möglich ist, dass der Empfänger der Erklärung nicht zwangläufig auch der Adressat sein muss, sondern dieser die Aufforderung als Bote an die von dem Opfer ausgewählte Person weiterleitet.[324]

---

[316] Vgl. BGH, Urteil v. 22.04.2005, 2 StR 310/04, NJW, 1876 (1879); *Saliger,* in: NK-StGB, § 216, Rn. 10; *Eser/Sternberg-Liegen,* in; Schönke/Schröder-StGB, § 216, Rn. 5; *Schneider,* in: MüKo-StGB, § 216, Rn. 13; *Heger*, in: Lackner/Kühl/Heger-StGB, § 216, Rn. 2; *Knauer/Brose*, in: Spickhoff Medizinrecht-StGB, § 216, Rn. 41.

[317] Schneider, in: MüKo-StGB, § 216, Rn. 13.

[318] Vgl. *Saliger,* in: NK-StGB, § 216, Rn. 10; *Eser/Sternberg-Lieben*, in; Schönke/Schröder-StGB, § 216, Rn. 5; *Schneider*, in: MüKo-StGB, § 216, Rn. 13.

[319] Vgl. *Schneider*, in: MüKo-StGB, § 216, Rn. 13; in einzelnen Fällen: Eser/Sternberg-Lieben, in; Schönke/Schröder-StGB, § 216, Rn. 5.

[320] Vgl. *Eser/Sternberg-Lieben*, in; Schönke/Schröder-StGB, § 216, Rn. 5; *Schneider*, in: MüKo-StGB, § 216, Rn. 14; *Knauer/Brose*, in: Spickhoff Medizinrecht-StGB, § 216, Rn. 41.

[321] Vgl. *Schneider*, in: MüKo-StGB, § 216, Rn. 14; *Eser/Sternberg-Lieben*, in: Schönke/Schröder-StGB, § 216, Rn. 5; Knauer/Brose, in: Spickhoff Medizinrecht-StGB, § 216, Rn. 41.

[322] Bswp.: Pflegebeziehung, familiäre Beziehung, Partner- oder Freundschaftsbeziehung.

[323] Vgl. BGH, Urteil v. 14.09.2011, 2 StR 145/11, NStZ 2012 85 (86); BGH, Beschluss v. 25.11.1986, 1 StR 613/86, NJW 1987, 1092 (1093); BGH, Urteil v. 07.10.2010, 3 StR 168/10, NStZ 340 (341); *Schneider*, in: MüKo-StGB, § 216, Rn. 15.

[324] Vgl. *Saliger*, in: NK-StGB, § 216, Rn. 11; *Schneider*, in: MüKo-StGB, § 216, Rn. 15.

Für die Anwendbarkeit der Strafnorm ist es zudem nicht erforderlich, dass sich die Aufforderung an eine konkrete Person richtet.[325] Als Erklärungsempfänger ist beispielsweise auch ein begrenzter Personenkreis – etwa die Familie – möglich.[326]

An die Allgemeinheit gerichtete unspezifische Aufforderungen zur Tötung sind ebenfalls möglich, sollten aber kritisch auf *„[deren] situationsübergreifende Willensfestigkeit"* geprüft werden.[327]

Außenstehende Personen, die nicht Erklärungsempfänger sind, werden – unabhängig davon, ob sie von dem Sterbewunsch Kenntnis hatten – nicht von § 216 StGB erfasst. Auch die Weitergabe des Sterbewunsches durch den Erklärungsempfänger an einen Dritten ist nicht möglich.[328]

Daneben können auch bestimmte Tatmodalitäten, die z. B. in dem Wunsch nach einem friedlichen Sterbevorgang durch Giftbeibringung liegen, die Privilegierung des § 216 StGB ausschließen, wenn die Täterin oder der Täter das Opfer bspw. erschießt.[329]

Bei Personen, die zum Ausdruck bringen, dass sie bspw. auf Grund von Alter oder schwerer Krankheit das Leben nicht mehr ertragen würden, kann ein auf die Tötung gerichtetes spezifisches Verlangen nicht angenommen werden.[330] Voraussetzung ist, dass das Verlangen nach der Tötung ausdrücklich durch die lebensmüde Person artikuliert wird.[331] Erforderlich ist ein unmissverständlich und deutlicher Wunsch, zu sterben.[332] Möglich ist auch, dass das Verlangen zu

---

[325] Vgl. *Schneider*, in: MüKo-StGB, § 216, Rn. 15; *Eser/Sternberg-Lieben*, in; Schönke/Schröder-StGB, § 216, Rn. 6.

[326] Vgl. *Eser/Sternberg-Lieben*, in; Schönke/Schröder-StGB, § 216, Rn. 6.

[327] *Schneider*, in: MüKo-StGB, § 216, Rn. 15.

[328] Vgl. *Schneider*, in: MüKo-StGB, § 216, Rn. 16; *Eser/Sternberg-Lieben*, in; Schönke/Schröder-StGB, § 216, Rn. 6.

[329] Vgl. *Eser/Sternberg-Lieben*, in; Schönke/Schröder-StGB, § 216, Rn. 6; *Schneider*, in: MüKo-StGB, § 216, Rn. 16 Saliger, in: NK-StGB, § 216, Rn. 11; *Knauer/Brose*, in: Spickhoff Medizinrecht-StGB, § 216, Rn. 41.

[330] Vgl. *Schneider*, in: MüKo-StGB, § 216, Rn. 18; *Eser/Sternberg-Lieben*, in; Schönke/Schröder-StGB, § 216, Rn. 8; *Saliger*, in: NK-StGB, § 216, Rn. 13.

[331] Vgl. BGH, Urteil v. 14.09.2011, 2 StR 145/11, NStZ 2012 85 (86).

[332] Vgl. *Eser/Sternberg-Lieben*, in; Schönke/Schröder-StGB, § 216, Rn. 7; *Schneider*, in: MüKo-StGB, § 216, Rn. 18; *Saliger*, in: NK-StGB, § 216, Rn. 13; *Knauer/Brose*, in: Spickhoff Medizinrecht-StGB, § 216, Rn. 42.

sterben durch die lebensmüde Person in Frageform gekleidet wird.[333] Grundsätzlich kommen als Tötungsverlangen zudem auch Gebärden oder unzweideutige Gesten in Frage.[334]

Sterbewünsche, die lediglich durch Interpretationen erahnt und schließlich in die Tat umgesetzt werden, sind von § 216 StGB nicht erfasst.[335]

Neben dem ausdrücklichen Tötungsverlangen, muss die Aufforderung zudem ernstlich sein.[336] Hierzu ist ein *„subjektiv frei verantwortlicher Willensentschluss des Opfers*" notwendig.[337]

Die lebensmüde Person muss über eine natürliche Urteils- und Einsichtsfähigkeit verfügen, um die Tragweite und Konsequenzen ihres Entschlusses überblicken und abwägen zu können.[338] Das Tötungsverlangen, das beiläufig verbalisiert, situativ (z. B. Augenblicksstimmung) oder unter dem Einfluss berauschender Mittel erklärt wird, entspricht den Anforderungen der Strafvorschrift nicht.[339]

---

[333] Vgl. BGH, Beschluss v. 25.11.1986, 1 StR 613/86, NJW 1987, 1092 (1093); *Eser/Sternberg-Lieben*, in; Schönke/Schröder-StGB, § 216, Rn. 7; *Heger*, in: Lackner/Kühl/Heger-StGB, § 216, Rn. 2; *Saliger*, in: Kindhäuser/Neumann/Pfaeffgen/Saliger-StGB, § 216, Rn. 13; *Knauer/Brose*, in: Spickhoff Medizinrecht-StGB, § 216, Rn. 42.

[334] Vgl. *Eser/Sternberg-Lieben*, in; Schönke/Schröder-StGB, § 216, Rn. 7; *Schneider*, in: MüKo-StGB, § 216, Rn. 18; *Saliger*, in: Kindhäuser/Neumann/Pfaeffgen/Saliger-StGB, § 216, Rn. 13; *Knauer/Brose*, in: Spickhoff Medizinrecht-StGB, § 216, Rn. 42.

[335] Vgl. *Schneider*, in: MüKo-StGB, § 216, Rn. 18; *Eser/Sternberg-Lieben*, in; Schönke/Schröder-StGB, § 216, 32 Rn. 7.

[336] Vgl. BGH, Urteil v. 22.01.1981, 4 StR 480/80, NJW 1981, 932 (932); BGH, Urteil v. 14.09.2011, 2 StR 145/11, NStZ 2012 85 (86); *Schneider*, in: MüKo-StGB, § 216, Rn. 19; *Eser/Sternberg-Lieben*, in; Schönke/Schröder-StGB, § 216, Rn. 7; *Knauer/Brose*, in: Spickhoff Medizinrecht-StGB, § 216, Rn. 43.

[337] Eser/Sternberg-Lieben, in; Schönke/Schröder-StGB, § 216, Rn. 7.

[338] Vgl. BGH, Urteil v. 22.01.1981, 4 StR 480/80, NJW 1981, 932 (932); BGH, Urteil v. 07.10.2010, 3 StR 168/10, NStZ 340 (341); BGH, Urteil v. 14.09.2011, 2 StR 145/11, NStZ 2012 85 (86); *Eser/Sternberg-Lieben*, in; Schönke/Schröder-StGB, § 216, Rn. 8; *Saliger*, in: NK-StGB, § 216, Rn. 14.

[339] Vgl. BGH, Urteil v. 07.10.2010, 3 StR 168/10, NStZ 340 (341); BGH, Urteil v. 14.09.2011, 2 StR 145/11, NStZ 2012 85 (86); *Eser/Sternberg-Lieben*, in; Schönke/Schröder-StGB, § 216, Rn. 8; *Heger*, in: Lackner/Kühl/Heger-StGB, § 216, Rn. 2; *Saliger*, in: NK-StGB, § 216, Rn. 14; *Knauer/Brose*, in: Spickhoff Medizinrecht-StGB, § 216, Rn. 43.

Das Tötungsverlangen der lebensmüden Person muss für den Tatentschluss der Täterin oder des Täters ursächlich sein.[340] Nicht erforderlich ist, dass das Tötungsverlangen einziger Tatantrieb ist, zumindest aber „handlungsleitend" und wesentlicher Beweggrund innerhalb eines Motivbündels.[341]

War eine Täterin oder ein Täter bereits vor dem Tötungsverlangen endgültig zur Tat entschlossen, scheidet § 216 StGB aus. Dies ist auch der Fall, wenn die Täterin oder der Täter nicht auf Grund der Willensäußerungen des Opfers zur Tat geleitet war, sondern auf Grund anderer Umstände.[342]

Möglich ist jedoch eine Tatvariante, nach der die Tötung des Opfers bereits im Vorfeld von der Täterin oder dem Täter erwogen wurde, die konkrete Tatverwirklichung jedoch von dem ausdrücklichen Verlangen des Opfers, sterben zu wollen, abhängig gemacht wurde.[343]

In der vorliegenden Untersuchung wurden zwar nur in zwei Fällen von den Landgerichten Tötung auf Verlangen i. S. v. § 216 StGB angenommen, jedoch haben die Täterinnen und Täter mehrfach angegeben, die Tötungshandlungen auf Verlangen durchgeführt zu haben.[344]

---

[340] Vgl. *Heger*, in: Lackner/Kühl/Heger-StGB, § 216, Rn. 2; *Schneider*, in: MüKo-StGB, § 216, Rn. 24; Eser/Sternberg-Lieben, in; Schönke/Schröder-StGB, § 216, Rn. 9; *Saliger*, in: NK-StGB, § 216, Rn. 16;

[341] BGH, Urteil v. 22.04.2005, 2 StR 310/04, NJW, 1876 (1879; *Schneider*, in: MüKo-StGB, § 216, Rn. 25; Eser/Sternberg-Lieben, in; Schönke/Schröder-StGB, § 216, Rn. 9; *Saliger*, in: NK-StGB, § 216, Rn. 16.

[342] Vgl. BGH, Urteil v. 22.04.2005, 2 StR 310/04, NJW, 1876 (1879; *Schneider*, in: MüKo-StGB, § 216, Rn. 25; *Heger*, in: Lackner/Kühl/Heger-StGB, § 216, Rn. 2.

[343] Vgl. *Schneider*, in: MüKo-StGB, § 216, Rn. 25; *Eser/Sternberg-Lieben*, in; Schönke/Schröder-StGB, § 216, Rn. 5.

[344] Vgl. Tathandlungen unter 3.4.1 und Besonderheiten in Bezug auf Tötungen auf Verlangen unter 3.4.8.

Auswertung Tötungsserien im Gesundheitswesen

3

3.1 Methodenwahl

Im Rahmen des vorliegenden ersten methodischen Teils der Arbeit, wurde als Methode eine Dokumentenanalyse von qualitativen Daten gewählt.

Die Analyse von Strafverfahrensakten als qualitative Methode erscheint dem Autor als sinnvoll, da so eine größere Offenheit sowie Flexibilität in der Informationsgewinnung besteht, als es bei einer quantitativen Datenerhebung der Fall wäre.[1] Des Weiteren sind Dokumente beständig und können im Gegensatz zu Interviews oder interpretationsbedürftiger Beobachtungen, die auch einen qualitativen Ansatz verfolgen, exakter ausgewertet werden.[2]

Die quantitative Datenerhebung bietet sich an, um eine Vielzahl von Daten über eine große räumliche Distanz zu ermitteln, statistisch auszuwerten sowie eine möglichst große Stichprobe zu erreichen.[3]

Die Aktenanalyse ist für die Umsetzung des Forschungsvorhabens unverzichtbar, da sie alle wesentlichen Informationen zum tatsächlichen Tatgeschehen enthält und die Erkenntnisse aus den jeweiligen Strafverfahren nachvollziehbar aufarbeitbar macht, um diese anschließend miteinander zu vergleichen. Die Akten bieten hierzu alle nötigen Voraussetzungen, da sie standardisiert angelegt werden und frei von wissenschaftlichen Fragestellungen sind.

---

[1] Vgl. Winter: Quantitative vs. Qualitative Methoden (letzter Zugriff am 25.10.2022).

[2] Vgl. *Röhl*: Rechtssoziologie, S. 123.

[3] Vgl. *Mengold*: Schriftlich-postalische Befragung, S. 3.

L. Kuhlmann, *Tötungsdelikte im Gesundheitswesen und die Bedeutung von Compliance-Management-Systemen*,
https://doi.org/10.1007/978-3-658-48764-5_3

Die Verwendung bereits verfügbarer anonymisierter Daten erfüllt den Forschungszweck nicht in der notwendigen Vollständigkeit, da die erhobenen Daten unvollständig und die Erhebungskriterien unbekannt sein können. Nur ein Einblick in die Strafverfahrensakten selbst ermöglicht eine freie und selbstständige Auswertung im Rahmen des Forschungsvorhabens.

Die Aktenanalyse von verübten und abgeurteilten Tötungsserien im Gesundheitswesen erfolgte zwischen Mitte 2021 und dem Mitte 2023 für diese Arbeit.

Das Ziel der qualitativen Datenerhebung besteht darin, Tötungsdelikte im Gesundheitswesen auf mögliche Gemeinsamkeiten im Hinblick auf kriminalistische und kriminologische Faktoren zu analysieren. Diese können beispielsweise täter-, opfer- und tatbezogene Besonderheiten sein, sich aus den Tatorten selbst oder aus möglichen personellen und strukturellen Faktoren im Kontext der jeweiligen Arbeitsstellenumfelder ergeben. Aus den Informationen, die sich aus den Akten ergeben, sollen so weiterführende Aussagen zum Phänomen von Tötungsdelikten im Gesundheitswesen abgeleitet werden.

Die gewonnenen Daten sollen zudem verschiedene Fragestellungen innerhalb der Forschungsarbeit beantworten sowie zur Konzeptionierung von Fragen und Antwortmöglichkeiten für eine bundesweite Befragung von Krankenhausträgern herangezogen werden.

3.1.1 Erhebungsraster

Für die einheitliche Auswertung der Akten hat der Autor im Vorfeld der Aktenanalyse ein Erhebungsraster erstellt. Die Konzeptionierung der Kriterien für das Erhebungsraster ergab sich aus der vorherigen Sichtung einschlägiger Literatur zum Thema Tötungsdelikte im Gesundheitswesen. Im vorliegenden Kapitel hat der Autor die Auswertung zum einen in einer Tabelle sowie als Fließtext nach dem Erhebungsraster ausgeführt. Im Rahmen der Auswertung wurden neben den zentralen qualitativen Daten auch einzelne quantitative, nämlich demographische Daten der Täterinnen und Täter sowie der Opfer erhoben. Die qualitativen Daten sind für die Analyse sowie das Gesamtbild über die Tatkomplexe unverzichtbar. Ob die Daten in einer Tabelle oder in Form eines Fließtextes dargestellt werden, hängt vom Umfang der Inhalte ab, da der Platz in einer Tabelle begrenzt ist.

Auf Grund des unterschiedlichen Umfangs der Informationen, die sich auf Grundlage der gewählten Kriterien ergeben, konnte die Auswertung nicht in der gleichen chronologischen Abfolge bearbeitet werden.

Für die strukturierte Analyse der Inhalte, hat der Autor folgenden Kriterien festgelegt:

- Tätergeschlecht
- Alter zum Zeitpunkt der Verurteilung
- Familienstand
- Finanzielle Situation
- Bildungsstand
- Erlernter Beruf
- Funktion in der Beschäftigung
- Beginn der Beschäftigung

- Tatort/e
- Tötungsart/-mittel
- Tathandlung

- Tätigkeit und Stellung am Arbeitsplatz
- Besondere strukturelle und personelle Faktoren
- Vorhandensein von und Umgang mit Hinweisen sowie mögliche Aufdeckungsbarrieren
- Umstände der Tataufdeckung

- Beziehungsverhältnis zu den Opfern
- Geschlecht der Opfer
- Gesundheitlicher Zustand der Opfer
- Bei der Leichenschau dokumentierte Todesursache
- Erfolgte Kremierungen sowie Erdbestattungen
- Rechtsmedizinische Besonderheiten

- Motiv
- Schuldfähigkeit
- Einzelstrafen
- Strafzumessung
- Gesamtstrafe
- Besondere Schwere der Schuld
- Berufsverbot
- Vorstrafen
- Verwirklichte Straftatbestände
- Besonderheit in Bezug auf mögliche Tötungen auf Verlangen

3.1.2 Durchführung und Gewinnung der Stichprobe

Zunächst wurde festgelegt, welche Tötungsserien für die Aktenanalyse in Frage kommen. Auf Grund der Besonderheit von zielgerichteten, strafrechtlich relevanten, lebensbeendenden Handlungen durch Mitarbeiterinnen und Mitarbeiter von Gesundheitsberufen, sind derartige Tatkomplexe eher selten, wobei die Anzahl der Opfer dagegen regelmäßig hoch ist. Seit den 1970er-Jahren gab es in Deutschland mindestens acht rechtskräftig abgeurteilte Tötungsserien im Gesundheitswesen. In diesen acht Tötungsserien, wurden durch die Gerichte 151 Tötungen an Patientinnen und Patienten nachgewiesen.[4] Die Zahl der dringend tatverdächtigen Tötungsdelikte war in allen Fällen weitaus größer.[5]

Zunächst wurden die Aktenzeichen zu den acht verbliebenen Tötungsserien recherchiert und den jeweiligen Fällen zugeordnet. Die Recherche der Aktenzeichen erfolgte in der einschlägigen Literatur sowie über die juristischen Datenbänke „Beck-Online“ sowie „juris“.

Bei den acht ausgewählten Fällen handelt es sich um folgende Tatkomplexe:

- Rudi Z., Urteil 1976
- Reinhard B., Urteil 1981
- Michaela R., Urteil 1989
- Wolfgang L., Urteil 1993
- Michaela G., Urteil 2006
- Stephan L., Urteil 2006
- Irene B., Urteil 2007
- Niels H., Urteil 2008 / 2015 / 2019

Um Einsicht und/oder Auskünfte aus Strafverfahrensakten zu erhalten, ist ein Antrag an die zuständige Staatsanwaltschaft zu richten. Vorrangige Rechtsgrundlage für die Übermittlung strafprozessualer personenbezogener Daten für wissenschaftliche Forschungsvorhaben ist § 476 Abs. 1 StPO. Nach der Regelung können personenbezogene Daten aus Strafverfahrensakten u. a. an Hochschulen oder wissenschaftlichen Forschungsinstituten zu Forschungszwecken übermittelt werden.

---

[4] Vgl. *Beine*, in: Psychiatrische Praxis, 63 (64 f.); LG Oldenburg, Urteil v. 06.06.2019, 5 Ks 800 Js 54254/17 (1/18), juris, S. 134.

[5] Vgl. *Yorker et al.*, in: Journal of Forensic Sciences, 1362 (1363 ff.); *Beine*, in: Psychiatrische Praxis, 63 (64 f.); LG Oldenburg, Urteil v. 06.06.2019, 5 Ks 800 Js 54254/17 (1/18), juris, S. 124 ff.; *Doberentz et al.*, in: Rechtsmedizin, 243 (247).

Umstritten ist, ob Doktoranden und Habilitanden grundsätzlich von der Vorschrift ausgeschlossen sind.[6] In der Praxis wird dies uneinheitlich gehandhabt, zumeist je nachdem ob die promovierende Person oder die betreuende Professorin bzw. der betreuende Professor den Antrag stellt.[7]

Im Rahmen der vorliegenden Forschungsarbeit besteht keine fach- oder projektbezogene Anbindung an die Deutsche Hochschule der Polizei. Der Autor ist demnach als wissenschaftlich forschende Einzelperson zu betrachten.

Die Akteneinsichtsersuchen beinhalteten neben dem Antrag, das Erhebungsraster, ein Datenschutzkonzept sowie ein Begleitschreiben der Deutschen Hochschule der Polizei (DHPol) von Frau Professorin Dr. Anja Schiemann mit der Bitte das Forschungsvorhaben zu unterstützen. Der Verfasser der vorliegenden Arbeit hat somit gem. § 476 Abs. 1 StPO, hilfsweise gem. § 475 Abs. 4 StPO Akteneinsicht bzw. Aktenauskunft beantragt.

Die Bearbeitung der Anträge durch die zuständigen Staatsanwaltschaften erfolgte unterschiedlich schnell. Die jeweiligen Entscheidungen über die Gesuche des Antragsstellers dauerten zwischen zwei und acht Monaten.[8]

Im Fall Michaela G. (Urteil 2006) wurde dem Auskunftsersuchen des Autors mit dem Schreiben vom 29.06.2021 des Leitenden Oberstaatsanwalts in Bonn entsprochen und die erbetenden Dokumente ohne weitere Bedingungen übersandt.

Am 16.12.2021 erfolgte im Fall Stephan L. (Urteil 2006) durch die Leitende Oberstaatsanwältin in Kempten (Allgäu) die Zustimmung über die Auskünfte bzw. die Einsicht in die Strafverfahrensakten. Voraussetzung für die Einsicht war, dass der Autor nach dem Verpflichtungsgesetz zur gewissenhaften Erfüllung von Obliegenheiten verpflichtet wird und dass die Auswertung der Akten nicht in privaten Räumen durchgeführt wird. Für die Verpflichtung nach § 1 des Gesetzes über die förmliche Verpflichtung nichtbeamteter Personen vom 2. März 1974 reiste der Autor nach Kempten (Allgäu) und nahm die Akten dort auch persönlich entgegen. Das Institut für Polizei- und Sicherheitsforschung (IPoS), das Teil der Hochschule für Öffentliche Verwaltung Bremen (HfÖV) ist, stellte dem Autor ihre Räumlichkeiten zur Verfügung, um die Voraussetzungen der Staatsanwaltschaft Kempten für die Auswertung in nicht privaten Räumlichkeiten zu erfüllen.

---

[6] Vgl. *Singelnstein*, in: MüKo-StPO, § 476, Rn. 7; *Gieg*, in: Karlsruher Kommentar-StPO, § 476, Rn. 2; *Hilger*, in: Löwe-Rosenberg-StPO, § 476, Rn. 3.

[7] Vgl. *Singelnstein*, in: MüKo-StPO, § 476, Rn. 7; *Gieg*, in: Karlsruher Kommentar-StPO, § 476, Rn. 2; *Hilger*, in: Löwe-Rosenberg-StPO, § 476, Rn. 3.

[8] Staatsanwaltschaft Bonn (zwei Monate); Staatsanwaltschaft Berlin (acht Monate).

Bei den Staatsanwaltschaften Freiburg (Reinhard B., Urteil 1981), Bielefeld (Wolfgang L., Urteil 1993) und Wuppertal (Rudi Z., Urteil 1976; Michaela R., Urteil 1989) wurde ebenfalls Akteneinsicht beantragt. Dem Antragssteller ist jeweils mitgeteilt worden, dass sich die Akten inzwischen in den entsprechenden Landesarchiven befinden, bei denen ein gesonderter Antrag auf Benutzung von Archivgut zu stellen ist.

Im Frühjahr 2022 hat der Autor bei den zuständigen Landesarchiven Nordrhein-Westfalen sowie Baden-Württemberg Anträge auf die Nutzung des Archivguts gestellt. Teilweise unterliegen die Dokumente sog. Sperrfristen, weshalb die Einsichtsgesuche überwiegend abgelehnt wurden. Unter die Akten fallen auch die Urteile der jeweiligen Fälle, die sich ebenfalls in den Landesarchiven befinden. Um aus Gründen der Vollständigkeit die o. g. Fälle dennoch darstellen zu können, hat sich der Autor entschieden, die jeweiligen Tatkomplexe unter Hinzuziehung von Sekundärliteratur zusammenzufassen und der eigentlichen Analyse voranzustellen.

Zur stichprobenartigen Überprüfung der Sekundärquellen hat der Autor Anträge für die Nutzung des Archivgutes beim zuständigen Landesarchiv NRW in den Fällen Rudi Z. (Urteil 1976), Michaela R. (Urteil 1989) und Wolfgang L. (Urteil 1993) gestellt.

Die Akten der beiden Fälle Michaela R. (Urteil 1989) und Wolfgang L. (Urteil 1993) unterliegen sog. Schutzfristen bzw. Sperrfristen und dürfen grundsätzlich nicht eingesehen werden.[9] Möglich wäre allerdings eine Sondergenehmigung i. S. v. § 7 Abs. 6 Nr. 3 und 4 ArchivG NRW zur Benutzung von Archivgut der staatlichen Archive Nordrhein-Westfalens zu wissenschaftlichen Zwecken oder wenn ein überwiegendes öffentliches Interesse besteht. Sofern eine Sondergenehmigung erteilt werden würde, wäre die Einsichtnahme, wie in den Fällen, in denen die Akten keinem Schutz bzw. keinen Sperrfristen unterliegen, ausschließlich vor Ort im Landesarchiv möglich.[10]

Den Anträgen wurde durch das Landesarchiv NRW in den in den Fällen Rudi Z. (Urteil 1976), Michaela R. (Urteil 1989) und Wolfgang L. (Urteil 1993) stattgegeben, sodass die Einsicht vor Ort zur Überprüfung der Richtigkeit der Sekundärquellen möglich war. Im Fall von Michaela R. (Urteil 1989) und Wolfgang L. (Urteil 1993) erfolgte sie in Form einer Sondergenehmigung. Für den Zweck der Einsichtnahme reiste der Autor am 15.06.2023 persönlich zum Landesarchiv Nordrhein-Westfalen nach Duisburg.

---

[9] Vgl. § 7 Abs. 1 ArchivG NRW.

[10] Vgl. *Landesarchiv NRW* (Hrsg.): Archivgut im Lesesaal (letzter Zugriff am 10.05.2023).

Weshalb sich der Autor gegen eine vollständige Auswertung der Akten vor Ort in den jeweiligen Archiven entschieden hat, ist der Methodenkritik unter dem Gliederungspunkt 3.5 zu entnehmen.

In den übrigen verbleibenden Fällen (Irene B., Urteil 2007) und (Niels H., Urteil 2008 / 2015 / 2019), sind die Anträge durch die Staatsanwaltschaften Berlin und Oldenburg abschlägig beschieden worden.

Hilfsweise könnten die jeweiligen Urteile zur Analyse herangezogen werden. Die Kammern müssen nach dem Unmittelbarkeitsgrundsatz im Strafprozess Beweise selbst erheben, sofern diese in den Prozess eingeführt werden.[11]

Das Tatgericht ist i. S. v. § 267 StPO verpflichtet, das getroffene Urteil schriftlich zu begründen. Die Urteilsgründe beinhalten u. a. den konkreten Lebenssachverhalt sowie Aussagen darüber, welche Beweis- und Strafzumessungserwägungen getroffen wurden.[12] Insofern können die Urteile eine detaillierte Zusammenfassung der Tatumstände und -abläufe bieten.

In den Fällen Reinhard B. (Urteil 1981), Wolfgang L. (Urteil 1993), Rudi Z. (Urteil 1976) und Michaela R. (Urteil 1989) konnten in den Datenbänken „juris“ und „Beck-Online“ keine anonymisierten Urteile gefunden werden.

In dem Berliner (Irene B.) sowie dem Oldenburger Urteil (Niels H.), sind die Urteile in juristischen Datenbänken in anonymisierter Form öffentlich zugänglich und konnten so zur alternativen Informationsgewinnung und als Primärquelle genutzt werden.

In den beiden letztgenannten Fällen hat sich der Autor entschieden, hilfsweise die jeweiligen anonymisierten Urteile umfassend auszuwerten und in der Analyse verübter Tötungsserien im Gesundheitswesen zu berücksichtigen.

Sofern personenbezogene Daten im Rahmen der Fallauswertung erhoben worden sind, wurden diese entsprechend der Datenschutzbestimmungen behandelt. Sofern es das Forschungsvorhaben zuließ, wurden die Daten entsprechend anonymisiert. Die für den Zweck der Verarbeitung gespeicherten personenbezogenen Daten wurden, nach Abschluss der Auswertung durch den Autor, unverzüglich gelöscht.

---

[11] Vgl. §§ 250 ff. StPO.

[12] Vgl. *Peglau*, in: BeckOK-StPO, § 267, Rn. 19 ff.; *Bartel*, in: Karlsruher Kommentar-StPO, § 267, Rn. 1.

3.2 Falldarstellung mit Hilfe von Sekundärquellen

3.2.1 Tatkomplex Rudi Z. (Wuppertal)

Anfang der 1970er-Jahre kam es zu einer Serie von Tötungsdelikten in einem Wuppertaler Pflegeheim sowie in zwei Krankenhäusern. Erster Tatort war ein Pflegeheim mit rund 80 Bewohnerinnen und Bewohnern.[13] Der Täter war Rudi Z., ein Krankenpfleger und gleichzeitig auch der Leiter der Einrichtung.[14] Kurz nachdem Rudi Z. am 01.08.1970 seine Tätigkeit begann, führte er innerhalb des Pflegeheims Umstrukturierungen sowie Aufräumaktionen durch.[15] Des Weiteren ließ er die Bewohnerinnen und Bewohner Erklärungen unterschreiben, die besagten, dass ein von Rudi Z. ausgewählter Arzt die Versorgung der Patientinnen und Patienten übernimmt. Die Maßnahmen, die Rudi Z. durchsetzte, führten zu öffentlicher Kritik und Beschwerden gegenüber dem Träger der Einrichtung.[16] Ein Altenheimbeirat wurde beauftragt, die Tätigkeiten der Heimleitung zu überwachen. Diese Aufgabe wurde jedoch nur *„pro forma“* wahrgenommen.[17] Die Betroffenen wurden nicht angehört und zudem hat Rudi Z. von seinen Mitarbeitenden *„strikte Verschwiegenheit“* verlangt.[18] Sofern Mitarbeitende sich kritisch zu Entscheidungen von Rudi Z. äußerten, führte dies zu Repressionen. In einem Fall riet Rudi Z. einer betroffenen Mitarbeiterin sich krankschreiben zu lassen, andernfalls würden sich ihre Arbeitsbedingungen negativ verändern. Eine weitere Mitarbeiterin schied durch entsprechendes Einwirken von Rudi Z. aus dem Unternehmen aus.[19]

---

[13] Vgl. *Richter/Sauter*: Patiententötungen und Gewaltakte durch Pflegekräfte, S. 13; *Beine*: Sehen Hören Schweigen, S. 43; *Beine*: Krankentötungen in Kliniken und Heimen, S. 95.

[14] Vgl. *Beine*: Krankentötungen in Kliniken und Heimen, S. 95; *Richter/Sauter*: Patiententötungen und Gewaltakte durch Pflegekräfte, S. 13; *Beine*: Sehen Hören Schweigen, S. 44.

[15] Vgl. *Beine*: Krankentötungen in Kliniken und Heimen, S. 95; *Beine*: Sehen Hören Schweigen, S. 44.

[16] Vgl. *Beine*: Sehen Hören Schweigen, S. 44.

[17] *Beine*: Sehen Hören Schweigen, S. 44.

[18] *Beine*: Sehen Hören Schweigen, S. 45; *Beine*: Krankentötungen in Kliniken und Heimen, S. 95.

[19] Vgl. *Beine*: Krankentötungen in Kliniken und Heimen, S. 95; *Beine*: Sehen Hören Schweigen, S. 45.

In der Einrichtung wurden Medikamente, darunter auch Betäubungsmittel, nicht verschlossen gelagert. Des Weiteren verfügte das Heim über Blankorezepte.[20] Über die Verwendung der Medikamente erfolgte kein Nachweis oder eine sonstige Dokumentation.[21]

Rudi Z. fiel bei Bewohnerinnen und Bewohnern sowie Mitarbeitenden mit „*rüden*" Umgangsformen und körperlicher Gewalt auf.[22] Auch sexuelle Übergriffe soll es von Rudi Z. gegeben haben. Gegenüber Sterbefällen äußerte er sich beispielsweise dahingehend, dass diese „*krepiert*" oder „*himmeln gegangen*" sind.[23] Auch habe er zukünftige Todesfälle dem Hausmeister angekündigt. „*Morgen kannst Du wieder einen ´rausschleppen, dann habe ich wieder einen kaputt.*"[24]

Eine Tochter einer Bewohnerin besuchte ihre Mutter in der Pflegeeinrichtung. Rudi Z. sei, ohne den Besuch zu bemerken, in das Zimmer der Bewohnerin mit einer Spritze in der Hand gegangen und soll der Bewohnerin gesagt haben, er müsse ihr jetzt eine Spritze geben.[25]

Die anwesende Tochter fragte daraufhin, weshalb dies nötig sei. Rudi Z. habe daraufhin „*sehr unsicher*" gewirkt und teilte mit, dass es sich um einen Irrtum handele und verließ fluchtartig das Zimmer.[26]

Auf Grund des Verhaltens von Rudi Z. entwickelten sich ihm gegenüber bei Bewohnerinnen und Bewohner Ängste.[27] Über die internen Zustände gelangten jedoch keine Informationen nach außen. Beschwerden über Rudi Z. wurden auch nicht an den Träger der Einrichtung weitergeleitet, weil der Vorsitzende des Altenheimbeirats von derartigen Vorfällen selbst nichts mitbekommen haben will.[28]

---

[20] Vgl. *Beine*: Sehen Hören Schweigen, S. 45.

[21] Vgl. *Beine*: Sehen Hören Schweigen, S. 45.

[22] *Beine*: Sehen Hören Schweigen, S. 45; *Beine*: Krankentötungen in Kliniken und Heimen, S. 96.

[23] *Beine*: Krankentötungen in Kliniken und Heimen, S. 96; *Beine*: Sehen Hören Schweigen, S. 45.

[24] *Beine*: Sehen Hören Schweigen, S. 45.

[25] Vgl. *Beine*: Sehen Hören Schweigen, S. 45; *Beine*: Krankentötungen in Kliniken und Heimen, S. 96.

[26] *Beine*: Krankentötungen in Kliniken und Heimen, S. 96; *Beine*: Sehen Hören Schweigen, S. 46.

[27] Vgl. *Beine*: Krankentötungen in Kliniken und Heimen, S. 96.

[28] Vgl. *Beine*: Sehen Hören Schweigen, S. 46.

Eine Altenpflegeschülerin meldete Missstände bei ihrer Schulleitung, die die Meldung jedoch nicht weitergab. Die Schulleitung teilte ihr mit, „*[...] dass sie doch schließlich Examen machen wolle.*“[29]

Im Dezember 1970 meldete sich ebenfalls eine Altenpflegeschülerin direkt beim Träger der Pflegeeinrichtung und berichtete von den o.g. Missständen.[30] Der Träger reagierte umgehend und kündigte das Arbeitsverhältnis von Rudi Z. fristlos. Darüber hinaus wurde durch den Träger Anfang 1971 Strafanzeige bei der zuständigen Staatsanwaltschaft gestellt.[31]

Rudi Z. nahm die Kündigung zur Kenntnis und bewarb sich beim St. Elisabeth Krankenhaus in Neviges (NRW). Er wurde zum 01.06.1971 als pflegerischer Stationsleiter eingestellt.[32]

Das Ermittlungsverfahren wurde zwischenzeitlich eingestellt.[33]

Das Kollegium des St. Elisabeth Krankenhaus „*[...] habe anfänglich den Eindruck gehabt, dass Rudi Z. über gute Fachkenntnis und über gute organisatorische Fähigkeiten verfüge.*“[34] Nach wenigen Monaten mehrte sich jedoch der Verdacht, dass Rudi Z. Medikamente ohne ärztliche Verordnung verabreichte und sich einen privaten „*Betäubungsmittelvorrat*“ angelegt hat.[35]

In der Dienstzeit von Rudi Z. kam es vermehrt zu plötzlichen und unerwarteten Todesfällen, weshalb eine Besprechung im August 1972 unter dem ärztlichen- sowie pflegerischen Personal einberufen wurde.[36] Von mehreren Seiten wurde der Verdacht gegen Rudi Z. bestätigt und die Gesprächsinhalte allgemein protokolliert.[37] Der zuständige Chefarzt hat den Aussagen jedoch keinen Glauben geschenkt und die Hinweise als „Stationsquerelen“ abgetan. Weitere Untersuchungen möglicher Unregelmäßigkeiten wurden nicht eingeleitet.[38]

---

[29] *Beine*: Sehen Hören Schweigen, S. 46.

[30] Vgl. *Beine*: Sehen Hören Schweigen, S. 46.

[31] Vgl. *Richter/Sauter*: Patiententötungen und Gewaltakte durch Pflegekräfte, S. 13; *Beine*: Krankentötungen in Kliniken und Heimen, S. 101; *Beine*: Sehen Hören Schweigen, S. 46.

[32] Vgl. *Beine*: Krankentötungen in Kliniken und Heimen, S. 101; *Beine*: Sehen Hören Schweigen, S. 47.

[33] Vgl. *Richter/Sauter*: Patiententötungen und Gewaltakte durch Pflegekräfte, S. 14; *Beine*: Sehen Hören Schweigen, S. 46.

[34] *Beine*: Sehen Hören Schweigen, S. 47.

[35] *Beine*: Sehen Hören Schweigen, S. 47.

[36] Vgl. *Beine*: Krankentötungen in Kliniken und Heimen, S. 103; *Beine*: Sehen Hören Schweigen, S. 48.

[37] Vgl. *Beine*: Sehen Hören Schweigen, S. 48.

[38] *Beine*: Sehen Hören Schweigen, S. 48.

Zum 31.03.1973 schied Rudi Z. aus dem Arbeitsverhältnis auf eigenen Wunsch aus und verließ das St. Elisabeth Krankenhaus mit einem sehr guten Arbeitszeugnis.[39]

Direkt im Anschluss erhielt Rudi Z. zum 01.04.1973 eine neue Anstellung als pflegerischer Leiter einer chirurgischen Station am Krankenhaus Hattingen-Blankenstein.[40]

Auch bei seiner neuen Arbeitsstelle konnte Rudi Z. sich schnell Respekt verschaffen und wurde für einen *„fähigen Mann“* gehalten.[41] Auf Grund seiner internen Stellung haben sich Mitarbeitende des Krankenhauses mit Kritik an ihm zurückgehalten, sofern diese Fehlverhalten beobachten.[42]

Teilweise hielt er sich selbst nicht an Dienstpläne und war auf der Station nicht anwesend, sodass junge unerfahrene Kolleginnen und Kollegen alleine waren.[43] Inzwischen fiel auf, dass Rudi Z. auch in diesem Krankenhaus Medikamente verabreichte, die nicht durch eine Ärztin oder einen Arzt verordnet wurden.[44] Auch führte er die Pflegedokumentation nur unzureichend. Die Umgangsformen wurden als *„herrisch“* beschrieben und gegenüber Patientinnen und Patientin soll er sich wie folgt geäußert haben: *„Du hast schon eine ganz spitze Nase, Du schaffst es nicht mehr“* oder *„Opa, Dich kriegen wir auch noch kaputt“*.[45]

Weil sich Rudi Z. mit dem Chefarzt der Station gut verstand, zögerten Mitarbeitende das Fehlverhalten zu melden.[46]

Als fehlende Fachbücher, entwendetes Geld aus Portemonnaies sowie Fehlbeträge in der Stationskasse auffielen, geriet Rudi Z. in Verdacht, weil die Diebstähle in seiner Dienstzeit passierten und er zudem einen Schlüssel zu der Stationskasse hatte.[47] Neben den Diebstählen wurde bekannt, dass sich Rudi Z.

---

[39] Vgl. *Beine*: Krankentötungen in Kliniken und Heimen, S. 103; *Beine*: Sehen Hören Schweigen, S. 48.

[40] Vgl. *Beine*: Sehen Hören Schweigen, S. 48; *Beine*: Krankentötungen in Kliniken und Heimen, S. 103.

[41] *Beine*: Sehen Hören Schweigen, S. 48.

[42] Vgl. *Beine*: Krankentötungen in Kliniken und Heimen, S. 103; *Beine*: Sehen Hören Schweigen, S. 48.

[43] Vgl. *Beine*: Sehen Hören Schweigen, S. 49.

[44] Vgl. Beine: Sehen Hören Schweigen, S. 49.

[45] *Beine*: Sehen Hören Schweigen, S. 49; *Beine*: Krankentötungen in Kliniken und Heimen, S. 104.

[46] Vgl. *Beine*: Krankentötungen in Kliniken und Heimen, S. 103; *Beine*: Sehen Hören Schweigen, S. 49.

[47] Vgl. *Richter/Sauter*: Patiententötungen und Gewaltakte durch Pflegekräfte, S. 14; *Beine*: Krankentötungen in Kliniken und Heimen, S. 104; *Beine*: Sehen Hören Schweigen, S. 49.

bei einem anderen Krankenhaus beworben hat und mehrere Mitarbeitende dorthin mitnehmen wollte.[48]

Das Krankenhaus Hattingen-Blankenstein entschloss sich daraufhin Rudi Z. zum 24.08.1973 zu kündigen. Des Weiteren wurde eine Strafanzeige erstattet, die dazu führte, dass Rudi Z. am 24.08.1973 durch die Polizei vorläufig festgenommen wurde.[49] Bei einer anschließenden Durchsuchung wurden im Krankenhaus zwei Stahlkassetten von Rudi Z. gefunden, in denen sich zahlreiche Medikamente befunden haben, darunter über 170 Ampullen Betäubungsmittel.[50] Bei der Durchsuchung der Wohnung wurden zahlreiche Medikamente, Betäubungsmittel, ein Beatmungsgerät und weitere Utensilien aus dem Krankenhaus gefunden.[51]

Auf Grund der gefundenen Medikamente und der Ermittlungen an seinen vorherigen Arbeitsplätzen bestand der Verdacht, dass Rudi Z. bereits im Pflegeheim in Wuppertal, im St. Elisabeth Krankenhaus in Neviges sowie im Krankenhaus Hattingen-Blankenstein Patientinnen und Patienten vorsätzlich getötet zu haben.[52] Vor dem Landgericht Wuppertal wurde die Hauptverhandlung gegen Rudi Z. am 27.04.1976 eröffnet.[53] Zur Zeit der Hauptverhandlung war Rudi Z. 46 Jahre alt.[54]

Im Rahmen der Hauptverhandlung konnten Rudi Z. zwei vollendete Morde, vier Mordversuche sowie eine gefährliche Körperverletzung nachgewiesen werden.[55]

Das erste Opfer war ein 82-jähriger Bewohner, der am 15.11.1970 verstarb.[56] Rudi Z. wies eine Altenpflegeschülerin an, dem Opfer den gesamten Inhalt einer ungeöffneten Flasche Dominal-Saft zu verabreichen.[57] Die Schülerin kam der

[48] Vgl. *Beine*: Sehen Hören Schweigen, S. 49.

[49] Vgl. *Beine*: Sehen Hören Schweigen, S. 49.

[50] Vgl. *Beine*: Krankentötungen in Kliniken und Heimen, S. 104; *Beine*: Sehen Hören Schweigen, S. 50; *Richter/Sauter*: Patiententötungen und Gewaltakte durch Pflegekräfte, S. 14.

[51] Vgl. *Beine*: Krankentötungen in Kliniken und Heimen, S. 104; *Beine*: Sehen Hören Schweigen, S. 50.

[52] Vgl. *Beine*: Sehen Hören Schweigen, S. 50.

[53] Vgl. *Beine*: Sehen Hören Schweigen, S. 50.

[54] Vgl. *Beine*: Sehen Hören Schweigen, S. 63.

[55] Vgl. *Beine*: Sehen Hören Schweigen, S. 50–63.

[56] Vgl. *Beine*: Krankentötungen in Kliniken und Heimen, S. 97; *Beine*: Sehen Hören Schweigen, S.60.

[57] Vgl. *Beine*: Krankentötungen in Kliniken und Heimen, S. 97; *Beine*: Sehen Hören Schweigen, S. 60.

Aufforderung jedoch nicht nach und gab dem Bewohner die normale Menge.[58] Der Bewohner verstarb kurz nach dem Vorfall. Die Kammer konnte nicht klären, ob Rudi Z. dem Bewohner anschließend, wie zunächst der Altenpflegeschülerin angewiesen, eine Überdosis des Medikaments Dominal verabreichte.[59] Das Landgericht wertete das Verhalten von Rudi Z. als versuchten Mord. Das erste Opfer habe Rudi Z. viel Arbeit bereitet, der Bewohner war unruhig und unzufrieden mit der Pflege. Rudi Z. wollte nach Auffassung der Kammer einen ihm lästigen Bewohner loswerden, indem er dessen Tod herbeiführt oder zumindest den Tod billigend in Kauf nahm.[60]

Das zweite Opfer starb am 22.11.1970 im Alter von 86 Jahren.[61] In Anwesenheit einer Pflegehelferin spritzte Rudi Z. ein Medikament in die Ellenbeuge der Bewohnerin.[62] Nachdem er das Medikament verabreicht hatte, zog er ein Laken über das Opfer und bedeckte auch den Kopf. Kurz nach dem Vorfall verstarb die Bewohnerin.[63] Im Rahmen der Hauptverhandlung konnte nicht geklärt werden, um welches Medikament es sich handelte, das verabreicht wurde.[64] Ob die Wirkung des Medikaments todesursächlich war und ob Rudi Z. mit Tötungsvorsatz handelte, konnte nicht mit Sicherheit geklärt werden, weshalb die Kammer Rudi Z. für die zweite Tat wegen gefährlicher Körperverletzung verurteilte.[65]

Bei dem dritten Opfer handelte es sich um einen 86 Jahre alten Bewohner des Pflegeheims, der am 11.12.1970 verstarb.[66] In Anwesenheit der Schülerinnen verabreichte Rudi Z. dem Bewohner eine Spritze mit einem Medikament.[67] Im Laufe

---

[58] Vgl. *Beine*: Sehen Hören Schweigen, S. 60; *Beine*: Krankentötungen in Kliniken und Heimen, S. 97.

[59] Vgl. *Beine*: Sehen Hören Schweigen, S. 60.

[60] Vgl. *Beine*: Sehen Hören Schweigen, S. 60.

[61] Vgl. *Beine*: Krankentötungen in Kliniken und Heimen, S. 97; *Beine*: Sehen Hören Schweigen, S. 58.

[62] Vgl. *Beine*: Krankentötungen in Kliniken und Heimen, S. 97; *Beine*: Sehen Hören Schweigen, S. 59.

[63] Vgl. *Beine*: Sehen Hören Schweigen, S. 60; *Beine*: Krankentötungen in Kliniken und Heimen, S. 97.

[64] Vgl. *Beine*: Sehen Hören Schweigen, S. 59.

[65] Vgl. *Beine*: Sehen Hören Schweigen, S. 59.

[66] Vgl. *Beine*: Krankentötungen in Kliniken und Heimen, S. 97; *Beine*: Sehen Hören Schweigen, S. 57.

[67] Vgl. *Beine*: Sehen Hören Schweigen, S. 57; *Beine*: Krankentötungen in Kliniken und Heimen, S. 98.

des Vormittages verstarb das Opfer.[68] Die Kammer des Landgerichts konnte nicht mit Sicherheit feststellen, welche Medikamente verabreicht wurden und ob eines dieser Medikamente auch todesursächlich war. Die Kammer verurteilte Rudi Z. für diese Tat wegen versuchten Mordes.[69]

Das vierte Opfer von Rudi Z. war eine 90 Jahre alte Bewohnerin des Pflegeheims. Sie verstarb am 20.12.1970.[70] Die Bewohnerin wurde durch Rudi Z. in einen sehr kalten, ungeheizten Raum, in dem die Fenster offenstanden, gelegt. Rudi Z. forderte eine Mitarbeitende auf, dem Opfer eine Injektion mit einem Medikament zu geben, was diese jedoch ablehnte.[71]

Rudi Z. habe dann selbst ein Medikament in die Ellenbeuge des Opfers gespritzt und soll dabei gesagt haben „*Jetzt wird sie bald tot sein*".[72] Das 90-jährige Opfer starb kurz darauf. In der Hauptverhandlung konnte auch in diesem Fall nicht sicher aufgeklärt werden, welche Medikamente durch Rudi Z. verabreicht wurden und ob diese auch todesursächlich waren.[73] Nach Auffassung der Kammer wollte Rudi Z. eine „*lästige*" und „*unruhige*" Bewohnerin loswerden und verurteilten ihn wegen versuchten Mordes.[74]

Bei der fünften Tat wurde eine 88-jährige Bewohnerin in der Pflegeeinrichtung durch die Injektion von zwei Ampullen Scophedal-forte[75] sowie der Gabe von Dominal Suppositorium am 09.01.1971 getötet.[76] Rudi Z. hat bei seiner Tat zwei Altenpflegeschülerinnen in das Zimmer der Bewohnerin gerufen und hat diesen gezeigt, „*[...] wie man Spritzen setzt.*"[77] Zunächst spritzte er selbst eine Ampulle des Sedativums und forderte dann die Pflegeschülerinnen auf, eine weitere Spritze

---

[68] Vgl. *Beine*: Krankentötungen in Kliniken und Heimen, S. 98; *Beine*: Sehen Hören Schweigen, S. 58.

[69] Vgl. *Beine*: Sehen Hören Schweigen, S. 58.

[70] Vgl. *Beine*: Krankentötungen in Kliniken und Heimen, S. 98; *Beine*: Sehen Hören Schweigen, S. 55.

[71] Vgl. *Beine*: Krankentötungen in Kliniken und Heimen, S. 99; *Beine*: Sehen Hören Schweigen, S. 56.

[72] *Beine*: Sehen Hören Schweigen, S. 56; *Beine*: Krankentötungen in Kliniken und Heimen, S. 99.

[73] Vgl. *Beine*: Sehen Hören Schweigen, S. 56.

[74] *Beine*: Sehen Hören Schweigen, S. 56.

[75] Hierbei handelt es sich um ein Sedativum. Bei einer Überdosierung kann das Medikament zu einer Atemdepression und schließlich zu einem Atemstillstand führen.

[76] Vgl. *Beine*: Krankentötungen in Kliniken und Heimen, S. 99; *Beine*: Sehen Hören Schweigen, S. 50 ff.

[77] *Beine*: Sehen Hören Schweigen, S. 51.

zu setzen.[78] Eine der Schülerinnen kam der Aufforderung schließlich nach und spritze ebenfalls das Medikament Scophedal-forte.[79]

Rudi Z. verabreichte der Bewohner zusätzlich noch Dominal Suppositorium und verließ das Zimmer. Am darauffolgenden Tag verstarb die Bewohnerin.[80]

Den Altenpflegeschülerinnen kam der Ablauf ungewöhnlich vor und sie meldeten sich bei der Schulleiterin der Pflegeschule. Die Schulleiterin entgegnete, dass die Schülerinnen nicht über die Kompetenz verfügen, die Behandlungen von Rudi Z. zu kritisieren.[81] Darüber hinaus wies sie auf die Schweigepflicht hin und fügte hinzu, dass sich die Pflegeeinrichtung keinen Skandal leisten könne.[82]

Die Kammer kam zu der Überzeugung, dass die nicht indizierte Gabe von zwei Ampullen Scophedal-forte sowie der Gabe von Dominal Suppositorium kausal für den Tod verantwortlich waren und Rudi Z. sich wegen Mordes schuldig gemacht habe.[83]

Am Morgen des 13.01.1971 wurde das sechste Opfer im Alter von 73 Jahre nicht mehr ansprechbar im Zimmer liegend angetroffen.[84] Eine Pflegeschülerin fand unter dem Bett des Opfers leere Ampullen des Medikaments Truxal 50.[85] Im Verlauf begab sich Rudi Z. zusammen mit einer Altenpflegeschülerin in das Zimmer der Bewohnerin und spritzte in ihrer Anwesenheit eine Ampulle Scophedal-forte und verabreichte ihr Dominal als Suppositorium.[86] Das Opfer befand sich in einem komatösen und stark reduzierten Zustand, überlebte die nicht indizierten Medikamentengaben jedoch.[87] Mitarbeitende der Pflegeeinrichtung stellten an der Geschädigten Einstichstellen an der Armbeuge, den Handgelenken sowie verschiedene Hämatome an den oberen Extremitäten fest.[88]

---

[78] Vgl. *Beine*: Krankentötungen in Kliniken und Heimen, S. 99.

[79] Vgl. *Beine*: Sehen Hören Schweigen, S. 51.

[80] Vgl. *Beine*: Krankentötungen in Kliniken und Heimen, S. 99; *Beine*: Sehen Hören Schweigen, S. 51.

[81] Vgl. *Beine*: Krankentötungen in Kliniken und Heimen, S. 100; *Beine*: Sehen Hören Schweigen, S. 51.

[82] Vgl. *Beine*: Sehen Hören Schweigen, S. 51; *Beine*: Krankentötungen in Kliniken und Heimen, S. 100.

[83] Vgl. *Beine*: Sehen Hören Schweigen, S. 52.

[84] Vgl. *Beine*: Krankentötungen in Kliniken und Heimen, S. 101; *Beine*: Sehen Hören Schweigen, S. 53.

[85] Vgl. *Beine*: Krankentötungen in Kliniken und Heimen, S. 101.

[86] Vgl. *Beine*: Sehen Hören Schweigen, S. 54.

[87] Vgl. *Beine*: Krankentötungen in Kliniken und Heimen, S. 101.

[88] Vgl. *Beine*: Sehen Hören Schweigen, S. 54.

Auf Grund der Geschehnisse wurde Rudi Z. durch den Träger vom Dienst freigestellt.[89] Nach Überzeugung der Kammer wollte Rudi Z. eine *„lästige“*, *„unruhige“* und *„aggressive“* Bewohnerin ruhigstellen und nahm ihren Tod billigend in Kauf.[90] Rudi Z. wurde für diese Tat wegen versuchten Mordes verurteilt.[91]

Der siebte Fall ereignete sich am 23.06.1971 im Krankenhaus Neviges.[92] Die 80-jährige Patientin wurde mit dem Medikament Scophedal sediert und anschließend in eine mit Wasser gefüllte Badewanne gelegt. Rudi Z. verließ dann das Badezimmer, um zu telefonieren.[93] Die Patientin rutschte in der Wanne herab und ertrank.[94] Erst 20 Minuten nach dem Vorfall wurde ein Arzt des Krankenhauses informiert, der einen natürlichen Tod bescheinigte.[95] Die Kammer wertete diesen Fall als vollendeten Mord, weil Rudi Z. eine *„lästige, unsaubere und sehr pflegeintensive Patientin habe loswerden wollen.“*[96] Rudi Z. *„[…] habe die Arg- und Wehrlosigkeit seines Opfers ausgenutzt sowie heimtückisch und aus niedrigen Beweggründen gehandelt.“*[97]

Im Krankenhaus Hattingen gab es zwei weitere angeklagte Todesfälle. In beiden Fällen konnte die Kammer jedoch nicht mit der nötigen Sicherheit beweisen, dass Rudi Z. für die beiden Todesfälle verantwortlich war.[98]

In allen Fällen haben die Leichenschauärzte einen natürlichen Tod der Opfer festgestellt.[99]

---

[89] Vgl. *Beine*: Krankentötungen in Kliniken und Heimen, S. 101.

[90] *Beine*: Sehen Hören Schweigen, S. 55.

[91] Vgl. *Beine*: Sehen Hören Schweigen, S. 55.

[92] Vgl. *Beine*: Krankentötungen in Kliniken und Heimen, S. 102; *Beine*: Sehen Hören Schweigen, S. 60.

[93] Vgl. *Beine*: Krankentötungen in Kliniken und Heimen, S. 102; *Beine*: Sehen Hören Schweigen, S. 62.

[94] Vgl. *Beine*: Sehen Hören Schweigen, S. 61.

[95] Vgl. *Beine*: Krankentötungen in Kliniken und Heimen, S. 102.

[96] *Beine*: Sehen Hören Schweigen, S. 62.

[97] *Beine*: Sehen Hören Schweigen, S. 62.

[98] Vgl. *Beine*: Sehen Hören Schweigen, S. 62 f.

[99] Vgl. *Beine*: Krankentötungen in Kliniken und Heimen, S. 96–102; *Beine*: Sehen Hören Schweigen, S. 50 ff.

Im Rahmen der psychiatrischen Sachverständigengutachten wurde festgestellt, dass bei Rudi Z. neurotisch-psychopathische Persönlichkeitsstrukturen vorliegen.[100] Die Einsichts- und Steuerungsfähigkeit war jedoch nicht beeinträchtigt und er war folglich für seine Taten vollumfänglich verantwortlich.[101]

3.2.2 Tatkomplex Reinhard B. (Rheinfelden)

Der Krankenpfleger Reinhard B. wurde ab dem 01.09.1975 im neu gebauten Kreiskrankenhaus in Rheinfelden angestellt und erhielt eine Stelle auf der dortigen Intensivstation.[102]

Das Team und die Abläufe auf der Intensivstation waren am Anfang geprägt von fehlender Erfahrung und mangelnder Abstimmung untereinander.[103]

In der Zeit vom 15.10.1975 bis zum 21.12.1975 sind auf der Intensivstation des neu eröffneten Krankenhauses bereits 20 Patientinnen und Patienten verstorben.[104] Die Häufung der Todesfälle führte zu Verunsicherung auf Seiten des Personal, weil die Todesfälle nicht erklärbar waren.[105]

Bereits im November sei im Kollegium aufgefallen, dass Patientinnen und Patienten deutlich schläfriger waren, als sie hätten sein sollen. In einem Fall gab es einen konkreten Verdacht, dass zu viel eines sedierenden Medikaments verabreicht wurde.[106] Ebenfalls kam es zu einer nicht erklärbaren Hypoglykämie eines Patienten. Es wurde auf der Station über die Ursachen spekuliert, jedoch zogen die Vorfälle zunächst keine weiteren Konsequenzen nach sich. Mitte Dezember 1975 hatten einzelne Mitarbeitende den Verdacht, dass eine Person für die Unregelmäßigkeiten verantwortlich sein könnte.[107] Ab dem Abend des 20.12.1975 wurde der Verdacht offen verbalisiert, so dass sich die beiden verantwortlichen

---

[100] Vgl. *Beine*: Sehen Hören Schweigen, S. 73.

[101] Vgl. *Beine*: Sehen Hören Schweigen, S. 73.

[102] Vgl. *Richter/Sauter*: Patiententötungen und Gewaltakte durch Pflegekräfte, S. 14; *Beine*: Krankentötungen in Kliniken und Heimen, S. 115; *Beine*: Sehen Hören Schweigen, S. 75.

[103] Vgl. *Beine*: Sehen Hören Schweigen, S. 76.

[104] Vgl. *Friedrich*, in: Lebensverkürzung, Tötung und Serientötung – eine interdisziplinäre Analyse der „Euthanasie" 159 (160); *Richter/Sauter*: Patiententötungen und Gewaltakte durch Pflegekräfte, S. 14; *Beine*: Krankentötungen in Kliniken und Heimen, S. 116.

[105] Vgl. *Richter/Sauter*: Patiententötungen und Gewaltakte durch Pflegekräfte, S. 14; *Beine*: Krankentötungen in Kliniken und Heimen, S. 116; *Beine*: Sehen Hören Schweigen, S. 76.

[106] Vgl. *Beine*: Sehen Hören Schweigen, S. 76.

[107] Vgl. *Friedrich*, in: Lebensverkürzung, Tötung und Serientötung – eine interdisziplinäre Analyse der „Euthanasie" 159 (159); *Beine*: Sehen Hören Schweigen, S. 76.

Chefärzte entschlossen haben, am 21.12.1975 eine Konferenz mit den Oberärzten sowie der Stationsleitung zur Klärung der Unregelmäßigkeiten einzuberufen.[108] Bei der Besprechung festigte sich der Verdacht, dass es sich bei den Sterbefällen um nicht natürliche Tode handeln könnte.[109] Weitere interne Untersuchungen zeigten, dass auf der Intensivstation große Mengen an Medikamenten bestellt wurden, die nicht mit den verordneten Verbräuchen in Einklang zu bringen waren.[110]

Der Tatverdacht richtete sich schnell gegen Reinhard B., weil er die letzte Bestellung aufgegeben hat und bei allen Todesfällen der letzten Tage im Dienst war.[111] Nach weiteren Besprechungen mit den Krankenhausleitung hat man sich entschlossen, die Polizei über den Verdacht zu informieren.[112]

Am 20.12.1975 kam es zu einem Vorfall bei dem Reinhard B. einen sog. Fußzettel, der verstorbenen Personen angehängt wird, bereits mit den Daten einer Patientin beschriftet hatte, die zu diesem Zeitpunkt aber noch lebte.[113] Am selben Tag wurde Reinhard B. dabei beobachtet, wie er einer Patientin Insulin spritzen wollte, obwohl hierzu keine Indikation bestand. Trotz der Aufforderung, dies zu unterlassen, wiederholte sich ein ähnlicher Vorfall kurze Zeit später.[114] In der Folge hat die Stationsleiterin veranlasst, dass Reinhard B. von der Intensivstation versetzt wird.[115]

---

[108] Vgl. *Beine*: Krankentötungen in Kliniken und Heimen, S. 116; *Beine*: Sehen Hören Schweigen, S. 76.

[109] Vgl. *Friedrich*, in: Lebensverkürzung, Tötung und Serientötung – eine interdisziplinäre Analyse der „Euthanasie" 159 (159); *Beine*: Krankentötungen in Kliniken und Heimen, S. 116.

[110] Vgl. *Beine*: Sehen Hören Schweigen, S. 77; *Beine*: Krankentötungen in Kliniken und Heimen, S. 116.

[111] Vgl. *Maisch*: Patiententötungen, S. 100; *Friedrich*, in: Lebensverkürzung, Tötung und Serientötung – eine interdisziplinäre Analyse der „Euthanasie" 159 (160); *Beine*: Sehen Hören Schweigen, S. 77; *Beine*: Krankentötungen in Kliniken und Heimen, S. 116.

[112] Vgl. *Beine*: Krankentötungen in Kliniken und Heimen, S. 116; Beine: Sehen Hören Schweigen, S. 77.

[113] Vgl. *Beine*: Krankentötungen in Kliniken und Heimen, S. 119; *Beine*: Sehen Hören Schweigen, S. 82.

[114] Vgl. *Beine*: Krankentötungen in Kliniken und Heimen, S. 119; *Beine*: Sehen Hören Schweigen, S. 82.

[115] Vgl. *Beine*: Sehen Hören Schweigen, S. 82.

Zwischen dem 17.12.1975 und dem 20.12.1975 wurden auf der Station insgesamt 170 Ampullen unterschiedlicher Medikamente bestellt.[116]

Eine Kollegin von Reinhard B. sortierte an einem der Tage 80 Ampullen der Arzneimittel Lanitop[117] sowie Kombetin[118] in die Stationsapotheke ein.[119] Einen Tag später wurden durch Reinhard B. bereits wieder 80 weitere Ampullen der beiden Präparate bestellt.[120] Am 21.12.1975 waren die Vorräte der Medikamente Lanitop und Kombetin auf der Station bereits nahezu gänzlich aufgebraucht, obwohl diese zuletzt nicht ärztlich verordnet wurden.[121]

In dem Müll, der zwischen dem 17.12.1975 und dem 20.12.1975 auf der Intensivstation anfiel, wurden über 60 Ampullen Lanitop sowie über 30 Ampullen des Präparats Kombetin und 67 benutzte Spritzen sichergestellt.[122]

Auf der Station war es jedem der Mitarbeitenden möglich, Medikamente, bis auf Betäubungsmittel, selbstständig zu bestellen. Eine gesonderte Kontrolle der Bestellungen sowie der Verbräuche erfolgte nicht.[123]

Die Hauptverhandlung wurde am 19.12.1977 eröffnet und endete am 07.08.1978.[124] Die Kammer konnte Reinhard B. insgesamt sieben vollendete Tötungsdelikte nachweisen. Die Opfer waren zwischen 60 und 86 Jahre alt.[125] Das Vorgehen war bei allen Taten ähnlich gelagert, auch das Tatmittel war in allen

---

[116] Vgl. *Beine*: Sehen Hören Schweigen, S. 77.

[117] Lanitop ist ein Digitalis Präparat. Digitalis wird u. a. zur Behandlung von Herzinsuffizienz und Herzrhythmusstörungen eingesetzt.

[118] Kombetin ist ein Cardenolid-Glykosid und wurde früher in der Medizin als Herzglykosid zur Behandlung von Herzkrankheiten eingesetzt.

[119] Vgl. *Maisch*: Patiententötungen, S. 106; *Friedrich*, in: Lebensverkürzung, Tötung und Serientötung – eine interdisziplinäre Analyse der „Euthanasie" 159 (160).

[120] Vgl. *Friedrich*, in: Lebensverkürzung, Tötung und Serientötung – eine interdisziplinäre Analyse der „Euthanasie" 159 (160).

[121] Vgl. *Beine*: Krankentötungen in Kliniken und Heimen, S. 117; *Beine*: Sehen Hören Schweigen, S. 77.

[122] Vgl. *Friedrich*, in: Lebensverkürzung, Tötung und Serientötung – eine interdisziplinäre Analyse der „Euthanasie" 159 (159); *Beine*: Sehen Hören Schweigen, S. 77; *Beine*: Krankentötungen in Kliniken und Heimen, S. 117.

[123] Vgl. *Beine*: Sehen Hören Schweigen, S. 77.

[124] Vgl. *Beine*: Krankentötungen in Kliniken und Heimen, S. 119; *Beine*: Sehen Hören Schweigen, S. 82.

[125] Vgl. *Beine*: Sehen Hören Schweigen, S. 84–90; *Beine*: Krankentötungen in Kliniken und Heimen, S. 121–125.

sieben Fälle das Medikament Digitalis[126], das letztlich zum Tod der Patientinnen und Patienten führte.[127]

Das Injizieren des Medikaments Digitalis führte bei den zum Teil schwer erkrankten Patientinnen und Patienten zu einer Glykosid Intoxikation und in der Folge zu reanimationspflichtigen Herzrhythmusstörungen.[128] Trotz eingeleiteter Reanimationsbemühungen verstarben die Opfer in Folge der nicht indizierten Medikamentengabe.[129]

Die sieben Taten wurden innerhalb von drei Tagen, zwischen dem 17.12.1975 und dem 20.12.1975, verübt.[130]

Das psychiatrische Gutachten kam zu dem Ergebnis, dass bei Reinhard B. eine krankhaft seelische Störung vorliegt.[131] Seine Einsichtsfähigkeit sei zwar weitestgehend vorhanden, jedoch nach dieser Einsicht zu handeln, sei erheblich gemindert.[132] Nach Überzeugung der Kammer sei Reinhard B. bewusst gewesen, dass das Verabreichen von Herzglykosiden zu Komplikationen führen kann und er diese billigend in Kauf nahm.[133] In Tötungsabsicht habe er nach Überzeugung der Kammer jedoch nicht gehandelt.[134] Reinhard B. habe „[...] *in Überschätzung*

---

[126] Bei dem Medikament Digitalis handelt es sich um einen pflanzlichen Naturstoff aus der Gruppe der Herzglykoside, das u.a. zur Behandlung von chronischer Herzinsuffizienz und Herzrhythmusstörungen eingesetzt wird.

[127] Vgl. *Friedrich*, in: Lebensverkürzung, Tötung und Serientötung – eine interdisziplinäre Analyse der „Euthanasie“ 159 (159); *Beine*: Sehen Hören Schweigen, S. 84–90; *Beine*: Krankentötungen in Kliniken und Heimen, S. 121–125.

[128] Vgl. *Friedrich*, in: Lebensverkürzung, Tötung und Serientötung – eine interdisziplinäre Analyse der „Euthanasie“ 159 (159); *Beine*: Sehen Hören Schweigen, S. 84–90; *Beine*: Krankentötungen in Kliniken und Heimen, S. 121–125.

[129] Vgl. *Beine*: Sehen Hören Schweigen, S. 84–90; *Friedrich*, in: Lebensverkürzung, Tötung und Serientötung – eine interdisziplinäre Analyse der „Euthanasie“ 159 (160); *Beine*: Krankentötungen in Kliniken und Heimen, S. 121–125.

[130] Vgl. *Friedrich*, in: Lebensverkürzung, Tötung und Serientötung – eine interdisziplinäre Analyse der „Euthanasie“ 159 (159); *Beine*: Sehen Hören Schweigen, S. 84–90; *Beine*: Krankentötungen in Kliniken und Heimen, S. 121–125.

[131] Vgl. *Beine*: Sehen Hören Schweigen, S. 106; *Friedrich*, in: Lebensverkürzung, Tötung und Serientötung – eine interdisziplinäre Analyse der „Euthanasie“ 159 (161); *Beine*: Krankentötungen in Kliniken und Heimen, S. 139.

[132] Vgl. *Beine*: Krankentötungen in Kliniken und Heimen, S. 139; *Beine*: Sehen Hören Schweigen, S. 106.

[133] Vgl. *Beine*: Sehen Hören Schweigen, S. 106; *Beine*: Krankentötungen in Kliniken und Heimen, S. 139.

[134] Vgl. *Friedrich*, in: Lebensverkürzung, Tötung und Serientötung – eine interdisziplinäre Analyse der „Euthanasie“ 159 (161).

seiner Möglichkeiten die Therapie selbst in die Hand genommen.“[135] Die Kammer verurteilte Reinhard B. wegen Körperverletzung mit Todesfolge im Zustand verminderter Schuldfähigkeit zu einer Gesamtfreiheitsstrafe von sieben Jahren und verhängte ein lebenslanges Berufsverbot.[136]

3.2.3 Tatkomplex Michaela R. (Wuppertal)

Michaela R. arbeitete seit 1978 als Krankenschwester auf einer Intensivstation in einem Krankenhaus in Wuppertal. Zuletzt war sie neben der Tätigkeit als Krankenschwester auch stellvertretende Pflegedienstleiterin.[137]

Die für die Abteilung zuständige Chefärztin baute die Intensivstation maßgeblich mit auf. Sie hatte einen „*streng hierarchischen Führungsstil*“.[138] Sie war der Ansicht, dass nur so ein reibungsloser Informationsfluss und eine hohe Effektivität der Station gewährleistet sei. Anweisungen wurden stets umgesetzt und Widerspruch durch die Chefärztin nicht geduldet.[139] Ein Chefarzt einer anderen Abteilung beschrieb sie als „*schwierig*“ und „*bestimmend*“, mit einer ihrer Oberärztinnen soll sie „*unmenschlich*“ umgegangen sein.[140]

Die Ziele und Vorstellungen der Chefärztin wurden durch sie restriktiv durchgesetzt. Therapeutische Entscheidungen wurden nicht gemeinsam im Team abgestimmt, sondern dem Team lediglich mitgeteilt.[141] Die Chefärztin soll nicht direkt mit allen Mitarbeitenden kommuniziert haben, sondern Entscheidungen über pflegerische sowie organisatorische Belange ausschließlich über ihre Ansprechpartnerinnen und -partner mitgeteilt haben.[142]

---

[135] *Beine*: Sehen Hören Schweigen, S. 106.

[136] Vgl. *Richter/Sauter*: Patiententötungen und Gewaltakte durch Pflegekräfte, S. 15; *Beine*: Krankentötungen in Kliniken und Heimen, S. 139; *Beine*: Sehen Hören Schweigen, S. 106.

[137] Vgl. *Maisch*: Patiententötungen, S. 318; *Beine*: Krankentötungen in Kliniken und Heimen, S. 140; *Beine*: Sehen Hören Schweigen, S. 110.

[138] *Beine*: Sehen Hören Schweigen, S. 111; *Beine*: Krankentötungen in Kliniken und Heimen, S. 141.

[139] Vgl. *Beine*: Krankentötungen in Kliniken und Heimen, S. 142; *Beine*: Sehen Hören Schweigen, S. 112.

[140] *Beine*: Sehen Hören Schweigen, S. 111; *Beine*: Krankentötungen in Kliniken und Heimen, S. 142.

[141] Vgl. *Richter/Sauter*: Patiententötungen und Gewaltakte durch Pflegekräfte, S. 16; *Beine*: Sehen Hören Schweigen, S. 112.

[142] Vgl. *Beine*: Krankentötungen in Kliniken und Heimen, S. 142; *Beine*: Sehen Hören Schweigen, S. 112.

In die Rolle als Ansprechpartnerin wuchs Michaela R. mehr und mehr hinein, auch wenn andere Pflegekräfte über umfangreicheres Wissen sowie Informationen über die Patientinnen und Patienten verfügten.[143] Die Chefärztin bestand darauf, dass Michaela R. sie bei Visiten begleitet. Michaela R. brachte ihr wiederum *„uneingeschränkte Wertschätzung"* entgegen.[144]

Der Verantwortungsbereich von Michaela R. wurde durch Einwirken der Chefärztin erweitert und sie wurde schließlich stellvertretende Pflegedienstleiterin.[145]

Inzwischen entstanden durch das Verhältnis zwischen der Chefärztin und Michaela R. im Team erhebliche Spannungen, was zu einer zunehmenden Isolation von Michaela R. führte.[146] Sie habe *„unübersehbar"* unter *„starken Stimmungsschwankungen"* gelitten und wirkte labil.[147]

Inzwischen kamen zudem Gerüchte auf, dass die Chefärztin ein Alkoholproblem habe, welches auch das Verhältnis zu Michael R. belastete.[148]

Dem Kollegium der Intensivstation fiel auf, dass in der Dienstzeit von Michaela R. auffällig viele Patientinnen und Patienten starben.[149] Vereinzelt soll Michaela R. vor Todesfällen gesagt haben: *„Der stirbt wohl, ich bin ja jetzt da"*.[150]

Am 23.09.1985 sagte Michaela R. zu einem Kollegen, dass sie einem Patienten das Medikament Baralgin[151] geben wolle, weil es dem Patienten nicht

---

[143] Vgl. *Daldrup*, in: Lebensverkürzung, Tötung und Serientötung – eine interdisziplinäre Analyse der „Euthanasie" 171 (177); *Richter/Sauter*: Patiententötungen und Gewaltakte durch Pflegekräfte, S. 16; *Beine*: Sehen Hören Schweigen, S. 112; Beine: Krankentötungen in Kliniken und Heimen, S. 142.

[144] *Beine*: Krankentötungen in Kliniken und Heimen, S. 143; *Beine*: Sehen Hören Schweigen, S. 112.

[145] Vgl. *Richter/Sauter*: Patiententötungen und Gewaltakte durch Pflegekräfte, S. 16; *Beine*: Krankentötungen in Kliniken und Heimen, S. 143.

[146] Vgl. *Gibiec*: Tatort Krankenhaus – Der Fall Michaela Roeder, S. 47; *Richter/Sauter*: Patiententötungen und Gewaltakte durch Pflegekräfte, S. 16; *Beine*: Krankentötungen in Kliniken und Heimen, S. 144.

[147] *Beine*: Sehen Hören Schweigen, S. 114; *Beine*: Krankentötungen in Kliniken und Heimen, S. 145.

[148] Vgl. *Gibiec*: Tatort Krankenhaus – Der Fall Michaela Roeder, S. 47; *Beine*: Sehen Hören Schweigen, S. 113; *Beine*: Krankentötungen in Kliniken und Heimen, S. 144.

[149] Vgl. *Beine*: Krankentötungen in Kliniken und Heimen, S. 145; *Beine*: Sehen Hören Schweigen, S. 114.

[150] *Beine*: Sehen Hören Schweigen, S. 114; *Beine*: Krankentötungen in Kliniken und Heimen, S. 145.

[151] Bei Baralgin handelt es sich um ein Kombipräparat aus Metamizol (Analgetikum), Pitofenon (Spasmolytikum) und Fenpiverinium (Anticholinergikum), das bei Koliken des Harntraktes eingesetzt wird.

gut gehe.[152] Der Kollege konnte keine Indikation für die Medikamentengabe erkennen, protestierte jedoch nicht, weil Michaela R. mehr Berufserfahrung als er hätte.[153] Als sich Michaela R. anschließend in der Stationsapotheke aufhielt, konnte der Kollege, statt einer, das knacken von vier Ampullenköpfen hören und sah, dass Michaela R. eine Packung Catapresan in der Hand hielt.[154] Michaela R. begab sich sodann in das Zimmer des Patienten und injizierte den Inhalt der zuvor aufgezogenen Spritze über den vorhandenen zentralen Venenkatheter.[155]

Im Verlauf begab sich Michaela R. erneut zur Stationsapotheke und wurde durch den misstrauisch gewordenen Kollegen durch die Glastür erneut beobachtet. Er konnte erkennen, dass sie zwei Ampullen Kalium-Chlorid aufzog und diese dem Patienten injizierte.[156] Es kam unmittelbar danach zu einem Herzkreislaufstillstand und der Patient starb.[157]

Der Pfleger vertraute sich einem Kollegen an, der ihm zwar glaubte, die Beobachtungen dennoch für unglaublich hielt. Beide Mitarbeiter entschieden sich, den Vorfall nicht zu melden und Michaela R. zunächst zu beobachten.[158]

In der Dienstzeit von Michaela R. kam es zu weiteren ungewöhnlichen Todesfällen und in diesem Zusammenhang zu Unregelmäßigkeiten.[159] Der Pfleger, der die o. g. Beobachtungen machte, sowie der eingeweihte Kollege konnten unmittelbar nach einem weiteren Sterbefall leere Ampullen des Medikaments Catapresan im Ampullencontainer der Intensivstation sicherstellen.[160] In dieser Zeit wurde

---

[152] Vgl. *Gibiec*: Tatort Krankenhaus – Der Fall Michaela Roeder, S. 18; *Beine*: Sehen Hören Schweigen, S. 114; *Beine*: Krankentötungen in Kliniken und Heimen, S. 146.

[153] Vgl. *Beine*: Krankentötungen in Kliniken und Heimen, S. 146; *Beine*: Sehen Hören Schweigen, S. 114.

[154] Vgl. *Gibiec*: Tatort Krankenhaus – Der Fall Michaela Roeder, S. 18; *Beine*: Krankentötungen in Kliniken und Heimen, S. 146.

[155] Vgl. *Beine*: Krankentötungen in Kliniken und Heimen, S. 146; *Beine*: Sehen Hören Schweigen, S. 114.

[156] Vgl. *Gibiec*: Tatort Krankenhaus – Der Fall Michaela Roeder, S. 19; *Beine*: Sehen Hören Schweigen, S. 115; *Beine*: Krankentötungen in Kliniken und Heimen, S. 146.

[157] Vgl. *Beine*: Krankentötungen in Kliniken und Heimen, S. 146; *Gibiec*: Tatort Krankenhaus – Der Fall Michaela Roeder, S. 19; *Beine*: Sehen Hören Schweigen, S. 115.

[158] Vgl. *Beine*: Sehen Hören Schweigen, S. 115; *Gibiec*: Tatort Krankenhaus – Der Fall Michaela Roeder, S. 19; *Beine*: Krankentötungen in Kliniken und Heimen, S. 146 f.

[159] Vgl. *Beine*: Krankentötungen in Kliniken und Heimen, S. 147; *Beine*: Sehen Hören Schweigen, S. 115.

[160] Vgl. *Gibiec*: Tatort Krankenhaus – Der Fall Michaela Roeder, S. 19; *Beine*: Sehen Hören Schweigen, S. 115; *Beine*: Krankentötungen in Kliniken und Heimen, S. 147.

keiner der dortigen Patientinnen und Patienten mit dem Medikament behandelt.[161] Für die beiden Krankenpfleger stand fest, dass sie sich nicht mit ihrem Verdacht an die Chefärztin wenden müssten. Sie entschlossen sich, einen der Oberärzte über die Beobachtungen sowie die leeren Ampullen zu informieren.[162] Der Oberarzt habe anschließend eine Blutprobe der Leiche entnommen und im Krankenhauslabor untersuchen lassen.[163] Es konnten stark erhöhte Kaliumwerte festgestellt werden,[164] die jedoch als Beweis ungeeignet sind, weil Kalium ein körpereigener Stoff ist.[165]

Am 07.01.1986 kam es erneut zu einem weiteren überraschenden Todesfall sowie erneuten Funden von leeren Ampullen. Der Oberarzt wurde erneut informiert und beschloss, seine Chefärztin über die Vorgänge zu informieren.[166]

Die Chefärztin bestellte die beiden Krankenpfleger zu einem Gespräch ein und fragte diese, ob sie *„[...] den Posten von Michaela R. erhaschen“* wollten oder etwa *„sexuell bei ihr nicht ankommen würden?“*[167]

Die Chefärztin ordnete *„strenges Stillschweigen“* an und entließ die beiden Hinweisgeber ohne weitere Reaktionen aus dem Gespräch.[168] Tage später erfolgte erneut ein Gespräch mit dem Justiziar des Krankenhauses sowie der Chefärztin, diesmal jedoch jeweils alleine.[169] In dem Gespräch wurde einer der beiden Hinweisgeber erneut gefragt, ob es ihm eigentlich um die Stelle von Michaela R.

---

[161] Vgl. *Beine*: Sehen Hören Schweigen, S. 115; *Gibiec*: Tatort Krankenhaus – Der Fall Michaela Roeder, S. 19; *Beine*: Krankentötungen in Kliniken und Heimen, S. 147.

[162] Vgl. *Richter/Sauter*: Patiententötungen und Gewaltakte durch Pflegekräfte, S. 15; *Beine*: Krankentötungen in Kliniken und Heimen, S. 147; *Beine*: Sehen Hören Schweigen, S. 116; *Gibiec*: Tatort Krankenhaus – Der Fall Michaela Roeder, S. 20.

[163] Vgl. *Daldrup*, in: Lebensverkürzung, Tötung und Serientötung – eine interdisziplinäre Analyse der „Euthanasie“ 171 (173); *Gibiec*: Tatort Krankenhaus – Der Fall Michaela Roeder, S. 20; *Beine*: Sehen Hören Schweigen, S. 116; *Beine*: Krankentötungen in Kliniken und Heimen, S. 147.

[164] Vgl. *Gibiec*: Tatort Krankenhaus – Der Fall Michaela Roeder, S. 20; *Beine*: Sehen Hören Schweigen, S. 116; *Beine*: Krankentötungen in Kliniken und Heimen, S. 147.

[165] Siehe hierzu auch „Rechtsmedizinische Besonderheiten im Fall Niels H.“ in diesem Kapitel.

[166] Vgl. *Beine*: Sehen Hören Schweigen, S. 116; *Gibiec*: Tatort Krankenhaus – Der Fall Michaela Roeder, S. 20; *Beine*: Krankentötungen in Kliniken und Heimen, S. 148.

[167] *Beine*: Krankentötungen in Kliniken und Heimen, S. 148; *Beine*: Sehen Hören Schweigen, S. 116; *Gibiec*: Tatort Krankenhaus – Der Fall Michaela Roeder, S. 21.

[168] *Gibiec*: Tatort Krankenhaus – Der Fall Michaela Roeder, S. 21; *Richter/Sauter*: Patiententötungen und Gewaltakte durch Pflegekräfte, S. 15; *Beine*: Sehen Hören Schweigen, S. 116; *Beine*: Krankentötungen in Kliniken und Heimen, S. 148.

[169] Vgl. *Beine*: Krankentötungen in Kliniken und Heimen, S. 148.

gehen würde. Die Hinweise und Erläuterungen der Krankenpfleger bewerteten der Jurist und die Chefärztin als „*sehr fadenscheinig*" und leiteten keine weiteren Maßnahmen ein.[170] Michaela R. blieb weiterhin im Dienst.[171]

Knapp vier Wochen später, am 05.02.1986 kam es erneut zu einem überraschenden Todesfall auf der Intensivstation.[172] Die beiden hinweisgebenden Krankenpfleger haben vor der Dienstübergabe die Catapresan-Ampullen sowie Kaliumchlorid-Ampullen in der Stationsapotheke gezählt.[173] Nach dem Todesfall hat der Oberarzt, der zuvor auch schon über den Verdacht informiert war, die Bestände nachgezählt und es konnte ein Fehlbestand von drei Ampullen Catapresan sowie vier Ampullen Kaliumchlorid feststellen.[174] Im Abwurf konnten zwei Catapresan Ampullenköpfe sichergestellt werden und bei der Leiche wurde eine Blutprobe entnommen, die Catapresan nachwies.[175] Der Oberarzt informierte die Chefärztin, die wiederum am 07.02.1986 Michaela R. vom Dienst suspendierte und die Polizei verständigte. Am 13.03.1987 wurde ein Haftbefehl erlassen und Michaela R. festgenommen.[176]

Bei den Taten ist Michaela R. stets ähnlich vorgegangen und spritzte die Medikamente Catapresan sowie Kaliumchlorid, um die Patientinnen und Patienten zu töten.[177] In zwei Fällen spritzte sie die Kombination der Medikamente im Rahmen von Reanimationen oder reichte die Medikamente in einer Spritze aufgezogen einer anderen Person an, die unter der Annahme, dass es sich im Rahmen der Reanimation um indizierte Medikamente handelt, diese spritzte.[178]

---

[170] *Beine*: Sehen Hören Schweigen, S. 116; *Gibiec*: Tatort Krankenhaus – Der Fall Michaela Roeder, S. 25.

[171] Vgl. *Gibiec*: Tatort Krankenhaus – Der Fall Michaela Roeder, S. 21.

[172] Vgl. *Beine*: Sehen Hören Schweigen, S. 117; *Gibiec*: Tatort Krankenhaus – Der Fall Michaela Roeder, S. 21; *Beine*: Krankentötungen in Kliniken und Heimen, S. 148.

[173] Vgl. *Beine*: Krankentötungen in Kliniken und Heimen, S. 148; *Beine*: Sehen Hören Schweigen, S. 117.

[174] Vgl. *Beine*: Sehen Hören Schweigen, S. 117; *Beine*: Krankentötungen in Kliniken und Heimen, S. 149.

[175] Vgl. *Gibiec*: Tatort Krankenhaus – Der Fall Michaela Roeder, S. 22; *Beine*: Sehen Hören Schweigen, S. 117; *Beine*: Krankentötungen in Kliniken und Heimen, S. 149.

[176] Vgl. *Daldrup*, in: Lebensverkürzung, Tötung und Serientötung – eine interdisziplinäre Analyse der „Euthanasie" 171 (173); *Beine*: Sehen Hören Schweigen, S. 117; *Beine*: Krankentötungen in Kliniken und Heimen, S. 149.

[177] Vgl. *Beine*: Krankentötungen in Kliniken und Heimen, S. 152–158; *Daldrup*, in: Lebensverkürzung, Tötung und Serientötung – eine interdisziplinäre Analyse der „Euthanasie" 171 (171); *Beine*: Sehen Hören Schweigen, S. 120–129.

[178] Vgl. *Beine*: Sehen Hören Schweigen, S. 123 u. 125; *Beine*: Krankentötungen in Kliniken und Heimen, S. 153 u. 155.

In einem Fall soll Michaela R. Spritzen mit zwei verschiedenen Medikamenten aufgezogen und anschließend verwechselt haben.[179] Bei einem der Medikamente soll es sich um Kaliumchlorid gehandelt haben und bei dem zweiten Medikament um Natriumbicarbonat.[180] Auf Grund einer Ablenkung soll sie die Spritzen unbeschriftet abgelegt haben und später irrtümlicherweise und nach Überzeugung der Kammer fahrlässig, statt der Spritze mit dem Natriumbicarbonat, Kaliumchlorid einem Arzt angereicht haben, der das Medikament injizierte. Die Wirkung des Kaliumchlorids sei nach Auffassung der Kammer todesursächlich gewesen.[181]

Das Alter der Opfer betrug zur Tatzeit zwischen 67 und 94 Jahre.[182]

Die Ermittlungen kamen zu dem Schluss, dass 28 Personen in der Dienstzeit von Michaela R. auf der Intensivstation starben. Die Todesursachen waren nicht eindeutig auf die Krankheitsgeschichte zurückzuführen.[183]

Auf Grund von Schwierigkeiten des Beweiswerts toxikologischer Befunde, wurden 17 Taten von der Staatsanwaltschaft angeklagt.[184] Mehr zu den Herausforderungen der Beweisführung in Bezug auf die sichere Feststellung der Todesursache, ist dem Gliederungspunkt 3.4.5 „Rechtsmedizinische Besonderheiten" des vorliegenden Kapitels zu entnehmen.

---

[179] Vgl. *Gibiec*: Tatort Krankenhaus – Der Fall Michaela Roeder, S. 118; *Beine*: Sehen Hören Schweigen, S. 127; *Daldrup*, in: Lebensverkürzung, Tötung und Serientötung – eine interdisziplinäre Analyse der „Euthanasie" 171 (180); *Beine*: Krankentötungen in Kliniken und Heimen, S. 156.

[180] Vgl. *Daldrup*, in: Lebensverkürzung, Tötung und Serientötung – eine interdisziplinäre Analyse der „Euthanasie" 171 (180); *Beine*: Sehen Hören Schweigen, S. 127; *Beine*: Krankentötungen in Kliniken und Heimen, S. 156.

[181] Vgl. *Beine*: Krankentötungen in Kliniken und Heimen, S. 156; *Beine*: Sehen Hören Schweigen, S. 127.

[182] Vgl. *Beine*: Sehen Hören Schweigen, S. 120–129; *Beine*: Krankentötungen in Kliniken und Heimen, S. 153 u. 155.

[183] Vgl. *Daldrup*, in: Lebensverkürzung, Tötung und Serientötung – eine interdisziplinäre Analyse der „Euthanasie" 171 (175); *Gibiec*: Tatort Krankenhaus – Der Fall Michaela Roeder, S. 118.

[184] Vgl. *Maisch*: Patiententötungen, S. 106; *Gibiec*: Tatort Krankenhaus – Der Fall Michaela Roeder, S. 38; *Daldrup*, in: Lebensverkürzung, Tötung und Serientötung – eine interdisziplinäre Analyse der „Euthanasie" 171 (171); *Beine*: Krankentötungen in Kliniken und Heimen, S. 153 u. 158.

Die Kammer des Landgerichts Wuppertal konnte Michaela R. insgesamt acht Taten nachweisen und verurteilte sie am 11.09.1989 zu einer Freiheitsstrafe von 11 Jahren.[185] Sie soll nach Überzeugung der Kammer jedoch nicht in feindlicher Willensrichtung gehandelt haben, sondern in der irrigen Annahme, dass die Taten für die Opfer Erlösung sein würden.[186] Sie habe nicht heimtückisch oder aus niedrigen Beweggründen gehandelt.[187]

In fünf Fällen wurde sie wegen Totschlags verurteilt, in einem Fall wegen versuchten Totschlags, in einem weiteren Fall wegen Tötung auf Verlangen sowie in einem Fall wegen fahrlässiger Tötung.[188]

Im Rahmen der psychiatrischen sowie psychologischen Sachverständigengutachten war Michaela R. für ihre Taten voll strafrechtlich verantwortlich. Die Kammer schloss sich der Einschätzung an.[189]

Ein lebenslanges Berufsverbot wurde nicht verhängt, weil die Kammer der Auffassung war, dass auf Grund der medialen Berichterstattung und der damit verbunden hohen Bekanntheit eine Neuanstellung in einem Krankenhaus für unwahrscheinlich gehalten wurde.[190] Des Weiteren ging die Kammer davon aus, dass auch wenn Michaela R. eine erneute Beschäftigung als Krankenschwester nach Haftentlassung finden würde, nicht wieder straffällig werden würde.[191]

---

[185] Vgl. *Daldrup*, in: Lebensverkürzung, Tötung und Serientötung – eine interdisziplinäre Analyse der „Euthanasie" 171 (171); *Maisch*: Patiententötungen, S. 106; *Richter/Sauter*: Patiententötungen und Gewaltakte durch Pflegekräfte, S. 16; *Beine*: Sehen Hören Schweigen, S. 143; *Gibiec*: Tatort Krankenhaus – Der Fall Michaela Roeder, S. 116.

[186] Vgl. *Gibiec*: Tatort Krankenhaus – Der Fall Michaela Roeder, S. 119; *Beine*: Sehen Hören Schweigen, S. 143.

[187] Vgl. *Beine*: Sehen Hören Schweigen, S. 143; *Gibiec*: Tatort Krankenhaus – Der Fall Michaela Roeder, S. 120.

[188] Vgl. *Gibiec*: Tatort Krankenhaus – Der Fall Michaela Roeder, S. 116; *Beine*: Sehen Hören Schweigen, S. 119; *Daldrup*, in: Lebensverkürzung, Tötung und Serientötung – eine interdisziplinäre Analyse der „Euthanasie" 171 (180); *Beine*: Krankentötungen in Kliniken und Heimen, S. 169.

[189] Vgl. *Beine*: Sehen Hören Schweigen, S. 143; *Beine*: Krankentötungen in Kliniken und Heimen, S. 168.

[190] Vgl. *Gibiec*: Tatort Krankenhaus – Der Fall Michaela Roeder, S. 121; *Beine*: Sehen Hören Schweigen, S. 143; Beine: Krankentötungen in Kliniken und Heimen, S. 169; *Richter/Sauter*: Patiententötungen und Gewaltakte durch Pflegekräfte, S. 16.

[191] Vgl. *Beine*: Krankentötungen in Kliniken und Heimen, S. 169; *Beine*: Sehen Hören Schweigen, S. 143.

3.2.4 Tatkomplex Wolfgang L. (Bielefeld)

Am 19.12.1990 wurde der Krankenpfleger Wolfgang L. im Alter von 33 Jahren bei Dienstbeginn in einer Klinik in Gütersloh von der Polizei erwartet und zu einer Vernehmung vorgeführt.[192] Ihm wurde von der Polizei vorgeworfen, eine 86 Jahre alte Patientin getötet zu haben. Im Verlauf der Vernehmung gestand Wolfgang L., die Patientin getötet zu haben.[193]

Bei der Klinik, in der Wolfgang L. beschäftigt war, handelte es sich um ein psychiatrisches Krankenhaus, das auch über eine Station für Innere Medizin verfügte, auf der Begleiterkrankungen oder schwere Drogen- und Alkoholerkrankungen behandelt wurden. Des Weiteren verfügte die Klinik über eine Intensivstation mit acht Plätzen.[194]

Auf der Station gab es u. a. Schwierigkeiten bei der Einarbeitung von neuem ärztlichen Personal und nach Ansicht des Pflegepersonals, war ihnen überlassen, neue Ärztinnen und Ärzte einzuarbeiten.[195]

Als ein neuer Arzt auf der Station seine Arbeit aufnahm, wurden seine medikamentösen Verordnungen auf Seiten der Pflegekräfte kritisiert.[196] Die Kritik führte soweit, dass die Anordnungen des Arztes missachtet wurden und Medikamente, die zuvor verordnet wurden, entgegen der neuen Anordnung des Arztes, weiterhin verabreicht wurden.[197] Selbst einer der Oberärzte musste sich für seine Anordnungen regelmäßig rechtfertigen und diese erklären, bevor die Pflegekräfte die Anweisungen umsetzten.[198] Das Klima auf der Station soll insgesamt *„wenig kooperativ“*[199] gewesen sein und Dauerkonflikte prägten das Bild.[200]

---

[192] Vgl. *Beine*: Sehen Hören Schweigen, S. 185; *Beine*: Krankentötungen in Kliniken und Heimen, S. 207.

[193] Vgl. *Richter/Sauter*: Patiententötungen und Gewaltakte durch Pflegekräfte, S. 18; *Beine*: Krankentötungen in Kliniken und Heimen, S. 207; *Beine*: Sehen Hören Schweigen, S. 185.

[194] Vgl. *Beine*: Sehen Hören Schweigen, S. 185; *Beine*: Krankentötungen in Kliniken und Heimen, S. 207.

[195] Vgl. *Beine*: Krankentötungen in Kliniken und Heimen, S. 207; *Beine*: Sehen Hören Schweigen, S. 187.

[196] Vgl. *Beine*: Sehen Hören Schweigen, S. 187; *Beine*: Krankentötungen in Kliniken und Heimen, S. 207.

[197] Vgl. *Beine*: Krankentötungen in Kliniken und Heimen, S. 207; *Beine*: Sehen Hören Schweigen, S. 187.

[198] Vgl. *Beine*: Sehen Hören Schweigen, S. 187.

[199] *Beine*: Sehen Hören Schweigen, S. 187; *Beine*: Krankentötungen in Kliniken und Heimen, S. 210.

[200] Vgl. *Richter/Sauter*: Patiententötungen und Gewaltakte durch Pflegekräfte, S. 19.

Wolfgang L. war seit Oktober 1988 auf der Station der Inneren Medizin beschäftigt. Zuvor arbeite er auf der psychiatrischen Station der Klinik.[201]

Im Kollegium wurde Wolfgang L. u. a. als „*zuverlässig und einsatzbereit*" beschrieben. Er sei „*hilfsbereit und kollegial*", er habe keine Fehler gemacht und habe Patientinnen und Patienten nicht grob behandelt."[202]

Eine Kollegin beschrieb ihn als „zuverlässig, ordentlich und korrekt". Wolfgang L. verfügte über einen guten Ruf und war nach ihrer Ansicht bei den Patientinnen und Patienten beliebt gewesen.[203]

Auf der anderen Seite beschrieben Kolleginnen und Kollegen ihn dagegen als ungeduldig und mitunter aggressiv gegenüber Patientinnen und Patienten.[204] In der Zusammenarbeit zwischen Wolfgang L. sowie dem ärztlichen Personal gab es keine Schwierigkeiten. Er soll sich mit diesen „*sogar recht gut*" verstanden haben.[205]

Trotz seines gewerkschaftlichen Engagements u. a. als Vertrauensmann der Klinik, geriet Wolfgang L. innerhalb des Kollegiums zunehmend in eine Außenseiterrolle.[206]

Mehreren Kolleginnen und Kollegen fiel ein unpassender sowie rauer Umgang mit Patientinnen und Patienten, aber auch mit verstorbenen Personen auf. Besonders geistig behinderte oder verwirrte Menschen wurden von Wolfgang L. teilweise angeschrien und „*barsch abgefertigt*".[207] Auf Kritik von Kolleginnen und Kollegen reagierte Wolfgang L. ruhig und vermied Auseinandersetzungen.[208] Er selbst äußerte gegenüber einer Kollegin, dass es ihm schwerfalle „*sich selbst im Zaum zu halten*" und er „*schnell ausrasten*" könne.[209]

---

[201] Vgl. *Beine*: Krankentötungen in Kliniken und Heimen, S. 212; *Beine*: Sehen Hören Schweigen, S. 188.

[202] *Beine*: Sehen Hören Schweigen, S. 190.

[203] *Beine*: Sehen Hören Schweigen, S. 190.

[204] Vgl. *Beine*: Krankentötungen in Kliniken und Heimen, S. 213; *Beine*: Sehen Hören Schweigen, S. 188.

[205] *Beine*: Sehen Hören Schweigen, S. 188.

[206] Vgl. *Richter/Sauter*: Patiententötungen und Gewaltakte durch Pflegekräfte, S. 19; *Beine*: Krankentötungen in Kliniken und Heimen, S. 212; *Beine*: Sehen Hören Schweigen, S. 189.

[207] Vgl. *Beine*: Krankentötungen in Kliniken und Heimen, S. 213; *Beine*: Sehen Hören Schweigen, S. 189.

[208] Vgl. *Richter/Sauter*: Patiententötungen und Gewaltakte durch Pflegekräfte, S. 19; *Beine*: Sehen Hören Schweigen, S. 189.

[209] *Beine*: Sehen Hören Schweigen, S. 190; *Beine*: Krankentötungen in Kliniken und Heimen, S. 213.

Im Verlauf seiner Tätigkeit auf der Station der Inneren Medizin übernahm Wolfgang L. zunehmend Spät- sowie Nachtdienste, weil er dann *„seine Ruhe [hätte]“*.[210]

Inzwischen ist einigen Mitarbeitenden aufgefallen, dass im Dienst von Wolfgang L. mehr Menschen sterben, als bei anderen Kolleginnen und Kollegen auf der Station.[211]

Auffällig erschien dieser Umstand den Kolleginnen und Kollegen jedoch nicht, weil es sich bei den Verstorbenen um chronisch- und mehrfacherkrankte sowie alte Menschen handelte.[212] Auch das Verhalten von Wolfgang L. soll im Zusammenhang mit den Sterbefällen unauffällig gewesen sein.[213]

Im Herbst 1989 befanden sich auf der benachbarten Intensivstation drei Patientinnen und Patienten, bei denen mit dem Ableben zu rechnen war.[214] Wolfgang L. hatte in dieser Nacht Dienst und verabschiedete eine Kollegin, die in den Feierabend ging.[215] Als die Kollegin am Morgen des nächsten Tages ihren Dienst wiederbegann, waren die drei Personen verstorben. Zu Auffälligkeiten führte der Tod der drei Personen innerhalb einer Nacht nicht.[216]

Während der Dienstzeit von Wolfgang L. kam es im Laufe des Jahres 1990 erneut zu einer Häufung von Todesfällen.[217] Einzelnen Mitarbeitenden von Wolfgang L. kamen ab dem Sommer 1990 zunehmend Zweifel an den Todesumständen. Wolfgang L. wurde kollegial darauf angesprochen, der entspannt reagierte und das Nachfragen weglächelte.[218]

---

[210] *Beine*: Krankentötungen in Kliniken und Heimen, S. 214; *Beine*: Sehen Hören Schweigen, S. 190.

[211] Vgl. *Beine*: Krankentötungen in Kliniken und Heimen, S. 214; *Beine*: Sehen Hören Schweigen, S. 190.

[212] Vgl. *Bajanowski et al.*, in: Lebensverkürzung, Tötung und Serientötung – eine interdisziplinäre Analyse der „Euthanasie“ 195 (199); *Beine*: Krankentötungen in Kliniken und Heimen, S. 214; *Beine*: Sehen Hören Schweigen, S. 190.

[213] Vgl. *Beine*: Sehen Hören Schweigen, S. 190.

[214] Vgl. *Beine*: Sehen Hören Schweigen, S. 191; *Beine*: Krankentötungen in Kliniken und Heimen, S. 215.

[215] Vgl. *Beine*: Sehen Hören Schweigen, S. 191; *Beine*: Krankentötungen in Kliniken und Heimen, S. 215.

[216] Vgl. *Beine*: Sehen Hören Schweigen, S. 191.

[217] Vgl. *Beine*: Krankentötungen in Kliniken und Heimen, S. 215; *Beine*: Sehen Hören Schweigen, S. 191.

[218] Vgl. *Beine*: Sehen Hören Schweigen, S. 191; *Beine*: Krankentötungen in Kliniken und Heimen, S. 215.

Im September des gleichen Jahres befand sich auf der Station ein unruhiger und teilweise aggressiver Patient, der häufig durch lautes Schreien störte.[219] Überraschend kam es am 22.09.1990 bei dem Patienten plötzlich zu einer lebensbedrohlichen Atemdepression. Ein herbeigerufener Arzt konnte den Zustand stabilisieren und der Patient wurde auf die Intensivstation verlegt.[220]

Am gleichen Tag kam es zu einem Gespräch unter den Pflegekräften, die über den Vorfall und zwei weitere ähnlich gelagerte Fälle innerhalb weniger Wochen auf der Station sprachen.[221] Bei den zwei weiteren Fällen war Wolfgang L. ebenfalls im Dienst und es kam bei den beiden Personen ebenfalls zu überraschenden und nicht erklärbaren Atemdepressionen.[222] Eine der Krankenpflegerinnen berichtete die Umstände einem Arzt, der wiederum veranlasste, dass dem Patienten, bei dem am 22.09.1990 die Atemdepression auftrat, Blut und Urin für eine toxikologische Untersuchung abgenommen wird.[223]

Im Abwurfbehälter entdeckten Mitarbeitende mehrere Ampullen des Medikaments Neurocil[224], das in der Zeit des Vorfalls ärztlich nicht verordnet wurde.[225]

Der Verdacht des Kollegiums, dass die Atemdepressionen, durch die nicht indizierte Gabe von Neurocil verursacht worden ist, wurde schriftlich wenige Tage später dem kommissarischen ärztlichen Leiter der Abteilung für Innere Medizin mitgeteilt.[226] Die Klinik veranlasste daraufhin eine interne Untersuchung, in welcher der Verdacht gegen Wolfgang L. auch benannt wurde.[227]

---

[219] Vgl. *Beine*: Krankentötungen in Kliniken und Heimen, S. 215; *Beine*: Sehen Hören Schweigen, S. 191.

[220] Vgl. *Beine*: Sehen Hören Schweigen, S. 191; *Beine*: Krankentötungen in Kliniken und Heimen, S. 215.

[221] Vgl. *Beine*: Sehen Hören Schweigen, S. 191.

[222] Vgl. *Beine*: Krankentötungen in Kliniken und Heimen, S. 215; *Beine*: Sehen Hören Schweigen, S. 191.

[223] Vgl. *Richter/Sauter*: Patiententötungen und Gewaltakte durch Pflegekräfte, S. 18; *Beine*: Krankentötungen in Kliniken und Heimen, S. 215; *Beine*: Sehen Hören Schweigen, S. 191.

[224] Bei Neurocil handelt es sich um ein Medikament zur Behandlung von Unruhe- und Erregungszuständen sowie bei starken oder chronischen Schmerzen. Bei einer Überdosis kann das Medikament zu einer Atemdepression führen.

[225] Vgl. *Beine*: Krankentötungen in Kliniken und Heimen, S. 216; *Beine*: Sehen Hören Schweigen, S. 191.

[226] Vgl. *Beine*: Krankentötungen in Kliniken und Heimen, S. 216; *Beine*: Sehen Hören Schweigen, S. 192.

[227] Vgl. *Richter/Sauter*: Patiententötungen und Gewaltakte durch Pflegekräfte, S. 18; *Beine*: Krankentötungen in Kliniken und Heimen, S. 216; *Beine*: Sehen Hören Schweigen, S. 192.

Die Laborergebnisse des untersuchten Urins sowie Bluts konnten Phenothiazine, einem Abbauprodukt von Neurocil nachweisen.[228]

Die Klinikleitung stellte die Untersuchungen am 17.10.1990 trotz der Hinweise mit der Begründung ein, dass die Herkunft des Medikaments nicht klar nachvollziehbar sei und gegen Wolfgang L. von Seiten der Klinikleitung kein Verdacht bestehe.[229] Auf einer Personalversammlung am 19.10.1990 wurden die Mitarbeitenden dennoch um erhöhte Wachsamkeit gebeten und die künftigen Bestellungen von Neurocil sollten besonders überwacht werden.[230]

Bei den Mitarbeitenden führte das Ergebnis der internen Untersuchung zu Unverständnis und Enttäuschung.[231] Teilweise führte das Ergebnis dazu, dass Mitarbeitende Zweifel an ihrem geäußerten Verdacht hatten und sich dafür sogar *„schämten"*.[232]

Einige wenige andere Mitarbeitende fühlten sich bestätigt und waren der Meinung, dass die Kolleginnen und Kollegen, die den Verdacht äußerten *„spinnen"* und *„[...] dass die Frauen gegen Wolfgang L. zusammenhielten."*[233] Die Mehrheit der Mitarbeiterinnen und Mitarbeiter blieben jedoch bei ihrer Meinung, dass in Bezug auf die Todesfälle und sonstigen Zwischenfälle in der Dienstzeit von Wolfgang L. *„etwas nicht stimmen [könne]."*[234]

Am 14.12.1990 kam es an einem Freitag auf Grund einer Verschlechterung des Allgemeinzustandes zu einem Notfall bei einer Patientin.[235] Der Zustand stabilisierte sich jedoch schnell wieder. Ein Internist, der die Patientin behandelte, bat Wolfgang L., bei ihr ein EKG abzuleiten. Zu einem späteren Zeitpunkt trafen

---

228 Vgl. *Beine*: Sehen Hören Schweigen, S. 192; *Beine*: Krankentötungen in Kliniken und Heimen, S. 216.

229 Vgl. *Richter/Sauter*: Patiententötungen und Gewaltakte durch Pflegekräfte, S. 19; Beine: Krankentötungen in Kliniken und Heimen, S. 216 f.; *Beine*: Sehen Hören Schweigen, S. 192.

230 Vgl. *Richter/Sauter*: Patiententötungen und Gewaltakte durch Pflegekräfte, S. 19; *Beine*: Sehen Hören Schweigen, S. 192; *Beine*: Krankentötungen in Kliniken und Heimen, S. 216 f.

231 Vgl. *Beine*: Krankentötungen in Kliniken und Heimen, S. 217; *Beine*: Sehen Hören Schweigen, S. 193.

232 Vgl. *Beine*: Sehen Hören Schweigen, S. 193; *Beine*: Krankentötungen in Kliniken und Heimen, S. 217.

233 *Beine*: Krankentötungen in Kliniken und Heimen, S. 217; *Beine*: Sehen Hören Schweigen, S. 193.

234 *Beine*: Sehen Hören Schweigen, S. 193. *Beine*: Krankentötungen in Kliniken und Heimen, S. 217.

235 Vgl. *Bajanowski et al.*, in: Lebensverkürzung, Tötung und Serientötung – eine interdisziplinäre Analyse der „Euthanasie" 195 (196); *Beine*: Sehen Hören Schweigen, S. 193; *Beine*: Krankentötungen in Kliniken und Heimen, S. 217.

der Arzt und Wolfgang L. wieder aufeinander und Wolfgang L. soll dem Internisten dann gesagt haben, dass kein EKG mehr erforderlich sei, weil die Patientin tot sei.[236]

Der Arzt begab sich sodann in das Zimmer der Verstorbenen und führte eine Leichenschau durch. Bei der Begutachtung der Leiche fielen dem Arzt an den Ellenbeugen und auf dem Handrücken Einstichstellen auf, die zuvor nicht vorhanden waren.[237] Der Arzt brachte die Fälle, bei denen mutmaßlich Neurocil gespritzt wurde, sowie eine interne Untersuchung durchgeführt wurde und den vorliegenden Fall in einen Zusammenhang.[238] Zum Zeitpunkt des Ablebens der Patientin war Wolfgang L. der einzige Krankenpfleger auf der Station.[239]

Der Arzt informierte seinen Oberarzt und teilte diesem mit, dass er auf Grund der Umstände und der frischen Injektionsstellen keinen natürlichen Tod bescheinigen könne. Beide Ärzte nahmen eine Blutprobe bei dem Verstorbenen ab, um diese untersuchen lassen zu können.[240] Am gleichen Abend fanden Krankenschwestern, die über den Todesfall informiert wurden, im Spritzenabwurfbehälter oben aufliegend einen sog. Butterfly[241] sowie eine daran angeschlossene 20 ml Spritze.[242]

Zwei Tage später am 16.12.1990 wurde der leitende Arzt der Klinik über den Todesfall informiert, der daraufhin eine außerordentliche Betriebsleitungssitzung einberief.[243] In der Konferenz entschlossen sich die teilnehmenden Personen, die Kriminalpolizei über die Vorgänge zu informieren.[244]

---

[236] Vgl. *Beine*: Krankentötungen in Kliniken und Heimen, S. 218; *Beine*: Sehen Hören Schweigen, S. 194.

[237] Vgl. *Bajanowski et al.*, in: Lebensverkürzung, Tötung und Serientötung – eine interdisziplinäre Analyse der „Euthanasie" 195 (195); *Beine*: Krankentötungen in Kliniken und Heimen, S. 218; *Beine*: Sehen Hören Schweigen, S. 194.

[238] Vgl. *Bajanowski et al.*, in: Lebensverkürzung, Tötung und Serientötung – eine interdisziplinäre Analyse der „Euthanasie" 195 (195);

[239] Vgl. *Beine*: Sehen Hören Schweigen, S. 194; *Beine*: Krankentötungen in Kliniken und Heimen, S. 218.

[240] Vgl. *Beine*: Krankentötungen in Kliniken und Heimen, S. 218; *Beine*: Sehen Hören Schweigen, S. 194.

[241] Butterfly ist die umgangssprachliche Bezeichnung einer Flügelkanüle. Die Kanüle wird zur Blutentnahme verwendet oder zur kurzfristigen intravenösen Applikation von Medikamenten.

[242] Vgl. *Beine*: Krankentötungen in Kliniken und Heimen, S. 219.

[243] Vgl. *Beine*: Krankentötungen in Kliniken und Heimen, S. 219; *Beine*: Sehen Hören Schweigen, S. 195.

[244] Vgl. *Beine*: Krankentötungen in Kliniken und Heimen, S. 219; *Beine*: Sehen Hören Schweigen, S. 195.

Im Rahmen einer daraufhin durchgeführten Obduktion bestätigten sich Injektionsstellen in den Ellenbeugen sowie auf dem rechten Handrücken.[245] Die Untersuchung des Herzens ergaben den Verdacht, dass die Patientin auf Grund einer sog. Luftembolie verstorben sei.[246]

Im weiteren Verlauf der Ermittlungen erhielt die Polizei Kenntnis von der internen Untersuchung der Klinik sowie dem bereits bestandenen Verdacht gegen Wolfgang L. in diesem Zusammenhang, weshalb die Ermittlungen umfassend ausgeweitet wurden.[247]

Wolfgang L. räumte ein, dass er eine Vielzahl an Patientinnen und Patienten durch Luftinjektionen getötet hat. Des Weiteren gab er zu, im September 1990 das Medikament Neurocil, das zu den Atemdepressionen geführt hat, gespritzt zu haben.[248]

In der gesamten Dienstzeit von Wolfgang L. sind auf der Station insgesamt 23 Menschen verstorben.[249] Die Ermittlungen zur Klärung der Todesursachen gestalteten sich schwierig, weil ein Teil der Leichen kremiert wurde und eine sichere Klärung der Todesumstände nicht mehr in allen Fällen möglich war.[250]

Zwischen dem 05.05.1990 und dem 14.12.1990 tötete Wolfgang L. zehn Frauen und Männer durch die Injektion von Luft, wie das Landgericht Bielefeld feststellte.[251] Die Opfer waren zwischen 69 und 92 Jahre alt.[252] Für die Tatverwirklichung spritzte Wolfgang L. 150–200 ml Luft mittels einer 20 ml

---

245 Vgl. *Beine*: Sehen Hören Schweigen, S. 195.

246 Vgl. *Bajanowski et al.*, in: Lebensverkürzung, Tötung und Serientötung – eine interdisziplinäre Analyse der „Euthanasie" 195 (195); *Beine*: Krankentötungen in Kliniken und Heimen, S. 219; *Beine*: Sehen Hören Schweigen, S. 195.

247 Vgl. *Beine*: Sehen Hören Schweigen, S. 195; *Beine*: Krankentötungen in Kliniken und Heimen, S. 219.

248 Vgl. *Bajanowski et al.*, in: Lebensverkürzung, Tötung und Serientötung – eine interdisziplinäre Analyse der „Euthanasie" 195 (197); *Beine*: Sehen Hören Schweigen, S. 196; *Beine*: Krankentötungen in Kliniken und Heimen, S. 219 f.

249 Vgl. *Beine*: Krankentötungen in Kliniken und Heimen, S. 220; *Beine*: Sehen Hören Schweigen, S. 196.

250 Vgl. *Beine*: Sehen Hören Schweigen, S. 196.

251 Vgl. *Beine*: Krankentötungen in Kliniken und Heimen, S. 221–230; *Beine*: Sehen Hören Schweigen, S. 197–206.

252 Vgl. *Beine*: Sehen Hören Schweigen, S. 197–206; *Bajanowski et al.*, in: Lebensverkürzung, Tötung und Serientötung – eine interdisziplinäre Analyse der „Euthanasie" 195 (199); *Beine*: Krankentötungen in Kliniken und Heimen, S. 221–230.

Spritze entweder in vorhandene intravenöse Zugänge oder mittels sog. Butterflys in die Vene der Opfer. Um die Menge an Luft zu injizieren, musste er den Spritzenkolben bis zu zehnmal ganz ein- und ausfahren.[253]

Die Hauptverhandlung vor dem Landgericht Bielefeld begann am 30.10.1992. Wolfgang L. wurde Mord in zehn Fällen vorgeworfen.[254] Das Verfahren endete mit der Urteilsverkündung am 22.07.1993.[255]

Wolfgang L. war für seine Taten uneingeschränkt verantwortlich.[256] Es konnten im Rahmen der Sachverständigengutachten keine Hinweise auf eine vollständige Schuldunfähigkeit oder eingeschränkte Schuldfähigkeit festgestellt werden.[257]

Die Kammer sah keine Mordmerkmale erfüllt und verurteilte Wolfgang L. wegen Totschlags in zehn Fällen zu einer Freiheitsstrafe von 15 Jahren.[258]

3.3 Zusammenfassung der Tatkomplexe

Vier Tatkomplexe wurden mit Hilfe von Sekundärliteratur näher dargestellt. Es handelt sich um drei Täter (Rudi Z., Reinhard B. und Wolfgang L.) sowie eine Täterin (Michaela R.). Die Tötungsserien haben sich zwischen den 1970er und Anfang der 1990er-Jahre in Kliniken und Pflegeeinrichtungen ereignet. Alle Personen gehörten der Berufsgruppe der Pflegekräfte an.[259] Als Tatmittel nutzten

---

[253] Vgl. *Bajanowski et al.*, in: Lebensverkürzung, Tötung und Serientötung – eine interdisziplinäre Analyse der „Euthanasie" 195 (197); *Beine*: Krankentötungen in Kliniken und Heimen, S. 221–230; *Beine*: Sehen Hören Schweigen, S. 197–206.

[254] Vgl. *Bajanowski et al.*, in: Lebensverkürzung, Tötung und Serientötung – eine interdisziplinäre Analyse der „Euthanasie" 195 (195); *Beine*: Sehen Hören Schweigen, S. 196; *Beine*: Krankentötungen in Kliniken und Heimen, S. 220.

[255] Vgl. *Beine*: Krankentötungen in Kliniken und Heimen, S. 241; *Beine*: Sehen Hören Schweigen, S. 196.

[256] Vgl. *Richter/Sauter*: Patiententötungen und Gewaltakte durch Pflegekräfte, S. 20; *Beine*: Sehen Hören Schweigen, S. 219.

[257] Vgl. *Beine*: Sehen Hören Schweigen, S. 220.

[258] Vgl. *Bajanowski et al.*, in: Lebensverkürzung, Tötung und Serientötung – eine interdisziplinäre Analyse der „Euthanasie" 195 (202); *Beine*: Krankentötungen in Kliniken und Heimen, S. 241; *Beine*: Sehen Hören Schweigen, S. 220; *Richter/Sauter*: Patiententötungen und Gewaltakte durch Pflegekräfte, S. 20.

[259] Vgl. *Beine*: Krankentötungen in Kliniken und Heimen, S. 95, 115, 140, 207; *Richter/Sauter*: Patiententötungen und Gewaltakte durch Pflegekräfte, S. 13 f.; *Beine*: Sehen Hören Schweigen, S. 44, 75, 110, 185; *Maisch*: Patiententötungen, S. 318.

die Personen Medikamente für die jeweiligen Tötungen sowie in einem Fall auch Luft, um sog. Luftembolien (Wolfgang L.) zu verursachen.[260] Die Leichenschauärzte haben bei sämtlichen Opfern dieser drei Täter und einer Täterin einen natürlichen Tod festgestellt.[261] Es handelt sich dabei um 26 Personen, für deren Tod diese vier Personen verantwortlich sind.[262]

Rudi Z. und Michaela R. hatten jeweils eine vorgesetzte Position in den Einrichtungen inne. Rudi Z. war Leiter einer Pflegeeinrichtungen.[263] Nachdem er auch in Krankenhäusern Arbeitsstellen annahm, war er auch dort pflegerischer Leiter der jeweiligen Stationen.[264] Michaela R. war zuletzt stellvertretende Pflegedienstleiterin.[265]

Wolfgang L. hatte keine vorgesetzte Position, war jedoch in der Mitarbeitenden-Vertretung und war Vertrauensmann der Klinik.[266] Reinhard B. hatte keine besonderen Funktionen inne.[267]

Eine Gesamtübersicht der Tötungsserien ist der Tab. 3.1 zu entnehmen.

---

[260] Vgl. *Bajanowski et al.*, in: Lebensverkürzung, Tötung und Serientötung – eine interdisziplinäre Analyse der „Euthanasie" 195 (195); *Beine*: Krankentötungen in Kliniken und Heimen, S. 219; *Beine*: Sehen Hören Schweigen, S. 195.

[261] Vgl. *Beine*: Sehen Hören Schweigen, S. 50 ff.; *Beine*: Krankentötungen in Kliniken und Heimen, S. 96–102.

[262] Vgl. *Daldrup*, in: Lebensverkürzung, Tötung und Serientötung – eine interdisziplinäre Analyse der „Euthanasie" 171 (171); *Maisch*: Patiententötungen, S. 106; *Richter/Sauter*: Patiententötungen und Gewaltakte durch Pflegekräfte, S. 16; *Beine*: Sehen Hören Schweigen, S. 197–206; *Gibiec*: Tatort Krankenhaus – Der Fall Michaela Roeder, S. 116; *Beine*: Krankentötungen in Kliniken und Heimen, S. 221–230.

[263] Vgl. *Beine*: Krankentötungen in Kliniken und Heimen, S. 95; *Richter/Sauter*: Patiententötungen und Gewaltakte durch Pflegekräfte, S. 13; *Beine*: Sehen Hören Schweigen, S. 44.

[264] Vgl. *Beine*: Krankentötungen in Kliniken und Heimen, S. 101 u. 103; *Beine*: Sehen Hören Schweigen, S. 47 u. 48.

[265] Vgl. *Maisch*: Patiententötungen, S. 318; *Beine*: Krankentötungen in Kliniken und Heimen, S. 140; *Beine*: Sehen Hören Schweigen, S. 110.

[266] Vgl. *Richter/Sauter*: Patiententötungen und Gewaltakte durch Pflegekräfte, S. 19; *Beine*: Krankentötungen in Kliniken und Heimen, S. 212; *Beine*: Sehen Hören Schweigen, S. 189.

[267] Vgl. *Richter/Sauter*: Patiententötungen und Gewaltakte durch Pflegekräfte, S. 14; *Beine*: Krankentötungen in Kliniken und Heimen, S. 115; *Beine*: Sehen Hören Schweigen, S. 75.

Tab. 3.1 Übersicht Tötungsserien Teil 1

Täter[268]	Rudi Z.[269]	Reinhard B.[270]	Michaela R.[271]	Wolfgang L.[272]
Geschlecht	Männlich	Männlich	Weiblich	Männlich
Alter zum Zeitpunkt der Verurteilung	47 Jahre alt	31 Jahre alt	31 Jahre alt	36 Jahre alt
Funktion in der Arbeitsstätte	Pflegerischer Leiter	Krankenpfleger	Stellv. Pflegedienstleiterin	Krankenpfleger
Ort	Wuppertal	Rheinfelden	Wuppertal	Bielefeld
Tatort/e	Pflegeheim und Krankenhäuser	Krankenhaus	Krankenhaus	Krankenhaus
Tötungsart/-mittel	Arzneimittel	Arzneimittel	Arzneimittel	Luftinjektion
Vollendete Straftatbestände	2x Mord 4x versuchter Mord 1x gefährliche Körperverletzung	7x Körperverletzung mit Todesfolge	5x Totschlag 1x versuchter Totschlag 1x Tötung auf Verlangen 1x fahrlässige Tötung	10x Totschlag
Gesamtstrafe	Lebenslange Freiheitsstrafe	7 Jahre Freiheitsstrafe	11 Jahre Freiheitsstrafe	15 Jahre Freiheitsstrafe
Bei der Leichenschau dokumentierte Todesursache	2x natürlicher Tod durch die Leichenschauärzte bescheinigt.	7x natürlicher Tod durch die Leichenschauärzte bescheinigt.	7x natürlicher Tod durch die Leichenschauärzte bescheinigt.	10x natürlicher Tod durch die Leichenschauärzte bescheinigt.

[268] Quellen beziehen sich auf die gesamten Spalten.

[269] Vgl. *Beine*, in: Psychiatrische Praxis 63 (64); *Beine*: Krankentötungen in Kliniken und Heimen, S. 95–114; *Richter/Sauter*: Patiententötungen und Gewaltakte durch Pflegekräfte, S. 13 f.; *Beine*: Sehen Hören Schweigen, S. 43–74.

[270] Vgl. *Richter/Sauter*: Patiententötungen und Gewaltakte durch Pflegekräfte, S. 14 f.; *Beine*, in: Psychiatrische Praxis 63 (64); *Beine*: Krankentötungen in Kliniken und Heimen, S. 115–139; *Beine*: Sehen Hören Schweigen, S. 75–106.

[271] Vgl. *Gibiec*: Tatort Krankenhaus – Der Fall Michaela Roeder, S. 18–116; *Beine*, in: Psychiatrische Praxis 63 (64); *Beine*: Krankentötungen in Kliniken und Heimen, S. 115–139; *Beine*: Sehen Hören Schweigen, S. 110–143.

[272] Vgl. *Beine*: Krankentötungen in Kliniken und Heimen, S. 207–241; *Beine*, in: Psychiatrische Praxis 63 (64); *Beine*: Sehen Hören Schweigen, S. 185–220.

Die Täter sowie die Täterin hatten in den Einrichtungen im Kollegium zunächst hohes Ansehen. So konnte Rudi Z. sich schnell Respekt verschaffen und wurde in der ersten Zeit für einen „*fähigen Mann*“ gehalten.[273] Auch Wolfgang L. wurde anfänglich u. a. als „*zuverlässig und einsatzbereit*“ beschrieben und sei „*hilfsbereit und kollegial [gewesen]*“.[274]

Im Fall von Rudi Z. (Wuppertal) kam es durch Mitarbeitende zu Beschwerden, die jedoch nicht zu Veränderungen führten, sondern vielmehr zu Repressionen gegenüber den hinweisgebenden Personen.[275] Wolfgang L. soll im Verlauf ungeduldig und mitunter aggressiv gegenüber Patientinnen und Patienten gewesen sein.[276] Geistig behinderte oder verwirrte Menschen sollen von Wolfgang L. angeschrien und „*barsch abgefertigt*“ worden sein.[277]

In allen Fällen waren die Arbeitsbedingungen auf den Stationen suboptimal und teilweise prägten Konflikte das Bild. Kontrollen waren ebenfalls kaum vorhanden. So wurden beispielsweise in der Pflegeeinrichtung, in der Rudi Z. arbeite, Arzneimittel nicht ordnungsgemäß gelagert. Auch Betäubungsmittel (BTM) waren frei zugänglich und die Einrichtung verfügte über Blankorezepte.[278] Eine Dokumentation bzw. ein Nachweis über die Verwendung der Medikamente erfolgte nicht.[279]

Der Krankenpfleger Reinhard B. arbeitete ab dem 01.09.1975 in einem neu gebauten Kreiskrankenhaus in Rheinfelden.[280] Das Team und die Abläufe auf der Intensivstation waren am Anfang geprägt von fehlender Erfahrung und mangelnder Abstimmung untereinander.[281] Auf der Station war es jedem der Mitarbeitenden möglich, Medikamente, bis auf Betäubungsmittel, selbständig

---

[273] *Beine*: Sehen Hören Schweigen, S. 48.

[274] *Beine*: Sehen Hören Schweigen, S. 190.

[275] *Beine*: Sehen Hören Schweigen, S. 45; *Beine*: Krankentötungen in Kliniken und Heimen, S. 95.

[276] Vgl. *Beine*: Krankentötungen in Kliniken und Heimen, S. 213; *Beine*: Sehen Hören Schweigen, S. 188.

[277] Vgl. *Beine*: Krankentötungen in Kliniken und Heimen, S. 213; *Beine*: Sehen Hören Schweigen, S. 189.

[278] Vgl. *Beine*: Sehen Hören Schweigen, S. 45.

[279] Vgl. *Beine*: Sehen Hören Schweigen, S. 45.

[280] Vgl. *Richter/Sauter*: Patiententötungen und Gewaltakte durch Pflegekräfte, S. 14; *Beine*: Krankentötungen in Kliniken und Heimen, S. 115; *Beine*: Sehen Hören Schweigen, S. 75.

[281] Vgl. *Beine*: Sehen Hören Schweigen, S. 76.

zu bestellen. Eine gesonderte Kontrolle der Bestellungen sowie der Verbräuche erfolgte nicht.[282]

Im Fall von Michaela R. herrschte auf der Station ein restriktiver Umgang sowie ein belastetes Betriebsklima. Therapeutische Entscheidungen wurden nicht gemeinsam im Team abgestimmt, sondern dem Team lediglich durch verantwortliche Personen mitgeteilt.[283]

In Bezug auf den Tatkomplex um Wolfgang L. waren die Bedingungen auf der Station geprägt von Schwierigkeiten bei der Einarbeitung von neuem ärztlichen Personal. Nach Ansicht des Pflegepersonals, war es ihnen überlassen, neue Ärztinnen und Ärzte einzuarbeiten.[284] Das Betriebsklima soll auf der Station insgesamt *„wenig kooperativ"*[285] gewesen sein und Dauerkonflikte prägten auch hier das Bild.[286]

Michaela R. und Wolfgang L. waren innerhalb des Teams zudem eher isoliert. Wolfgang L. hat sich gewerkschaftlich engagiert u. a. auch als Vertrauensmann der Klinik, geriet innerhalb des Kollegiums dennoch zunehmend in eine Außenseiterrolle.[287] Im Team von Michaela R. herrschten erhebliche Spannungen und sie wurde immer mehr isoliert.[288] Sie habe *„unübersehbar"* unter *„starken Stimmungsschwankungen"* gelitten und wirkte labil, wie ihre Kolleginnen und Kollegen aussagten.[289]

---

[282] Vgl. *Beine*: Sehen Hören Schweigen, S. 77.

[283] Vgl. *Richter/Sauter*: Patiententötungen und Gewaltakte durch Pflegekräfte, S. 16; *Beine*: Sehen Hören Schweigen, S. 112.

[284] Vgl. *Beine*: Krankentötungen in Kliniken und Heimen, S. 207; *Beine*: Sehen Hören Schweigen, S. 187.

[285] *Beine*: Sehen Hören Schweigen, S. 187; *Beine*: Krankentötungen in Kliniken und Heimen, S. 210.

[286] Vgl. *Richter/Sauter*: Patiententötungen und Gewaltakte durch Pflegekräfte, S. 19.

[287] Vgl. *Richter/Sauter*: Patiententötungen und Gewaltakte durch Pflegekräfte, S. 19; *Beine*: Krankentötungen in Kliniken und Heimen, S. 212; *Beine*: Sehen Hören Schweigen, S. 189.

[288] Vgl. *Gibiec*: Tatort Krankenhaus – Der Fall Michaela Roeder, S. 47; *Richter/Sauter*: Patiententötungen und Gewaltakte durch Pflegekräfte, S. 16; *Beine*: Krankentötungen in Kliniken und Heimen, S. 144.

[289] *Beine*: Sehen Hören Schweigen, S. 114; *Beine*: Krankentötungen in Kliniken und Heimen, S. 145.

In allen Fällen kam es zu Auffälligkeiten in den Gesundheitseinrichtungen.[290] Beschwerden und Meldungen über Unregelmäßigkeiten wurden nicht ernst genommen und teilweise wurde ihnen auch nicht nachgegangen.

Im Fall von Rudi Z. wurden beispielsweise durch eine Altenpflegeschülerin Missstände ihrer Schulleitung gemeldet, die die Meldung jedoch nicht weitergab. Die Schulleitung teilte ihr mit, „*[...] dass sie doch schließlich Examen machen wolle.*"[291] Erst nachdem eine Altenpflegeschülerin sich direkt an den Träger der Einrichtung wandte, wurde Rudi Z. schließlich entlassen und Strafanzeige erstattet.[292] Das Ermittlungsverfahren wurde im Verlauf jedoch eingestellt.[293]

Auch in der neuen Wirkungsstätte von Rudi Z. kam es in seiner Dienstzeit vermehrt zu plötzlichen und unerwarteten Todesfällen, weshalb eine Besprechung im August 1972 unter dem ärztlichen sowie pflegerischen Personal einberufen wurde.[294] Von mehreren Seiten wurde der Verdacht gegen Rudi Z. bestätigt.[295] Der zuständige Chefarzt hat den Aussagen jedoch keinen Glauben geschenkt und die Hinweise als „*Stationsquerelen*" abgetan. Weitere Untersuchungen möglicher Unregelmäßigkeiten wurden nicht eingeleitet.[296]

Nachdem Rudi Z. das Krankenhaus auf eigenen Wunsch und mit einem guten Arbeitszeugnis wechselte, kam es auch an seinem neuen Arbeitsplatz zu Unregelmäßigkeiten. Weil sich Rudi Z. mit dem Chefarzt der Station gut verstand, zögerten Mitarbeitende aber, das Fehlverhalten zu melden.[297]

Im Kollegium von Reinhard B. fiel auf, dass Patientinnen und Patienten deutlich schläfriger waren, als sie hätten sein sollen. In einem Fall gab es einen konkreten Verdacht, dass es zu einer Überdosis mit einem sedierenden Medikament gekommen ist.[298] Ebenfalls kam es zu einer nicht erklärbaren

---

[290] Vgl. *Beine*: Sehen Hören Schweigen, S. 48 ff.; *Beine*: Krankentötungen in Kliniken und Heimen, S. 103 ff.; *Friedrich*, in: Lebensverkürzung, Tötung und Serientötung – eine interdisziplinäre Analyse der „Euthanasie" 159 (159).

[291] *Beine*: Sehen Hören Schweigen, S. 46.

[292] Vgl. *Beine*: Sehen Hören Schweigen, S. 46.

[293] Vgl. *Richter/Sauter*: Patiententötungen und Gewaltakte durch Pflegekräfte, S. 14; *Beine*: Sehen Hören Schweigen, S. 46.

[294] Vgl. *Beine*: Krankentötungen in Kliniken und Heimen, S. 103; *Beine*: Sehen Hören Schweigen, S. 48.

[295] Vgl. *Beine*: Sehen Hören Schweigen, S. 48.

[296] *Beine*: Sehen Hören Schweigen, S. 48.

[297] Vgl. *Beine*: Krankentötungen in Kliniken und Heimen, S. 103; *Beine*: Sehen Hören Schweigen, S. 49.

[298] Vgl. *Beine*: Sehen Hören Schweigen, S. 76.

Hypoglykämie eines Patienten. Die Vorfälle führten jedoch zu keinen weiteren Untersuchungen.[299] Zwischen dem 15.10.1975 und dem 21.12.1975 sind 20 Patientinnen und Patienten auf der Intensivstation verstorben.[300] Einzelne Mitarbeitende hatten den Verdacht, dass eine Person für die Vorfälle verantwortlich sein könnte.[301]

Auch im Fall von Michaela R. fiel dem Kollegium der Intensivstation auf, dass in ihrer Dienstzeit auffällig viele Patientinnen und Patienten starben.[302] Vereinzelt soll sie die Todesfälle auch angekündigt haben.[303]

Wie in den anderen gezeigten Fällen auch, kam es auch während der Dienstzeit von Wolfgang L. vermehrt zu überraschenden Sterbefällen auf der Station.[304] In der gesamten Dienstzeit von Wolfgang L. sind auf der Station insgesamt 23 Menschen verstorben.[305] Einzelnen Mitarbeitenden kamen ab dem Sommer 1990 zunehmend Zweifel an den Todesumständen. Bereits im Herbst 1989 kam es während des Dienstes von Wolfgang L. innerhalb einer Nacht zu drei Todesfällen, die jedoch nicht weiter untersucht wurden.[306] Nachdem es erneut zu Todesfällen gekommen ist, wurde durch die Klinikleitung eine Untersuchung eingeleitet, die später jedoch wieder eingestellt und klargestellt wurde, dass gegen Wolfgang L. von Seiten der Klinikleitung kein Verdacht bestehe.[307]

---

[299] Vgl. *Friedrich*, in: Lebensverkürzung, Tötung und Serientötung – eine interdisziplinäre Analyse der „Euthanasie" 159 (159); *Beine*: Sehen Hören Schweigen, S. 76.

[300] Vgl. *Friedrich*, in: Lebensverkürzung, Tötung und Serientötung – eine interdisziplinäre Analyse der „Euthanasie" 159 (160); *Richter/Sauter*: Patiententötungen und Gewaltakte durch Pflegekräfte, S. 14; *Beine*: Krankentötungen in Kliniken und Heimen, S. 116.

[301] Vgl. *Friedrich*, in: Lebensverkürzung, Tötung und Serientötung – eine interdisziplinäre Analyse der „Euthanasie" 159 (159); *Beine*: Sehen Hören Schweigen, S. 76.

[302] Vgl. *Beine*: Krankentötungen in Kliniken und Heimen, S. 145; *Beine*: Sehen Hören Schweigen, S. 114.

[303] *Beine*: Sehen Hören Schweigen, S. 114; *Beine*: Krankentötungen in Kliniken und Heimen, S. 145.

[304] Vgl. *Beine*: Krankentötungen in Kliniken und Heimen, S. 214; *Beine*: Sehen Hören Schweigen, S. 190.

[305] Vgl. *Beine*: Krankentötungen in Kliniken und Heimen, S. 220; *Beine*: Sehen Hören Schweigen, S. 196.

[306] Vgl. *Beine*: Sehen Hören Schweigen, S. 191.

[307] Vgl. *Richter/Sauter*: Patiententötungen und Gewaltakte durch Pflegekräfte, S. 19; Beine: Krankentötungen in Kliniken und Heimen, S. 216 f.; *Beine*: Sehen Hören Schweigen, S. 192.

Im Fall von Rudi Z. handelt es sich um einen Zufall, dass die Tötungsdelikte überhaupt aufgedeckt wurden. Nachdem es auf der Station von Rudi Z. zu Diebstählen kam, wurde er verdächtigt und schließlich wurde ihm gekündigt. Nachdem Strafanzeige erstattet wurde, erfolgte die vorläufige Festnahme von Rudi Z.[308] Bei den anschließenden Ermittlungen wurden im Krankenhaus zwei Stahlkassetten von Rudi Z. gefunden, in denen sich zahlreiche Arzneimittel befunden haben, darunter über 170 Ampullen Betäubungsmittel.[309] Bei der Durchsuchung der Wohnung wurde ebenfalls eine Vielzahl weiterer Arzneimittel und Medizinprodukte, darunter auch Betäubungsmittel, ein Beatmungsgerät sowie weitere Utensilien aus dem Krankenhaus gefunden.[310]

Auf Grund der aufgefundenen Medikamente und der Ermittlungen an seinen alten Arbeitsplätzen, kam der Verdacht auf, dass Rudi Z. Menschen getötet haben könnte und das bereits im Pflegeheim in Wuppertal, im St. Elisabeth Krankenhaus in Neviges sowie im Krankenhaus Hattingen-Blankenstein.[311]

Im Fall von Michaela G. konnte ein Kollege beobachten, wie sie ein Medikament ohne ärztliche Anweisung aufzog und vorbereitete. Unmittelbar danach kam es zu einem Notfall auf der Station.

Nachdem es erneut zu einem Vorfall auf der Station kam, konnte der Krankenpfleger, der zuvor die Beobachtungen machte und eine weitere Kollegin leere Ampullen des Medikaments Catapresan im Ampullencontainer der Intensivstation sicherstellen.[312] Auf Grund der vorgesetzten Stellung von Michaela R. stand für die Zeugen fest, dass sie sich mit ihrem Verdacht nicht an die Chefärztin würden wenden können. Sie entschlossen sich, einen der Oberärzte über die Beobachtungen sowie die leeren Ampullen zu informieren.[313] Der Oberarzt

308 Vgl. *Beine*: Sehen Hören Schweigen, S. 49.

309 Vgl. *Beine*: Krankentötungen in Kliniken und Heimen, S. 104; *Beine*: Sehen Hören Schweigen, S. 50; *Richter/Sauter*: Patiententötungen und Gewaltakte durch Pflegekräfte, S. 14.

310 Vgl. *Beine*: Krankentötungen in Kliniken und Heimen, S. 104; *Beine*: Sehen Hören Schweigen, S. 50.

311 Vgl. *Beine*: Sehen Hören Schweigen, S. 50.

312 Vgl. *Gibiec*: Tatort Krankenhaus – Der Fall Michaela Roeder, S. 19; *Beine*: Sehen Hören Schweigen, S. 115; *Beine*: Krankentötungen in Kliniken und Heimen, S. 147.

313 Vgl. *Richter/Sauter*: Patiententötungen und Gewaltakte durch Pflegekräfte, S. 15; *Beine*: Krankentötungen in Kliniken und Heimen, S. 147; *Beine*: Sehen Hören Schweigen, S. 116; *Gibiec*: Tatort Krankenhaus – Der Fall Michaela Roeder, S. 20.

habe anschließend eine Blutprobe der Leiche entnommen und im Krankenhauslabor untersuchen lassen.[314] Dadurch konnten auffällige Laborwerte nachgewiesen werden. Dennoch wurden keine weiterführenden Untersuchungen eingeleitet.[315] Im Verlauf kam es erneut zu Todesfällen, weshalb der Oberarzt die Chefärztin über den Verdacht in Kenntnis setzte.[316] Sie bestellte jedoch nicht Michaela R. ein, sondern die hinweisgebenden Personen und warf diesen vor, die Hinweise aus eigennützigen Gründen mitgeteilt zu haben. Sie ordnete schließlich „strenges Stillschweigen" an.[317] Michaela R. blieb weiterhin im Dienst.[318]

Es kam erneut zu Todesfällen, ebenfalls mit auffälligen Blutwerten, die schließlich dazu führten, dass Michaela R. am 07.02.1986 vom Dienst suspendiert und die Polizei informiert wurde.[319]

Auch im Fall um den Krankenpfleger Reinhard B. wurde ein Tatverdacht offen verbalisiert, weshalb eine Konferenz mit den Oberärzten sowie der Stationsleitung zur Klärung der Unregelmäßigkeiten einzuberufen wurde.[320] Bei der Besprechung festigte sich der Verdacht, dass es sich bei den Sterbefällen um nicht natürliche Tode handeln könnte.[321] Bei weiteren internen Untersuchungen im Fall von Reinhard B. zeigte sich, dass auf der Intensivstation große Mengen an Medikamenten bestellt worden waren, die nicht mit den verordneten Verbräuchen

[314] Vgl. *Daldrup*, in: Lebensverkürzung, Tötung und Serientötung – eine interdisziplinäre Analyse der „Euthanasie" 171 (173); *Gibiec*: Tatort Krankenhaus – Der Fall Michaela Roeder, S. 20; *Beine*: Sehen Hören Schweigen, S. 116; *Beine*: Krankentötungen in Kliniken und Heimen, S. 147.

[315] Vgl. *Gibiec*: Tatort Krankenhaus – Der Fall Michaela Roeder, S. 20; *Beine*: Sehen Hören Schweigen, S. 116; *Beine*: Krankentötungen in Kliniken und Heimen, S. 147.

[316] Vgl. *Beine*: Sehen Hören Schweigen, S. 116; *Gibiec*: Tatort Krankenhaus – Der Fall Michaela Roeder, S. 20; *Beine*: Krankentötungen in Kliniken und Heimen, S. 148.

[317] *Gibiec*: Tatort Krankenhaus – Der Fall Michaela Roeder, S. 21; *Richter/Sauter*: Patiententötungen und Gewaltakte durch Pflegekräfte, S. 15; *Beine*: Sehen Hören Schweigen, S. 116; *Beine*: Krankentötungen in Kliniken und Heimen, S. 148.

[318] Vgl. *Gibiec*: Tatort Krankenhaus – Der Fall Michaela Roeder, S. 21.

[319] Vgl. *Daldrup*, in: Lebensverkürzung, Tötung und Serientötung – eine interdisziplinäre Analyse der „Euthanasie" 171 (173); *Beine*: Sehen Hören Schweigen, S. 117; *Beine*: Krankentötungen in Kliniken und Heimen, S. 149.

[320] Vgl. *Beine*: Krankentötungen in Kliniken und Heimen, S. 116; *Beine*: Sehen Hören Schweigen, S. 76.

[321] Vgl. *Friedrich*, in: Lebensverkürzung, Tötung und Serientötung – eine interdisziplinäre Analyse der „Euthanasie" 159 (159); *Beine*: Krankentötungen in Kliniken und Heimen, S. 116.

in Einklang zu bringen waren.[322] Der Tatverdacht erhärtete sich gegen Reinhard B., weil er die letzte Bestellung aufgegeben hat und bei allen Todesfällen der letzten Tage im Dienst war.[323] Zwischen dem 17.12.1975 und dem 20.12.1975 wurden auf der Station insgesamt 170 Ampullen unterschiedlicher Medikamente bestellt, die nicht mit dem Verbrauch zu erklären waren und zunächst auch nicht auffielen.[324]

Am 14.12.1990, einem Freitag, kam es auf Grund einer Verschlechterung des Allgemeinzustandes zu einem Notfall bei einer Patientin.[325] Der Zustand stabilisierte sich jedoch schnell wieder. Kurze Zeit später starb die Patientin im Beisein von Wolfgang L. überraschend. Der Arzt begab sich sodann in das Zimmer der Verstorbenen und führte eine Leichenschau durch. Bei der Begutachtung der Leiche fielen dem Arzt an den Ellenbeugen und auf dem Handrücken Einstichstellen auf, die zuvor nicht vorhanden waren.[326] Zum Zeitpunkt des Ablebens der Patientin war Wolfgang L. der einzige Krankenpfleger auf der Station.[327] In einer Konferenz entschlossen sich die teilnehmenden Personen, die Kriminalpolizei über die Vorgänge zu informieren.[328]

---

[322] Vgl. *Beine*: Sehen Hören Schweigen, S. 77; *Beine*: Krankentötungen in Kliniken und Heimen, S. 116.

[323] Vgl. *Maisch*: Patiententötungen, S. 100; *Friedrich*, in: Lebensverkürzung, Tötung und Serientötung – eine interdisziplinäre Analyse der „Euthanasie" 159 (160); *Beine*: Sehen Hören Schweigen, S. 77; *Beine*: Krankentötungen in Kliniken und Heimen, S. 116.

[324] Vgl. *Beine*: Sehen Hören Schweigen, S. 77.

[325] Vgl. *Bajanowski et al.*, in: Lebensverkürzung, Tötung und Serientötung – eine interdisziplinäre Analyse der „Euthanasie" 195 (196); *Beine*: Sehen Hören Schweigen, S. 193; *Beine*: Krankentötungen in Kliniken und Heimen, S. 217.

[326] Vgl. *Bajanowski et al.*, in: Lebensverkürzung, Tötung und Serientötung – eine interdisziplinäre Analyse der „Euthanasie" 195 (195); *Beine*: Krankentötungen in Kliniken und Heimen, S. 218; *Beine*: Sehen Hören Schweigen, S. 194.

[327] Vgl. *Beine*: Sehen Hören Schweigen, S. 194; *Beine*: Krankentötungen in Kliniken und Heimen, S. 218.

[328] Vgl. *Beine*: Krankentötungen in Kliniken und Heimen, S. 219; *Beine*: Sehen Hören Schweigen, S. 195.

Im Rahmen der Hauptverhandlung konnten Rudi Z. zwei vollendete Morde nachgewiesen werden.[329] Reinhard B. konnten insgesamt sieben vollendete Tötungsdelikte[330] nachgewiesen werden.[331] Im Fall von Michaela R. waren es insgesamt sieben Taten[332] und im Fall von Wolfgang L. konnte die Kammer zehn Tötungsdelikte nachweisen.[333]

3.4 Akten- und Urteilsanalyse

Zu Beginn der Akten- und Urteilsanalyse erfolgt eine Übersichtsdarstellung der Tötungsserien, die im folgenden ausgewertet werden und Teil der Analyse sind (Tab. 3.2 und 3.3).

---

[329] Vgl. *Beine*: Sehen Hören Schweigen, S. 50–63.

[330] Körperverletzung mit Todesfolge i.S.v. § 227 StGB.

[331] Vgl. *Friedrich*, in: Lebensverkürzung, Tötung und Serientötung – eine interdisziplinäre Analyse der „Euthanasie" 159 (159); *Beine*: Sehen Hören Schweigen, S. 84–90; *Beine*: Krankentötungen in Kliniken und Heimen, S. 121–125.

[332] Totschlag in fünf Fällen, Tötung auf Verlangen in einem Fall und fahrlässige Tötung in einem Fall.

[333] Vgl. *Daldrup*, in: Lebensverkürzung, Tötung und Serientötung – eine interdisziplinäre Analyse der „Euthanasie" 171 (171); *Maisch*: Patiententötungen, S. 106; *Richter/Sauter*: Patiententötungen und Gewaltakte durch Pflegekräfte, S. 16; *Beine*: Sehen Hören Schweigen, S. 197–206; *Gibiec*: Tatort Krankenhaus – Der Fall Michaela Roeder, S. 116; *Beine*: Krankentötungen in Kliniken und Heimen, S. 221–230.

Tab. 3.2 Übersicht Tötungsserien Teil 2

Täter[334]	Michaela G.[335]	Stephan L.[336]	Irene B.[337]	Niels H.[338]
Geschlecht	Weiblich	Männlich	Weiblich	Männlich
Alter zum Zeitpunkt der Verurteilung	27 Jahre alt	28 Jahre alt	55 Jahr alt	42 Jahre alt
Familienstand	Ledig, keine Kinder	Ledig, keine Kinder	Geschieden, keine Kinder	Geschieden, eine Tochter
Finanzielle Situation	Hoch verschuldet	Keine Angaben	Keine Angaben	Keine Angaben
Bildungsstand	Hauptschulabschluss	Realschulabschluss	Realschulabschluss	Realschulabschluss
Erlernter Beruf	Kinderpflegerin	Krankenpfleger	Krankenschwester	Krankenpfleger
Funktion in der Arbeitsstätte	Pflegeassistentin	Krankenpfleger	Krankenschwester	Krankenpfleger
Beginn der letzten Beschäftigung	1996 als Aushilfe, seit 1999 fest angestellt	01.01.2003	1995	06.1999–10.2002 Oldenburg 12.2002–07.2005 Delmenhorst
Vorstrafen	Keine	Keine	Keine	Keine
Tatort/e	Pflegeeinrichtung	Krankenhaus	Krankenhaus	Krankenhaus
Beziehungsverhältnis zu den Opfern	Berufliche Pflegebeziehung	Berufliche Pflegebeziehung	Berufliche Pflegebeziehung	Berufliche Pflegebeziehung

334 Quellen je Spalte von oben nach unten.

335 Vgl. LG Bonn, Urteil v. 22.02.2006, Ks 900 Js 581/05 – 24 G 3/05, Seite 3, 11, 5, 6, Hauptakte, Band II, Blatt 5, 13, 7, 8.

336 Vgl. LG Kempten, Urteil v. 30.11.2006, 1 Ks 212 Js 14068/04, Seite 1, 7, Hauptakte, Band XVI, Blatt 1, 8.

337 Vgl. LG Berlin, Urteil v. 29.06.2007, (522) 1 Kap Js 1904/06 Ks (1/07), juris, S. 2.

338 Vgl. LG Oldenburg, Urteil v. 06.06.2019, 5 Ks 800 Js 54254/17 (1/18), juris, S. 2 f.

Tab. 3.3 Übersicht Tötungsserien Teil 3

Täter[339]	Michaela G.[340]	Stephan L.[341]	Irene B.[342]	Niels H.[343]
Jahr des Urteils	2006	2006	2007	2008, 2015, 2019[344]
Gesamtstrafe	Lebenslange Freiheitsstrafe Feststellung der besonderen Schwere der Schuld Lebenslanges Berufsverbot	Lebenslange Freiheitsstrafe Feststellung der besonderen Schwere der Schuld Lebenslanges Berufsverbot	Lebenslange Freiheitsstrafe	Lebenslange Freiheitsstrafe
Vollendete Straftatbestände	4x Mord 4x Totschlag 1x Tötung auf Verlangen	12x Mord 15x Totschlag 1x versuchter Totschlag 1x Tötung auf Verlangen 1x Gefährliche Körperverletzung 5x Diebstahl	3x Mord 2x Totschlag	87x Mord und 3x Mordversuch in Tateinheit mit gefährlicher Körperverletzung

(Fortsetzung)

339 Quelle je Spalte von oben nach unten.

340 Vgl. LG Bonn, Urteil v. 22.02.2006, Ks 900 Js 581/05 – 24 G 3/05, Seite 3, 12, 15 ff., 50 ff., Hauptakte, Band II, Blatt 5, 14, 17 ff., 52 ff.

341 Vgl. LG Kempten, Urteil v. 30.11.2006, 1 Ks 212 Js 14068/04, Seite 4 f., 8 ff., 10, 65 ff., Hauptakte, Band XVI, Blatt 4 f., 9 ff., 11, 66 ff.).

342 Vgl. LG Berlin, Urteil v. 29.06.2007, (522) 1 Kap Js 1904/06 Ks (1/07), juris, S. 1, 3, 4 ff., 12 ff.; BGH Beschluss v. 03.04.2008 – 5 StR 525/07, BeckRS 2008, 13471 (13471).

343 Vgl. LG Oldenburg, Urteil v. 06.06.2019, 5 Ks 800 Js 54254/17 (1/18), juris, S. 1, 3, 16, 37 ff., 83 ff.

344 Im Jahr 2008 und 2015 wurde Niels H. bereits wegen versuchten Mordes in Tateinheit mit gefährlicher Körperverletzung und Mord in zwei Fällen sowie Mordversuch in Tateinheit mit gefährlicher Körperverletzung in zwei Fällen. Das Urteil aus 2019 ist das umfangreichste und wird in der Analyse überwiegend berücksichtigt.

Tab. 3.3 (Fortsetzung)

Täter	Michaela G.	Stephan L.	Irene B.	Niels H.
Tötungsart/-mittel	Getötet durch äußere Gewalteinwirkung. Alle Opfer wurden erstickt mittels Handtuches (1), Kissen (6) und Waschlappen (1). In einem weiteren Fall Tötung durch Unterlassen.	Getötet durch das Verabreichen von Medikamenten.	Getötet durch das Verabreichen von Medikamenten.	Getötet durch das Verabreichen von Medikamenten.
Geschlecht der Opfer	9x weiblich	16x weiblich 12x männlich	1x weiblich 4x männlich	36x weiblich 51x männlich
Bei der Leichenschau dokumentierte Todesursache	9x natürlicher Tod durch die Leichenschauärzte bescheinigt.	28x natürlicher Tod durch die Leichenschauärzte bescheinigt.	5x natürlicher Tod durch die Leichenschauärzte bescheinigt.	87x natürlicher Tod durch die Leichenschauärzte bescheinigt.
Erfolgte Kremierungen	3x Kremierung	6x Kremierung	1x Kremierung	6x Kremierung[345]
Erfolgte Erdbestattungen	6x Erdbestattung	22x Erdbestattung	4x Erdbestattung	73x Erdbestattung

[345] In acht Fällen bleiben unklar, ob eine Feuer- oder Erdbestattung durchgeführt wurde. Bei den zwei Fällen aus dem zweiten Verfahren (LG Oldenburg, Urteil v. 26.02.2015, 5 Ks 1/14), ergibt sich hierzu keine Information. Für die sechs weiteren Fälle aus dem dritten Verfahren (LG Oldenburg, Urteil v. 06.06.2019, 5 Ks 800 Js 54254/17 (1/18)), sind die Gründe für die Differenz dem Gliederungspunkt „Rechtsmedizinische Besonderheiten" unter 3.4.5 zu entnehmen.

3.4.1 Tathandlung

3.4.1.1 Michaela G. – Tathandlung

Michaela G. – Opfer 1:[346]

Das erste Opfer von Michaela G. starb am 29.11.2003 gegen 9:20 Uhr im Alter von 83 Jahren.[347] Das Gericht stellte in diesem Fall fest, dass die Angeklagte davon ausging, dass das Opfer große Schmerzen hatte, weil sie beim Waschen und Lagern immer *„so Geräusche"* machte.[348] In der Vernehmung bei der Kriminalpolizei gab die Täterin Folgendes an: *„Die Frau tat mir unendlich leid, immer nur an die Decke starren."*[349]

Michaela G. stellte sich neben das Opfer an das Bett und nahm ein Kissen, das sog. *„Fritzchen"* in die Hand. Sie drückte das Kissen auf das Gesicht und den Mund des Opfers. Michaela G. soll dabei *„mit ihrer linken Hand gegen die Nase und mit ihrer rechten Hand von unten gegen Kinn und Mund der Patientin [gepresst haben], bis diese erstickte."*

Michaela G. – Opfer 2:

Am 26.12.2003 gegen 12:00 Uhr wurde das zweite Opfer im Alter von 92 Jahren getötet.[350] Michaela G. soll davon ausgegangen sein, dass das Opfer bereits im Sterben liege.[351] *„Als sie gegen 12:00 Uhr bei Frau [...] alleine am Bett saß, nahm sie das unter deren Kopf liegende „Fritzchen", stellte sich rechts neben sie und drückte es ihr auf Mund und Nase, bis sie erstickte, um sie zu erlösen."*[352]

---

[346] Opfernamen sind durch Zahlen anonymisiert. 1 ist das erste und 9 das letzte Opfer.

[347] Vgl. LG Bonn, Urteil v. 22.02.2006, Ks 900 Js 581/05 – 24 G 3/05, S. 15, Hauptakte, Band II, Blatt 17.

[348] LG Bonn, Urteil v. 22.02.2006, Ks 900 Js 581/05 – 24 G 3/05, S. 16, Hauptakte, Band II, Blatt 18.

[349] StA Bonn, Ks 900 Js 581/05 – 24 G 3/05, Hauptakte, Band III, Blatt 30.

[350] Vgl. LG Bonn, Urteil v. 22.02.2006, Ks 900 Js 581/05 – 24 G 3/05, S. 17, Hauptakte, Band II, Blatt 19.

[351] Vgl. LG Bonn, Urteil v. 22.02.2006, Ks 900 Js 581/05 – 24 G 3/05, S. 17, Hauptakte, Band II, Blatt 19.

[352] LG Bonn, Urteil v. 22.02.2006, Ks 900 Js 581/05 – 24 G 3/05, S. 17, Hauptakte, Band II, Blatt 19.

Michaela G. – Opfer 3:

Am 07.03.2004 gegen 06:10 Uhr tötete Michaela G. das dritte Opfer im Alter von 80 Jahren.[353] Am Vorabend der Tat beendete Michaela G. ihren Dienst und ging davon aus, dass das Opfer im Verlauf der Nacht versterben wird.[354] Als sie am nächsten Morgen zum Frühdienst erschien und hörte, dass das Opfer noch lebt, hat Michaela G. sie in ihrem Zimmer nach der Dienstübergabe aufgesucht.[355] „Ich habe das Fritzchen unter dem Kopf hergezogen und habe es ihr ins Gesicht gedrückt. Wie immer mit beiden Händen zugedrückt."[356]

Michaela G. – Opfer 4:

Am 06.08.2004 wurde das 4. Opfer im Alter von 87 Jahren gegen 06:10 Uhr getötet.[357] Michaela G. fühlte sich durch das viele Klingeln des Opfers gestört.[358] *„Als Frau [...] wieder einmal geklingelt hat, ging die Angeklagte in ihr Zimmer, hängt die Klingel weg, verließ das Zimmer wieder und zog die Tür hinter sich zu. Frau [...] schrie daraufhin nach Hilfe. Die Angeklagte ließ sie eine Viertelstunde lang schreien. Dann hielt sie es nicht mehr aus"*, wie das Gericht in seinem Urteil vom 22.02.2006, Az.: Ks 900 Js 581/05 – 24 G 3/05, feststellte.[359] In den polizeilichen Vernehmungen beschrieb sie den nachfolgenden Ablauf der Tat wie folgt: *„Ich bin dann in das Bad gegangen und habe ein Handtuch geholt, sie schrie immer weiter, mir geht's nicht gut, mir geht's nicht gut, Schwester bleiben Sie hier. Ich habe das Handtuch über Nase und Mund gelegt und zugedrückt, bis sie nichts mehr sagt."*[360]

In der Beschuldigtenvernehmung fragte die Polizei, ob der Tatentschluss das Opfer *„ruhig zu stellen"* aus dem *„nervigen Verhalten"* des Opfers heraus getroffen

[353] Vgl. LG Bonn, Urteil v. 22.02.2006, Ks 900 Js 581/05 – 24 G 3/05, S. 18, Hauptakte, Band II, Blatt 20.

[354] Vgl. StA Bonn, Ks 900 Js 581/05 – 24 G 3/05, Hauptakte, Band III, Blatt 107.

[355] Vgl. LG Bonn, Urteil v. 22.02.2006, Ks 900 Js 581/05 – 24 G 3/05, S. 18, Hauptakte, Band II, Blatt 20.

[356] StA Bonn, Ks 900 Js 581/05 – 24 G 3/05, Hauptakte, Band III, Blatt 107.

[357] Vgl. LG Bonn, Urteil v. 22.02.2006, Ks 900 Js 581/05 – 24 G 3/05, S. 19, Hauptakte, Band II, Blatt 21.

[358] Vgl. StA Bonn, Ks 900 Js 581/05 – 24 G 3/05, Hauptakte, Band III, Blatt 30.

[359] LG Bonn, Urteil v. 22.02.2006, Ks 900 Js 581/05 – 24 G 3/05, S. 20, Hauptakte, Band II, Blatt 22.

[360] StA Bonn, Ks 900 Js 581/05 – 24 G 3/05, Hauptakte, Band III, Blatt 30.

wurde.[361] Michaela G. antwortete: *„Ja. Ich wollte das das Schreien aufhört.“*[362] Sie fügte hinzu: *„Bei mir hat sich da was aufgestaut. Ich habe zu den Kollegen immer gesagt, wenn die Frau […] nicht mehr da ist, haue ich einen Sargnagel extra drauf.“*[363]

Michaela G. – Opfer 5:

Am 31.12.2004 gegen 15:00 Uhr wurde das Opfer 5 von Michaela G. im Alter von 79 Jahren getötet.[364] Zu Beginn des Spätdienstes betrat die Täterin das Zimmer des Opfers und stellte dabei fest, dass das Kopfteil nicht hochgestellt war. Das Opfer war bereits blau angelaufen und bekam keine Luft. Das Opfer musste durch das Pflegepersonal regelmäßig abgesaugt werden, da das Opfer den Schleim selbstständig nicht abhusten konnte. Anstatt abzusaugen und das Kopfteil des Bettes hochzustellen, tat die Täterin nichts und verschloss die Zimmertür hinter sich.[365] Für das Gericht war erwiesen, dass ihr bewusst war, dass Frau […] sterben würde, wenn sie nicht helfen würde, indem sie das Kopfteil hochstellt und den vorhandenen Schleim absaugen würde.[366]

Michaela G. – Opfer 6:

Das Opfer 6 wurde am 24.03.2005 gegen 14:30 Uhr im Alter von 78 Jahren durch Michela G. getötet.[367]. Das Opfer hatte einen offenen Tumor und starke Schmerzen. Sie soll der Täterin gesagt haben, dass sie nicht mehr könne. *„Kind hilf mir […], nimm das Kissen“*, soll sie gesagt haben.[368] *„Die Angeklagte nahm daraufhin das „Fritzchen“, das auf dem Bett von Frau […] lag, und drückte es ihr mit beiden Händen aufs Gesicht, bis Frau […] nach etwa vier Minuten erstickte.“*[369]

---

[361] StA Bonn, Ks 900 Js 581/05 – 24 G 3/05, Hauptakte, Band III, Blatt 31.

[362] StA Bonn, Ks 900 Js 581/05 – 24 G 3/05, Hauptakte, Band III, Blatt 31.

[363] StA Bonn, Ks 900 Js 581/05 – 24 G 3/05, Hauptakte, Band III, Blatt 31.

[364] Vgl. LG Bonn, Urteil v. 22.02.2006, Ks 900 Js 581/05 – 24 G 3/05, S. 21, Hauptakte, Band II, Blatt 23.

[365] Vgl. LG Bonn, Urteil v. 22.02.2006, Ks 900 Js 581/05 – 24 G 3/05, S. 22, Hauptakte Band II, Blatt 24.

[366] Vgl. LG Bonn, Urteil v. 22.02.2006, Ks 900 Js 581/05 – 24 G 3/05, S. 22, Hauptakte, Band II, Blatt 24.

[367] Vgl. LG Bonn, Urteil v. 22.02.2006, Ks 900 Js 581/05 – 24 G 3/05, S. 23, Hauptakte, Band II, Blatt 25.

[368] StA Bonn, Ks 900 Js 581/05 – 24 G 3/05, Hauptakte, Band III, Blatt 46.

[369] LG Bonn, Urteil v. 22.02.2006, Ks 900 Js 581/05 – 24 G 3/05, S. 23, Hauptakte, Band II, Blatt 25.

Die Einlassung von Michaela G. konnte das Gericht nicht widerlegen und nahm in diesem Fall eine Tötung auf Verlangen i. S. v. § 216 Abs. 1 StGB an.[370]

Michaela G. – Opfer 7:

Im Alter von 84 Jahren wurde Opfer 7 am 26.03.2005 gegen 14:20 Uhr getötet.[371] Michaela G. war genervt, weil das Opfer nicht ihrem Willen entsprach und sie das Opfer nicht aus dem Bett holen konnte.[372] *„Sie nahm das „Fritzchen" unter dem Kopf weg und presste es mit beiden Händen auf das Gesicht von Frau [...] bis diese erstickt war."*[373]

Michaela G. – Opfer 8:

Das Opfer 8 wurde am 09.04.2005 gegen 14:40 Uhr im Alter von 93 Jahren von Michaela G. getötet. Das Opfer schrie mehrfach und konnte durch die Täterin nicht beruhigt werden.[374] *„Dann fing wieder die Schreierei an: „Mama, Mama". Sie schrie immer weiter, Mama hilf mir doch und hörte nicht mehr auf."*[375] Michaela G. hat einen Waschlappen genommen und diesen dem Opfer über Mund und Nase gehalten und zugedrückt, bis sie erstickte.[376]

Michaela G. – Opfer 9:

Das letzte Opfer wurde am 24.04.2005 in der Zeit zwischen 14:00 und 14:30 Uhr im Alter von 83 Jahren getötet.[377] Michaela G. wollte, dass das Opfer aufsteht. Diese ließ sich aber immer wieder in das Bett zurückfallen. Genervt durch das Verhalten, nahm sie das sog. Fritzchen, ein kleines Kissen und erstickte das Opfer durch Aufpressen auf Mund und Nase.[378]

---

[370] Vgl. LG Bonn, Urteil v. 22.02.2006, Ks 900 Js 581/05 – 24 G 3/05, S. 23, Hauptakte, Band II, Blatt 25.

[371] Vgl. LG Bonn, Urteil v. 22.02.2006, Ks 900 Js 581/05 – 24 G 3/05, S. 24, Hauptakte, Band II, Blatt 26.

[372] Vgl. LG Bonn, Urteil v. 22.02.2006, Ks 900 Js 581/05 – 24 G 3/05, S. 26, Hauptakte, Band II, Blatt 28.

[373] LG Bonn, Urteil v. 22.02.2006, Ks 900 Js 581/05 – 24 G 3/05, S. 26, Hauptakte, Band II, Blatt 28.

[374] Vgl. LG Bonn, Urteil v. 22.02.2006, Ks 900 Js 581/05 – 24 G 3/05, S. 27, Hauptakte, Band II, Blatt 29.

[375] StA Bonn, Ks 900 Js 581/05 – 24 G 3/05, Hauptakte, Band III, Blatt 33.

[376] Vgl. StA Bonn, Ks 900 Js 581/05 – 24 G 3/05, Hauptakte, Band III, Blatt 33.

[377] Vgl. LG Bonn, Urteil v. 22.02.2006, Ks 900 Js 581/05 – 24 G 3/05, S. 30, Hauptakte, Band II, Blatt 32.

[378] Vgl. StA Bonn, Ks 900 Js 581/05 – 24 G 3/05, Hauptakte, Band III, Blatt 104.

In den polizeilichen Vernehmungen wurde Michaela G. gefragt, ob ihr das Töten im Verlauf der Taten leichter fiel.[379] Diese Frage bejahte sie und gab an, dass ihr die erste Tat am schwersten fiel.[380] Auf die Frage der Polizei, ob sie sich wie ein sog. Todesengel fühlen würde, der den Leidenden etwas Gutes tun wollte,[381] antwortete sie mit „*ja*".[382]

Auffallend ist bei den Taten, dass es sich bei allen Opfern ausschließlich um Frauen handelte. Auf die Frage, weshalb dies so sei, antwortete Michaela G.: „*Das hat keine besondere Bewandtnis. Es gibt nicht so viele Männer auf der Pflegestation und die Taten waren situativ.*"[383]

3.4.1.2 Stephan L. – Tathandlung

Stephan L. – Opfer 1:

Am 02.02.2003 wurde um kurz vor 19:30 Uhr das erste Opfer[384] im Alter von 81 Jahren getötet.[385] Der Angeklagte verabreichte in den Abendstunden um kurz vor 19:30 Uhr dem Geschädigten zunächst das Medikament Diazepam und dann das Medikament Esmeron, das zum Atemstillstand führt. Der Patient verstarb kurz darauf an der Wirkung der Medikamente.[386]

Stephan L. – Opfer 2:

Tatzeit war am 11.03.2003 um kurz nach 22:30 Uhr. Das Opfer verstarb am Folgetag im Alter von 88 Jahren.[387] Während seiner Dienstzeit verabreichte der Angeklagte um 22:30 Uhr das Medikament Etomidat, Midazolam oder Diazepam, um die Geschädigte zu sedieren und dann das Medikament Lysthenon oder Esmeron, was zum Atemstillstand der Geschädigten führte. Das Opfer wurde

[379] StA Bonn, Ks 900 Js 581/05 – 24 G 3/05, Hauptakte, Band III, Blatt 38.

[380] StA Bonn, Ks 900 Js 581/05 – 24 G 3/05, Hauptakte, Band III, Blatt 38.

[381] Vgl. StA Bonn, Ks 900 Js 581/05 – 24 G 3/05, Hauptakte, Band III, Blatt 48.

[382] StA Bonn, Ks 900 Js 581/05 – 24 G 3/05, Hauptakte, Band III, Blatt 48.

[383] StA Bonn, Ks 900 Js 581/05 – 24 G 3/05, Hauptakte, Band III, Blatt 47.

[384] Opfernamen sind durch Zahlen anonymisiert. 1 ist das erste und 28 das letzte Opfer.

[385] Vgl. LG Kempten, Urteil v. 30.11.2006, 1 Ks 212 Js 14068/04, Seite 12, Hauptakte, Band XVI, Blatt 13.

[386] Vgl. LG Kempten, Urteil v. 30.11.2006, 1 Ks 212 Js 14068/04, Seite 12, Hauptakte, Band XVI, Blatt 13.

[387] Vgl. LG Kempten, Urteil v. 30.11.2006, 1 Ks 212 Js 14068/04, Seite 13 – Hauptakte, Band XVI, Blatt 14.

daraufhin zunächst erfolgreich reanimiert und verstarb dann am Folgetag, den 12.03.2003 um ca. 06.55 Uhr.[388]

Stephan L. – Opfer 3:

Opfer 3 starb am 12.03.2003 um 02:45 Uhr im Alter von 90 Jahren.[389] Während der Dienstzeit verabreichte Stephan L. dem Patienten über den intravenösen Zugang um kurz vor 02.45 Uhr das Medikament Etomidat, Midazolam oder Diazepam, um den Geschädigten zu betäuben und verabreichte in der Folge das Medikament Esmeron, was zum Tod des Geschädigten führte.[390]

Stephan L. – Opfer 4:

Das vierte Opfer verstarb im Alter von 40 Jahren am 05.04.2003 um 18:05 Uhr.[391] Stephan L. verabreichte der Patientin um kurz vor 18.05 Uhr das Medikament Etomidat, Midazolam oder Diazepam, um die Geschädigte zu betäuben und verabreichte sodann das Medikament Esmeron, das zum Atemstillstand und in der Folge zum Tod der Geschädigten führte.[392]

Stephan L. – Opfer 5:

Am 16.04.2003 um 17:10 Uhr wurde im Alter von 80 Jahren das fünfte Opfer durch Stephan L. getötet.[393] Er verabreichte der Patientin um kurz vor 17.10 Uhr das Medikament Diazepam, um die Geschädigte zunächst zu sedieren und verabreichte daraufhin das tödlich wirkende Medikament Esmeron.[394]

---

[388] Vgl. LG Kempten, Urteil v. 30.11.2006, 1 Ks 212 Js 14068/04, Seite 14, Hauptakte, Band XVI, Blatt 15.

[389] Vgl. LG Kempten, Urteil v. 20.11.2006, 1 Ks 212 Js 14068/04, Seite 15, Hauptakte, Band XVI, Blatt 16.

[390] Vgl. LG Kempten, Urteil v. 20.11.2006, 1 Ks 212 Js 14068/04, Seite 15, Hauptakte, Band XVI, Blatt 16.

[391] Vgl. LG Kempten, Urteil v. 20.11.2006, 1 Ks 212 Js 14068/04, Seite 16, Hauptakte, Band XVI, Blatt 17.

[392] Vgl. LG Kempten, Urteil v. 20.11.2006, 1 Ks 212 Js 14068/04, Seite 16, Hauptakte, Band XVI, Blatt 17.

[393] Vgl. LG Kempten, Urteil v. 20.11.2006, 1 Ks 212 Js 14068/04, Seite 18, Band XVI, Blatt 19).

[394] Vgl. LG Kempten, Urteil v. 20.11.2006, 1 Ks 212 Js 14068/04, Seite 18, Band XVI, Blatt 19).

Stephan L. – Opfer 6:

Das sechste Opfer verstarb am 30.04.2003 um 22:00 Uhr im Alter von 80 Jahren.[395] Zwischen 21:30 und 21:45 Uhr verabreichte der Täter dem Opfer das Medikament Diazepam, um die Geschädigte zu sedieren und anschließend das Medikament Esmeron, das um 22 Uhr zum Tod der Geschädigten führte.[396]

Stephan L. – Opfer 7:

Am 06.05.2003 um 10:20 Uhr im Alter von 84 Jahren.[397] Mit dem Medikament Diazepam wurde die Geschädigte um kurz vor 10:20 Uhr sediert und anschließend durch das tödlich wirkende Muskelrelaxans Lysthenon getötet.[398]

Stephan L. – Opfer 8:

Am 31.05.2003 wurde das achte Opfer um 15:15 Uhr im Alter von 92 Jahren getötet.[399] Um kurz vor 15:15 Uhr verabreichte Stephan L. das Medikament Diazepam, um die Geschädigte zu sedieren und verabreichte daraufhin über den vorhandenen intravenösen (i.v.) Zugang das Medikament Lysthenon.[400]

Stephan L. – Opfer 9:

Am 03.06.2003 um 04:10 Uhr verstarb im Alter von 95 Jahren das neunte Opfer.[401] Zunächst versuchte der Angeklagte den Geschädigten zwischen dem 30.05.2003 und 01.06.2003 mit der Gabe des Medikaments Esmeron oder Lysthenon über die vorhandene Magensonde zu töten. Der Versuch blieb jedoch

[395] Vgl. LG Kempten, Urteil v. 20.11.2006, 1 Ks 212 Js 14068/04, Seite 19, Hauptakte, Band XVI, Blatt 20.

[396] Vgl. LG Kempten, Urteil v. 20.11.2006, 1 Ks 212 Js 14068/04, Seite 19, Hauptakte, Band XVI, Blatt 20.

[397] Vgl. LG Kempten, Urteil v. 20.11.2006, 1 Ks 212 Js 14068/04, Seite 20, Hauptakte, Band XVI, Blatt 21.

[398] Vgl. LG Kempten, Urteil v. 20.11.2006, 1 Ks 212 Js 14068/04, Seite 20, Hauptakte, Band XVI, Blatt 21.

[399] Vgl. LG Kempten, Urteil v. 20.11.2006, 1 Ks 212 Js 14068/04, Seite 21, Hauptakte, Band XVI, Blatt 22.

[400] Vgl. LG Kempten, Urteil v. 20.11.2006, 1 Ks 212 Js 14068/04, Seite 21, Hauptakte, Band XVI, Blatt 22.

[401] Vgl. LG Kempten, Urteil v. 20.11.2006, 1 Ks 212 Js 14068/04, Seite 22, Hauptakte, Band XVI, Blatt 23.

erfolglos, da über die Magensonde das Medikament nicht die entsprechende Wirkung erzielt.[402]

Am 03.06.2003 um kurz vor 04:10 Uhr verabreichte der Angeklagte dann über den intravenösen Zugang das Medikament Diazepam, zunächst um den Patienten zu sedieren und dann das Medikament Esmeron, das zum Tod des Geschädigten führte.[403]

Stephan L. – Opfer 10:

Das zehnte Opfer verstarb am 15.06.2003 im Alter von 75 Jahren um 23:00 Uhr.[404] Während der Dienstzeit verabreichte der Stephan L. der Patientin um kurz vor 23:00 Uhr das Medikament Midazolam und dann Lysthenon, das zum Tod der Geschädigten führte.[405]

Stephan L. – Opfer 11:

Am 23.06.2003 um 09:40 Uhr wurde das elfte Opfer im Alter von 82 Jahren getötet.[406] Der Täter verabreichte dem Patienten um kurz vor 09:40 Uhr das Medikament Etomidat, um die Geschädigte zu sedieren und verabreichte dann das Medikament Lysthenon, das um 09:40 Uhr zum Tod des Geschädigten führte.[407]

Stephan L. – Opfer 12:

Das zwölfte Opfer verstarb am 28.06.2003 um 18:40 Uhr im Alter von 79 Jahren.[408] Auch in diesem Fall verabreichte der Täter um kurz vor 18:40 Uhr

---

[402] Vgl. LG Kempten, Urteil v. 20.11.2006, 1 Ks 212 Js 14068/04, Seite 22, Hauptakte, Band XVI, Blatt 23.

[403] Vgl. LG Kempten, Urteil v. 20.11.2006, 1 Ks 212 Js 14068/04, Seite 22, Hauptakte, Band XVI, Blatt 23.

[404] Vgl. LG Kempten, Urteil v. 20.11.2006, 1 Ks 212 Js 14068/04, Seite 23, Hauptakte, Band XVI, Blatt 24.

[405] Vgl. LG Kempten, Urteil v. 20.11.2006, 1 Ks 212 Js 14068/04, Seite 23, Hauptakte, Band XVI, Blatt 24.

[406] Vgl. LG Kempten, Urteil v. 20.11.2006, 1 Ks 212 Js 14068/04, Seite 24, Hauptakte, Band XVI, Blatt 25.

[407] Vgl. LG Kempten, Urteil v. 20.11.2006, 1 Ks 212 Js 14068/04, Seite 24, Hauptakte, Band XVI, Blatt 25.

[408] Vgl. LG Kempten, Urteil v. 20.11.2006, 1 Ks 212 Js 14068/04, Seite 25, Hauptakte, Band XVI, Blatt 26.

zunächst das Medikament Diazepam, um die Geschädigte zu sedieren und verabreichte daraufhin das Medikament Lysthenon, das dann um 18:40 Uhr zum Tod des Geschädigten führte.[409]

Stephan L. – Opfer 13:

Auf den Tag genau zwei Monate später, verstarb am 28.08.2003 Opfer 13 im Alter von 82 Jahren.[410] Stephan L. verabreichte dem mit einem Bauchgurt fixierten Geschädigten um kurz vor 9:00 Uhr über den i.v.- Zugang zunächst Midazolam und anschließend das Medikament Lysthenon. Der Geschädigte verstarb in Folge dessen um 9:00 Uhr.[411]

Stephan L. – Opfer 14:

Im Alter von 83 Jahren, verstarb am 30.09.2003 Patientin Nr. 14.[412] Um kurz vor 17:15 Uhr verabreichte der Täter auch in diesem Fall über den i.v.- Zugang zunächst Diazepam um diese zu sedieren und verabreichte anschließend das Medikament Esmeron. Die Geschädigte erlitt in Folge dessen um 17:15 Uhr einen Herzstillstand. Das Opfer wurde zunächst reanimiert, sodass sie kurzzeitig wieder einen eigenen Kreislauf hatte. Um 18 Uhr wurde die Geschädigte dann für tot erklärt.[413]

Stephan L. – Opfer 15:

Am 02.10.2003 um 01:15 Uhr verstarb im Alter von 47 Jahren ein weiteres Opfer.[414] Der Angeklagte verabreichte der Geschädigten über den i.v.-Zugang entweder das Medikament Diazepam, Etomidat oder Midazolam, um die Geschädigte zu sedieren und spritze dann Esmeron, weshalb die Geschädigte verstarb.[415]

---

409 Vgl. LG Kempten, Urteil v. 20.11.2006, 1 Ks 212 Js 14068/04, Seite 24, Hauptakte, Band XVI, Blatt 25.

410 Vgl. LG Kempten, Urteil v. 20.11.2006, 1 Ks 212 Js 14068/04, Seite 26, Hauptakte, Band XVI, Blatt 27.

411 Vgl. LG Kempten, Urteil v. 20.11.2006, 1 Ks 212 Js 14068/04, Seite 26, Hauptakte, Band XVI, Blatt 27.

412 Vgl. LG Kempten, Urteil v. 20.11.2006, 1 Ks 212 Js 14068/04, Seite 27, Hauptakte, Band XVI, Blatt 28.

413 Vgl. LG Kempten, Urteil v. 20.11.2006, 1 Ks 212 Js 14068/04, Seite 27 f., Hauptakte, Band XVI, Blatt 28 f.

414 Vgl. LG Kempten, Urteil v. 20.11.2006, 1 Ks 212 Js 14068/04, Seite 28, Hauptakte, Band XVI, Blatt 29.

415 Vgl. LG Kempten, Urteil v. 20.11.2006, 1 Ks 212 Js 14068/04, Seite 28, Hauptakte, Band XVI, Blatt 29.

Stephan L. – Opfer 16:

Im Alter von 84 Jahren starb am 18.11.2003 um 16:25 Uhr das Opfer Nr. 16.[416] Der Täter verabreichte dem Geschädigten über den i.v.-Zugang das Medikament Midazolam, um den Geschädigten zu sedieren und spritze dann Lysthenon, durch das er verstarb.[417]

Stephan L. – Opfer 17:

Das Opfer 17 verstarb am 06.12.2003 um 03:00 Uhr im Alter von 59 Jahren.[418] Auch in diesem Fall verabreichte Stephan L. dem Geschädigten über den i.v.-Zugang entweder das Medikament Midazolam, Etomidat oder Diazepam um den Geschädigten zu sedieren und spritze dann Lysthenon oder Esmeron.[419]

Stephan L. – Opfer 18:

Der 92-jährigen Geschädigte wurde am 06.12.2003 um 22:55 Uhr getötet.[420] Stephan L. verabreichte über vorhandenen i.v.-Zugang das Medikament Midazolam um den Geschädigten zunächst zu sedieren und spritze dann Muskelrelaxans Lysthenon, durch das der Geschädigte starb.[421]

Stephan L. – Opfer 19:

Am 14.01.2004 verstarb um 01:00 Uhr Opfer 19 Alter von 75 Jahren.[422] Der Täter verabreichte, wie auch in den Fällen zuvor, über den i.v.-Zugang zunächst das Medikament Midazolam und spritze dann das tödlich wirkende Mittel Esmeron.[423]

---

[416] Vgl. LG Kempten, Urteil v. 20.11.2006, 1 Ks 212 Js 14068/04, Seite 29, Hauptakte, Band XVI, Blatt 30.

[417] Vgl. LG Kempten, Urteil v. 20.11.2006, 1 Ks 212 Js 14068/04, Seite 29, Hauptakte, Band XVI, Blatt 30.

[418] Vgl. LG Kempten, Urteil v. 20.11.2006, 1 Ks 212 Js 14068/04, Seite 30, Hauptakte, Band XVI, Blatt 31.

[419] Vgl. LG Kempten, Urteil v. 20.11.2006, 1 Ks 212 Js 14068/04, Seite 30, Hauptakte, Band XVI, Blatt 31.

[420] LG Kempten, Urteil v. 20.11.2006, 1 Ks 212 Js 14068/04, Seite 31, Hauptakte, Band XVI, Blatt 32.

[421] LG Kempten, Urteil v. 20.11.2006, 1 Ks 212 Js 14068/04, Seite 31, Hauptakte, Band XVI, Blatt 32.

[422] LG Kempten, Urteil v. 20.11.2006, 1 Ks 212 Js 14068/04, Seite 32, Hauptakte, Band XVI, Blatt 33.

[423] LG Kempten, Urteil v. 20.11.2006, 1 Ks 212 Js 14068/04, Seite 32, Hauptakte, Band XVI, Blatt 33.

Stephan L. – Opfer 20:

Im Alter von 87 Jahren wurde dem Geschädigten am 02.02.2004 um 10:05 Uhr durch Stephan L. das Leben genommen.[424] Er injizierte entweder das Medikament Midazolam, Etomidat oder Diazepam um die Geschädigte zu sedieren und spritze dann Esmeron, um sie zu töten.[425]

Stephan L. – Opfer 21:

Am 14.02.2004 um 22:40 Uhr verstarb das Opfer 21 im Alter von 79 Jahren.[426] Der Täter verabreichte der Geschädigten über den i.v.-Zugang entweder das Medikament Midazolam, Etomidat oder Diazepam um die Geschädigte zu sedieren und spritze dann Esmeron oder Lysthenon.[427]

Stephan L. – Opfer 22:

Im Alter von 68 Jahren verstarb am 28.02.2004 zwischen 9:00 und 9:30 Uhr das 22. Opfer.[428] Stephan L. brachte zusammen mit einer Kollegin den Geschädigten auf die Toilette. Als seine Kollegin für ca. 5 Minuten das Zimmer verlassen hat, nutzte der Angeklagte die Gelegenheit und spritzte dem Geschädigten noch auf der Toilette sitzend zunächst Etomidat, Midazolam oder Diazepam. Anschließend spritzte er Lysthenon, weshalb der Geschädigte noch auf der Toilette verstarb.[429]

Stephan L. – Opfer 23:

Das 23. Opfer verstarb am 27.03.2004 um 22:40 Uhr im Alter von 70 Jahren.[430]

---

[424] LG Kempten, Urteil v. 20.11.2006, 1 Ks 212 Js 14068/04, Seite 32, Hauptakte, Band XVI, Blatt 33.

[425] Vgl. LG Kempten, Urteil v. 20.11.2006, 1 Ks 212 Js 14068/04, Seite 33, Hauptakte, Band XVI, Blatt 34.

[426] LG Kempten, Urteil v. 20.11.2006, 1 Ks 212 Js 14068/04, Seite 33, Hauptakte, Band XVI, Blatt 34.

[427] Vgl. LG Kempten, Urteil v. 20.11.2006, 1 Ks 212 Js 14068/04, Seite 33, Hauptakte, Band XVI, Blatt 34.

[428] LG Kempten, Urteil v. 20.11.2006, 1 Ks 212 Js 14068/04, Seite 34, Hauptakte, Band XVI, Blatt 35.

[429] Vgl. LG Kempten, Urteil v. 20.11.2006, 1 Ks 212 Js 14068/04, Seite 34, Hauptakte, Band XVI, Blatt 35.

[430] Vgl. LG Kempten, Urteil v. 20.11.2006, 1 Ks 212 Js 14068/04, Seite 35, Hauptakte, Band XVI, Blatt 36.

Über den i.v.-Zugang verabreichte Stephan L. der Geschädigten entweder das Medikament Diazepam, um die Geschädigte zu sedieren und spritze dann Esmeron.[431]

Stephan L. – Opfer 24:

Am 14.04.2004 wurde um 07:50 Uhr eine weitere Geschädigte im Alter von 78 Jahren getötet.[432] Der Täter verabreichte der Geschädigten über den i.v.-Zugang das Medikament Diazepam, um die Geschädigte zu sedieren und spritze anschließend das Medikament Esmeron. Die Geschädigte verstarb daraufhin.[433]

Stephan L. – Opfer 25:

Das 25. Opfer verstarb am 24.06.2004 um 00:45 Uhr im Alter von 82 Jahren.[434] In diesem Fall waren die Angehörigen der Geschädigten im Patientenzimmer. Stephan L. schickte diese vor die Zimmertür unter dem Vorwand, er wolle die Geschädigte umbetten. Über den vorhandenen i.v.- Zugang hat er zunächst Diazepam und dann Esmeron gespritzt. Sodann hat er die Angehörigen wieder in das Zimmer geschickt, die wenig später merkten, dass die Geschädigte nicht mehr atmet. Reanimationsversuche blieben ohne Erfolg.[435]

Stephan L. – Opfer 25:

Am 25.06.2004 wurde um 03:20 Uhr das Opfer 26 im Alter von 85 Jahren getötet.[436]

Wie in den Fällen zuvor, verabreichte Stephan L. entweder das Medikament Diazepam, Midazolam oder Etomidat und spritze dann Esmeron oder Lysthenon, wodurch die Atmung aussetzte und die Geschädigte verstarb.[437]

---

[431] Vgl. LG Kempten, Urteil v. 20.11.2006, 1 Ks 212 Js 14068/04, Seite 35 f., Hauptakte, Band XVI, Blatt 36 f.

[432] LG Kempten, Urteil v. 20.11.2006, 1 Ks 212 Js 14068/04, Seite 37, Hauptakte, Band XVI, Blatt 38.

[433] Vgl. LG Kempten, Urteil v. 20.11.2007, 1 Ks 212 Js 14068/04, Seite 37, Hauptakte, Band XVI, Blatt 38.

[434] LG Kempten, Urteil v. 20.11.2006, 1 Ks 212 Js 14068/04, Seite 39, Hauptakte, Band XVI, Blatt 40.

[435] Vgl. LG Kempten, Urteil v. 20.11.2006, 1 Ks 212 Js 14068/04, Seite 39, Hauptakte, Band XVI, Blatt 40.

[436] LG Kempten, Urteil v. 20.11.2006, 1 Ks 212 Js 14068/04, Seite 40, Hauptakte, Band XVI, Blatt 41.

[437] Vgl. LG Kempten, Urteil v. 20.11.2006, 1 Ks 212 Js 14068/04, Seite 41, Hauptakte, Band XVI, Blatt 42.

Stephan L. – Opfer 27:

Das vorletzte Opfer verstarb am 27.06.2004 um 22:30 Uhr im Alter von 88 Jahren.[438] Der Angeklagte verabreichte dem Geschädigten über den i.v.-Zugang entweder das Medikament Diazepam, Midazolam oder Etomidat, um den Geschädigten zu sedieren und spritze dann Esmeron oder Lysthenon.[439]

Stephan L. – Opfer 28:

Am 10.07.2004 wurde um 00:40 Uhr im Alter von 73 Jahren die letzte Person Opfer von Stephan L.[440] Er verabreichte, wie bei allen Tötungshandlungen zuvor auch, der Geschädigten über den i.v.-Zugang zunächst das Medikament Diazepam, um sie zu sedieren und spritze dann das tödlich wirkende Mittel Esmeron.[441]

3.4.1.3 Irene B.[442] – Tathandlung

Im Rahmen ihres Dienstes entschloss sich Irene B. spontan Patientinnen und Patienten zu töten.[443] Keiner der Patientinnen und Patienten hat um die Tötung gebeten. Auch konnten keine Anhaltspunkte durch die Kammer festgestellt werden, die darauf hinweisen, dass entgegen vorliegender Patientinnen- und Patientenverfügungen Maßnahmen oder Behandlungen durch die Klinik ergriffen wurden.[444]

Irene B. – Opfer 1:[445]

Am 28.06.2005 um ca. 7:00 Uhr wurde der 66 Jahre alter Patient getötet.[446]

---

[438] LG Kempten, Urteil v. 20.11.2006, 1 Ks 212 Js 14068/04, Seite 42, Hauptakte, Band XVI, Blatt 43.

[439] Vgl. LG Kempten, Urteil v. 20.11.2006, 1 Ks 212 Js 14068/04, Seite 42, Hauptakte, Band XVI, Blatt 43.

[440] LG Kempten, Urteil v. 20.11.2006, 1 Ks 212 Js 14068/04, Seite 43, Hauptakte, Band XVI, Blatt 44.

[441] Vgl. LG Kempten, Urteil v. 20.11.2006, 1 Ks 212 Js 14068/04, Seite 43, Hauptakte, Band XVI, Blatt 44.

[442] Der Familienname ist heute ein anderer.

[443] Vgl. LG Berlin, Urteil v. 29.06.2007, (522) 1 Kap Js 1904/06 Ks (1/07), juris, S. 4.

[444] Vgl. LG Berlin, Urteil v. 29.06.2007, (522) 1 Kap Js 1904/06 Ks (1/07), juris, S. 4.

[445] Opfernamen sind durch Zahlen anonymisiert. 1 ist das erste und 5 das letzte Opfer.

[446] Vgl. LG Berlin, Urteil v. 29.06.2007, (522) 1 Kap Js 1904/06 Ks (1/07), juris, S. 4.

Im Rahmen der laufenden Reanimation des Patienten, verabreichte Irene B. bewusst ein kontraindiziertes und blutdrucksenkendes Medikament, ein sog. Antihypertensiva in Tötungsabsicht. Die Reanimation blieb erfolglos und der Tod wurde festgestellt.[447]

Irene B. – Opfer 2:

Der 77-jährige männliche Patient wurde am 16.08.2006 um 18:52 Uhr durch Irene B. getötet.[448]

Die Täterin begab sich gegen 18 Uhr in das Behandlungszimmer 1 und verabreichte zunächst 5 mg Midazolam[449] über den vorhandenen i.v.-Zugang. Der Blutdruck sank sodann, weshalb ein akustischer Alarm ausgelöst wurde. Ein Kollege von Irene B. befand sich zu diesem Zeitpunkt im gleichen Zimmer hinter einem Paravent und fragte, ob sie Hilfe benötigt, was sie ablehnte. Nach einigen Minuten hat sich der Blutdruck des Patienten entgegen ihren Erwartungen wieder stabilisiert. In Tötungsabsicht verabreichte Irene B. dem Patienten 60 mg Nitroprussidnatrium[450], wodurch der Blutdruck stark abfiel und erneut ein akustischer Alarm ertönte. Der Kollege, der sich noch immer im gleichen Zimmer, bei einem anderen Patienten befand, fragte erneut, ob sie Hilfe bräuchte. Irene B. antworte *„[...] nein, der Patient könne jetzt sterben“*.[451] Der Patient starb unmittelbar nach der zweiten Medikamentengabe.

Irene B. – Opfer 3:

Irene B. tötete am 19.09.2006 die 48 Jahre alte Patientin.[452]

Im Beisein des Ehemannes verabreichte die Täterin über den vorhandenen i.v.-Zugang in Tötungsabsicht 60 mg Nitroprussidnatrium. Der Blutdruck der Patientin sank stark ab, weshalb ein akustischer Alarm an dem kreislaufüberwachenden Monitor ertönte. Irene B. stellte den Alarm stumm. Sie verließ das

---

447 Vgl. LG Berlin, Urteil v. 29.06.2007, (522) 1 Kap Js 1904/06 Ks (1/07), juris, S. 4.

448 Vgl. LG Berlin, Urteil v. 29.06.2007, (522) 1 Kap Js 1904/06 Ks (1/07), juris, S. 5.

449 Midazolam ist ein Benzodiazepin. Es ist ein krampflösendes Beruhigungsmittel und wird beispielsweise zur Sedierung eingesetzt. Je nach Dosierung kann eine Atemdepression als Nebenwirkung auftreten.

450 Bei Nitroprussidnatrium handelt es sich um ein Antihypertensivum. Es senkt den Tonus der Widerstands- und Kapazitätsgefäße, in der Folge der Blutdruck sowie die Vor- und Nachlast des Herzens absinkt.

451 LG Berlin, Urteil v. 29.06.2007, (522) 1 Kap Js 1904/06 Ks (1/07), juris, S. 5.

452 Vgl. LG Berlin, Urteil v. 29.06.2007, (522) 1 Kap Js 1904/06 Ks (1/07), juris, S. 5.

Zimmer und informierte den zuständigen Oberarzt, der den Tod der Patientin feststellte.[453]

Irene B. – Opfer 4:

Am 26.09.2006 wurde der Patient im Alter von 52 Jahren getötet.[454]

Der Zustand des Patienten verschlechterte sich am 26.09.2006 derart, dass dieser reanimiert werden musste. Im Laufe der Reanimation wurden kreislaufstabilisierende Medikamente verabreicht.[455] Unbemerkt applizierte Irene B. bewusst 60 mg des blutdrucksenkenden Mittels Nitroprussidnatrium, um der kreislaufstabilisierenden Wirkung der indizierten Medikamente entgegenzuwirken. Der Patient entwickelte in der Folge keinen eigenen Kreislauf, weshalb um 2:40 Uhr die Reanimation eingestellt wurde.[456]

Irene B. – Opfer 5:

Der 62 Jahre alte Patient wurde am 02.10.2006 gegen 7 Uhr am Morgen getötet.[457]

Während der Frühschicht entnahm Irene B. aus dem Medikamentenschrank eine Ampulle Dormicum und verabreichte es dem Patienten über den vorhandenen i.v.-Zugang in der Absicht, dass der Kreislauf instabil wird und der Patient verstirbt. Nach der Gabe des Medikaments wurde, wie beabsichtigt, der Kreislauf des 62-jährigen Patienten instabil, sodass dieser in Folge dessen verstarb.[458]

3.4.1.4 Niels H. – Tathandlung

Niels H., der zwischen 1999 und 2005 in den Kliniken Oldenburg und Delmenhorst beschäftigt war, wurde für gleichgelagerte Taten in drei Verfahren (2008, 2015, 2019) verurteilt.[459]

In der folgenden Analyse wird überwiegend auf das umfangreichste und letzte Urteil des Landgerichts Oldenburg, vom 06.06.2019, 5 Ks 800 Js 54254/17 (1/ 18), Bezug genommen.

---

[453] Vgl. LG Berlin, Urteil v. 29.06.2007, (522) 1 Kap Js 1904/06 Ks (1/07), juris, S. 5.

[454] Vgl. LG Berlin, Urteil v. 29.06.2007, (522) 1 Kap Js 1904/06 Ks (1/07), juris, S. 6.

[455] Vgl. LG Berlin, Urteil v. 29.06.2007, (522) 1 Kap Js 1904/06 Ks (1/07), juris, S. 7 f.

[456] Vgl. LG Berlin, Urteil v. 29.06.2007, (522) 1 Kap Js 1904/06 Ks (1/07), juris, S. 7 f.

[457] Vgl. LG Berlin, Urteil v. 29.06.2007, (522) 1 Kap Js 1904/06 Ks (1/07), juris, S. 7.

[458] Vgl. LG Berlin, Urteil v. 29.06.2007, (522) 1 Kap Js 1904/06 Ks (1/07), juris, S. 7.

[459] Vgl. LG Oldenburg, Urteil v. 06.06.2019, 5 Ks 800 Js 54254/17 (1/18), juris, S. 1; Klinikum Oldenburg vom 15.06.1999 bis zum 14.12.2002 und im Klinikum Delmenhorst vom 15.12.2002 bis zum 24.06.2005.

In dem genannten Verfahren hat die Kammer Niels H. 85 Tötungsdelikte nachweisen können.[460] Das Urteil wurde unter Einbeziehung der Strafen aus dem Urteil des Landgerichts Oldenburg vom 23.06.2008, 4 Ks 1/07 und aus dem Urteil des Landgerichts Oldenburg vom 26.02.2015, 5 Ks 1/14, getroffen.[461]

Insgesamt wurden Niels H. 87 vollendete Tötungsdelikte nachgewiesen.[462]

Um die Causa Niels H. einordnen zu können, wird vor der eigentlichen Urteilsanalyse, auf die zwei zuvor abgeschlossenen Verfahren aus den Jahren 2008 sowie 2015 (Az.: 4 Ks 1/07 und Az.: 5 Ks 1/14) eingegangen.

3.4.1.4.1 Chronologie der Urteile

Zunächst hat die 5. Strafkammer des Landgerichts Oldenburg Niels H. am 22.12.2006 wegen versuchten Totschlags in Tateinheit mit gefährlicher Körperverletzung zu einer Freiheitsstrafe von fünf Jahren verurteilt.[463] Darüber hinaus erhielt er ein fünfjähriges Berufsverbot für das Gesundheitswesen.[464] Wie es zu den anfänglichen Ermittlungen sowie dem ersten Urteil kam, ist dem Gliederungspunkt 3.4.6.4 in diesem Kapitel zu entnehmen.

Die Kammer führte bei der Urteilsbegründung aus, dass das Mordmerkmal der Heimtücke nicht feststellbar sei. Bei der Tat sei die Arg- und Wehrlosigkeit der Opfers nicht ausgenutzt worden, weil dieses, auf Grund seines komatösen Zustands, nicht in der Lage war, Argwohn zu hegen.[465] Des Weiteren sei auch die Arglosigkeit der weiteren Kolleginnen und Kollegen, als schutzbereite Dritte, nicht begründet, weil der Täter diese nicht zielgerichtet von ihrer pflegerischen Tätigkeit gegenüber dem Geschädigten abgelenkt hat oder in Sicherheit wog.[466] Darüber hinaus sei, Niels H., also der Täter selbst, schutzbereiter Dritte gewesen und in einer solchen Konstellation sei das Ausnutzen einer passenden Gelegenheit zur Tötung eines Patienten für das Mordmerkmal der Heimtücke nicht ausreichend.[467]

Auf Revision der Nebenklägerin hob der Bundesgerichtshof (BGH) das erstinstanzliche Urteil des Landgerichts Oldenburg auf, da die Begründung des

---

[460] Vgl. LG Oldenburg, Urteil v. 06.06.2019, 5 Ks 800 Js 54254/17 (1/18), juris, S. 1.

[461] Vgl. LG Oldenburg, Urteil v. 06.06.2019, 5 Ks 800 Js 54254/17 (1/18), juris, S. 1.

[462] Vgl. LG Oldenburg, Urteil v. 06.06.2019, 5 Ks 800 Js 54254/17 (1/18), juris, S. 16 u. 135.

[463] Vgl. LG Oldenburg, Urteil v. 06.06.2019, 5 Ks 800 Js 54254/17 (1/18), juris, S. 4.

[464] Vgl. LG Oldenburg, Urteil v. 06.06.2019, 5 Ks 800 Js 54254/17 (1/18), juris, S. 4.

[465] Vgl. BGH, Urteil v. 18.10.2007, 3 StR 226/07, juris, S. 5.

[466] Vgl. BGH, Urteil v. 18.10.2007, 3 StR 226/07, juris, S. 5.

[467] Vgl. BGH, Urteil v. 18.10.2007, 3 StR 226/07, juris, S. 5.

Landgerichts Oldenburg einer rechtlichen Überprüfung nicht stand hielt.[468] Die Feststellungen zum äußeren Tatgeschehen wurden jedoch aufrechterhalten.[469]

Zwar sind die Feststellungen zur fehlenden Arg- und Wehrlosigkeit eines im Koma befindlichen Patienten richtig begründet worden, nicht jedoch die Feststellungen zur Arg- und Wehrlosigkeit eines schutzbereiten Dritten.[470]

Der BGH führt hierzu aus:
„Vor allem die Krankenschwester T., aber auch die weiteren auf der Intensivstation zum Tatzeitpunkt vorhandenen Pflegekräfte, sind als schutzbereite Dritte [...] anzusehen. Nach den Feststellungen waren sie auf der Intensivstation nur für wenige Patienten verantwortlich sowie speziell auch zu deren Schutz vor Leib- und Lebensgefahr eingesetzt, hielten sich in der Nähe des bewusstlosen M. auf und hatten tatsächlich die Betreuung sowie regelmäßige Kontrolle des schwerkranken Tatopfers entsprechend den ärztlichen Anordnungen übernommen.“[471]

Entgegen der Auffassung des Landgerichts Oldenburg scheitert das Ausnutzen der Arg- und Wehrlosigkeit nicht daran, dass der Täter den schutzbereiten Dritten habe ausschalten müssen, um seine Tat ungehindert ausführen zu können.[472]

Vielmehr ist ausreichend, dass der Täter, die erkannte Arglosigkeit bewusst für seine Tat ausnutzt, unabhängig davon, worauf die Arglosigkeit des schutzbereiten Dritten beruht.[473]

Des Weiteren steht dem Mordmerkmal der Heimtücke nicht entgegen, dass der Täter selbst zum besonderen Schutz des Geschädigten verpflichtet ist.[474] *„Im Gegenteil: Als Pflegekraft auf der Intensivstation eines Krankenhauses missbrauchte er seine Kenntnisse und seine Stellung zu einem Angriff auf das Leben einer auch seinem Schutz unterliegenden Person und handelte daher in besonderer Weise hinterhältig.“*[475]

Zum subjektiven Tatbestand führte das Landgericht Oldenburg aus, dass Niels H. entweder aus Mitleid handelte oder aus der Motivation heraus, eine Notfallsituation zu verursachen, um durch deren professionelle Abarbeitung Anerkennung zu erhalten.[476]

---

[468] Vgl. BGH, Urteil v. 18.10.2007, 3 StR 226/07, juris, S. 3.
[469] Vgl. BGH, Urteil v. 18.10.2007, 3 StR 226/07, juris, S. 3.
[470] Vgl. BGH, Urteil v. 18.10.2007, 3 StR 226/07, juris, S. 5.
[471] BGH, Urteil v. 18.10.2007, 3 StR 226/07, juris, S. 6.
[472] Vgl. BGH, Urteil v. 18.10.2007, 3 StR 226/07, juris, S. 6.
[473] Vgl. BGH, Urteil v. 18.10.2007, 3 StR 226/07, juris, S. 6.
[474] Vgl. BGH, Urteil v. 18.10.2007, 3 StR 226/07, juris, S. 6.
[475] BGH, Urteil v. 18.10.2007, 3 StR 226/07, juris, S. 6.
[476] Vgl. BGH, Urteil v. 18.10.2007, 3 StR 226/07, juris, S. 4.

Der BGH prüfte diesbezüglich, ob das Mordmerkmal der Heimtücke entfallen könnte, wenn das Tatmotiv durch Mitleid geleitet war und es somit an der feindlichen Willensrichtung fehlt.[477]

Der BGH ist in seinem Urteil vom 18.10.2007 der Ansicht, dass nicht durch jede Mitleidsmotivation das Mordmerkmal der Heimtücke zwangläufig entfällt.[478]

„*Gerade in einer oberflächlich vorhandenen Mitleidsmotivation kann sich Feindseligkeit gegenüber dem Lebensrecht eines Schwerkranken äußern zumal wenn dieser – wie hier – im Koma liegt, deshalb seinen Zustand nicht realisiert sowie keine Schmerzen erleidet und seine Angehörigen um sein Leben kämpfen.*“[479]

Niels H. wurde schließlich am 23.06.2008 vom Landgericht Oldenburg (4 Ks 1/07), wegen versuchten Mordes in Tateinheit mit gefährlicher Körperverletzung, zu einer Freiheitsstrafe von sieben Jahren und sechs Monaten verurteilt.[480] Ihm wurde lebenslang verboten, den Beruf des Krankenpflegers auszuüben oder eine sonstige Tätigkeit im Zusammenhang mit der Hilfe bzw. der Pflege von kranken Menschen auszuüben oder im Rettungsdienst zu arbeiten.[481] Die neue Entscheidung wurde am 10.12.2008 rechtskräftig und Niels H. kam am 06.05.2009 in Strafhaft.[482]

Auf Grund von Hinweisen auf weitere Taten und den eindringlichen Appellen einer späteren Nebenklägerin, einer Tochter eines der Opfer, wurden durch die Staatsanwaltschaft Oldenburg weitergehende Ermittlungen eingeleitet. Die Ermittlungen führten schließlich zu der Anklage (5 Ks 1/14) vom 06.01.2014 vor dem Landgericht Oldenburg.[483]

Die einzelnen Taten, die für das zweite Urteil von Bedeutung waren, wurden zwischen dem 28.03.2003 und dem 01.06.2005 begangen.[484]

Am 26.02.2015 verurteilte das Landgericht Oldenburg Niels H. wegen Mordes in zwei Fällen[485], versuchten Mordes in Tateinheit mit gefährlicher Körperverletzung in zwei Fällen und in einem weiteren Fall ebenfalls wegen gefährlicher Körperverletzung zu einer lebenslangen Freiheitsstrafe mit der Feststellung der besonderen Schwere der Schuld.[486]

---

477 Vgl. BGH, Urteil v. 18.10.2007, 3 StR 226/07, juris, S. 6.

478 Vgl. BGH, Urteil v. 18.10.2007, 3 StR 226/07, juris, S. 6.

479 BGH, Urteil v. 18.10.2007, 3 StR 226/07, juris, S. 6 f.

480 Vgl. LG Oldenburg, Urteil v. 06.06.2019, 5 Ks 800 Js 54254/17 (1/18), juris, S. 4.

481 Vgl. LG Oldenburg, Urteil v. 06.06.2019, 5 Ks 800 Js 54254/17 (1/18), juris, S. 4.

482 Vgl. LG Oldenburg, Urteil v. 06.06.2019, 5 Ks 800 Js 54254/17 (1/18), juris, S. 16.

483 Vgl. LG Oldenburg, Urteil v. 06.06.2019, 5 Ks 800 Js 54254/17 (1/18), juris, S. 16.

484 Vgl. LG Oldenburg, Urteil v. 06.06.2019, 5 Ks 800 Js 54254/17 (1/18), juris, S. 19 ff.

485 Tattag: 28.03.2003 sowie 11.06.2004.

486 Vgl. LG Oldenburg, Urteil v. 06.06.2019, 5 Ks 800 Js 54254/17 (1/18), juris, S. 16.

Während des Strafverfahrens äußerte sich Niels H. dahingehend, dass er nach eigenen Schätzungen an mindestens weiteren 60 Patientinnen und Patienten Manipulationen vorgenommen habe, von denen mindestens 20 – 25 verstorben seien.[487]

Im Oktober 2014 hat die Kriminalpolizei Oldenburg zur weiteren Ermittlung und Aufklärung die Sonderkommission „Kardio" eingerichtet.[488] Die Ermittlungen der Polizei endeten in der Anklageschrift der Staatsanwaltschaft Oldenburg vom 15.01.2018. Insgesamt wurden Niels H. in der Anklage 100 Morde vorgeworfen.[489]

In der folgenden Urteilsanalyse wird Bezug auf eben dieses Strafverfahren genommen. Die Kammer konnte ihm in dem umfangreichsten und letzten Verfahren 85 vollendete Morde nachweisen.[490]

3.4.1.4.2 Niels H. – Tathandlungen

Bei den einzelnen Taten ist Niels H. stets ähnlich vorgegangen. Er verabreichte seinen Opfern verschiedene nicht indizierte Medikamente über die vorhandenen intravenösen (i.v.) Zugänge oder über zentrale Venenkatheter (ZVK). Ziel der Medikamentengabe war hierbei Herzrhythmusstörungen bis hin zu Kammerflimmern zu verursachen, die bei den Patientinnen und Patienten in der Folge eine Reanimation notwendig machte.[491]

Bei welchen Patientinnen und Patienten Niels H. reanimationspflichtige Krisen verursachen wollte, entschied er spontan während des Dienstes.

Er entschied sich i. d. R. für schwer kranke Personen, damit die Notfallsituationen und Sterbefälle nicht auffallen. Ein festes Auswahlschema hatte er bei seinen Taten jedoch nicht.[492]

Vor der eigentlichen Tat begab sich Niels H. zunächst in die sog. Stationszentrale und zog das für die Tat verwendete Medikamente auf, die in diesem Gliederungsabschnitt nachfolgend genannt werden. Die jeweilige Auswahl des Medikaments erfolgte ebenfalls spontan.[493] Er zog auf eine oder zwei Spritzen des nicht indizierte Medikaments auf, sodass nach seiner Kenntnis, die gewählte

[487] Vgl. LG Oldenburg, Urteil v. 06.06.2019, 5 Ks 800 Js 54254/17 (1/18), juris, S. 19.

[488] Vgl. LG Oldenburg, Urteil v. 06.06.2019, 5 Ks 800 Js 54254/17 (1/18), juris, S. 33.

[489] Vgl. LG Oldenburg, Urteil v. 06.06.2019, 5 Ks 800 Js 54254/17 (1/18), juris, S. 33.

[490] Vgl. LG Oldenburg, Urteil v. 06.06.2019, 5 Ks 800 Js 54254/17 (1/18), juris, S. 1.

[491] Vgl. LG Oldenburg, Urteil v. 06.06.2019, 5 Ks 800 Js 54254/17 (1/18), juris, S. 37 ff.

[492] Vgl. LG Oldenburg, Urteil v. 06.06.2019, 5 Ks 800 Js 54254/17 (1/18), juris, S. 36.

[493] Vgl. LG Oldenburg, Urteil v. 06.06.2019, 5 Ks 800 Js 54254/17 (1/18), juris, S. 36.

Dosis nicht unmittelbar zum Tod der Patientin oder des Patienten führt, sondern zu einer kritischen Notfallsituation.[494]

Um seine Tat zu begehen, ging er dann in das jeweilige Zimmer und stellte zunächst an den Monitoren, die die Kreislaufwerte überwachen, den Alarm aus. Der Alarm ist dann für ein kurzes Zeitfenster deaktiviert. Auf den Monitoren im Zimmer selbst, aber auch in der Stationszentrale wird die Deaktivierung des Alarms angezeigt.[495]

Anschließend spritzte er das jeweilige Medikament, wartete bis die Kreislaufwerte der Opfer eine Reaktion zeigten und verließ das Zimmer schnellstmöglich, um sich an einem möglichst weit entfernten Punkt, in der Station aufzuhalten. Nach Ablauf der Alarmdeaktivierung ertönt ein optisches und akustisches Alarmsignal auf den Monitoren. Zusammen mit den Kolleginnen und Kollegen der Station lief Niels H. dann in das Zimmer, um die medizinisch notwendige Intervention zu beginnen, i. d. R. erfolgte eine Reanimation.[496]

Da bei der Vielzahl der Tathandlungen und der Opfer (85 Tötungen) sowie der zwei Morde aus dem zweiten Verfahren (LG Oldenburg, Urteil vom 26.02.2015, 5 Ks 1/14) eine Niederschrift jeder einzelnen Tatbegehung im Rahmen dieser Arbeit dem Autor als nicht sinnvoll erscheint, zumal der Modus Operandi sich nicht, wie oben ausgeführt, unterscheidet, hat dieser Fallgruppen gebildet.

Die Fallgruppen beinhalten die jeweiligen Opfer, die mit dem gleichen Tatmittel[497] getötet wurden und sind in diesen zusammengefasst. Die Tatbegehung war stets ähnlich und das Ziel – die Herbeiführung von Notfallsituationen, die schließlich in Reanimationen der Geschädigten enden sollten – war ebenfalls gleich. Sofern Besonderheiten bei den jeweiligen Tatbegehungen vorlagen, wurden diese kenntlich gemacht oder je nach Zusammenhang in den entsprechenden Untergliederungspunkten in diesem Kapitel beschrieben.

Die Taten aus dem Urteil des Landgerichts Oldenburg, 5 Ks 800 Js 54254/17 (1/18), beinhalten sowohl die Tathandlungen aus dem Klinikum Oldenburg als auch die aus dem Klinikum Delmenhorst.

Die Opfer 1–31, die sich aus dem dritten und umfangreichsten Urteil vom 06.06.2019 ergeben, waren Patientinnen und Patienten im Klinikum Oldenburg (31 Tötungen). Die Opfer 32–87, ergeben sich aus dem zweiten Urteil vom 26.02.2015 (5 Ks 1/14) sowie ebenfalls aus dem dritten Urteil vom 06.06.2019, die im Klinikum Delmenhorst (56 Tötungen) stationär untergebracht waren.[498]

---

494 Vgl. LG Oldenburg, Urteil v. 06.06.2019, 5 Ks 800 Js 54254/17 (1/18), juris, S. 36.

495 Vgl. LG Oldenburg, Urteil v. 06.06.2019, 5 Ks 800 Js 54254/17 (1/18), juris, S. 36.

496 Vgl. LG Oldenburg, Urteil v. 06.06.2019, 5 Ks 800 Js 54254/17 (1/18), juris, S. 37.

497 Das jeweilige Medikament.

498 Vgl. LG Oldenburg, Urteil v. 06.06.2019, 5 Ks 800 Js 54254/17 (1/18), juris, S. 37–59.

Der Autor hat insgesamt sieben Fallgruppen gebildet. Dies Fallgruppen wurden gemäß des verwendeten Tatmittels gebildet, wie sie sich aus dem Urteil ergeben.

Fallgruppe 1:	Xylocain (Wirkstoff: Lidocain)
Fallgruppe 2:	Gilurytmal (Wirkstoff: Ajmalin)
Fallgruppe 3:	Kaliumchlorid (Wirkstoff: Kaliumchlorid)
Fallgruppe 4:	Sotalex (Wirkstoff: Sotalol)
Fallgruppe 5:	Cordarex (Wirkstoff: Amiodaron)
Fallgruppe 6:	Cordarex (Wirkstoff: Amiodaron) und/oder Xylocain (Wirkstoff: Lidocain)
Fallgruppe 7:	nicht mehr feststellbare/s Medikament/e

3.4.1.4.2.1 Fallgruppe 1: Tatmittel Xylocain

Niels H. verabreichte den Patientinnen und Patienten (n = 25) das Medikament Xylocain (Wirkstoff: Lidocain), um eine Notfallsituation zu provozieren. Auf Grund der Wirkung des Medikaments, kam es bei den geschädigten Personen zu lebensbedrohlichen Herzrhythmusstörungen wodurch diese reanimationspflichtig wurden. In der Folge der Manipulationen verstarben die aufgezählten Personen (Tab. 3.4).

Tab. 3.4 Fallgruppe 1

Niels H. – Fallgruppe 1: Tatmittel Xylocain (Wirkstoff: Lidocain)[499]				
Opfer[500]	Tattag	Todeszeitpunkt	Alter	Geschlecht
1	07.02.2000	12:35 Uhr	77 Jahre alt	weiblich
3	26.07.2000	06:36 Uhr	74 Jahre alt	weiblich
4	08.12.2000	14:35 Uhr	68 Jahre alt	männlich

(Fortsetzung)

[499] Vgl. LG Oldenburg, Urteil v. 06.06.2019, 5 Ks 800 Js 54254/17 (1/18), juris, S. 37, 38, 40, 41, 45, 46, 48, 49, 51, 53 und 54.

[500] Die Chronologie der Opfernummer weicht von Nummern aus dem Urteil (LG Oldenburg, Urteil v. 06.06.2019, 5 Ks 800 Js 54254/17 (1/18), Opfer 1–85) in zwei Fällen ab, da die Opfer 86 und 87 aus dem zweiten Urteil herrühren und in der vorliegenden Auflistung ebenfalls berücksichtigt und hinzugefügt wurden. Somit sind alle vollendeten und nachgewiesenen Tötungsdelikte hier zusammengefasst.

Tab. 3.4 (Fortsetzung)

Niels H. – Fallgruppe 1: Tatmittel Xylocain (Wirkstoff: Lidocain)				
Opfer	Tattag	Todeszeitpunkt	Alter	Geschlecht
14	11.04.2001	14:48 Uhr	67 Jahre alt	männlich
17	31.05.2001	20:00 Uhr	66 Jahre alt	weiblich
30	21.11.2001	früher Morgen[501]	60 Jahre alt	männlich
33	27.01.2003	23:15 Uhr	81 Jahre alt	männlich
36	06.03.2003	07:14 Uhr	77 Jahre alt	weiblich
43	24.05.2003	20:55 Uhr	44 Jahre alt	männlich
44	03.06.2003	03:20 Uhr	75 Jahre alt	weiblich
46	06.06.2003	01:30 Uhr	47 Jahre alt	männlich
47	07.06.2003	20:00 Uhr	87 Jahre alt	männlich
53	31.08.2003	20:25 Uhr	69 Jahre alt	männlich
54	21.09.2003	03:50 Uhr	81 Jahre alt	männlich
56	28.09.2003	14:20 Uhr	75 Jahre alt	männlich
62	15.04.2004	04:20 Uhr	90 Jahre alt	männlich
63	28.04.2004	03:10 Uhr	68 Jahre alt	männlich
64	03.05.2004	00:09 Uhr	92 Jahre alt	männlich
65	11.05.2004	20:20 Uhr	85 Jahre alt	männlich
66	12.05.2004	18:30 Uhr	80 Jahre alt	männlich
67	02.06.2004	20:32 Uhr	70 Jahre alt	männlich
68	15.06.2004	05:57 Uhr	80 Jahre alt	männlich
69	11.07.2004	14:55 Uhr	87 Jahre alt	weiblich
73	27.08.2004	23:26 Uhr	76 Jahre alt	männlich
78	20.11.2004	07:35 Uhr	78 Jahre alt	männlich

3.4.1.4.2.2 Fallgruppe 2: Tatmittel Gilurytmal

Der Täter Niels H. verabreichte den geschädigten Personen (n = 41) das nicht indizierte Medikament Gilurytmal (Wirkstoff: Ajmalin), um eine Notfallsituation herbeizuführen. In der Folge kam es bei den Opfern zu lebensbedrohlichen Herzrhythmusstörungen sowie Reanimationshandlungen. In 40 Fällen verliefen die Rettungsmaßnahmen erfolglos und die Patientinnen und Patienten starben in der Folge der Manipulationen (Tab. 3.5).

---

[501] Eine genaue Uhrzeit ergibt sich aus dem Urteil nicht.

Tab. 3.5 Fallgruppe 2

Niels H. – Fallgruppe 2: Tatmittel Gilurytmal (Wirkstoff: Ajmalin)[502]				
Opfer	Tattag	Todeszeitpunkt	Alter	Geschlecht
2	23.07.2000	22:21 Uhr	70 Jahre alt	männlich
7	02.03.2001	21:00 Uhr	69 Jahre alt	weiblich
8	03.03.2001	00:42 Uhr	76 Jahre alt	weiblich
15	17.04.2001	10:40 Uhr	78 Jahre alt	männlich
25	15.09.2001	01:30 Uhr	71 Jahre alt	männlich
26	15.09.2001	23:32 Uhr	60 Jahre alt	männlich
27	23.09.2001	07:47 Uhr	65 Jahre alt	männlich
28	02.10.2001	17:50 Uhr	81 Jahre alt	männlich
29	17.11.2001	14:15 Uhr	72 Jahre alt	männlich
31	26.11.2001	23:30 Uhr	72 Jahre alt	weiblich
32	22.12.2002	17:37 Uhr	64 Jahre alt	männlich
34	06.02.2003	15:30 Uhr	67 Jahre alt	männlich
38	07.03.2003	16:00 Uhr	72 Jahre alt	weiblich
86	28.03.2003	02:39 Uhr	unbekannt[503]	weiblich
39	10.04.2003	04:05 Uhr	76 Jahre alt	weiblich
40	21.04.2003	19:00 Uhr	92 Jahre alt	weiblich
41	06.05.2003	01:45 Uhr	68 Jahre alt	männlich
45	03.06.2003	22:39 Uhr	75 Jahre alt	weiblich
48	22.06.2003	07:12 Uhr	66 Jahre alt	männlich
49	25.06.2003	01:30 Uhr	52 Jahre alt	weiblich
51	28.08.2003	02:07 Uhr	60 Jahre alt	männlich
52	31.08.2003	04:02 Uhr	96 Jahre alt	weiblich
55	23.09.2003	03:05 Uhr	88 Jahre alt	weiblich
58	24.10.2003	22:05 Uhr	69 Jahre alt	männlich
59	10.12.2003	14:15 Uhr	82 Jahre alt	weiblich
60	28.12.2003	01:25 Uhr	75 Jahre alt	männlich

(Fortsetzung)

[502] Vgl. LG Oldenburg, Urteil v. 06.06.2019, 5 Ks 800 Js 54254/17 (1/18), juris, S. 20, 37, 38, 40, 43, 44, 45, 46, 47.

[503] Ein Geburtsdatum oder Alter am Tattag, ergibt sich aus dem Urteil nicht.

Tab. 3.5 (Fortsetzung)

Niels H. – Fallgruppe 2: Tatmittel Gilurytmal (Wirkstoff: Ajmalin)				
Opfer	Tattag	Todeszeitpunkt	Alter	Geschlecht
61	02.03.2004	02:30 Uhr	82 Jahre alt	weiblich
87	11.06.2004	22:33 Uhr	unbekannt[504]	männlich
70	24.07.2004	01:32 Uhr	84 Jahre alt	männlich
71	02.08.2004	19:27 Uhr	66 Jahre alt	männlich
72	unbekannt[505]	16:15 Uhr	75 Jahre alt[506]	weiblich
74	10.09.2004	01:25 Uhr	73 Jahre alt	weiblich
75	07.10.2004	19:33 Uhr	58 Jahre alt	männlich
76	24.10.2004	14:45 Uhr	73 Jahre alt	männlich
77	05.11.2004	09:05 Uhr	63 Jahre alt	männlich
79	16.12.2004	12:40 Uhr	90 Jahre alt	weiblich
80	11.01.2005	18:20 Uhr	53 Jahre alt	weiblich
81	09.02.2005	05:41 Uhr	82 Jahre alt	weiblich
82	09.05.2005	23:30 Uhr	72 Jahre alt	männlich
83	22.05.2005	13:00 Uhr	76 Jahre alt	weiblich
84	25.05.2005	09:40 Uhr	67 Jahre alt	männlich

3.4.1.4.2.3 Fallgruppe 3: Tatmittel Kaliumchlorid

Den geschädigten Personen (n = 7) verabreichte Niels H. das nicht indizierte Medikament Kaliumchlorid (Wirkstoff: Kaliumchlorid), um eine Notfallsituation herbeizuführen. In der Folge kam es zu lebensbedrohlichen Herzrhythmusstörungen. In den acht unten genannten Fällen verliefen die Reanimationen frustran und die Patientinnen und Patienten starben (Tab. 3.6).

[504] Ein Geburtsdatum oder Alter zum Tattag, ergibt sich aus dem Urteil nicht.

[505] Das Datum der Tat ergibt sich nicht aus dem Urteil.

[506] Opfer 71 wurde am 02.08.2004 und Opfer 73 am 27.08.2004 getötet. Die Geschädigte (Opfer 72) müsste 75 Jahre alt gewesen sein, da sie am 20.05.1929 geboren ist. Aus dem Urteil ergibt sich jedoch kein Datum der Tat.

Tab. 3.6 Fallgruppe 3

Niels H. – Fallgruppe 3: Tatmittel Kaliumchlorid (Wirkstoff: Kaliumchlorid)[507]				
Opfer	Tattag	Todeszeitpunkt	Alter	Geschlecht
5	25.12.2000	01:45 Uhr	79 Jahre alt	männlich
6	27.12.2000	05:35 Uhr	76 Jahre alt	männlich
11	01.04.2001	22:00 Uhr	70 Jahre alt	männlich
13	10.04.2001	18:45 Uhr	71 Jahre alt	männlich
16	06.05.2001	22:50 Uhr	77 Jahre alt	männlich
18	03.06.2001	16:40 Uhr	80 Jahre alt	weiblich
26	15.09.2001	23:32 Uhr	60 Jahre alt	männlich
57	23.10.2003	23:56 Uhr	78 Jahre alt	weiblich

3.4.1.4.2.4 Fallgruppe 4: Tatmittel Sotalex

Der Krankenpfleger und Täter Niels H. verabreichte u. a. auch das Medikament Sotalex (Wirkstoff: Sotalol), um bei den Opfern (n = 11) lebensbedrohliche Herzrhythmusstörungen herbeizuführen. In 11 Fällen blieben die Interventionen in Form von Reanimationen erfolglos und die Patientinnen und Patienten überlebten die Manipulationen nicht (Tab. 3.7).

Tab. 3.7 Fallgruppe 4

Niels H. – Fallgruppe 4: Tatmittel Sotalex (Wirkstoff: Sotalol)[508]				
Opfer	Tattag	Todeszeitpunkt	Alter	Geschlecht
9	05.03.2001	04:30 Uhr	66 Jahre alt	weiblich
12	03.04.2001	03:05 Uhr	72 Jahre alt	männlich
19	07.06.2001	17:10 Uhr	69 Jahre alt	männlich
22	04.08.2001	08:30 Uhr	74 Jahre alt	weiblich
23	05.08.2001	06:45 Uhr	71 Jahre alt	weiblich

(Fortsetzung)

[507] Vgl. LG Oldenburg, Urteil v. 06.06.2019, 5 Ks 800 Js 54254/17 (1/18), juris, S. 38, 39, 40, 41, 43 und 52.

[508] Vgl. LG Oldenburg, Urteil v. 06.06.2019, 5 Ks 800 Js 54254/17 (1/18), juris, S. 39, 40, 41 und 42.

Tab. 3.7 (Fortsetzung)

Niels H. – Fallgruppe 4: Tatmittel Sotalex (Wirkstoff: Sotalol)				
Opfer	Tattag	Todeszeitpunkt	Alter	Geschlecht
24	08.08.2001	01:00 Uhr	73 Jahre alt	männlich
35	18.02.2003	23:55 Uhr	70 Jahre alt	männlich
37	07.03.2003	13:50 Uhr	79 Jahre alt	männlich
42	21.05.2003	03:45 Uhr	72 Jahre alt	weiblich
50	27.08.2003	00:20 Uhr	83 Jahre alt	männlich
85	26.06.2005	19:30 Uhr	67 Jahre alt	weiblich

3.4.1.4.2.5 Fallgruppe 5: Tatmittel Cordarex

Als Tatmittel nutzte Niels H. auch das Medikament Cordarex (Wirkstoff: Amiodaron). Dem geschädigten Opfer (n = 1) verabreichte er das nicht indizierte Medikament, um eine Notfallsituation herbeizuführen. In der Folge kam es bei dem Patienten zu lebensbedrohlichen Herzrhythmusstörungen, er wurde anschließend reanimationspflichtig und verstarb (Tab. 3.8).

Tab. 3.8 Fallgruppe 5

Niels H. – Fallgruppe 5: Tatmittel Cordarex (Wirkstoff: Amiodaron)[509]				
Opfer	Tattag	Todeszeitpunkt	Alter	Geschlecht
21	19.07.2001	11:45 Uhr	80 Jahre alt	männlich

3.4.1.4.2.6 Fallgruppe 6: Tatmittel Cordarex und/oder Xylocain

In einem Fall wurde als weiteres Tatmittel Cordarex (Wirkstoff: Amiodaron) und/oder Xylocain (Wirkstoff: Lidocain) identifiziert. Die Kammer des Landgerichts Oldenburg konnte in dem Fall des 20. Opfers nicht abschließend klären, ob die Kombination beider Medikamente zur Tatverwirklichung verwendet wurden.[510] Zumindest wurde jedoch mindestens eines der beiden Medikamente als Tatmittel genutzt, um bei dem geschädigten Patienten eine Notfallsituation herbeizuführen.[511] In dem Gliederungspunkt 3.4.5 „Rechtsmedizinische Besonderheiten" wird auf die Charakteristika des Medikament Xylocain näher eingegangen und

---

[509] Vgl. LG Oldenburg, Urteil v. 06.06.2019, 5 Ks 800 Js 54254/17 (1/18), juris, S. 42.

[510] Vgl. LG Oldenburg, Urteil v. 06.06.2019, 5 Ks 800 Js 54254/17 (1/18), juris, S. 42.

[511] Vgl. LG Oldenburg, Urteil v. 06.06.2019, 5 Ks 800 Js 54254/17 (1/18), juris, S. 42.

weitere Erklärungsansätze für mögliche Rückstände des Wirkstoffes Lidocain aufgezeigt. In der Folge der medikamentösen Manipulation kam es zu lebensbedrohlichen Herzrhythmusstörungen und einem Kreislaufstillstand bei dem Opfer. Nach frustraner Reanimationsversuche verstarb das Opfer (Tab. 3.9).

Tab. 3.9 Fallgruppe 6

Niels H. – Fallgruppe 6: Tatmittel Cordarex (Wirkstoff: Amiodaron) und/oder Xylocain (Wirkstoff: Lidocain)[512]				
Opfer	Tattag	Todeszeitpunkt	Alter	Geschlecht
20	26.06.2001	22:45 Uhr	62 Jahre alt	männlich

3.4.1.4.2.7 Fallgruppe 7: Tatmittel eines nicht mehr feststellbaren Medikaments

Bei einem Opfer konnte nicht abschließend geklärt werden, welches Medikament Niels H. als Tatmittel nutzte. Ein toxikologisches Gutachten konnte nicht erstellt werden, weil die Geschädigte eingeäschert wurde.[513] Auf Grund der geständigen Einlassungen von Niels H. sowie der Sachverständigengutachten und der Ergebnisse der Ermittlungen, kam die Kammer zu der Überzeugung, dass die durch Niels H. durchgeführte Manipulation kausal für das Versterben der Patientin verantwortlich ist (Tab. 3.10).[514]

Tab. 3.10 Fallgruppe 7

Niels H. – Fallgruppe 7: Tatmittel eines nicht mehr feststellbaren Medikaments[515]				
Opfer	Tattag	Todeszeitpunkt	Alter	Geschlecht
10	13.03.2001	20:55 Uhr	74 Jahre alt	weiblich

[512] Vgl. LG Oldenburg, Urteil v. 06.06.2019, 5 Ks 800 Js 54254/17 (1/18), juris, S. 42.
[513] Vgl. LG Oldenburg, Urteil v. 06.06.2019, 5 Ks 800 Js 54254/17 (1/18), juris, S. 88.
[514] Vgl. LG Oldenburg, Urteil v. 06.06.2019, 5 Ks 800 Js 54254/17 (1/18), juris, S. 88.
[515] Vgl. LG Oldenburg, Urteil v. 06.06.2019, 5 Ks 800 Js 54254/17 (1/18), juris, S. 39.

3.4.2 Gesundheitlicher Zustand der Opfer

3.4.2.1 Michaela G. – Gesundheitlicher Zustand der Opfer

Michaela G. – Opfer 1:

Die Geschädigte war bettlägerig und war nicht mehr kontaktierbar. Sie wurde mittels Magensonde ernährt. Teilweise waren die Atemorgane der Geschädigten stark verschleimt, weshalb sie abgesaugt werden musste. „*Sie befand sich in einem sehr reduzierten, aber stabilen Zustand.*“[516]

Michaela G. – Opfer 2:

Der Gesundheitszustand der Geschädigten war stark reduziert und mit dem Ableben hätte gerechnet werden müssen. „*[…] Allen sei klar gewesen, dass Frau […] nicht mehr lange leben werde.*“[517]

Michaela G. – Opfer 3:

Der Allgemeinzustand war stark reduziert. Die Atmung der Geschädigten setzte regelmäßig aus und sie war nicht mehr ansprechbar.[518]

Michaela G. – Opfer 4:

Das vierte Opfer litt unter einer koronaren Herzerkrankung, in einem stabilen Allgemeinzustand. Sie war wach, ansprechbar und man konnte sich normal mit ihr unterhalten.[519]

Michaela G. – Opfer 5:

Die Geschädigte war durch eine Demenz-Erkrankung stark eingeschränkt. Sie war nicht mehr kontaktierbar, bettlägerig und musste künstlich ernährt werden. Im Rachen- und Mundraum bildete sich vermehrt Schleim, der nicht selbstständig abgehustet werden konnte, weshalb sie regelmäßig abgesaugt werden musste.[520]

---

[516] LG Bonn, Urteil v. 22.02.2006, Ks 900 Js 581/05 – 24 G 3/05, S. 15, Hauptakte, Band II, Blatt 17.

[517] LG Bonn, Urteil v. 22.02.2006, Ks 900 Js 581/05 – 24 G 3/05, S. 52, Hauptakte, Band II, Blatt 54.

[518] Vgl. LG Bonn, Urteil v. 22.02.2006, Ks 900 Js 581/05 – 24 G 3/05, S. 18, Hauptakte, Band II, Blatt 20.

[519] Vgl. LG Bonn, Urteil v. 22.02.2006, Ks 900 Js 581/05 – 24 G 3/05, S. 19, Hauptakte, Band II, Blatt 21.

[520] Vgl. LG Bonn, Urteil v. 22.02.2006, Ks 900 Js 581/05 – 24 G 3/05, S. 21, Hauptakte, Band II, Blatt 23.

Michaela G. – Opfer 6:

Die Patientin war nicht mehr gehfähig und auf einen Rollstuhl angewiesen. Sie war an Demenz erkrankt, jedoch normal kontaktierbar. Die Geschädigte hatte ein offenes Mammakarzinom, das nicht mehr behandelt wurde.[521]

Michaela G. – Opfer 7:

Es bestand eine ausgeprägte Demenzerkrankung. Die Geschädigte war nicht mehr ansprechbar. Eine nonverbale Kommunikation war jedoch möglich. Der Allgemeinzustand war insgesamt stabil.[522]

Michaela G. – Opfer 8:

Laut dem Hausarzt der Geschädigten war nicht zu erwarten, dass sie bald versterben könnte. Die Laborwerte waren insgesamt stabil und haben sich teilweise verbessert.[523]

Michaela G. – Opfer 9:

Das letzte Opfer war in einem guten Allgemeinzustand. Sie war gehfähig und lief viel und gerne in der Einrichtung. Sie konnte nicht mehr sprechen, „*wirkte aber sehr zufrieden und lachte viel.*“[524]

3.4.2.2 Stephan L. – Gesundheitlicher Zustand der Opfer

Stephan L. – Opfer 1:

Der Patient war bei der Einlieferung in das Krankenhaus weder zeitlich noch örtlich orientiert. Des Weiteren hatte er zunächst Sprach- und Schluckstörungen sowie einen Harnwegsinfekt. Der Patient war nicht mehr in der Lage, mit seinen Angehörigen Gespräche zu führen, die über ein „*ja*“ oder ein „*nein*“ hinausgingen. Aussichten auf eine Verbesserung des Gesundheitszustandes bestanden nicht.

---

[521] Vgl. LG Bonn, Urteil v. 22.02.2006, Ks 900 Js 581/05 – 24 G 3/05, S. 23, Hauptakte, Band II, Blatt 25.

[522] Vgl. LG Bonn, Urteil v. 22.02.2006, Ks 900 Js 581/05 – 24 G 3/05, S. 25, Hauptakte, Band II, Blatt 27.

[523] Vgl. LG Bonn, Urteil v. 22.02.2006, Ks 900 Js 581/05 – 24 G 3/05, S. 28, Hauptakte, Band II, Blatt 30.

[524] LG Bonn, Urteil v. 22.02.2006, Ks 900 Js 581/05 – 24 G 3/05, S. 30, Hauptakte, Band II, Blatt 32.

Auf Grund des Schweregrades der Erkrankung und des Allgemeinzustandes hätte mit seinem Ableben gerechnet werden müssen.[525]

Stephan L. – Opfer 2:

Die Patientin war „*geistig fit*“ und lebte selbständig im betreuten Wohnen. Eingeliefert wurde sie mit einer Fraktur des Oberschenkelhalsknochens. Nach postoperativen Komplikationen durch eine schwere Herzinsuffizienz verschlechterte sich der Zustand der Patientin zunächst, stabilisierte sich jedoch „*auf niedrigem Niveau*“. Mit dem Todeseintritt war grundsätzlich zu rechnen, wenn auch „*mittelfristig eine kurze Erholung denkbar war*“.[526]

Stephan L. – Opfer 3:

Der Patient litt an den Folgen eines Apoplex mit Sprach- und Motorikstörungen. In das Krankenhaus eingeliefert wurde der Patient mit einer Pneumonie, die gut versorgt wurde, wodurch sich der Zustand verbesserte, sodass er wieder hätte entlassen werden können.[527]

Stephan L. – Opfer 4:

Die Patientin war in Behandlung mit einer Krebserkrankung im Endstadium. Mit dem Ableben der Patientin musste spätestens nach wenigen Monaten gerechnet werden. Die Patientin war wach, ansprechbar und orientiert.[528]

Stephan L. – Opfer 5:

Die Geschädigte hatte eine Parkinsonerkrankung und eine zerebrale Durchblutungsstörung. Die Patientin war bettlägerig, aber voll orientiert. Eine Verständigung war mit ihr normal möglich.[529]

---

[525] Vgl. LG Kempten, Urteil v. 20.11.2006, 1 Ks 212 Js 14068/04, Seite 12, Hauptakte, Band XVI, Blatt 13.

[526] Vgl. LG Kempten, Urteil v. 20.11.2006, 1 Ks 212 Js 14068/04, Seite 13, Hauptakte, Band XVI, Blatt 14.

[527] Vgl. LG Kempten, Urteil v. 20.11.2006, 1 Ks 212 Js 14068/04, Seite 15, Hauptakte, Band XVI, Blatt 16.

[528] Vgl. LG Kempten, Urteil v. 20.11.2006, 1 Ks 212 Js 14068/04, Seite 16, Hauptakte, Band XVI, Blatt 17.

[529] Vgl. LG Kempten, Urteil v. 20.11.2006, 1 Ks 212 Js 14068/04, Seite 17, Hauptakte, Band XVI, Blatt 18.

Stephan L. – Opfer 6:

Die Patientin ist mit einer sog. TIA[530] in die Klink Sonthofen eingeliefert worden. Die Durchblutungsstörungen bildeten sich zurück, der Zustand war stabil und man konnte sich normal mit ihr unterhalten.[531]

Stephan L. – Opfer 7:

Die Geschädigte erlitt einen Kreislaufstillstand. Sie wurde reanimiert und in das Sonthofer Krankenhaus eingeliefert. Sie war ansprechbar und der Zustand stabilisierte sich auf niedrigem Niveau. Die Prognose war ungünstig, da die Geschädigte an einem Lungen CA[532] vorerkrankt und stark untergewichtig war. Mit dem Versterben der Geschädigten hätte jederzeit gerechnet werden müssen.[533]

Stephan L. – Opfer 8:

Der Patient litt an einer zerebralen Durchblutungsstörung, Schluckstörung und Parkinson. Auf Grund einer Pneumonie befand er sich stationär in dem Klinikum. Der Allgemeinzustand war insgesamt stark reduziert, eine Konversation war nicht mehr möglich.[534]

Stephan L. – Opfer 9:

Der Patient litt an den Folgen eines schweren Schlaganfalls mit anhaltender Bewusstlosigkeit und musste künstlich ernährt werden. Mit dem Ableben des Geschädigten hätte jederzeit – spätestens mittelfristig – gerechnet werden müssen.[535]

---

[530] TIA = Transitorische-Ischämische-Attacke (zeitweilige zerebrale Durchblutungsstörung).

[531] Vgl. LG Kempten, Urteil v. 20.11.2006, 1 Ks 212 Js 14068/04, Seite 18, Hauptakte, Band XVI, Blatt 19.

[532] CA = Carcinoma (Karzinom).

[533] Vgl. LG Kempten, Urteil v. 20.11.2006, 1 Ks 212 Js 14068/04, Seite 20, Hauptakte, Band XVI, Blatt 21.

[534] Vgl. LG Kempten, Urteil v. 20.11.2006, 1 Ks 212 Js 14068/04, Seite 21, Hauptakte, Band XVI, Blatt 22.

[535] Vgl. LG Kempten, Urteil v. 20.01.2007, 1 Ks 212 Js 14068/04, Seite 21 f., Hauptakte, Band XVI, Blatt 22 f.

Stephan L. – Opfer 10:

Das Opfer litt an einer schweren Linksherzinsuffizienz. Der Allgemeinzustand hat sich deutlich verschlechtert, sodass sie nicht mehr ansprechbar war. Mit dem Eintreten des Todes wurde jederzeit gerechnet. Es sollten keine Reanimationsmaßnahmen mehr durchgeführt und die Patientin dem natürlichen Sterbevorgang überlassen werden.[536]

Stephan L. – Opfer 11:

Es bestand eine Demenzerkrankung sowie eine Halbseitenlähmung auf Grund eines Schlaganfalls. Der Patient war nicht mehr kontaktierbar und befand sich in einem reduziertem Allgemeinzustand.[537]

Stephan L. – Opfer 12:

Die Geschädigte hatte versucht, sich mit Rattengift das Leben zu nehmen. Sie war wach und ansprechbar, allerdings hätten die Organschäden mittelfristig zum Tod geführt.[538]

Stephan L. – Opfer 13:

Der Patient hatte einen Schlaganfall erlitten. Der Allgemeinzustand war gut. Er war wach ansprechbar und man konnte sich mit ihm unterhalten. Weil der Geschädigte zuletzt stark unruhig war, wurde er zeitweise am Bett fixiert, damit er sich nicht selbst verletzt.[539]

Stephan L. – Opfer 14:

Die Patientin erlitt einen schweren Schlaganfall und war in Folge dessen nicht mehr ansprechbar und bettlägerig. Es bestand eine erhebliche Hirnschädigung ohne Aussicht auf Besserung.[540]

---

[536] Vgl. LG Kempten, Urteil v. 20.11.2006, 1 Ks 212 Js 14068/04, Seite 23, Hauptakte, Band XVI, Blatt 24.

[537] Vgl. LG Kempten, Urteil v. 20.11.2006, 1 Ks 212 Js 14068/04, Seite 24, Hauptakte, Band XVI, Blatt 25.

[538] Vgl. LG Kempten, Urteil v. 20.11.2006, 1 Ks 212 Js 14068/04, Seite 25, Hauptakte, Band XVI, Blatt 26.

[539] Vgl. LG Kempten, Urteil v. 20.11.2006, 1 Ks 212 Js 14068/04, Seite 25 f., Hauptakte, Band XVI, Blatt 26 f.

[540] Vgl. LG Kempten, Urteil v. 20.11.2006, 1 Ks 212 Js 14068/04, Seite 27, Hauptakte, Band XVI, Blatt 28.

Stephan L. – Opfer 15:

Bei der Patientin bestand auf Grund einer Alkoholabhängigkeit ein Leberversagen durch eine Leberzirrhose. Die Geschädigte war nicht mehr ansprechbar und mit dem Ableben musste jederzeit gerechnet werden.[541]

Stephan L. – Opfer 16:

Der Patient war bettlägerig und hatte eine ausgeprägte Demenz. Er erlitt einen Schlaganfall mit leichten Folgeschädigen. Er lebte zuletzt in einem Pflegeheim.[542]

Stephan L. – Opfer 17:

Der Patient hatte einen Hirntumor im Endstadium und war nicht mehr ansprechbar. Es handelte sich um eine palliative Situation. Mit dem Tod des Geschädigten musste jederzeit gerechnet werden.[543]

Stephan L. – Opfer 18:

Der Geschädigte hatte eine zerebrale Durchblutungsstörung sowie Parkinson. Er war wegen einer Pneumonie stationär im Krankenhaus. Er war ansprechbar und man konnte sich mit ihm normal unterhalten.[544]

Stephan L. – Opfer 19:

Der Geschädigte hatte ein Magen-Karzinom im Endstadium. Er war nicht mehr ansprechbar und der Allgemeinzustand war reduziert. Mit dem Ableben des Geschädigten war zu rechnen.[545]

Stephan L. – Opfer 20:

Die Geschädigte wurde mit Herzrhythmusstörungen eingeliefert und war zu keinem Zeitpunkt im Klinikum ansprechbar. Sie hatte auf Grund eines Schlaganfalls eine Hemiparese links sowie eine koronare Herzerkrankung.[546]

---

541 Vgl. LG Kempten, Urteil v. 20.11.2006, 1 Ks 212 Js 14068/04, Seite 28, Hauptakte, Band XVI, Blatt 29.

542 Vgl. LG Kempten, Urteil v. 30.11.2006, 1 Ks 212 Js 14068/04, Seite 29, Hauptakte, Band XVI, Blatt 30.

543 Vgl. LG Kempten, Urteil v. 30.11.2006, 1 Ks 212 Js 14068/04, Seite 30, Hauptakte, Band XVI, Blatt 31.

544 Vgl. LG Kempten, Urteil v. 30.11.2006, 1 Ks 212 Js 14068/04, Seite 31, Hauptakte, Band XVI, Blatt 32.

545 Vgl. LG Kempten, Urteil v. 30.11.2006, 1 Ks 212 Js 14068/04, Seite 32, Hauptakte, Band XVI, Blatt 33.

546 Vgl. LG Kempten, Urteil v. 30.11.2006, 1 Ks 212 Js 14068/04, Seite 32, Hauptakte, Band XVI, Blatt 33.

Stephan L. – Opfer 21:

Der Allgemeinzustand der Geschädigten war stark reduziert und sie äußerte gegenüber dem Angeklagten den Wunsch, sterben zu wollen. Teilweise war die Geschädigte nicht mehr ansprechbar.[547]

Stephan L. – Opfer 22:

Der Geschädigte hatte eine Ösophagusvarizen-Blutung sowie eine Leberzirrhose. Der zunächst lebensbedrohliche Zustand stabilisierte sich. Er war wach, ansprechbar und voll orientiert. Er konnte selbstständig aufstehen und mit Hilfe laufen.[548]

Stephan L. – Opfer 23:

Der Allgemeinzustand der Geschädigten war auf Grund einer ausgeprägten Rechtsherzinsuffizienz stark vermindert. Die Geschädigte war zwar ansprechbar, dennoch wurde mit dem Ableben der Geschädigten in den nächsten Wochen, spätestens in den nächsten Monaten gerechnet.[549]

Stephan L. – Opfer 24:

Die Geschädigte hatte einen Schlaganfall erlitten und der Allgemeinzustand war stark vermindert. Bei einer im Verlauf durchgeführten CT-Untersuchung[550] wurde eine Hirnblutung festgestellt. Mit einem Ableben der Geschädigten war zu rechnen.[551]

Stephan L. – Opfer 25:

Die Geschädigte war ansprechbar und orientiert. Sie hatte einen Schlaganfall erlitten und der Allgemeinzustand war stark reduziert.[552]

---

547 Vgl. LG Kempten, Urteil v. 30.11.2006, 1 Ks 212 Js 14068/04, Seite 33, Hauptakte, Band XVI, Blatt 34.

548 Vgl. LG Kempten, Urteil v. 30.11.2006, 1 Ks 212 Js 14068/04, Seite 34, Hauptakte, Band XVI, Blatt 35.

549 Vgl. LG Kempten, Urteil v. 30.11.2006, 1 Ks 212 Js 14068/04, Seite 35, Hauptakte, Band XVI, Blatt 36.

550 CT = Computertomographie

551 Vgl. LG Kempten, Urteil v. 30.11.2006, 1 Ks 212 Js 14068/04, Seite 36, Hauptakte, Band XVI, Blatt 37.

552 Vgl. LG Kempten, Urteil v. 30.11.2006, 1 Ks 212 Js 14068/04, Seite 39, Hauptakte, Band XVI, Blatt 40.

Stephan L. – Opfer 26:

Der Allgemeinzustand der Geschädigten war stark reduziert. Es bestand mittelfristig keine Hoffnung auf Besserung. Die Geschädigte war ansprechbar und man konnte mit ihr sprechen. Es musste dennoch mit dem Ableben gerechnet werden.[553]

Stephan L. – Opfer 27:

Der Patient hatte diverse und zum Teil schwere Vorerkrankungen. Der Zustand des Patienten war stabil, jedoch wurde er auf Grund des Verdachts eines Herzinfarktes auf die Station des Täters verlegt. Der Patient war jederzeit ansprechbar.[554]

Stephan L. – Opfer 28:

Die Geschädigte wurde mit einer Atemfunktionsstörung sowie einem Infekt in das Krankenhaus eingeliefert. Ihr Zustand hat sich stabilisiert, sie war wach, ansprechbar und voll orientiert.[555]

3.4.2.3 Irene B. – Gesundheitlicher Zustand der Opfer

Irene B. – Opfer 1:

Der 66-jährige Patient litt an einem Harnblasenkarzinom sowie einer Herzerkrankung. Auf der Urologischen Station wurde der Patient reanimationspflichtig und wurde, so geht es zumindest aus dem Urteil hervor, auf die Intensivstation verbracht. Der Patient befand sich somit in einem äußerst kritischen Zustand.[556]

Irene B. – Opfer 2:

Der Patient befand sich in einer präfinalen Phase. Eine Behandlung wurde nicht mehr durchgeführt, sondern sichergestellt, dass er schmerzfrei sterben könne. Der Patient litt an einer schweren koronaren Herzerkrankung, Demenz und Parkinson. Er war zum Zeitpunkt der Tötung nicht mehr ansprechbar.[557]

---

[553] Vgl. LG Kempten, Urteil v. 30.11.2006, 1 Ks 212 Js 14068/04, Seite 40, Hauptakte, Band XVI, Blatt 41.

[554] Vgl. LG Kempten, Urteil v. 30.11.2006, 1 Ks 212 Js 14068/04, Seite 42, Hauptakte, Band XVI, Blatt 43.

[555] Vgl. LG Kempten, Urteil v. 30.11.2006, 1 Ks 212 Js 14068/04, Seite 43, Hauptakte, Band XVI, Blatt 44.

[556] Vgl. LG Berlin, Urteil v. 29.06.2007, (522) 1 Kap Js 1904/06 Ks (1/07), juris, S. 4.

[557] Vgl. LG Berlin, Urteil v. 29.06.2007, (522) 1 Kap Js 1904/06 Ks (1/07), juris, S. 5.

Irene B. – Opfer 3:

Die 48-jährige Patientin litt unter einer schweren Herzmuskelschwäche. Für die Behandlung der Erkrankung wurde die Patientin nach Berlin in das Universitätsklinikum überwiesen.[558] Nachdem die Patientin gestürzt ist, verschlechterte sich der Zustand derart, dass die Behandlung der Herzmuskelschwäche nicht mehr in Betracht kam. Nachdem die Situation mit der Patientin sowie ihrem Ehemann besprochen wurde, wurde vereinbart, dass die Patientin zurück in ihr Heimatkrankenhaus verlegt wird. Am 19.09.2006 wurde die Patientin getötet. Für den darauffolgenden Tag, den 20.09.2006, war die Verlegung in ihre Heimat vorgesehen.[559]

Irene B. – Opfer 4:

Das vierte Opfer ist auf einem Straßenfest auf Grund einer Herzerkrankung reanimationspflichtig kollabiert und wurde durch den Rettungsdienst in das Krankenhaus eingeliefert. Nachdem eine umfangreiche intensivmedizinische Therapie erfolgte, stabilisierte sich der Patient.[560] Der Patient erlitt angesichts einer zu spät erfolgten suffizienten Reanimation einen hypoxischen Hirnschaden.[561]

Der Patient war komatös ohne Aussicht auf Besserung. Das Krankenhaus entschied, dass der Patient in ein Pflegeheim verlegt werden sollte, sobald ein Platz frei werden würde.[562]

Irene B. – Opfer 5:

Der 62 Jahre alte Patient litt an einem fortgeschrittenen Lungenkarzinom. Infolge von schwerwiegenden Herzrhythmusstörungen erfolgte die Verlegung auf die Intensivstation. Der Allgemeinzustand war stark reduziert und der Patient war zunehmend desorientiert. Der Patient befand sich in einer präfinalen Phase, weshalb auf Wunsch des Patienten nur noch eine Schmerztherapie erfolgte.[563]

---

[558] Vgl. LG Berlin, Urteil v. 29.06.2007, (522) 1 Kap Js 1904/06 Ks (1/07), juris, S. 5.

[559] Vgl. LG Berlin, Urteil v. 29.06.2007, (522) 1 Kap Js 1904/06 Ks (1/07), juris, S. 6.

[560] Vgl. LG Berlin, Urteil v. 29.06.2007, (522) 1 Kap Js 1904/06 Ks (1/07), juris, S. 6.

[561] Ein hypoxischer Hirnschaden ist ein schwere Hirnschädigung auf Grund massiven Sauerstoffmangels, beispielsweise in Folge eines Kreislaufstillstandes.

[562] Vgl. LG Berlin, Urteil v. 29.06.2007, (522) 1 Kap Js 1904/06 Ks (1/07), juris, S. 6.

[563] Vgl. LG Berlin, Urteil v. 29.06.2007, (522) 1 Kap Js 1904/06 Ks (1/07), juris, S. 7.

3.4.2.4 Niels H. – Gesundheitlicher Zustand der Opfer

In dem Urteil des Landgerichts Oldenburg (06.06.2019 5 Ks 800 Js 54254/17 (1/18)) sind spezifische Ausführungen zu den gesundheitlichen Befunden der jeweiligen Opfer – im Unterschied zu den Fällen, Michaela G., Stephan L. und Irene B. – zum Zeitpunkt der Tötungen nicht dargelegt.[564] Da der Autor diese Tötungsserie nicht durch Einsicht in die Strafverfahrensakten auswerten konnte, können ausschließlich allgemeine, auf alle geschädigten Personen bezogene Aussagen zu deren Gesundheitszustand getroffen werden.

So führte die Kammer aus, dass sich die getöteten Personen in einer *„[...] krankheitsbedingt schlechten Konstitution, teils mit Sedierung und Beatmung“* befunden haben.[565]

3.4.3 Arbeitsplatzsituation der Täterin/des Täters

3.4.3.1 Tätigkeit und Stellung am Arbeitsplatz

3.4.3.1.1 Michaela G. – Tätigkeit und Stellung am Arbeitsplatz

Michaela G. wurde im Rahmen der Ermittlungen und vor Gericht als eine *„engagierte, fleißige und schnelle Arbeitskraft mit Organisationstalent“* von den Zeuginnen beschrieben.[566] *„Die Angeklagte erscheint hier als extrem leistungsorientiert, aktiv, schnell und zupackend handelnde und äußerst ehrgeizige Persönlichkeit [...].“*[567] Sie hat beispielsweise zusätzliche Dienste übernommen, in ihrer Freizeit Bewohnerinnen und Bewohnern zu Arztterminen begleitet, besuchte diese im Krankenhaus und musizierte mit ihnen. Grundsätzlich ging sie mit den Bewohnerinnen und Bewohnern liebevoll um und war bei den Arbeitskolleginnen anerkannt.[568]

Eine Zeugin beschrieb die Täterin in einer Vernehmung, *„[...] dass sie sehr engagiert, sozusagen ein ‚Arbeitstier‘ war. Sie erledigte auch aus ihrer Eigeninitiative heraus Dinge, die sie eigentlich nicht hätte veranlassen müssen.“*[569]

564 Vgl. LG Oldenburg, Urteil v. 06.06.2019, 5 Ks 800 Js 54254/17 (1/18), juris, S. 1–140.

565 LG Oldenburg, Urteil v. 06.06.2019, 5 Ks 800 Js 54254/17 (1/18), juris, S. 134.

566 LG Bonn, Urteil v. 22.02.2006, Ks 900 Js 581/05 – 24 G 3/05, S. 13, Hauptakte, Band II, Blatt 15.

567 LG Bonn, Urteil v. 22.02.2006, Ks 900 Js 581/05 – 24 G 3/05, S. 12, Hauptakte, Band II, Blatt 14.

568 Vgl. LG Bonn, Urteil v. 22.02.2006, Ks 900 Js 581/05 – 24 G 3/05, S. 13, Hauptakte, Band II, Blatt 15.

569 StA Bonn, Ks 900 Js 581/05 – 24 G 3/05, Hauptakte, Band III, Blatt 284.

Sie hat dann teilweise versucht, sich auch über die Kompetenzgrenzen hinwegzusetzen. Michaela G. erledigte zum Teil Tätigkeiten, die examinierten Pflegekräften vorbehalten sind, wie beispielsweise das Bereitstellen von Medikamenten oder das Setzen von Spritzen.[570] *„Dies führte gelegentlich zu Problemen mit ihren examinierten Kolleginnen, deren übergeordnete Position sie nicht akzeptierte [...].“*[571]

In der Vernehmung der Pflegedienstleitung, fragte die Polizei, ob sich Michaela G. unterordnen konnte. *„[...] Sie hat meine Anordnungen befolgt, von anderen ex. Kräften weiß ich, dass sie mit Michaela Probleme hatten, sie war sehr dominant und es hat Auseinandersetzungen gegeben. Andere Kräfte haben mir mitgeteilt, dass sich Michaela nichts sagen ließe [...].“*[572]

Ihr Verhalten gegenüber Gleichgestellten oder Untergebenen war auf *„Dominanz und Überlegenheit“* ausgerichtet.[573] Gegenüber vorgesetzten Personen wird ihr Verhalten eher als dependent beschrieben.[574]

3.4.3.1.2 Stephan L. – Tätigkeit und Stellung am Arbeitsplatz

Die Kolleginnen und Kollegen berichteten, dass Stephan L. ein kompetenter Kollege war. Besonders herausgehoben wurde dabei, dass er sich in kritischen Notfallsituationen sehr gut auskannte.[575] Des Weiteren fiel einer Zeugin auf, dass er *„[...] im Gegensatz zu den meisten anderen meiner Kollegen [...] selbst bei Todesfällen immer sehr ruhig und relativ locker war.“*[576]

Im Verlauf seiner Beschäftigung kam es jedoch vermehrt zu Beschwerden. Er habe nicht genau gearbeitet und die Dokumentation in den Patientenakten nur unzureichend vorgenommen bzw. teilweise falsche Daten eingetragen.[577] *„In der Beschwerde wurde Stephan [...] dahingehend angeschuldigt, dass er Blutdruckwerte in die Patientenkurve eintrug, ohne diese zuvor gemessen zu haben. Des*

---

570 Vgl. LG Bonn, Urteil v. 22.02.2006, Ks 900 Js 581/05 – 24 G 3/05, S. 13, Hauptakte Band II, Blatt 15.

571 LG Bonn, Urteil v. 22.02.2006, Ks 900 Js 581/05 – 24 G 3/05, S. 13, Hauptakte, Band II, Blatt 15.

572 StA Bonn, Ks 900 Js 581/05 – 24 G 3/05, Spurenakte 1, Blatt 71.

573 LG Bonn, Urteil v. 22.02.2006, Ks 900 Js 581/05 – 24 G 3/05, S. 11, Hauptakte, Band II, Blatt 13.

574 Vgl. LG Bonn, Urteil v. 22.02.2006, Ks 900 Js 581/05 – 24 G 3/05, S. 11, Hauptakte, Band II, Blatt 13.

575 StA Kempten, 1 Ks 212 Js 14068/04, Hauptakte, Band 5, Blatt 27.

576 StA Kempten, 1 Ks 212 Js 14068/04, Hauptakte, Band 5, Blatt 28.

577 Vgl. StA Kempten, 1 Ks 212 Js 14068/04, Hauptakte, Band 5, Blatt 105.

Weiteren habe er falsche Medikamente hergerichtet"[578], wie die Pflegedirektorin in einer Vernehmung aussagte.

Im Zusammenhang mit Todesfällen ist aufgefallen, dass der Sprachgebrauch von Stephan L. unpassend und pietätlos war. So sagte ebenfalls die Pflegedienstleiterin aus, dass, wenn ein Patient oder eine Patientin verstorben sei, diese „*abgekackt*" sind. Solch ein Vokabular soll sein allgemeiner Sprachgebrauch gewesen sein.[579]

Eine Zeugin bestätigte dies und beschrieb eine Situation, in der es zu einem Todesfall gekommen sei „*zu dieser Zeit kam dann der Stephan [...] herein und sagte, dass der Patient auf Zimmer 104 jetzt „abgekackt" ist.*"[580]

Der Betriebsrat wurde über die Probleme in Kenntnis gesetzt. „*Frau [...] erklärte mir, dass sie nicht so zufrieden mit der Arbeit des Herrn [Stephan L.] ist. Es gab auf der Station mehrfach Probleme mit ihm. Sie hatte schon mehrfach versucht, ihn loszuwerden.*"[581]

3.4.3.1.3 Irene B. – Tätigkeit und Stellung am Arbeitsplatz

Irene B. habe sich derart hervorgetan, dass sie „*freiwillig und bevorzugt*"[582] schwerstkranke Patientinnen und Patientin übernahm, was einen erhöhten Pflegebedarf bedeutet.[583]

Die Täterin wurde in ihrem Kollegium respektiert und man hielt sie für kompetent, da sie über viel Berufserfahrung verfügte.[584] Irene B. soll Stimmungsschwankungen gehabt haben, Sarkasmus und ein übertriebenes Auftreten. Des Weiteren soll sie mit inadäquatem sowie demonstrativ aufmerksamkeitssuchenden Verhalten aufgefallen sein.[585]

Wenn Irene B. bei der Versorgung der Patientinnen und Patientin überfordert war, holte sie sich keine Hilfe. Aus dem Kollegium wurde ihr empfohlen, die Station zu wechseln oder zumindest auf eine Teilzeitstelle zu wechseln. Derartige Vorschläge hat sie stets vehement abgelehnt.[586]

---

[578] StA Kempten, 1 Ks 212 Js 14068/04, Hauptakte, Band 5, Blatt 105.

[579] StA Kempten, 1 Ks 212 Js 14068/04, Hauptakte, Band 5, Blatt 81.

[580] StA Kempten, 1 Ks 212 Js 14068/04, Hauptakte, Band 5, Blatt 7.

[581] StA Kempten, 1 Ks 212 Js 14068/04, Hauptakte, Band 5, Blatt 119.

[582] LG Berlin, Urteil v. 29.06.2007, (522) 1 Kap Js 1904/06 Ks (1/07), juris, S. 3.

[583] Vgl. LG Berlin, Urteil v. 29.06.2007, (522) 1 Kap Js 1904/06 Ks (1/07), juris, S. 3.

[584] Vgl. LG Berlin, Urteil v. 29.06.2007, (522) 1 Kap Js 1904/06 Ks (1/07), juris, S. 3.

[585] Vgl. LG Berlin, Urteil v. 29.06.2007, (522) 1 Kap Js 1904/06 Ks (1/07), juris, S. 4.

[586] Vgl. LG Berlin, Urteil v. 29.06.2007, (522) 1 Kap Js 1904/06 Ks (1/07), juris, S. 3.

Irene B. wird überwiegend als Außenseiterin beschrieben, teilweise erschien dem Kollegium als *„ausgebrannt“*.[587] Besonders im Hinblick auf ärztliche sowie pflegerische Berufsanfängerinnen und -anfänger fiel Irene B. negativ auf. Sie soll nicht hilfsbereit gewesen sein, hatte mangelhaften Respekt und soll neuen Kolleginnen und Kollegen schikanös gegenübergetreten sein.[588] Übereinstimmend hat das ärztliche Personal berichtet, dass Irene B. in Bezug auf Berufsanfängerinnen und -anfänger *„ausgesprochen kritikfreudig gewesen sei und Anweisungen wiederholt hinterfragt und diskutiert haben“*.[589] Gegenteilig haben der Chefarzt sowie weitere leitende Ärzte Irene B. beschrieben. *„Nahezu unfehlbar erschien die Angeklagte demgegenüber insbesondere den Zeugen [...], die die Angeklagte als differenziert, fachlich kompetent, fleißig und vorbildlich bemüht um Schwerstkranke beschrieben haben.“*[590]

3.4.3.1.4 Niels H. – Tätigkeit und Stellung am Arbeitsplatz

Während der Beschäftigung von Niels H. auf der herzchirurgischen Intensivstation am Klinikum Oldenburg wechselte der verantwortliche Chefarzt. Nach dem Wechsel wurden vermehrt komplizierte sowie riskante herzchirurgische Eingriffe vorgenommen.[591] In der Folge stieg auch der Umfang der postoperativen Versorgung auf der Intensivstation. Niels H. tat sich dahingehend hervor, dass er sich engagiert zeigte und bereit war, Patientinnen und Patientin mit hohem Versorgungsbedarf zu übernehmen. Niels H. soll auf der einen Seite von der *„Maschinen-Medizin“*[592] fasziniert und auf der anderen Seite aber zugleich verängstigt gewesen sein.[593] Für seine Arbeit erhielt er von Seiten der pflegerischen sowie ärztlichen Kolleginnen und Kollegen zunehmend positiven Zuspruch.[594] Besonders bei Reanimationen arbeitete Niels H. *„offensiv und zupackend“* mit. Niels H. soll über ein überdurchschnittliches medizinisches Fachwissen verfügt haben.[595] Eine Zeugin schilderte in der Hauptverhandlung, dass sie teilweise pflegerische Aufgaben zusätzlich von Patientinnen und Patienten übernommen habe,

---

[587] LG Berlin, Urteil v. 29.06.2007, (522) 1 Kap Js 1904/06 Ks (1/07), juris, S. 9.
[588] Vgl. LG Berlin, Urteil v. 29.06.2007, (522) 1 Kap Js 1904/06 Ks (1/07), juris, S. 10.
[589] LG Berlin, Urteil v. 29.06.2007, (522) 1 Kap Js 1904/06 Ks (1/07), juris, S. 10.
[590] LG Berlin, Urteil v. 29.06.2007, (522) 1 Kap Js 1904/06 Ks (1/07), juris, S. 10.
[591] Vgl. LG Oldenburg, Urteil v. 06.06.2019, 5 Ks 800 Js 54254/17 (1/18), juris, S. 34.
[592] LG Oldenburg, Urteil v. 06.06.2019, 5 Ks 800 Js 54254/17 (1/18), juris, S. 34.
[593] Vgl. LG Oldenburg, Urteil v. 06.06.2019, 5 Ks 800 Js 54254/17 (1/18), juris, S. 34.
[594] Vgl. LG Oldenburg, Urteil v. 06.06.2019, 5 Ks 800 Js 54254/17 (1/18), juris, S. 34.
[595] Vgl. LG Oldenburg, Urteil v. 06.06.2019, 5 Ks 800 Js 54254/17 (1/18), juris, S. 10.

für die primär Niels H. eingeteilt wurde.[596] *„Ihr sei nämlich aufgefallen, dass er bei der Pflege nachlässig gewesen sei, so dass sie und ihre Kollegen die Aufgaben des Angeklagten zum Teil übernehmen mussten.“*[597]

3.4.3.2 Besondere strukturelle und personelle Faktoren am Arbeitsplatz

3.4.3.2.1 Michaela G. – Besondere strukturelle und personelle Faktoren

In Bezug auf Faktoren an der Arbeitsstätte, die Fehlverhalten zulassen oder dem sogar Vorschub geleistet haben, konnten in dem Ermittlungsverfahren insofern festgestellt werden, als medizinische Zuständigkeiten nicht oder nur unzureichend kontrolliert und eingehalten wurden. In der Pflegeeinrichtung wurden von allen Mitarbeitenden Maßnahmen durchgeführt, die jedoch ausschließlich examinierten Pflegekräften vorbehalten waren.[598] Im vorliegenden Fall hat sich insbesondere Michaela G. über die Regel ohne Konsequenzen und mit dem Wissen aller hinweggesetzt.[599]

In einer polizeilichen Zeugenvernehmung wurde auch spezifisch gefragt, ob die Kolleginnen wussten, dass die Täterin beispielsweise Patientinnen und Patienten absaugte. Sie antwortete: *„Ja, schon länger.“*[600] Des Weiteren hat Michaela G. mit Ärzten sowie Angehörigen patientenrelevante Dinge besprochen, ohne dass sie hierzu berechtigt war.[601]

Die Polizei fragte hierzu, ob sich Michaela G. in einer Art *„Höhenflug“* befunden hat.[602] Eine Zeugin bestätigte dies und beantwortete die Frage mit *„ja“*.[603]

In der Pflegeeinrichtung gab es zudem keinen kontrollierten Zugriff auf Medikamente, auch nicht bei solchen, die unter das Betäubungsmittelgesetz

---

596 Vgl. LG Oldenburg, Urteil v. 06.06.2019, 5 Ks 800 Js 54254/17 (1/18), juris, S. 134.

597 LG Oldenburg, Urteil v. 06.06.2019, 5 Ks 800 Js 54254/17 (1/18), juris, S. 134.

598 Vgl. LG Bonn, Urteil v. 22.02.2006, Ks 900 Js 581/05 – 24 G 3/05, S. 13, Hauptakte, Band II, Blatt 15.

599 Vgl. StA Bonn, Ks 900 Js 581/05 – 24 G 3/05, Spurenakte 1, Blatt 71.

600 StA Bonn, Ks 900 Js 581/05 – 24 G 3/05, Spurenakte 1, Blatt 71.

601 StA Bonn, Ks 900 Js 581/05 – 24 G 3/05, Spurenakte 1, Blatt 7; StA Bonn, Ks 900 Js 581/05 – 24 G 3/05, Hauptakte, Band III, Blatt 155.

602 StA Bonn, Ks 900 Js 581/05 – 24 G 3/05, Hauptakte, Band III, Blatt 143.

603 StA Bonn, Ks 900 Js 581/05 – 24 G 3/05, Hauptakte, Band III, Blatt 143.

(BtMG) fallen. Alle Mitarbeitenden hatten ungehinderten Zugriff auf sämtliche Medikamente, wie aus den Ermittlungsakten hervorgeht.[604]

Eine Zeugin berichtete, dass sich Michaela G. im Kollegium und auf der Station teilweise verhielt, als wenn sie die „*Chefin*" sei, ohne dass es nennenswerten Widerstand gab.[605]

3.4.3.2.2 Stephan L. – Besondere strukturelle und personelle Faktoren

Im Fall der Tötungsdelikte durch den Krankenpfleger Stephan L. in der Klinik in Sonthofen (Allgäu) wurden die Opfer durch das Verabreichen von Medikamenten über vorhandene i.v.-Zugänge getötet.

Der Verbrauch der für die Tötungen genutzten Medikamente ist in dem Tatzeitraum angestiegen, ohne dass dies in dem Krankenhaus zunächst aufgefallen ist.[606]

Über die Entnahme von Medikamenten aus Schränken erfolgte weder eine Aufzeichnung noch eine Kontrolle.[607]

Des Weiteren wurde übereinstimmend ausgesagt, dass es zu den Medikamenten keinerlei Zugangsbeschränkungen und Kontrollen gab. „*Zu den Medikamentenschränken haben allen freien Zugang. Die Medikamentenschränke befinden sich im Stationszimmer, so dass jeder freien Zugang zu diesen hat.*"[608]

Im Anästhesiebereich bzw. OP sind eine Vielzahl von Medikamenten gelagert, zu denen das medizinische Personal uneingeschränkten Zugang hatte. In der Nacht ist dieser Bereich grundsätzlich unbesetzt, aber nicht verschlossen und somit jederzeit für die Mitarbeitenden zugänglich gewesen.[609]

Zudem wurden der Verbrauch sowie die Entnahme der Medikamente nicht dokumentiert. Es war somit stets unbekannt, welche und wie viele Medikamente von wem entnommen wurden. Ein Arzt, der als Zeuge vernommen wurde,

---

[604] StA Bonn, Ks 900 Js 581/05 – 24 G 3/05, Hauptakte, Band III, Blatt 145.

[605] StA Bonn, Ks 900 Js 581/05 – 24 G 3/05, Hauptakte, Band III, Blatt 156.

[606] Vgl. LG Kempten, Urteil v. 30.11.2006, 1 Ks 212 Js 14068/04, Seite 10 ff., Hauptakte, Band XVI, Blatt 11 ff.; StA Bonn, 1 Ks 212 Js 14068/04, Hauptakte, Band 4, Blatt 29.

[607] StA Kempten, 1 Ks 212 Js 14068/04, Hauptakte, Band 5, Blatt 3.

[608] StA Kempten, 1 Ks 212 Js 14068/04, Hauptakte, Band 5, Blatt 2; StA Kempten, 1 Ks 212 Js 14068/04, Hauptakte, Band 5, Blatt 4; StA Kempten, 1 Ks 212 Js 14068/04, Hauptakte, Band 5, Blatt 36.

[609] StA Kempten, 1 Ks 212 Js 14068/04, Hauptakte, Band 5, Blatt 122.

teilte hierzu mit: *„Wir können keine genauen Daten über die Menge verschwundener Medikamente mitteilen, weil es keine Buchführung über den medizinischen Verbrauch gibt […].“*[610]

Für das Bestellen sowie Auffüllen der Medikamente waren *„im Prinzip alle zuständig“*[611], insofern konnte jede Pflegekraft selbstständig und jederzeit Bestellungen vornehmen.[612] Ein Gesamtüberblick in Bezug auf die Medikamente bestand in dem Klinikum nicht.

In dem Ermittlungsverfahren ist deutlich geworden, dass auch zwischen den unterschiedlichen Abteilungen Medikamente ohne Aufzeichnung und Kontrolle getauscht oder auch aus deren Beständen entnommen werden konnten. *„Es ist auch so, dass z. T. Medikamente an andere Stationen […] ausgeliehen werden. In solchen Fällen wird dies nicht einmal vermerkt, denn es geht aus einem Topf und fehlende Medikamente werden einfach nachbestellt.“*[613] *„Es würde sich keiner auch nur die geringsten Gedanken machen, wenn jemand dort diese Medikamente abholen würde.“*[614] *„Grundsätzlich können wir schon an die Medikamentenschränke.“*[615]

3.4.3.2.3 Irene B. – Besondere strukturelle und personelle Faktoren

Bei der Station, auf der die Taten begangen wurden, handelt es sich um eine kardiologische Intensivstation eines großen Universitätsklinikums. Die Station litt, wie auch andere Intensivstationen unter zunehmenden Stellenkürzungen. Die Arbeitsbelastung schwankte, je nach Patientenauslastung. Eine *„angemessene psychologische Teambegleitung“* gab es auf der Station nicht.[616]

Die Medikamente befanden sich in unverschlossenen Schränken an mehreren Stellen in der Station. Die Entnahme sowie deren Verbrauch wurde zum Zeitpunkt der Taten nicht dokumentiert, weshalb das Krankenhaus keinen Überblick über die Nutzung bzw. den Verbrauch hatte.[617]

Die Arbeit auf der Station war durch ein hierarchisches System zwischen dem ärztlichen und dem pflegerischen Personal geprägt und trennte beide Berufsgruppen. Der Chefarzt der Intensivstation zeichnete nach seinen subjektiven

---

[610] StA Kempten, 1 Ks 212 Js 14068/04, Hauptakte, Band 4, Blatt 29.

[611] StA Kempten, 1 Ks 212 Js 14068/04, Hauptakte, Band 5, Blatt 3.

[612] StA Kempten, 1 Ks 212 Js 14068/04, Hauptakte, Band 5, Blatt 3.

[613] StA Kempten, 1 Ks 212 Js 14068/04, Hauptakte, Band 5, Blatt 37; StA Kempten, 1 Ks 212 Js 14068/04, Hauptakte, Band 4, Blatt 98.

[614] StA Kempten, 1 Ks 212 Js 14068/04, Hauptakte, Band 4, Blatt 98.

[615] StA Kempten, 1 Ks 212 Js 14068/04, Hauptakte, Band 5, Blatt 4.

[616] LG Berlin, Urteil v. 29.06.2007, (522) 1 Kap Js 1904/06 Ks (1/07), juris, S. 3.

[617] Vgl. LG Berlin, Urteil v. 29.06.2007, (522) 1 Kap Js 1904/06 Ks (1/07), juris, S. 8.

Bekundungen ein ausgezeichnetes Bild der Zusammenarbeit des ärztlichen sowie pflegerischen Personals.[618] *„[...] die Kommunikation auf der Station sei hervorragend, alle seien miteinander befreundet und jenes ‚team of excellence' arbeite engagiert zusammen, in dem Wissen um Anerkennung, hohe Erfolgsquote, wissenschaftliche Erkenntnisse und ‚schwarze Zahlen'.“*[619]

Die Mitarbeitenden teilten diese Auffassung nicht. Es habe durchaus Kommunikationsstörungen zwischen dem ärztlichen Personal untereinander, insbesondere aber zwischen dem ärztlichen sowie dem pflegerischen Personal gegeben.[620]

Ein Zeuge berichtete, dass innerhalb der pflegerischen Belegschaft auf der Station Unzufriedenheit bestand, sowohl mit der Pflegedienstleitung als auch mit der Dienstplangestaltung. Der Zeuge berichtete weiter, dass u. a. durch ihn der Wunsch geäußert wurde, Supervision in Anspruch zu nehmen. Nachdem Hinweise bzw. Wünsche an die verantwortlichen Personen der Station herangetragen wurden, führte dies jedoch zu keinerlei Ergebnissen, wie weitere Zeuginnen aussagten.[621]

Möglichen Schwierigkeiten auf der Station wurde „nicht optimal Rechnung getragen“, wie die Kammer feststellte.[622] Fortbildungsangebote waren nur theoretisch vorhanden und Teambesprechungen fanden nur einmal im Monat statt, eine psychologische Teambegleitung gab es nicht. Eine Ärztin berichtete, dass Fall- bzw. Patientenfallbesprechungen nur gelegentlich, ca. drei bis viermal im Jahr, geführt wurden.[623]

3.4.3.2.4 Niels H. – Besondere strukturelle und personelle Faktoren

Aus dem Urteil vom 06.06.2019, 5 Ks 800 Js 54254/17 (1/18), ergeben sich keine Informationen bezüglich besonderer struktureller und/oder personeller Faktoren beispielsweise in Form von Gruppendynamiken, nicht vorhandenem Vertrauen unter den Mitarbeitenden oder einer hohen Arbeitsbelastung in den beiden betroffenen Kliniken, die u. U. für die Taten hätten förderlich sein können.

Hinweise ergeben sich jedoch aus einer abgelehnten Eröffnungsentscheidung des Landgerichts Oldenburg u. a. gegen die stellvertretende Stationsleiterin, die wegen Beihilfe zum Totschlag durch Unterlassen gem. §§ 13 Abs. 1, 27 Abs. 1, 212 Abs. 1 StGB durch die Staatsanwaltschaft Oldenburg angeklagt wurde. Nach

---

618 Vgl. LG Berlin, Urteil v. 29.06.2007, (522) 1 Kap Js 1904/06 Ks (1/07), juris, S. 8.

619 LG Berlin, Urteil v. 29.06.2007, (522) 1 Kap Js 1904/06 Ks (1/07), juris, S. 8.

620 Vgl. LG Berlin, Urteil v. 29.06.2007, (522) 1 Kap Js 1904/06 Ks (1/07), juris, S. 8.

621 Vgl. LG Berlin, Urteil v. 29.06.2007, (522) 1 Kap Js 1904/06 Ks (1/07), juris, S. 9.

622 LG Berlin, Urteil v. 29.06.2007, (522) 1 Kap Js 1904/06 Ks (1/07), juris, S. 9.

623 Vgl. LG Berlin, Urteil v. 29.06.2007, (522) 1 Kap Js 1904/06 Ks (1/07), juris, S. 9.

Auffassung der 5. Strafkammer sei das „passive" Verhalten der stellvertretenden Stationsleiterin „*ersichtlich aus Frustration bzw. Hilflosigkeit [erfolgt].*"[624] Insofern muss also davon ausgegangen werden, dass die Arbeitsbedingungen bzw. das Betriebsklima, zumindest im Klinikum Delmenhorst, für die Tötungsdelikte förderlich gewesen sein könnten. Ob die Anklage der stellvertretenden Stationsleiterin letztlich doch zur Hauptverhandlung zugelassen wurde, kann dem Kapitel 7 „Strafrechtliche Haftung verantwortlicher Personen" entnommen werden.

3.4.4 Vorhandensein von und Umgang mit Hinweisen sowie mögliche Aufdeckungsbarrieren

3.4.4.1 Michaela G. – Vorhandensein von und Umgang mit Hinweisen sowie mögliche Aufdeckungsbarrieren

Michaela G. hat während ihrer Beschäftigungszeit in dem Pflegeheim ihre Zuständigkeiten überschritten und Tätigkeiten ausgeführt, die ausschließlich examinierten Pflegekräften vorbehalten waren. Als Pflegehelferin hätte sie viele Maßnahmen, wie beispielsweise das Setzen von Spritzen oder das Absaugen, nicht durchführen dürfen. Wenn Michaela G. von Kolleginnen darauf angesprochen wurde, führte dies regelmäßig zu Konflikten aber nicht zu einer Änderung.[625] Die Pflegedienstleitung wurde über die Zustände informiert, reagierte jedoch nicht.[626] Im Kollegium hatte man das Gefühl, dass Michela G. eine Art Sonderstellung bei der Pflegedienstleitung inne hat. Dies führte zu einem Vertrauensverlust zwischen den Mitarbeitenden und der Pflegedienstleiterin, wie aus den Ermittlungsakten hervorgeht. „*[...] Ich habe mit Frau [...] über die Michaela gesprochen. Sie war das Lieblingskind von Frau [...]. Das Vertrauen zu Frau [...] war nicht mehr da.*"[627]

Die Kriminalpolizei hat bei den Vernehmungen des Personals der Pflegeeinrichtung wissen wollen, ob aufgefallen sei, dass es während der Dienstzeit von

---

[624] OLG Oldenburg, Beschluss v. 28.02.2018 – 1 Ws 202/17, medstra 2019, 101 (102).

[625] Vgl. LG Bonn, Urteil v. 22.02.2006, Ks 900 Js 581/05 – 24 G 3/05, S. 13, Hauptakte, Band II, Blatt 15.

[626] Vgl. StA Bonn, Ks 900 Js 581/05 – 24 G 3/05, Hauptakte, Band III, Blatt 141.

[627] Vgl. Sta Bonn, Ks 900 Js 581/05 – 24 G 3/05, Hauptakte, Band III, Blatt 141.

Michaela G. vermehrt zu Sterbefällen gekommen sei.[628] Im Rahmen der Vernehmungen wurde dies übereinstimmend von den Zeuginnen bejaht.[629] Aus den Akten geht hierzu folgendes hervor:

„Ja, wir haben sie dafür sogar alle bedauert."[630] *„Für mich war es schon komisch, dass sie bei der Michaela verstorben sind [...]."*[631]

Zum Teil waren die Sterbefälle überraschend und die Dokumentation ungewöhnlich. Eine Zeugin beschrieb in der polizeilichen Vernehmung ihre Reaktion darüber wie folgt: *„Ich war baff und erschrocken, das gibt's doch nicht."*[632] *„Ich habe gelesen, dass sie leblos auf dem Boden aufgefunden wurde. Wenn wir jemanden finden, dann kontrolliert man den Blutdruck, Puls usw. und man sagt einer Kollegin Bescheid, dass sie zur Hilfe kommt. Michaela hatte das alles alleine durchgezogen. Das habe ich aus der Dokumentation."*[633]

Bei einer weiteren Verstorbenen gab es ebenfalls Unregelmäßigkeiten in der Dokumentation, die einer Kollegin aufgefallen sind. Michaela G. dokumentierte, dass die Patientin sie bat, ihr noch ein Lied vorzusingen und sei dann verstorben. *„Bei der Frau [...] habe ich mir auch die Akte durchgelesen. Mit der ‚großer Gott wir loben dich'- Geschichte, sie hat den Kopf auf die Seite gedreht und sei gestorben. Das gibt es für mich nur im Fernsehen. Das habe ich für mich gedacht."*[634]

Dies ist einer weiteren Zeugin ebenfalls aufgefallen: *„Dabei fiel mir auf, dass zu jedem Sterbefall die Eintragungen alle von Michaela gemacht wurden, und zwar besonders ausführlich, auch von der Zeit her. Das ist so nicht üblich. Normalerweise wird nach dem Tod eingetragen, dass der Arzt gerufen wurde, die Angehörigen verständigt wurden, aber man schreibt nicht die Zeit dazu. Es schreibt auch niemand, dass die Bewohnerin gesagt hat, sie sei müde, die sei ins Bett gebracht worden und dass dann die Bewohnerin zur Mitarbeiterin sagt, sie können doch so schön singen. Singen sie mir doch mal das Lied, Großer Gott wir loben dich. Das alles wird normalerweise nicht dokumentiert. Das fiel uns auf."*[635]

---

628 Vgl. StA Bonn, Ks 900 Js 581/05 – 24 G 3/05, Spurenakte 1, Blatt 71.

629 Vgl. StA Bonn, Ks 900 Js 581/05 – 24 G 3/05, Spurenakte 1, Blatt 71.

630 StA Bonn, Ks 900 Js 581/05 – 24 G 3/05, Spurenakte 1, Blatt 71.

631 StA Bonn, Ks 900 Js 581/05 – 24 G 3/05, Hauptakte, Band III, Blatt 234.

632 StA Bonn, Ks 900 Js 581/05 – 24 G 3/05, Hauptakte, Band III, Blatt 265.

633 StA Bonn, Ks 900 Js 581/05 – 24 G 3/05, Hauptakte, Band III, Blatt 265.

634 StA Bonn, Ks 900 Js 581/05 – 24 G 3/05, Hauptakte, Band III, Blatt 266.

635 StA Bonn, Ks 900 Js 581/05 – 24 G 3/05, Hauptakte, Band III, Blatt 258.

Eine weitere Zeugin hat sich ebenfalls über einen überraschenden Sterbefall gewundert. „*Als ich davon [Sterbefall] hörte, sagte ich, das ist nicht möglich […].*“[636]

Nach weiteren Sterbefällen während der Dienstzeit von Michaela G. führt dies mindestens bei einer Kollegin dazu, dass sich ihr Verdacht erhärtete. Die Mitarbeiterin sprach ihren Verdacht während einer Besprechung mit der Pflegedienstleiterin offen an.[637] Hierbei soll sie gesagt haben, ob ein „*Todesengel*“ für die Todesfälle in der Einrichtung verantwortlich sein könnte?[638] Hierbei ging es besonders um die letzten vier „*Überraschungstoten*“, wie sie sagte.[639] „*Für mich waren die vier Todesfälle […] schon geballt.*“[640]

Die Pflegedienstleiterin sagte der Hinweisgeberin: „*[…] ob ich mir im Klaren wäre, was ich da sagen würde.*“[641] „*Die [Pflegedienstleiterin] wollte von dem Verdacht zunächst nichts wissen. Sie erwiderte, dass sie doch wisse, dass sich die Bewohner durchaus aussuchen würden, bei wem sie sterben möchten.*“[642]

Inzwischen mehrte sich unter den Kolleginnen der Station der Verdacht, dass zwischen ihrer Kollegin Michaela G. und den Sterbefällen ein Zusammenhang besteht. „*Frau […] und ich waren in einer Besprechung, irgendjemand sagte, dass Frau […] gestorben ist. Wir beide sagten: Michaela ist im Dienst.*“[643]

Eine Kollegin kam zum Spätdienst in die Pflegeeinrichtung und stellte fest, dass eine weitere Bewohnerin verstorben ist. „*Da dachte ich, dass kann doch nicht wahr sein und sagte zu der Kollegin: ‚Aber doch nicht wieder bei der Michaela?‘.*“[644]

Von der ersten Besprechung, in der die Unregelmäßigkeiten der Pflegedienstleiterin im Zusammenhang mit den Todesfällen und Michaela G. offen und klar kommuniziert wurden, geschah zunächst nichts.[645]

Am 23.05.2005 erfolgte ein weiteres Gespräch mit der Mitarbeiterin und der Pflegedienstleiterin, die den Verdacht erneut äußerte. Auch der erneute Hinweis

[636] StA Bonn, Ks 900 Js 581/05 – 24 G 3/05, Hauptakte, Band III, Blatt 266.

[637] StA Bonn, Ks 900 Js 581/05 – 24 G 3/05, Hauptakte, Band III, Blatt 264.

[638] Vgl. StA Bonn, Ks 900 Js 581/05 – 24 G 3/05, Hauptakte, Band III, Blatt 264.

[639] Vgl. StA Bonn, Ks 900 Js 581/05 – 24 G 3/05, Hauptakte, Band III, Blatt 269.

[640] StA Bonn, Ks 900 Js 581/05 – 24 G 3/05, Hauptakte, Band III, Blatt 264.

[641] StA Bonn, Ks 900 Js 581/05 – 24 G 3/05, Hauptakte, Band III, Blatt 269.

[642] LG Bonn, Urteil v. 22.02.2006, Ks 900 Js 581/05 – 24 G 3/05, S. 33, Hauptakte, Band II, Blatt 35.

[643] StA Bonn, Ks 900 Js 581/05 – 24 G 3/05, Hauptakte, Band III, Blatt 144.

[644] StA Bonn, Ks 900 Js 581/05 – 24 G 3/05, Hauptakte, Band III, Blatt 274.

[645] Vgl. LG Bonn, Urteil v. 22.02.2006, Ks 900 Js 581/05 – 24 G 3/05, S. 34, Hauptakte Band II, Blatt 36.

blieb jedoch ohne weitere Konsequenz.[646] Am 25.05.2005 wiederholte die Mitarbeiterin gegenüber der Pflegedienstleiterin ihren Verdacht, dass etwas mit den Todesfällen nicht stimmen kann.[647] Die Zeugin konnte die Pflegedienstleiterin dahingehend überzeugen, sich gemeinsam die Patientenakten der verstorbenen Personen im Archiv anzusehen.[648] Bei der gemeinsamen Sichtung kamen *„[...] auch der [Pflegedienstleiterin] nun die Eintragungen in der Pflegedokumentation merkwürdig vor. Die Eintragungen gingen nach ihrer Einschätzung über das hinaus, was üblicherweise in eine solche Dokumentation gehört. Sie fühlte sich an den Inhalt von Briefen erinnert, nicht aber an den einer sachlichen Dokumentation. Die [Pflegedienstleiterin] informierte daraufhin die Geschäftsleitung der [Pflegeeinrichtung].“*[649] Erst daraufhin erfolgte die Entscheidung der Pflegedienstleitung sowie der Geschäftsführung am 13.06.2005 ein Personalgespräch mit Michaela G. zu führen, mit dem Ziel, sich von Michaela G. zu trennen, sofern sie nichts Entlastendes erklären kann.[650] Aus den Ermittlungsakten ergibt sich nicht, dass die Verantwortlichen der Pflegeeinrichtung vor hatten, die Polizei über ihren Verdacht zu informieren oder eine externe Unternehmen mit der Prüfung der Unregelmäßigkeiten zu beauftragen.

Von der ersten konkreten Benennung des Verdachts gegen Michaela G. und der Terminierung des Personalgesprächs verging somit rund ein Monat.

Dem Gliederungspunkt 3.4.6.1 „Umstände der Tataufdeckung“ ist zu entnehmen, weshalb dann Todesursachenermittlungen durch die zuständige Kriminalpolizei eingeleitet worden sind.

3.4.4.2 Stephan L. – Vorhandensein von und Umgang mit Hinweisen sowie mögliche Aufdeckungsbarrieren

In Bezug auf die Sterbefälle sind u. a. zwei konkrete Fälle einer Kollegin von Stephan L. aufgefallen.[651] Eine Patientin war sehr krank und konnte zunächst

---

[646] Vgl. LG Bonn, Urteil v. 22.02.2006, Ks 900 Js 581/05 – 24 G 3/05, S. 34, Hauptakte, Band II, Blatt 36.

[647] Vgl. LG Bonn, Urteil v. 22.02.2006, Ks 900 Js 581/05 – 24 G 3/05, S. 34, Hauptakte, Band II, Blatt 36.

[648] Vgl. LG Bonn, Urteil v. 22.02.2006, Ks 900 Js 581/05 – 24 G 3/05, S. 34, Hauptakte, Band II, Blatt 36.

[649] LG Bonn, Urteil v. 22.02.2006, Ks 900 Js 581/05 – 24 G 3/05, S. 34, Hauptakte, Band II, Blatt 36.

[650] LG Bonn, Urteil v. 22.02.2006, Ks 900 Js 581/05 – 24 G 3/05, S. 34, Hauptakte, Band II, Blatt 36.

[651] StA Kempten, 1 Ks 212 Js 14068/04, Hauptakte, Band 4, Blatt 105.

nicht mit dem Klinikpersonal sprechen. „*Als ich dann irgendwann zu ihr ins Zimmer kam, sagte sie plötzlich ein Wort zu mir und machte einen erfreulich lebendigen und vitalen Eindruck. Ich freute mich sehr darüber. Es war ca. 7 oder kurz nach 7 Uhr morgens, als ich diese Beobachtung im Zimmer machte.*“[652] „*Als ich ihr gegen kurz nach 8 Uhr das Frühstück ans Bett brachte, lag sie tot im Bett. Für mich war es absolut unerklärlich, warum diese Frau in der Zwischenzeit gestorben ist, zumal sie zuvor noch so fit wirkte. An diesem Tag hatte [Stephan L.] mit mir Frühdienst. Es war auch sein Bereich, für den er an diesem Tag zuständig war.*“[653]

Bei dem zweiten Fall handelte es sich um einen 90-jährigen Patienten. Der Gesundheitszustand verbesserte sich zunehmend und er machte einen „*fitten*“ Eindruck.[654] „*Ich kann mich noch erinnern, dass eines morgens um 7 Uhr der Arzt Dr. [...] bei ihm war und mir anschließend gesagt hat, dass dieser besagte Herr in guten gesundheitlichen Zustand sei. An diesem Tag hatte Stephan [L.] ebenfalls mit mir Frühdienst. Er war für die Wachstation eingeteilt. Kurz vor 8 Uhr kam Stefan dann zu mir und erzählte mir, dass der Patient auf Zimmer 114 verstorben sei.*“[655] Die Zeugin berichtete in den Vernehmungen, dass sie diese beiden Fälle „*[...] äußerst seltsam empfand.*“[656]

Einer weiteren Zeugin ist aufgefallen, dass todgesagte Patientinnen und Patienten während des Dienstes von Stephan L. auch tatsächlich starben. „*Mir ist in diesem Zusammenhang nur noch sehr auffällig geworden, dass jedes Mal, nachdem ich dem Stephan sagte, dass eine Person bald sterben könnte, diese auch gestorben ist.*“[657]

„*Im Vorfeld der polizeilichen Ermittlungen wunderten ich mich und meine Kollegen darüber, dass in den Schichten von Stephan viele Leute sterben. Man hat z. B. gesagt, ‚jedes Mal sterben bei dem die Leute‘.*“[658] „*Es ist richtig, dass es uns im Vorfeld bereits aufgefallen ist, dass bei Stephan mehr Leute sterben.*“[659]

Als die Probezeit von Stephan L. endete, äußerten sich Kolleginnen und Kollegen der Station dahingehend, dass er nicht übernommen werden sollte oder „*[...] höchstenfalls die Probezeit verlängern sollte und ich erklärte aber auch, dass*

---

652 StA Kempten, 1 Ks 212 Js 14068/04, Hauptakte, Band 4, Blatt 105.
653 StA Kempten, 1 Ks 212 Js 14068/04, Hauptakte, Band 4, Blatt 105.
654 Vgl. StA Kempten, Hauptakte, 1 Ks 212 Js 14068/04, Band 4, Blatt 106.
655 StA Kempten, Hauptakte, 1 Ks 212 Js 14068/04, Band 4, Blatt 106.
656 StA Kempten, 1 Ks 212 Js 14068/04, Hauptakte, Band 4, Blatt 106.
657 StA Kempten, 1 Ks 212 Js 14068/04, Hauptakte, Band 5, Blatt 7.
658 StA Kempten, 1 Ks 212 Js 14068/04, Hauptakte, Band 5, Blatt 74.
659 StA Kempten, 1 Ks 212 Js 14068/04, Hauptakte, Band 5, Blatt 74.

er in dieser Zeit auch voll durcharbeiten müsse. Für mich ist es normalerweise unverständlich, dass so jemand übernommen wird."[660]

Stephan L. hat seine vorgesehenen Aufgaben auf der Station zum Teil nur unzureichend ausgeführt und beispielsweise erfundene Kreislaufwerte in die Patientendokumentation eingetragen.[661]

Ein Arzt berichtete, dass nach dem Tod eines Patienten, ein Angehöriger Vorwürfe gegen Stephan L. erhoben hat, deren genauer Inhalt sich aber nicht aus den Ermittlungsakten ergibt.[662]

Die Stationsleiterin teilte der Pflegedienstleiterin des Krankenhauses mit: „*Ich will Herrn [L.] versetzt haben, was er treibt ist gefährliche Pflege.*"[663]

Das Kollegium der Station hat sich zusammengesetzt, um u. a. über die Vorkommnisse mit dem Kollegen Stephan L. zu sprechen.[664] Die Pflegedienstleiterin ärgerte sich darüber und versuchte zu unterbinden, dass über Stephan L. gesprochen wird. „*Ich kann mich noch gut daran erinnern, dass plötzlich die Türe aufging und die Frau [...], unsere Pflegedienstleiterin, in den Raum wortwörtlich hereinplatzte und völlig außer sich war.*"[665] „*Sie sagte uns, dass wir keinerlei Recht dazu hätten, dem Stephan gegenüber Äußerungen, wie Probezeitverlängerung oder dgl. mitzuteilen. Sie bezeichnete dies als Verleumdung.*"[666] „*Abschließend drohte uns Frau [...] sogar noch mit Abmahnungen.*"[667]

„*Auf jeden Fall war es so, dass Frau [Pflegedienstleiterin] den Stephan total in Schutz nahm, was mir in diesem Moment unerklärlich schien [...]. In diesem Gespräch kam auf jeden Fall heraus, dass ich mich für den Bereich, den Stephan unter sich hatte, nicht zuständig fühlen brauchte.*"[668]

Die Mitarbeitenden auf der Station hatten das Gefühl, dass Kritik in Bezug auf ihren Kollegen Stephan L. nicht zu Konsequenzen führte, sondern eher dazu, dass Stephan L. in Schutz genommen wird. Es gab viele Beschwerden aus dem Kollegium, die jedoch ins Leere liefen. „*Er [Stephan L.] wurde, so ist mir bekannt oder hatte ich den Eindruck, immer von Frau [Pflegedienstleiterin] gedeckt.*"[669]

---

[660] StA Kempten, 1 Ks 212 Js 14068/04, Hauptakte, Band 5, Blatt 20.

[661] Vgl. StA Kempten, 1 Ks 212 Js 14068/04, Hauptakte, Band 5, Blatt 105.

[662] StA Kempten, 1 Ks 212 Js 14068/04, Hauptakte, Band 4, Blatt 118.

[663] StA Kempten, 1 Ks 212 Js 14068/04, Hauptakte, Band 4, Blatt 110.

[664] StA Kempten, 1 Ks 212 Js 14068/04, Hauptakte, Band 5, Blatt 20.

[665] StA Kempten, 1 Ks 212 Js 14068/04, Hauptakte, Band 5, Blatt 20.

[666] StA Kempten, 1 Ks 212 Js 14068/04, Hauptakte, Band 5, Blatt 20.

[667] StA Kempten, 1 Ks 212 Js 14068/04, Hauptakte, Band 5, Blatt 20.

[668] StA Kempten, 1 Ks 212 Js 14068/04, Hauptakte, Band 5, Blatt 43.

[669] StA Kempten, 1 Ks 212 Js 14068/04, Hauptakte, Band 5, Blatt 72.

„[...] Nachdem man von Seiten der Pflegedienstleitung nicht unterstützt wurde, [...] zog ich mich total zurück.“[670]

Mehreren Mitarbeitenden ist über Monate hinweg aufgefallen, dass mindestens drei verschiedene Medikamente in der Dienstzeit von Stephan L. vermehrt abhandengekommen sind, ohne dass dies erklärlich war. Des Weiteren wurde in der Dienstzeit von Stephan L. die entsprechenden Medikamente vermehrt nachbestellt. Innerhalb des Kollegiums führte dies zu dem Verdacht, dass Stephan L. die Medikamente stiehlt.[671] Die Pflegedienstleiterin wurde daraufhin von der Stationsleiterin per Mail informiert.[672]

Auf die schriftliche Information erfolgte gegenüber der Stationsleiterin keine Reaktion. Die Pflegedienstleiterin hat jedoch in einem Nachtdienst zwei Mitarbeitende auf der Station aufgesucht und diese auf Stephan L. angesprochen. Aus Angst vor Konsequenzen, haben beide Mitarbeitende keine Namen genannt. *„Soweit ich weiß haben beide in dieser Nacht keine Namen genannt, da sie Angst hatten, wieder gerügt zu werden.“*[673]

Der Stationsleiterin, die die Mail verfasste und keine Rückmeldung erhielt, sprach in einer Stationsleitersitzung am 17.06.2004 erneut das Thema Stephan L. an und bat darum, ihn aus ihrer Abteilung herauszunehmen.[674] Ihr wurde daraufhin vorgeworfen, „[...] *dass [sie] zu emotional reagiere und nicht fähig sei, eine Beurteilung zu treffen.*“[675]

An dieser Besprechung haben hochrangige Entscheidungsträger der Klinik, u. a. leitende Ärzte, die Pflegedienstleiterin und der Personalleiter teilgenommen.[676]

Nach dem 17.06.2004 tötete Stephan L. noch vier weitere Personen. Am 24.06.2004 eine Frau, am 25.06.2004 eine weitere, am 27.06.2004 einen Mann und am 10.07.2004 noch eine weitere Frau.[677]

Am 15.07.2004 hat das Krankenhaus bei der Polizei eine Anzeige wegen Diebstahls gestellt. Erst im Zuge der Ermittlungen kam der Verdacht auf, dass Stephan

---

[670] StA Kempten, 1 Ks 212 Js 14068/04, Hauptakte, Band 5, Blatt 43.

[671] Vgl. StA Kempten, 1 Ks 212 Js 14068/04, Hauptakte, Band 12, Blatt 1.

[672] Vgl. StA Kempten, 1 Ks 212 Js 14068/04, Hauptakte, Band 4, Blatt 110.

[673] StA Kempten, 1 Ks 212 Js 14068/04, Hauptakte, Band 4, Blatt 110.

[674] Vgl. StA Kempten, 1 Ks 212 Js 14068/04, Hauptakte, Band 4, Blatt 110.

[675] StA Kempten, 1 Ks 212 Js 14068/04, Hauptakte, Band 4, Blatt 110.

[676] Vgl. StA Kempten, 1 Ks 212 Js 14068/04, Hauptakte, Band 4, Blatt 110.

[677] LG Kempten, Urteil v. 20.11.2006, 1 Ks 212 Js 14068/04, Seite 39 ff., Hauptakte, Band XVI, Blatt 40 ff.

L. mit den Medikamenten Tötungsdelikte begangen haben könnte.[678] Weitere Einzelheiten zur Aufdeckung sind dem Gliederungspunkt 3.4.6.2 „Umstände der Tataufdeckung" zu entnehmen.

3.4.4.3 Irene B. – Vorhandensein von und Umgang mit Hinweisen sowie mögliche Aufdeckungsbarrieren

Bereits zwei Jahre vor den Taten kam es auf Grund des Verhaltens der Täterin gegenüber Patientinnen und Patienten wiederholt zu Beanstandungen. Irene B. soll eine *„ruppige"* Art in Bezug auf die Versorgung der pflegebedürftigen Personen gehabt haben.[679] Auch sollen körperliche Übergriffe in Form von beispielsweise Schlägen auf die Finger von Patientinnen und Patienten beobachtet worden sein. Irene B. soll Patientinnen und Patienten *„aggressiv auf die Seite gedreht oder auch mal an den Haaren gezogen haben."*[680] Auch soll sie verbal aggressiv gewesen sein, wenn geforderte Bewegungen nicht ausgeführt wurden. Berichtet wurde zudem, dass sie einen Patienten auf den Rücken geschlagen hat und ihre Arbeit insgesamt *„grob"* ausgeführt hat.[681] Die Kolleginnen und Kollegen, die derartige Beobachtungen gemacht haben, haben zunächst geschwiegen.[682]

In den Jahren 2001, 2002 und 2006 ist ärztlichem Personal aufgefallen, dass Irene B. vereinzelt vorgeschlagen hätte, Behandlungen von Patientinnen und Patienten einzustellen. Beobachtet wurde ebenfalls, dass es zu grobem Fehlverhalten von Irene B. gekommen sei. Im Jahr 2001 soll Irene B. *„Anstalten"* gemacht haben, ein Beatmungsgerät auszuschalten, woraufhin der Zeuge sie lautstark maßregelte. Eine Zeugin berichtet von einem ähnlichen Fall, bei dem Irene B. 2006 vorschlug, das Beatmungsgerät auszuschalten, woraufhin sie ebenfalls zurechtgewiesen wurde.[683] Darüber hinaus hat sie beispielsweise eine Sauerstoffflasche nicht aufgedreht oder auch einen Tubus trotz ärztlichem Hinweis deplatziert belassen haben.[684] In Bezug auf diese beiden Vorfälle kam es zu einem Vier-Augen-Gespräch, eine Thematisierung auf der Station oder unter den Mitarbeitenden erfolgte jedoch nicht.[685]

---

[678] Vgl. StA Kempten, 1 Ks 212 Js 14068/04, Hauptakte, Band 4, Blatt 110.

[679] LG Berlin, Urteil v. 29.06.2007, (522) 1 Kap Js 1904/06 Ks (1/07), juris, S. 4.

[680] LG Berlin, Urteil v. 29.06.2007, (522) 1 Kap Js 1904/06 Ks (1/07), juris, S. 10.

[681] LG Berlin, Urteil v. 29.06.2007, (522) 1 Kap Js 1904/06 Ks (1/07), juris, S. 10.

[682] Vgl. LG Berlin, Urteil v. 29.06.2007, (522) 1 Kap Js 1904/06 Ks (1/07), juris, S. 4.

[683] Vgl. LG Berlin, Urteil v. 29.06.2007, (522) 1 Kap Js 1904/06 Ks (1/07), juris, S. 11.

[684] Vgl. LG Berlin, Urteil v. 29.06.2007, (522) 1 Kap Js 1904/06 Ks (1/07), juris, S. 4.

[685] Vgl. LG Berlin, Urteil v. 29.06.2007, (522) 1 Kap Js 1904/06 Ks (1/07), juris, S. 4.

In der Folge von zwei beobachteten Übergriffen im März sowie Juli 2006 wurde die Pflegedienstleitung schriftlich informiert. Auf die Hinweise erfolgte nur ein interner Aktenvermerk, jedoch kein Personalgespräch, „*zumal lediglich anonyme schriftliche Hinweise vorgelegen hätten*“, wie die Pflegedienstleitung aussagte.[686]

Ob es sich bei den beschriebenen Vorfällen, zumindest die vor dem ersten nachgewiesenen Tötungsdelikt am 28.06.2005, um Überforderungssituationen oder bereits um Andeutungen auf die späteren Tötungen handelte, konnte in der Hauptverhandlung nicht abschließend geklärt werden.[687]

Bei der Tötung des zweiten Opfers am 16.08.2006 verabreichte Irene B. tödlich wirkende Medikamente. Ein Kollege bemerkte dies, weil keinerlei Medikamente mehr hätten verabreicht werden dürfen. Der Gesundheits- und Krankenpfleger schritt jedoch nicht ein und informierte zunächst auch keine vorgesetzten Personen. Er nahm die leeren Ampullen an sich und verwahrte diese anschließend.[688] Einer Kollegin teilte er seine Beobachtungen und die Sicherstellung der Medikamentenampullen mit, die auf seine Bitte hin jedoch ebenfalls keine Verantwortlichen informierte.[689]

Das Landgericht Berlin stellte während der Hauptverhandlung fest, dass das Fehlverhalten von Irene B. ohne Konsequenzen blieb und möglicherweise für die Taten förderlich war. „*Auch die mangelnde Korrektur durch das Team erlaubte es der Angeklagten, zunehmend Allmachtsphantasien zu entwickeln und schließlich auszuleben.*“[690] Insbesondere kritisierte die Kammer „*[...] die schleppende Reaktion auf den konkreten Tatverdacht des Krankenhauses.*“[691]

Der Ablauf und die Reaktion in Bezug auf den konkreten Tatverdacht gegen Irene B. ist dem Gliederungspunkt 3.4.6.3 „Umstände der Tataufdeckung“ zu entnehmen.

In der Gesamtbetrachtung stellte die Kammer fest, dass die Vielzahl der Taten letztlich auch durch mangelnde Kontrollen des Krankenhauses ermöglicht wurden.[692]

Der Autor hat in Bezug auf den Feststellungen der Kammer bei der Staatsanwalt Berlin am 10.05.2023 angefragt, ob gegen Verantwortliche der betroffenen

---

686 LG Berlin, Urteil v. 29.06.2007, (522) 1 Kap Js 1904/06 Ks (1/07), juris, S. 11.

687 Vgl. LG Berlin, Urteil v. 29.06.2007, (522) 1 Kap Js 1904/06 Ks (1/07), juris, S. 12.

688 Vgl. LG Berlin, Urteil v. 29.06.2007, (522) 1 Kap Js 1904/06 Ks (1/07), juris, S. 5.

689 Vgl. LG Berlin, Urteil v. 29.06.2007, (522) 1 Kap Js 1904/06 Ks (1/07), juris, S. 5.

690 LG Berlin, Urteil v. 29.06.2007, (522) 1 Kap Js 1904/06 Ks (1/07), juris, S. 4.

691 LG Berlin, Urteil v. 29.06.2007, (522) 1 Kap Js 1904/06 Ks (1/07), juris, S. 9.

692 Vgl. LG Berlin, Urteil v. 29.06.2007, (522) 1 Kap Js 1904/06 Ks (1/07), juris, S. 30.

Klinik oder gegen Unbekannt Vorermittlungen bzw. Ermittlungsverfahren beispielsweise wegen Tötung durch Unterlassen eingeleitet wurden. Mit dem Schreiben vom 11.05.2023 teilte die Staatsanwalt Berlin mit, dass dem Antragsteller keine Auskünfte, auch nicht allgemeiner Art, erteilt werden.[693]

3.4.4.4 Niels H. – Vorhandensein von und Umgang mit Hinweisen sowie mögliche Aufdeckungsbarrieren

Häufiger als andere Mitarbeitende war Niels H. an Reanimationen und Notfallsituationen auf der Intensivstation des Klinikums Oldenburg beteiligt.[694] Mit der Zeit fiel auf der Station auf, dass er sich zudem in unangebrachter Weise bei Notfällen in den Vordergrund drängte und zu *„[…] aktionistischen Verhaltensweisen neigte“*.[695] Am Wochenende zwischen dem 14. und 16.09.2001 kam es auf der Intensivstation des Oldenburger Klinikums zu einer *„Horrornacht“*, in der es zu *„extrem vielen Notfällen und Reanimationen“* kam.[696] Eine Kollegin von Niels H. sagte aus, dass sie ihn an diesem Wochenende mit einer Spritze in der Hand an einem Bett *„[…] eines in Krise geratenen Patienten“* sah.[697] Spätestens nach diesem Wochenende geht die Kammer davon aus, dass sich unter dem Kollegium des Klinikums Oldenburg ein *„[…] Misstrauen ihm [Niels H.] gegenüber konkretisiert [haben muss]“*.[698]

Bei den betroffenen Patientinnen und Patienten, waren die erhöhten Kaliumwerte aufgefallen. Auf Grund der Laborwerte wurde eine Besprechung, die als *„Kaliumkonferenz“* bezeichnet wurde, einberufen.[699] An dieser Konferenz nahmen 20 bis 30 pflegerische sowie ärztliche Mitarbeitende teil, um zu klären, was die Gründe für die erhöhten Werte sein könnten. Unter ihnen war auch der Täter. Weiterführende Nachforschungen oder das Benennen eines Verdachts blieben aus.[700]

Unter den Kolleginnen und Kollegen führte jedoch die Tatsache, dass Niels H. regelmäßig bei Reanimationen und Notfallsituationen zugegen war und mit unangebrachtem Verhalten auffiel, zunehmend zu Unmut.[701] Dem Chefarzt der

[693] Schreiben vom 11.05.2023 – STA 1451/1 E-3053-8.

[694] Vgl. LG Oldenburg, Urteil v. 06.06.2019, 5 Ks 800 Js 54254/17 (1/18), juris, S. 34.

[695] LG Oldenburg, Urteil v. 06.06.2019, 5 Ks 800 Js 54254/17 (1/18), juris, S. 34.

[696] LG Oldenburg, Urteil v. 06.06.2019, 5 Ks 800 Js 54254/17 (1/18), juris, S. 44.

[697] LG Oldenburg, Urteil v. 06.06.2019, 5 Ks 800 Js 54254/17 (1/18), juris, S. 44.

[698] LG Oldenburg, Urteil v. 06.06.2019, 5 Ks 800 Js 54254/17 (1/18), juris, S. 44.

[699] Vgl. LG Oldenburg, Urteil v. 06.06.2019, 5 Ks 800 Js 54254/17 (1/18), juris, S. 44.

[700] Vgl. LG Oldenburg, Urteil v. 06.06.2019, 5 Ks 800 Js 54254/17 (1/18), juris, S. 44.

[701] Vgl. LG Oldenburg, Urteil v. 06.06.2019, 5 Ks 800 Js 54254/17 (1/18), juris, S. 34.

Station fielen die zunehmenden Reanimationen und das Verhalten von Niels H. ebenfalls auf. Er sah sich veranlasst, Ärztinnen und Ärzte sowie den Stationsleiter zu bitten, *„ein Auge"* auf ihn zu haben.[702] Schließlich wurde er auf Grund seines Verhaltens innerhalb der Klinik zum 10.12.2001 auf eine andere Station versetzt. Auf der Station wurden weniger schwer erkrankte Personen behandelt und es kam dementsprechend zu weniger Notfallsituationen. Gleichwohl kam es auch dort, wenn auch weniger häufig, zu Reanimationen, an denen Niels H. beteiligt war.[703] Auf Grund von Personalrotationen wurde er im Frühjahr 2002 wieder auf der herzchirurgischen Intensivstation eingesetzt.[704] Im Sommer 2002 nahm das Misstrauen auf pflegerischer sowie ärztlicher Seite soweit zu, so dass sich Niels H. an den Betriebsrat wendete, weil er eine Kündigung fürchtete.[705] Im Rahmen eines Gesprächs u. a. mit dem damaligen Geschäftsführer, der Pflegedirektorin, der Personalvertreterin sowie Niels H. selbst, wurde ihm von Seiten der Krankenhausverantwortlichen mitgeteilt, dass für eine Zusammenarbeit keine Vertrauensbasis mehr vorhanden sei.[706] Man sei nicht mehr bereit, mit ihm weiter zusammenzuarbeiten. Was genau ihm vorgeworfen wurde und weshalb kein Vertrauen mehr vorhanden sei, wurde nicht gesagt. Die Betriebsrätin hat mehrfach nachgefragt, ohne jedoch eine Antwort zu erhalten.[707] Im weiteren Verlauf erfolgte am 23.09.2002 ein Vieraugen-Gespräch mit einem der Chefärzte. In diesem Gespräch wurde ihm erneut gesagt, dass kein Vertrauen mehr vorhanden sei, genauere Gründe wurden auch in diesem Gespräch nicht genannt. Niels H. fragte in dem Vieraugen-Gespräch direkt, *„[...] ob er als Feuerwehrmann gesehen würde, der das Feuer selbst legt und dann zur Stelle ist."*[708] Auf diese Frage wurde ihm entgegnet, dass es darum nicht gehen würde.[709] Auch wenn der Chefarzt organisatorisch nicht zuständig ist, stellte er Niels H. vor die Wahl, in den Hol- und Bringdienst zu wechseln oder mit sofortiger Wirkung und mit vollen Bezügen für die nächsten drei Monate freigestellt zu werden.[710] Der Arbeitsvertrag werde aufgehoben und er erhalte zudem ein gutes Arbeitszeugnis. Niels H. stimmte dem mit der Verwaltung des Krankenhauses abgesprochenen Vorschlag zu und

[702] LG Oldenburg, Urteil v. 06.06.2019, 5 Ks 800 Js 54254/17 (1/18), juris, S. 34.
[703] Vgl. LG Oldenburg, Urteil v. 06.06.2019, 5 Ks 800 Js 54254/17 (1/18), juris, S. 34.
[704] Vgl. LG Oldenburg, Urteil v. 06.06.2019, 5 Ks 800 Js 54254/17 (1/18), juris, S. 34.
[705] Vgl. LG Oldenburg, Urteil v. 06.06.2019, 5 Ks 800 Js 54254/17 (1/18), juris, S. 35.
[706] Vgl. LG Oldenburg, Urteil v. 06.06.2019, 5 Ks 800 Js 54254/17 (1/18), juris, S. 35.
[707] Vgl. LG Oldenburg, Urteil v. 06.06.2019, 5 Ks 800 Js 54254/17 (1/18), juris, S. 35.
[708] LG Oldenburg, Urteil v. 06.06.2019, 5 Ks 800 Js 54254/17 (1/18), juris, S. 35.
[709] Vgl. LG Oldenburg, Urteil v. 06.06.2019, 5 Ks 800 Js 54254/17 (1/18), juris, S. 35.
[710] Vgl. LG Oldenburg, Urteil v. 06.06.2019, 5 Ks 800 Js 54254/17 (1/18), juris, S. 35.

wurde freigestellt.[711] Der Betriebsrat hatte weiterhin Versuche unternommen, die Umstände der Causa zu klären. Von Seiten des Krankenhauses wurde dies jedoch abgeblockt.[712] In dem Arbeitszeugnis heißt es auszugsweise, dass er „*umsichtig, gewissenhaft und selbständig*" arbeiten würde, in „*kritischen Situationen [...] überlegt und sachlich richtig*" handeln würde.[713] Niels H. sei auf Grund „*seiner Einsatzbereitschaft und seines kooperativen Verhaltens [...] im Mitarbeiterkreis und bei Vorgesetzten beliebt und geschätzt*" gewesen. Aus dem Arbeitsverhältnis sei er „*auf eigenen Wunsch*" ausgeschieden, wie es in dem Zeugnis heißt.[714]

Bereits am 15.12.2002, also rund zweieinhalb Monate nach dem Vieraugen-Gespräch mit dem Chefarzt, begann Niels H. ein neues Beschäftigungsverhältnis auf der Intensivstation am Klinikum Delmenhorst.[715]

In dem Klinikum Delmenhorst kam es ebenfalls zu einer Vielzahl von Manipulationen durch die Gabe von nicht indizierten Medikamenten. Aufgefallen ist auch in Delmenhorst, dass Niels H. auffällig häufig bei derartigen Notfällen anwesend ist.[716]

Niels H. wurde bei seinen Taten mit der Zeit zunehmend risikobereiter. Zum Teil hat er Patientinnen und Patienten bereits bei der Aufnahme auf die Intensivstation und in Anwesenheit von Kolleginnen und Kollegen getötet.[717]

Am 09.05.2005 kam es gegen 20:00 Uhr zu einem durch Niels H. hervorgerufenen Notfall in dessen Folge der Patient reanimiert wurde und um 23:30 Uhr „*[...] trotz massiver und stundenlanger, aber letztlich erfolgloser Reanimationsversuche*" für tot erklärt wurde.[718]

Ein Krankenpfleger und Kollege von Niels H. entdeckte beim Aufräumen des Zimmers des Verstorbenen, in einem „*[...] Spritzenabwurfbehälter leere Gilurytmal-Ampullen, die er mit einer Kornzange sicherstellte.*"[719] Er verdächtigte Niels H., das Medikament dem Patienten, der zuvor reanimiert wurde und verstarb, verabreicht zu haben. Er übergab die leeren Ampullen sowie „*[...] unter Benennung seines Verdachts*" einer vorgesetzten Person, die angab, dem Hinweis

[711] Vgl. LG Oldenburg, Urteil v. 06.06.2019, 5 Ks 800 Js 54254/17 (1/18), juris, S. 35.
[712] Vgl. LG Oldenburg, Urteil v. 06.06.2019, 5 Ks 800 Js 54254/17 (1/18), juris, S. 35.
[713] LG Oldenburg, Urteil v. 06.06.2019, 5 Ks 800 Js 54254/17 (1/18), juris, S. 35.
[714] LG Oldenburg, Urteil v. 06.06.2019, 5 Ks 800 Js 54254/17 (1/18), juris, S. 35.
[715] Vgl. LG Oldenburg, Urteil v. 06.06.2019, 5 Ks 800 Js 54254/17 (1/18), juris, S. 36.
[716] Vgl. LG Oldenburg, Urteil v. 06.06.2019, 5 Ks 800 Js 54254/17 (1/18), juris, S. 58.
[717] Vgl. LG Oldenburg, Urteil v. 06.06.2019, 5 Ks 800 Js 54254/17 (1/18), juris, S. 134.
[718] LG Oldenburg, Urteil v. 06.06.2019, 5 Ks 800 Js 54254/17 (1/18), juris, S. 58.
[719] LG Oldenburg, Urteil v. 06.06.2019, 5 Ks 800 Js 54254/17 (1/18), juris, S. 58.

nachzugehen.[720] Ab diesem Zeitpunkt seien mehrere Mitarbeitende der Station gegenüber Niels H. *„[…] sehr sensibilisiert“* gewesen und beobachteten ihn.[721] Die Kammer hat in der Hauptverhandlung nicht ausgeschlossen, dass *„[…] ab diesem Zeitpunkt sämtliche Pfleger bzw. Ärzte entsprechend aufmerksam waren.“*[722]

Im Juni 2005 führte Niels H. bei einer 60-jährigen Patientin erneut Manipulationen durch und verabreichte ihr einen Teil des in einer Spritze befindlichen Antiarrhythmikums Gilurytmal (Wirkstoff: Ajmalin).[723] Entgegen seiner Erwartungen wurde die Geschädigte wach und schaute ihn an. Er hat sodann von ihr abgelassen und seine Tat nicht vollenden können. Auf Grund der Wirkung des Medikaments verschlechterte sich der Zustand, ohne dass die Geschädigte dabei reanimationspflichtig wurde.[724] Der Täter informierte eine Kollegin, die einen Arzt hinzuzog, der die Patientin intubierte und künstlich beatmen ließ.[725]

Als sich das Opfer erholte und wieder ansprechbar war, soll sich die Patientin an Mitarbeitende des Krankenhauses gewandt haben und teilte mit, *„[…] sie habe mitbekommen, dass er – der Angeklagte – an ihr herumhantiert haben, bevor es ihr plötzlich schlechter gegangen sei.“*[726] Er wurde auf den Vorwurf angesprochen und stritt diesen jedoch ab. Der Vorfall blieb ohne weitere Konsequenzen.[727]

Bis zu der Festnahme von Niels H. am 08.07.2005 dauerte es noch rund zwei Monate, in denen er drei weitere Personen tötete. Am 22.06.2005 wurde er schließlich auf frischer Tat ertappt.[728] Spätestens ab diesem Zeitpunkt führte der Vorfall zu einer erheblichen Konkretisierung des bereits bestehenden Tatverdachts. Dennoch konnte Niels H. noch einen weiteren Dienst antreten und tötete am 24.06.2005 eine 67 Jahre alte Geschädigte.[729]

Dem Gliederungspunkt 3.4.6.4 „Umstände der Tataufdeckung“ sind die weiteren Abläufe in Bezug auf die Tat am 22.06.2005 und die Folgemaßnahmen der Klinik zu entnehmen.

Auf Grund der Hinweise und des Nichteinschreitens der Verantwortlichen der Kliniken wurden Ermittlungsverfahren wegen Tötung durch Unterlassen gegen

---

[720] LG Oldenburg, Urteil v. 06.06.2019, 5 Ks 800 Js 54254/17 (1/18), juris, S. 58.

[721] LG Oldenburg, Urteil v. 06.06.2019, 5 Ks 800 Js 54254/17 (1/18), juris, S. 58.

[722] LG Oldenburg, Urteil v. 06.06.2019, 5 Ks 800 Js 54254/17 (1/18), juris, S. 58.

[723] Vgl. LG Oldenburg, Urteil v. 06.06.2019, 5 Ks 800 Js 54254/17 (1/18), juris, S. 23.

[724] Vgl. LG Oldenburg, Urteil v. 06.06.2019, 5 Ks 800 Js 54254/17 (1/18), juris, S. 23.

[725] Vgl. LG Oldenburg, Urteil v. 06.06.2019, 5 Ks 800 Js 54254/17 (1/18), juris, S. 23.

[726] LG Oldenburg, Urteil v. 06.06.2019, 5 Ks 800 Js 54254/17 (1/18), juris, S. 23.

[727] Vgl. LG Oldenburg, Urteil v. 06.06.2019, 5 Ks 800 Js 54254/17 (1/18), juris, S. 23.

[728] Vgl. LG Oldenburg, Urteil v. 06.06.2019, 5 Ks 800 Js 54254/17 (1/18), juris, S. 59.

[729] Vgl. LG Oldenburg, Urteil v. 06.06.2019, 5 Ks 800 Js 54254/17 (1/18), juris, S. 59.

vorgesetzte Personen von Niels H. eingeleitet und schließlich auch angeklagt. In dem Kapitel 7 „Strafrechtliche Haftung verantwortlicher Personen" wird auf den Fall Niels H. und das Urteil in Bezug auf Begehen durch Unterlassen näher eingegangen.

3.4.5 Rechtsmedizinische Besonderheiten

3.4.5.1 Michaela G. – Rechtsmedizinische Besonderheiten

Michaela G. – Opfer 1 († 29.11.2003):

Nach dem Tod der Person erfolgte eine ärztliche Leichenschau. Die Ärztin oder der Arzt dokumentierte eine natürliche Todesursache durch *„Linksherzversagen"*.[730]

Die Exhumierung sowie die Obduktion erfolgten am 29.06.2005. Die Todesursache konnte nicht mehr eindeutig festgestellt werden. *„Im rechten Kinn-/Unterkieferbereich fanden sich gut abgegrenzte, deutliche, rundliche Schwarzfärbungen mit deutlicher Fortsetzung in das Unterhautfettgewebe, die am ehesten als Einblutungen an prominenter Stelle des Unterkiefers anzusehen sind. Des Weiteren wurden großflächige Schwarzfärbungen auf dem Rücken im Bereich der Brustwirbelsäule und der rechten Schulter, korrespondierend dazu Schwarzfärbungen im Unterhautfettgewebe festgestellt."*[731] *„Beide Befunde [...] sprechen aber für mechanische Einwirkung auf den Körper."*[732]

Michaela G. – Opfer 2 († 26.12.2003):

Im Rahmen der ärztlichen Leichenschau, wurde eine natürliche Todesursache durch einen *„akuten Apoplex"*, festgestellt.[733]

Am 26.06.2005 erfolgten die Exhumierung sowie die Obduktion. *„Die Todesursache konnte nicht festgestellt werden. Es konnten weder Feststellungen getroffen werden, die den Tod durch Bedecken des Gesichts mit einem Kissen, noch solche die ihm entgegenstehen"*, gefunden werden.[734]

---

[730] StA Bonn, Ks 900 Js 581/05 – 24 G 3/05, Spurenakte 1, Blatt 44.

[731] LG Bonn, Urteil v. 22.02.2006, Ks 900 Js 581/05 – 24 G 3/05, S. 16, Hauptakte, Band II, Blatt 18.

[732] StA Bonn, Ks 900 Js 581/05 – 24 G 3/05, Spurenakte 1, Blatt 78 f.

[733] Vgl. LG Bonn, Urteil v. 22.02.2006, Ks 900 Js 581/05 – 24 G 3/05, S. 17, Hauptakte, Band II, Blatt 19.

[734] LG Bonn, Urteil v. 22.02.2006, Ks 900 Js 581/05 – 24 G 3/05, S. 17, Hauptakte, Band II, Blatt 19.

Michaela G. – Opfer 3 († 07.03.2004):

Nach dem Tod des dritten Opfers erfolgte, wie üblich, eine ärztliche Leichenschau. Die Ärztin oder der Arzt dokumentierte eine natürliche Todesursache verursacht durch einen „*Apoplex cerebri*".[735]

Die Exhumierung sowie die Obduktion erfolgten am 30.06.2005. Die Todesursache konnte nicht mehr eindeutig festgestellt werden. „*Auf der linken Seite des Gesichts unterhalb der Ohrmuschel zeigte sich ein oberflächlicher kratzerartiger Hautdefekt.*"[736]

Michaela G. – Opfer 4 († 06.08.2004):

Durch die ärztliche Leichenschau konnten keine Auffälligkeiten festgestellt werden. Todesursache soll „*Herzversagen*" gewesen sein.[737]

Eine Obduktion konnte nicht durchgeführt werden, weil die Leiche eingeäschert wurde.[738]

Michaela G. – Opfer 5 († 31.12.2004):

Im Rahmen der ärztlichen Leichenschau wurde eine natürliche Todesursache durch „*Herz-Kreislauf-Versagen*" dokumentiert.[739]

Eine Obduktion war nicht möglich, weil die Leiche ebenfalls eingeäschert wurde.[740]

Michaela G. – Opfer 6 († 24.03.2005):

Als Todesursache wurde „*Multiorganversagen*", also eine natürliche Todesursache im Rahmen der Leichenschau festgestellt.[741]

---

735 Vgl. LG Bonn, Urteil v. 22.02.2006, Ks 900 Js 581/05 – 24 G 3/05, S. 19, Hauptakte, Band II, Blatt 20.

736 LG Bonn, Urteil v. 22.02.2006, Ks 900 Js 581/05 – 24 G 3/05, S. 19, Hauptakte, Band II, Blatt 21.

737 Vgl. LG Bonn, Urteil v. 22.02.2006, Ks 900 Js 581/05 – 24 G 3/05, S. 21, Hauptakte, Band II, Blatt 23.

738 LG Bonn, Urteil v. 22.02.2006, Ks 900 Js 581/05 – 24 G 3/05, S. 21, Hauptakte, Band II, Blatt 23.

739 Vgl. LG Bonn, Urteil v. 22.02.2006, Ks 900 Js 581/05 – 24 G 3/05, S. 22, Hauptakte, Band II, Blatt 24.

740 LG Bonn, Urteil v. 22.02.2006, Ks 900 Js 581/05 – 24 G 3/05, S. 22, Hauptakte, Band II, Blatt 24.

741 Vgl. LG Bonn, Urteil v. 22.02.2006, Ks 900 Js 581/05 – 24 G 3/05, S. 24, Hauptakte, Band II, Blatt 26.

Die Leiche der Geschädigten wurde eingeäschert, weshalb auch in diesem Fall keine Obduktion möglich war.[742]

Michaela G. – Opfer 7 († 26.03.2005):

Unter anderem soll eine Pneumonie Todesursache gewesen sein. Auffälligkeiten konnte die Ärztin oder der Arzt bei der Leichenschau nicht finden, weshalb auch hier eine natürliche Todesursache dokumentiert wurde.[743]

Am 23.06.2005 erfolgten die Exhumierung sowie die Obduktion der Geschädigten. Hierbei konnte keine Todesursache mehr eindeutig festgestellt werden.[744]

Michaela G. – Opfer 8 († 09.04.2005):

Nach dem Tod der Person erfolgte die vorgeschriebene ärztliche Leichenschau. Die Ärztin bzw. der Arzt dokumentierte eine natürliche Todesursache durch „*Multiorganversagen, dekompensierte Herzinsuffizienz als Folge von Herzrhythmusstörungen und arterielle Hypertonie*".[745]

Am 23.06.2005 erfolgte die Obduktion der Geschädigten. Hierbei wurden Einblutungen in der Schleimhaut der linken Unterlippe festgestellt. Dies spricht für eine Widerlagerverletzung die durch Aufpressen der Schleimhaut gegen das Gebiss entstehen sein kann. Des Weiteren fanden sich Einblutungen im Unterhautfettgewebe am Schulterblatt, in der Lendenwirbelsäulengegend und am Beckenkamm, wie es durch Aufpressen des Körpers auf einen harten Untergrund entstehen kann.[746]

Michaela G. – Opfer 9 († 24.04.2005):

Auch beim letzten Opfer wurde eine natürliche Todesursache durch „*Herzinsuffizienz*" im Rahmen der Leichenschau festgestellt.[747]

---

[742] LG Bonn, Urteil v. 22.02.2006, Ks 900 Js 581/05 – 24 G 3/05, S. 24, Hauptakte, Band II, Blatt 26.

[743] Vgl. LG Bonn, Urteil v. 22.02.2006, Ks 900 Js 581/05 – 24 G 3/05, S. 26, Hauptakte, Band II, Blatt 28.

[744] LG Bonn, Urteil v. 22.02.2006, Ks 900 Js 581/05 – 24 G 3/05, S. 27, Hauptakte, Band II, Blatt 29.

[745] Vgl. LG Bonn, Urteil v. 22.02.2006, Ks 900 Js 581/05 – 24 G 3/05, S. 29, Hauptakte, Band II, Blatt 31.

[746] LG Bonn, Urteil v. 22.02.2006, Ks 900 Js 581/05 – 24 G 3/05, S. 29 f., Hauptakte, Band II, Blatt 31 f.

[747] Vgl. LG Bonn, Urteil v. 22.02.2006, Ks 900 Js 581/05 – 24 G 3/05, S. 32, Hauptakte, Band II, Blatt 34.

Am 23.06.2005 erfolgte die Obduktion der Geschädigten. Eine Todesursache konnte auch in diesem Fall nicht mehr geklärt werden.[748]

3.4.5.2 Stephan L. - Rechtsmedizinische Besonderheiten

Stephan L. – Opfer 1 († 02.02.2003):

Nach dem Ableben des ersten Opfers erfolgte zunächst die Feststellung eines natürlichen Todes. Die Leiche wurde anschließend erdbestattet. Erst im Verlauf des Ermittlungsverfahrens wurden die Todesumstände näher untersucht und die Exhumierung der Leiche angeordnet.[749]

Eine genaue Todesursache konnte im Rahmen der Obduktion nicht mehr geklärt werden.[750] Es konnte jedoch Brusthöhlenflüssigkeit asserviert werden. Die toxikologische Analyse konnte sodann Abbauprodukte der in Frage stehenden Medikamente Diazepam sowie Rocuronium nachweisen. Eine therapeutisch indizierte Verabreichung der Medikamente konnte ausgeschlossen werden, sodass der Tathergang plausibel war.[751]

Stephan L. – Opfer 2 († 11.03.2003):

Bei dem zweiten Opfer wurde ebenfalls ein natürlicher Tod angenommen. Die Leiche wurde für die Bestattung freigegeben und eingeäschert. Es waren somit weder eine Obduktion noch eine toxikologische Analyse möglich.[752]

Stephan L. – Opfer 3 († 12.03.2003):

Im Fall des dritten Opfers wurde ebenfalls zunächst ein natürlicher Tod bescheinigt, die Leiche erdbestattet und für das Ermittlungsverfahren exhumiert. Im Rahmen der durchgeführten Obduktion konnte ein natürlicher Tod nicht gänzlich

[748] LG Bonn, Urteil v. 22.02.2006, Ks 900 Js 581/05 – 24 G 3/05, S. 32, Hauptakte, Band II, Blatt 34.

[749] Vgl. LG Kempten, Urteil v. 30.11.2006, 1 Ks 212 Js 14068/04, Seite 65, Hauptakte, Band XVI, Blatt 66.

[750] Vgl. LG Kempten, Urteil v. 30.11.2006, 1 Ks 212 Js 14068/04, Seite 65, Hauptakte, Band XVI, Blatt 66.

[751] Vgl. LG Kempten, Urteil v. 30.11.2006, 1 Ks 212 Js 14068/04, Seite 65, Hauptakte, Band XVI, Blatt 66.

[752] Vgl. LG Kempten, Urteil v. 30.11.2006, 1 Ks 212 Js 14068/04, Seite 66, Hauptakte, Band XVI, Blatt 67.

ausgeschlossen werden.[753] Die Toxikologische Analyse konnte jedoch Rocuronium nachweisen. Eine medizinische Indikation lag für die Gabe von Rocuronium nicht vor. An einem nicht natürlichen Tod besteht demnach kein Zweifel.[754]

Stephan L. – Opfer 4 († 05.04.2003):

Die Leichenschau ergab keine Hinweise auf einen nicht natürlichen Tod, weshalb die Leiche zur Bestattung freigegeben wurde. Nach der erfolgten Exhumierung konnte das toxikologische Sachverständigengutachten die Gabe von Rocuronium nachweisen, die letztendlich todesursächlich war. Auch im Fall des vierten Opfers lag keine therapeutische Indikation für dieses Medikament vor.[755]

Stephan L. – Opfer 5 († 16.04.2003):

Bei der Obduktion der Leiche konnte in der nachfolgenden toxikologischen Analyse Rocuronium sowie Spuren von Diazepam in der Brusthöhlenflüssigkeit festgestellt werden. Eine medizinische Indikation kann für das Medikament Rocuronium ausgeschlossen werden. Auch in diesem Fall wurde zunächst ein natürlicher Tod angenommen. Die Ergebnisse der toxikologischen Untersuchung bestätigen, dass das fünfte Opfer ebenfalls getötet wurde.[756]

Stephan L. – Opfer 6 († 30.04.2003):

Wie in den Fällen zuvor, wurde ebenfalls zunächst ein natürlicher Tod angenommen. Im Rahmen der durchgeführten Obduktion sowie der toxikologischen Analyse konnten Rocuronium sowie Diazepam nachgewiesen werden. Für beide Medikamente lag keine Indikation vor und somit handelt es sich um einen nicht natürlichen Tod.

Stephan L. – Opfer 7 († 06.05.2003):

Nach der Exhumierung der Leiche erfolgte die Obduktion. Eine Todesursache konnte nicht mehr eindeutig geklärt werden. Der Allgemeinzustand des Opfers, hätte zumindest theoretisch, jederzeit zu einem natürlichen Tod führen können.

---

[753] Vgl. LG Kempten, Urteil v. 30.11.2006, 1 Ks 212 Js 14068/04, Seite 68, Hauptakte, Band XVI, Blatt 69.

[754] Vgl. LG Kempten, Urteil v. 30.11.2006, 1 Ks 212 Js 14068/04, Seite 68, Hauptakte, Band XVI, Blatt 69.

[755] Vgl. LG Kempten, Urteil v. 30.11.2006, 1 Ks 212 Js 14068/04, Seite 69, Hauptakte, Band XVI, Blatt 70.

[756] Vgl. LG Kempten, Urteil v. 30.11.2006, 1 Ks 212 Js 14068/04, Seite 69, Hauptakte, Band XVI, Blatt 70.

Die toxikologische Analyse konnte jedoch das Medikament Diazepam nachweisen. Ein Muskelrelaxans konnte nicht gefunden werden. Das ähnlich wirkende Medikament Lysthenon könnte verwendet worden sein, da es im Rahmen einer toxikologischen Untersuchung nicht nachzuweisen ist. Für die Verabreichung des Medikaments Diazepam bestand keine Indikation.[757] Auch in diesem Fall handelt es sich also um einen nicht natürlichen Tod.

Stephan L. – Opfer 8 († 31.05.2003):

Ebenfalls wurde zunächst ein natürlicher Tod angenommen. Im Zuge der Ermittlungen wurde auch das achte Opfer exhumiert. Im Rahmen der durchgeführten Obduktion sowie der toxikologischen Analyse, konnte Diazepam nachgewiesen werden. Ein Muskelrelaxans konnte ebenfalls nicht festgestellt werden, was für die Verwendung des ähnlich wirkenden Medikaments Lysthenon spricht. Eine natürliche Todesursache wurde ausgeschlossen.[758]

Stephan L. – Opfer 9 († 03.06.2003):

Bei dem neunten Opfer konnte die toxikologische Analyse, die im Rahmen der Obduktion durchgeführt wurde, Rocuronium sowie Midazolam nachweisen. Eine medizinische Indikation für beide Medikamente bestand nicht. Die Erkenntnisse bestätigen eine nicht natürliche Todesursache. Zunächst wurde jedoch ein natürlicher Tod angenommen und die Leiche bestattet.[759]

Stephan L. – Opfer 10 († 15.06.2003):

Bei dem zehnten Opfer wurde ebenfalls zunächst ein natürlicher Tod angenommen. Die Leiche wurde für die Bestattung freigegeben und erdbestattet. Die Leiche wurde exhumiert und eine Obduktion sowie toxikologische Analyse durchgeführt. Es konnte Midazolam nachgewiesen werden, jedoch kein Muskelrelaxans. Das Ergebnis spricht somit für die Verwendung Lysthenon, als Muskelrelaxans.[760]

---

[757] Vgl. LG Kempten, Urteil v. 30.11.2006, 1 Ks 212 Js 14068/04, Seite 72, Hauptakte, Band XVI, Blatt 73.

[758] Vgl. LG Kempten, Urteil v. 30.11.2006, 1 Ks 212 Js 14068/04, Seite 72, Hauptakte, Band XVI, Blatt 73.

[759] Vgl. LG Kempten, Urteil v. 30.11.2006, 1 Ks 212 Js 14068/04, Seite 73, Hauptakte, Band XVI, Blatt 74.

[760] Vgl. LG Kempten, Urteil v. 30.11.2006, 1 Ks 212 Js 14068/04, Seite 74, Hauptakte, Band XVI, Blatt 75.

Stephan L. – Opfer 11 († 23.06.2003):

Die Leichenschau ergab keine Hinweise auf einen nicht natürlichen Tod, weshalb die Leiche zur Bestattung freigegeben und erdbestattet wurde. Nach der erfolgten Exhumierung konnte das toxikologische Sachverständigengutachten die Gabe von Etomidat nachweisen, die letztendlich todesursächlich war. Es lag keine therapeutische Indikation für das Medikament vor.[761]

Stephan L. – Opfer 12 († 28.06.2003):

Nachdem der Leichnam exhumiert und im Rahmen der Obduktion eine toxikologische Analyse durchgeführt wurde, konnten Midazolam nachgewiesen werden. Ein Muskelrelaxans konnte nicht gefunden werden. Für diese Medikamentengabe bestand keine Indikation. Ein natürlicher Tod kann ausgeschlossen werden.[762]

Stephan L. – Opfer 13 († 28.08.2003):

Ebenfalls wurde zunächst ein natürlicher Tod angenommen. Im Zuge der Ermittlungen wurde der Leichnam exhumiert. Im Rahmen der durchgeführten Obduktion sowie der toxikologischen Analyse, konnte Midazolam nachgewiesen werden. Ein Muskelrelaxans konnte nicht festgestellt werden. Dies spricht für die Verwendung des ähnlich wirkenden Medikaments Lysthenon. Eine natürliche Todesursache wurde ausgeschlossen.[763]

Stephan L. – Opfer 14 († 30.09.2003):

Auch in dem Fall des 14. Opfers wurde eine Obduktion sowie toxikologische Analyse nach erfolgter Exhumierung durchgeführt. Es konnten Rocuronium sowie Diazepam nachgewiesen werden. Eine Indikation für beide Medikamente bestand nicht und somit scheidet ein natürlicher Tod aus.[764]

Stephan L. – Opfer 15 († 02.10.2003):

Wie auch in den Fällen zuvor, beruht die Feststellung der Todesursache auf den Ergebnissen der toxikologischen Untersuchung. Hierbei konnte Rocuronium

---

[761] Vgl. LG Kempten, Urteil v. 30.11.2006, 1 Ks 212 Js 14068/04, Seite 76, Hauptakte, Band XVI, Blatt 77.

[762] Vgl. LG Kempten, Urteil v. 30.11.2006, 1 Ks 212 Js 14068/04, Seite 77, Hauptakte, Band XVI, Blatt 78.

[763] Vgl. LG Kempten, Urteil v. 30.11.2006, 1 Ks 212 Js 14068/04, Seite 78, Hauptakte, Band XVI, Blatt 79.

[764] Vgl. LG Kempten, Urteil v. 30.11.2006, 1 Ks 212 Js 14068/04, Seite 79, Hauptakte, Band XVI, Blatt 80.

nachgewiesen werden. Ein Sedativum war dagegen nicht nachweisbar, was aber nicht heißt, dass die Gabe gänzlich auszuschließen ist. Des Weiteren ist es zumindest theoretisch möglich, dass eine natürliche Todesursache in Frage käme, wie der rechtsmedizinische Sachverständige mitteilte. Für eine therapeutisch indizierte Gabe von Rocuronium gab es jedoch keine Indikation, weshalb angesichts des Nachweises, ein nicht natürlicher Tod angenommen wird.[765]

Stephan L. – Opfer 16 († 18.11.2003):

Zunächst wurde, wie in allen Fällen zuvor auch, ein natürlicher Tod angenommen und der Leichnam zu Bestattung freigegeben. Nach der Exhumierung konnte auch im Fall des 16. Opfers bei der toxikologischen Analyse das Sedativum Midazolam nachgewiesen werden. Ein Muskelrelaxans konnte dagegen nicht gefunden werden. Eine Indikation lag für Midazolam nicht vor. Eine natürliche Todesursache ist auszuschließen.[766]

Stephan L. – Opfer 17 († 06.12.2003):

Die Leichenschau ergab keine Hinweise auf einen nicht natürlichen Tod, weshalb die Leiche zur Bestattung freigegeben und kremiert wurde. Eine Obduktion sowie eine toxikologische Untersuchung konnten somit nicht erfolgen.[767]

Stephan L. – Opfer 18 († 06.12.2003):

Bei dem 18. Opfer erfolgte eine Erdbestattung, weshalb eine Exhumierung und anschließende Obduktion möglich war. Eine Todesursache konnte nur durch die toxikologische Analyse festgestellt werden. Bei der Untersuchung fand sich Midazolam, für das keine medizinische Indikation vorlag. Wie auch in Fällen zuvor auch, konnte kein Muskelrelaxans festgestellt werden. Dennoch ist eine natürliche Todesursache auszuschließen.[768]

Stephan L. – Opfer 19 († 14.01.2004):

Nach erfolgter Exhumierung konnte die Leiche obduziert werden. Eine nicht natürliche Todesursache konnte durch die toxikologische Analyse festgestellt

---

[765] Vgl. LG Kempten, Urteil v. 30.11.2006, 1 Ks 212 Js 14068/04, Seite 80, Hauptakte, Band XVI, Blatt 81.

[766] Vgl. LG Kempten, Urteil v. 30.11.2006, 1 Ks 212 Js 14068/04, Seite 81, Hauptakte, Band XVI, Blatt 82.

[767] Vgl. LG Kempten, Urteil v. 30.11.2006, 1 Ks 212 Js 14068/04, Seite 82, Hauptakte, Band XVI, Blatt 83.

[768] Vgl. LG Kempten, Urteil v. 30.11.2006, 1 Ks 212 Js 14068/04, Seite 83, Hauptakte, Band XVI, Blatt 84.

werden. Es konnten Midazolam und Rocuronium nachgewiesen werden, eine Indikation bestand für beide Medikamente nicht.[769]

Stephan L. – Opfer 20 († 02.02.2004):

Bei dem 20. Opfer wurde ebenfalls zunächst ein natürlicher Tod angenommen. Die Leiche wurde für die Bestattung freigegeben und erdbestattet. Die Leiche wurde exhumiert und anschließend eine Obduktion sowie eine toxikologische Untersuchung durchgeführt. Es konnte Rocuronium nachgewiesen werden, jedoch keine Sedativa wie z. B. Midazolam oder Diazepam.[770]

Stephan L. – Opfer 21 († 14.02.2004):

Zunächst wurde ein natürlicher Tod angenommen und die Leiche für die Bestattung freigegeben und eingeäschert. Es waren somit weder eine Obduktion noch eine toxikologische Analyse möglich.[771]

Stephan L. – Opfer 22 († 28.02.2004):

Wie bei dem 21. Opfer zuvor, wurde die Leiche für die Bestattung freigegeben und eingeäschert, weil ein natürlicher Tod angenommen wurde. Weder eine Obduktion noch eine toxikologische Analyse waren somit möglich.[772]

Stephan L. – Opfer 23 († 27.03.2004):

Des 23. Opfer wurde exhumiert und eine Obduktion sowie eine toxikologische Analyse durchgeführt. Es konnten Rocuronium sowie Diazepam nachgewiesen werden. Eine Indikation für beide Medikamente bestand nicht und somit scheidet ein zunächst angenommener natürlicher Tod aus.[773]

Stephan L. – Opfer 24 († 14.04.2004):

Das 24. Opfer wurde erdbestattet, weshalb eine Exhumierung und anschließende Obduktion möglich war. Eine nicht natürliche Todesursache konnte durch die

---

[769] Vgl. LG Kempten, Urteil v. 30.11.2006, 1 Ks 212 Js 14068/04, Seite 84, Hauptakte, Band XVI, Blatt 85.

[770] Vgl. LG Kempten, Urteil v. 30.11.2006, 1 Ks 212 Js 14068/04, Seite 44, Hauptakte, Band XVI, Blatt 85.

[771] Vgl. LG Kempten, Urteil v. 30.11.2006, 1 Ks 212 Js 14068/04, Seite 85, Hauptakte, Band XVI, Blatt 86.

[772] Vgl. LG Kempten, Urteil v. 30.11.2006, 1 Ks 212 Js 14068/04, Seite 86, Hauptakte, Band XVI, Blatt 87.

[773] Vgl. LG Kempten, Urteil v. 30.11.2006, 1 Ks 212 Js 14068/04, Seite 87, Hauptakte, Band XVI, Blatt 88.

toxikologische Analyse festgestellt werden. Die beiden Medikamente Rocuronium sowie Diazepam konnten nachgewiesen werden. Eine medizinische Indikation für die Verabreichung der Medikamente bestand nicht.[774]

Stephan L. – Opfer 25 († 24.06.2004):

Wie auch in den Fällen zuvor, beruht die Feststellung der Todesursache auf den Ergebnissen der toxikologischen Untersuchung. Bei der Untersuchung konnten Rocuronium sowie Diazepam nachgewiesen werden. Für eine therapeutisch indizierte Gabe der Medikamente bestand keine Indikation.[775]

Stephan L. – Opfer 26 († 25.06.2004):

Auf Grund der zunächst angenommenen natürlichen Todesursache, wurde die Leiche für die Bestattung freigegeben und eingeäschert. Eine Obduktion sowie eine toxikologische Analyse waren somit nicht möglich.[776]

Stephan L. – Opfer 27 († 27.06.2004):

Wie zuvor auch, wurde die Leiche für die Bestattung freigegeben und eingeäschert, weil ein natürlicher Tod angenommen wurde. Weder eine Obduktion noch eine toxikologische Analyse waren somit möglich.[777]

Stephan L. – Opfer 28 († 10.07.2004):

Im Rahmen der durchgeführten Obduktion sowie der toxikologischen Analyse konnten auch bei dem letzten Opfer Rocuronium und Diazepam nachgewiesen werden. Eine medizinische Indikation lag nicht vor. Der zuvor angenommene natürliche Tod konnte somit widerlegt werden.[778]

---

[774] Vgl. LG Kempten, Urteil v. 30.11.2006, 1 Ks 212 Js 14068/04, Seite 88, Hauptakte, Band XVI, Blatt 89.

[775] Vgl. LG Kempten, Urteil v. 30.11.2006, 1 Ks 212 Js 14068/04, Seite 89, Hauptakte, Band XVI, Blatt 90.

[776] Vgl. LG Kempten, Urteil v. 30.11.2006, 1 Ks 212 Js 14068/04, Seite 89, Hauptakte, Band XVI, Blatt 90.

[777] Vgl. LG Kempten, Urteil v. 30.11.2006, 1 Ks 212 Js 14068/04, Seite 90, Hauptakte, Band XVI, Blatt 91.

[778] Vgl. LG Kempten, Urteil v. 30.11.2006, 1 Ks 212 Js 14068/04, Seite 92, Hauptakte, Band XVI, Blatt 93.

3.4.5.3 Irene B. – Rechtsmedizinische Besonderheiten

Irene B. – Opfer 1 († 28.06.2005):

Aus dem Urteil ergeben sich keine Informationen bezüglich der erstdokumentierten Todesursache. Es muss von einem natürlichen Tod ausgegangen worden sein, da die Untersuchung des Sterbefalls erst im Verlauf der kriminalpolizeilichen Ermittlungen ab dem 04.10.2006 eingeleitet wurde.

Eine Obduktion sowie ein toxikologisches Gutachten konnten nicht durchgeführt werden, weil das Opfer eingeäschert wurde.[779]

Irene B. – Opfer 2 († 16.08.2006):

Es ergeben sich ebenfalls keine Informationen bezüglich der erstdokumentierten Todesursache. Auch in diesem Fall muss von einem natürlichen Tod ausgegangen worden sein, weil der Sterbefall erst im Verlauf der Ermittlungen der Kriminalpolizei Berlin ab dem 04.10.2006 untersucht wurde.[780]

Im Rahmen der durchgeführten Obduktion hätte eine natürliche Todesursache durchaus angenommen werden können, da erhebliche Vorerkrankungen vorlagen. Die toxikologische Untersuchung konnte jedoch Abbauprodukte des für die Tötung verwendeten Medikaments in einer übertherapeutischen Dosis nachweisen und so den Tatablauf belegen.[781]

Irene B. – Opfer 3 († 19.09.2006):

Bezüglich der erstdokumentierten Todesursache ergeben sich aus dem Urteil keinerlei Informationen. Auch der dritte Sterbefall wurde erst im Verlauf der Ermittlungen ab dem 04.10.2006 untersucht. Auf Grund der erheblichen Erkrankung sowie der Reanimationssituation wurde zunächst eine natürliche Todesursache angenommen.[782]

Die durchgeführte Obduktion lässt einen natürlichen Tod des Geschädigten zu. Im Rahmen der toxikologischen Untersuchung konnten jedoch ebenfalls Abbauprodukte des für die Tötung verwendeten Medikaments, in einer übertherapeutischen Dosis, nachgewiesen werden. Eine therapeutisch induzierte Verwendung des Medikaments wurde ausgeschlossen.[783]

---

[779] Vgl. LG Berlin, Urteil v. 29.06.2007, (522) 1 Kap Js 1904/06 Ks (1/07), juris, S. 14.

[780] Vgl. LG Berlin, Urteil v. 29.06.2007, (522) 1 Kap Js 1904/06 Ks (1/07), juris, S. 14.

[781] Vgl. LG Berlin, Urteil v. 29.06.2007, (522) 1 Kap Js 1904/06 Ks (1/07), juris, S. 15.

[782] Vgl. LG Berlin, Urteil v. 29.06.2007, (522) 1 Kap Js 1904/06 Ks (1/07), juris, S. 14; LG Berlin, Urteil v. 29.06.2007, (522) 1 Kap Js 1904/06 Ks (1/07), juris, S. 16.

[783] Vgl. LG Berlin, Urteil v. 29.06.2007, (522) 1 Kap Js 1904/06 Ks (1/07), juris, S. 16.

Irene B. – Opfer 4 († 26.09.2006):

Aus dem Urteil ergibt sich auch bei dem vierten Opfer keine erstdokumentierte Todesursache. Wie in den Fällen zuvor, wurde der Todesfall erst im Verlauf des Ermittlungsverfahrens ab Oktober 2006 untersucht, weshalb zunächst eine natürliche Todesursache angenommen wurde.[784]

Die Erkenntnisse aus der Obduktion lassen eine natürliche, krankheitsbedingte, innere Todesursache zu. Die toxikologische Untersuchung konnte das für die Tötung verwendete Medikament nachweisen, durch die der Ablauf der Tat nachvollziehbar wurde.[785]

Irene B. – Opfer 5 († 02.10.2006):

Bezüglich der erstdokumentierten Todesursache ergeben sich aus dem Urteil keinerlei Informationen. Auch der letzte Sterbefall wurde erst im Verlauf der Ermittlungen der Kriminalpolizei Berlin als mögliches Tötungsdelikt untersucht, weshalb auch in diesem Fall davon auszugehen ist, dass zunächst eine natürliche Todesursache angenommen wurde.[786]

Die durchgeführte Obduktion konnte auf Grund starker Fäulnisveränderung der Leiche keine Todesursache klären. Im Rahmen der toxikologischen Untersuchung konnten jedoch ebenfalls Abbauprodukte des für die Tötung verwendeten Medikaments, in einer übertherapeutischen Dosis, nachgewiesen werden. Eine therapeutisch induzierte Verwendung des Medikaments war vor dem Tod des Patienten nicht dokumentiert worden.[787]

3.4.5.4 Niels H. – Rechtsmedizinische Besonderheiten

Aus der vorliegenden Tötungsserie um den Krankenpfleger Niels H. ergibt sich, wie in den Fällen um Stephan L. und Irene B. auch, dass die toxikologischen Gutachten für den Nachweis der vorsätzlich begangenen Tötungen eine zentrale Rolle einnahmen.[788]

Aus dem Urteil des Landgerichts Oldenburg (06.06.2019 5 Ks 800 Js 54254/17 (1/18)) sind zu den einzelnen Opfern keine einzelnen rechtsmedizinischen Befunde dokumentiert.[789] Auf Grund der rechtsmedizinischen Gutachten der Medizinischen Hochschule Hannover (MHH) hat die Kammer allgemein für alle

---

[784] Vgl. LG Berlin, Urteil v. 29.06.2007, (522) 1 Kap Js 1904/06 Ks (1/07), juris, S. 17.

[785] Vgl. LG Berlin, Urteil v. 29.06.2007, (522) 1 Kap Js 1904/06 Ks (1/07), juris, S. 17.

[786] Vgl. LG Berlin, Urteil v. 29.06.2007, (522) 1 Kap Js 1904/06 Ks (1/07), juris, S. 18.

[787] Vgl. LG Berlin, Urteil v. 29.06.2007, (522) 1 Kap Js 1904/06 Ks (1/07), juris, S. 18.

[788] Vgl. LG Oldenburg, Urteil v. 06.06.2019, 5 Ks 800 Js 54254/17 (1/18), juris, S. 78 ff.

[789] Vgl. LG Oldenburg, Urteil v. 06.06.2019, 5 Ks 800 Js 54254/17 (1/18), juris, S. 78.

Opfer festgestellt, dass keine Todesursache im Rahmen der Obduktionen befundet werden konnte.[790] Da die Leichen exhumiert wurden und die Taten zum Zeitpunkt des Urteils zum Teil neun Jahre zurück lagen, konnten die Rechtsmedizinerinnen und Rechtsmediziner der MHH auf Grund des langen postmortalen Intervalls keine exakten Todesursachen mehr bestimmen.[791]

Für die toxikologischen Gutachten konnten Gewebeproben asserviert und untersucht werden. Die toxikologischen Gutachten waren somit im Rahmen der Hauptverhandlung von zentraler Bedeutung.[792]

Zunächst stand bei den Ermittlungen das Medikament Gilurytmal (Wirkstoff: Ajmalin) im Fokus. Bei den toxikologischen Gutachten wurde somit nach Rückständen bzw. Abbauprodukten von Ajmalin gesucht.[793] Im Verlauf der Ermittlungen machte der Täter weitere Angaben bezüglich der genutzten Tatmittel. Er habe auch die Medikamente Sotalex (Wirkstoff: Sotalol), Xylocain (Wirkstoff: Lidocain) und Cordarex (Wirkstoff: Amiodaron) verwendet. Es mussten auf Grund der neuen Erkenntnisse weitere Ergänzungsgutachten erstellt werden.[794]

Des Weiteren verwendete Niels H. das Medikament Kalium (Wirkstoff: Kaliumchlorid), um kritische Herzrhythmusstörungen und letztlich Notfallsituationen hervorzurufen, die in Reanimationen enden sollten.[795] Kalium lässt sich als endogener Stoff nicht aussagekräftig im Rahmen von Exhumierungen sowie der toxikologischen Gutachten nachweisen.[796] Kalium ist ein körpereigener Stoff, weshalb es nach dem Versterben zu natürlichen und relevanten Konzentrationsveränderungen im Leichnam kommt. Die Aussagekraft von Kalium in Befunden im Rahmen von toxikologischen Gutachten ist somit gering.[797]

Das im Organismus natürlich vorkommende Elektrolyt Kalium ist besonders in Bezug auf kardiologische Patientinnen und Patienten von großer Bedeutung.[798] Das Herz reagiert besonders empfindlich auf eine Hypo- oder Hyperkaliämie, also eine Veränderung der Kaliumwerte.[799] Sind die Kaliumwerte zu hoch oder

---

[790] Vgl. LG Oldenburg, Urteil v. 06.06.2019, 5 Ks 800 Js 54254/17 (1/18), juris, S. 78.

[791] Vgl. LG Oldenburg, Urteil v. 06.06.2019, 5 Ks 800 Js 54254/17 (1/18), juris, S. 78.

[792] Vgl. LG Oldenburg, Urteil v. 06.06.2019, 5 Ks 800 Js 54254/17 (1/18), juris, S. 78 ff.

[793] Vgl. LG Oldenburg, Urteil v. 06.06.2019, 5 Ks 800 Js 54254/17 (1/18), juris, S. 33.

[794] Vgl. LG Oldenburg, Urteil v. 06.06.2019, 5 Ks 800 Js 54254/17 (1/18), juris, S. 33.

[795] Vgl. LG Oldenburg, Urteil v. 06.06.2019, 5 Ks 800 Js 54254/17 (1/18), juris, S. 33.

[796] Vgl. LG Oldenburg, Urteil v. 06.06.2019, 5 Ks 800 Js 54254/17 (1/18), juris, S. 33.

[797] Vgl. LG Oldenburg, Urteil v. 06.06.2019, 5 Ks 800 Js 54254/17 (1/18), juris, S. 33.

[798] Vgl. LG Oldenburg, Urteil v. 06.06.2019, 5 Ks 800 Js 54254/17 (1/18), juris, S. 33.

[799] Vgl. LG Oldenburg, Urteil v. 06.06.2019, 5 Ks 800 Js 54254/17 (1/18), juris, S. 33.

zu niedrig, kann es in der Folge zu Herzrhythmusstörungen kommen, die u. U. bis zu einem Kreislaufstillstand führen. Wie ausgeführt, wären die toxikologischen Befunde in Bezug auf Kalium wenig aussagekräftig.[800] Auf der kardiochirurgischen Intensivstation des Klinikum Oldenburgs wurden die Kaliumwerte der Patientinnen und Patienten „*mindestens stündlich*" aufgezeichnet.[801] Für die Beurteilung, ob Niels H. Manipulationen mit Kalium in seiner Dienstzeit vorgenommen hat, konnte somit allein auf Grund der Aufzeichnungen der Kaliumwerte beurteilt werden, wenn erhebliche Schwankungen bzw. Peaks in den aufgezeichneten Werten medizinisch nicht anderes hätten erklärt werden können.[802] Eine Exhumierung sowie toxikologische Untersuchung der in Frage kommenden Opfer war nicht notwendig, um eine nicht indizierte und missbräuchliche Gabe von Kaliumchlorid nachzuweisen, wie aus zwei Sachverständigengutachten hervorgeht.[803]

Insofern ergibt sich aus dem Urteil im Fall von Niels H. eine Differenz von sechs Personen zwischen den Patientinnen und Patienten die eingeäschert sowie denen die erdbestattet wurden und der Gesamtzahl der Opfer.[804] Wie bereits ausgeführt, wurde eine Exhumierung nur in den Fällen notwendig, in denen das Sachverständigengutachten in Bezug auf das verwendete Tatmittel nicht allein auf Grund der Daten aus den Krankenakten möglich war.[805] Wenn keine Exhumierung durchgeführt wurde, heißt dies also im Umkehrschluss nicht, dass der Leichnam auch feuerbestattet wurde.

In Bezug auf das Tatmittel Xylocain (Wirkstoff: Lidocain) ist besonders herauszustellen, dass das Medikament nicht nur als Antiarrhythmikum nutzbar ist, sondern ebenfalls – in einer deutlich geringeren Dosis – als Analgetikum. So sind beispielsweise Sprays und Gele für Tuben und Katheter mit dem Wirkstoff versetzt und können über die Schleimhaut in den Organismus aufgenommen werden.[806] Die Verwendung derartiger Gleitmittel ist nicht dokumentationspflichtig, wodurch im Rahmen der Ermittlungen und der Hauptverhandlung nicht nachvollziehbar war, ob und wann diese verwendet wurden.[807] Die Kammer hat auf Grund

---

[800] Vgl. LG Oldenburg, Urteil v. 06.06.2019, 5 Ks 800 Js 54254/17 (1/18), juris, S. 33.
[801] LG Oldenburg, Urteil v. 06.06.2019, 5 Ks 800 Js 54254/17 (1/18), juris, S. 79.
[802] Vgl. LG Oldenburg, Urteil v. 06.06.2019, 5 Ks 800 Js 54254/17 (1/18), juris, S. 79.
[803] Vgl. LG Oldenburg, Urteil v. 06.06.2019, 5 Ks 800 Js 54254/17 (1/18), juris, S. 79.
[804] Vgl. LG Oldenburg, Urteil v. 06.06.2019, 5 Ks 800 Js 54254/17 (1/18), juris, S. 83 ff.
[805] Vgl. LG Oldenburg, Urteil v. 06.06.2019, 5 Ks 800 Js 54254/17 (1/18), juris, S. 79.
[806] Vgl. LG Oldenburg, Urteil v. 06.06.2019, 5 Ks 800 Js 54254/17 (1/18), juris, S. 80.
[807] Vgl. LG Oldenburg, Urteil v. 06.06.2019, 5 Ks 800 Js 54254/17 (1/18), juris, S. 81.

dieses Umstandes den Beweiswert der toxikologischen Nachweise des Wirkstoffes Lidocain entsprechend berücksichtigt und je Einzelfall teilweise geringer gewichtet.[808]

3.4.6 Umstände der Tataufdeckung

3.4.6.1 Michaela G. – Umstände der Tataufdeckung

Eine Mitarbeiterin der Pflegeeinrichtung teilte der Pflegedienstleiterin wiederholt mit, dass bei den Todesfällen, an denen Michaela G. zugegen war, Unregelmäßigkeiten bestehen könnten. Zum einen kam es zu einer Häufung der Todesfälle zu den Dienstzeiten von Michaela G., zum anderen kam der Kollegin die Dokumentation in diesem Zusammenhang merkwürdig vor.[809] Zunächst führte die Information jedoch zu keiner Reaktion. Nach weiterem Drängen der Mitarbeiterin erfolgte eine Prüfung der Patientendokumentation verstorbener Bewohnerinnen.[810]

Bei der Pflegedienstleiterin entstand anschließend ebenfalls der Verdacht auf Unregelmäßigkeiten. Sie entschloss sich zusammen mit dem Geschäftsführer der Einrichtung, ein Personalgespräch mit Michaela G. zu vereinbaren, damit sie sich zu den Unregelmäßigkeiten äußern kann.[811]

Zu dem Personalgespräch kam es jedoch nicht mehr, da in dem elterlichen Hof der Familie G. ein Brand ausgebrochen war und Michaela G. sich auf Grund der psychischen Belastung durch den Brand hatte krankschreiben lassen.[812]

Die Geschäftsleitung der Pflegeeinrichtung hat sich im Zusammenhang mit dem Brand im Elternhaus der Beschuldigten an die Polizei gewandt. Die Pflegedienstleiterin der Einrichtung wurde über den Brand informiert und setzte sich daraufhin mit dem Geschäftsführer der Pflegeeinrichtung in Verbindung.[813] Man vermute, dass Michaela G. für den Brand in ihrem Elternhaus verantwortlich sein könnte, da sie nach Ansicht der Pflegedienstleiterin *„psychisch auffällig [sei].“*[814]

---

[808] Vgl. LG Oldenburg, Urteil v. 06.06.2019, 5 Ks 800 Js 54254/17 (1/18), juris, S. 81.

[809] Vgl. StA Bonn, Ks 900 Js 581/05 – 24 G 3/05, Hauptakte, Band III, Blatt 266.

[810] Mehr zum Ablauf sowie dem Umgang der Hinweise sind dem Gliederungspunkt 3.4.4.1 zu entnehmen.

[811] Vgl. LG Bonn, Urteil v. 22.02.2006, Ks 900 Js 581/05 – 24 G 3/05, S. 34, Hauptakte, Band II, Blatt 36.

[812] Vgl. LG Bonn, Urteil v. 22.02.2006, Ks 900 Js 581/05 – 24 G 3/05, S. 34, Hauptakte, Band II, Blatt 36.

[813] Vgl. StA Bonn, Ks 900 Js 581/05 – 24 G 3/05, Hauptakte, Band I, Blatt 4.

[814] StA Bonn, Ks 900 Js 581/05 – 24 G 3/05, Hauptakte, Band I, Blatt 4.

Aus der Befürchtung heraus, dass Michaela G. in der Pflegeeinrichtung ebenfalls Feuer legen oder diese auf eine andere Art gefährden könnte, wurde die Polizei informiert.[815]

In diesem Zusammenhang teilte der Geschäftsführer den vernehmenden Polizeibeamten auch mit, dass *„er auch in Bezug auf vier zurückliegende Todesfälle [Bedenken habe], wo jeweils Frau […] als Finderin in Erscheinung trat“*.[816] Die Polizei leitete daraufhin ein Verfahren zur Ermittlung der jeweiligen Todesumstände ein.

3.4.6.2 Stephan L. – Umstände der Tataufdeckung

Aufgrund von Unregelmäßigkeiten bei den Bestellungen sowie dem Verbrauch von Medikamenten, erstattete das Krankenhaus Sonthofen am 15.07.2004 Anzeige bei der örtlichen Polizeiinspektion. Mitarbeitende des Krankenhauses haben auf einer Station festgestellt, dass über mehrere Monate hinweg unterschiedliche Medikamente aus einem Medikamentenschrank entwendet worden sind. Bei den Medikamenten handelte es sich insbesondere um Etomidat, Midazolam und Lysthenon.[817]

Aufgefallen ist der Diebstahl, weil die drei Medikamente auf der Station nicht häufig eingesetzt werden. Ein Arzt berichtete der Polizei hierzu: *„Die unangemessen häufigen Nachbestellungen der 3 Medikamente Midazolam 15 mg, Ethomidat und Lysthenon sind nur deswegen aufgefallen, weil der medizinische Verbrauch selten und in gut definierten Fällen vorkommt.“*[818]

In einer ersten Aufstellung der Stationsleitung wurde versucht, den Verlust der Medikamente zu beziffern. Genau kann der Verlust jedoch nicht nachvollzogen werden, weil keine Aufzeichnungen über die Entnahme von Medikamenten, die nicht unter das Betäubungsmittelgesetz (BtMG) fallen, geführt werden.[819] *„In dieser Aufstellung fallen 17 Ampullen Midazolam zu 15 mg und 50 Ampullen Ethomidat zu 20 mg auf: Es kann ausgeschlossen werden, dass diese Medikamente in auch nur annähernd solchen Mengen in diesem Zeitraum verbraucht wurden. Dr.*

---

[815] Vgl. StA Bonn, Ks 900 Js 581/05 – 24 G 3/05, Hauptakte, Band I, Blatt 4.

[816] StA Bonn, Ks 900 Js 581/05 – 24 G 3/05, Hauptakte, Band I, Blatt 5.

[817] Vgl. StA Kempten, 1 Ks 212 Js 14068/04, Hauptakte, Band 12, Blatt 1.

[818] StA Kempten, 1 Ks 212 Js 14068/04, Hauptakte, Band 4, Blatt 29.

[819] Vgl. LG Kempten, Urteil v. 30.11.2006, 1 Ks 212 Js 14068/04, Seite 10 ff., Hauptakte, Band XVI, Blatt 11 ff.; StA Kempten 1 Ks 212 Js 14068/04, Hauptakte, Band 4, Blatt 29.

[…] wird von mir umgehend informiert. Auf der Betriebsleitungssitzung am Nachmittag wird das Problem mit Frau […], Herrn […] und Herrn Dr. […] besprochen und dann entschieden, dass die Geschäftsleitung Anzeige erstattet.“[820]

Midazolam ist ein Benzodiazepin. Es ist ein krampflösendes Beruhigungsmittel und kann zur Sedierung eingesetzt werden und kann den oder die Patientin in einen Rausch oder Schlaf versetzten. Je nach Verabreichung, kann eine Atemdepression als Nebenwirkung auftreten.[821]

Etomidat ist ein kurz wirkendes Narkotikum und wird zur Narkoseeinleitung in der Medizin verwendet. Der oder die Patientin verliert das Bewusstsein ohne, dass das Schmerzempfinden herabgesetzt wird.[822]

Lysthenon ist ein sog. Muskelrelaxans. Die Muskulatur wird nach der Gabe des Medikaments gelähmt, sodass der oder die Patientin nicht mehr selbstständig atmen kann. Nach dem Verabreichen ist eine künstliche Beatmung zwingend nötig. Ohne künstliche Beatmung würde die Person versterben.[823]

Die Kombination der drei Medikamente wird typischerweise zur Einleitung von Intubationsnarkosen eingesetzt.[824]

Im Rahmen der Ermittlungen konnte festgestellt werden, dass Stephan L. mit hoher Wahrscheinlichkeit in der Nacht vom 10.07.2004 auf den 11.07.2004 eine Packung mit 5 Ampullen Midazolam entwendete, weshalb er dringend tatverdächtig war.[825]

Das Amtsgericht Sonthofen hat einen Durchsuchungsbeschluss für die Wohnung von Stephan L. erlassen, der noch am selben Tag vollstreckt wurde. Hierbei wurden die gesuchten Medikamente sowie Verpackungen gefunden. Im weiteren Verlauf der Ermittlungen wurde deutlich, dass größere Mengen der o. g. Medikamente gestohlen worden sein könnten.[826]

Zumindest für das Medikamente Lysthenon gilt, dass dies nicht als Rauschmittel geeignet ist, die Eigennutzung unwahrscheinlich ist und auch auf dem

---

[820] StA Kempten, 1 Ks 212 Js 14068/04, Hauptakte, Band 4, Blatt 33.

[821] Vgl. *Gelbe Liste* (Hrsg.): Midazolam (letzter Zugriff am 27.02.2023).

[822] Vgl. *B. Braun Melsungen AG* (Hrsg.): Gebrauchsinformation Etomidat (letzter Zugriff am 27.02.2023).

[823] Vgl. *Rote Liste* (Hrsg.): Lysthenon Injektionslösung (letzter Zugriff am 27.02.2023).

[824] Vgl. StA Kempten, 1 Ks 212 Js 14068/04, Hauptakte, Band 12, Blatt 2.

[825] Vgl. StA Kempten, 1 Ks 212 Js 14068/04, Hauptakte, Band 12, Blatt 2.

[826] Vgl. StA Kempten, 1 Ks 212 Js 14068/04, Hauptakte, Band 12, Blatt 4.

Schwarzmarkt keine Nachfrage vorhanden ist. Im Rahmen der Ermittlungen teilten zwei Ärzte des Krankenhauses der Polizei mit, dass die Medikamente bzw. die Kombination der Arzneimittel für die Tötung von Menschen geeignet wäre.[827]

Auf Grund der Information über die Verwendungsmöglichkeiten der Medikamente hat die Polizei, ohne konkrete Hinweise auf mögliche Tötungsdelikte, den für die Diebstähle beschuldigten Stephan L. gefragt, ob er mit den Medikamenten Menschen getötet hätte. Stephan L. bestätigte dies daraufhin.[828]

3.4.6.3 Irene B. – Umstände der Tataufdeckung

Nachdem es zu weiteren Todesfällen in der Dienstzeit von Irene B. gekommen ist, sah sich der Gesundheits- und Krankenpfleger, der zumindest indirekt Zeuge der Tötung des zweiten Patienten am 16.08.2006 war und die im Papierkorb gefundene Medikamentenampulle verwahrte und eine weitere Kollegin informierte, diese jedoch bat, den Vorfall für sich zu behalten, sah sich Ende September 2006 veranlasst, einen Arzt auf Irene B. anzusprechen. Er fragte, „[…] *ob es ihm aufgefallen sei, dass bei der Angeklagten häufiger Patienten versterben […].*"[829] Des Weiteren berichtete er ihm von seinen Beobachtungen am 18.06.2006. Der Arzt informierte bei „*nächster Gelegenheit*" nicht unmittelbar seinen nächsten Vorgesetzten am 26.09.2006 sowie die Stationsleitung. Irene B. wurde jedoch nicht auf den Vorfall angesprochen, weil man „*arbeitsrechtliche Konsequenzen*" fürchtete.[830] Der zuständige Oberarzt entschloss sich, den Chefarzt der Intensivstation zu informieren. Er ging allerdings davon aus, dass es sich bei dem Hinweis lediglich um ein „*Gerücht*" handelte, wie in der Hauptverhandlung bekundet wurde.[831] Der Chefarzt wurde jedoch erst am 04.10.2006 über die Beobachtungen unterrichtet. Am selben Tag erfolgte nach Rücksprache mit weiteren Verantwortlichen des Krankenhauses die Kontaktaufnahme mit der Kriminalpolizei Berlin, die umgehende Ermittlungen einleitete.[832]

3.4.6.4 Niels H. – Umstände der Tataufdeckung

Am 22.06.2005 wurde Niels H. bei der Manipulation eines Patienten auf frischer Tat ertappt.[833]

---

[827] Vgl. StA Kempten, 1 Ks 212 Js 14068/04, Hauptakte, Band 12, Blatt 4.

[828] Vgl. StA Kempten, 1 Ks 212 Js 14068/04, Hauptakte, Band 12, Blatt 6.

[829] LG Berlin, Urteil v. 29.06.2007, (522) 1 Kap Js 1904/06 Ks (1/07), juris, S. 7.

[830] LG Berlin, Urteil v. 29.06.2007, (522) 1 Kap Js 1904/06 Ks (1/07), juris, S. 7.

[831] LG Berlin, Urteil v. 29.06.2007, (522) 1 Kap Js 1904/06 Ks (1/07), juris, S. 8.

[832] Vgl. LG Berlin, Urteil v. 29.06.2007, (522) 1 Kap Js 1904/06 Ks (1/07), juris, S. 7.

[833] Vgl. LG Oldenburg, Urteil v. 06.06.2019, 5 Ks 800 Js 54254/17 (1/18), juris, S. 7.

An jenem Mittwoch hatte Niels H. auf der chirurgischen Intensivstation des Klinikums Delmenhorst Spätschicht. Eine Kollegin, die ebenfalls für den Spätdienst eingeteilt war, bestückte die Stationsapotheke neu.[834] Beim Einräumen neuer Packungen des Medikaments Furosemid[835] in die dafür vorgesehenen Fächer, fielen ihr insgesamt sieben Packungen Gilurytmal (Wirkstoff: Ajmalin) auf. Beide Medikamente befinden sich nebeneinander in dem Schrank.[836]

Bei der pflegerischen Versorgung des späteren Opfers fielen der zuständigen Krankenpflegerin keine Besonderheiten auf. Die Kreislaufwerte waren stabil und die Perfusoren[837] waren korrekt eingestellt und liefen einwandfrei.[838]

Gegen 13:20 Uhr wechselte ein weiterer Krankenpfleger an dem Patienten das Schlauchsystem der maschinellen Beatmung aus.[839]

Kurz nach dem Wechsel suchte Niels H. gegen 13:30 Uhr das Zimmer des Geschädigten auf. Über den zentralen Venenkatheter (ZVK) verabreichte er ohne medizinische Indikation das Antiarrhythmikum Gilurytmal. Nach der Gabe des Medikaments geschah zunächst nichts weiter.[840] Gegen 14:00 Uhr begab sich Niels H. erneut in das Patientenzimmer, um erneut Manipulationen vorzunehmen. Einer der laufenden Perfusoren versorgte den Patienten mit dem blutdruckstabilisierenden Medikament Arterenol (Wirkstoff: Noradrenalin). Niels H. stellte den Perfusor auf 0,00 ml/h. Auf Grund des Ausbleibens des Medikaments, fiel der Blutdruck des Patienten sodann ab.[841] Die sog. Alarmgrenze des kreislaufüberwachenden Monitors war auf eine Untergrenze des systolischen Blutdruckwerts von 80 mmHg eingestellt.[842] Der optische sowie akustische Alarm ertönt, sobald der systolische Blutdruckwert unter den o. g. Wert absinkt. Als der Alarm ertönte, quittierte und deaktivierte[843] Niels H. den Alarm, sodass die lebensbedrohliche Notfallsituation zunächst nicht auf der Station auffiel.[844]

---

[834] Vgl. LG Oldenburg, Urteil v. 06.06.2019, 5 Ks 800 Js 54254/17 (1/18), juris, S. 6.

[835] Bei Furosemid handelt es sich um ein Schleifendiuretikum und führt zu einem erhöhten Harntrieb und somit zu einer vermehrten Ausscheidung von Elektrolyten und Wasser.

[836] Vgl. LG Oldenburg, Urteil v. 06.06.2019, 5 Ks 800 Js 54254/17 (1/18), juris, S. 6.

[837] Bei Perfusoren handelt es sich um Spritzenpumpen zur kontinuierlichen Gabe von Arzneimitteln.

[838] Vgl. LG Oldenburg, Urteil v. 06.06.2019, 5 Ks 800 Js 54254/17 (1/18), juris, S. 6.

[839] Vgl. LG Oldenburg, Urteil v. 06.06.2019, 5 Ks 800 Js 54254/17 (1/18), juris, S. 6.

[840] Vgl. LG Oldenburg, Urteil v. 06.06.2019, 5 Ks 800 Js 54254/17 (1/18), juris, S. 6.

[841] Vgl. LG Oldenburg, Urteil v. 06.06.2019, 5 Ks 800 Js 54254/17 (1/18), juris, S. 7.

[842] Vgl. LG Oldenburg, Urteil v. 06.06.2019, 5 Ks 800 Js 54254/17 (1/18), juris, S. 7.

[843] Hierbei wird der Alarm für einen begrenzten Zeitraum deaktiviert. Eine dauerhafte Deaktivierung ist nicht möglich.

[844] Vgl. LG Oldenburg, Urteil v. 06.06.2019, 5 Ks 800 Js 54254/17 (1/18), juris, S. 7.

Eine Kollegin erschien zufällig in dem Patientenzimmer, um den zuvor ausgetauschten Beatmungsschlauch aus dem Mülleiner zu nehmen, weil sie sich zwecks Nachbestellung, die Artikelnummer notieren wollte.[845] Der Krankenpflegerin fiel der niedrige Blutdruck von nunmehr 70/40 mmHg auf. Des Weiteren bemerkte sie, dass der Perfusor mit dem blutdruckstabilisierenden Medikament Arterenol auf 0,00 ml/h eingestellt ist. Die Krankenpflegerin fragte Niels H., weshalb der Perfusor auf 0,00 ml/h eingestellt sei. Er sagte daraufhin, dass er *„nichts gemacht habe"*.[846]

In Folge der Manipulationen kam es zu einer reanimationspflichtigen Herzrhythmusstörung, dem sog. Kammerflatter und der Patient musste wiederbelebt werden.[847] Dies gelang nach kurzer Zeit und die Kreislaufwerte stabilisierten sich. Während der intensivmedizinischen Rettungsmaßnahmen, verhielt sich Niels H. passiv und sagte nichts.[848]

Aufgrund des Verhaltens und der Einstellung auf dem Perfusor, wurde die genannte Krankenpflegerin misstrauisch und nahm gegen 14:15 Uhr eine Blutprobe bei dem Patienten ab.[849] Des Weiteren suchte sie die Stationsapotheke auf, die sie zuvor neu bestückt hat und stellte fest, dass von den sieben Packungen des Medikaments Gilurytmal (Wirkstoff: Ajmalin), nur noch fünf Packungen vorhanden waren.[850]

Zudem wurden in einem Abwurfbehälter von einem von ihr eingeweihten weiteren Krankenpfleger oben aufliegend vier leere Ampullen Gilurytmal gefunden.[851]

Die Krankenpflegerin, die Niels H. in dem Patientenzimmer angetroffen hatte, informierte den Stationspflegeleiter über die Vorkommnisse.[852] Dieser stimmte einer Untersuchung der zuvor gesicherten Blutprobe zu. Das Ergebnis der Untersuchung bestätigte den Verdacht und es konnten Rückstände des Wirkstoffs Ajmalin nachgewiesen werden.[853]

---

[845] Vgl. LG Oldenburg, Urteil v. 06.06.2019, 5 Ks 800 Js 54254/17 (1/18), juris, S. 7.

[846] LG Oldenburg, Urteil v. 06.06.2019, 5 Ks 800 Js 54254/17 (1/18), juris, S. 7.

[847] Vgl. LG Oldenburg, Urteil v. 06.06.2019, 5 Ks 800 Js 54254/17 (1/18), juris, S. 7.

[848] Vgl. LG Oldenburg, Urteil v. 06.06.2019, 5 Ks 800 Js 54254/17 (1/18), juris, S. 7.

[849] Vgl. LG Oldenburg, Urteil v. 06.06.2019, 5 Ks 800 Js 54254/17 (1/18), juris, S. 7.

[850] Vgl. LG Oldenburg, Urteil v. 06.06.2019, 5 Ks 800 Js 54254/17 (1/18), juris, S. 7.

[851] Vgl. LG Oldenburg, Urteil v. 06.06.2019, 5 Ks 800 Js 54254/17 (1/18), juris, S. 7.

[852] Vgl. LG Oldenburg, Urteil v. 06.06.2019, 5 Ks 800 Js 54254/17 (1/18), juris, S. 7.

[853] Vgl. LG Oldenburg, Urteil v. 06.06.2019, 5 Ks 800 Js 54254/17 (1/18), juris, S. 7.

Trotz des genannten Vorfalls sowie dem Nachweis des nicht indizierten Medikaments, konnte Niels H. ein weiteres Opfer am 24.06.2005 töten.[854]

Nach dem 24.06.2005 arbeitete Niels H. keine weitere Schicht, weil er seinen geplanten Urlaub antrat. Eine sofortige Freistellung, nachdem er auf frischer Tat ertappt wurde, erfolgte nicht.[855] Am 01.07.2005 erfolgte schließlich mit der Hilfe eines Bremer Rechtsanwalts eine Strafanzeige bei der zuständigen Polizei Delmenhorst wegen gefährlicher Körperverletzung.[856]

3.4.7 Urteil

3.4.7.1 Motiv

3.4.7.1.1 Michaela G. – Motiv

In den Fällen der Opfer1, 2, 3 und 5[857] konnte das Gericht nicht feststellen, dass Michaela G. in feindlicher Willensrichtung gehandelt hat. Das Gericht hat in diesen Fällen nicht widerlegen können, dass das Motiv für die vier Tötungen durch Mitleid bestimmt wurde. Michaela G. ging dabei in einigen Fällen davon aus, den Todeskampf der Geschädigten abzukürzen.[858]

Bei der Tötung der Opfer 4, 7, 8 und 9 war Mitleid jedoch nicht das ausschlaggebende Motiv. „*Die Geschädigten [4 und 8] hat die Angeklagte getötet, weil diese sie genervt haben, [Opfer 4] durch das ständige Klingeln und [Opfer 8] durch die Mama-Rufe. Die Geschädigten [7 und 9] wurden getötet, weil sie auf Ansprache der Angeklagten nicht schnell genug reagierten. Sie sollten zum Kaffeetrinken gebracht werden, waren für die ungeduldige Angeklagte aber nicht schnell genug aus dem Bett zu bekommen.*“[859] Das Opfer 6 wurde, so zumindest stellte es die Kammer fest, auf Verlangen getötet.[860]

---

[854] Vgl. LG Oldenburg, Urteil v. 06.06.2019, 5 Ks 800 Js 54254/17 (1/18), juris, S. 59.

[855] Vgl. LG Oldenburg, Urteil v. 06.06.2019, 5 Ks 800 Js 54254/17 (1/18), juris, S. 59.

[856] Vgl. LG Oldenburg, Urteil v. 06.06.2019, 5 Ks 800 Js 54254/17 (1/18), juris, S. 59.

[857] Opfernamen sind durch Zahlen anonymisiert. 1 ist das erste und 9 das letzte Opfer.

[858] Vgl. LG Bonn, Urteil v. 22.02.2006, Ks 900 Js 581/05 – 24 G 3/05, S. 66, Hauptakte, Hauptakte Band II, Blatt 68.

[859] LG Bonn, Urteil v. 22.02.2006, Ks 900 Js 581/05 – 24 G 3/05, S. 66, Hauptakte, Band II, Blatt 68.

[860] Weitere Ausführungen hierzu unter dem Gliederungspunkt 3.4.8.1 in diesem Kapitel.

3.4.7.1.2 Stephan L. – Motiv

Für alle 28 Tötungen hat das Landgericht Kempten (Allgäu) festgestellt, dass „*Hintergrund der Tötungshandlungen […] seine emotionale Unfähigkeit war, mit schwer- und schwerstkranken Patienten umzugehen, deren Zustand er selbst nicht hat ertragen können. Dabei hat er seine eigenen Vorstellungen, unter welchen Umständen er selbst nicht mehr leben möchte, auf die Opfer übertragen.*“[861] Bei den Taten stand nicht das vermeintliche Wohl der Opfer im Vordergrund, sondern die eigenen Gefühle.[862] Stephan L. gab an, er habe aus Mitleid heraus seine Taten begangen, jedoch lag eine Mitleidmotivation nach Auffassung der Kammer allenfalls oberflächlich vor. „*Eine tiefgehende emotionale Bindung zwischen Täter und Opfer, die über das bloße Befasstsein mit der Pflege des Patienten hinausgeht*“, konnte nicht festgestellt werden.[863] Mit Ausnahme der Opfer 9 sowie 19, fehlte es Stephan L. an einer umfassenden Würdigung des objektiven Gesundheitszustandes und dem subjektiven Leidensdruck der Opfer.[864] Eine Mitleidsmotivation ist, bis auf die zwei Fälle Nr. 9 und 19, nicht objektiv nachvollziehbar. Vielmehr stand für Stephan L. nicht das vermeintliche Wohl der Patientinnen und Patienten im Vordergrund, sondern seine eigenen Gefühle.[865]

3.4.7.1.3 Irene B. – Motiv

Das Gericht stellte bei der Tötung des Opfers 1 fest, dass die Täterin durch die „*[…] Macht, den Ablauf und den Eintritt des Todeszeitpunktes zu bestimmen, motiviert [war].*“[866]

Bei der Tötung des zweiten Opfers, fühlte sich Irene B. durch Äußerungen des Patienten, auch weil ggf. Mitpatientinnen und Patienten hätten beeinträchtigt werden können, gestört. Der stark reduzierte Allgemeinzustand sowie die präfinale Situation erschienen ihr nicht mehr erhaltenswert. Einer Kollegin sagte sie, „*man sollte das mal beenden*“.[867]

---

[861] LG Kempten, Urteil v. 30.11.2006, 1 Ks 212 Js 14068/04, Seite 93, Hauptakte, Band XVI, Blatt 94.

[862] Vgl. LG Kempten, Urteil v. 30.11.2006, 1 Ks 212 Js 14068/04, Seite 94, Hauptakte, Band XVI, Blatt 95.

[863] LG Kempten, Urteil v. 30.11.2006, 1 Ks 212 Js 14068/04, Seite 93, Hauptakte, Band XVI, Blatt 94.

[864] Vgl. LG Kempten, Urteil v. 30.11.2006, 1 Ks 212 Js 14068/04, Seite 94, Hauptakte, Band XVI, Blatt 95.

[865] Vgl. LG Kempten, Urteil v. 30.11.2006, 1 Ks 212 Js 14068/04, Seite 94, Hauptakte, Band XVI, Blatt 95.

[866] LG Berlin, Urteil v. 29.06.2007, (522) 1 Kap Js 1904/06 Ks (1/07), juris, S. 5.

[867] LG Berlin, Urteil v. 29.06.2007, (522) 1 Kap Js 1904/06 Ks (1/07), juris, S. 5.

Das dritte Opfer wurde durch Irene B. getötet, „*weil sie der Ansicht war, dass das Leben der Frau [...] nichts mehr wert sei*“.[868]

Auch im Fall des vierten Opfers erschien das Leben des Patienten der Täterin als nicht mehr „*erhaltenswert*“, weshalb sie sich entschloss, das Leben zu beenden.[869]

Irene B. tötete in dem Bewusstsein, dass die Patientinnen und Patienten nicht unter Schmerzen litten. Sie setzte sich über das Recht der Geschädigten auf ein „*schmerzfreies, natürliches, der Würde des Menschen gemäßes Sterben*“ bewusst hinweg.[870]

Für das letzte Opfer sowie für alle anderen auch, geht die Kammer abschließend davon aus, dass das vorrangige Motiv für alle fünf Taten, die aus der „*Persönlichkeitsstruktur entspringende Intoleranz gegenüber dem Tod war und sie sich in Selbstüberhöhung die Entscheidungskompetenz über Würde, Wert und Unwert des Lebens anderer anmaßte.*“[871]

3.4.7.1.4 Niels H. – Motiv

Ein einzelnes, führendes Tatmotiv für die Tötungen, konnte die Kammer nicht feststellen. Vielmehr handelte es sich um ein Zusammenspiel mehrerer Faktoren, die in unterschiedlicher Zusammensetzung für die Taten leitend waren.[872]

Die Kammer hat insgesamt sechs Motive bzw. Motivbündel feststellen können. Sämtliche festgestellten Beweggründe waren bei allen Taten, jedoch in unterschiedlicher Gewichtung, vorhanden.[873]

1. Niels H. wollte durch die Manipulationen Notfallsituationen herbeiführen, um sich bei den lebensrettenden Interventionen zu inszenieren, getrieben durch sein starkes „*Geltungsbedürfnis*“.[874]
2. Eine Rolle spielte bei den Taten auch, dass aus der Sicht von Niels H., die Trennung zwischen pflegerischem sowie ärztlichem Personal für ihn selbst

[868] LG Berlin, Urteil v. 29.06.2007, (522) 1 Kap Js 1904/06 Ks (1/07), juris, S. 6.
[869] Vgl. LG Berlin, Urteil v. 29.06.2007, (522) 1 Kap Js 1904/06 Ks (1/07), juris, S. 6.
[870] LG Berlin, Urteil v. 29.06.2007, (522) 1 Kap Js 1904/06 Ks (1/07), juris, S. 4.
[871] LG Berlin, Urteil v. 29.06.2007, (522) 1 Kap Js 1904/06 Ks (1/07), juris, S. 23.
[872] Vgl. LG Oldenburg, Urteil v. 06.06.2019, 5 Ks 800 Js 54254/17 (1/18), juris, S. 62.
[873] Vgl. LG Oldenburg, Urteil v. 06.06.2019, 5 Ks 800 Js 54254/17 (1/18), juris, S. 62.
[874] LG Oldenburg, Urteil v. 06.06.2019, 5 Ks 800 Js 54254/17 (1/18), juris, S. 62.

nicht klar war.[875] Auf der Station eingesetzte Ärztinnen und Ärzte sowie Pflegerinnen und Pfleger hielt Niels H. regelmäßig für inkompetent und letztlich sich selbst für den besseren Arzt.[876]

3. Die Kammer stellte zudem fest, dass Niels H. durch „*Selbstüberhöhung […] Herr über Leben und Tod*“ sein wollte“.[877] Er übte mit seinen Manipulationen Macht über die Patientinnen und Patienten aus, um Bewunderung zu erhalten, wenn eine Reanimation gelang.[878]
4. Wie die Kammer feststellte, waren die Taten auch durch ein stimmungsstabilisierendes und -hebendes Wohlgefühl, das sich nach den Manipulationen und der Reanimationen einstellte, motiviert.[879]
5. Begünstigt durch die Medizintechnik und die Behandlung der Patientinnen und Patienten mit diesen Geräten, empfand Niels H. eine „*gewisse Gleichgültigkeit*“ diesen gegenüber.[880] Aus seiner Sicht haben die Geräte die zu behandelnden Personen „*entpersönlicht*“.[881] Die Patientinnen und Patienten sah er mehr als Objekte und weniger als Menschen, wodurch er „*wenig bzw. keine Empathie*“ den Opfern gegenüber empfand.[882]
6. Als sechstes und letztes Motiv hat die Kammer „*Sensationslust*“ bei Niels H. festgestellt. „*Der Reiz auf dem schmalen Grad zu handeln, entdeckt zu werden oder nicht, wirkte extrem anregend auf den Angeklagten.*“[883] Nach eigenen Angaben habe er das Risiko immer mehr gesteigert und die Manipulationen im Klinikum Delmenhorst bereits bei Aufnahme der Patientinnen und Patientin auf der Intensivstation und im Beisein von Kolleginnen und Kollegen durchgeführt.[884]

---

[875] Vgl. LG Oldenburg, Urteil v. 06.06.2019, 5 Ks 800 Js 54254/17 (1/18), juris, S. 62.
[876] Vgl. LG Oldenburg, Urteil v. 06.06.2019, 5 Ks 800 Js 54254/17 (1/18), juris, S. 62.
[877] LG Oldenburg, Urteil v. 06.06.2019, 5 Ks 800 Js 54254/17 (1/18), juris, S. 62.
[878] Vgl. LG Oldenburg, Urteil v. 06.06.2019, 5 Ks 800 Js 54254/17 (1/18), juris, S. 62.
[879] Vgl. LG Oldenburg, Urteil v. 06.06.2019, 5 Ks 800 Js 54254/17 (1/18), juris, S. 62.
[880] LG Oldenburg, Urteil v. 06.06.2019, 5 Ks 800 Js 54254/17 (1/18), juris, S. 62.
[881] LG Oldenburg, Urteil v. 06.06.2019, 5 Ks 800 Js 54254/17 (1/18), juris, S. 62.
[882] LG Oldenburg, Urteil v. 06.06.2019, 5 Ks 800 Js 54254/17 (1/18), juris, S. 62.
[883] LG Oldenburg, Urteil v. 06.06.2019, 5 Ks 800 Js 54254/17 (1/18), juris, S. 62.
[884] Vgl. LG Oldenburg, Urteil v. 06.06.2019, 5 Ks 800 Js 54254/17 (1/18), juris, S. 62.

3.4.7.2 Schuldfähigkeit

3.4.7.2.1 Michaela G. – Schuldfähigkeit

Die Beschuldigte Michaela G. war mehrfach in ambulanter psychotherapeutischer Behandlung.[885] Eine stationäre Behandlung erfolgte vom 14.09.1999 bis 20.12.1999 in einer Klinik im Allgäu.[886] Michaela G. hat zumindest zeitweise Antidepressiva eingenommen.[887]

Michaela G. sei emotional instabil. „*Sie kommt weder mit ihrer eigenen Person, noch mit ihrem Umfeld in einen harmonischen Kontakt. Einerseits zeigt sie einen unbändigen Hunger nach Zuwendung, andererseits glaubt sie nicht, dass es jemand geben könnte, der bereit ist, ihr diese Zuwendung zu geben. Sie sucht Bindung, ist aber zugleich selbst unfähig, solche Bindungen einzugehen.*“[888]

Michaela G. neigt dazu, soziale und moralische Normen zu verletzen oder nicht zu beachten, wenn dies aus ihrer Sicht zur Erreichung der eigenen Ziele oder Bedürfnisse erforderlich erscheint. Für ihr Handeln setzt sie eigene moralische Standards und Normen, die sie dann strikt verfolgt, auch „*[...] wenn dies für sie selbst oder andere Menschen schwerwiegende Konsequenzen hat.*“[889]

Eine krankhafte seelische Störung konnte im Rahmen eines psychologischen sowie eines psychiatrischen Gutachtens bei der Beschuldigten Michaela G. jedoch übereinstimmend nicht festgestellt werden. Hinweise auf eine Intoxikationspsychose lagen ebenfalls nicht vor.[890] „*Eine hochgradige Beeinträchtigung der Steuerungs- oder Einsichtsfähigkeit durch den Konsum von Alkohol, Betäubungsmitteln, Medikamenten oder anderen zentral wirksamen Substanzen hat bei der Angeklagten bei Begehung der Taten nicht vorgelegen.*“[891]

Des Weiteren litt die Beschuldigte zum Zeitpunkt der Taten nicht unter einer tiefgreifenden Bewusstseinsstörung. Zudem ist sie auch nicht schwachsinnig und verfügt über eine durchschnittliche Intelligenz.[892] Auch konnten keine

---

[885] Vgl. StA Bonn, Ks 900 Js 581/05 – 24 G 3/05, Hauptakte, Band III, Blatt 18.

[886] Vgl. StA Bonn, Ks 900 Js 581/05 – 24 G 3/05, Hauptakte, Band III, Blatt 18.

[887] Vgl. StA Bonn, Ks 900 Js 581/05 – 24 G 3/05, Hauptakte, Band III, Blatt 21.

[888] LG Bonn, Urteil v. 22.02.2006, Ks 900 Js 581/05 – 24 G 3/05, S. 68, Hauptakte, Band II, Blatt 70.

[889] LG Bonn, Urteil v. 22.02.2006, Ks 900 Js 581/05 – 24 G 3/05, S. 12, Hauptakte, Band II, Blatt 14.

[890] Vgl. LG Bonn, Urteil v. 22.02.2006, Ks 900 Js 581/05 – 24 G 3/05, S. 66, Hauptakte, Band II, Blatt 68.

[891] LG Bonn, Urteil v. 22.02.2006, Ks 900 Js 581/05 – 24 G 3/05, S. 66, Hauptakte, Band II, Blatt 68.

[892] Vgl. LG Bonn, Urteil v. 22.02.2006, Ks 900 Js 581/05 – 24 G 3/05, S. 67, Hauptakte, Band II, Blatt 69.

gruppendynamischen Faktoren festgestellt werden, die Einfluss auf die Taten hatten.[893]

Die Beschuldigte hat rechtswidrig und schuldhaft die Taten begangen und ist in vollem Umfang i. S. v. §§ 20, 21 StGB strafrechtlich verantwortlich.[894]

3.4.7.2.2 Stephan L. – Schuldfähigkeit

Im Rahmen des in der Hauptverhandlung erstellten psychiatrischen Sachverständigengutachtens konnte bei dem Angeklagten *„eine retardierte Persönlichkeitsakzentuierung mit narzisstischen, abhängigen und zwanghaften Zügen sowie einer nicht näher bezeichneten Essstörung“* festgestellt werden.[895] Nach Auffassung des Sachverständigen stellt die festgestellte Persönlichkeitsakzentuierung keine Persönlichkeitsstörung i. S. v. §§ 20, 21 StGB dar. Es ist auszuschließen, dass eine Beeinträchtigung der Schuldfähigkeit vorliegt. Die Kammer hat sich dem Gutachten vollständig angeschlossen.[896] Stephan L. ist somit für die Taten strafrechtlich voll verantwortlich.

3.4.7.2.3 Irene B. – Schuldfähigkeit

Die im Rahmen der Hauptverhandlung durchgeführte psychiatrische Begutachtung ergab, dass Irene B. normal intelligent sowie *„physisch und psychisch gesund ist.“*[897]

Festgestellt wurde allerdings auch, dass eine Persönlichkeitsstörung mit zwanghaften, narzisstischen und schizotypen Zügen vorliegt, die die zwischenmenschliche Beziehung und deren Affektivität bestimmt.[898] Das Auftreten der Täterin ist geprägt von „[…] *emotionaler Kühle, einer gewissen Verschrobenheit, Misstrauen und Introversion bei gleichzeitig sich immer wieder andeutender Grandiosität und Selbstbezogenheit.*“ Auffällig sei eine übertrieben wirkende Sachlichkeit bei ihren Ausführungen ohne *„angemessene Authentizität oder Bezogenheit.“*[899]

---

[893] Vgl. LG Bonn, Urteil v. 22.02.2006, Ks 900 Js 581/05 – 24 G 3/05, S. 67, Hauptakte, Band II, Blatt 69.

[894] Vgl. LG Bonn, Urteil v. 22.02.2006, Ks 900 Js 581/05 – 24 G 3/05, S. 66, Hauptakte, Band II, Blatt 68.

[895] LG Kempten, Urteil v. 30.11.2006, 1 Ks 212 Js 14068/04, Seite 114, Hauptakte, Band XVI, Blatt 115).

[896] Vgl. LG Kempten, Urteil v. 30.11.2006, 1 Ks 212 Js 14068/04, Seite 114 f., Hauptakte, Band XVI, Blatt 115 f.

[897] LG Berlin, Urteil v. 29.06.2007, (522) 1 Kap Js 1904/06 Ks (1/07), juris, S. 2.

[898] LG Berlin, Urteil v. 29.06.2007, (522) 1 Kap Js 1904/06 Ks (1/07), juris, S. 2.

[899] LG Berlin, Urteil v. 29.06.2007, (522) 1 Kap Js 1904/06 Ks (1/07), juris, S. 2.

Zudem hat der Sachverständige eine ausgeprägte Selbstwertproblematik bei Irene B. in seinem Gutachten feststellen können.[900]

Im Rahmen der narzisstischen Problematik sei es Irene B. laut Gutachten schwer möglich gewesen, die eigene Stimmung von der Gefühlslage der Patientinnen und Patienten zu unterscheiden. „*Dementsprechend habe sie möglicherweise ihre eigene Angst vor Schwäche, Hilflosigkeit und Tod auf die Patienten übertragen und damit letztlich in Abwehr der eigenen Schwäche gehandelt.*“[901]

Die Einsichts- sowie Steuerungsfähigkeit ist durch die Persönlichkeitsstörung jedoch nicht derart beeinträchtigt, dass eine Schuldunfähigkeit oder verminderte Schuldfähigkeit i. S. v. §§ 20, 21 StGB in Frage käme.[902]

3.4.7.2.4 Niels H. – Schuldfähigkeit

Bei der Begutachtung von Niels H. konnte eine „*kombinierte Persönlichkeitsstörung (ICD-10 F11.61) mit narzisstischen, histrionischen, dissozialen und weniger zwanghaften Anteilen*“[903], die im gesamten Tatzeitraum vorhanden war, festgestellt werden.[904] Unter Belastung sei er emotional labil und hätte eine Verstimmungsneigung mit ängstlichen sowie depressiven Phasen.[905] Zeitweise hatte Niels H. zudem eine Neigung zum missbräuchlichen Konsum der psychotropen Substanzen Alkohol und Medikamente. Eine Abhängigkeit soll jedoch nicht bestanden haben.[906]

Niels H. habe während seiner Taten „*keinerlei Empathie empfunden*“.[907] Der Mangel an Empathie sei auf seine Persönlichkeitsstruktur zurückzuführen.[908]

Trotz der Feststellungen bestanden keine Anhaltspunkte für eine Einschränkung der Einsicht- und Steuerungsfähigkeit, wie aus den Sachverständigengutachten hervorging.[909]

Weder vor noch während eines Dienstes habe er bewusstseinsbeeinflussende Medikamente, Alkohol oder sonstige berauschende Substanzen zu sich

[900] Vgl. LG Berlin, Urteil v. 29.06.2007, (522) 1 Kap Js 1904/06 Ks (1/07), juris, S. 20.
[901] LG Berlin, Urteil v. 29.06.2007, (522) 1 Kap Js 1904/06 Ks (1/07), juris, S. 21.
[902] Vgl. LG Berlin, Urteil v. 29.06.2007, (522) 1 Kap Js 1904/06 Ks (1/07), juris, S. 3.
[903] LG Oldenburg, Urteil v. 06.06.2019, 5 Ks 800 Js 54254/17 (1/18), juris, S. 62.
[904] Vgl. LG Oldenburg, Urteil v. 06.06.2019, 5 Ks 800 Js 54254/17 (1/18), juris, S. 62.
[905] Vgl. LG Oldenburg, Urteil v. 06.06.2019, 5 Ks 800 Js 54254/17 (1/18), juris, S. 62.
[906] Vgl. LG Oldenburg, Urteil v. 06.06.2019, 5 Ks 800 Js 54254/17 (1/18), juris, S. 62.
[907] LG Oldenburg, Urteil v. 06.06.2019, 5 Ks 800 Js 54254/17 (1/18), juris, S. 134.
[908] Vgl. LG Oldenburg, Urteil v. 06.06.2019, 5 Ks 800 Js 54254/17 (1/18), juris, S. 134.
[909] Vgl. LG Oldenburg, Urteil v. 06.06.2019, 5 Ks 800 Js 54254/17 (1/18), juris, S. 62.

genommen.[910] Er selbst habe dies glaubhaft versichert und auch seine Kolleginnen und Kollegen, die als Zeugen ausgesagt haben, bestätigten die Angaben. Niels H. sei während seiner Dienste jederzeit voll einsatzbereit, belastbar und *„uneingeschränkt einsatzfähig“* gewesen.[911]

Insgesamt sind die Feststellungen nicht als *„krankhafte seelische Störung mit forensischer Relevanz einzustufen.“*[912]

Bei Niels H. handelt es sich um einen durchschnittlich intelligenten Menschen, weshalb auch das Eingangsmerkmal des Schwachsinns nicht gegeben sei.[913]

3.4.7.3 Einzelstrafen

3.4.7.3.1 Michaela G. – Einzelstrafen

In den Fällen der getöteten Opfer 4, 7, 8 und 9 hat das Gericht Michaela G. jeweils wegen Mordes i. S. v. § 211 StGB zu einer lebenslangen Freiheitsstrafe verurteilt.[914]

Michaela G. tötete Opfer 4 und 8, weil diese sie genervt haben. Opfer 4 durch das wiederholende Klingeln und Opfer 8 durch die Mama-Rufe. Opfer 7 und 9 wurden getötet, weil diese nicht schnell genug auf die Ansprachen der Täterin reagierten.[915]

Michaela G. handelte bei diesen vier Taten heimtückisch im Sinne des § 211 Abs. 2, 2 Gruppe StGB und nutzte die Arg- und Wehrlosigkeit der Opfer bewusst zur Tatverwirklichung aus.[916] Die Opfer rechneten nicht mit einem Angriff auf ihr Leben durch eine Person, die für die Unterstützung der Opfer im Pflegeheim angestellt war.[917]

In den Fällen 1, 2, 3 und 5 konnte nicht festgestellt werden, dass sie in feindlicher Willensrichtung gehandelt hat. Das Gericht konnte nicht widerlegen,

---

910 Vgl. LG Oldenburg, Urteil v. 06.06.2019, 5 Ks 800 Js 54254/17 (1/18), juris, S. 63.

911 LG Oldenburg, Urteil v. 06.06.2019, 5 Ks 800 Js 54254/17 (1/18), juris, S. 63.

912 LG Oldenburg, Urteil v. 06.06.2019, 5 Ks 800 Js 54254/17 (1/18), juris, S. 132.

913 Vgl. LG Oldenburg, Urteil v. 06.06.2019, 5 Ks 800 Js 54254/17 (1/18), juris, S. 132.

914 Vgl. LG Bonn, Urteil v. 22.02.2006, Ks 900 Js 581/05 – 24 G 3/05, Blatt 69, Hauptakte, Band II, Blatt 71.

915 Vgl. LG Bonn, Urteil v. 22.02.2006, Ks 900 Js 581/05 – 24 G 3/05, Blatt 65, Hauptakte, Band II, Blatt 67.

916 Vgl. LG Bonn, Urteil v. 22.02.2006, Ks 900 Js 581/05 – 24 G 3/05, Blatt 65, Hauptakte, Band II, Blatt 67; zu den Voraussetzungen des Mordmerkmals der Heimtücke i.S.v § 211 Abs. 2, 2 Gruppe StGB siehe Gliederungspunkt 2.6.

917 Vgl. LG Bonn, Urteil v. 22.02.2006, Ks 900 Js 581/05 – 24 G 3/05, Blatt 64 f., Hauptakte, Band II, Blatt 66 f.

dass Michaela G. durch Mitleid geleitet war und das Leiden bzw. teilweise den Todeskampf verkürzen wollte.[918]

Das Gericht verurteilte Michaela G. für die Tötung des ersten Opfers zu zehn Jahren Freiheitsstrafe wegen Totschlags i. S. v. § 212 Abs. 1 StGB. Für die Tötung des zweiten Opfers erhielt sie sieben Jahre und für das dritte Opfer sechs Jahre Freiheitsstrafe jeweils wegen Totschlags i. S. v. 212 Abs. 1 StGB.[919]

Bei dem Opfer 5 unterließ die Angeklagte eine zwingend erforderliche pflegerische Handlung, obwohl es ihre Pflicht gewesen wäre, der Bewohnerin zu helfen. In diesem Fall verurteilte sie die Kammer zu einer Freiheitsstrafe von fünf Jahren wegen Tötung durch Unterlassen in einem minder schweren Fall i. S. v. §§ 213 Abs. 1, 13 Abs. 2 StGB.[920]

Im Fall des Opfers 6 hat die Angeklagte sich dahingehend eingelassen, dass sie die Geschädigte auf Verlangen i. S. v. § 216 Abs. 1 StGB getötet hat.[921] Gegenteiliges konnte die Kammer ihr nicht nachweisen und verurteilte sie für diesen Fall zu einer Freiheitsstrafe von zwei Jahren und sechs Monaten.[922]

3.4.7.3.2 Stephan L. – Einzelstrafen

Das Landgericht Kempten (Allgäu) hat Stephan L. aus den folgenden Gründen zu den jeweiligen Einzelstrafen verurteilt.[923]

Sämtliche getötete Patientinnen und Patienten waren zum Zeitpunkt des Angriffes nach Auffassung der Kammer arglos. Keines der Opfer rechnete mit

---

[918] Vgl. LG Bonn, Urteil v. 22.02.2006, Ks 900 Js 581/05 – 24 G 3/05, Blatt 65, Hauptakte, Band II, Blatt 67; zu den Besonderheiten und der Möglichkeit des Wegfalls der feindlichen Willesrichtung siehe Gliederungspunkt 2.6.

[919] Vgl. LG Bonn, Urteil v. 22.02.2006, Ks 900 Js 581/05 – 24 G 3/05, Blatt 70, Hauptakte, Band II, Blatt 72.

[920] Vgl. LG Bonn, Urteil v. 22.02.2006, Ks 900 Js 581/05 – 24 G 3/05, Blatt 71, Hauptakte, Band II, Blatt 73.

[921] Zu den Voraussetzungen des Tatbestandes der Tötung auf Verlangen i.S.v. § 216 StGB siehe Gliederungspunkt 2.7.

[922] Vgl. LG Bonn, Urteil v. 22.02.2006, Ks 900 Js 581/05 – 24 G 3/05, Blatt 71, Hauptakte, Band II, Blatt 73.

[923] Neben den Straftatbeständen Mord und Totschlag, wurde Stephan L. ebenfalls wegen gefährlicher Körperverletzung und Diebstahls im gleichen Verfahren verurteilt. Wie dem Kapitel 3 zu entnehmen ist, wurden in dieser Auswertung ausschließlich vollendete Tötungsdelikte berücksichtigt.

einem Angriff auf ihr oder sein Leben. Das Mordmerkmal der Heimtücke entfällt, wenn sich die Wehrlosigkeit nicht aus der Arglosigkeit, sondern aus dem Gesundheitszustand ergibt.[924]

Nach Überzeugung der Kammer waren in den Fällen 1, 3, 6, 8, 9, 10, 11, 14, 15, 16, 17, 19, 20, 24 sowie 28 die Geschädigten auf Grund ihrer Bewusstseinseintrübung und der daraus resultierenden Wahrnehmungsunfähigkeit nicht mehr in der Lage, einen Angriff zu erkennen. Da das Mordmerkmal der Heimtücke aus Sicht der Kammer entfiel, verurteilte das Landgericht Kempten Stephan L. in den o. g. 15 Fällen jeweils wegen Totschlags.[925]

In den Fällen 1, 3, 6, 8, 10, 11, 14, 15, 16, 17, 20, 24 und 28 verurteilte die Kammer Stephan L. jeweils wegen Totschlags i. S. v. 212 Abs. 1 StGB zu acht Jahren Freiheitsstrafe.

In den Fällen 9 und 19 verurteilte ihn das Gericht, auf Grund der objektiv nachvollziehbaren Mitleidsmotivation, jeweils wegen Totschlags i. S. v. § 212 Abs. 1 StGB zu sechs Jahren Freiheitsstrafe.[926]

Das Mordmerkmal der Heimtücke nahm die Kammer in den Fällen 2, 4, 5, 7, 12, 13, 18, 22, 23, 26, 27 und 29 an. Es bestand kein Zweifel, dass Stephan L. bewusst war, dass die Patientinnen und Patienten keinen Angriff auf ihr Leben erwarteten und deshalb wehrlos waren. Schon aus den Tatorten ergibt sich, dass ein Krankenhaus ein Ort ist, an dem eine Patientin oder ein Patient Hilfe und Zuwendung erwartet und kein Angriff auf das Leben, wie die Kammer festgestellten.[927]

Mord aus sonstigen niedrigen Beweggründen nahm das Gericht in keinem Fall an, weil nach Einlassung von Stephan L. die Taten auf Grund von subjektiver Mitleidsmotivation erfolgten. Er habe sich vorgestellt, dass die getöteten Personen, seine Einschätzung, ihr Leben sei nicht mehr lebenswert, teilen würden. Die Vorstellung des Täters stellt somit kein, auf der untersten Stufe stehendes Tötungsmotiv, dar, das besonders verwerflich ist.[928]

---

[924] Vgl. LG Kempten, Urteil v. 30.11.2006, 1 Ks 212 Js 14068/04, Seite 114, Hauptakte, Band XVI, Blatt 115.

[925] Vgl. LG Kempten, Urteil v. 30.11.2006, 1 Ks 212 Js 14068/04, Seite 114, Hauptakte, Band XVI, Blatt 115.

[926] Vgl. LG Kempten, Urteil v. 30.11.2006, 1 Ks 212 Js 14068/04, Seite 117, Hauptakte, Band XVI, Blatt 118.

[927] Vgl. LG Kempten, Urteil v. 30.11.2006, 1 Ks 212 Js 14068/04, Seite 113, Hauptakte, Band XVI, Blatt 114.

[928] Vgl. LG Kempten, Urteil v. 30.11.2006, 1 Ks 212 Js 14068/04, Seite 114, Hauptakte, Band XVI, Blatt 115.

In den o. g. 12 Fällen verurteilte das Gericht Stephan L. jeweils zu einer lebenslagen Freiheitsstrafe.

Im Fall des 21. Opfers ließ sich Stephan L. in der Hauptverhandlung dahingehend ein, dass die Geschädigte ihm gegenüber den Wunsch äußerte sterben zu wollen, den er für ernsthaft hielt.[929] Die Kammer konnte ihm nichts Gegenteiliges nachweisen und verurteilte Stephan L. zu einer Freiheitsstrafe von zwei Jahren wegen Tötung auf Verlangen i. S. v. § 216 Abs. 1 StGB.[930]

3.4.7.3.3 Irene B. – Einzelstrafen

Am 29.06.2007 verurteilte das Landgericht Berlin Irene B. wegen Mordes i. S. v. §§ 211, 53 StGB in fünf Fällen jeweils zu einer lebenslangen Freiheitsstrafe. In allen Fällen hat sie u. a. durch ihre „*Anmaßung, Gott gleich über Leben und Tod mehr oder weniger Unbekannter entscheiden zu wollen*" aus niedrigen Beweggründen sowie in drei Fällen heimtückisch getötet.[931]

Bei den Opfern 1, 3 und 4 hat sie die Arglosigkeit der reanimierenden Ärzte bzw. des anwesenden Ehemanns „*[...] ihr gegenüber und die darauf begründete Wehrlosigkeit der Patienten bewusst ausgenutzt, um in eigener Vollkommenheit den Todeszeitpunkt der Patienten zu bestimmen, die sie für todeswürdig hielt.*"[932]

Gegen die Entscheidung legte die Angeklagte, Irene B., Revision ein, die vom BGH zwar verworfen wurde, jedoch von Mord in fünf Fällen auf Mord in drei Fällen und Totschlag in zwei Fällen abgeändert wurde.[933]

Bei den Opfern 1, 3 und 4 wurde rechtsfehlerfrei das Mordmerkmal der Heimtücke durch die Ausnutzung der Arg- und Wehrlosigkeit schutzbereiter Dritter festgestellt.[934]

---

[929] Vgl. LG Kempten, Urteil v. 30.11.2006, 1 Ks 212 Js 14068/04, Seite 33, Hauptakte, Band XVI, Blatt 34.

[930] Vgl. LG Kempten, Urteil v. 30.11.2006, 1 Ks 212 Js 14068/04, Seite 33, Hauptakte, Band XVI, Blatt 34.

[931] LG Berlin, Urteil v. 29.06.2007, (522) 1 Kap Js 1904/06 Ks (1/07), juris, S. 29.

[932] LG Berlin, Urteil v. 29.06.2007, (522) 1 Kap Js 1904/06 Ks (1/07), juris, S. 29.

[933] Vgl. BGH, Beschluss v. 03.04.2008 – 5 StR 525/07, BeckRS 2008, 13471 (13471).

[934] Im Gegensatz zu anderen BGH-Entscheidungen, wie zum Fall Niels H., vgl. BGH, Urteil v. 18.10.2007, 3 StR 226/07, NStZ 2008, 93 (94), stellt der BGH, zur Ausnutzung der Arg- und Wehrlosigkeit, hier auf eine unmittelbare räumliche Nähe des schutzbereiten Dritten zum Opfer ab, vgl. BGH, Beschluss v. 03.04.2008 – 5 StR 525/07, BeckRS 2008, 13471 (13471). Vgl. auch Abschnitt 2.6 „Mord i.S.v. § 211 StGB".

Die Annahme des Berliner Landgerichts, dass Irene B. in allen fünf Fällen aus niedrigen Beweggründen gehandelt hat, wurde durch den BGH vollständig abgelehnt.[935]

Ob ein Tötungsdelikt nach allgemeiner sittlicher Würdigung auf tiefster Stufe steht und somit besonders verachtenswert ist, muss im Rahmen der Gesamtwürdigung durch die Kammer umfangreich, u. a. durch die Feststellung der Tatumstände, der Lebensverhältnisse der Täterin oder des Täters sowie deren individueller Persönlichkeit festgestellt werden.[936]

Eine solch umfangreiche Gesamtwürdigung, wurde durch das Landgericht Berlin nicht ausreichend vorgenommen. So stellte die Kammer allgemein auf die Anmaßung der Angeklagten, Gott gleich über Leben und Tod zu entscheiden, ab und begründete so die Verurteilung aus niedrigen Beweggründen in allen fünf Fällen. Die Feststellung begründet ein über § 212 StGB hinausgehendes Unwerturteil jedoch nicht pauschal und lässt sich auch aus den weiteren Feststellungen nicht entnehmen.[937]

Die Einzelstrafen wegen der Tötung der Opfer 1, 3 und 4 blieben unverändert. In den Fällen 2 und 5 wurde der Schuldspruch von einer lebenslangen Freiheitsstrafe, auf die niedrigste Strafe aus dem Strafrahmen des Totschlags i. S. v. § 212 Abs. 1 StGB, ergo fünf Jahre Freiheitsstrafe umgestellt.[938]

3.4.7.3.4 Niels H. – Einzelstrafen

Niels H. hat sich in 85 Fällen wegen Mordes i. S. v. § 211 StGB strafbar gemacht. In den Fällen 1 bis 26 sowie in den Fällen 32 bis 82 handelte Niels H. heimtückisch und in allen Fällen aus niedrigen Beweggründen.[939]

Auf Grund der gesundheitlichen Situation waren die Opfer zum Teil nicht mehr selbst in der Lage, selbst Argwohn zu entwickeln.[940] Gleichwohl kann auch für komatöse Patientinnen und Patienten von Heimtücke ausgegangen werden, wenn der Täter die Arg- und Wehrlosigkeit eines schutzbereiten Dritten zur Tatverwirklichung ausnutzt.[941]

---

[935] Vgl. BGH, Beschluss v. 03.04.2008 – 5 StR 525/07, BeckRS 2008, 13471 (13471).

[936] Vgl. BGH, Beschluss v. 03.04.2008 – 5 StR 525/07, BeckRS 2008, 13471 (13471); BGH, Beschluss v. 17.04.2024 – 1 StR 92/24, BeckRS 2024, 11404 (11404); BGH, Urteil v. 19.10.2001 – 2 StR 259/01, NJW 2002, 382 (383); BGH, Urteil v. 02.12.1987 – 2 StR 559/87 2679 (2681).

[937] Vgl. BGH, Beschluss v. 03.04.2008 – 5 StR 525/07, BeckRS 2008, 13471 (13471).

[938] Vgl. BGH, Beschluss v. 03.04.2008 – 5 StR 525/07, BeckRS 2008, 13471 (13471).

[939] Vgl. LG Oldenburg, Urteil v. 06.06.2019, 5 Ks 800 Js 54254/17 (1/18), juris, S. 134.

[940] Vgl. LG Oldenburg, Urteil v. 06.06.2019, 5 Ks 800 Js 54254/17 (1/18), juris, S. 134.

[941] Vgl. LG Oldenburg, Urteil v. 06.06.2019, 5 Ks 800 Js 54254/17 (1/18), juris, S. 134.

In den Fällen 1 bis 26 sowie in den Fällen 32 bis 82 handelte Niels H. heimtückisch, weil die auf der Station anwesenden Mitarbeitenden, zwar vorrangig für die ihnen zugewiesenen Patientinnen und Patienten zuständig waren, bei Bedarf jedoch jede Pflegekraft auch für jede Patientin sowie für jeden Patienten auf der Station zuständig waren.[942]

Niels H. habe die Arg- und Wehrlosigkeit seiner Kolleginnen und Kollegen planvoll ausgenutzt und in feindlicher Willensrichtung gehandelt.[943]

In den Fällen 27 bis 31 sowie 83 bis 85 hat die Kammer ein heimtückisches Vorgehen von Niels H. nicht *„[...] mit der erforderlichen Gewissheit feststellen [können].“*[944] Für die Kammer bestanden bei insgesamt acht Tötungsdelikten begründete Zweifel, dass die Kolleginnen und Kollegen zum Zeitpunkt der in Rede stehenden Taten tatsächlich arglos waren.[945] Es sei nicht auszuschließen, dass zumindest ab dem 26. Opfer, nach dem Wochenende 14.09.-16.09.2001 im Klinikum Oldenburg, auf Grund der zahlreichen und unerklärlichen Notfälle sowie Todesfälle das Misstrauen gegenüber Niels H. bereits so konkret und weit fortgeschritten war, dass eine Arglosigkeit dieser Personen der Kammer fraglich erscheint.[946]

Nach dem am 09.05.2005 getöteten 82. Opfer im Klinikum Delmenhorst und dem auf frischer Tat ertappten Täter sowie dem Fund der leeren Medikamentenampullen, ist ebenfalls anzunehmen, dass auf Grund des konkreten Tatverdachts die Mitarbeitenden von Niels H. nicht mit der erforderlichen Gewissheit arglos waren.[947]

Bei allen 85 Taten tötete Niels H. aus niedrigen Beweggründen.[948] Die Tatumstände stehen *„[...] nach allgemeiner sittlicher Würdigung auf tiefster Stufe [und sind] deshalb in besonderem Maße verachtenswert.“*[949]

Der Täter habe aus einem Motivbündel gehandelt. Hierbei waren alle Beweggründe durchgehend, jedoch in wechselnder Gewichtung, vorhanden.[950] Die wechselnde Gewichtung der Motive war für die rechtliche Bewertung der

---

[942] Vgl. LG Oldenburg, Urteil v. 06.06.2019, 5 Ks 800 Js 54254/17 (1/18), juris, S. 134.

[943] Vgl. LG Oldenburg, Urteil v. 06.06.2019, 5 Ks 800 Js 54254/17 (1/18), juris, S. 135.

[944] LG Oldenburg, Urteil v. 06.06.2019, 5 Ks 800 Js 54254/17 (1/18), juris, S. 135.

[945] Vgl. LG Oldenburg, Urteil v. 06.06.2019, 5 Ks 800 Js 54254/17 (1/18), juris, S. 135.

[946] Vgl. LG Oldenburg, Urteil v. 06.06.2019, 5 Ks 800 Js 54254/17 (1/18), juris, S. 135.

[947] Vgl. LG Oldenburg, Urteil v. 06.06.2019, 5 Ks 800 Js 54254/17 (1/18), juris, S. 135.

[948] Zu den Voraussetzungen des Mordmerkmals der sonstigen niedrigen Beweggründe i.S.v § 211 Abs. 2, 2 Gruppe StGB, siehe Gliederungspunkt 2.6.

[949] LG Oldenburg, Urteil v. 06.06.2019, 5 Ks 800 Js 54254/17 (1/18), juris, S. 135.

[950] Vgl. LG Oldenburg, Urteil v. 06.06.2019, 5 Ks 800 Js 54254/17 (1/18), juris, S. 135.

Kammer nicht entscheidungserheblich, weil jedes einzelne für sich stehende Motiv – auch unter Berücksichtigung der Persönlichkeitsstruktur des Täters – nach allgemeiner sittlicher Würdigung auf tiefster Stufe steht und in besonderem Maße verachtenswert ist.[951]

Als Ausnahme ist das Motiv Nr. 5[952], der Entmenschlichung durch die „*Gerätemedizin*“, zu nennen, dass nach den Feststellungen der Kammer, jedoch zu keinem Zeitpunkt führend war.[953] Die durch Geräte unterstützte Medizin habe die Hemmschwelle herabgesetzt und zu einem zunehmenden „*Abstumpfen*“ des Täters geführt.[954]

Zusammenfassend habe Niels H. den Tod der ihm anvertrauten Patientinnen und Patienten in Kauf genommen, um „*Nervenkitzel*“ zu erleben und sich selbst durch Rettungsmaßnahmen „*[…] in Szene zu setzen.*“[955]

„*Das Missverhältnis zwischen Anlass und den Taten ist […] eklatant. Zugleich steht die Tatmotivation auf sittlich tiefster Stufe und ist besonders verachtenswert, zumal der Angeklagte als Krankenpfleger eine besondere Vertrauensstellung im Umgang mit den Patienten genoss.*“[956]

Niels H. hat sich in 85 Fällen wegen Mordes i. S. v. § 211 StGB strafbar gemacht. Das Gesetz sieht für Mord keinen anderen Strafrahmen, als eine lebenslange Freiheitsstrafe vor.[957] Das Landgericht Oldenburg verurteilte Niels H. somit jeweils für alle Fälle zu einer lebenslangen Freiheitsstrafe.[958] Außergewöhnliche Milderungsgründe i. S. d. BGH-Rechtsprechung[959] hat die Hauptverhandlung nicht ergeben.[960]

---

[951] Vgl. LG Oldenburg, Urteil v. 06.06.2019, 5 Ks 800 Js 54254/17 (1/18), juris, S. 135.

[952] Siehe Gliederungspunkt 3.4.7.7.4.

[953] LG Oldenburg, Urteil v. 06.06.2019, 5 Ks 800 Js 54254/17 (1/18), juris, S. 135.

[954] LG Oldenburg, Urteil v. 06.06.2019, 5 Ks 800 Js 54254/17 (1/18), juris, S. 135.

[955] LG Oldenburg, Urteil v. 06.06.2019, 5 Ks 800 Js 54254/17 (1/18), juris, S. 135.

[956] LG Oldenburg, Urteil v. 06.06.2019, 5 Ks 800 Js 54254/17 (1/18), juris, S. 135.

[957] Nach der Rechtsprechung des BGH kann unter bestimmten Voraussetzungen eine Strafrahmenverschiebung gem. § 49 Abs. 1 ausnahmsweise gerechtfertigt sein, wenn eine lebenslange Freiheitsstrafe unverhältnismäßig erscheint, vgl. BGH Beschluss v. 19.5.1981, GSSt 1/81, NJW 1981 (1968). Siehe hierzu auch Gliederungspunkt 2.6.

[958] Vgl. LG Oldenburg, Urteil v. 06.06.2019, 5 Ks 800 Js 54254/17 (1/18), juris, S. 136.

[959] Vgl. BGH, Beschluss v. 19. Mai 1981 – GSSt 1/81 –, BGHSt 30, 105–122.

[960] Vgl. LG Oldenburg, Urteil v. 06.06.2019, 5 Ks 800 Js 54254/17 (1/18), juris, S. 136.

3.4.7.4 Strafzumessung

3.4.7.4.1 Michaela G. – Strafzumessung

Strafmildernd hat die Kammer berücksichtigt, dass Michaela G. strafrechtlich noch nicht in Erscheinung getreten war, sie subjektiv keine leichte Kindheit und Jugend hatte, die Geschädigten schwer krank sowie sehr alt waren und ohne ihre Tötungshandlungen nicht mehr lange zu leben gehabt hätten.[961]

Strafschärfend hat die Kammer festgestellt, dass sie ihre Vertrauensstellung missbrauchte und die Tötungen im *„privatesten Bereich eines Menschen, nämlich in seinem Schlafzimmer, im Bett begangen [hat].“*[962]

Zu ihren Lasten wurde zudem gewertet, dass Michaela G. insgesamt neun Menschen getötet hat, was allein ein deutliches Übergewicht der strafschärfenden Kriterien bedeutet.[963]

Die Kammer konnte keine weiteren Strafzumessungskriterien feststellen. Es wurde kein deutliches Übergewicht strafmildernder Umstände erkannt, weshalb ein minder schwerer Fall des Totschlages in den Fällen der Opfer 1, 2 und 3 nicht in Betracht kam.

Im Fall des Opfers 5 tötete Michaela G. durch Unterlassen. Die Kammer berücksichtigte diese Tat als strafmildernd und gelangte so zu einem minder schweren Fall des Totschlages i. S. v. 213 StGB.

3.4.7.4.2 Stephan L. – Strafzumessung

Das Landgericht Kempten hat zu Gunsten von Stephan L. berücksichtigt, dass er nicht vorbestraft ist und zunächst 15 Tötungen im Rahmen der kriminalpolizeilichen Vernehmungen eingeräumt hat. In der Hauptverhandlung hat er die Geständnisse *„[…] durch seine geschickte Erklärung“* widerrufen und in Frage gestellt, weshalb das Gewicht des Geständnisses *„erheblich gemindert“* ist.[964]

In den Tötungen der Opfer 9 und 19 war Mitleid das für die Kammer nachvollziehbare Tatmotiv, was sich erheblich strafmildernd auswirkt.[965]

---

[961] Vgl. LG Bonn, Urteil v. 22.02.2006, Ks 900 Js 581/05 – 24 G 3/05, Blatt 70, Hauptakte, Band II, Blatt 72.

[962] LG Bonn, Urteil v. 22.02.2006, Ks 900 Js 581/05 – 24 G 3/05, Blatt 70, Hauptakte, Band II, Blatt 72.

[963] LG Bonn, Urteil v. 22.02.2006, Ks 900 Js 581/05 – 24 G 3/05, Blatt 72, Hauptakte, Band II, Blatt 74.

[964] LG Kempten, Urteil v. 30.11.2006, 1 Ks 212 Js 14068/04, Seite 117, Hauptakte, Band XVI, Blatt 118.

[965] Vgl. LG Kempten, Urteil v. 30.11.2006, 1 Ks 212 Js 14068/04, Seite 117, Hauptakte, Band XVI, Blatt 118.

Des Weiteren wurde Stephan L. zu Gute zuhalten, dass er im Umgang mit schwer- und schwerstkranken Menschen emotional überfordert war und mit der Belastung nicht umgehen konnte.[966]

Zugunsten des Angeklagten wurde im Hinblick auf die Rechtsprechung des Bundesgerichtshofs berücksichtigt, dass alle Patientinnen und Patienten nur noch eine kurze bis sehr kurze Lebenserwartung gehabt hätten.[967] Die Kammer hat diesen Umstand jedoch *„mit Bedenken"* anerkannt und im Hinblick auf einen effektiven Schutz von todkranken Menschen kein großes Gewicht beigemessen.[968]

Zu Lasten von Stephan L. hat die Kammer den sehr kurzen Zeitraum von rund eineinhalb Jahren sowie dem *„planvollen und durchdachten Vorgehen"* einer Vielzahl von Tötungen gewertet. Des Weiteren sieht die Kammer in der Vielzahl der Taten eine *„erhebliche kriminelle Energie"*. In der Gesamtwürdigung ergibt sich kein Übergewicht strafmildernder Faktoren.[969]

Weder in den 12 Fällen, in denen die Kammer Mord i. S. v. § 211 StGB annahm, noch in den 15 Fällen des Totschlages konnten außergewöhnlich mildernde Umstände erkannt werden.

3.4.7.4.3 Irene B. – Strafzumessung

Gegen Irene B. sprach, dass sie in drei Fällen jeweils zwei Mordmerkmale verwirklicht hat und sie sich bis zum Ende der Hauptverhandlung mit den Taten sowie ihrer Persönlichkeitsstruktur *„höchstens im Ansatz auseinandersetzte"*.[970] Sie hält sich vielmehr als *„Vorreiterin oder gar Märtyrerin"* in Bezug auf ein humanes Sterben.[971]

Strafschärfend berücksichtigte die Kammer, dass sie das Vertrauen der Patientinnen und Patienten sowie der pflegerischen und ärztlichen Mitarbeitenden auf das *„Gröbste"* missbrauchte.[972]

---

[966] Vgl. LG Kempten, Urteil v. 30.11.2006, 1 Ks 212 Js 14068/04, Seite 117, Hauptakte, Band XVI, Blatt 118.

[967] Vgl. BGH, Beschluss v. 29. April 1997, 4 StR 158/97, juris, S. 3.

[968] LG Kempten, Urteil v. 30.11.2006, 1 Ks 212 Js 14068/04, Seite 117, Hauptakte, Band XVI, Blatt 118.

[969] LG Kempten, Urteil v. 30.11.2006, 1 Ks 212 Js 14068/04, Seite 118, Hauptakte, Band XVI, Blatt 119.

[970] LG Berlin, Urteil v. 29.06.2007, (522) 1 Kap Js 1904/06 Ks (1/07), juris, S. 29.

[971] LG Berlin, Urteil v. 29.06.2007, (522) 1 Kap Js 1904/06 Ks (1/07), juris, S. 29.

[972] LG Berlin, Urteil v. 29.06.2007, (522) 1 Kap Js 1904/06 Ks (1/07), juris, S. 30.

Zu ihren Gunsten wog der unverschuldete und zur Tatbegehung beitragende Anteil ihrer Persönlichkeitsstörung. Irene B. war überwiegend geständig, nicht vorbestraft und lebte in sozial gefestigten Strukturen.[973]

Des Weiteren berücksichtigte die Kammer, dass die Taten in einem *„problematischen System"* eingebettet und die Strukturen des Krankenhauses für die Taten förderlich waren, die sich *„durchaus angedeutet"* haben.[974]

3.4.7.4.4 Niels H. – Strafzumessung

Im Rahmen der Strafzumessung hat die Kammer *„in besonderem Maße schulderschwerend"* berücksichtigt, dass Niels H. eine Vielzahl von Menschen getötet hat.[975] Zum Teil wurde das Mordmerkmal der Heimtücke erfüllt und überdies hat Niels H. bei allen Taten aus niedrigen Beweggründen gehandelt.[976] Durch die Taten hat der Täter in einem außergewöhnlich hohen Maß das ihm entgegengebrachte Vertrauen missbraucht. Seine Taten haben zu einer umfassenden Verunsicherung in der Öffentlichkeit beigetragen und das Vertrauen in die Gesundheitsversorgung nachhaltig geschädigt.[977]

Auch wenn der Großteil der Taten zumindest teilweise eingeräumt wurde und er sich für seine Taten *„schämen"* würde, ist diesbezüglich zu berücksichtigen, dass er unvollständige und teilweise wahrheitswidrige Angaben gemacht hat.[978] *„Damit verbleiben die bereits dargestellten Zweifel an seiner Bereitschaft zur umfassenden, von Reue getragenen Tataufarbeitung."*[979] Das Gericht konnte keine für die Strafzumessung relevanten strafmildernden Umstände erkennen.[980]

3.4.7.5 Gesamtstrafe

3.4.7.5.1 Michaela G. – Gesamtstrafe

In vier Fällen liegt jeweils eine lebenslange Einzelfreiheitsstrafe vor. Michaela G. wurde demnach i. S. v. § 54 Abs. 1 Satz 1 StGB durch das Landgericht Bonn zu einer lebenslangen Gesamtfreiheitsstrafe verurteilt.[981]

---

[973] Vgl. LG Berlin, Urteil v. 29.06.2007, (522) 1 Kap Js 1904/06 Ks (1/07), juris, S. 30.

[974] LG Berlin, Urteil v. 29.06.2007, (522) 1 Kap Js 1904/06 Ks (1/07), juris, S. 30.

[975] LG Oldenburg, Urteil v. 06.06.2019, 5 Ks 800 Js 54254/17 (1/18), juris, S. 137.

[976] Vgl. LG Oldenburg, Urteil v. 06.06.2019, 5 Ks 800 Js 54254/17 (1/18), juris, S. 137.

[977] Vgl. LG Oldenburg, Urteil v. 06.06.2019, 5 Ks 800 Js 54254/17 (1/18), juris, S. 137.

[978] LG Oldenburg, Urteil v. 06.06.2019, 5 Ks 800 Js 54254/17 (1/18), juris, S. 135.

[979] LG Oldenburg, Urteil v. 06.06.2019, 5 Ks 800 Js 54254/17 (1/18), juris, S. 135.

[980] Vgl. LG Oldenburg, Urteil v. 06.06.2019, 5 Ks 800 Js 54254/17 (1/18), juris, S. 135.

[981] Vgl. LG Bonn, Urteil v. 22.02.2006, Ks 900 Js 581/05 – 24 G 3/05, Blatt 71, Hauptakte, Band II, Blatt 73.

3.4.7.5.2 Stephan L. – Gesamtstrafe

Aus den Einzelstrafen hat die Kammer als Gesamtstrafe i. S. v. § 54 Abs. 1 Satz 1 StGB eine lebenslange Freiheitsstrafe gebildet, da in 12 Fällen jeweils als Einzelstrafe eine lebenslange Freiheitsstrafe verhängt wurde.[982]

3.4.7.5.3 Irene B. – Gesamtstrafe

Als Gesamtstrafe wurde durch das Gericht ebenfalls i. S. v. § 54 Abs. 1 Satz 1 StGB eine lebenslange Gesamtfreiheitsstrafe verhängt.[983]

3.4.7.5.4 Niels H. – Gesamtstrafe

Aus den Einzelstrafen sowie unter Einbeziehung der Urteile des Landgerichts Oldenburg vom 23.06.2008, Az.: 4 Ks 1/07 sowie vom 26.02.2015, Az.: 5 Ks 1/14, hat die Kammer eine lebenslange Gesamtfreiheitsstrafe gebildet.[984]

3.4.7.6 Besondere Schwere der Schuld

3.4.7.6.1 Michaela G. – Besondere Schwere der Schuld

Im Hinblick auf insgesamt neun Tötungen ergibt sich ein deutliches Übergewicht negativer Kriterien, so dass die Kammer in der zusammenfassenden Würdigung der Tat und Täterpersönlichkeit feststellte, dass die Schuld von Michaela G. besonders schwer wiegt.[985]

Die Kammer hat somit die besondere Schwere der Schuld i. S. d. § 57a Abs. 1 Satz 1 Zif. 2 StGB festgestellt.[986]

3.4.7.6.2 Stephan L. – Besondere Schwere der Schuld

Bei der Prüfung, ob die besondere Schwere der Schuld i. S. d. § 57a Abs. 1 Satz 1 Zif. 2 StGB vorliegt, fällt besonders ins Gewicht, dass Stephan L. in der kurzen Zeit von rund eineinhalb Jahren, 28 Menschen tötete. Nach Auffassung

---

982 Vgl. LG Kempten, Urteil v. 30.11.2006, 1 Ks 212 Js 14068/04, Seite 121, Hauptakte, Band XVI, Blatt 122.

983 Vgl. LG Berlin, Urteil v. 29.06.2007, (522) 1 Kap Js 1904/06 Ks (1/07), juris, S. 29. Die Entscheidung des BGH änderte an der Gesamtstrafe nichts, vgl. BGH, Beschluss v. 03.04.2008 – 5 StR 525/07, BeckRS 2008, 13471 (13471). Hierzu auch Abschnitt 3.4.7.3.3 „Irene B. – Einzelstrafen".

984 Vgl. LG Oldenburg, Urteil v. 06.06.2019, 5 Ks 800 Js 54254/17 (1/18), juris, S. 137.

985 Vgl. LG Bonn, Urteil v. 22.02.2006, Ks 900 Js 581/05 – 24 G 3/05, S. 72, Hauptakte, Band II, Blatt 74.

986 Vgl. LG Bonn, Urteil v. 22.02.2006, Ks 900 Js 581/05 – 24 G 3/05, S. 72, Hauptakte, Band II, Blatt 74.

der Kammer tötete Stephan L. in den Fällen 22, 26 und 29 besonders rücksichtslos.[987] Nach Ansicht der Kammer reichen die drei genannten Taten bereits für die Feststellung der besonderen Schwere der Schuld aus.[988] Des Weiteren ist neben den drei genannten Taten, in neun weiteren Fällen der Tatbestand des Mordes i. S. v. § 211 StGB sowie in 15 Fällen Totschlag i. S. v. § 212 StGB erfüllt.

Die Kammer hat nach der Gesamtwürdigung die besondere Schwere der Schuld festgestellt.[989]

3.4.7.6.3 Irene B. – Besondere Schwere der Schuld

Bei der Gesamtwürdigung aller schulderschwerenden Umstände, die dem Gliederungspunkt 3.4.7.4.3 „Strafzumessung" zu entnehmen sind, war die Kammer nicht der Ansicht, dass diese gegenüber den mildernden Umständen überwiegen. Insbesondere war Irene B. überwiegend geständig, nicht vorbestraft und lebte in sozial gefestigten Strukturen.[990] Darüber hinaus wurden die Taten in einem *„problematischen System"* begangen, durch das die Taten mit ermöglicht wurden und erst zu einem späten Zeitpunkt zum Aufdecken der Tötungsdelikte führte.[991]

Die Kammer ist nicht der Ansicht, dass schulderschwerende Umstände von besonderem Gewicht vorliegen und stellte somit die besondere Schwere der Schuld nicht fest.[992]

3.4.7.6.4 Niels H. – Besondere Schwere der Schuld

Nach den Feststellungen des Landgerichts Oldenburg wiegt die Schuld von Niels H. gem. § 57a Abs. 1 Nr. 2 StGB besonders schwer.[993] Eine Aussetzung des Restes der lebenslangen Freiheitsstrafe auf Bewährung, ist nach verbüßten 15 Jahren Freiheitsstrafe somit nicht möglich.[994] Die Gründe für die Feststellung der besonderen Schwere der Schuld sind dem Gliederungspunkt 3.4.7.4.4 „Strafzumessung" zu entnehmen.

---

[987] Vgl. LG Kempten, Urteil v. 30.11.2006, 1 Ks 212 Js 14068/04, Seite 121, Hauptakte, Band XVI, Blatt 122.

[988] Vgl. LG Kempten, Urteil v. 30.11.2006, 1 Ks 212 Js 14068/04, Seite 121, Hauptakte, Band XVI, Blatt 122.

[989] Vgl. LG Kempten, Urteil v. 30.11.2006, 1 Ks 212 Js 14068/04, Seite 121, Hauptakte, Band XVI, Blatt 122.

[990] Vgl. LG Berlin, Urteil v. 29.06.2007, (522) 1 Kap Js 1904/06 Ks (1/07), juris, S. 30.

[991] LG Berlin, Urteil v. 29.06.2007, (522) 1 Kap Js 1904/06 Ks (1/07), juris, S. 30.

[992] Vgl. LG Berlin, Urteil v. 29.06.2007, (522) 1 Kap Js 1904/06 Ks (1/07), juris, S. 30.

[993] Vgl. LG Oldenburg, Urteil v. 06.06.2019, 5 Ks 800 Js 54254/17 (1/18), juris, S. 137.

[994] Vgl. § 57a Abs. 1 Nr. 2 StGB.

3.4.7.7 Berufsverbot

3.4.7.7.1 Michaela G. – Berufsverbot

Auf Lebenszeit wurde ihr zudem untersagt, einen Beruf im Bereich der Pflege und Betreuung von alten Menschen auszuüben. Die Kammer ist der Auffassung, dass durch Michaela G. bei der Ausübung des Pflegeberufs erhebliche Straftaten begangen werden könnten.[995]

3.4.7.7.2 Stephan L. – Berufsverbot

Stephan L ist auf Lebenszeit i. S. v. § 70 Abs. 1 StGB untersagt, die Tätigkeit als Krankenpfleger auszuüben. Die Taten sind „*unter Missbrauch seines Berufes und unter grober Verletzung der mit ihnen verbundenen Pflichten begangen worden*".[996] Nach Auffassung der Kammer besteht weiterhin eine erhebliche Gefahr, dass Stephan L. bei erneutem Umgang mit schwer- und schwerstkranken Menschen, erneut entsprechende Taten begehen werde.[997]

3.4.7.7.3 Irene B. – Berufsverbot

Bei Irene B wurde davon abgesehen, ein Berufsverbot i. S. v. § 70 StGB zu verhängen, da die Täterin nach einer möglichen Haftentlassung voraussichtlich im Rentenalter sein wird und somit die Wahrscheinlichkeit weiterer Taten „*schwindet*".[998] Des Weiteren geht die Kammer davon aus, dass sich Irene B. während der Haftzeit emotional tiefgreifend mit ihren Taten auseinandersetzen wird und, wie im letzten Wort von ihr angedeutet, von ihnen distanzieren wird.[999]

3.4.7.7.4 Niels H. – Berufsverbot

Die Kammer hat i. S. v. § 70 StGB ein lebenslanges Berufsverbot ausgesprochen und sich den Gründen aus den Urteilen des Landgerichts Oldenburg vom 23.06.2008 (Az.: 4 Ks 1/07) sowie vom 26.02.2015 (Az.: 5 Ks 1/14) angeschlossen und auf diese verwiesen.[1000]

---

[995] Vgl. LG Bonn, Urteil v. 22.02.2006, Ks 900 Js 581/05 – 24 G 3/05, S. 72, Hauptakte, Band II, Blatt 74.

[996] LG Kempten, Urteil v. 30.11.2006, 1 Ks 212 Js 14068/04, Seite 122, Hauptakte, Band XVI, Blatt 123.

[997] LG Kempten, Urteil v. 30.11.2006, 1 Ks 212 Js 14068/04, Seite 122, Hauptakte, Band XVI, Blatt 123.

[998] LG Berlin, Urteil v. 29.06.2007, (522) 1 Kap Js 1904/06 Ks (1/07), juris, S. 30.

[999] Vgl. LG Berlin, Urteil v. 29.06.2007, (522) 1 Kap Js 1904/06 Ks (1/07), juris, S. 30.

[1000] Vgl. LG Oldenburg, Urteil v. 06.06.2019, 5 Ks 800 Js 54254/17 (1/18), juris, S. 140.

In dem ersten Urteil, Landgericht Oldenburg vom 23.06.2008 (Az.: 4 Ks 1/07), wurde nach der Revision[1001] u. a. ein lebenslanges Berufsverbot ausgesprochen. Die Kammer begründete ihre Entscheidung damit, dass Niels H. die Taten *„[...] unter Missbrauch seines Berufes als Krankenpfleger und unter grober Verletzung der mit ihnen verbundenen Pflichten der Patientensorge begangen [hat].“*[1002]

Er habe sich über seine Dienststellung und Pflichten hinweggesetzt, *„[...] um sich zu profilieren und den Reiz einer gefährlichen Situation zu erleben, wie er vorliegend durch die Tat bereits unter Beweis gestellt hat.“*[1003]

Die Tätigkeit als Gesundheits- und Krankenpfleger erfordert ein hohes Maß an charakterlicher Eignung und setzt *„blindes Vertrauen“* unter den Mitarbeitenden, aber auch im Verhältnis zwischen den Patientinnen und Patienten sowie den Pflegekräften voraus, das jedoch bei Niels H. dauerhaft nicht mehr gegeben ist und ihn *„als charakterlich ungeeignet [ausweist].*[1004]

Auf Grund der Persönlichkeitsstruktur des Täters, wie auch durch die Taten selbst *„zum Ausdruck gekommen [ist]“* und in Anbetracht dessen, dass die berufliche Ausübung der Intensivpflege in einem *„hochsensiblen Umfeld“* stattfindet, in dem es *„wortwörtlich um Leben und Tod [geht]“*, hielt die Kammer ein lebenslanges Berufsverbot für erforderlich.[1005]

3.4.8 Besonderheiten in Bezug auf Tötung auf Verlangen

In der vorliegenden Auswertung verübter Tötungsdelikte im Gesundheitswesen wurde wiederholt durch die Täterinnen und Täter gegenüber den Ermittlungsbehörden sowie vor den Gerichten mitgeteilt, dass – zumindest ein Teil der Opfer – um die Tötung durch die angeschuldigten Personen gebeten hätten. Zum Teil konnten die Kammern in den jeweiligen Fällen Gegenteiliges nicht nachweisen und folgten in Einzelfällen den Einlassungen. In diesem Abschnitt soll gegenübergestellt werden, wie mit den Einlassungen – sofern diese vorhanden waren – durch die Gerichte umgegangen wurde und wie sich dies auf die Einzelstrafen auswirkte.[1006]

[1001] Näheres in Bezug auf die Revision ist der Einleitung des Kapitel Niels H. zu entnehmen.

[1002] LG Oldenburg, Urteil v. 06.06.2019, 5 Ks 800 Js 54254/17 (1/18), juris, S. 15.

[1003] LG Oldenburg, Urteil v. 06.06.2019, 5 Ks 800 Js 54254/17 (1/18), juris, S. 15.

[1004] LG Oldenburg, Urteil v. 06.06.2019, 5 Ks 800 Js 54254/17 (1/18), juris, S. 15.

[1005] LG Oldenburg, Urteil v. 06.06.2019, 5 Ks 800 Js 54254/17 (1/18), juris, S. 15.

[1006] Zu den Voraussetzungen des Tatbestandes der Tötung auf Verlangen i.S.v. § 216 StGB siehe Gliederungspunkt 2.7.

3.4.8.1 Michaela G. – Besonderheit in Bezug auf Tötung auf Verlangen

Im Fall des Opfers 6 hat die Angeklagte sich dahingehend eingelassen, dass sie die Geschädigte auf Verlangen getötet hat. Gegenteiliges konnte die Kammer ihr nicht nachweisen und verurteilte sie für diesen Fall i. S. v. § 216 Abs. 1 StGB zu einer Freiheitsstrafe von 2 Jahren und 6 Monaten.[1007] „*Frau […] habe sie aufgefordert, ihr zu helfen, und sie habe diese Aufforderung als eine solche aufgefasst, die ernst gemeint war und über deren Tragweite sich Frau […] in dem Moment bewusst war, kann nicht widerlegt werden.*“[1008]

Im Fall von Michaela G. ist besonders herauszustellen, dass sich in den Akten ein Vermerk über einen Termin beim Täter-Opfer-Ausgleich (TOA) Köln findet, in dem sie in einem Gespräch angeben hat, dass sie das Opfer nicht auf Verlangen getötet hat, sondern wie in den anderen Fällen auch, aus eigenem Antrieb.[1009] Der Termin beim TOA Köln fand nach Rechtskraft des Urteil statt. „*Darüber hinaus räumte sie aufgrund eigener Motivation ein, die Geschädigte […] entgegen den zu Gunsten der Angeklagten getroffenen Feststellungen im Urteil nicht auf Verlangen, sondern vorsätzlich getötet zu haben.*“[1010] Auch wenn sich die Einzelstrafe in diesem Fall von 2 Jahren und 6 Monaten nicht wesentlich auf die Gesamtstrafe hätte ausgewirkt, ist dennoch die Problematik im Hinblick auf derartige Einlassungen sowie der Möglichkeit Gegenteiliges zu beweisen erkennbar.

3.4.8.2 Stephan L. – Besonderheit in Bezug auf Tötung auf Verlangen

Im Fall des 21. Opfers hat Stephan L. angegeben, dass die Geschädigte ihm gegenüber den Wunsch geäußert hat, sterben zu wollen. Der Gesundheitszustand verschlechterte sich zusehends. Er habe den Wunsch für ernsthaft gehalten und verabreichte der 79 Jahre alt gewordenen Geschädigten die tödlich wirkenden Medikamente.[1011] Im Rahmen der Hauptverhandlung fanden sich keine Anhaltspunkte, dass die Angaben unwahr sein könnten. Bereits bei der ermittlungsrichterlichen Vernehmung gab Stephan L. an, durch das 21. Opfer um

---

[1007] Vgl. Urteil v. 22.02.2006, Ks 900 Js 581/05 – 24 G 3/05, Blatt 71, Hauptakte, Band II, Blatt 73.

[1008] LG Bonn, Urteil v. 22.02.2006, Ks 900 Js 581/05 – 24 G 3/05, S.66, Hauptakte, Band II, Blatt 68.

[1009] Vgl. StA Bonn, Hauptakte, Ks 900 Js 581/05 – 24 G 3/05, Band II, Blatt 143.

[1010] StA Bonn, Hauptakte, Ks 900 Js 581/05 – 24 G 3/05, Band II, Blatt 143.

[1011] Vgl. LG Kempten, Urteil v. 30.11.2006, 1 Ks 212 Js 14068/04, Seite 33, Hauptakte, Band XVI, Blatt 34.

Erlösung gebeten worden zu sein. In keinem anderen Fall hat er ähnliche Angaben gemacht, weshalb das Gericht ihn in diesem Fall zu einer Freiheitsstrafe von zwei Jahren wegen Tötung auf Verlangen i. S. v. § 216 StGB verurteilte.[1012]

3.4.8.3 Irene B. – Besonderheit in Bezug auf Tötung auf Verlangen

In dem Tatkomplex um Irene B. hat sie in dem Fall des dritten Opfers ausgesagt, dass die Geschädigte sowie ihr Mann, ihr gesagt hätten, dass sie *„nicht mehr leben wolle"*.[1013] Der Mann des Opfers hat dies in der Hauptverhandlung vehement abgestritten. Auch aus den Gesamtumständen[1014] waren die Angaben von Irene B. wenig nachvollziehbar. Ihrer Aussage in Bezug auf diesen Sterbefall hat die Kammer nicht geglaubt und hat die Tat folglich nicht als Tötung auf Verlangen i. S. v. 216 Abs. 1 StGB gewertet.[1015]

3.4.8.4 Niels H. – Besonderheit in Bezug auf Tötung auf Verlangen

In dem vorliegenden Urteil ergeben sich keine Hinweise darauf, dass Niels H. Andeutungen machte, dass Patientinnen und Patienten ihn darum gebeten hätten, sie zu töten. In dem vorliegenden Tatkomplex wurde in keinem Fall eine solche Fallkonstellation angenommen.

3.4.9 Zusammenfassung der Ergebnisse

Aus der vorliegenden Analyse verübter Tötungsserien im Gesundheitswesen konnten insbesondere strukturelle Gemeinsamkeiten der jeweiligen Organisationen identifiziert werden, die derartige Taten zumindest begünstigt haben. Mehrfach lagen den jeweiligen Organisationen in diesen Fällen früh Hinweise auf Unregelmäßigkeiten vor, die jedoch entweder erst sehr spät oder gar nicht zum Aufdecken der Taten führten. Es konnten ähnliche Vorgehensweisen der Täterinnen und Täter sowie Abläufe bei den Tathandlungen festgestellt werden. Keine der Organisationen verfügte über ein Risikomanagement im Hinblick

---

[1012] Vgl. LG Kempten, Urteil v. 30.11.2006, 1 Ks 212 Js 14068/04, Seite 92, Hauptakte, Band XVI, Blatt 93.

[1013] LG Berlin, Urteil v. 29.06.2007, (522) 1 Kap Js 1904/06 Ks (1/07), juris, S. 22.

[1014] Die Umstände in Bezug auf eine geplante Verlegung in das Heimatkrankenhaus, sind dem Gliederungspunkt 3.4.1.3 zu entnehmen.

[1015] Vgl. LG Berlin, Urteil v. 29.06.2007, (522) 1 Kap Js 1904/06 Ks (1/07), juris, S. 22.

auf Medikamentenbestellungen und -verbräuche, Todesfälle und medizinische Notfälle. Auch konnte nicht festgestellt werden, dass die Einrichtungen über Compliance-Management-Systeme bzw. über Hinweisgebersysteme verfügten.

Im Einzelnen werden die Gemeinsamkeiten aus der Analyse je Gliederungspunkt zusammengefasst.

Die Einzelstrafen, die für die Gesamtstrafe in den jeweiligen Urteilen relevant waren sowie die Strafzumessungen werden nicht noch einmal zusammengefasst und verglichen, da aus Sicht des Autors, aus diesen Faktoren keine allgemeingültigen Aussagen abgeleitet werden können. Alle übrigen Aspekte sind jedoch für die Ergebnisse der vorliegenden Arbeit in Bezug auf die Vergleichbarkeit der Fälle von Relevanz und werden im Folgenden dargestellt.

3.4.9.1 Zusammenfassung – Tathandlungen

Insgesamt wurden in den umfangreich ausgewerteten vier Tötungsserien 129 Personen getötet. Michaela G. (9), Stephan L. (28), Irene B. (5) sowie Niels H. (87).[1016] Nicht auszuschließen ist, dass das Dunkelfeld weitaus größer sein könnte und mehr Personen als in den Urteilen nachgewiesen, getötet wurden.[1017] Bei den Opfern handelte es sich um 62 getötete Frauen und 67 Männer.[1018]

Drei der Tatkomplexe sind auf Intensivstationen[1019] in Krankenhäusern (Stephan L., Irene B., Niels H.) aufgedeckt worden. Bei den Tatorten handelte es sich um Krankenhäuser der Grund- und Regelversorgung, der Regel- und Schwerpunktversorgung sowie Kliniken der Maximalversorgung, darunter eine

---

[1016] Vgl. LG Bonn, Urteil v. 22.02.2006, Ks 900 Js 581/05 – 24 G 3/05, S. 15 ff., Hauptakte Band II, Blatt 17 ff.; LG Kempten, Urteil v. 30.11.2006, 1 Ks 212 Js 14068/04, Seite 12 ff., Hauptakte, Band XVI, Blatt 13 ff.; LG Berlin, Urteil v. 29.06.2007, (522) 1 Kap Js 1904/06 Ks (1/07), juris, S. 4 ff.; LG Oldenburg, Urteil v. 06.06.2019, 5 Ks 800 Js 54254/17 (1/18), juris, S. 37 ff.

[1017] Vgl. *Beine*, in: Psychiatrische Praxis, 38 (39); *Gibiec*: Tatort Krankenhaus, S. 11; Beine, in: Psychiatrische Praxis, 63 (64); LG Oldenburg, Urteil v. 06.06.2019, 5 Ks 800 Js 54254/17 (1/18), juris, S. 83 ff.; mehr zu den Schwierigkeiten der Nachweise von Tötungsdelikten im Gesundheitswesen, ist dem Gliederungspunkt 3.4.5 „Rechtsmedizinische Besonderheiten“ zu entnehmen.

[1018] Vgl. LG Bonn, Urteil v. 22.02.2006, Ks 900 Js 581/05 – 24 G 3/05, S. 15 ff., Hauptakte Band II, Blatt 17 ff.; LG Kempten, Urteil v. 30.11.2006, 1 Ks 212 Js 14068/04, Seite 12 ff., Hauptakte, Band XVI, Blatt 13 ff.; LG Berlin, Urteil v. 29.06.2007, (522) 1 Kap Js 1904/06 Ks (1/07), juris, S. 4 ff.; LG Oldenburg, Urteil v. 06.06.2019, 5 Ks 800 Js 54254/17 (1/18), juris, S. 37 ff.

[1019] Im Fall von Stephan L. handelte es sich um eine Station, auf der fünf Plätze zur Intensivüberwachung zur Verfügung standen. Bei den weiteren Zimmern der Station handelte es sich um Plätze ohne die Möglichkeit zur Intensivüberwachung.

Universitätsklinik.[1020] Ein weiterer Tatkomplex wurde in einem Pflegeheim verübt (Michaela G.). Alle Täterinnen und Täter gehören der Berufsgruppe der Pflegefachkräfte an.[1021]

In den vier ausgewerteten Tatkomplexen, wurden in drei Fällen Arzneimittel für die Verwirklichung der Taten eingesetzt.[1022] Die Täterinnen und Täter verwendeten Medikamente mit unterschiedlichen Wirkmechanismen. Es handelte sich um sog. Antiarrhythmika und Kalium (Fall Niels H.), Sedativa (Fall Stephan L. und Irene B.), Antihypertensiva (Fall Irene B.), Narkotika (Fall Stephan L.) sowie Muskelrelaxantien (Fall Stephan L.).[1023] In dem Tatkomplex um Michaela G. ist besonders herauszustellen, dass sie die Tötungen durch Gewalteinwirkung vollendet hat. Sie erstickte ihre Opfer mit einem Kissen oder einem Handtuch bzw. Waschlappen.[1024] Zwischen den Opfern und den Täterinnen bzw. Tätern handelte es sich ausschließlich um Pflegebeziehungen. Der Kontakt bestand allein im beruflichen Kontext. Eine mögliche private Bekanntschaft zu einem der Opfer bestand in keinem der ausgewerteten Fälle.[1025]

[1020] Bezieht sich auf Unternehmensstruktur zum Zeitpunkt der Taten.

[1021] Vgl. LG Bonn, Urteil v. 22.02.2006, Ks 900 Js 581/05 – 24 G 3/05, S. 5, Hauptakte Band II, Blatt 7; LG Kempten, Urteil v. 30.11.2006, 1 Ks 212 Js 14068/04, Seite 8, Hauptakte, Band XVI, Blatt 9; LG Berlin, Urteil v. 29.06.2007, (522) 1 Kap Js 1904/06 Ks (1/07), juris, S. 2; LG Oldenburg, Urteil v. 06.06.2019, 5 Ks 800 Js 54254/17 (1/18), juris, S. 2.

[1022] Vgl. LG Kempten, Urteil v. 30.11.2006, 1 Ks 212 Js 14068/04, Seite 12 ff., Hauptakte, Band XVI, Blatt 13 ff.; LG Berlin, Urteil v. 29.06.2007, (522) 1 Kap Js 1904/06 Ks (1/07), juris, S. 4 ff.; LG Oldenburg, Urteil v. 06.06.2019, 5 Ks 800 Js 54254/17 (1/18), juris, S. 20 ff.

[1023] Vgl. LG Kempten, Urteil v. 30.11.2006, 1 Ks 212 Js 14068/04, Seite 12 ff., Hauptakte, Band XVI, Blatt 13 ff.; LG Berlin, Urteil v. 29.06.2007, (522) 1 Kap Js 1904/06 Ks (1/07), juris, S. 4 ff.; LG Oldenburg, Urteil v. 06.06.2019, 5 Ks 800 Js 54254/17 (1/18), juris, S. 20 ff.

[1024] Vgl. LG Bonn, Urteil v. 22.02.2006, Ks 900 Js 581/05 – 24 G 3/05, S. 15 ff., Hauptakte Band II, Blatt 17 ff.

[1025] Vgl. LG Bonn, Urteil v. 22.02.2006, Ks 900 Js 581/05 – 24 G 3/05, S. 15 ff., Hauptakte Band II, Blatt 17 ff.; LG Kempten, Urteil v. 30.11.2006, 1 Ks 212 Js 14068/04, Seite 12 ff., Hauptakte, Band XVI, Blatt 13 ff.; LG Berlin, Urteil v. 29.06.2007, (522) 1 Kap Js 1904/06 Ks (1/07), juris, S. 4 ff.; LG Oldenburg, Urteil v. 06.06.2019, 5 Ks 800 Js 54254/17 (1/18), juris, S. 37 ff.

Die Auswahl der Opfer erfolgte durch die Täterinnen und Täter jeweils spontan. Eine geplante Tötung einer der Patientinnen oder eines der Patienten erfolgte in keinem der analysierten Fälle.[1026]

Der Modus Operandi der Tötungshandlungen war dagegen immer ähnlich. Die Methode und – sofern Medikamente verwendet wurden – die Kombination bzw. die Wirkungsweise der verwendeten Medikamente wurde während der Taten jeweils von den Täterinnen und Tätern beibehalten.[1027] Im Fall Michaela G. erstickte sie ihre Opfer mit einem Kissen oder einem Handtuch bzw. Waschlappen, weiche Gegenstände, die sich immer in unmittelbare Nähe zu den Opfern befanden.[1028] Der Ablauf und die Verwendung der Tatmittel war somit stets gleich. Ausnahme ist ein Fall, bei dem Michaela G. weder das Kopfteil des Bettes, in dem das Opfer lag, hochstellte, noch das Opfer absaugte, wozu sie als Pflegekraft verpflichtet gewesen wäre. Auch in diesem Fall erstickte das Opfer, jedoch an dem Mukus[1029], der nicht selbstständig abgehustet werden konnte.[1030]

Stephan L. verwandte zunächst ein Sedativum bzw. Narkotikum und injizierte anschließend ein Muskelrelaxans, um seine Opfer zu töten.[1031] Irene B. nutzte für die Tathandlungen entweder ein Sedativum, ein Antihypertensivum oder beide Medikamente in Kombination.[1032]

Niels H. nutzte für seine Tötungshandlungen stets Antiarrhythmika oder Kalium, also Medikamente, die zu Herzrhythmusstörungen und letztlich zum Kreislaufstillstand führten.[1033] Eines der Tatmittel, das Antiarrhythmikum Gilurytmal wurde von Niels H. bewusst gewählt, weil es *„[...] – wie er*

[1026] Vgl. LG Bonn, Urteil v. 22.02.2006, Ks 900 Js 581/05 – 24 G 3/05, S. 15 ff., Hauptakte, Band II, Blatt 17 ff.; LG Kempten, Urteil v. 30.11.2006, 1 Ks 212 Js 14068/04, Seite 12 ff., Hauptakte, Band XVI, Blatt 13 ff.; LG Berlin, Urteil v. 29.06.2007, (522) 1 Kap Js 1904/06 Ks (1/07), juris, S. 4; LG Oldenburg, Urteil v. 06.06.2019, 5 Ks 800 Js 54254/17 (1/18), juris, S. 36.

[1027] Vgl. LG Kempten, Urteil v. 30.11.2006, 1 Ks 212 Js 14068/04, Seite 12 ff., Hauptakte, Band XVI, Blatt 13 ff.; LG Berlin, Urteil v. 29.06.2007, (522) 1 Kap Js 1904/06 Ks (1/07), juris, S. 4 ff.; LG Oldenburg, Urteil v. 06.06.2019, 5 Ks 800 Js 54254/17 (1/18), juris, S. 20 ff.

[1028] Vgl. LG Bonn, Urteil v. 22.02.2006, Ks 900 Js 581/05 – 24 G 3/05, S. 15 ff., Hauptakte Band II, Blatt 17 ff.

[1029] Mukus = organisches Sekret der Schleimdrüsen.

[1030] Vgl. LG Bonn, Urteil v. 22.02.2006, Ks 900 Js 581/05 – 24 G 3/05, S. 22, Hauptakte Band II, Blatt 24.

[1031] Vgl. LG Kempten, Urteil v. 30.11.2006, 1 Ks 212 Js 14068/04, Seite 12 ff., Hauptakte, Band XVI, Blatt 13 ff.

[1032] Vgl. LG Berlin, Urteil v. 29.06.2007, (522) 1 Kap Js 1904/06 Ks (1/07), juris, S. 4 ff.

[1033] Vgl. LG Oldenburg, Urteil v. 06.06.2019, 5 Ks 800 Js 54254/17 (1/18), juris, S. 20 ff.

ebenfalls wusste – vom Körper schnell wieder abgebaut wird, so dass ihm das Entdeckungsrisiko gering schien.“[1034]

In den drei Tatkomplexen (Stephan L., Irene B. und Niels H.), die in Krankenhäusern verübt wurden, verabreichten die Täter sowie die Täterin die Arzneimittel über die vorhandenen i.v.-Zugänge bzw. über die zentralen Venenkatheter.[1035] Die Gabe der Medikamente war somit einfach und schnell möglich. Einstichstellen oder sonstige Spuren an den Patientinnen und Patienten hinterlässt die Gabe von Medikamenten über periphere bzw. zentrale Zugänge nicht.[1036]

Herauszustellen ist, dass im Verlauf der Taten Irene B. und Niels H. jeweils Patientinnen und Patienten direkt bei der Aufnahme auf die Intensivstation und/ oder im Beisein von Kolleginnen oder Kollegen, die sich ebenfalls in den jeweiligen Zimmern aufhielten, töteten.[1037]

3.4.9.2 Zusammenfassung – Gesundheitlicher Ausgangszustand der Opfer

Der Gesundheitszustand der Opfer war insgesamt reduziert. In keinem der untersuchten Fälle wurde eine vollkommen gesunde Person getötet oder eine, bei der davon auszugehen war, dass sie nach der medizinischen Behandlung bzw. Versorgung in der Klinik wieder vollständig gesunden würde. Bei der überwiegenden Anzahl der Fälle, wurde eine kurze bis mittelfristige Lebenserwartung der Opfer prognostiziert.[1038]

[1034] LG Oldenburg, Urteil v. 06.06.2019, 5 Ks 800 Js 54254/17 (1/18), juris, S. 18.

[1035] Vgl. LG Kempten, Urteil v. 30.11.2006, 1 Ks 212 Js 14068/04, Seite 12 ff., Hauptakte, Band XVI, Blatt 13 ff.; LG Berlin, Urteil v. 29.06.2007, (522) 1 Kap Js 1904/06 Ks (1/07), juris, S. 4 ff.; LG Oldenburg, Urteil v. 06.06.2019, 5 Ks 800 Js 54254/17 (1/18), juris, S. 20 ff.

[1036] Vgl. StA Kempten, 1 Ks 212 Js 14068/04, Hauptakte, Band XII, Blatt 1–99; LG Berlin, Urteil v. 29.06.2007, (522) 1 Kap Js 1904/06 Ks (1/07), juris, S. 12 ff.; LG Oldenburg, Urteil v. 06.06.2019, 5 Ks 800 Js 54254/17 (1/18), juris, S. 37 ff.

[1037] Vgl. LG Berlin, Urteil v. 29.06.2007, (522) 1 Kap Js 1904/06 Ks (1/07), juris, S. 4 ff.; LG Oldenburg, Urteil v. 06.06.2019, 5 Ks 800 Js 54254/17 (1/18), juris, S. 20 ff.

[1038] Vgl. LG Bonn, Urteil v. 22.02.2006, Ks 900 Js 581/05 – 24 G 3/05, S. 15 ff., Hauptakte Band II, Blatt 17 ff.; LG Kempten, Urteil v. 30.11.2006, 1 Ks 212 Js 14068/04, Seite 12 ff., Hauptakte, Band XVI, Blatt 13 ff.; LG Berlin, Urteil v. 29.06.2007, (522) 1 Kap Js 1904/06 Ks (1/07), juris, S. 4 ff.; LG Oldenburg, Urteil v. 06.06.2019, 5 Ks 800 Js 54254/17 (1/18), juris, S. 37 ff.

Das Alter der geschädigten 129 Patientinnen und Patienten beträgt im Mittel 74,71 Jahre und der Medianwert beträgt 76 Jahre.[1039] Das jüngste Opfer ist eine 40-jährige Patientin, die von Stephan L. getötet wurde.[1040] Das älteste Opfer war ebenfalls eine Frau, die von Niels H. im Alter von 96 Jahren getötet wurde.[1041]

Zwischen dem gesundheitlichen Allgemeinzustand der Opfer und den Taten selbst, kann insofern ein Zusammenhang herstellt werden, als in den Fällen Michaela G., Stephan L. und Irene B. als Tatmotivation jeweils Mitleid benannt wurde. Ob die Gerichte die Kriterien des Bundesgerichtshofs[1042] in Bezug auf den Wegfall der feindlichen Willensrichtung bei einer objektiv nachvollziehbaren Mitleidsmotivation als erfüllt ansahen, ist der Zusammenfassung der Einzelstrafen in diesem Kapitel zu entnehmen.[1043] Im Fall Stephan L. führte der Umgang von schwer- und schwerstkranken Patientinnen und Patienten zu einer emotionalen Überforderung, wie aus dem Urteil des Landgerichts Kempten hervorgeht.[1044] Im Fall von Irene B. stellte das Landgericht Berlin zudem fest, dass die Arbeit auf der Intensivstation in einem *„problematischen System"* bei der Versorgung schwer- und schwerstkranker Personen ohne Supervision oder psychosozialer Begleitung durchgeführt wurde, das zumindest für die Taten förderlich war.[1045]

Im Fall von Niels H. hat das Landgericht Oldenburg festgestellt, dass er sich gezielt schwer- und schwerstkranke Personen für seine Taten aussuchte, damit die Notfallsituationen respektive Reanimationen weniger auffielen.[1046]

[1039] In zwei Fällen konnte kein Alter bestimmt werden bzw. ging nicht aus dem Urteil hervor. Die Berechnung des Mittelwertes sowie des Medianwertes beziehen sich somit auf 127 Opfer.

[1040] Vgl. LG Kempten, Urteil v. 20.11.2006, 1 Ks 212 Js 14068/04, Seite 16, Hauptakte, Band XVI, Blatt 17.

[1041] Vgl. LG Oldenburg, Urteil v. 06.06.2019, 5 Ks 800 Js 54254/17 (1/18), juris, S. 50.

[1042] Vgl. BGH, Urteil v. 19.06.2019, 5 StR 128/19, BGHSt 64, S. 111–121.

[1043] Vgl. Gliederungspunkt 4.4.7.3 in diesem Kapitel.

[1044] Vgl. LG Kempten, Urteil v. 30.11.2006, 1 Ks 212 Js 14068/04, Seite 93, Hauptakte, Band XVI, Blatt 94.

[1045] Vgl. LG Berlin, Urteil v. 29.06.2007, (522) 1 Kap Js 1904/06 Ks (1/07), juris, S. 30.

[1046] Vgl. LG Oldenburg, Urteil v. 06.06.2019, 5 Ks 800 Js 54254/17 (1/18), juris, S. 18.

3.4.9.3 Zusammenfassung - Arbeitsplatzsituation der Täterin/ des Täters

3.4.9.3.1 Zusammenfassung – Tätigkeit und Stellung am Arbeitsplatz

In drei der ausgewerteten Tatkomplexen zeigte sich, dass Michaela G., Irene B. und Niels H., zunächst in ihrem Kollegium anerkannt und für kompetent gehalten wurden.[1047] Des Weiteren haben sie sich mit einem hohen Arbeitseinsatz Anerkennung verschafft und ihre Aufgaben sehr gut bewältigt.[1048]

Über Michaela G. wurde beispielsweise ausgesagt, dass sie *„extrem leistungsorientiert, aktiv, schnell und zupackend"* war.[1049] Sie wurde u. a. als *„Arbeitstier"* beschrieben, die sich aus eigener Initiative heraus um Dinge kümmerte, die sie nicht hätte veranlassen müssen.[1050] Des Weiteren sei sie eine *„äußerst ehrgeizige Persönlichkeit"*, die zusätzliche Dienste übernahm und mit besonderem Engagement über ihre Tätigkeit in der Pflegeeinrichtung hinaus auffiel. So hat sie beispielsweise Bewohnerinnen und Bewohner in ihrer Freizeit zu Ärzten begleitet oder diese in Krankenhäusern besucht, wenn sie sich dort stationär befunden haben.[1051]

Kompetenzgrenzen habe sie jedoch nicht durchweg anerkannt und besonders in Bezug auf examinierte Pflegekräfte aus ihrem Kollegium, die ihr medizinisch vorgesetzt waren, die Grenzen ausgereizt. Michaela G. habe medizinische Tätigkeiten übernommen, die sie nicht hätte erledigen dürfen, was teilweise zu Konflikten im Kollegium führte, weil sie sich von Mitarbeitenden *„nichts sagen ließ."*[1052]

Irene B. fiel trotz ihres Alters von 55 Jahren[1053] ebenfalls mit hohem Arbeitseinsatz auf. Sie hat beispielsweise freiwillig besonders schwerkranke Patientinnen und Patienten übernommen, die einen höheren Pflegebedarf aufwiesen. Die

---

[1047] Vgl. LG Berlin, Urteil v. 29.06.2007, (522) 1 Kap Js 1904/06 Ks (1/07), juris, S. 3; LG Bonn, Urteil v. 22.02.2006, Ks 900 Js 581/05 – 24 G 3/05, S. 13, Hauptakte, Band II, Blatt 15; LG Oldenburg, Urteil v. 06.06.2019, 5 Ks 800 Js 54254/17 (1/18), juris, S. 34.

[1048] Vgl. LG Berlin, Urteil v. 29.06.2007, (522) 1 Kap Js 1904/06 Ks (1/07), juris, S. 3; LG Bonn, Urteil v. 22.02.2006, Ks 900 Js 581/05 – 24 G 3/05, S. 13, Hauptakte, Band II, Blatt 15; LG Oldenburg, Urteil v. 06.06.2019, 5 Ks 800 Js 54254/17 (1/18), juris, S. 34.

[1049] LG Bonn, Urteil v. 22.02.2006, Ks 900 Js 581/05 – 24 G 3/05, S. 13, Hauptakte, Band II, Blatt 15.

[1050] StA Bonn, Ks 900 Js 581/05 – 24 G 3/05, Hauptakte, Band III, Blatt 284.

[1051] LG Bonn, Urteil v. 22.02.2006, Ks 900 Js 581/05 – 24 G 3/05, S. 12, Hauptakte, Band II, Blatt 14.

[1052] StA Bonn, Ks 900 Js 581/05 – 24 G 3/05, Spurenakte 1, Blatt 71.

[1053] Alter zum Zeitpunkt des Urteils.

Arbeitsbelastung war bei diesen Personen deutlich höher, als bei Personen, die weniger schwer erkrankt sind.[1054] Sie soll über viel Berufserfahrung verfügt haben und anerkannt gewesen sein.[1055]

Zuletzt soll Irene B. mit Stimmungsschwankungen aufgefallen sein. Sie soll teilweise sarkastisch gewesen sein und durch „*inadäquates*" Verhalten hervorgetreten sein.[1056] Sie soll bei der Versorgung der zu pflegenden Personen überfordert gewesen sein und habe gleichzeitig keine Hilfe angenommen. Gegenüber neuen Pflegekräften soll sie teilweise schikanös aufgetreten und neuen ärztlichen Mitarbeitenden gegenüber „*ausgesprochen kritikfreudig*" gewesen sein und habe Anweisungen „*wiederholt hinterfragt und diskutiert*".[1057]

Niels H. hat zunächst auf einer herzchirurgischen Intensivstation gearbeitet. Dort war er mit medizinisch komplexen und riskanten Eingriffen konfrontiert. Die Versorgung derartiger Patientinnen und Patienten ist nach herzchirurgischen Eingriffen umfangreich. Niels H. zeigte sich engagiert und übernahm freiwillig Personen, mit besonders hohem Pflegeaufwand.[1058]

Für seine Arbeit erhielt er von Seiten der Kolleginnen und Kollegen viel positiven Zuspruch.[1059] Besonders bei Reanimationen arbeitete Niels H. „*offensiv und zupackend*" mit und zeichnete sich durch ein überdurchschnittliches medizinisches Fachwissen aus.[1060]

Zuletzt sei Niels H. mit der Pflege der Patientinnen und Patienten jedoch nachlässiger geworden, was zur Folge hatte, dass Mitarbeitende der Station teilweise seine Aufgaben miterledigen mussten.[1061]

Anders als bei Michaela G., Irene B. und Niels H., kam es bereits kurze Zeit, nachdem Stephan L. auf der Station angefangen hatte zu arbeiten, zu Beschwerden.[1062] So soll er nicht genau gearbeitet haben und die Dokumentation nur unzureichend vorgenommen haben. Beispielsweise habe er erfundene Kreislaufwerte von Patientinnen und Patienten in die Akten eingetragen und soll Medikamente falsch hergerichtet haben.[1063]

[1054] Vgl. LG Berlin, Urteil v. 29.06.2007, (522) 1 Kap Js 1904/06 Ks (1/07), juris, S. 3.

[1055] Vgl. LG Berlin, Urteil v. 29.06.2007, (522) 1 Kap Js 1904/06 Ks (1/07), juris, S. 3.

[1056] LG Berlin, Urteil v. 29.06.2007, (522) 1 Kap Js 1904/06 Ks (1/07), juris, S. 4.

[1057] LG Berlin, Urteil v. 29.06.2007, (522) 1 Kap Js 1904/06 Ks (1/07), juris, S. 10.

[1058] Vgl. LG Oldenburg, Urteil v. 06.06.2019, 5 Ks 800 Js 54254/17 (1/18), juris, S. 34.

[1059] Vgl. LG Oldenburg, Urteil v. 06.06.2019, 5 Ks 800 Js 54254/17 (1/18), juris, S. 34.

[1060] Vgl. LG Oldenburg, Urteil v. 06.06.2019, 5 Ks 800 Js 54254/17 (1/18), juris, S. 10.

[1061] LG Oldenburg, Urteil v. 06.06.2019, 5 Ks 800 Js 54254/17 (1/18), juris, S. 134.

[1062] Vgl. StA Kempten, 1 Ks 212 Js 14068/04, Hauptakte, Band 5, Blatt 105.

[1063] Vgl. StA Kempten, 1 Ks 212 Js 14068/04, Hauptakte, Band 5, Blatt 105.

Seinen Kolleginnen und Kollegen ist darüber hinaus aufgefallen, dass sich Stephan L. pietätlos gegenüber verstorbenen Personen verhielt und unangebrachte Vokabeln in Zusammenhang mit Sterbefällen verwendete.[1064]

Es hat sich also in drei der vier detailliert ausgewerteten Fälle gezeigt, dass die Täterinnen und Täter zunächst durch hohen Arbeitseinsatz auffielen und unter den Kolleginnen und Kollegen als kompetent galten, da sie über zum Teil überdurchschnittlich hohes medizinisches Fachwissen verfügten.

In allen Fällen wurde zumindest im Verlauf der Tätigkeiten Unmut über diese Personen geäußert und es kam in allen Fällen zu konkreten Beschwerden.

3.4.9.3.2 Zusammenfassung – Vorhandensein von und Umgang mit Hinweisen sowie mögliche Aufdeckungsbarrieren

In den vier untersuchten Tötungsserien im Gesundheitswesen konnte nachgewiesen werden, dass in allen Fällen Hinweise auf die Taten vorlagen, die jedoch keine oder nur unzureichende Folgen hatten.[1065]

Wie bereits im Gliederungspunkt 3.4.3.1 „Tätigkeit und Stellung am Arbeitsplatz“ zusammengefasst, kam es in allen Fällen zu Beschwerden über die Täterinnen und Täter. In keinem Fall folgten auf die Beschwerden substanzielle Konsequenzen. Zum Teil wurden Beschwerden unter Androhung von arbeitsrechtlichen Schritten gegen die hinweisgebenden Mitarbeitenden von vorgesetzten Personen in den Organisationen zurückgewiesen.[1066]

In Bezug auf die Sterbefälle fiel im Fall Michaela G. auf, dass in ihren Schichten besonders viele Bewohnerinnen starben. Des Weiteren fiel im Kollegium auf, dass die Dokumentation in Bezug auf die Todesfälle ungewöhnlich war.[1067]

Mindestens eine Kollegin von Michaela G. informierte auf einer Besprechung die zuständige Pflegedienstleiterin über die Unregelmäßigkeiten bei den Sterbefällen und fragte in diesem Zusammenhang, ob Michaela G. dafür verantwortlich sein könnte. Die Vorgesetzte wies den Verdacht vehement zurück und hat den Hinweis nicht verfolgt. Weitere Versuche aus dem Kollegium auf die

[1064] Vgl. StA Kempten, 1 Ks 212 Js 14068/04, Hauptakte, Band 5, Blatt 81.

[1065] Vgl. StA Bonn, Ks 900 Js 581/05 – 24 G 3/05, Hauptakte, Band III, Blatt 269; LG Bonn, Urteil v. 22.02.2006, Ks 900 Js 581/05 – 24 G 3/05, S. 34, Hauptakte Band II, Blatt 36; StA Kempten, 1 Ks 212 Js 14068/04, Hauptakte, Band 5, Blatt 72 u. 110; LG Berlin, Urteil v. 29.06.2007, (522) 1 Kap Js 1904/06 Ks (1/07), juris, S. 4, 11 u. 30; LG Oldenburg, Urteil v. 06.06.2019, 5 Ks 800 Js 54254/17 (1/18), juris, S. 58 ff.

[1066] Vgl. StA Kempten, 1 Ks 212 Js 14068/04, Hauptakte, Band 5, Blatt 20.

[1067] Vgl. StA Bonn, Ks 900 Js 581/05 – 24 G 3/05, Hauptakte, Band III, Blatt 258.

Unregelmäßigkeiten hinzuweisen, schlugen ebenfalls fehl.[1068] Erst nach weiteren Gesprächen mit der ersten Hinweisgeberin erfolgte eine Prüfung der Krankenakten und der Verdacht erhärtete sich, dass zwischen den Todesfällen und Michaela G. ein Zusammenhang besteht.[1069] Es folgte jedoch keine Strafanzeige bei den zuständigen Ermittlungsbehörden und es erfolgte auch keine Prüfung oder Beratung beispielsweise durch eine Rechtsanwaltskanzlei. Wie es im Einzelnen zu den Ermittlungen gekommen ist, ist der Zusammenfassung „Umstände der Tataufdeckung" unter dem Gliederungspunkt 3.4.9.5 zu entnehmen.

Auch im Fall von Stephan L. wurden fachbezogene Beschwerden mehrfach geäußert sowie der Diebstahl von Medikamenten in seiner Dienstzeit gemeldet.[1070] Der Verbrauch der Tatmittel, also der Medikamente, die für die Tötungen genutzt wurden, stieg auf der Station an. Aufgefallen sei dies jedoch nur, weil Mitarbeitende darauf aufmerksam wurden, da diese Medikamente wiederholt bestellt und neu geliefert wurden. Konkret konnte jedoch nie aufgeklärt werden, wie hoch der Fehlbestand der Medikamente war, weil keinerlei Aufzeichnungen erfolgten und der Zugang zu den Medikamenten nicht eingeschränkt war.[1071] Die Pflegedienstleiterin des Krankenhauses bezeichnete jegliche Verdächtigungen gegen Stephan L. als „*Verleumdung*" und drohte den hinweisgebenden Personen mit Abmahnungen.[1072] Insgesamt führten die Hinweise zu keinen Konsequenzen oder sonstigen Aktivitäten, wie beispielsweise interne Untersuchungen, die durch die Krankenhausleitung veranlasst wurden.[1073]

Darüber hinaus fiel im Kollegium auf, dass es zu überraschenden Todesfällen gekommen sei. Eine konkrete Verdachtsäußerung aus dem Kollegium gegenüber Stephan L. erfolgte jedoch nicht. Wie aus den Vernehmungen hervorgeht, hatten Mitarbeitende der Station das Gefühl, dass der Täter in Schutz genommen wird und zogen sich zurück.[1074]

Unter den Medikamenten, die vermehrt bestellt und verbraucht wurden, war ein sog. Muskelrelaxans. Im Rahmen der späteren Ermittlungen im Zusammenhang mit der Diebstahlsanzeige gab ein Arzt des Krankenhauses der ermittelnden

[1068] Vgl. LG Bonn, Urteil v. 22.02.2006, Ks 900 Js 581/05 – 24 G 3/05, S. 34, Hauptakte Band II, Blatt 36.

[1069] Vgl. LG Bonn, Urteil v. 22.02.2006, Ks 900 Js 581/05 – 24 G 3/05, S. 34, Hauptakte Band II, Blatt 36.

[1070] Vgl. StA Kempten, 1 Ks 212 Js 14068/04, Hauptakte, Band 4, Blatt 110.

[1071] StA Kempten, 1 Ks 212 Js 14068/04, Hauptakte, Band 5, Blatt 3.

[1072] StA Kempten, 1 Ks 212 Js 14068/04, Hauptakte, Band 5, Blatt 20.

[1073] Vgl. StA Kempten, 1 Ks 212 Js 14068/04, Hauptakte, Band 4, Blatt 110.

[1074] Vgl. StA Kempten, 1 Ks 212 Js 14068/04, Hauptakte, Band 5, Blatt 43.

Polizei den Hinweis, dass die fehlenden Medikamente zur Tötung von Menschen geeignet sind.[1075] Weiteres zu den Umständen der Tataufdeckung ist der Zusammenfassung zu entnehmen.

Wie in den beiden Fällen zuvor, kam es auch im Fall von Irene B. zu Hinweisen, die aber auch nur unzureichende Folgen hatte.[1076] So kam es nach schwerwiegendem Fehlverhalten in Bezug auf Übergriffe sowie auf die Versorgung von Patientinnen und Patienten zu einem Vier-Augen-Gespräch. Nach weiteren anonymen Hinweisen erfolgte lediglich ein Aktenvermerk.[1077]

Irene B. wurde bei einer ihrer Taten während des Verabreichens eines nicht indizierten Medikaments beobachtet. Der Kollege schritt nicht ein, stellte die leere Medikamentenampulle jedoch sicher und verwahrte diese, nachdem der Patient am selben Abend verstarb.[1078] Rund drei Monate später sprach er über den Vorfall und weitere Todesfälle mit einem Arzt, der ebenfalls seinen Vorgesetzten, jedoch nicht unmittelbar nach dem Hinweis, ansprach. Weil man arbeitsrechtliche Folgen fürchtete, wurde Irene B. zunächst nicht angesprochen. Erst nachdem unter den Führungskräften nach weiteren Tagen Gespräche erfolgt waren, kam es zu einer Mitteilung an die Polizei.

Im Tatkomplex um den Intensivpfleger Niels H. fiel bereits Anfang der Zweitausender Jahre im Kollegium auf, dass er vermehrt an Reanimationen beteiligt war.[1079] Zudem habe er sich in unangebrachter Weise bei Notfällen in den Vordergrund gedrängt und zu *„[...] aktionistischen Verhaltensweisen [geneigt]“*.[1080] Auf Grund einer Vielzahl von Notfällen sowie Sterbefällen wurde durch die Klinik eine Konferenz zur Ursachenforschung einberufen, weil die betroffenen Patientinnen und Patienten auffällige Laborwerte aufwiesen. Die Konferenz führte zu keinem Ergebnis und weitere Untersuchungen wurden nicht eingeleitet.[1081] Auf Grund von weiteren Reanimationen, bei denen Niels H. beteiligt war, wies der Chefarzt der Abteilung Ärztinnen und Ärzte an, *„ein Auge“* auf ihn zu haben.[1082] Schließlich wurde er zunächst innerhalb der Klinik versetzt. Weil die Klinik ihn loswerden wollte, wurde er zunächst bei vollen Bezügen freigestellt und der Arbeitsvertrag mit der Vereinbarung, ihm ein gutes Arbeitszeugnis auszustellen,

---

[1075] Vgl. StA Kempten, 1 Ks 212 Js 14068/04, Hauptakte, Band 4, Blatt 29.

[1076] Vgl. LG Berlin, Urteil v. 29.06.2007, (522) 1 Kap Js 1904/06 Ks (1/07), juris, S. 4 ff.

[1077] LG Berlin, Urteil v. 29.06.2007, (522) 1 Kap Js 1904/06 Ks (1/07), juris, S. 4 u. 11.

[1078] Vgl. LG Berlin, Urteil v. 29.06.2007, (522) 1 Kap Js 1904/06 Ks (1/07), juris, S. 5.

[1079] Vgl. LG Oldenburg, Urteil v. 06.06.2019, 5 Ks 800 Js 54254/17 (1/18), juris, S. 34.

[1080] LG Oldenburg, Urteil v. 06.06.2019, 5 Ks 800 Js 54254/17 (1/18), juris, S. 34.

[1081] Vgl. LG Oldenburg, Urteil v. 06.06.2019, 5 Ks 800 Js 54254/17 (1/18), juris, S. 44.

[1082] LG Oldenburg, Urteil v. 06.06.2019, 5 Ks 800 Js 54254/17 (1/18), juris, S. 34.

aufgelöst.[1083] Bereits während seiner Freistellung fand Niels H. eine neue Stelle auf einer Intensivstation im Klinikum Delmenhorst und konnte somit ohne Unterbrechung weiterarbeiten.[1084] In Delmenhorst führte er seine Taten fort und wurde zwischenzeitlich, nach einem Fund von leeren Medikamentenampullen im Zuge einer frustranen Reanimation, verdächtigt, nicht indizierte Medikamente gespritzt zu haben. Der Verdacht sowie die Ampullen wurden einer vorgesetzten Person übergeben. Eine Reaktion auf den Verdacht erfolgte jedoch nicht.[1085] Im Juni 2005 wurde Nils H. schließlich auf frischer Tat ertappt. Mitarbeitende der Station ließen zur Bestätigung eine Blutprobe des Opfers toxikologisch untersuchen und konnten das verwendete Medikament als Tatmittel nachweisen.[1086] Trotz der Umstände konnte Niels H. einen weiteren Dienst wahrnehmen und eine weitere Person töten und ging dann in seinen geplanten Urlaub. Erst nach weiteren Taten erfolgte eine Strafanzeige bei der zuständigen Polizei.[1087]

In allen vier ausgewerteten Tötungsserien konnte die vorliegende Analyse zeigen, dass Hinweise auf die Taten vorlagen und zumindest in den Fällen Stephan L., Irene B. und Niels H. weitere Tötungen, bei konsequentem Handeln der Verantwortlichen der Organisationen, hätten verhindert werden können.

Die Reaktionen auf die vorliegenden Hinweise waren zum Teil derart mangelhaft, dass im Fall von Niels H. Ermittlungsverfahren wegen Totschlags durch Unterlassen gegen verantwortliche Personen der Kliniken eingeleitet wurden. Mehr zu dem Strafverfahren gegen die Verantwortlichen der Kliniken ist dem Kapitel „Strafrechtliche Haftung verantwortlicher Personen“ unter dem Gliederungspunkt 7 zu entnehmen.

In keinem der untersuchten Fälle konnten Hinweise auf das Vorhandensein eines Hinweisgebersystems bzw. eines Compliance-Management-Systems in den Einrichtungen gefunden werden. Des Weiteren konnte nicht festgestellt werden, dass innerhalb der jeweiligen Organisation fachkundige Personen für interne Untersuchungen und Compliance-Vorfälle beschäftigt wurden. Ebenso wenig hatten die betroffenen Einrichtungen spezialisierte Beratungsunternehmen kontaktiert, um die Unregelmäßigkeiten überprüfen zu lassen.

[1083] Vgl. LG Oldenburg, Urteil v. 06.06.2019, 5 Ks 800 Js 54254/17 (1/18), juris, S. 35.
[1084] Vgl. LG Oldenburg, Urteil v. 06.06.2019, 5 Ks 800 Js 54254/17 (1/18), juris, S. 36.
[1085] Vgl. LG Oldenburg, Urteil v. 06.06.2019, 5 Ks 800 Js 54254/17 (1/18), juris, S. 58.
[1086] Vgl. LG Oldenburg, Urteil v. 06.06.2019, 5 Ks 800 Js 54254/17 (1/18), juris, S. 7.
[1087] Vgl. LG Oldenburg, Urteil v. 06.06.2019, 5 Ks 800 Js 54254/17 (1/18), juris, S. 59.

3.4.9.4 Zusammenfassung – Rechtsmedizinische Besonderheiten

In allen vier näher untersuchten Tatkomplexen ist auffällig, dass in keinem der 129 rechtskräftig nachgewiesenen Tötungen von einem nicht natürlichen Tod ausgegangen wurde. Die ärztliche Leichenschau, die nach dem Versterben eines Menschen in Deutschland vorgeschrieben ist, führte in allen 129 Fällen zur Feststellung eines natürlichen Todes.[1088]

Die Feststellung des natürlichen Todes ist insbesondere in Bezug auf den Fall Michaela G. herauszustellen, da die Opfer mittels Gewalteinwirkung getötet wurden und in Einzelfällen zum Teil noch zwei Jahre später nach erfolgter Exhumierung, im Rahmen der durchgeführten Obduktion, deutliche Hinweise auf Hämatome an prominenten Stellen zeigen konnten, die für ein Tötungsdelikt sprechen und im Rahmen der Leichenschau hätten auffallen müssen.[1089] Durch das Ersticken mit weichen Gegenständen, wie z. B. Kissen, kann es aber auch wie in diesen Fällen, zu spurenarmen oder gar spurenfreien Tötungsdelikten kommen.[1090]

Insgesamt konnte festgestellt werden, dass zumindest in den Fällen, in denen die Opfer mit Medikamenten getötet wurden, die missbräuchliche und nicht indizierte Gabe weder im Rahmen einer Leichenschau noch bei einer Obduktion hätten nachgewiesen werden bzw. auffallen können.

Des Weiteren wurden die Obduktionen im Rahmen der Ermittlungsverfahren teilweise erst viele Jahre später durchgeführt. Eine beweiskräftige und exakte Feststellung der Todesursachen war u. a. auf Grund des langen postmortalen Intervalls regelmäßig nur noch schwer oder nicht mehr möglich.[1091]

Im Hinblick auf Tötungen mit dem Tatmittel Medikament, konnte in der Auswertung gezeigt werden, dass die chemisch-toxikologischen Gutachten einen

---

[1088] Vgl. LG Bonn, Urteil v. 22.02.2006, Ks 900 Js 581/05 – 24 G 3/05, S. 15 ff., Hauptakte Band II, Blatt 17 ff.; LG Kempten, Urteil v. 30.11.2006, 1 Ks 212 Js 14068/04, Seite 12 ff., Hauptakte, Band XVI, Blatt 13 ff.; LG Berlin, Urteil v. 29.06.2007, (522) 1 Kap Js 1904/06 Ks (1/07), juris, S. 4 ff.; LG Oldenburg, Urteil v. 06.06.2019, 5 Ks 800 Js 54254/17 (1/18), juris, S. 37 ff.

[1089] Vgl. LG Bonn, Urteil v. 22.02.2006, Ks 900 Js 581/05 – 24 G 3/05, S. 16, Hauptakte, Band II, Blatt 18.

[1090] Vgl. LG Bonn, Urteil v. 22.02.2006, Ks 900 Js 581/05 – 24 G 3/05, S. 42, Hauptakte, Band II, Blatt 44.

[1091] Vgl. LG Bonn, Urteil v. 22.02.2006, Ks 900 Js 581/05 – 24 G 3/05, S. 17, Hauptakte, Band II, Blatt 19; LG Kempten, Urteil v. 30.11.2006, 1 Ks 212 Js 14068/04, Seite 65, Hauptakte, Band XVI, Blatt 66; LG Berlin, Urteil v. 29.06.2007, (522) 1 Kap Js 1904/06 Ks (1/07), juris, S. 17; LG Oldenburg, Urteil v. 06.06.2019, 5 Ks 800 Js 54254/17 (1/18), juris, S. 78.

erheblichen Stellenwert für die Ermittlungs- und Gerichtsverfahren einnehmen.[1092] Der Nachweis von nicht natürlichen Stoffen in den Überresten der Opfer ist auch nach Jahren und starker Verwesung grundsätzlich noch möglich.[1093] Für derartige Verfahren sind die chemisch-toxikologischen Untersuchungen somit von überaus wichtiger Bedeutung. Organische Stoffe, wie z. B. Arzneimittel, können im Gegensatz zu anorganischen Stoffen, jedoch auch durch Fäulnisprozesse zersetzt werden.[1094] Des Weiteren ist einschränkend darauf hinzuweisen, dass nur weil ein bestimmtes Arzneimittel oder deren Abbauprodukte nachgewiesen werden, dies nicht immer und unter allen Umständen auch ein sicherer Nachweis für eine nicht indizierte und zielgerichtete, missbräuchliche Gabe ist.[1095]

Darüber hinaus ist im Fall Niels H. darauf hinzuweisen, dass mehrfach weitere toxikologische Ergänzungsgutachten erstellt werden mussten, weil sich die Zahl der als Tatmittel in Frage kommenden Medikamente im Laufe des Verfahrens änderte.[1096]

In der Analyse der abgeschlossenen Tatkomplexe wurde auch deutlich, dass in 16 Fällen eine Kremierung der Leichen erfolgte und somit die Untersuchungen der menschlichen Überreste nicht mehr möglich war.[1097]

Abschließend kann festgehalten werden, dass sich die Feststellung der Todesursache in derartigen Verfahren schwierig gestaltet, auch unter großem Aufwand nicht immer eindeutig möglich ist und so ein mögliches hohes Dunkelfeld vorhanden sein kann.

3.4.9.5 Zusammenfassung – Umstände der Tataufdeckung

Im Rahmen der Untersuchung konnte festgestellt werden, dass in keinem der vier untersuchten Tötungsserien, das Aufdecken der Taten gezielt wegen des Verdachts auf Tötungsdelikte erfolgte. Gänzlich zufällig erfolgte das Aufdecken der

---

1092 Vgl. LG Oldenburg, Urteil v. 06.06.2019, 5 Ks 800 Js 54254/17 (1/18), juris, S. 77.

1093 Vgl. LG Kempten, Urteil v. 30.11.2006, 1 Ks 212 Js 14068/04, Seite 89, Hauptakte, Band XVI, Blatt 90; LG Berlin, Urteil v. 29.06.2007, (522) 1 Kap Js 1904/06 Ks (1/07), juris, S. 16; LG Oldenburg, Urteil v. 06.06.2019, 5 Ks 800 Js 54254/17 (1/18), juris, S. 78 ff.

1094 Vgl. *Madea*: Praxis Rechtsmedizin, S. 354.

1095 Vgl. LG Oldenburg, Urteil v. 06.06.2019, 5 Ks 800 Js 54254/17 (1/18), juris, S. 83

1096 Vgl. LG Oldenburg, Urteil v. 06.06.2019, 5 Ks 800 Js 54254/17 (1/18), juris, S. 83.

1097 Aus dem Urteil von Niels H. ergibt sich in sechs Fällen nicht eindeutig, welche der Opfer erd- oder feuerbestattet wurden. Weitere Einzelheiten hierzu sind dem Gliederungspunkt 3.4.5.4 „Niels H. – Rechtsmedizinische Besonderheiten“ zu entnehmen.

Taten in zwei Fällen durch Umstände, die erst dazu führten, dass die zuständigen Behörden entsprechende weitere Ermittlungen einleiteten und die Taten so aufdeckten.[1098]

Im Tatkomplex um Michaela G. kam es zu einem Brand im Elternhaus von Michaela G., wovon das Pflegeheim Kenntnis erlangte. Weil die Verantwortlichen der Pflegeeinrichtung fürchteten, dass Michaela G. für den Brand verantwortlich sein könnte und die Einrichtung ebenfalls gefährden könnte, hat der Geschäftsführer der Einrichtung die Polizei informiert und ebenfalls von Unregelmäßigkeiten bei Sterbefällen berichtet. Initiale Motivation der Anzeige waren nicht die Auffälligkeiten der Sterbefälle.[1099]

Die Verantwortlichen der Einrichtung hatten zudem weder das Ziel, Behörden noch ein externes Beratungsunternehmen für interne Untersuchungen zu kontaktieren. Ziel der Verantwortlichen war, sich von Michaela G. zu trennen und das Arbeitsverhältnis zu beenden.[1100]

Bei Stephan L. erfolgte die Strafanzeige bei der Polizei nicht wegen möglicher Tötungsdelikte, sondern wegen des Diebstahls von Arzneimitteln.[1101] Erst im Rahmen der Ermittlungen und der Prüfung der Verwendungsmöglichkeiten der gestohlenen Medikamente, entstand der Verdacht, dass mit diesen Medikamenten Menschen getötet worden sein könnten.[1102]

Nachdem ein Kollege indirekt Zeuge einer Tat von Irene B. wurde, erfolgte zunächst nach Zögern der Verantwortlichen der Klinik die Kontaktaufnahme mit der Kriminalpolizei Berlin.[1103]

Ebenfalls auf frischer Tat wurde Niels H. bei einer seiner Taten ertappt. Auch in diesem Fall wurde erst nach längerem Zögern der Verantwortlichen ein Rechtsanwalt kontaktiert und anschließend die zuständige Polizeibehörde informiert.[1104]

[1098] Vgl. StA Bonn, Ks 900 Js 581/05 – 24 G 3/05, Hauptakte, Band I, Blatt 4; StA Kempten, Hauptakte, 1 Ks 212 Js 14068/04, Band 12, Blatt 1.

[1099] Vgl. StA Bonn, Ks 900 Js 581/05 – 24 G 3/05, Hauptakte, Band I, Blatt 5.

[1100] Vgl. LG Bonn, Urteil v. 22.02.2006, Ks 900 Js 581/05 – 24 G 3/05, S. 34, Hauptakte Band II, Blatt 36.

[1101] Vgl. StA Kempten, Hauptakte, 1 Ks 212 Js 14068/04, Band 12, Blatt 1.

[1102] Vgl. StA Kempten, 1 Ks 212 Js 14068/04, Hauptakte, Band 4, Blatt 29.

[1103] Vgl. LG Berlin, Urteil v. 29.06.2007, (522) 1 Kap Js 1904/06 Ks (1/07), juris, S. 7.

[1104] Vgl. LG Oldenburg, Urteil v. 06.06.2019, 5 Ks 800 Js 54254/17 (1/18), juris, S. 59.

3.4.9.6 Zusammenfassung – Urteil

3.4.9.6.1 Zusammenfassung – Motiv

Die Motive für die jeweiligen Taten sind je nach Täterin und Täter unterschiedlich und unterscheiden sich teilweise auch bei den einzelnen Taten selbst.[1105]

Im Fall von Michaela G. hat die Kammer in vier Fällen Mitleid als Tatmotivation feststellen können und nahm in diesen Fällen keine feindliche Willensrichtung bei den Taten an, was zum Wegfall des Mordmerkmals der Heimtücke führte und sie in diesen vier Fällen wegen Totschlag verurteilt wurde.[1106]

In zwei Fällen haben die Opfer Michaela G. genervt, in zwei weiteren Fällen haben die geschädigten Personen die Anweisungen von Michaela G. nicht schnell genug umgesetzt, weshalb sie getötet wurden.[1107]

Im Tatkomplex um den Krankenpfleger Stephan L. war *„Hintergrund der Tötungshandlungen […] seine emotionale Unfähigkeit, mit schwer- und schwerstkranken Patienten umzugehen, deren Zustand er selbst nicht hat ertragen können. Dabei hat er seine eigenen Vorstellungen, unter welchen Umständen er selbst nicht mehr würde leben wollen, auf die Opfer übertragen.“*[1108]

In zwei Fällen konnte die Kammer Mitleid als leitendes Tatmotiv nachvollziehen und verurteilte ihn in diesen Fällen wegen Totschlags.[1109]

Im Fall von Irene B. geht das Landgericht Berlin davon aus, dass das vorrangige Motiv für die Taten, die aus der *„Persönlichkeitsstruktur entspringende Intoleranz gegenüber dem Tod war und sie sich in Selbstüberhöhung die Entscheidungskompetenz über Würde, Wert und Unwert des Lebens anderer anmaßte.“*[1110]

Bei Niels H. konnte kein einzelnes, führendes Tatmotiv für die Tötungen festgestellt werden. Vielmehr handelt es sich um ein Zusammenspiel mehrerer Faktoren, die in unterschiedlicher Zusammensetzung für die Taten leitend waren.[1111] Die Kammer hat insgesamt sechs Motive bzw. Motivbündel feststellen können. Sämtliche festgestellten Beweggründe waren bei allen Taten, jedoch

---

[1105] Vgl. Gliederungspunkt 3.4.7.1 in diesem Kapitel.

[1106] Vgl. LG Bonn, Urteil v. 22.02.2006, Ks 900 Js 581/05 – 24 G 3/05, S. 66, Hauptakte, Band II, Blatt 68.

[1107] Vgl. LG Bonn, Urteil v. 22.02.2006, Ks 900 Js 581/05 – 24 G 3/05, S. 66, Hauptakte, Band II, Blatt 68.

[1108] LG Kempten, Urteil v. 30.11.2006, 1 Ks 212 Js 14068/04, Seite 93, Hauptakte, Band XVI, Blatt 94.

[1109] Vgl. LG Kempten, Urteil v. 30.11.2006, 1 Ks 212 Js 14068/04, Seite 94, Hauptakte, Band XVI, Blatt 95.

[1110] LG Berlin, Urteil v. 29.06.2007, (522) 1 Kap Js 1904/06 Ks (1/07), juris, S. 23.

[1111] Vgl. LG Oldenburg, Urteil v. 06.06.2019, 5 Ks 800 Js 54254/17 (1/18), juris, S. 62.

in unterschiedlicher Gewichtung, vorhanden.[1112] Eins der Motive war die zielgerichtete Herbeiführung von Notfallsituationen, um sich bei den anschließenden medizinischen Interventionen selbst zu inszenieren, getrieben durch sein starkes „*Geltungsbedürfnis*".[1113] Alle weiteren Motive, die die Kammer identifizierte, sind dem Gliederungspunkt 3.4.7.1.4 „Niels H. – Motiv" zu entnehmen.

In zwei der vier untersuchten Tatkomplexe konnte zumindest teilweise Mitleid bei einzelnen Taten festgestellt werden. Insgesamt unterscheiden sich aber die Motive der Täterinnen und Täter voneinander und sind somit nur bedingt vergleichbar.

3.4.9.6.2 Zusammenfassung – Schuldfähigkeit

Im Rahmen der psychologischen sowie psychiatrischen Gutachten konnten bei allen vier Täterinnen und Tätern psychische Auffälligkeiten festgestellt werden.[1114]

So war Michaela G. mehrfach in psychotherapeutischer Behandlung, war stationär in einer psychiatrischen Klinik und nahm zeitweise Antidepressiva ein.[1115] Soziale und moralische Normen wurden durch Michaela G. verletzt oder nicht beachtet, wenn dies aus ihrer Sicht für die Erreichung der eigenen Ziele oder Bedürfnisse erforderlich erschien. Sie setzte zudem eigene moralische Standards und Normen, die sie dann strikt verfolgte, auch „*[...] wenn dies für sie selbst oder andere Menschen schwerwiegende Konsequenzen [hatte].*"[1116]

Bei Stephan L. konnte „*eine retardierte Persönlichkeitsakzentuierung mit narzisstischen, abhängigen und zwanghaften Zügen sowie einer nicht näher bezeichneten Essstörung*" festgestellt werden.[1117] Stephan L. hat bei seinen Taten die eigenen Vorstellungen, unter welchen Umständen er selbst nicht mehr leben möchte, auf die Opfer übertragen."[1118]

[1112] Vgl. LG Oldenburg, Urteil v. 06.06.2019, 5 Ks 800 Js 54254/17 (1/18), juris, S. 62.

[1113] LG Oldenburg, Urteil v. 06.06.2019, 5 Ks 800 Js 54254/17 (1/18), juris, S. 62.

[1114] Vgl. StA Bonn, Ks 900 Js 581/05 – 24 G 3/05, Hauptakte, Band III, Blatt 18; LG Kempten, Urteil v. 30.11.2006, 1 Ks 212 Js 14068/04, Seite 114, Hauptakte, Band XVI, Blatt 115; LG Berlin, Urteil v. 29.06.2007, (522) 1 Kap Js 1904/06 Ks (1/07), juris, S. 2; LG Oldenburg, Urteil v. 06.06.2019, 5 Ks 800 Js 54254/17 (1/18), juris, S. 62.

[1115] Vgl. StA Bonn, Ks 900 Js 581/05 – 24 G 3/05, Hauptakte, Band III, Blatt 18 ff.

[1116] LG Bonn, Urteil v. 22.02.2006, Ks 900 Js 581/05 – 24 G 3/05, S. 12, Hauptakte, Band II, Blatt 14.

[1117] LG Kempten, Urteil v. 30.11.2006, 1 Ks 212 Js 14068/04, Seite 114, Hauptakte, Band XVI, Blatt 115.

[1118] LG Kempten, Urteil v. 30.11.2006, 1 Ks 212 Js 14068/04, Seite 93, Hauptakte, Band XVI, Blatt 94.

Die Gutachten bei Irene B. ergaben, dass eine Persönlichkeitsstörung mit zwanghaften, narzisstischen und schizotypen Zügen vorlag, die die zwischenmenschliche Beziehung und deren Affektivität bestimmte.[1119] Im Rahmen der narzisstischen Problematik sei es Irene B. schwer möglich gewesen, die eigene Stimmung von der Gefühlslage der Patientinnen und Patienten zu unterscheiden.[1120]

Auch bei Niels H. wurde eine *„kombinierte Persönlichkeitsstörung (ICD-10 F11.61) mit narzisstischen, histrionischen, dissozialen und weniger zwanghaften Anteilen [festgestellt]."*[1121]

Die Einsichts- sowie Steuerungsfähigkeit war in keinem der vier untersuchten Tatkomplexe derart beeinträchtigt, dass eine Schuldunfähigkeit oder verminderte Schuldfähigkeit i. S. v. §§ 20, 21 StGB in Frage gekommen wäre.

Auch konnte in keinem der untersuchten Fälle festgestellt werden, dass eine hochgradige Beeinträchtigung der Steuerungs- oder Einsichtsfähigkeit durch den Konsum von Alkohol, Betäubungsmitteln, Medikamenten oder anderen zentral wirksamen Substanzen bei der Begehung der Taten vorgelegen hat.[1122]

Alle vier Täterinnen und Täter handelten somit rechtswidrig sowie schuldhaft und sind in vollem Umfang für ihre Taten strafrechtlich verantwortlich.

3.4.9.6.3 Zusammenfassung – Gesamtstrafe

Aus den Einzelstrafen haben die Kammern alle vier Täterinnen und Täter u. a. wegen Mordes zu einer lebenslangen Gesamtfreiheitsstrafe i. S. v. § 54 Abs. 1 Satz 1 StGB verurteilt.[1123]

[1119] LG Berlin, Urteil v. 29.06.2007, (522) 1 Kap Js 1904/06 Ks (1/07), juris, S. 2.

[1120] Vgl. LG Berlin, Urteil v. 29.06.2007, (522) 1 Kap Js 1904/06 Ks (1/07), juris, S. 21.

[1121] LG Oldenburg, Urteil v. 06.06.2019, 5 Ks 800 Js 54254/17 (1/18), juris, S. 62.

[1122] Vgl. LG Bonn, Urteil v. 22.02.2006, Ks 900 Js 581/05 – 24 G 3/05, S. 66, Hauptakte Band II, Blatt 68; LG Kempten, Urteil v. 30.11.2006, 1 Ks 212 Js 14068/04, Seite 114 f., Hauptakte, Band XVI, Blatt 115 f.; LG Berlin, Urteil v. 29.06.2007, (522) 1 Kap Js 1904/06 Ks (1/07), juris, S. 3; LG Oldenburg, Urteil v. 06.06.2019, 5 Ks 800 Js 54254/17 (1/18), juris, S. 63.

[1123] Vgl. LG Bonn, Urteil v. 22.02.2006, Ks 900 Js 581/05 – 24 G 3/05, Blatt 71, Hauptakte, Band II, Blatt 73; LG Kempten, Urteil v. 30.11.2006, 1 Ks 212 Js 14068/04, Seite 121, Hauptakte, Band XVI, Blatt 122; LG Berlin, Urteil v. 29.06.2007, (522) 1 Kap Js 1904/06 Ks (1/07), juris, S. 29; LG Oldenburg, Urteil v. 06.06.2019, 5 Ks 800 Js 54254/17 (1/18), juris, S. 137.

3.4.9.6.4 Zusammenfassung – Besondere Schwere der Schuld

In den Fällen Michaela G., Stephan L. und Niels H. haben die Kammern der Landgerichte, insbesondere im Hinblick auf die Vielzahl der Tötungsdelikte, jeweils die besondere Schwere der Schuld i. S. d. § 57a Abs. 1 Satz 1 Zif. 2 StGB festgestellt.[1124]

Im Fall Irene B. konnte die Kammer des Landgerichts Berlin nicht feststellen, dass die schulderschwerenden Umstände überwiegen. Auch weil die Taten in einem *„problematischen System"* begangen wurden, durch das die Taten mit ermöglicht wurden und erst zu einem späten Zeitpunkt zur Aufdeckung führten, stellte die Kammer die besondere Schwere der Schuld nicht fest.[1125]

3.4.9.6.5 Zusammenfassung – Berufsverbot

Die Taten wurden alle in Bezug auf die Ausübung der beruflichen Tätigkeit begangen, weshalb aus Sicht der Landgerichte in den Fällen Michaela G., Stephan L. und Niels H. jeweils ein lebenslanges Berufsverbot gem. § 70 Abs. 1 StGB erforderlich wurde. Die Kammern untersagten damit, künftige Tätigkeiten im Zusammenhang mit der Pflege oder Betreuung von Menschen auszuüben.[1126]

Im Fall Irene B. hat das Landgericht Berlin von einem Berufsverbot abgesehen, weil Irene B. nach einer möglichen Haftentlassung wahrscheinlich im Rentenalter sein wird und die Gefahr für weitere Taten *„schwindet"*.[1127] Des Weiteren geht die Kammer davon aus, dass Irene B. sich mit den Taten auseinandersetzen und von ihnen distanzieren wird.[1128]

3.4.9.7 Zusammenfassung – Besonderheiten in Bezug auf Tötung auf Verlangen

Auf Grund der einlassenden Angaben der angeklagten Täterinnen und Täter haben die Kammern Michaela G. und Stephan L. jeweils in einem Fall wegen Tötung auf Verlangen i. S. v. § 216 Abs. 1 StGB verurteilt.

[1124] Vgl. LG Bonn, Urteil v. 22.02.2006, Ks 900 Js 581/05 – 24 G 3/05, S. 72, Hauptakte, Band II, Blatt 74; LG Kempten, Urteil v. 30.11.2006, 1 Ks 212 Js 14068/04, Seite 121, Hauptakte, Band XVI, Blatt 122; LG Oldenburg, Urteil v. 06.06.2019, 5 Ks 800 Js 54254/17 (1/18), juris, S. 137.

[1125] LG Berlin, Urteil v. 29.06.2007, (522) 1 Kap Js 1904/06 Ks (1/07), juris, S. 30.

[1126] Vgl. LG Bonn, Urteil v. 22.02.2006, Ks 900 Js 581/05 – 24 G 3/05, S. 72, Hauptakte, Band II, Blatt 74; LG Kempten, Urteil v. 30.11.2006, 1 Ks 212 Js 14068/04, Seite 122, Hauptakte, Band XVI, Blatt 123; LG Oldenburg, Urteil v. 06.06.2019, 5 Ks 800 Js 54254/17 (1/18), juris, S. 140.

[1127] LG Berlin, Urteil v. 29.06.2007, (522) 1 Kap Js 1904/06 Ks (1/07), juris, S. 30.

[1128] Vgl. LG Berlin, Urteil v. 29.06.2007, (522) 1 Kap Js 1904/06 Ks (1/07), juris, S. 30.

Michaela G. sagte aus, dass das Opfer sie aufforderte, sie zu erlösen. Das Gegenteil konnte die Kammer ihr nicht nachweisen, weshalb im Fall des 6. Opfers Michaela G. wie o. g. verurteilt wurde.

Auch im Fall Stephan L. machte er in der Hauptverhandlung dahingehende Angaben, dass das 21. Opfer ihm gegenüber den Wunsch geäußert hätte, sterben zu wollen. Weil auch ihm nichts Gegenteiliges nachgewiesen werden konnte, wurde Stephan L. ebenfalls in diesem einem Fall wegen Tötung auf Verlangen verurteilt.

Irene B. hat ebenfalls ausgesagt, dass das 3. Opfer nicht mehr hätte leben wollen und Irene B. sie deshalb tötete. Dieser Einlassung folgte die Kammer jedoch nicht und verurteilte sie auch in diesem Fall wegen Mordes.

Niels H. hat – so ergibt es sich zumindest aus dem Urteil – nicht behauptet, dass ihn eines seiner Opfer gebeten hätte, sterben zu wollen.

Michaela G. hat sich beispielsweise nach Rechtskraft des Urteils einer Mitarbeiterin des Täter-Opfer-Ausgleichs (TOA) anvertraut und ihr mitgeteilt, dass das 6. Opfer sie nicht gebeten hätte, zu sterben, sondern die Geschädigte aufgrund eigener Motivation heraus getötet zu haben.[1129]

In der Auswertung zeigte sich, dass die Überprüfung derartiger Einlassungen nur schwer möglich ist und – auch auf Grund des reduzierten Allgemeinzustandes der Opfer – der Wunsch sterben zu wollen, durchaus nachvollziehbar erscheinen mag.

3.5 Methodenkritik

Unter den vorangegangenen Gliederungspunkten wurden die Durchführung der Studie sowie die Ergebnisse aus den Akten eingehend erläutert.

Wie bereits im Gliederungspunkt 3.1.2 „Durchführung und Gewinnung der Stichprobe“ erläutert wurde, sind acht Tatkomplexe zwischen 1976 und 2019[1130] für die Auswertung in Frage gekommen. Wie der Analyse zu entnehmen ist, konnten von den acht ausgewählten Tötungsserien lediglich zwei im Rahmen einer vollständigen Einsicht in die Akten untersucht werden. Zwei weitere Fälle wurden hilfsweise im Rahmen einer Urteilsanalyse ausgewertet. Die Durchführung der Aktenanalyse ist im Folgenden einzuordnen und kritisch zu würdigen.

Eine zentrale Herausforderung bei der jeweiligen Beantragung der Akteneinsicht war, dass der Verfasser dieser Arbeit als Privatperson Akteneinsicht

[1129] Vgl. StA Bonn, Ks 900 Js 581/05 – 24 G 3/05, Hauptakte, Band II, Blatt 143.

[1130] Jahreszahl bezieht sich auf das Urteil.

beantragen musste.[1131] Der Autor war nicht an der Deutschen Hochschule der Polizei (DHPol) beispielsweise als Wissenschaftlicher Mitarbeiter angestellt und das Forschungsthema war nicht Teil eines Projektes mit Anbindung an die DHPol. Die Erstellung der vorliegenden Monographie wurde somit als externes Promotionsprojekt einer Einzelperson an der DHPol angefertigt.

Nähere Ausführungen zu den Anforderungen der Einsicht in Strafverfahrensakten zu wissenschaftlichen Zwecken gem. § 476 StPO sind dem Gliederungspunkt 3.1.2 „Durchführung und Gewinnung der Stichprobe“ zu entnehmen.

Trotz der Befürwortung der DHPol in Form eines Begleitschreibens von Frau Professorin Dr. Schiemann und der darin enthaltenen Bitte, das Forschungsvorhaben zu unterstützen, wurde nur in den Fällen Michaela G. (Urteil 2006) und Stephan L. (Urteil 2006) Einsicht in die Akten gewährt. Als einschlägige Vorschrift wurde in beiden Fällen § 476 Abs. 1 StPO von den zuständigen Stellen angenommen.

In dem Fall Irene B. (Urteil 2007) wurde das Ersuchen mit dem Schreiben vom 28.02.2022 des Leitenden Oberstaatsanwalts in Berlin abgelehnt.[1132] Im Fall Niels H. (Urteil 2008, 2015 und 2019) wurde mit dem Schreiben vom 05.05.2021 der Leitenden Oberstaatsanwältin in Oldenburg das Ersuchen ebenfalls abgelehnt.

Die Strafverfahrensakten im Fall Reinhard B. (Urteil 1981) befinden sich in der Zweigstelle Freiburg des Landesarchivs Baden-Württemberg. Das Archivgut ist in diesem Fall mit einem Sperrvermerk versehen. Wie auch in NRW kann unter bestimmten Voraussetzungen und im Einzelfall auf Antrag die Einsicht in die Akten vor Ort zu wissenschaftlichen Zwecken genehmigt werden.[1133]

Da die bisherige Datensättigung[1134] aus den ausgewerteten Akten sowie der Urteile – besonders in Bezug auf das Vorhandensein von Hinweisen auf die jeweiligen Taten sowie dem teilweise mangelhaften Umgang mit diesen – bereits ausführlich herausgearbeitet werden konnte, hätte eine Auswertung der Akten vor Ort in den Landesarchiven nicht im Verhältnis zu den zu erwartenden weiteren bzw. neuen Erkenntnissen gestanden.

[1131] Vgl. *Gieg*, in: Karlsruher Kommentar – StPO, § 476, Rn. 2; *Hilger*, in: Löwe-Rosenberg – StPO, § 476, Rn. 3.

[1132] Schreiben vom 28.02.2022, STA 1451/1 E-3053-8.

[1133] *Rees*: Referat Überlieferungsbildung und Nutzung, Landesarchiv BW, Mail vom 03.03.2023.

[1134] Eine Datensättigung ist erreicht, wenn bei der Erhebung weiterer Daten, keine neuen Erkenntnisse mehr zu erwarten sind und die bisherigen Daten ausreichende Informationen hervorgebracht haben.

Eine Auswertung der Akten vor Ort in den Landesarchiven, war für das Forschungsvorhaben somit nicht erforderlich.

Auch wenn somit lediglich zwei Tatkomplexe vollständig im Rahmen einer Aktenanalyse ausgewertet werden konnten, haben diese dennoch sehr umfassende und für die vorliegende Arbeit relevante Informationen hervorbringen können. In zwei weiteren Fällen erfolgte eine Auswertung der Urteile als Primärquelle.

Insgesamt konnten so vier Tatkomplexe intensiv und eingehend betrachtet werden. Die Analyse der Dokumente führten zu einem umfassenden Erkenntnisgewinn. Im Gliederungspunkt 3.4.1 „Tathandlung“ wurde in den verschiedenen Tatkomplexen jede Tat einzeln dargestellt. Im Fall Niels H. hat sich der Verfasser aber auf Grund der Vielzahl der Tathandlungen und der Opfer (85 Tötungen)[1135] entschieden, Fallgruppen zu bilden, da eine Niederschrift jeder einzelnen Tatbegehung, wie in den anderen Tatkomplexen durchgeführt, dem Autor nicht sinnvoll erschien, zumal der Modus Operandi sich nicht unterscheidet. Die Fallgruppen beinhalten die jeweiligen Opfer, die mit dem gleichen Tatmittel[1136] getötet wurden und sind in diesen zusammengefasst. Somit ist die Vergleichbarkeit aller Tatkomplexe im Rahmen der durchgeführten Auswertung in der Kategorie „Tathandlung“ dennoch gegeben.

Insbesondere konnten strukturelle Gemeinsamkeiten der jeweiligen Organisationen identifiziert werden, die der Zusammenfassung des vorliegenden Kapitels zu entnehmen sind. Die Informationen konnten für die Konzeptionierung der Fragen sowie für die Auswahl der Antwortmöglichkeiten der deutschlandweiten Befragung der Klinikträger verwendet werden.

Grundsätzlich ist trotz der standardisierten Erstellung der Strafverfahrensakten relativierend zu berücksichtigen, dass derartige Dokumente *„[...] als Wirklichkeit eigener Art“* begriffen werden müssen und nicht *„[...] ohne weiteres als Abbild einer dahinter stehenden Wirklichkeit“*.[1137] Die Ermittlungsakten werden in der Regel derart angelegt, dass eine Verurteilung im Strafprozess möglich ist. Die Inhalte sind aus Sicht der Strafverfolgenden betrachtet, mögliche soziale oder psychologische Fragestellen spielen hier nur eine untergeordnete Rolle.[1138] Die vorliegende Arbeit beschäftigt sich nur subaltern mit sozialen oder psychodynamischen Prozessen innerhalb der untersuchten Tatkomplexe.

1135 Insgesamt tötete Niels H. mindestens 87 Menschen (Urteil 2015, 2019), vgl. LG Oldenburg, Urteil v. 06.06.2019, 5 Ks 800 Js 54254/17 (1/18), juris, S. 16 u.135.

1136 Das jeweilige Medikament.

1137 *Röhl*: Rechtssoziologie, S. 123.

1138 Vgl. *Röhl*: Rechtssoziologie, S. 123.

Die Akten- und Urteilsanalyse, wie sie in dieser Arbeit vorliegt, hat zumindest jedoch einen heuristischen Charakter im Rahmen von exemplarischen Fällen. Für den Zweck dieser Arbeit und zur Einordnung der Ergebnisse aus der bundesweite Krankenhausbefragung, ist, aus Sicht des Autors, die Akten- und Urteilsanalyse in dieser Form ausreichend.

Leichenschau

4

Wie die Auswertung verübter Tötungsserien im Gesundheitswesen gezeigt hat, wurden bei der Leichenschau in keinem der vier untersuchten Tatkomplexe und der 129 rechtskräftig nachgewiesenen Tötungen ein nicht natürlicher Tod festgestellt. Die ärztliche Leichenschau führte in allen Fällen zu der Feststellung eines natürlichen Todes.[1]

In diesem Kapitel wird auf Grund der o. g. Feststellungen, die ärztliche Leichenschau und mögliche darin enthaltene Problemfelder erörtert. Insbesondere soll geklärt werden, ob die Leichenschau ein geeignetes Mittel ist, um Tötungsserien bzw. das Erkennen von Personen, die Opfer von Tötungsdelikten im Gesundheitswesen geworden sind, aufzudecken.

Eine der ersten und wichtigsten Aufgaben bei der Leichenschau ist die Feststellung des sicheren Todes.[2] Anschließend ist eine äußere Untersuchung des Leichnams, die sog. Leichenschau, vorgeschrieben.[3] Die Leichenschau ist in der Bundesrepublik Deutschland eine nicht delegierbare ärztliche Aufgabe, die, bis auf wenige Ausnahmen, von jeder approbierten Ärztin bzw. jedem approbierten

---

[1] Vgl. LG Bonn, Urteil v. 22.02.2006, Ks 900 Js 581/05 – 24 G 3/05, S. 15 ff., Hauptakte, Band II, Blatt 17 ff.; LG Kempten, Urteil v. 30.11.2006, 1 Ks 212 Js 14068/04, Seite 12 ff., Hauptakte, Band XVI, Blatt 13 ff.; LG Berlin, Urteil v. 29.06.2007, (522) 1 Kap Js 1904/06 Ks (1/07), juris, S. 4 ff.; LG Oldenburg, Urteil v. 06.06.2019, 5 Ks 800 Js 54254/17 (1/18), juris, S. 37 ff.

[2] Vgl. *Hartwig*, in: Notfall + Rettungsmedizin 63 (65); *Madea/Dettmeyer*, in: Deutsches Ärzteblatt 3161 (3162).

[3] Vgl. *Madea*, in: Praxis Rechtsmedizin, S. 12; *Madea/Dettmeyer*, in: Deutsches Ärzteblatt 3161 (3162); *Hartwig*, in: Notfall + Rettungsmedizin 63 (65).

L. Kuhlmann, *Tötungsdelikte im Gesundheitswesen und die Bedeutung von Compliance-Management-Systemen*,
https://doi.org/10.1007/978-3-658-48764-5_4

Arzt durchgeführt und u. U. dazu auch verpflichtet werden kann.[4] Aufgabe der Leichenschau ist neben der sicheren Feststellung des Todes, die Identifizierung der verstorbenen Person, die Bestimmung der Todeszeit und die Bestimmung der Todesursache sowie der Todesart.[5] Bei der Untersuchung ist die Leiche beginnend am Kopf, halsabwärts zum Rumpf, bis zu den Extremitäten unter Einbeziehung aller Körperöffnungen sorgfältig durchzuführen. Der Leichnam ist vollständig umzudrehen und erneut von Kopf bis Fuß zu untersuchen.[6] Bei der äußeren Untersuchung sollte die Leichenschauärztin bzw. der Leichenschauarzt auf versteckte Verletzungen, Einstichstellen, Hämatome und Einblutungen in Schleimhäuten achten.[7] Hierbei sollten Körperstellen unter Pflastern, in Gelenkbeugen sowie behaarte Bereiche nicht ausgelassen werden und darüber hinaus auf mögliche Frakturen geachtet werden.[8]

Eine der zentralen Aufgaben bei der Leichenschau ist die Feststellung der Todesursache. Hierbei handelt es sich um eine medizinische Diagnose, die für den Todeseintritt ursächlich war. Die Todesart beschreibt die Zuordnung eines Todesfalls, in die Kategorien:[9]

a) natürlicher Tod
b) nicht natürlicher Tod
c) unklare Todesart

Die Todesursache kann mit der Todesart unmittelbar zusammenhängen, sind jedoch nicht zwingend voneinander abhängig.[10]

Die Gesetzgebungskompetenz über das Leichen- und Bestattungsrecht obliegt in der Bundesrepublik Deutschland den jeweiligen Bundesländern. Inhaltlich

---

[4] Vgl. *Madea/Dettmeyer*, in: Deutsches Ärzteblatt 3161 (3162); *Hartwig*, in: Notfall + Rettungsmedizin 63 (65); *Madea*, in: Praxis Rechtsmedizin, S. 13.

[5] Vgl. *Hartwig*, in: Notfall + Rettungsmedizin 63 (65); *Madea/Dettmeyer*, in: Deutsches Ärzteblatt 3161 (3162).

[6] Vgl. *Madea/Dettmeyer*, in: Deutsches Ärzteblatt 3161 (3173 f.); *Hartwig*, in: Notfall + Rettungsmedizin 63 (65).

[7] Vgl. *Hartwig*, in: Notfall + Rettungsmedizin 63 (65); *Madea/Dettmeyer*, in: Deutsches Ärzteblatt 3161 (3173 f.).

[8] Vgl. *Madea*: Praxis Rechtsmedizin, S. 17; Vgl. *Madea/Dettmeyer*, in: Deutsches Ärzteblatt 3161 (3173 f.).

[9] Vgl. *Dettmeyer*: Medizin & Recht für Ärzte, S. 259; *Madea*: Praxis Rechtsmedizin, S. 80.

[10] Vgl. *Hartwig*, in: Notfall + Rettungsmedizin 63 (69).

ähneln sich die jeweiligen Regelungen, im Detail können sie sich jedoch erheblich unterscheiden.[11]

Aus allen 16 Gesetzen der jeweiligen Bundesländer ergibt sich, dass nur eine approbierte Ärztin oder ein approbierter Arzt die Leichenschau durchführen darf und je nach Tätigkeitsfeld, beispielsweise im ärztlichen Bereitschaftsdienst oder als niedergelassene Ärzte zur Durchführung der Leichenschau auch verpflichtet werden kann.[12] Auf den Inseln und Halligen des Landes Schleswig-Holstein darf die Leichenschau gem. § 3 Abs. 2 BestattG auch durch eine geeignete Person durchgeführt werden und stellt damit eine Ausnahme dar. In der Regel ist für die Leichenschau unerheblich, welcher Fachrichtung die Ärztin oder der Arzt angehört. Im Bundesland Bremen dürfen gem. § 8 Abs. 1 LeichWG ausschließlich qualifizierte Leichenschauärztinnen und -ärzte, in der Regel Rechtsmedizinerinnen und Rechtsmediziner, die Leichenschau durchführen. Mehr dazu ist dem folgenden Gliederungspunkt 4.2 zu entnehmen.

Die Leichenschau ist eine verantwortungsvolle ärztliche Aufgabe und von erheblicher öffentlicher Bedeutung.[13] Die Feststellungen der Leichenschau dienen gesundheitspolitischen Aspekten, zivilrechtlichen Ansprüchen und nicht zuletzt der Aufklärung von Straftaten sowie möglicher Behandlungsfehler.[14] Für die Rechtssicherheit in der Bundesrepublik Deutschland leistet eine fachgerecht durchgeführte Leichenschau einen bedeutenden Beitrag.[15]

4.1 Probleme bei der Leichenschau

Die derzeitigen Regelungen zur Durchführung der Leichenschau werden seit vielen Jahren wiederholt kritisiert.[16] Die Kritik wird von Ermittlungsbehörden, Rechtsmedizinerinnen und -medizinern geäußert, aber auch von Ärztinnen und

---

[11] Vgl. *Madea/Dettmeyer*, in: Deutsches Ärzteblatt 3161 (3162); *Hartwig*, in: Notfall + Rettungsmedizin 63 (65); *Madea*: Praxis Rechtsmedizin, S. 13; *Dettmeyer*: Medizin & Recht für Ärzte, S. 257.

[12] Vgl. § 1 Abs. 3 BestattG (HH); § 10 Abs. 5 FBG (HE); § 9 Abs. 3 BestattG (NW); § 14 Abs. 2 BestattG (SL); § 3 Abs. 2 BestattG (ST).

[13] Vgl. *Madea*: Praxis Rechtsmedizin, S. 12.

[14] Vgl. *Madea*: Praxis Rechtsmedizin, S. 12.

[15] Vgl. *Madea*: Praxis Rechtsmedizin, S. 12.

[16] Vgl. *Zack et al.*, in: Rechtsmedizin, 516 (518); *Madea/Dettmeyer*, in: Deutsches Ärzteblatt 3161 (3161); *Madea*: Praxis Rechtsmedizin, S. 12; *Vennemann et al.*, in: Deutsche Medizinische Wochenschrift, 712 (712).

Ärzten anderer Fachrichtungen, die je nach landesrechtlichen Bestimmungen zur Durchführung der Leichenschau verpflichtet werden können.[17]

Regelmäßig gelangten in der Vergangenheit Tötungsdelikte zufällig an die Öffentlichkeit, von denen zunächst davon ausgegangen wurde, dass es sich um natürliche Todesfälle handelte.[18]

Bereits 1983 forderten die Generalstaatsanwälte der Länder sowie der Bundesanwalt eine Verbesserung der ärztlichen Leichenschau.[19] Vier Jahre später, im Jahr 1987, forderte der Bund Deutscher Kriminalbeamter unter anderem einen „*amtlich bestellten Leichenschauarzt mit qualifizierten gerichtsmedizinischen Kenntnissen*".[20] Die Forderungen wurden durch die Länder jedoch nicht umgesetzt und es erfolgten keine substanziellen Änderungen der bisherigen Regelungen der Leichenschau.[21]

Im Rahmen einer multizentrischen Studie aus dem Jahr 1997 wurden Fehlleistungen bei der Leichenschau erfasst. Während des knapp einjährigen Untersuchungszeitraumes wurden rund 13.000 Obduktionen von Verstorbenen durchgeführt, bei denen ein natürlicher Tod angenommen wurde.[22] An der Studie haben sich 23 rechtsmedizinische Institute in der Bundesrepublik Deutschland beteiligt.[23] Bei den Sektionen konnte festgestellt werden, dass 92 der untersuchten Personen auf nicht natürliche Weise verstorben sind. Sie starben an Unfällen (49), im Zusammenhang mit ärztlichen Maßnahmen (19), Suiziden (9), Missbrauch von Betäubungsmitteln (5) oder wurden Opfer von Tötungsdelikten (10).[24]

Das Institut für Rechtsmedizin der Universitätsmedizin Rostock hat 2017 eine umfangreiche Studie zu der Feststellung von möglichen Fehlern in Todesbescheinigungen in Mecklenburg-Vorpommern durchgeführt.[25] Von August 2012 bis Mai 2015 wurden im Rahmen der zweiten Leichenschau vor der Kremation

---

[17] Vgl. *Madea*: Praxis Rechtsmedizin, S. 12 f.

[18] Vgl. StA Kempten, 1 Ks 212 Js 14068/04, Hauptakte, Band 12, Blatt 6; *Schwind*: Kriminologie und Kriminalpolitik, S. 42 ff.; *Brinkmann et al.*, in: Archiv für Kriminologie, 1 (3); *Unger et al.*, in: Archiv für Kriminologie, 87 (87 f.).

[19] Vgl. *Wagner*, in: Deutsches Ärzteblatt, 3428 (3429).

[20] *Schneider* zit. nach *Wagner*, in: Deutsches Ärzteblatt, 3428 (3429).

[21] Vgl. *Wagner*: Deutsches Ärzteblatt, 3428 (3429); *Vennemann et al.*, in: Deutsche Medizinische Wochenschrift, 712 (716).

[22] Vgl. *Brinkmann et al.*, in: Archiv für Kriminologie, 1 (3 f.).

[23] Vgl. *Brinkmann et al.*, in: Archiv für Kriminologie, 1 (3).

[24] Vgl. *Brinkmann et al.*, in: Archiv für Kriminologie, 1 (5).

[25] Vgl. *Zack et al.*, in: Rechtsmedizin, 516 (516).

10.000 Todesbescheinigungen auf formale und inhaltliche Fehler untersucht.[26] In der Studie konnten die Wissenschaftlerinnen und Wissenschaftler belegen, dass nach Bereinigung lediglich 10,37 % der Bescheinigungen fehlerfrei ausgefüllt waren. Darüber hinaus wurden 3.116 schwerwiegende Fehler in den Dokumenten gefunden.[27]

Eine nicht ordnungsgemäß durchgeführte Leichenschau kann folglich dazu führen, dass mögliche Tötungsdelikte nicht erkannt werden und somit ein Zusammenhang zwischen der Qualität der Leichenschau und einem Dunkelfeld von Tötungsdelikten bestehen kann.[28]

Sofern die Todesart als natürlich bestimmt wird, kann dies – sofern der Leichnam beispielsweise feuerbestattet wird – zu einer unwiederbringlichen Erledigung des Sterbefalls führen.[29] Eine zweite Leichenschau vor der Kremation wird bis auf Bayern und Bremen[30] in allen Bundesländern vorgenommen, jedoch zumeist erst Tage oder Wochen nach dem Sterbefall.[31] Mögliche Spuren können u. U. durch postmortale Veränderungsprozesse nicht mehr eindeutig festgestellt und zugeordnet werden.[32] Insofern wird deutlich, wie wichtig eine ordnungsgemäß durchgeführte Leichenschau, auch zum Aufdecken von Tötungsdelikten, ist.

Was aber die Gründe für Fehlleistungen bei der Leichenschau sind, haben Madea/Dettmeyer (2003) versucht, zusammenzufassen.

Zum einen führt die Aufgabe der Leichenschau zu Abgrenzungsproblemen zwischen ärztlichen und kriminalistischen Aufgaben, zum anderen werden mangelnde Aus- und Fortbildungen genannt sowie zu geringe Erfahrung seitens der Ärztinnen und Ärzte.[33] Des Weiteren empfinden Ärztinnen und Ärzte die

---

[26] Vgl. *Zack et al.*, in: Rechtsmedizin, 516 (516).

[27] Vgl. *Zack et al.*, in: Rechtsmedizin, 516 (521).

[28] *Schwind*: Kriminologie und Kriminalpolitik, S. 42.

[29] Vgl. *Madea*: Praxis Rechtsmedizin, S. 64; *Yen et al.*: Möglichkeiten und Grenzen der äußeren Leichenschau, S. 118.

[30] In Bremen erfolgt jede Leichenschau durch eine qualifizierte Leichenschauärztin bzw. -arzt, zumeist eine Rechtsmedizinerin oder Rechtsmediziner, weshalb die sog. Kremationsleichenschau nicht mehr erforderlich ist.

[31] Vgl. *Hartwig*, in: Notfall + Rettungsmedizin 63 (65); *Gesundheitsbehörde Bremen* (Hrsg.): Berichtsbitte der SPD zur qualifizierten Leichenschau in Bremerhaven (letzter Zugriff am 30.06.2023); *Schröder/Püschel*, in: Bundesgesundheitsblatt, 1438 (1443).

[32] Vgl. *Yen et al.*: Möglichkeiten und Grenzen der äußeren Leichenschau, S. 82; *Schröder/Püschel*, in: Bundesgesundheitsblatt, 1438 (1443).

[33] Vgl. *Madea/Dettmeyer*, in: Deutsches Ärzteblatt 3161 (3164).

Leichenschau als eine unangenehme Tätigkeit, die vielfach nicht als originäre Aufgabe einer Ärztin oder eines Arztes angesehen wird.[34]

4.2 Das Bremer Modell „Qualifizierte Leichenschau"

Die Freie Hansestadt Bremen hat im Jahr 2017 die bisherigen Regelungen über das Leichen- und Bestattungswesen vollständig überarbeitet und führte mit Inkrafttreten des Gesetzes über das Leichenwesen am 01.08.2017 die sog. „Qualifizierte Leichenschau" ein.[35] Bremen ist bis heute das einzige Bundesland, das eine unabhängige und durch besonders qualifizierte Ärztinnen und -ärzte die Leichenschau vorschreibt.[36]

Vorangegangen waren seit vielen Jahrzehnten wiederholte Debatten über die Qualität der Leichenschau.[37] Bereits 1990 hat eine Fachgruppe der Gesundheitsministerkonferenz Versuche unternommen, die Leichenschaustandards zu verbessern, jedoch ohne damit substanziellen Erfolg zu haben.[38]

Auf der 78. Justizministerkonferenz (JuMiKo) im Jahr 2007 wurde die „Verbesserung der Qualität der äußeren Leichenschau" ebenfalls thematisiert. Bei der Konferenz wurde unter TOP II. 3 folgender Beschluss gefasst:

> *„In der Fachöffentlichkeit wird die Besorgnis geäußert, dass die derzeitige Praxis der Leichenschau die Feststellung nichtnatürlicher Todesfälle nicht immer sicher gewährleiste. Eine mögliche Ursache liege darin, dass die Leichenschau nahezu in allen Ländern nicht durch entsprechend spezialisierte Ärztinnen und Ärzte durchgeführt werde. Die Justizministerinnen und Justizminister halten diese Thematik für klärungsbedürftig."*[39]

---

[34] Vgl. *Madea*: Praxis Rechtsmedizin, S. 12 f.; *Madea/Dettmeyer*, in: Deutsches Ärzteblatt 3161 (3164).

[35] Vgl. *Gesundheitsbehörde Bremen* (Hrsg.): FAQ-Liste zur Umsetzung der qualifizierten Leichenschau im Land Bremen (letzter Zugriff am 29.06.2023).

[36] Vgl. Leichen- und Bestattungsgesetze der Länder.

[37] Vgl. *Gesundheitsdeputation Bremen* (Hrsg): Qualifizierte Ärztliche Leichenschau (letzter Zugriff am 29.06.2023); *Wagner*, in: Deutsches Ärzteblatt, 3428 (3430); *Zack et al.*, in: Rechtsmedizin, 516 (518); *Madea/Dettmeyer*, in: Deutsches Ärzteblatt 3161 (3161); *Madea*: Praxis Rechtsmedizin, S. 12.

[38] Vgl. *Wagner*, in: Deutsches Ärzteblatt, 3428 (3430).

[39] *JuMiKo* (Hrsg.): Beschluss: Verbesserung der Qualität der äußeren Leichenschau (letzter Zugriff am 29.06.2023).

Das derzeitige System der Leichenschau sollte überprüft und gegebenenfalls ein gemeinsames Konzept zur Verbesserung der Leichenschau entwickelt werden, wie aus dem Beschluss hervorgeht.[40]

Das damalige und zu großen Teilen noch heute unveränderte Todesfeststellungsverfahren, wurde im Strafrechtsausschuss der JuMiKo 2009 im Rahmen einer Projektgruppe, unter Beteiligung der Freien Hansestadt Bremen, überprüft und ein entsprechender Abschlussbericht angefertigt. Der Bericht zielte darauf ab, die Leichenschau der Kompetenz von Rechtsmedizinerinnen und Rechtsmedizinern zu übertragen und damit auch zu einer Stärkung der Institute beizutragen.[41] Des Weiteren wurde vorgeschlagen, die Todesfeststellung und die Leichenschau getrennt voneinander durchzuführen.[42]

Auf Grundlage der in der Projektgruppe erarbeiteten Vorschläge, wurde auf der JuMiKo im Jahr 2009 ein weiterer Beschluss gefasst:

> *„Die Justizministerinnen und Justizminister sprechen sich auf seiner Grundlage für eine Professionalisierung der äußeren Leichenschau aus. Aus ihrer Sicht hat die Projektgruppe ein schlüssiges Gesamtkonzept erarbeitet, das geeignet ist, die Qualität der äußeren Leichenschau mit Blick nicht nur auf die Feststellung nichtnatürlicher Todesfälle, sondern auch zur Gewährleistung einer zuverlässigen und aussagekräftigen Todesursachenstatistik zu optimieren. Sie sehen in den Empfehlungen der Projektgruppe eine geeignete Grundlage für entsprechende gesetzgeberische Überlegungen in den Ländern."*[43]

Auf der 83. Gesundheitsministerkonferenz im Jahr 2010 wurden die Beschlüsse der JuMiKo zur Kenntnis genommen und beschlossen, diese bis zu den kommenden Konferenzen im Jahr 2011 näher zu prüfen.[44] Grundsätzlich hat man sich den Vorschlägen für eine Verbesserung der Qualität der Leichenschau angeschlossen, jedoch die konkrete Umsetzbarkeit der Beschlüsse teilweise in Frage gestellt.[45]

---

[40] Vgl. *JuMiKo* (Hrsg.): Beschluss: Verbesserung der Qualität der äußeren Leichenschau (letzter Zugriff am: 29.06.2023).

[41] Vgl. *Gesundheitsdeputation Bremen* (Hrsg): Qualifizierte Ärztliche Leichenschau (letzter Zugriff am 29.06.2023).

[42] Vgl. *Gesundheitsdeputation Bremen* (Hrsg): Qualifizierte Ärztliche Leichenschau (letzter Zugriff am 29.06.2023).

[43] Vgl. *JuMiKo* (Hrsg.): Beschluss: Verbesserung der Qualität der äußeren Leichenschau (letzter Zugriff am 29.06.2023).

[44] Vgl. *Gesundheitsdeputation Bremen* (Hrsg): Qualifizierte Ärztliche Leichenschau (letzter Zugriff am 29.06.2023).

[45] Vgl. *Gesundheitsdeputation Bremen* (Hrsg): Qualifizierte Ärztliche Leichenschau (letzter Zugriff am 29.06.2023).

Im Zuge der Novellierung des Leichen- und Bestattungswesens in der Freien Hansestadt Bremen, wurden am 18.09.2014 sowie am 16.10.2014 im Rahmen einer Anhörung erste Fachgespräche geführt. Die Deputierten der Gesundheitsdeputation erörterten die Durchführungspraxis der ärztlichen Leichenschau sowie die Neuausrichtung der rechtsmedizinischen Versorgung im Land Bremen.[46]

Die Mehrheit der angehörten Expertinnen und Experten sowie die Deputierten selbst sprachen sich für die Trennung der Todesfeststellung sowie der Leichenschau aus. In den bisherigen Vorschriften und bis heute in den übrigen Bundesländern so vorgenommen, ist geregelt, dass die Todesfeststellung sowie die Leichenschau von der selben Ärztin bzw. dem selben Arzt zusammen durchgeführt wird.[47]

Als einziges Bundesland hat sich die Freie Hansestadt Bremen den Beschlüssen der JuMiKo sowie denen der Gesundheitsministerkonferenz (GMK) angeschlossen und die Empfehlungen in der Überarbeitung des Leichen- und Bestattungsrechts berücksichtigt.[48]

Die Leichenschau wird i. S. v. § 8 Abs. 1 LeichWG durch einen *„[…] speziell hierfür qualifizierten Leichenschauarzt [vorgenommen].“*.

Im Land Bremen wurde die Aufgabe der Qualifizierten Leichenschau durch die Senatorin für Wissenschaft, Gesundheit und Verbraucherschutz an das Instituts für Rechtsmedizin des kommunalen Klinikums Bremen-Mitte übertragen.[49]

Sofern ein Mensch verstorben ist, sieht der Ablauf des Gesetzes vor, dass zunächst eine Ärztin oder ein Arzt die Todesfeststellung vornimmt und gem. § 6 Abs. 1 LeichWG unverzüglich eine Todesbescheinigung ausstellt.

Ergeben sich bereits bei der Todesfeststellung Anzeichen für einen nicht natürlichen Tod, soll gem. § 5 Abs. 5 LeichWG die qualifizierte Leichenschau am Leichenfundort durchgeführt werden. Hierzu informiert die Ärztin oder der Arzt, der die Todesfeststellung vornimmt, unverzüglich die Polizei.[50]

Sofern zunächst keine Anzeichen für einen nicht natürlichen Tod vorliegen, wird der Leichnam zunächst zu einem geeigneten Ort, wie z. B. eine Leichenhalle von Bestattungsunternehmen oder in das Institut für Rechtsmedizin überführt und anschließend gem. § 8 LeichWG die qualifizierte Leichenschau durchgeführt.

---

[46] Vgl. *Gesundheitsbehörde Bremen* (Hrsg.): Rechtsmedizinische Versorgung im Land Bremen: Ausblick und Perspektiven (letzter Zugriff am 30.06.2023).

[47] Vgl. *Gesundheitsbehörde Bremen* (Hrsg.): Rechtsmedizinische Versorgung im Land Bremen: Ausblick und Perspektiven (letzter Zugriff am 30.06.2023).

[48] Vgl. Bremer Gesetz über das Leichenwesen vom 16.05.2017.

[49] Vgl. *GeNo* (Hrsg.): Durchführung der qualifizierten Leichenschau (letzter Zugriff am 30.06.2023).

[50] Vgl. § 5 Abs. 5 LeichWG HB.

Eine zweite Leichenschau vor einer Kremation, die sog. Kremationsleichenschau, ist seit Inkrafttreten des Gesetzes über das Leichenwesen in Bremen nicht mehr erforderlich.[51]

4.3 Chancen und Grenzen des Bremer Modells

Wie eingangs bereits erwähnt, ist in allen vier näher untersuchten Tatkomplexen auffällig, dass in keinem der 129 rechtskräftig nachgewiesenen Tötungen bei der Leichenschau ein nicht natürlicher Tod festgestellt wurde.[52]

Zweifelsohne ist das Bremer Modell, die Trennung der Todesfeststellung von der eigentlichen Leichenschau, in der Bundesrepublik Deutschland wegweisend. Zudem sind mit der qualifizierten Leichenschau hohe Qualitätsstandards sichergestellt. In Bezug auf das Aufdecken von Tötungsserien bzw. das Erkennen von Personen, die Opfer von Tötungsdelikten im Gesundheitswesen geworden sind, spielt die qualifizierte Leichenschau jedoch eher eine untergeordnete Rolle.

Bei der Leichenschau handelt es sich um eine äußere Untersuchung des Leichnams.[53] Sofern äußere Gewalteinwirkung für das Ableben der Person ursächlich oder zumindest im Zusammenhang mit dem Versterben steht, kann dies u. U. bei der Leichenschau festgestellt werden.[54] Auch Einstichstellen, durch die beispielsweise tödlich wirkende Medikamente verabreicht wurden, können bei der Untersuchung auffallen und den Verdacht auf einen nicht natürlichen Tod erhärten.[55] Insbesondere wenn die Leichenschau durch erfahrene Ärztinnen und Ärzte, wie z. B. in Bremen durch Rechtsmedizinerinnen und Rechtsmediziner vorgenommen wird, ist zu erwarten, dass nicht natürliche Todesfälle zuverlässiger entdeckt werden.[56] Es ist jedoch nicht in jedem Fall sicher, dass auch jeder nicht natürliche Tod auch im Rahmen einer professionell durchgeführten Leichenschau

[51] Vgl. *Gesundheitsbehörde Bremen* (Hrsg.): Berichtsbitte der SPD zur qualifizierten Leichenschau in Bremerhaven (letzter Zugriff am 30.06.2023).

[52] Vgl. LG Bonn, Urteil v. 22.02.2006, Ks 900 Js 581/05 – 24 G 3/05, S. 15 ff., Hauptakte Band II, Blatt 17 ff.; LG Kempten, Urteil v. 30.11.2006, 1 Ks 212 Js 14068/04, Seite 12 ff., Hauptakte, Band XVI, Blatt 13 ff.; LG Berlin, Urteil v. 29.06.2007, (522) 1 Kap Js 1904/06 Ks (1/07), juris, S. 4 ff.; LG Oldenburg, Urteil v. 06.06.2019, 5 Ks 800 Js 54254/17 (1/18), juris, S. 37 ff.

[53] Vgl. *Madea*: Praxis Rechtsmedizin, S. 12.

[54] Vgl. *Gabriel/Huckenbeck*, in: Zeitschrift für Allgemeinmedizin, 460 (465).

[55] Vgl. *Madea*: Praxis Rechtsmedizin, S. 57.

[56] Vgl. *Gesundheitsbehörde Bremen* (Hrsg.): Rechtsmedizinische Versorgung im Land Bremen: Ausblick und Perspektiven (letzter Zugriff am 30.06.2023).

entdeckt wird.[57] Insbesondere dann nicht, wenn es sich um Tötungsdelikte im Gesundheitswesen handelt und, wie in der vorliegenden Arbeit aufgezeigt werden konnte, die Taten – bis auf einen Tatkomplex – durch das Verabreichen von nicht indizierten Medikamenten verübt wurden.[58] Die Tatmittel[59] selbst haben sich je Tatkomplex unterschieden.[60] Der Modus Operandi war jedoch in den Fällen immer ähnlich.[61] Die Opfer befanden sich auf Krankenstationen, waren schwer erkrankt und verfügten über intravenöse und/oder zentralvenöse Zugänge, über die Medikamente einfach verabreicht werden können, ohne Einstichstellen oder sonstige äußere Spuren zu hinterlassen.[62]

Unregelmäßigkeiten können zwar bei Sterbefällen besonders qualifizierten Fachpersonen, wie z. B. Rechtsmedizinerinnen und Rechtsmedizinern, im jeweiligen Fall bereits durch die Sichtung der Gesundheitsdokumente auffallen, die auf einen ungewöhnlichen und nicht natürlichen Krankheitsverlauf deuten.[63] Ob aber im Einzelfall derartige Auffälligkeiten für einen Anfangsverdacht und für eine anschließende Todesermittlung ausreichen, ist fraglich.

In Bezug auf die untersuchten Fälle, konnte in der Auswertung festgestellt werden, dass zumindest im Fall Michaela G. die Opfer mittels Gewalteinwirkung getötet wurden und zum Teil noch zwei Jahre später, im Rahmen der durchgeführten Obduktion, trotz starker Verwesung, deutliche Hinweise auf äußere Gewalteinwirkung gefunden werden konnten und im Rahmen der Leichenschau hätten auffallen müssen.[64]

---

[57] Vgl. *Große Perdekamp*, in: Rechtsmedizin, 413 (416).

[58] Vgl. LG Kempten, Urteil v. 30.11.2006, 1 Ks 212 Js 14068/04, Seite 12 ff., Hauptakte, Band XVI, Blatt 13 ff.; LG Berlin, Urteil v. 29.06.2007, (522) 1 Kap Js 1904/06 Ks (1/07), juris, S. 4 ff.; LG Oldenburg, Urteil v. 06.06.2019, 5 Ks 800 Js 54254/17 (1/18), juris, S. 20 ff.

[59] Arzneimittel.

[60] Vgl. LG Berlin, Urteil v. 29.06.2007, (522) 1 Kap Js 1904/06 Ks (1/07), juris, S. 4 ff.; LG Kempten, Urteil v. 30.11.2006, 1 Ks 212 Js 14068/04, Seite 12 ff., Hauptakte, Band XVI, Blatt 13 ff.; LG Oldenburg, Urteil v. 06.06.2019, 5 Ks 800 Js 54254/17 (1/18), juris, S. 20 ff.

[61] Vgl. LG Oldenburg, Urteil v. 06.06.2019, 5 Ks 800 Js 54254/17 (1/18), juris, S. 20 ff.; LG Kempten, Urteil v. 30.11.2006, 1 Ks 212 Js 14068/04, Seite 12 ff., Hauptakte, Band XVI, Blatt 13 ff.; LG Berlin, Urteil v. 29.06.2007, (522) 1 Kap Js 1904/06 Ks (1/07), juris, S. 4 ff.

[62] Vgl. LG Kempten, Urteil v. 30.11.2006, 1 Ks 212 Js 14068/04, Seite 12 ff., Hauptakte, Band XVI, Blatt 13 ff.; LG Berlin, Urteil v. 29.06.2007, (522) 1 Kap Js 1904/06 Ks (1/07), juris, S. 4 ff.; LG Oldenburg, Urteil v. 06.06.2019, 5 Ks 800 Js 54254/17 (1/18), juris, S. 20 ff.

[63] Vgl. LG Oldenburg, Urteil v. 06.06.2019, 5 Ks 800 Js 54254/17 (1/18), juris, S. 77.

[64] Vgl. StA Bonn, Ks 900 Js 581/05 – 24 G 3/05, Spurenakte 1, Blatt 78 f.; LG Bonn, Urteil v. 22.02.2006, Ks 900 Js 581/05 – 24 G 3/05, S. 16 u. 19, Hauptakte, Band II, Blatt 18 u. 21.

Insgesamt ist zu konstatieren, dass, zumindest in den Fällen, in denen die Opfer mit Medikamenten über vorhandene intravenöse bzw. zentralvenöse Zugänge getötet wurden, die missbräuchliche und nicht indizierte Gabe im Rahmen einer Leichenschau nicht in jedem Fall hätten auffallen können und somit auch das Bremer Modell der „Qualifizierten Leichenschau" keinen substanziellen Effekt in Bezug auf das Aufdecken von Tötungsserien im Gesundheitswesen – zumindest in den hier untersuchten Fällen – gehabt hätte.

Compliance

5

5.1 Begriffsbestimmung

Der Terminus *Compliance* ist ein Begriff, der nicht legaldefiniert ist und je nach Perspektive unterschiedlich eingeordnet werden kann.[1] In der vorliegenden Arbeit wird der Begriff Compliance im juristischen sowie betriebswirtschaftlichen Kontext behandelt. Compliance kommt aus dem Englischen und der Ausdruck *compliant (with)* bedeutet „den […] Bestimmungen entsprechend".[2] *Compliance with the law* wird mit „Gesetzeskonformität" übersetzt.[3] Compliance kann auch mit „etwas einhalten, entsprechen oder nachkommen" sowie mit „Regeltreue" frei übersetzt werden.[4] In der Medizin bezeichnet der Terminus Compliance die Therapietreue der Patientinnen und Patienten und ist somit von dem wirtschaftsrechtlichen Compliance-Begriff abzugrenzen.[5] Zeigt die Patientin oder der Patient zur therapeutischen Zusammenarbeit mit der Ärztin oder dem Arzt Bereitschaft, in dem sie oder er beispielsweise therapeutische Anweisungen, wie z. B. die genaue Einnahme von Medikamenten befolgt oder erforderliche Verhaltensweisen

---

[1] Vgl. *Vetter*, in: Compliance in der Unternehmerpraxis, 29 (30); *Welge/Eulerich*: Corporate-Governance-Management, S. 66; Bauchowitz: Compliance Management im Gesundheitswesen, S. 21.

[2] Vgl. *PONS* (Hrsg.): Großwörterbuch, S. 162.

[3] Vgl. *PONS* (Hrsg.): Großwörterbuch, S. 162.

[4] *Behringer*, in: Compliance kompakt, 29 (34); *Bauchowitz*: Compliance Management im Gesundheitswesen, S. 21.

[5] Vgl. *Deffland*, in: Handbuch Klinisches Risikomanagement, 207 (208); *Bauchowitz*: Compliance Management im Gesundheitswesen, S. 21; *Pschyrembel* (Hrsg.): Pschyrembel – Klinisches Wörterbuch, S. 310.

L. Kuhlmann, *Tötungsdelikte im Gesundheitswesen und die Bedeutung von Compliance-Management-Systemen*,
https://doi.org/10.1007/978-3-658-48764-5_5

ändert, zeigt sich die Patientin bzw. der Patient compliant.[6] Um den Management-Begriff von dem medizinischen Begriff besser abgrenzen zu können, kann auch von „Corporate-Compliance" gesprochen werden, um zu verdeutlichen, dass es sich um Compliance im unternehmerischen Kontext handelt.[7] Geläufig ist die Voranstellung der Begriffes *Corporate* allerdings nicht und findet sich auch nur selten in der Literatur.

So einheitlich die Compliance-Definition im medizinischen Kontext ist, so uneinheitlich ist das Begriffsverständnis im wirtschaftsrechtlichen Zusammenhang. Eine Legaldefinition des Begriffes Compliance gibt es, wie bereits erwähnt, in Deutschland bisher nicht und auch sonst findet sich keine allgemein anerkannte und übereinstimmende Definition.[8]

In dem IDW Prüfstandard 980 wird Compliance mit der *„Einhaltung von Regeln (gesetzliche Bestimmungen und unternehmensinterne Richtlinien [...])"* definiert.[9]

Eine umfangreichere Umschreibung von Compliance ergibt sich aus dem Deutschen Corporate Governance Kodex (DCGK). Auf den DCGK selbst wird im Folgenden noch näher eingegangen.[10] Auch wenn sich der Kodex primär an börsennotierte Gesellschaften richtet, kann die folgende Definition dennoch allgemein für Compliance im wirtschaftsrechtlichen Kontext angewendet werden und wird im Deutschen Corporate Governance Kodex wie folgt beschrieben:[11]

> *„Der Vorstand hat für die Einhaltung der gesetzlichen Bestimmungen und der internen Richtlinien zu sorgen und wirkt auf deren Beachtung im Unternehmen hin (Compliance).*"[12]

Compliance wird demnach weiter gefasst, als dass es ausschließlich auf die Einhaltung von gesetzlichen Normen ankommt. Einbezogen sind nach der Definition

---

[6] Vgl. *Pschyrembel* (Hrsg.): Pschyrembel – Klinisches Wörterbuch, S. 310.

[7] *Bauchowitz*: Compliance Management im Gesundheitswesen, S. 21; *Leu*: Unternehmensinterne Corporate-Compliance-Untersuchungen, S. 16.

[8] Vgl. *Vetter*, in: Compliance in der Unternehmerpraxis, 29 (30); *Welge/Eulerich*: Corporate-Governance-Management, S. 66; *Bauchowitz*: Compliance Management im Gesundheitswesen, S. 21.

[9] *IDW* (Hrsg.): IDW Prüfungsstandard 980, S. 4.

[10] Siehe Gliederungspunkt 5.4 „Deutscher Corporate Governance Kodex".

[11] Vgl. *Vetter*, in: Compliance in der Unternehmerpraxis, 29 (34).

[12] *Regierungskommission DCGK* (Hrsg.): Deutscher Corporate Governance Kodex, S. 5.

der Regierungskommission[13] des Deutschen Corporate Governance Kodex auch unternehmensinterne Regelwerke, wie z. B. Satzungen, Arbeitsanweisungen und auch ethische Standards.[14]

Bauchowitz (2021) hat dies berücksichtigt und definiert Compliance wie folgt:

> *„Der Begriff Compliance bezeichnet die Einhaltung aller für das Unternehmen geltenden Gesetze, Verordnungen, interne Richtlinien und Vorschriften sowie […] kulturellen und ethischen Werte und Standards und beinhaltet zudem die dafür erforderlichen organisatorischen und strukturellen Maßnahmen.*"[15]

Compliance soll also die Regeltreue sicherstellen, zudem Awareness schaffen und mögliche Verstöße im Rahmen von internen Ermittlungen aufklären sowie repressiv verfolgen.[16] Die Erkenntnisse aus den Ermittlungen sollen wiederum in der Unternehmenspraxis Berücksichtigung finden.[17] Ziel ist, das Unternehmen präventiv vor Reputationsschäden und Haftungsfällen durch Regelverstöße sowie deren Vertreter vor persönlicher Haftung und Strafverfolgung zu schützen.[18]

5.2 Historische Einordnung

Den Ursprung hat Compliance und die daraus folgenden Programme sowie deren Maßnahmen in den USA.[19] Bereits vor rund 90 Jahren wurden dolose Handlungen, die systematisch aus Unternehmen heraus begangen wurden, bekannt.[20] Der

---

[13] Die Regierungskommission Deutscher Corporate Governance Kodex formuliert die Empfehlungen und überprüft jährlich, ob sie angepasst werden müssen.

[14] Vgl. *Regierungskommission DCGK* (Hrsg.): Deutscher Corporate Governance Kodex, S. 2.

[15] *Bauchowitz*: Compliance Management im Gesundheitswesen, S. 24.

[16] Vgl. *Wieland*, in: Handbuch Compliance-Management 15 (33); *Leu*: Unternehmensinterne Corporate-Compliance-Untersuchungen, S. 11; *Bauchowitz*: Compliance Management im Gesundheitswesen, S. 24.

[17] Vgl. *Leu*: Unternehmensinterne Corporate-Compliance-Untersuchungen, S. 11.

[18] Vgl. *Vetter*, in: Compliance in der Unternehmerpraxis, 29 (31); *Bauchowitz*: Compliance Management im Gesundheitswesen, S. 24; *Wieland*, in: Handbuch Compliance-Management 15 (28); *Werner*: Compliance und couragiertes Handeln, S. 106.

[19] Vgl. *Leu*: Unternehmensinterne Corporate-Compliance-Untersuchungen, S. 16; *Behringer*, in: Compliance kompakt, 29 (34); *Bauchowitz*: Compliance Management im Gesundheitswesen, S. 17.

[20] Vgl. *Behringer*, in: Compliance kompakt, S. 29 (29 ff.); *Bauchowitz*: Compliance Management im Gesundheitswesen, S. 17.

Zündholzhersteller Kreuger & Toll hat unter der Leitung des Inhabers Ivar Kreuger in den 30er-Jahren des vergangenen Jahrhunderts im großen Stil die Bilanzen manipuliert, was weltweit zu Aufsehen führte.[21] Viele weitere Skandale wie z. B. die im Jahr 1961 bekanntgewordenen illegalen Preisabsprachen im sog. Electrical Case oder der „Enron-Skandal"[22] aus dem Jahr 2001 folgten.[23] Diese und weitere rechtswidrige Handlungen, die aus Unternehmen heraus begangen wurden, führten kontinuierlich zu schärferen Regulationen z. B. in Form von Pflichtprüfungen von Unternehmensbilanzen durch unabhängige Wirtschaftsprüfungsgesellschaften.[24] Die Behörden in den USA können auf eine lange regulatorische Erfahrung sowie auf eine geübte Praxis in Bezug auf die Berücksichtigung von Compliance-Programmen bei der Sanktionierung von Unternehmen sowie der Strafverfolgung verantwortlicher Personen zurückgreifen, wodurch die USA auch als *„Mutterland der Compliance"*[25] bezeichnet werden.[26]

So lange es organisierte Wirtschaft gibt, gibt es auch Verantwortliche in Unternehmen, die gegen Regeln, Vorschriften und Gesetze verstoßen. Nicht regelkonformes Handeln aus Unternehmen heraus bzw. in Bezug auf unternehmerische Betätigungen ist somit nicht ein US-Amerikanisches Phänomen des 20. und 21. Jahrhunderts, wie die genannten Beispiele suggerieren könnten.[27]

Auch in Deutschland sind Unternehmensskandale bekannt geworden, die öffentlich für Aufsehen sorgten. Zu nennen ist beispielsweise die „Siemens-Schmiergeldaffäre", die im November 2006 bekannt wurde, der „Abgasskandal" verschiedener Automobilhersteller u. a. der Volkswagen AG oder der „Wirecard-Skandal", der in der Folge zur Insolvenz des Unternehmens führte.[28] Neben den drei exemplarisch genannten Unternehmensskandalen aus Deutschland, die

---

[21] Vgl. *Behringer*, in: Compliance kompakt, 29 (29); *Bauchowitz*: Compliance Management im Gesundheitswesen, S. 17.

[22] Das Unternehmens Enron manipulierte Bilanzen und war in den 90er Jahren der größte Gaslieferant in den USA. Im Dezember 2001 musste das Unternehmen Insolvenz anmelden.

[23] Vgl. *Werner*: Compliance und couragiertes Handeln, S. 166 ff.; *Bauchowitz*: Compliance Management im Gesundheitswesen, S. 17.

[24] Vgl. *The New York Times* (Hrsg.): Suits Still Pending in 1961 Electrical Trust Case (letzter Zugriff am 06.10.2022); *Bauchowitz*: Compliance Management im Gesundheitswesen, S. 17.

[25] *Moosmayer*: Compliance, Rn. 17.

[26] *Bauchowitz*: Compliance Management im Gesundheitswesen, S. 17.

[27] Vgl. *Behringer*, in: Compliance kompakt, 29 (33).

[28] Vgl. *LKA Bayern* (Hrsg.): 15. November 2006 – Milliardenschwerer Schmiergeldskandal bei Siemens (letzter Zugriff am 02.11.2022); *NDR* (Hrsg.): Die VW-Abgas-Affäre: Eine Chronologie (letzter Zugriff am 02.11.2022); *Bartz/Hesse*: Der Totalschaden (letzter Zugriff am 02.11.2022); *Leu*: Unternehmensinterne Corporate-Compliance-Untersuchungen, S. 32.

unter die Wirtschaftskriminalität bzw. der sog. *White-Collar-Crime* subsumiert werden können, sorgten ebenfalls auch Skandale im Gesundheitswesen in der Vergangenheit für Aufsehen.

Im Sommer 2012 wurde von Manipulationen bei Organtransplantationen an der Universitätsklinik Göttingen öffentlich berichtet.[29] Die Staatsanwaltschaft Braunschweig hatte einen anonymen Hinweis erhalten und leitete Ermittlungen ein.[30] Im Verlauf des Ermittlungskomplexes sowie durch Prüfungen der Bundesärztekammer wurde klar, dass über die gesamte Bundesrepublik hinweg, Medizinerinnen und Mediziner in unterschiedlichen Kliniken die Patientendaten z. T. systematisch manipuliert haben, damit diese bei der Vergabe der Spenderorgane bevorzugt berücksichtigt werden.[31] Langjährige strafrechtliche Ermittlungen und Gerichtsverfahren waren die Folge.[32] Der Skandal führte zudem zu einem massiven Vertrauensverlust in die Abläufe der Organspendepraxis in Deutschland.[33] Die Zahl der Spenderinnen und Spender brach dramatisch ein und sank auf einen historischen Tiefpunkt.[34] Im Jahr 2022 kamen auf eine Million Bewohnerinnen und Bewohner in der Deutschland nur rund 10,3 Organspenderinnen und -spender und damit bewegt sich die Spendenbereitschaft bis heute auf einem sehr niedrigen Niveau.[35]

Ein weiterer Compliance-Vorfall ereignete sich am Universitätsklinikum des Saarlandes. Ein Arzt, der ab 2010 für das Krankenhaus arbeitete, soll über Jahre hinweg Kinder in dem Krankenhaus sexuell missbraucht haben.[36] Bereits im Folgejahr der Beschäftigung des Arztes erhielt die Klinikleitung erste schriftliche

[29] Vgl. *Rheinische Post* (Hrsg.): Die Chronik des Organspendeskandals (letzter Zugriff am 21.10.2022); *Saliger*, in: NK-StGB, § 212, Rn. 20a.

[30] Vgl. *Rheinische Post* (Hrsg.): Die Chronik des Organspendeskandals (letzter Zugriff am 21.10.2022).

[31] Vgl. *Süddeutsche Zeitung* (Hrsg.): Organspende-Skandal (letzter Zugriff am 21.10.2022).

[32] Vgl. *Braunschweiger Zeitung* (Hrsg.): Skandal um Organspende – Ermittler prüfen bis in 90er Jahre (letzter Zugriff am 04.11.2022).

[33] Vgl. *Wewetzer*: Organspende-Skandal (letzter Zugriff am 04.11.2022); *Spiegel* (Hrsg.): Zahl der Organspenden bricht dramatisch ein (letzter Zugriff am 01.11.2022).

[34] Vgl. *Spiegel* (Hrsg.): Zahl der Organspenden bricht dramatisch ein (letzter Zugriff am 01.11.2022).

[35] Vgl. *BZgA* (Hrsg.): Statistiken zur Organspende für Deutschland und Europa (letzter Zugriff am 16.10.2023); *Journalmed* (Hrsg.): Organspende: Weiterhin erheblicher Nachholbedarf in Deutschland (letzter Zugriff am 16.10.2023).

[36] Vgl. *Kuderna*: Kindesmissbrauch-Skandal: Ausschuss beanstandet Vertuschungen bei Uniklinik Saarland (letzter Zugriff am 04.11.2022); *Zimmermann*: Missbrauchs-Fall an der Uni-Klinik sorgt bundesweit für Aufsehen (letzter Zugriff am 04.11.2022); *Gerber/Staut*:

Hinweise zu möglichen Taten.[37] Über Jahre wiederholten und verdichteten sich die Hinweise, die Klinikleitung unternahm jedoch nichts Substanzielles.[38]

Im Abschlussbericht des Untersuchungsausschusses des saarländischen Landtages heißt es, dass sich *„Unterlassungen, Fehlentscheidungen, Vertuschungen [sowie] Systemfehler"*[39] in der Universitätsklinik offenbarten.[40] Die Klinikleitung habe sich viel zu spät entschlossen, Strafanzeige zu erstatten und habe *„[...] wenig bis gar nichts zur Aufklärung beigetragen"*.[41]

Nicht zuletzt die Tötungsdelikte an Patientinnen und Patienten in den niedersächsischen Kliniken in Oldenburg und Delmenhorst, führten zu einem nicht vergleichbaren Strafprozess und weltweiter Berichterstattung.[42] Das Landgericht Oldenburg konnte dem Krankenpfleger Niels H. insgesamt 87 vollendete Tötungsdelikte nachweisen und verurteilte ihn zu einer lebenslangen Freiheitsstrafe.[43] In dem Gerichtsverfahren wurde deutlich, dass im Klinikum Oldenburg und auch in Delmenhorst zahlreiche Hinweise auf Unregelmäßigkeiten in Bezug auf Todesfälle vorlagen.[44] Die Strukturen der beiden Kliniken spielten bei den

---

U-Ausschuss stellt Abschlussbericht zu Vorfällen an Uniklinik vor (letzter Zugriff am 04.11.2022).

[37] *Kuderna*: Kindesmissbrauch-Skandal: Ausschuss beanstandet Vertuschungen bei Uniklinik Saarland (letzter Zugriff am 04.11.2022); *Zimmermann*: Missbrauchs-Fall an der Uni-Klinik sorgt bundesweit für Aufsehen (letzter Zugriff am 04.11.2022).

[38] Vgl. *Zimmermann*: Missbrauchs-Fall an der Uni-Klinik sorgt bundesweit für Aufsehen (letzter Zugriff am 04.11.2022).

[39] *Kuderna*: Kindesmissbrauch-Skandal: Ausschuss beanstandet Vertuschungen bei Uniklinik Saarland (letzter Zugriff am 04.11.2022).

[40] Vgl. *Kuderna*: Kindesmissbrauch-Skandal: Ausschuss beanstandet Vertuschungen bei Uniklinik Saarland (letzter Zugriff am 04.11.2022).

[41] *Gerber/Staut*: U-Ausschuss stellt Abschlussbericht zu Vorfällen an Uniklinik vor (letzter Zugriff am 04.11.2022).

[42] Vgl. *Eddy*: German Nurse Convicted of Killing 85 Patients (letzter Zugriff am 25.09.2023); *Oltermann*: German nurse given second life sentence for murder of 85 patients, (letzter Zugriff am 25.09.2023); *McKenzie/Otto*: German nurse who killed at least 85 patients jailed for life (letzter Zugriff am 25.09.2023).

[43] Vgl. LG Oldenburg, Urteil v. 06.06.2019, 5 Ks 800 Js 54254/17 (1/18), juris, S. 1.

[44] Vgl. LG Oldenburg, Urteil v. 06.06.2019, 5 Ks 800 Js 54254/17 (1/18), juris, S.1–140; LG Oldenburg, Urteil v. 13. Oktober 2022, 5 Ks 23/19, medstra 2023, 122 (122–129); LG Oldenburg, Urteil v. 13. Oktober 2022, 5 Ks 800 Js 69047/14 (20/16), juris, S. 1–14; *Kraatz*, in: NStZ-RR 2022, 33 (33); OLG Oldenburg, Beschluss v. 23.07.2021 – 1 Ws 190/21, RDG 2021, 339 (339); *Krogmann/Seng*: Der Todespfleger, S. 7 f.

Tötungsdelikten des ehemaligen Krankenpflegers Niels H. eine zentrale Rolle.[45] Zum Zeitpunkt der Taten hatten die Kliniken keine Hinweisgebersysteme, kein strukturiertes Monitoring von Sterbedaten und ebenso wenig wurden Medikamentenbestellungen und -verbräuche ausgewertet.[46] Ein Hinweisgebersystem zur Aufdeckung von Missständen wurde in Oldenburg erst im Jahr 2016 als Teil eines neuen Compliance-Management-Systems eingeführt.[47]

Compliance wird regelmäßig mit Wirtschaftskriminalität wie z. B. Bilanzmanipulationen, Korruption oder Betrug in Verbindung gebracht.[48] An den o. g. Beispielen, u. a. aus dem Gesundheitswesen, wird jedoch deutlich, dass es sich keineswegs nur um sog. *White-Collor-Crime* Delikte handelt. Compliance-Management-Systeme eignen sich vielmehr auch, um delinquente Handlungen aus anderen Kriminalitätsbereichen zu bekämpfen.

Ob und wie Compliance bzw. Compliance-Management-Systeme in der Bundesrepublik Deutschland vorgeschrieben sind, wird im nachfolgenden Gliederungspunkt geklärt.

5.3 Rechtsgrundlage

Eine Rechtsgrundlage, aus der sich eine eindeutige und direkte Verpflichtung zur Implementierung von Compliance-Management-Systemen ergibt, gibt es – von spezialgesetzlichen Vorschriften für bestimmte Branchen einmal abgesehen – in Deutschland bisher nicht.[49]

---

[45] Vgl. LG Oldenburg, Urteil v. 06.06.2019, 5 Ks 800 Js 54254/17 (1/18), juris, S.1–140; LG Oldenburg, Urteil v. 13.10.2022, 5 Ks 23/19, medstra 2023, 122 (122–129); LG Oldenburg, Urteil v. 13.10.2022, 5 Ks 800 Js 69047/14 (20/16), juris, S. 1–14; *Kraatz*, in: NStZ-RR 2022, 33 (33); OLG Oldenburg, Beschluss v. 23.07.2021 – 1 Ws 190/21, RDG 2021, 339 (339); *Krogmann/Seng*: Der Todespfleger, S. 7 f.; weitere Ausführungen finden sich im Gliederungspunkt 3.4.3.2.4.

[46] Vgl. *Grade*: Whistleblowing im Klinikum Oldenburg (letzter Zugriff am 27.09.2022); *von Leszczynski/Barthélémy*: Kliniken setzten auf Whistleblower (letzter Zugriff am 27.09.2022).

[47] Vgl. *Grade*: Whistleblowing im Klinikum Oldenburg (letzter Zugriff am 27.09.2022); *von Leszczynski/Barthélémy*: Kliniken setzten auf Whistleblower (letzter Zugriff am 27.09.2022).

[48] Vgl. *Wieland*, in: Handbuch Compliance-Management 15 (17); *Deffland*, in: Handbuch Klinisches Risikomanagement, 207 (213); *Bauchowitz*: Compliance Management im Gesundheitswesen, S. 4; *Werner*: Compliance und couragiertes Handeln, S. 104.

[49] Vgl. *Werner*: Compliance und couragiertes Handeln, S. 61 ff.; *Bauchowitz*: Compliance Management im Gesundheitswesen, S. 19; *Vetter*, in: Compliance in der Unternehmerpraxis, 29 (31); *Grüninger/Wanzek*, in: Handbuch Compliance-Management 401 (405).

Mit dem am 01.05.1998 in Kraft getretenen Gesetz zur Kontrolle und Transparenz im Unternehmensbereich (KonTraG) wurden insbesondere Änderungen im Handels- und Aktienrecht vorgenommen, um im Sinne einer Corporate Governance Überwachungs- und Früherkennungssysteme in Unternehmen vorzuschreiben, die existenzgefährdende Entwicklungen frühzeitig erkennbar machen sollen.[50]

Zu den bedeutsamsten Neuregelungen im Zuge des KonTraG gehört u. a. die persönliche Haftung des Vorstandes einer Aktiengesellschaft, sofern dieser gem. § 93 Abs. 2 AktG seine Pflichten verletzt hat.[51] Der Vorstand hat gem. § 91 Abs. 2 AktG geeignete Maßnahmen zu treffen, insbesondere in Form eines Überwachungssystems, um unternehmensgefährdende Entwicklungen zu erkennen. In Absatz 3 ist zudem geregelt, dass „[…] *der Vorstand einer börsennotierten Gesellschaft […] ein im Hinblick auf den Umfang der Geschäftstätigkeit und die Risikolage des Unternehmens angemessenes und wirksames internes Kontrollsystem und Risikomanagementsystem einzurichten [hat].*"

Die Organe einer Aktiengesellschaft haben im Rahmen ihrer Organisations- und Sorgfaltspflichten die Einhaltung gesetzlicher Vorschriften (Legalitätsprinzip) sicherzustellen.[52] Wie ein angemessenes Frühwarnsystem im Sinne des Risikomanagements ausgestaltet sein muss, ergibt sich aus der Norm jedoch nicht.[53] Orientierungshilfe gibt der Prüfstandard des Instituts der Wirtschaftsprüfer (IDW).[54] Die Organisationspflicht wird gem. des IDW PS 980 Standards[55] – auf den in diesem Kapitel noch näher eingegangen wird – dann eingehalten, wenn ein Vorstandsmitglied eine *„[…] auf Schadensprävention und Risikokontrolle angelegte Compliance-Organisation*" je nach individueller Gefährdungslage, einrichtet.[56]

---

[50] Vgl. *Deutscher Bundestag* (Hrsg.): KonTraG (letzter Zugriff am 25.09.2023); *Bauchowitz*: Compliance Management im Gesundheitswesen, S. 18; *Welge/Eulerich*: Corporate-Governance-Management, S. 115.

[51] Vgl. *Vetter*, in: Compliance in der Unternehmerpraxis, 29 (31); *Bauchowitz*: Compliance Management im Gesundheitswesen, S. 18; *Welge/Eulerich*: Corporate-Governance-Management, S. 115; *Werner*: Compliance und couragiertes Handeln, S. 86.

[52] Vgl. *IDW* (Hrsg.): IDW Prüfungsstandard 980, S. 2.

[53] Vgl. *Vetter*, in: Compliance in der Unternehmerpraxis, 29 (32); *Bauchowitz*: Compliance Management im Gesundheitswesen, S. 18 f.; *Welge/Eulerich*: Corporate-Governance-Management, S. 115.

[54] Vgl. *IDW* (Hrsg.): IDW Prüfungsstandard 980, S. 3.

[55] Prüfstandard 980 des Instituts der Wirtschaftsprüfer (IDW) in Deutschland.

[56] *IDW* (Hrsg.): IDW Prüfungsstandard 980, S. 3.

Die Haftung von geschäftsführenden Personen einer Gesellschaft mit beschränkter Haftung ist in § 43 GmbHG geregelt. Aus der Norm ergibt sich jedoch nicht explizit die Anforderung an ein Überwachungs- und Risikomanagementsystems.[57]

Aus §§ 130 i. V. m. 30 OwiG ergeben sich zudem Bußgeldvorschriften, sofern Inhaber von Unternehmen vorsätzlich oder fahrlässig Aufsichtsmaßnahmen unterlassen, die erforderlich sind, um Zuwiderhandlungen gegen Pflichten in Unternehmen zu verhindern. Wie auch aus dem Ordnungswidrigkeitengesetz als auch aus den Regelungen der §§ 91 Abs. 2, 93 Abs. 1 Satz 1 AktG, 43 Abs. 1 GmbHG zwar regelmäßig eine Compliance-Pflicht abgeleitet wird, ergibt sich aus den Regelungen jedoch kein konkretes Anforderungsprofil an Compliance-Maßnahmen in der Praxis.[58]

Spezifischer sind die Regelungen für das Banken- und Versicherungswesen sowie das Wertpapierhandelsgeschäft gefasst. So verlangt § 25a Kreditwesengesetz (KWG) von Kreditinstituten organisatorische Pflichten sowie besondere Bestimmungen für Risikoträger in der Organisation. Vergleichbare Vorschriften sind in §§ 23 bis 30 Versicherungsaufsichtsgesetz (VAG) zu finden und für Wertpapierdienstleistungsunternehmen gilt eine Organisationspflicht gem. § 33 Wertpapierhandelsgesetz (WpHG). Unternehmen, die unter das WpHG subsumiert werden können, sind verpflichtet, angemessene Mittel vorzuhalten sowie Verfahren zur internen Kontrolle einzurichten und sicherzustellen, dass das Unternehmen selbst und seine Mitarbeitenden gesetzeskonform handeln. Seit dem 03.01.2018 sind die Regelungen des § 33 WpHG nach einer Änderung des Wertpapierhandelsgesetzes in § 80 WpHG zu finden.

Für das Banken- und Versicherungswesen sowie den Wertpapierhandelsunternehmen ergibt sich z. B. die Verpflichtung, eine Compliance-Funktion vorzuhalten.[59] Bei der Compliance-Funktion handelt es sich um einen oder mehrere Personen, die sich um alle Fragen rund um Compliance kümmern. Eine Bezeichnung der Compliance-Funktion ist Compliance-Officer oder Chief Compliance Officer (CCO), als Leiter der Compliance-Abteilung, wenn beispielsweise mehrere Stellen vorgehalten werden, wie es in Konzernen regelmäßig

---

[57] Im Gegensatz zum Aktengesetz gem. § 91 Abs. 2 AktG.

[58] Vgl. *Bauchowitz*: Compliance Management im Gesundheitswesen, S. 18 f.; *Welge/ Eulerich*: Corporate-Governance-Management, S. 115; *Vetter*, in: Compliance in der Unternehmerpraxis, 29 (32).

[59] Vgl. §§ 80 Abs. 1 u. 13 WpHG, 29 Abs. 1 VAG; 25a Abs. 1 Nr. 3 c) KWG.

der Fall ist.[60] Die Compliance-Funktion unterstützt das Linienmanagement bei Entscheidungen im Geschäftsalltag, ist für die Umsetzung des Compliance-Management-Systems verantwortlich und hat den Überblick über Compliance relevante Gesetzesänderungen.[61]

Des Weiteren ergeben sich Mindestanforderungen der Bundesanstalt für Finanzdienstleistungsaufsicht (BaFin) an das Risikomanagement von Kredit- und Finanzdienstleistungsinstituten sowie an die Compliance-Funktion für Wertpapierdienstleistungsunternehmen, die die BaFin mit dem Rundschreiben 05/2018 (WA) „Mindestanforderungen an die Compliance-Funktion und weitere Verhaltens-, Organisations- und Transparenzpflichten – MaComp" seit 2018 herausgibt und regelmäßig, zuletzt am 30.06.2023 aktualisiert.[62]

Der Begriff Compliance geht – wie bereits in der Begriffsbestimmung definiert sowie in der historischen Einordnung dargelegt – über die bisherigen gesetzlichen Regelungen hinaus und sollte somit auch weiter gefasst werden.

Umfangreichere Anforderungen und Ausformulierungen ergeben sich aus dem Deutschen Corporate Governance Kodex (DCGK).[63] Bei dem Kodex handelt es sich um ein Regelwerk zur guten und verantwortungsvollen Unternehmensführung, das über die gesetzlich normierten Anforderungen an Compliance hinaus geht.[64]

5.4 Deutscher Corporate Governance Kodex

Bei dem Deutschen Corporate Governance Kodex (DCGK) handelt es sich um ein Regelwerk, das seit 2002 Empfehlungen für börsennotierte Gesellschaften in Bezug auf gute und angemessene Unternehmensführung definiert.[65]

---

[60] Vgl. *Grüninger et al.*, in: Handbuch Compliance-Management, S. 77 f.; *Werner*: Compliance und couragiertes Handeln, S. 117; *Leu*: Unternehmensinterne Corporate-Compliance-Untersuchungen, S. 21; *Wecker/Galla*, in: Compliance in der Unternehmerpraxis, 43 (60).

[61] Vgl. *Vanini/Rieg*: Risikomanagement, S. 370; *Grüninger et al.*, in: Handbuch Compliance-Management, S. 77 f.; *Werner*: Compliance und couragiertes Handeln, S. 117.

[62] Vgl. *BaFin* (Hrsg.): Rundschreiben 05/2018 (WA) – Mindestanforderungen an die Compliance-Funktion und weitere Verhaltens-, Organisations- und Transparenzpflichten – MaComp (letzter Zugriff am 13.10.2023).

[63] Vgl. *Regierungskommission DCGK* (Hrsg.): Deutscher Corporate Governance Kodex, S. 2 ff.

[64] Vgl. *Regierungskommission DCGK* (Hrsg.): Deutscher Corporate Governance Kodex (letzter Zugriff am 12.10.2023).

[65] Vgl. *Vetter*, in: Compliance in der Unternehmerpraxis, 29 (34): *Welge/Eulerich*: Corporate-Governance-Management, S. 136.

Unter der damaligen Bundesjustizministerin Herta Däubler-Gmelin (SPD) fand am 06.09.2001 die konstituierende Sitzung im Bundesministerium der Justiz statt, aus der der Kodex selbst und die Regierungskommission Deutsche Corporate Governance Kodex hervorging.[66] Die Kommission setzt sich aus Vertreterinnen und Vertretern der Wirtschaft zusammen. Mitglieder der Kommission sind keine Vertreterinnen und Vertreter der Regierung oder sonstige Politikerinnen bzw. Politiker.[67] Es handelt sich bei dem Kodex um einen Selbstregulierungsstandard der Wirtschaft. In Selbstverantwortung werden somit Standards zur Verbesserung der *„Führungs- und Kontrolltätigkeit der in Unternehmen jeweils zuständigen Organe entwickelt*."[68]

Eine Regierungskommission formuliert die Standards und überprüft jährlich, ob diese der Best Practice guter Unternehmensführung weiter entsprechen und passt diese an, sobald Änderungsbedarf erkannt wird.[69] In der Präambel des Deutschen Corporate Governance Kodex ist hierzu folgendes beschrieben:

> *„Unter Corporate Governance wird der rechtliche und faktische Ordnungsrahmen für die Leitung und Überwachung eines Unternehmens verstanden. Der Deutsche Corporate Governance Kodex (der „Kodex") enthält Grundsätze, Empfehlungen und Anregungen für den Vorstand und den Aufsichtsrat, die dazu beitragen sollen, dass die Gesellschaft im Unternehmensinteresse geführt wird. [...] Diese Prinzipien verlangen nicht nur Legalität, sondern auch ethisch fundiertes, eigenverantwortliches Verhalten (Leitbild des Ehrbaren Kaufmanns).*"[70]

Die Rechtsgrundlage zur Anwendung des Corporate Governance Kodex für börsennotierte Gesellschaften ergibt sich aus § 161 Abs. 1 AktG. Die Empfehlungen, die sich aus dem Kodex ergeben, sollen durch die Unternehmen erfüllt werden. Von den Empfehlungen kann jedoch grundsätzlich abgewichen werden. In einem solchen Fall sind die Gesellschaften gem. § 161 Abs. 1 Satz 1 AktG verpflichtet, die Abweichungen im Sinne des Prinzips „comply or explain" zu begründen.[71]

Auch wenn sich der DCGK an börsennotierte Aktiengesellschaften richtet, wird die Beachtung der Inhalte des Kodex auch nicht börsennotierten Gesellschaften empfohlen.[72]

---

[66] Vgl. *Buschmann*: Regierungskommission DCGK (letzter Zugriff am 20.09.2023).

[67] Vgl. *Buschmann*: Regierungskommission DCGK (letzter Zugriff am 20.09.2023).

[68] *Buschmann*: Regierungskommission DCGK (letzter Zugriff am 20.09.2023).

[69] Vgl. *Regierungskommission DCGK* (Hrsg.): Deutscher Corporate Governance Kodex (letzter Zugriff am 21.10.2022).

[70] *Regierungskommission DCGK* (Hrsg.): Deutscher Corporate Governance Kodex, S. 2.

[71] Vgl. Regierungskommission DCGK (Hrsg.): Deutscher Corporate Governance Kodex, S. 2.

[72] Vgl. *DCGK* (Hrsg.): Deutscher Corporate Governance Kodex (letzter Zugriff am 16.10.2023); *Veit*: Compliance und interne Ermittlungen, S. 10.

Um Compliance in Unternehmen nachhaltig einzuführen, ist es erforderlich, ein sog. Compliance-Management-System (CMS) zu implementieren.

5.5 Compliance-Management-Systeme nach IDW PS 980

In der Praxis hat sich der branchenunabhängige Standard des Instituts der Wirtschaftsprüfer e. V. IDW Prüfungsstandard (PS) 980 zur Implementierung eines Compliance-Management-Systems (CMS) im Sinne einer Good Practice in Deutschland durchgesetzt.[73] Der Standard ist im Jahr 2011 zur Prüfung von CMS konzipiert worden und eignet sich neben der Überprüfung von bestehenden Compliance-Systemen auch als Rahmenkonzept zur Implementierung eines solchen Systems.[74]

Der Standard ist als offen zu betrachten, damit weitere Konzepte wie z. B. dem BaFin-Rundschreiben 05/2018 (WA) – „Mindestanforderungen an die Compliance-Funktion und weitere Verhaltens-, Organisations- und Transparenzpflichten – MaComp" berücksichtigt werden können, weil so auf die individuellen Bedürfnisse je nach Branche und Organisation ein zugeschnittenes CMS implementiert werden kann.[75]

Köhler (2018) und Heißner (2014) zitieren die Inhalte des Standards in Bezug auf ein Implementierungskonzept eines CMS.[76] Neben den genannten Autoren beziehen sich in der Literatur zahlreiche weitere Autorinnen und Autoren auf den IDW PS 980.[77] Es handelt sich bei dem Standard somit um die Primärquelle,

---

[73] Vgl. *Deffland*, in: Handbuch Klinisches Risikomanagement, 207 (208); *Köhler*, in: Die steuerliche Betriebsprüfung 369 (370); *Heißner*: Erfolgsfaktor Integrität, S. 159; *Bauchowitz*: Compliance Management im Gesundheitswesen, S. 24.

[74] Vgl. *Bauchowitz*: Compliance Management im Gesundheitswesen, S. 24; *Preusche/Würz*: Compliance, S. 14; *Behring*, in: CSR und Compliance, 191 (203); *Mittendorf*: Compliance Management System als Haftungsbegrenzungsinstrument in der mittelständischen Wirtschaft, S. 19; *Deffland*, in: Handbuch Klinisches Risikomanagement, 207 (208).

[75] Vgl. *Heißner*: Erfolgsfaktor Integrität, S. 160.

[76] Vgl. *Köhler*, in: Die steuerliche Betriebsprüfung 369 (370); *Heißner*: Erfolgsfaktor Integrität, S. 159.

[77] Vgl. *Fissenewert /Wendt*: Compliance Management in der Immobilienwirtschaft, S. 33; *Passarge,* in: Compliance kompakt 363 (373); *Preusche/Würz*: Compliance, S. 14; *Behring*, in: CSR und Compliance, 191 (203); *Mittendorf*: Compliance Management System als Haftungsbegrenzungsinstrument in der mittelständischen Wirtschaft, S. 19; *Ewelt-Knauer/Bauer*, in: Langfristige Perspektiven und Nachhaltigkeit in der Rechnungslegung, 75 (80); *Mackert*, in: Praxishandbuch Legal Operations Management 755 (776).

auf den der Verfasser der vorliegenden Arbeit deshalb im Folgenden vertieft eingeht.[78]

Das Institut der Wirtschaftsprüfer in Deutschland e. V. (IDW) veröffentlicht u. a. sog. Verlautbarungen.[79] Teil der Verlautbarungen sind Prüfstandards, die den International Standards on Auditing unter Berücksichtigung nationaler Gesetze entsprechen und somit in Deutschland und international anerkannt sind.[80] Der Standard basiert auf dem "International Standard on Assurance Engagements (ISAE) 3000 (Revised) Assurance Engagements other than audits reviews of historical financial information", aus denen sich die Grundelemente eines CMS ableiten, ohne den Inhalt zu detailliert vorzuschreiben.[81]

Die Implementierung von Compliance-Management-Systemen hat zum Ziel, die Geschäftsleitung sowie die Mitarbeitenden anhand von effektiven Verfahren, Prozessen und Kontrollmechanismen bei der Einhaltung von Regeln in einer Organisation zu unterstützen.[82]

Der IDW PS 980 definiert Compliance-Management-Systeme wie folgt:

> *„Die auf der Grundlage der von den gesetzlichen Vertretern festgelegten Ziele eingeführten Regelungen eines Unternehmens, die auf ein regelkonformes Verhalten der gesetzlichen Vertreter und der Mitarbeiter des Unternehmens sowie ggf. Dritten abzielen, d. h. auf die Einhaltung bestimmter Regeln und damit auf die Verhinderung von wesentlichen Verstößen (Regelverstöße).“*[83]

Der IDW Prüfstandard 980 bezieht das Compliance-Management-System (CMS) auf alle Geschäftsbereiche, Unternehmensprozesse und Rechtsgebiete.[84] Ein CMS zielt darauf ab, mit Hilfe von strukturierten, geeigneten und angemessenen Maßnahmen die Regeltreue in der jeweiligen Organisation sicherzustellen.[85]

---

[78] Neben dem 2011 eingeführten Compliance Standard IDW PS 980 wurde im Jahr 2015 die ISO 19600, der International Organization for Standardization (ISO) veröffentlicht. Die ISO 19600, inzwischen ISO 37301, unterscheidet sich inhaltlich nicht wesentlich zu dem IDW PS 980; *Deffland*, in: Handbuch Klinisches Risikomanagement, 207 (208).

[79] Vgl. *IDW* (Hrsg.): Kurzportrait (letzter Zugriff am 22.09.2023).

[80] Vgl. *Heißner*: Erfolgsfaktor Integrität, S. 160; *IDW* (Hrsg.): Kurzportrait (letzter Zugriff am 22.09.2023).

[81] Vgl. *Heißner*: Erfolgsfaktor Integrität, S. 160; *IDW* (Hrsg.): IDW Prüfungsstandard 980, S. 4.

[82] Vgl. *Bauchowitz*: Compliance Management im Gesundheitswesen, S. 24.

[83] *IDW* (Hrsg.): IDW Prüfungsstandard 980, S. 4.

[84] Vgl. *IDW* (Hrsg.): IDW Prüfungsstandard 980, S. 25.

[85] Vgl. *Bauchowitz*: Compliance Management im Gesundheitswesen, S. 25.

Ein CMS ist dann angemessen, wenn die Maßnahmen geeignet sind, „*[…] mit hinreichender Sicherheit sowohl Risiken für wesentliche Regelverstöße rechtzeitig zu erkennen als auch solche Regelverstöße zu verhindern.*"[86]

Hierzu hat der IDW PS 980 sieben Grundelemente für ein angemessene CMS definiert. Die Grundelemente stehen in Wechselwirkung zu einander und werden in die Geschäftsabläufe eingebunden (Abb. 5.1).[87]

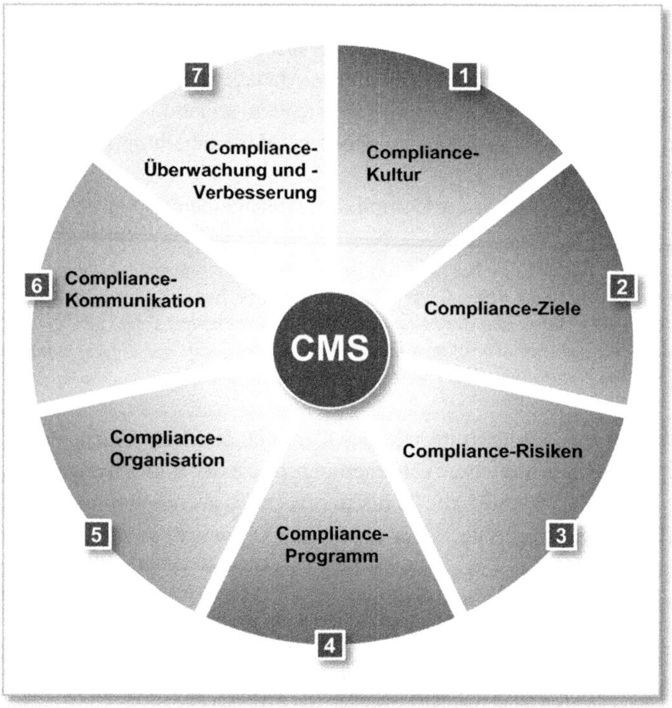

Abb. 5.1 Sieben Grundelemente eines Compliance-Management-Systems (CMS) gem. IDW PS 980[88]

[86] *IDW* (Hrsg.): IDW Prüfungsstandard 980, S. 6.

[87] Vgl. *Heißner*: Erfolgsfaktor Integrität, S. 161; *Passarge,* in: Compliance kompakt, 363 (374); *Ewelt-Knauer/Bauer*, in: Langfristige Perspektiven und Nachhaltigkeit in der Rechnungslegung, 75 (81); *Fissenewert/Wendt*: Compliance Management in der Immobilienwirtschaft, S. 34; *Vollmann*: Compliance in der öffentlichen Verwaltung, S. 293.

[88] Veränderte Darstellung nach: *Weimer*, in: Betriebswirtschaftliches Risikomanagement im Krankenhaus 71 (74).

1) Compliance-Kultur

Ein wirksames CMS hängt von der Schaffung einer positiven Compliance-Kultur, die integrativer Teil der Unternehmenskultur ist, ab.[89] Eine positive Compliance-Kultur wird entscheidend durch die persönliche Werteorientierung der Mitarbeitenden der jeweiligen Organisation geprägt.[90]

Beeinflusst werden die Mitarbeitenden maßgebend durch die Werteorientierung des Managements.[91] Nach dem sog. „tone from the top-Prinzip" sorgen die Geschäftsleitung sowie alle weiteren vorgesetzten Personen durch ihre Vorbildfunktion und durch das Vorleben angemessener Verhaltensweisen im Sinne eines integren, verantwortungsvollen und werteorientierten Verhaltens, für eine insgesamt positive Compliance-Kultur.[92]

Ein durch alle Mitarbeitende sowie alle weiteren Stakeholder gelebtes, akzeptiertes und intrinsisch motiviertes CMS, führt zu positiver Compliance-Kultur, das wiederum zu regelkonformem Verhalten und somit zu einem effektiven Compliance-System.[93]

Dazu gehört auch, dass unabhängig von der Hierarchie sowie dem Ansehen einer Person Fehlverhalten konsequent verfolgt und angemessen sanktioniert wird.[94]

2) Compliance-Ziele

Die Organe einer Gesellschaft legen die Compliance-Ziele stets in Übereinstimmung mit den grundsätzlichen Unternehmenszielen fest.[95] Als Grundlage für die Beurteilung von Compliance-Risiken sind die Compliance-Ziele von großer Bedeutung.[96]

Für die Compliance-Ziele sind zunächst eine Identifizierung der Regelungsbereiche sowie deren Abgrenzung voneinander notwendig. Zu diesem Zweck ist eine Risikoanalyse auf der Gesamtunternehmensebene durchzuführen, um zu identifizieren, in welchen Bereichen der Organisation besonderer Regelungsbedarf besteht.

---

[89] Vgl. *IDW* (Hrsg.): IDW Prüfungsstandard 980, S. 7.

[90] Vgl. *IDW* (Hrsg.): IDW Prüfungsstandard 980, S. 7.

[91] Vgl. *IDW* (Hrsg.): IDW Prüfungsstandard 980, S. 7.

[92] Vgl. *IDW* (Hrsg.): IDW Prüfungsstandard 980, S. 7.

[93] Vgl. *IDW* (Hrsg.): IDW Prüfungsstandard 980, S. 7.

[94] Vgl. *IDW* (Hrsg.): IDW Prüfungsstandard 980, S. 28.

[95] Vgl. *IDW* (Hrsg.): IDW Prüfungsstandard 980, S. 7.

[96] Vgl. *IDW* (Hrsg.): IDW Prüfungsstandard 980, S. 7.

Zudem ist für die Zielfindung von Bedeutung „*[...] auf welche Weise sich abzeichnende Compliance-Risiken einer Risikosteuerung [...] unterliegen sollen*".[97]

Des Weiteren muss bei der Festlegung der Compliance-Ziele sichergestellt sein, dass die unterschiedlichen Ziele konsistent sind, die Ziele verständlich und praktikabel, die Zielerreichung möglichst messbar und mit den verfügbaren Ressourcen in Einklang zu bringen ist.[98]

Die Festlegung der Compliance-Ziele erfolgt nicht abschließend und sollte regelmäßig überprüft und neu beurteilt werden, da sich sowohl die Risikobewertung als auch die Risiken insgesamt verändern können und somit die Ziele ebenfalls angepasst werden sollten.[99]

3) Compliance-Risiken

Die Identifizierung der Compliance-Risiken erfolgt mit Hilfe der Compliance-Ziele. Im Rahmen eines Verfahrens zur systematischen Identifizierung von Risiken sowie deren Bewertung (Risikomatrix), werden die Risiken auf ihre Eintrittswahrscheinlichkeit und auf mögliche Schäden analysiert und bewertet.[100]

Die Identifizierung sowie Beurteilung der Compliance-Risiken ist für die Ausgestaltung eines angemessenen Compliance-Programms, das unter 4) näher erläutert wird, von entscheidender Bedeutung.[101]

Für eine systematische Identifizierung der Risiken empfiehlt der IDW PS 980 beispielsweise die Auswertung von Informationen anderer Unternehmen, Interviews oder Workshops.[102]

Die Risikobeurteilung kann anschließend mit Hilfe von quantitativen Kriterien[103], qualitativen Kriterien[104] oder semi-quantitativen Kriterien[105] erfolgen.[106]

4) Compliance-Programm

Nachdem die Risiken mit Hilfe einer Risikomatrix beurteilt wurden, werden Regeln eingeführt, um die Risiken sowie deren Eintrittswahrscheinlichkeit zu

---

[97] *IDW* (Hrsg.): IDW Prüfungsstandard 980, S. 29.

[98] Vgl. *IDW* (Hrsg.): IDW Prüfungsstandard 980, S. 29.

[99] Vgl. *IDW* (Hrsg.): IDW Prüfungsstandard 980, S. 29.

[100] Vgl. *IDW* (Hrsg.): IDW Prüfungsstandard 980, S. 7.

[101] Vgl. *IDW* (Hrsg.): IDW Prüfungsstandard 980, S. 30.

[102] Vgl. *IDW* (Hrsg.): IDW Prüfungsstandard 980, S. 30.

[103] Bspw. Anzahl von dokumentierten Verstößen.

[104] Bspw. Beurteilung von Expertinnen und Experten.

[105] Bspw. Nutzung von Scoringmodellen (Punktbewertungsmodell).

[106] Vgl. *IDW* (Hrsg.): IDW Prüfungsstandard 980, S. 30.

begrenzen und Compliance-Verstöße zu verhindern. Das Compliance-Programm legt auch die zu ergreifenden Maßnahmen bei Verstößen fest.[107]

Derartige Regelungen können gem. IDW PS 980 beispielsweise Richtlinien, Anweisungen, Handbücher oder Kontrollbeschreibungen sein.[108]

Teil des Compliance-Programms ist zudem ein Konzept zur Schulung aller prozessbeteiligten Personen sowie Maßnahmen, die darauf ausgerichtet sind, Missstände zu erkennen und zu melden. Dies kann beispielsweise durch ein Hinweisgebersystem sichergestellt werden.[109]

5) Compliance-Organisation

Die Vertreterinnen und Vertreter der Organisation regeln die Aufgaben, also die Verantwortlichkeiten sowie die Rollen in der Aufbau- und Ablauforganisation des Compliance-Management-Systems (CMS).[110] Der Rahmen, in dem sich das CMS bewegt, ist integraler Bestandteil der Unternehmensorganisation. Die Rollen sowie die Verantwortungsbereiche, die hierarchische Stellung sowie die Berichtslinien des Compliance-Officers bzw. der Compliance-Abteilung sollten eindeutig abgegrenzt, kommuniziert und dokumentiert sein.[111]

Es sollte gem. des IDW PS 980 sichergestellt sein, dass die Mitarbeitenden der Compliance-Abteilung unabhängig sind sowie für die Aufgabenwahrnehmung über die persönlichen sowie fachlichen Voraussetzungen verfügen.[112]

6) Compliance-Kommunikation

Die Mitarbeitenden der Organisation sowie aller weiteren Stakeholder werden über die Unternehmenswerte und über die Compliance-Kultur durch das Management in Kenntnis gesetzt und sensibilisiert.[113]

Teil der Compliance-Kommunikation sind Awareness-Maßnahmen und Fortbildungsangebote für Mitarbeitende aber auch Dritte, um sicherzustellen, dass die Compliance-Systeme allen beteiligten Personen klar sind.[114]

---

[107] Vgl. *IDW* (Hrsg.): IDW Prüfungsstandard 980, S. 8.
[108] Vgl. *IDW* (Hrsg.): IDW Prüfungsstandard 980, S. 31.
[109] Vgl. *IDW* (Hrsg.): IDW Prüfungsstandard 980, S. 31.
[110] Vgl. *IDW* (Hrsg.): IDW Prüfungsstandard 980, S. 8.
[111] Vgl. *IDW* (Hrsg.): IDW Prüfungsstandard 980, S. 34.
[112] Vgl. *IDW* (Hrsg.): IDW Prüfungsstandard 980, S. 34.
[113] Vgl. *IDW* (Hrsg.): IDW Prüfungsstandard 980, S. 8.
[114] Vgl. *IDW* (Hrsg.): IDW Prüfungsstandard 980, S. 34.

Festgelegt sollten die Berichtswege sein, auf welchen und wie hinweisgebende Personen Unregelmäßigkeiten bzw. den Verdacht auf regelwidriges Verhalten melden können.[115]

Erkenntnisse aus aufgedecktem Fehlverhalten sollten im Regelfall zudem in geeigneter Form auch an Mitarbeitende kommuniziert werden.[116]

7) Compliance-Überwachung und -Verbesserung

Mit Hilfe der Compliance-Überwachung kann festgestellt werden, ob die Grundsätze des Compliance-Management-Systems (CMS) angemessen und wirksam sind.[117] Des Weiteren sollte im Rahmen der Compliance-Überwachung überprüft werden, ob prozessintegrierte Kontrollen wirksam sind.[118] Für eine wirkungsvolle Überwachung, ist eine ausreichende Dokumentation des CMS Voraussetzung.[119]

Im Rahmen von Erkenntnissen aus den Überwachungsmaßnahmen sowie aus Ursachenanalysen bei aufgedecktem regelwidrigem Verhalten, können Schwachstellen im CMS identifiziert werden. Die Mängel sollten entsprechend abgestellt und das Management-System angepasst werden.[120]

Die konkrete Ausgestaltung des CMS hängt von den gesetzten Compliance-Zielen, der Größe der jeweiligen Organisation, der vorhandenen Unternehmenskultur und der Art, dem Umfang sowie dem Betätigungsfeld der Organisation ab und ist somit individuell anzupassen.[121] Die genannten CMS-Grundsätze sind als *Rahmenkonzept* zu verstehen, das sich im Wesentlichen in einem angemessenen CMS wiederfinden sollte. Angemessen ist ein CMS, wenn das System mit hinreichender Wahrscheinlichkeit geeignet ist, Risiken zu erkennen sowie bedeutende Regelverstöße frühzeitig zu identifizieren und zu verhindern.[122]

---

[115] Vgl. *IDW* (Hrsg.): IDW Prüfungsstandard 980, S. 8.

[116] Vgl. *IDW* (Hrsg.): IDW Prüfungsstandard 980, S. 34.

[117] Vgl. *IDW* (Hrsg.): IDW Prüfungsstandard 980, S. 35.

[118] Vgl. *IDW* (Hrsg.): IDW Prüfungsstandard 980, S. 35.

[119] Vgl. *IDW* (Hrsg.): IDW Prüfungsstandard 980, S. 8.

[120] Vgl. *IDW* (Hrsg.): IDW Prüfungsstandard 980, S. 35.

[121] Vgl. *IDW* (Hrsg.): IDW Prüfungsstandard 980, S. 7.

[122] Vgl. *IDW* (Hrsg.): IDW Prüfungsstandard 980, S. 6.

5.6 Kritische Einordnung des Prüfstandards IDW PS 980

Der IDW PS 980 hat nach seiner Einführung dazu geführt, das Verständnis von Compliance-Systemen in Unternehmen zu erweitern und im Sinne einer Good Practice zu konkretisieren.[123]

Das Rahmenkonzept des IDW PS 980 ist sehr viel mehr, als *„[…] das bloße Versprechen von Tugend und Anstand"*.[124] Der Standard hat folglich einen Beitrag dazu geleistet, dass das Thema Compliance in der betrieblichen Praxis strukturiert Anwendung findet.[125]

Ein kritischer Blick auf das Konzept ist trotz der inzwischen verbreiteten Anwendung in der Praxis sowie der zahlreichen Verweise auf das Rahmenkonzept in der Literatur geboten.[126]

Aus dem IDW PS 980 ergibt sich nicht, wie ein Compliance-Management-System in der jeweiligen Organisation genau auszusehen hat, welche Risiken für welche Unternehmen bzw. Branchen erhoben und wie sie bewertet werden sollen.[127] Die Unternehmen haben diese Beurteilungen selbst zu treffen, die je nach Beurteilung dann mehr oder weniger ausreichend sein können. Als „Nachbauskizze" kann der Standard somit nur bedingt verstanden werden.[128]

Die Komplexität eines Compliance-Management-Systems gem. IDW PS 980 ist umfangreich und erfordert einen hohen Grad an Formalisierung, was wiederum für kleine und mittlere Unternehmen herausfordernd sein und u. U. durch den Aufwand zu Widerstand innerhalb der Belegschaft führen kann.[129]

---

[123] Vgl. *Heißner:* Erfolgsfaktor Integrität, S. 162; *Ewelt-Knauer/Bauer*, in: Langfristige Perspektiven und Nachhaltigkeit in der Rechnungslegung, 75 (84); *Fissenewert /Wendt*: Compliance Management in der Immobilienwirtschaft, S. 4.

[124] *Heißner:* Erfolgsfaktor Integrität, S. 162.

[125] Vgl. *Ewelt-Knauer/Bauer*, in: Langfristige Perspektiven und Nachhaltigkeit in der Rechnungslegung, 75 (84); *Heißner:* Erfolgsfaktor Integrität, S. 162; *Fissenewert/Wendt*: Compliance Management in der Immobilienwirtschaft, S. 4.

[126] Vgl. *Fissenewert/Wendt*: Compliance Management in der Immobilienwirtschaft, S. 33; *Passarge,* in: Compliance kompakt 363 (373); *Preusche/Würz*: Compliance, S. 14; *Behring*, in: CSR und Compliance, 191 (203); *Mittendorf*: Compliance Management System als Haftungsbegrenzungsinstrument in der mittelständischen Wirtschaft, S. 19; *Ewelt-Knauer/Bauer*, in: Langfristige Perspektiven und Nachhaltigkeit in der Rechnungslegung, 75 (80); *Mackert*, in: Praxishandbuch Legal Operations Management 755 (776).

[127] Vgl. *Heißner:* Erfolgsfaktor Integrität, S. 163.

[128] *Heißner:* Erfolgsfaktor Integrität, S. 163.

[129] Vgl. *Passarge,* in: Compliance kompakt, 363 (376).

Der IDW Standard erfordert in seiner Ausgestaltung eine hohe Abstraktion in Bezug auf die konkreten Anforderungen eines Compliance-Management-Systems.[130] Von Vorteil ist der Grad der Abstraktion insbesondere hinsichtlich der individuellen Ausgestaltungsmöglichkeiten je nach den Erfordernissen der jeweiligen Branche, Organisationsgröße und Bedarf.[131]

Der Nachteil hierbei ist jedoch, dass die Anforderungen bzw. konkreten Anpassungen für die Erfüllung des Standards, auf Grund des Abstraktionsgrades nicht ohne Weiteres verständlich sind und ggf. tief in die Betriebsabläufe eingreifen.[132]

Bei korrekter Implementierung liegt der Nutzen des Standards wesentlich in der Enthaftung von Unternehmensorganen. Dieses vermeintliche Ziel ist jedoch nicht unumstritten.[133]

Passarge (2018) führt hierzu aus, dass die Prüfung des Standards „[...] *durch eine betriebswirtschaftlich, insbesondere im Rechnungswesen, ausgebildete Person in juristischen Fragestellungen [erfolgt]*".[134]

Compliance-Fragestellungen erfordern eine umfangreiche Auseinandersetzung mit verschiedenen gesetzlichen Regelungen aus unterschiedlichen Rechtsgebieten.[135] Ob und inwiefern eine Enthaftung von Unternehmensorganen auch in der Praxis gewährleistet wird, bleibt somit fraglich.[136] *„Sich darauf zu verlassen, wäre unangemessen"*, wie Passarge hierzu ausführt.[137]

Diese Unsicherheit kann in der Praxis dazu führen, dass verantwortliche Personen der jeweiligen Organisationen eine stetige Ausweitung des Systems und der Kontrolldichte einfordern, um sich weiter abzusichern.[138] Dieser Umstand kann

---

[130] Vgl. *Passarge,* in: Compliance kompakt, 363 (376).

[131] Vgl. *Vollmann*: Compliance in der öffentlichen Verwaltung, S. 283; *Fissenewert/Wendt*: Compliance Management in der Immobilienwirtschaft, S. 52; *Passarge,* in: Compliance kompakt, 363 (376).

[132] Vgl. *Passarge,* in: Compliance kompakt, 363 (376).

[133] Vgl. *Jenne*: Die Überprüfung und Zertifizierung von Compliance-Management-Systemen, S. 288; *Passarge,* in: Compliance kompakt, 363 (376); *Heißner*: Erfolgsfaktor Integrität, S. 162.

[134] *Passarge,* in: Compliance kompakt, 363 (376).

[135] Vgl. vorherige Gliederungspunkte in diesem Kapitel.

[136] Vgl. *Jenne*: Die Überprüfung und Zertifizierung von Compliance-Management-Systemen, S. 288; *Passarge,* in: Compliance kompakt, 363 (376); *Heißner*: Erfolgsfaktor Integrität, S. 162.

[137] *Passarge,* in: Compliance kompakt, 363 (376).

[138] Vgl. *Heißner*: Erfolgsfaktor Integrität, S. 165.

dann dazu führen, dass ein Compliance-System einen zunehmenden negativen Einfluss auf die Geschäftsprozesse hat.[139]

5.7 Compliance im Gesundheitswesen

Ziel von Compliance-Management-Systemen ist, wie bereits ausgeführt, die Sicherstellung des regelkonformen Verhaltens. Wesentliche Verstöße sollen vermieden und somit Risiken in Bezug auf Reputation, straf- sowie zivilrechtliche Haftung und sonstige finanziellen Schäden verhindert werden.[140] Compliance-Management-Systeme sind trotz ihrer Bedeutung im Gesundheitswesen bisher jedoch nicht flächendeckend etabliert.[141] Eine gesetzliche Verpflichtung für das Betreiben eines Compliance Systems besteht im Gegensatz zu anderen Wirtschaftsbereichen wie z. B. der Finanz,- Banken- oder Versicherungsbranche für das Gesundheitswesen bisher nicht.[142] Sofern Compliance Systeme in Kliniken vorhanden sein sollten, handelt es sich hierbei in der Regel um eine freiwillige Maßnahme.[143]

Auch wenn Compliance Systeme nicht verpflichtend sind, wurde zumindest die Notwendigkeit erkannt, dolose Handlungen im Gesundheitswesen, z. B. mit dem Gesetz zur Bekämpfung von Korruption im Gesundheitswesen vom 30.05.2016 entgegenzutreten.[144] Insbesondere die Straftatbestände §§ 299a, 299b StGB verdeutlichen das Interesse des Gesetzgebers, gegen Bestechung und Bestechlichkeit im Gesundheitswesen vorzugehen. Des Weiteren wurden in Bezug auf Wirtschaftsstraftaten im Gesundheitswesen Schwerpunktstaatsanwaltschaften beispielsweise in Hessen oder Bayern gegründet.[145]

---

[139] Vgl. *Heißner:* Erfolgsfaktor Integrität, S. 165.

[140] Vgl. *Wieland*, in: Handbuch Compliance-Management 15 (33); *Leu*: Unternehmensinterne Corporate-Compliance-Untersuchungen, S. 11; *Bauchowitz*: Compliance Management im Gesundheitswesen, S. 24; *IDW* (Hrsg.): IDW Prüfungsstandard 980, S. 3.

[141] Vgl. *Bauchowitz*: Compliance Management im Gesundheitswesen, S. 9; *Deffland*, in: Handbuch Klinisches Risikomanagement, 207 (208).

[142] Vgl. *Deffland*, in: Handbuch Klinisches Risikomanagement, 207 (208); *Bauchowitz*: Compliance Management im Gesundheitswesen, S. 10.

[143] Vgl. *Deffland*, in: Handbuch Klinisches Risikomanagement, 207 (208).

[144] Siehe hierzu Gesetz zur Bekämpfung von Korruption im Gesundheitswesen vom 30.05.2016.

[145] Vgl. *Generalstaatsanwaltschaft Nürnberg* (Hrsg.): Bayerische Zentralstelle zur Bekämpfung von Betrug und Korruption im Gesundheitswesen (ZKG) (letzter Zugriff

Die Krankenkassen und der GKV-Spitzenverband sind zudem gem. § 197a Abs. 1 SGB V verpflichtet, Meldestellen zur Bekämpfung von Abrechnungsbetrug vorzuhalten. Darüber hinaus regelt § 197a Abs. 3 SGB V einen regelmäßigen Erfahrungsaustausch sowie eine Berichtspflicht.

Die genannten Beispiele zeigen, dass im Mittelpunkt der bisherigen Compliance-Bemühungen im Gesundheitswesen die Bekämpfung von dolosen Handlungen wie Korruption, Untreue und Abrechnungsbetrug stehen.[146]

Eine Besonderheit im Gesundheitswesen ist das Dreiecksverhältnis zwischen den Leistungserbringern, den Krankenkassen und den Versicherten. Dies stellt besonders in Bezug auf die Manipulationsanfälligkeit eine Besonderheit dar.[147]

Auf Grund der hohen sozioökonomischen Bedeutung des Gesundheitswesens, sollte jedoch der Bekämpfung jeglicher regelwidriger Verhaltensweisen ein großer Stellenwert zukommen, besonders weil aus Sicht der Patientinnen und Patienten Vertrauen in das System Grundlage für die zu treffenden Therapieentscheidungen ist.[148]

5.8 Risikomanagement und Compliance

Risikomanagement und Compliance hängen eng miteinander zusammen und sollten somit auch gemeinsam betrachtet werden.[149] Hierzu ist es erforderlich, Risikomanagement zu definieren und in den Kontext von Compliance zu setzten.

> *„Risikomanagement verfolgt die Zielsetzung, Risiken bereits vor Eintritt der Risikowirkung zu antizipieren und durch präventive Eingriffe aktiv zu steuern. Hierdurch erfolgt eine effiziente, frühzeitige Erkennung und Abwendung von bestandsgefährdenden Entwicklungen, so dass die Existenz des Unternehmens dauerhaft sichergestellt werden kann.“*[150]

am 30.10.2023); *Hessische Landesregierung* (Hrsg.): Neue Zentrale Staatsanwaltschaft für Medizinwirtschaftsstrafrecht (letzter Zugriff am 30.10.2023).

[146] Vgl. *Bauchowitz*: Compliance Management im Gesundheitswesen, S. 45 ff.; *Deffland*, in: Handbuch Klinisches Risikomanagement, 207 (208).

[147] Vgl. *Waltermann* zit. nach Bauchowitz: Compliance Management im Gesundheitswesen, S. 8.

[148] Vgl. *Bauchowitz*: Compliance Management im Gesundheitswesen, S. 7.

[149] Vgl. *Deffland*, in: Handbuch Klinisches Risikomanagement, 207 (211).

[150] *Sartor/Bourauel*: Risikomanagement kompakt, S. 13.

Risikomanagement ist demnach ein Managementtool, das als Frühwarnsystem zur Erkennung von unternehmensgefährdenden Risiken verstanden werden kann.[151] Durch die frühzeitige Identifizierung der Risken im Rahmen des Risikomanagements soll, wie im Compliance Management auch, sichergestellt werden, dass durch entsprechende Gegenmaßnahmen negative Folgen für die jeweilige Organisation abgewendet werden.[152]

Das Risikomanagement insgesamt ist als Rückkopplungsprozess zu verstehen und kann in die vier Prozessschritte Risikoidentifizierung, Risikobeurteilung, Risikosteuerung und Risikoüberwachung untergliedert werden (Abb. 5.2).[153]

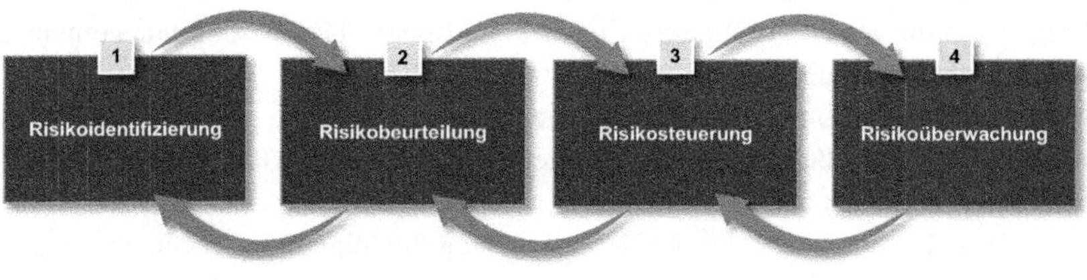

Abb. 5.2 Prozessschritte des Risikomanagements[154]

Dabei können Compliance Risiken und Risiken aus dem Risikomanagement identisch sein oder in einem Zusammenhang zueinander stehen, jedoch auch gänzlich voneinander abweichen.[155] Im Gesundheitswesen wird zwischen dem klinischen Risikomanagement, wozu auch das Qualitätsmanagement zählt sowie dem kaufmännischen Risikomanagement unterschieden.[156] Das kaufmännische Risikomanagement umfasst vorrangig ökonomische Risiken, wie z. B. Liquiditätsrisiken, Lieferkettenrisiken oder Wettbewerbsrisiken.[157]

[151] Vgl. *Hellmann*, in: Betriebswirtschaftliches Risikomanagement im Krankenhaus 19 (22); *Vanini/Rieg*: Risikomanagement, S. 36; *Sartor/Bourauel*: Risikomanagement kompakt, S. 13.

[152] Vgl. *Vanini/Rieg*: Risikomanagement, S. 36; *Welge/Eulerich*: Corporate-Governance-Management, S. 65.

[153] Vgl. *Welge/Eulerich*: Corporate-Governance-Management, S. 65.

[154] Eigene Darstellung.

[155] Vgl. *Deffland*, in: Handbuch Klinisches Risikomanagement, 207 (211).

[156] Vgl. *Hortel*, in: Betriebswirtschaftliches Risikomanagement im Krankenhaus, 28 (32); *Deffland*, in: Handbuch Klinisches Risikomanagement, 207 (211).

[157] Vgl. *Wolke*: Risikomanagement, S. 7; *Bauchowitz*: Compliance Management im Gesundheitswesen, S. 40.

Unter klinischem Risikomanagement wird *„[…] die unternehmerisch getragene, wissenschaftlich fundierte Verbesserung der Patientensicherheit mit dem Ziel, langfristig eine Stärkung der Resilienz gegen Fehler und Regelverstöße zu erreichen*“, verstanden.[158]

Compliance wird nach h. M. als Teil des sog. Risikomanagements insgesamt im Sinne der Früherkennung sowie der Überwachung und Bewertung von Risiken, gesehen.[159]

Im Gegensatz zu klassischen ökonomischen Risiken aus dem Risikomanagement müssen Compliance Risiken nicht zwangsläufig existenzgefährdende Auswirkungen haben, hängen aber dennoch eng zusammen, da auch zunächst minderschwer wirkende Regel- bzw. Rechtsverstöße umfassende wirtschaftliche Folgen für die jeweilige Organisation haben können. Das Risikomanagement ist somit insgesamt multidimensional zu verstehen.[160]

Im Sinne des Compliance Managements sollen Verstöße präventiv vermieden werden. Bei Verstößen sollen diese aufgedeckt sowie aufgeklärt und entsprechend sanktioniert werden.[161]

Sofern Unternehmen Hinweise auf Unregelmäßigkeiten vorliegen, eignen sich zur Aufklärung etwaiger Regelverstöße sog. „Interne Ermittlungen“.[162] Unter internen Ermittlungen werden unternehmenseigene Maßnahmen verstanden, die durch die Organisation selbst veranlasst werden, um mögliche interne Pflichtverletzungen, insbesondere auch Straftaten und Ordnungswidrigkeiten mit Unternehmensbezug, aufzuklären.[163]

Interne Ermittlungen werden in der Praxis regelmäßig durch Mitarbeitende eigener Abteilungen wie z. B. der Compliance-Abteilung oder auch durch die Beauftragung von externen Unternehmen[164] durchgeführt, die sich auf interne Ermittlungen spezialisiert haben.[165]

---

[158] *Euteneier*, in: Handbuch klinisches Risikomanagement 3 (5).

[159] Vgl. *Fleischer*, in: Die Aktiengesellschaft, 291 (299); *Schneider*, in: Zeitschrift für Wirtschaftsrecht, 645 (648) *Bauchowitz*: Compliance Management im Gesundheitswesen, S. 21; *Vetter*, in: Compliance in der Unternehmerpraxis, 29 (31).

[160] Vgl. *Hellmann*, in: Betriebswirtschaftliches Risikomanagement im Krankenhaus, 19 (19); *Bauchowitz*: Compliance Management im Gesundheitswesen, S. 24.

[161] Vgl. *Bauchowitz*: Compliance Management im Gesundheitswesen, S. 40.

[162] Auch als Internal Investigation oder Compliance-Untersuchung bezeichnet.

[163] Vgl. *Veit*: Compliance und interne Ermittlungen, S. 102; *Anders*, in: Innovative Entwicklungen in den deutschen Staatsanwaltschaften 373 (375).

[164] Hierbei handelt es sich in der Regel um spezialisierte Anwaltskanzleien oder Unternehmensberatungen.

[165] Vgl. *Veit*: Compliance und interne Ermittlungen, S. 103; *Anders*, in: Innovative Entwicklungen in den deutschen Staatsanwaltschaften 373 (376).

Teil von internen Ermittlungen können beispielsweise die Befragungen von Mitarbeitenden, die Auswertung von Datenträgern und Kommunikationssystemen wie z. B. Mailpostfächer sowie die Durchsuchung von Arbeitsplätzen sein.[166]

Ein Vorteil von internen Ermittlungen ist die Steuerbarkeit – auch in Bezug auf die interne sowie externe Informationspolitik – und einer diskreten Vorgehensweise der Untersuchung selbst.[167]

Interne Ermittlungen verfolgen primär einen repressiven Zweck, da Ziel der Untersuchung ist, Fehlverhalten aufzudecken und zu ahnden.[168] Darüber hinaus verfolgen unternehmenseigene Ermittlungen indirekt auch einen präventiven Charakter, da auf Grund möglicher Konsequenzen die „Ernsthaftigkeit" der Bekämpfung von Fehlverhalten innerhalb der Organisation deutlich wird und auf Grund der Erkenntnisse aus den Ermittlungen, Prozesse angepasst werden können.[169]

5.9 Risikopotenzial bei Regelverstößen

Bereits kleine Verstöße gegen Gesetze, Verordnungen, Vorschriften oder ethische Standards, können zu schwerwiegenden wirtschaftlichen Folgen sowie umfassenden Reputationsschäden, die über Jahre die öffentliche Wahrnehmung der Organisation prägen, aber auch zu erheblichen persönlichen Nachteilen der Organe der Gesellschaft, führen.[170] Denkbar ist neben der zivilrechtlichen Haftung der Gesellschaft und seiner Organe, auch strafrechtliche Ermittlungsverfahren gegen verantwortliche Personen der Organisation.[171] Compliance hat

---

[166] Vgl. *Schuster*, in: Zeitschrift für Internationale Strafrechtsdogmatik 68 (68); *Veit*: Compliance und interne Ermittlungen, S. 109 ff.; *Anders*, in: Innovative Entwicklungen in den deutschen Staatsanwaltschaften 373 (377).

[167] Vgl. *Anders*, in: Innovative Entwicklungen in den deutschen Staatsanwaltschaften 373 (377).

[168] Vgl. *Veit*: Compliance und interne Ermittlungen, S. 102; *Anders*, in: Innovative Entwicklungen in den deutschen Staatsanwaltschaften 373 (377).

[169] *Veit*: Compliance und interne Ermittlungen, S. 103.

[170] Vgl. *Deffland*, in: Handbuch Klinisches Risikomanagement, 207 (208); *Bauchowitz*: Compliance Management im Gesundheitswesen, S. 24; *Vetter*, in: Compliance in der Unternehmerpraxis, 29 (34); *Kölbel/Herold*: Zeitschrift für Unternehmens- und Gesellschaftsrecht 961 (968).

[171] Siehe hierzu auch: LG Oldenburg, Urteil v. 13.10.2022, 5 Ks 23/19, medstra 2023, 122 (122 ff.); LG Oldenburg, Urteil v. 13.10.2022, 5 Ks 800 Js 69047/14 (20/16), juris, S. 1 ff.; LG München I, Urteil v. 10.12.2013, 5 HKO 1387/10, juris, S. 1 ff.; BGH, Urteil v. 26. Juni

somit zum Ziel, präventiv Fehlverhalten zu verhindern und Verstöße möglichst in einem frühen Stadium aufzudecken und zu unterbinden.[172] Geeignete Compliance-Systeme gehören zu der Gesamtverantwortung des Vorstandes einer Aktiengesellschaft, dienen somit auch der Enthaftung von verantwortlichen Personen einer Gesellschaft und können sich bei Verstößen zudem bußgeldmindernd auswirken.[173]

Compliance kann als Verhaltenskonzept und nicht als Rechtskonzept verstanden werden.[174] Es dient dem Schutz der Mitarbeitenden, der Verantwortungsträgerinnen und -träger sowie der juristischen Person, also der Gesellschaft selbst. In bestimmten Konstellationen dient Compliance auch dem Schutz der Verbraucherinnen und Verbraucher oder im Gesundheitswesen der Patientinnen und Patienten bzw. der Patientensicherheit.[175] Fehlverhalten kann beispielsweise im Bereich des Gesundheitswesens tödliche Konsequenzen haben, umso wichtiger ist in dieser Branche, die strikte Einhaltung von Regeln.[176] Für die Identifizierung von Missständen sind u. a. Hinweisgebersysteme geeignete Mittel und werden im Folgenden näher dargestellt.[177]

5.10 Hinweisgebersysteme

Hinweisgebersysteme sind im Sinne des bereits beschriebenen IDW PS 980 integraler Bestandteil von Compliance-Management-Systemen (CMS) und gehören zu den CMS-Grundelementen.[178]

Hinweisgebersysteme können in der Praxis wesentlich dazu beitragen, dass Compliance-Verstöße frühzeitig aufgedeckt werden und das Fehlverhalten durch

---

2023, VIa ZR 533/21, juris, S. 1 ff.; LG München I, Urteil v. 10.12.2013, 5 HKO 1387/10, juris, S. 1 ff.

[172] Vgl. *Vetter*, in: Compliance in der Unternehmerpraxis, 29 (31); *Bauchowitz*: Compliance Management im Gesundheitswesen, S. 24.

[173] Siehe hierzu auch Neubürger-Entscheidung – LG München I, Urteil v. 10.12.2013, 5 HKO 1387/10, juris, S. 1 ff.; BGH, Urteil v. 09.05.2017, 1 StR 265/16, wistra 2017, 499 (499 ff.).

[174] Vgl. *Bauchowitz*: Compliance Management im Gesundheitswesen, S. 24.

[175] Vgl. *Deffland*, in: Handbuch Klinisches Risikomanagement, 207 (214).

[176] Vgl. *IDW* (Hrsg.): IDW Prüfungsstandard 980, S. 29.

[177] Vgl. *Tur*, in: Handbuch Compliance-Management 871 (873); *Fissenewert*, in: Compliance kompakt, 49 (52); *IDW* (Hrsg.): IDW Prüfungsstandard 980, S. 31 f.; *Leu*: Unternehmensinterne Corporate-Compliance-Untersuchungen, S. 36.

[178] Vgl. *IDW* (Hrsg.): IDW Prüfungsstandard 980, S. 31.

entsprechende Maßnahmen abgestellt wird.[179] Mögliche Schäden können dadurch begrenzt werden und die erlangten Erkenntnisse über das Fehlverhalten können dazu beitragen, künftiges Fehlverhalten zu vermeiden.[180]

Hinweisgebersysteme können ebenfalls dazu beitragen, dass Whistleblower sich nicht an die Öffentlichkeit wenden und die Organisation die Chance hat, Verstöße intern und eigenverantwortlich zu lösen sowie aufzuarbeiten.[181]

Zu empfehlen ist die Zugänglichkeit des Hinweisgebersystems für alle Stakeholder der Organisation.[182] Demnach sollten sowohl die Mitarbeitenden selbst, aber auch Kunden, Lieferanten und sonstige Dritte, die Möglichkeit haben, Missstände zu melden.[183] Des Weiteren sollte das Hinweisgebersystem niederschwellig erreichbar sein und es sollte regelmäßig über deren Existenz des Systems sowie über deren Funktionsweise informiert werden.[184]

Das System kann sowohl intern als auch extern implementiert werden.[185] Interne Systeme werden innerbetrieblichen Abteilungen angegliedert und werten eingehende Hinweise aus und leiten u. U. entsprechende Maßnahmen ein, um das Fehlverhalten abzustellen.[186] Regelmäßig handelt es sich bei den Abteilungen um die Rechtsabteilung, die Interne Revision, das Risikomanagement oder eine eigenständige Compliance-Abteilung.[187]

Möglich sind auch interne oder externe Ombudspersonen, die Ansprechpartnerin oder Ansprechpartner für die hinweisgebenden Personen sind.[188]

---

179 Vgl. *Tur*, in: Handbuch Compliance-Management 871 (873); *Fissenewert*, in: Compliance kompakt, 49 (52); *IDW* (Hrsg.): IDW Prüfungsstandard 980, S. 31 f.; *Leu*: Unternehmensinterne Corporate-Compliance-Untersuchungen, S. 36.

180 Vgl. *Fissenewert*, in: Compliance kompakt, 49 (52); *IDW* (Hrsg.): IDW Prüfungsstandard 980, S. 31 f.; *Tur*, in: Handbuch Compliance-Management 871 (873).

181 Vgl. *Fissenewert*, in: Compliance kompakt, 49 (52); *Werner*: Compliance und couragiertes Handeln, S. 137; *Tur*, in: Handbuch Compliance-Management 871 (873).

182 Vgl. *Tur*, in: Handbuch Compliance-Management 871 (893); *Werner*: Compliance und couragiertes Handeln, S. 136.

183 Vgl. *Werner*: Compliance und couragiertes Handeln, S. 121; *Tur*, in: Handbuch Compliance-Management 871 (893).

184 Vgl. *Tur*, in: Handbuch Compliance-Management 871 (893); *Werner*: Compliance und couragiertes Handeln, S. 137.

185 Vgl. *Bicker/Reischl*, in: Handbuch Compliance-Management 837 (838); *Werner*: Compliance und couragiertes Handeln, S. 121.

186 Vgl. *Werner*: Compliance und couragiertes Handeln, S. 121.

187 Vgl. *Tur*, in: Handbuch Compliance-Management 871 (892); *Werner*: Compliance und couragiertes Handeln, S. 121; hierzu auch: Kapitel 8 „Befragung von Krankenhäusern".

188 Vgl. *Tur*, in: Handbuch Compliance-Management 871 (892); zu der im Jahr 2019 in Kraft getretenen Hinweisgeberschutz-Richtlinie EU 2019/1937 sowie dem in nationales Recht

Der Vorteil von unternehmensinternen Hinweisgebersystemen ist, dass Sachverhalte besser bewertet, im Kontext des Unternehmens sowie aus Sicht der internen Strukturen betrachtet und einfacher überprüft werden können.[189]

Im Gegensatz zu internen Systemen zur Meldung von Missständen, werden externe Hinweisgebersysteme durch Dienstleistungsunternehmen betrieben.[190] Dies können beispielsweise Rechtsanwaltskanzleien, Unternehmensberatungen sein oder Unternehmen, die ausschließlich Systeme für Hinweise als Dienstleistung anbieten.[191]

Eine Bewertung und Überprüfung von Meldungen durch Externe, kann gegenüber internen Hinweisgebersystemen von Vorteil sein, weil eine unabhängige und objektive Betrachtung des Sachverhalts eher gewährleistet sein kann.[192]

Des Weiteren kann für Mitarbeitende oder sonstige Meldende von Bedeutung sein, dass die Hinweise extern bearbeitet werden, da die sachbearbeitenden Personen bei externen Hinweisgebersystemen nicht Teil der eigenen Organisation sind und somit auch niemals ein Weisungsrecht haben, sondern ausschließlich beratend fungieren.[193] Besonders wenn das Management selbst von Fehlverhalten betroffen ist, ist ein externes System von Vorteil.[194]

---

umgesetzten Hinweisgeberschutzgesetz, ist dem folgenden Gliederungspunkt 6.2 ff. zu entnehmen.

189 Vgl. *Werner*: Compliance und couragiertes Handeln, S. 121.

190 Vgl. *Tur*, in: Handbuch Compliance-Management 871 (881 f.).

191 Vgl. *Süße*, in: Compliance-Officer 195 (205); *Tur*, in: Handbuch Compliance-Management 871 (881 f.).

192 Vgl. *Werner*: Compliance und couragiertes Handeln, S. 122.

193 Vgl. *Werner*: Compliance und couragiertes Handeln, S. 122.

194 Vgl. *Tur*, in: CSR und Compliance 277 (279); Werner: Compliance und couragiertes Handeln, S. 122.

Hinweisgeberschutz

6

Besonders in Bezug auf das Thema der vorliegenden Arbeit, der Tötung von Patientinnen und Patienten, zeigt sich die Bedeutung von Hinweisgebersystemen sowie dem Schutz von hinweisgebenden Personen, da – wie die Auswertung zeigen konnte – in allen Fällen Hinweise vorlagen, die nicht strukturiert oder gar nicht bearbeitet wurden.[1] Hinweisgebersysteme sind ein integraler Bestandteil eines funktionierenden Compliance-Management-Systems und können somit wesentlich dazu beitragen, Missstände aufzudecken, weshalb hinweisgebenden Personen eine Schlüsselrolle zukommt.[2]

6.1 Bisherige Rechtsunsicherheit für hinweisgebende Personen

Bislang handelten hinweisgebende Personen im Spannungsfeld zwischen der Meinungsfreiheit sowie der Beachtung staatsbürgerlicher Pflichten zur Meldung von Missständen und ihren Pflichten als Beschäftigte von Unternehmen sowie als Beamtinnen und Beamte.[3]

Damit Unternehmen durch das Offenlegen von Informationen oder vorschnell getätigten Anzeigen kein Schaden entsteht, wird der internen Aufklärung aus

[1] Mehr dazu auch im Kapitel 3 „Auswertung verübter Tötungsserien im Gesundheitswesen".

[2] Vgl. *IDW* (Hrsg.): IDW Prüfungsstandard 980, S. 31; *Kölbel/Herold*, in: Zeitschrift für Unternehmens- und Gesellschaftsrecht 961 (961); *Süße*, in: Compliance-Officer 195 (201).

[3] Vgl. *BMJ* (Hrsg.): Begründung Gesetzesentwurf HinSchG, (letzter Zugriff am 24.04.2023).

L. Kuhlmann, *Tötungsdelikte im Gesundheitswesen und die Bedeutung von Compliance-Management-Systemen*,
https://doi.org/10.1007/978-3-658-48764-5_6

dem Gebot der Rücksicht auf Rechte, Rechtsgüter und Interessen aus einem Schuldverhältnis i. S. v. 241 Abs. 2 BGB grundsätzlich Vorrang gewährt.[4]

Beamtinnen und Beamten ist das Melden von möglichen Missständen nur unter der vorschriftsgemäßen Ausübung des Beschwerderechts, der beamtenrechtlichen Beratungs- und Unterstützungspflicht sowie dem Remonstrationsrecht bzw. der Pflicht zur Remonstration erlaubt.[5]

Es war bis dato gesetzlich nicht explizit geregelt, ab welcher Schwelle die Informationsweitergabe zur Aufdeckung von Missständen, die Pflicht zur Loyalität und Verschwiegenheit gegenüber dem Arbeitgeber bzw. Dienstherr rechtfertigen.[6]

Im Juli 2011 beschäftigte sich der Europäische Gerichtshof für Menschenrechte (EGMR) mit dem Schutz hinweisgebender Personen.[7] Im sog. „Heinisch-Fall", in dem einer Berliner Altenpflegerin auf Grund der Offenlegung von Missständen durch ihren Arbeitgeber fristlos gekündigt wurde, traf der EGMR eine Grundsatzentscheidung hinsichtlich der Abwägung des Arbeitgeber- sowie des Arbeitnehmerinteresses.[8]

Der EGMR urteilte am 21.07.2011, dass die fristlose Kündigung, die Freiheit der Meinungsäußerung gem. Artikel 10 der Europäischen Menschenrechtskonvention (EMRK) verletzt habe.[9]

Gleichwohl hat der EGMR die Pflicht der Arbeitnehmerinnen und Arbeitnehmer zur Loyalität sowie zur Diskretion ihrem Arbeitgeber gegenüber bestätigt.[10] Hinweise auf Missstände sollen i. d. R. zunächst gegenüber vorgesetzten Personen bzw. innerhalb der Organisation gemeldet werden.[11] Als ultima ratio ist es zulässig, die Öffentlichkeit zu informieren.[12]

Auch wenn sich zumindest die Arbeitsgerichtsbarkeit in Deutschland seit dem Urteil an den Vorgaben des EGMR orientiert[13], bestand bis zur Umsetzung

---

[4] Vgl. *Bachmann*, in: MüKo-BGB, § 241, Rn. 55; *Mansel*, in: Jauernig-BGB, § 241, Rn. 10; *Schulze*, in: NK-BGB, § 241, Rn. 4.

[5] Vgl. *BMJ* (Hrsg.): Begründung Gesetzesentwurf HinSchG, (letzter Zugriff am 24.04.2023).

[6] Vgl. *BMJ* (Hrsg.): Begründung Gesetzesentwurf HinSchG, (letzter Zugriff am 24.04.2023).

[7] Vgl. EGMR, Urteil v. 21.07. 2011, 28274/08, juris, S. 1.

[8] Vgl. *BMJ* (Hrsg.): Begründung Gesetzesentwurf HinSchG, (letzter Zugriff am 24.04.2023).

[9] Vgl. EGMR, Urteil v. 21.07.2011, 28274/08, juris, S. 25.

[10] Vgl. EGMR, Urteil v. 21.07.2011, 28274/08, juris, S. 18.

[11] Vgl. EGMR, Urteil v. 21.07.2011, 28274/08, juris, S. 18.

[12] Vgl. EGMR, Urteil v. 21.07.2011, 28274/08, juris, S. 18.

[13] U. a. LAG Düsseldorf, Beschluss v. 04.03.2016, 10 TaBV 102/15, juris, S. 1–13; LAG Hamm (Westfalen), Beschluss v. 15.03.2013, 13 TaBV 10/13, juris, S. 1–7; LAG Schleswig-Holstein, Urteil v. 20.03.2012, 2 Sa 331/11, juris, S. 1–10.

der Hinweisgeberschutz-Richtlinie weiterhin eine erhebliche Rechtsunsicherheit, da im Vorfeld einer Meldung nur schwer eingeschätzt werden konnte, ob die Schwelle für eine zulässige Veröffentlichung[14] von Informationen über Missstände erreicht ist.[15] Hinweisgebende Personen waren einem arbeits-, dienst- oder strafrechtlichen Risiko ausgesetzt, wenn sie Missstände meldeten.[16]

6.2 Hinweisgeberschutzgesetz

6.2.1 Richtlinie (EU) 2019/1937

Die Richtlinie EU 2019/1937 des Europäischen Parlaments und des Rates vom 23.10.2019 sieht den Schutz von Personen, die Verstöße gegen das Unionsrecht melden, vor.[17] Am 26.11.2019 ist die HinSchG-RL im EU-Amtsblatt veröffentlich worden und am 16.12.2019 in Kraft getreten.[18]

Die Richtlinie wurde auf Grund folgender Erwägungen im ordentlichen Gesetzgebungsverfahrens verabschiedet:

> *„Personen, die für eine öffentliche oder private Organisation arbeiten oder im Rahmen ihrer beruflichen Tätigkeiten mit einer solchen Organisation in Kontakt stehen, nehmen eine in diesem Zusammenhang auftretende Gefährdung oder Schädigung des öffentlichen Interesses häufig als Erste wahr. Indem sie Verstöße gegen das Unionsrecht melden, die das öffentliche Interesse beeinträchtigen, handeln diese Personen als Hinweisgeber und tragen entscheidend dazu bei, solche Verstöße aufzudecken und zu unterbinden. Allerdings schrecken potenzielle Hinweisgeber aus Angst vor Repressalien häufig davor zurück, ihre Bedenken oder ihren Verdacht zu melden. In diesem Zusammenhang wird sowohl auf Unionsebene als auch auf internationaler Ebene zunehmend anerkannt, dass es eines ausgewogenen und effizienten Hinweisgeberschutzes bedarf."*[19]

Verstöße sollen *„wirksam aufgedeckt, untersucht und verfolgt werden, sodass Transparenz und Verantwortlichkeit gestärkt [werden]*." Hierzu sollen *„effektive,*

---

[14] Gegenüber Medien oder Behörden.

[15] Vgl. *BMJ* (Hrsg.): Begründung Gesetzesentwurf HinSchG, (letzter Zugriff am 24.04.2023).

[16] Vgl. *BMJ* (Hrsg.): Begründung Gesetzesentwurf HinSchG, (letzter Zugriff am 24.04.2023).

[17] Vgl. EU-Richtlinie 2019/1937 v. 23.10.2019, S. L305/17.

[18] Vgl. EU-Richtlinie 2019/1937 v. 23.10.2019, S. L305/17 u. 46.

[19] EU-Richtlinie 2019/1937 v. 23.10.2019, S. L305/17.

vertrauliche und sichere Meldekanäle"[20] in Organisationen ab 50 Mitarbeitenden, unabhängig von ihrer Art der Tätigkeit, implementiert werden.[21] Besonderen Rechtsschutz benötigen Arbeitnehmerinnen und Arbeitnehmer, wenn sie Missstände im Rahmen ihrer beruflichen Tätigkeit wahrnehmen und melden. Ohne die Richtliniee sind sie dem Risiko von berufsbezogenen Repressalien ausgesetzt und befinden sich in einem Spannungsfeld zwischen der Verletzung der Vertraulichkeits- und Loyalitätspflicht gegenüber ihrem Arbeitgeber auf der einen Seite und auf der anderen Seite dem Bedürfnis, Missstände zu melden.[22]

Mit der Richtlinie sollen in der gesamten Europäischen Union Mindeststandards gewährleistet werden, um einen wirksamen Schutz von hinweisgebenden Personen sicherzustellen.[23]

Ziel der Richtlinie ist, Hinweisgeberinnen und Hinweisgebern innerhalb der eigenen Organisation einen gesicherten Meldeweg für Hinweise zu ermöglichen. Laut der Richtlinie sind interne Meldungen „*[…] der beste Weg, um Informationen an die Personen heranzutragen, die zu einer frühzeitigen und wirksamen Abwendung von Gefahren […] beitragen können.*"[24] Möglich soll auch ein externer Meldeweg sein.[25]

Schutz sollen, gemäß der Richtlinie, nur Personen erhalten, die zum Zeitpunkt der Meldung, auf Grund der ihnen zur Verfügung stehenden Informationen, hinreichenden Grund zu der Annahme haben, dass die gemeldete Angelegenheit auch der Wahrheit entspricht.[26] Auf die Motivation der hinweisgebenden Person kommt es dagegen nicht an. Es spielt i. S. d. Erwägungsgrundes 32 der HinSchG-RL keine Rolle, ob die Person beispielsweise aus eigennützigen Gründen Informationen preisgibt.[27]

6.2.2 Umsetzung der EU-Richtlinie in nationales Recht

Die Bundesregierung hat mit dem Entwurf des „Gesetzes für einen besseren Schutz hinweisgebender Personen sowie zur Umsetzung der Richtlinie zum

[20] EU-Richtlinie 2019/1937 v. 23.10.2019, S. L305/17.

[21] Vgl. EU-Richtlinie 2019/1937 v. 23.10.2019, S. L305/25.

[22] Vgl. EU-Richtlinie 2019/1937 v. 23.10.2019, S. L305/23.

[23] Vgl. EU-Richtlinie 2019/1937 v. 23.10.2019, S. L305/17.

[24] EU-Richtlinie 2019/1937 v. 23.10.2019, S. L305/23.

[25] Vgl. EU-Richtlinie 2019/1937 v. 23.10.2019, S. L305/23.

[26] Vgl. EU-Richtlinie 2019/1937 v. 23.10.2019, S. L305/23.

[27] Vgl. EU-Richtlinie 2019/1937 v. 23.10.2019, S. L305/23.

Schutz von Personen, die Verstöße gegen das Unionsrecht melden“ den bisherigen „*[…] lückenhafte[n] und unzureichende[n] Schutz von hinweisgebenden Personen*“ verbessert und die EU-Richtlinie 2019/1937 in nationales Recht umgesetzt.[28]

Am 11.05.2023 wurde das sog. Hinweisgeberschutzgesetz im Deutschen Bundestag, nach diversen Anpassungen[29] final beschlossen und am 12.05.2023 im Bundesrat ebenfalls verabschiedet. Am 02.06.2023 wurde das Gesetz im Bundesgesetzblatt veröffentlicht und trat zum 02.07.2023 in Kraft.[30]

---

[28] *BMJ* (Hrsg.): Aktuelle Gesetzgebungsverfahren, (letzter Zugriff am 31.03.2023).

[29] Weitere Informationen zu dem Gesetzgebungsverfahren ist der Seite des Deutschen Bundestages zu entnehmen: https://www.bundestag.de/dokumente/textarchiv/2023/kw13-pa-recht-hinweisgeber-938856.

[30] Vgl. *Bundesrat* (Hrsg.): Whistleblower-Schutz, (letzter Zugriff am 22.08.2023); *Deutscher Bundestag* (Hrsg.): Einigung beim Hinweisgeberschutz im Vermittlungsausschuss erzielt, (letzter Zugriff am 22.08.2023).

7 Strafrechtliche Haftung verantwortlicher Personen

Die Auswertung der untersuchten Fälle konnte aufzeigen, dass in den jeweiligen Einrichtungen – zum Teil – deutliche Hinweise auf Fehlverhalten der Täterinnen und Täter vorlagen und bei konsequentem Aufklärungswillen der verantwortlichen Personen, weitere Taten hätten verhindert werden können.[1]

Der Verfasser hat – bis auf den Fall um den Intensivpfleger Niels H. – in keinem der Fälle feststellen können, dass gegen vorgesetzte Personen oder sonstige Mitarbeitende der Einrichtungen Ermittlungsverfahren eingeleitet wurden. Im Berliner Fall, in dem eine Intensivpflegefachkraft an einer Universitätsklinik Patientinnen und Patienten tötete, stellte das Landgericht Berlin in seinem Urteil ungewöhnlich deutlich die Mitverantwortung der Klinik heraus, die durch mangelhafte Strukturen die Vielzahl der Taten erst ermöglicht hat, obwohl sich die Taten *„[…] durchaus angekündigt hatten“*.[2] Auf Nachfrage des Verfassers der vorliegenden Arbeit bei der zuständigen Staatsanwaltschaft Berlin, wurde mitgeteilt, dass trotz des Forschungsinteresses, keinerlei Angaben zu möglichen Ermittlungen gegen Kolleginnen oder Kollegen bzw. vorgesetzte Personen der Universitätsklinik gemacht werden.[3]

---

[1] Siehe hierzu folgende Ausführungen in diesem Kapitel.

[2] LG Berlin, Urteil v. 29. Juni 2007, (522) 1 Kap Js 1904/06 Ks (1/07), S. 30; siehe hierzu auch Fall Irene B. unter dem Gliederungspunkt 3.4.4.3.

[3] Schreiben vom 11.05.2023 – STA 1451/1 E-3053-8.

L. Kuhlmann, *Tötungsdelikte im Gesundheitswesen und die Bedeutung von Compliance-Management-Systemen*,
https://doi.org/10.1007/978-3-658-48764-5_7

Im Tatkomplex um den Krankenpfleger Niels H., der in den Kliniken Oldenburg und Delmenhorst gearbeitet hat, ergaben sich besondere Umstände und Hinweise auf die Tötungsdelikte, die in der Akten- und Urteilsanalyse unter dem Gliederungspunkt 3.4.4.4 „Niels H. – Vorhandensein von und Umgang mit Hinweisen sowie mögliche Aufdeckungsbarrieren“ umfangreich dargelegt wurden.[4] Weiterführende Aspekte in Bezug auf das Vorliegen der Hinweise werden in diesem Kapitel näher beschrieben. Beschäftigt war Niels H. in Oldenburg vom 15.06.1999 bis zum 14.12.2002 und in Delmenhorst vom 15.02.2002 bis zum 24.06.2005.

Eines der Medikamente, die Niels H. für seine Tötungen verwendete, war insbesondere das Arzneimittel Gilurytmal mit dem Wirkstoff Ajmalin. In insgesamt 41 Fällen konnte Niels H. nachgewiesen werden, mit Gilurytmal getötet zu haben.[5] Im Klinikum Delmenhorst wurde Gilurytmal jährlich in einer zweistelligen Zahl verbraucht. In der Zeit vor der Beschäftigung von Niels H. wurden zwischen 5 und maximal 95 Ampullen im Jahr verbraucht (Tab. 7.1).[6]

Tab. 7.1 Gilurytmal-Verbrauch[7]

Jahr	2002	2003	2004	1. HJ 2005	2. HJ 2005
Ampullenverbrauch Gilurytmal	50	225	380	185	1

Nachdem Niels H. am 15.12.2002 seinen Dienst im Klinikum Delmenhorst begann, stieg der Verbrauch von Gilurytmal im Jahr 2003 auf 225 Ampullen an. Im Folgejahr stieg die Zahl auf insgesamt 380 Ampullen, bei gleichzeitiger Zunahme der Sterbefälle, an.[8]

---

[4] Weiteres ist dem Gliederungspunkt 3.4.4.4 zu entnehmen.

[5] Vgl. LG Oldenburg, Urteil v. 06.06.2019, 5 Ks 800 Js 54254/17 (1/18), juris, S. 20 ff.

[6] Vgl. *Krogmann/Seng*: Der Todespfleger, S. 41.

[7] Eigene Darstellung.

[8] Vgl. *Krogmann/Seng*: Der Todespfleger, S. 41.

Die Arzneimittel-Belieferung des Klinikums Delmenhorst erfolgte über die Apotheke des Klinikums Oldenburg. Medikamente wurden in Delmenhorst bestellt und durch eine Abteilung des vorherigen Arbeitgebers von Niels H. ausgeliefert. Der Verbrauch des Medikaments versiebenfachte sich im Klinikum Delmenhorst von 2002 bis 2004.[9]

Am 13.04.2004 erfolgte im Klinikum Delmenhorst eine Arzneimittelkonferenz. Statt im Rahmen der Konferenz zu klären, weshalb der Verbrauch des Medikaments Gilurytmal so erheblich angestiegen ist, wurde entschieden, dass das Medikament als Standardmedikament zu listen ist.

Durch die Entscheidung der Arzneimittelkonferenz war es künftig noch einfacher und schneller, das gefragte Arzneimittel zu bestellen.[10]

Nachdem Niels H. im Juni 2005 festgenommen wurde, lieferte die Apotheke des Oldenburger Klinikums im zweiten Halbjahr 2005 nur noch eine Ampulle Gilurytmal an das Klinikum Delmenhorst aus (Tab. 7.1).

Im Jahr 2001 ereigneten sich während der Dienste von Niels H. weit mehr als doppelt so viele Todesfälle, als es bei anderen Mitarbeitenden der Station im Klinikum Oldenburg der Fall war (Abb. 7.1).[11]

---

[9] Vgl. *Krogmann/Seng*: Der Todespfleger, S. 137.

[10] Vgl. *Krogmann/Seng*: Der Todespfleger, S. 142.

[11] Vgl. Abbildung Sterbefälle je Mitarbeitenden im Jahr 2001.

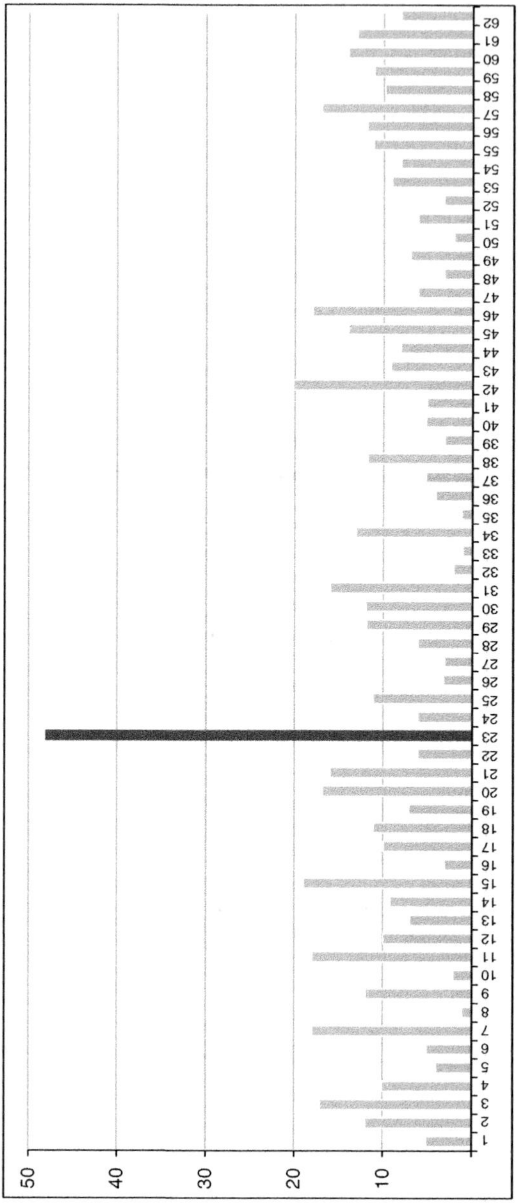

Abb. 7.1 Sterbefälle je Mitarbeitenden im Jahr 2001 (Nr. 23: Niels H.)[12]

[12] Veränderte Darstellung nach: *Schmidt*, in: der kriminalist 6 (11).

In der Dienstzeit von Niels H. im Klinikum Delmenhorst starben insgesamt 415 Menschen.[13] In den drei Jahren vor seiner Beschäftigung (2000 bis 2002) verstarben insgesamt 253 Menschen auf der Station. Die Sterbequote betrug auf der Intensivstation im Jahr 2002 noch 6,4 % und im Jahr 2003 10 %.[14]

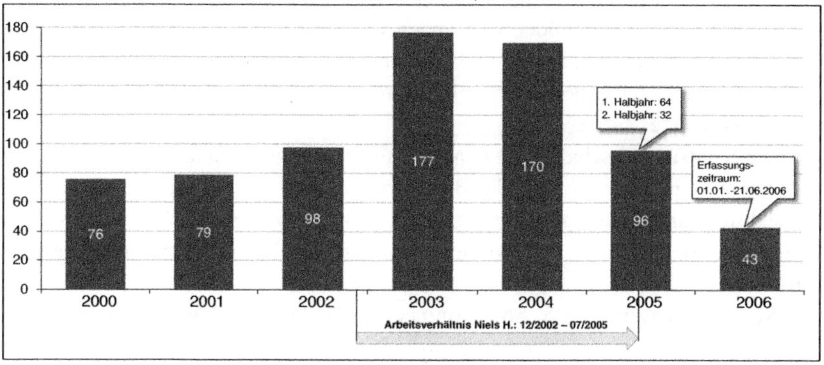

Abb. 7.2 Sterbefälle im Klinikum Delmenhorst[15]

Im Jahr 2002 betrug die Zahl der Todesfälle 98, im Jahr 2003 stieg die Zahl der Sterbefälle dann auf 177 an.[16]

Im ersten Halbjahr 2005 ereigneten sich 62 % aller Todesfälle auf der Intensivstation im Klinikum Delmenhorst während der Dienstzeit von Niels H. und weitere 11 % ereigneten sich in enger zeitlicher Nähe zu seinen Diensten.[17]

Auf Grund der vorgelegenen Auffälligkeiten und Hinweise auf die Taten hat die Staatsanwaltschaft Oldenburg u. a. gegen vorgesetzte Personen von Niels H. Ermittlungen eingeleitet.[18] Die angeschuldigten Personen „*[...] waren kraft ihrer jeweiligen Funktion verpflichtet, das Leben der Patienten auf der Intensivstation [...] zu schützen*" und hatten somit eine Garantenstellung inne.[19]

---

[13] Zur Abb. 7.2 liegt eine Abweichung von 4 Fällen vor, da zu Beginn der neuen Beschäftigung im Dezember 2002 bereits Taten verübt wurden.

[14] Vgl. *Krogmann/Seng*: Der Todespfleger, S. 137.

[15] Veränderte Darstellung nach: *Schmidt*, in: der kriminalist 6 (7).

[16] Vgl. *Krogmann/Seng*: Der Todespfleger, S. 42.

[17] Vgl. *Krogmann/Seng*: Der Todespfleger, S. 41.

[18] Vgl. LG Oldenburg, Urteil v. 13. Oktober 2022, 5 Ks 23/19, medstra 2023, 122 (123); LG Oldenburg, Urteil v. 13. Oktober 2022, 5 Ks 800 Js 69047/14 (20/16), juris, S. 1.

[19] LG Oldenburg, Urteil v. 13. Oktober 2022, 5 Ks 800 Js 69047/14 (20/16), juris, S. 2.

Insgesamt vier vorgesetzte Personen von Niels H. aus den Kliniken Oldenburg (Chefarzt, Stationsleiter, Geschäftsführer und Pflegedirektorin) sowie weitere sechs Personen aus dem Klinikum Delmenhorst (Stationsleiter, zwei stellvertretende Stationsleiterinnen, ein Krankenpfleger und zwei Oberärzte) wurden vor dem Oldenburger Landgericht angeklagt.[20]

Die 5. Strafkammer des Landgerichts Oldenburg hat u. a. die Anklage der Staatsanwaltschaft Oldenburg gegen die stellvertretende Stationsleiterin der Intensivstation des Klinikums Delmenhorst zur Hauptverhandlung jedoch abgelehnt, da nach Lage der Akten ein hinreichender Tatverdacht bezüglich eines Tötungsvorsatzes fehle.[21]

Die Staatsanwaltschaft wirft u. a. der stellvertretenden Stationsleiterin vor, spätestens ab dem Opfer Nr. 82, die Begehung weiterer Tötungsdelikte von Niels H. tatsächlich für möglich gehalten zu haben, ohne jedoch eingeschritten zu sein und somit den Tod weiterer Patientinnen und Patienten billigend in Kauf genommen zu haben.[22]

Nach Auffassung der 5. Strafkammer sei das *„passive"* Verhalten *„ersichtlich aus Frustration bzw. Hilflosigkeit [erfolgt] und begründet keine Billigung weiterer Tötungen."*[23]

Gegen die abgelehnte Eröffnungsentscheidung der Kammer legte die Staatsanwaltschaft Oldenburg sofortige Beschwerde ein. Das OLG Oldenburg ist in seinem Beschluss vom 28.02.2018 der Auffassung, dass die zulässige Beschwerde der Staatsanwaltschaft i. S. v. § 210 Abs. 2 StPO begründet ist.[24]

Die stellvertretende Stationsleiterin habe auf Grund ihrer beruflichen Stellung die Betreuung der zu behandelnden Personen und zugleich die Aufgabe übernommen, die Patientinnen und Patienten auf der Intensivstation des Klinikums Delmenhorst vor Gefahren zu schützen und ist daher als Beschützergarantin zu bezeichnen.[25]

Zudem war sie als stellvertretende Stationsleiterin qua Amt für die Beobachtung der Tätigkeit von Niels H. zuständig, weshalb sie neben der Beschützergarantin auch als Überwachungsgarantin zu bezeichnen ist.[26]

---

[20] Vgl. LG Oldenburg, Urteil v. 13. Oktober 2022, 5 Ks 23/19, medstra 2023, 122 (123); LG Oldenburg, Urteil v. 13. Oktober 2022, 5 Ks 800 Js 69047/14 (20/16), juris, S. 1.

[21] Vgl. OLG Oldenburg, Beschluss v. 28.02.2018 – 1 Ws 202/17, medstra 2019, 101 (102).

[22] Vgl. OLG Oldenburg, Beschluss v. 28.02.2018 – 1 Ws 202/17, medstra 2019, 101 (102).

[23] OLG Oldenburg, Beschluss v. 28.02.2018 – 1 Ws 202/17, medstra 2019, 101 (102).

[24] Vgl. OLG Oldenburg, Beschluss v. 28.02.2018 – 1 Ws 202/17, medstra 2019, 101 (102).

[25] Vgl. OLG Oldenburg, Beschluss v. 28.02.2018 – 1 Ws 202/17, medstra 2019, 101 (103).

[26] Vgl. OLG Oldenburg, Beschluss v. 28.02.2018 – 1 Ws 202/17, medstra 2019, 101 (103).

Der stellvertretenden Stationsleiterin war es nach Auffassung des OLG Oldenburg tatsächlich auch möglich, zur Erfolgsverhinderung tätig zu werden und zuständigen Stellen über die angenommenen Tötungen zu informieren, damit diese weitere Schritte hätten einleiten können.

Besondere Anforderungen stellt das OLG Oldenburg in Bezug auf die Erfolgsabwendungspflicht i. S. v. § 13 StGB, da in dem vorliegenden Fall die stellvertretende Stationsleiterin dem Stationsleiter über die Beobachtungen eines anderen Pflegers und den daraus resultierenden erheblichen Verdacht gegenüber Niels H. informierte. Grundsätzlich sei die Information an die nächste vorgesetzte Person ein geeignetes Mittel zur Abwendung weiterer Gefahren. Der Stationsleiter reagierte jedoch derart, dass der stellvertretenden Stationsleiterin *„[…] sogleich klar [war], dass dieser nichts unternehmen würde, sondern er im Gegenteil die Angeschuldigte B sogar aufforderte, ebenfalls Weiteres zu unterlassen und, so die Angeschuldigte B, die Ampullen verschwinden zu lassen. Damit war ihr klar, dass der Stationsleiter seiner Pflicht nicht nachkam, so dass damit zugleich ihre aus der Stellung als stellvertretende Stationsleiterin folgende Pflicht als Überwachergarantin gleichsam wiederauflebte […].“*[27] Die stellvertretende Stationsleiterin hätte sich nach Auffassung des OLG Oldenburg nicht mit der Reaktion des Stationsleiters zufrieden geben dürfen und die nächst höhere vorgesetzte Stelle informieren müssen, was ihr auch zumutbar gewesen wäre.[28]

Bereits in der Hauptverhandlung gegen Niels H. spielten das Vorliegen von Hinweisen zu den Taten eine Rolle. So stellte die Kammer in ihrem Urteil vom 06.06.2019 heraus, dass Zeugen, die ehemals vorgesetzte Personen von Niels H. waren, nur bedingt um Aufklärung in der Hauptverhandlung bemüht waren. *„Dabei ist bei den Angaben der beiden Zeugen […] insgesamt aufgefallen, dass sich diese häufig und teilweise unerklärlich auf Erinnerungslücken beriefen.“*[29]

Des Weiteren konnte die Kammer in der Hauptverhandlung gegen Niels H. in den Fällen der Opfer 27–31 in Oldenburg sowie in den Fällen der Opfer 83–85 in Delmenhorst nicht mit der dafür nötigen Gewissheit feststellen, dass das Mordmerkmal der Heimtücke erfüllt ist.[30] Weil die getöteten Patientinnen und Patienten selbst nicht mehr in der Lage waren, Argwohn zu hegen, kam die Ausnutzung der Arg- und Wehrlosigkeit schutzbereiter Dritter, also der Kolleginnen und Kollegen von Niels H. in Frage. Weil aber die Kammer in dem

---

[27] OLG Oldenburg, Beschluss v. 28.02.2018 – 1 Ws 202/17, medstra 2019, 101 (103).

[28] Vgl. OLG Oldenburg, Beschluss v. 28.02.2018 – 1 Ws 202/17, medstra 2019, 101 (103); Kritik: *Eufinger*, in: Medizinrecht 547 (550).

[29] LG Oldenburg, Urteil v. 06.06.2019, 5 Ks 800 Js 54254/17 (1/18), juris, S 63.

[30] Vgl. LG Oldenburg, Urteil v. 06.06.2019, 5 Ks 800 Js 54254/17 (1/18), juris, S. 135.

Verfahren gegen Niels H. zum Zeitpunkt der o. g. Tötungen davon ausging, dass das Misstrauen gegenüber Niels H. bereits „*[…] so groß und konkret geworden [war], dass eine Arglosigkeit dieser Personen fraglich erscheint und damit nicht mehr mit der erforderlichen Gewissheit festgestellt werden kann. Auch im Klinikum Delmenhorst bestanden ab dem Zeitpunkt des Fundes leerer Gilurytmalampullen im Zusammenhang mit dem Sterbefall [Nr. 82] am 09.05.2005 nunmehr konkrete Verdachtsmomente gegenüber dem Angeklagten.*“[31]

7.1 Verfahren gegen Verantwortliche des Klinikums Oldenburg

Gegen ehemals vorgesetzte Personen des Klinikums Oldenburg, in dem Niels H. zwischen Juni 1999 und Dezember 2002 beschäftigt war, wurden Ermittlungsverfahren wegen Beihilfe zum Totschlag durch Unterlassen gem. §§ 13 Abs. 1, 27 Abs. 1, 212 Abs. 1 StGB eingeleitet. Die Ermittlungen mündeten in der Anklage vom 12.08.2021 vor dem Landgericht Oldenburg.[32]

Dem Chefarzt der Station 211 (Intensivstation), dem Leiter des Pflegebereichs auf der Station 211, dem Geschäftsführer sowie der Pflegedirektorin des Klinikums Oldenburg wurde vorgeworfen, dass sie die Taten von Niels H. spätestens ab Oktober 2001 tatsächlich für möglich hielten, jedoch nicht einschritten und damit weitere Tötungsdelikte an Patientinnen und Patienten billigend in Kauf nahmen.[33] In Rede stehen drei Tötungsdelikte zwischen dem 17.11.2001 und dem 26.11.2001, die durch zumutbares und gebotenes Handeln mit an Sicherheit grenzender Wahrscheinlichkeit hätten verhindert werden können.[34]

Die Angeschuldigten erkannten spätestens ab Oktober 2001 die Gefahr, die von Niels H. ausgeht. Die Verantwortlichen „*[…] fanden sich mit den – wenn auch unerwünschten – Taten ab, obwohl sie erkannten, dass ihnen die Möglichkeit der Verhinderung weiterer Taten gegeben war*“.[35]

Die angeklagten Verantwortlichen des Klinikums Oldenburg schritten nicht ein, weil sie Sorge um die Reputation der Station 211 und des gesamten

[31] LG Oldenburg, Urteil v. 06.06.2019, 5 Ks 800 Js 54254/17 (1/18), juris, S 135.

[32] Vgl. LG Oldenburg, Urteil v. 13. Oktober 2022, 5 Ks 23/19, medstra 2023, 122 (122).

[33] Vgl. LG Oldenburg, Urteil v. 13. Oktober 2022, 5 Ks 23/19, medstra 2023, 122 (122).

[34] Vgl. LG Oldenburg, Urteil v. 13. Oktober 2022, 5 Ks 23/19, medstra 2023, 122 (122).

[35] LG Oldenburg, Urteil v. 13. Oktober 2022, 5 Ks 23/19, medstra 2023, 122 (123).

Klinikums hatten. Besonders im Hinblick auf bereits zwei zuvor überstandene Skandale in Bezug auf das Oldenburger Klinikum, sollte erneute negative öffentliche Berichterstattung verhindert werden.[36]

Im Kollegium fiel auf, dass Niels H. bei Reanimationen und Todesfällen auf der Station auffällig häufig anwesend war. Größeres Misstrauen Niels H. gegenüber lag allerdings bei den Mitarbeitenden der Station nicht vor.[37] Ab dem Wochenende vom 14.-16.09.2001 änderte sich dies jedoch. An dem Wochenende im September 2001 kam es auf der Intensivstation zu ungewöhnlich vielen und schwerwiegenden medizinischen Zwischenfällen. Auffällig war zudem, dass Niels H. bei allen Fällen anwesend war. Die Kammer ist davon ausgegangen, dass sich auf Grund der Umstände und der Vielzahl der Notfälle, innerhalb des ärztlichen sowie pflegerischen Personals Misstrauen Niels H. gegenüber konkretisierte.[38] Gleichzeitig fielen Unregelmäßigkeiten in Bezug auf Laborwerte von Patientinnen und Patienten auf. So waren die Kaliumwerte vieler Patientinnen und Patienten sehr hoch. Der Chefarzt der Station berief eine Konferenz mit zahlreichen Mitarbeitenden ein, um zusammen mit der Belegschaft die Gründe für die hohen Kaliumwerte zu klären.[39] Der Chefarzt beauftragte zudem den direkten Vorgesetzten von Niels H. eine Statistik über Sterbefälle und Dienstzeiten der Pflegekräfte zu erstellen. Die Statistik führte Niels H. mit 18 Todesfällen zu seiner Dienstzeit mit großem Abstand zu seinen Kolleginnen und Kollegen an.[40]

Die Auffälligkeit, die sich aus der Statistik ergab, wurde unter den angeklagten Verantwortlichen diskutiert. Handschriftlich wurde der Statistik folgender Vermerk angefügt:

> *„[...] in einem Gespräch mit der Geschäftsleitung, PDL, Personalchef u. Prof. ... wurde mir ausdrücklich mitgeteilt, daß die Beweislage auf keinen Fall ausreicht um die Staatsanwaltschaft zu informieren. Eine Gefährdung der Abteilung, ja des gesamten Klinikums ist nicht zu akzeptieren aufgrund von Verdachtsmomenten + vielen Zufällen!!“*[41]

> *„Herr [Niels H.] hat sich dann zum 15.12.2001 [innerhalb der Klinik] versetzen lassen.“*[42]

---

[36] Vgl. LG Oldenburg, Urteil v. 13. Oktober 2022, 5 Ks 23/19, medstra 2023, 122 (123).
[37] Vgl. LG Oldenburg, Urteil v. 13. Oktober 2022, 5 Ks 23/19, medstra 2023, 122 (123).
[38] Vgl. LG Oldenburg, Urteil v. 13. Oktober 2022, 5 Ks 23/19, medstra 2023, 122 (124).
[39] Vgl. LG Oldenburg, Urteil v. 13. Oktober 2022, 5 Ks 23/19, medstra 2023, 122 (124).
[40] Vgl. LG Oldenburg, Urteil v. 13. Oktober 2022, 5 Ks 23/19, medstra 2023, 122 (124).
[41] LG Oldenburg, Urteil v. 13. Oktober 2022, 5 Ks 23/19, medstra 2023, 122 (124).
[42] LG Oldenburg, Urteil v. 13. Oktober 2022, 5 Ks 23/19, medstra 2023, 122 (124).

Es kam in der Dienstzeit von Niels H., auch in der Anästhesieabteilung, in die er versetzt wurde, weiter zu Auffälligkeiten in Bezug auf seine Anwesenheit bei Notfallsituationen und Sterbefällen.[43] Mehr zu den Abläufen ist dem Gliederungspunkt „Niels H. - Vorhandensein von und Umgang mit Hinweisen sowie mögliche Aufdeckungsbarrieren" unter dem Gliederungspunkt 3.4.4.4 zu entnehmen.

Im Verlauf wurde Niels H. schließlich bei vollen Bezügen freigestellt und erhielt ein gutes Arbeitszeugnis, mit dem er sich im Klinikum Delmenhorst bewarb und einen Arbeitsvertrag erhielt. Im Krankenhaus in Delmenhorst manipulierte und töte Niels H. ungehindert weiter eine Vielzahl von Patientinnen und Patienten.[44]

Wie Niels H. dabei genau vorging, ist dem Gliederungspunkt 3.4.1.4 „Niels H. – Tathandlung" zu entnehmen.

7.1.1 Rolle der Verantwortlichen in Oldenburg

Den angeklagten und Niels H. vorgesetzten Personen war das auffällige Verhalten nicht verborgen geblieben.[45] So äußerte beispielsweise der Chefarzt, er wolle Niels H. nicht mehr in seiner Nähe haben und auch indem er einen weiteren Verantwortlichen beauftragte, eine Statistik über Sterbefälle sowie über die Anwesenheit des Pflegepersonals anzufertigen.[46] Es folgte schließlich die Versetzung von Niels H. innerhalb der Klinik, worüber die weiteren Verantwortlichen ebenfalls informiert waren. Niels H. wurde im Rahmen der Versetzung weiterhin in der direkten Versorgung von Patientinnen und Patienten eingesetzt, obwohl die verantwortlichen Personen gegenüber Niels H. bereits misstrauisch waren.[47]

Am 27.08.2002 kam es unter den Verantwortlichen sowie dem Betriebsrat des Krankenhauses zu einem Gespräch bezüglich der Verdachtsmomente Niels H. gegenüber. Konkret soll der Verdacht jedoch nicht formuliert worden sein. Am 26.09.2002 kam es zu einem weiteren Gespräch, in dem deutlich wurde, dass es sich um erhebliche Vorwürfe handelt, da versehentliche Fehler bei der Behandlung bzw. Medikamentengabe von Niels H. dem Betriebsrat gegenüber ausgeschlossen wurden. Besprochen wurde zudem, ob und in welchem Bereich

[43] Vgl. LG Oldenburg, Urteil v. 13. Oktober 2022, 5 Ks 23/19, medstra 2023, 122 (124).
[44] Vgl. LG Oldenburg, Urteil v. 13. Oktober 2022, 5 Ks 23/19, medstra 2023, 122 (124).
[45] Vgl. LG Oldenburg, Urteil v. 13. Oktober 2022, 5 Ks 23/19, medstra 2023, 122 (127).
[46] Vgl. LG Oldenburg, Urteil v. 13. Oktober 2022, 5 Ks 23/19, medstra 2023, 122 (127).
[47] Vgl. LG Oldenburg, Urteil v. 13. Oktober 2022, 5 Ks 23/19, medstra 2023, 122 (127).

Niels H. eingesetzt werden könnte, in dem er keinen direkten Kontakt zu Patientinnen und Patienten hätte. Über die Gesprächsinhalte wurde Stillschweigen vereinbart.

Das Ausscheiden von Niels H. aus dem Klinikum Oldenburg wurde durch die Kammer als „*ungewöhnlich*" und „*markant*" bezeichnet. Hier wurde besonders auf die Tatsache abgestellt, dass ein für pflegerische Personalangelegenheiten funktional nicht zuständiger Chefarzt die Angelegenheit übernahm sowie für dessen Freistellung bei vollen Bezügen und der Ausstellung eines guten Arbeitszeugnisses sorgte.[48]

Einer der verantwortlichen Chefärzte sagte in der Hauptverhandlung über die Gründe des Ausscheidens von Niels H. aus, dass er das Krankenhaus „*[…] wegen seiner mangelnden Bereitschaft zur Fehleraufarbeitung verlassen [sollte]*".[49] Die Beurteilung des Chefarztes bewertet die Kammer als „*[…] unter keinen Umständen nachvollziehbar und muss fast ironisch verstanden werden. Denn offensichtlich waren auch der Zeuge [Chefarzt] sowie die gesamte Verwaltung samt der hier angeklagten Mitarbeiter nicht an der Aufarbeitung der zu diesem Zeitpunkt deutlichen Vorwürfe gegenüber [Niels H.] interessiert.*"[50]

Die Verwaltung äußerte sich auch auf mehrfache und konkrete Nachfrage von Kolleginnen und Kollegen nicht zu dem plötzlichen Ausscheiden von Niels H. In anderen Fällen wurde dagegen offen mit Fehlverhalten sowie den daraus folgenden disziplinarischen Maßnahmen umgegangen.[51]

7.1.2 Urteil

Die Kammer konnte, trotz der in diesem aber auch in dem Kapitel 3 „Auswertung verübter Tötungsserien im Gesundheitswesen" genannten Indizien über mögliches Wissen der von Niels H. vorgesetzten Personen, kein vorsätzliches Verhalten für den in Rede stehenden Tatzeitraum vom 17.11.2001 bis zum 26.11.2001 nachweisen.[52]

Laut der Kammer mangelt es den bekannt gewordenen Indizien an einer notwendigen Konkretisierung, um davon ausgehen zu können, dass die angeklagten

[48] LG Oldenburg, Urteil v. 13. Oktober 2022, 5 Ks 23/19, medstra 2023, 122 (127).

[49] LG Oldenburg, Urteil v. 13. Oktober 2022, 5 Ks 23/19, medstra 2023, 122 (127).

[50] LG Oldenburg, Urteil v. 13. Oktober 2022, 5 Ks 23/19, medstra 2023, 122 (127).

[51] Vgl. LG Oldenburg, Urteil v. 13. Oktober 2022, 5 Ks 23/19, medstra 2023, 122 (127).

[52] Vgl. LG Oldenburg, Urteil v. 13. Oktober 2022, 5 Ks 23/19, medstra 2023, 122 (127).

und ehemals vorgesetzten Personen, von einer Täterschaft des Niels H. wussten. Die Schwelle des Misstrauens zum Wissen über die Tötungsdelikte sei nach Überzeugung der Kammer nicht überschritten worden.[53]

Das Kollegium habe die Arbeitsweise und das Verhalten von Niels H. kritisch bewertet und ihm Misstrauen entgegengebracht.[54] Ein konkreter Verdacht sei im Kollegium aber nie benannt worden. Niemand habe demnach *„[…] ernsthaft geglaubt, dass ein Kollege Patienten töten würde*“.[55]

Mit Blick auf die Interessenslage des Klinikums Oldenburg sei laut der Kammer zugunsten der Angeklagten davon auszugehen, dass eine Versetzung von Niels H. in einen Bereich mit direktem Kontakt zu Patientinnen und Patienten nicht erfolgt wäre, wenn davon ausgegangen worden wäre, dass Niels H. vorsätzlich Menschen tötet.[56] Auch die Anfertigung der Statistik über Todesfälle auf der Station sowie den Dienstzeiten des Pflegepersonals kann nicht belastend gewertet werden, weil die auf der Statistik notierte Anmerkung über den Besprechungsinhalt sowie den Hinweis, Niels H. habe sich zum 15.12.2001 versetzen lassen, den Schluss zulässt, dass die Erörterung über die Auffälligkeit nach dem letzten, in dieser Sache angeklagten Todesfall erfolgte. Der Versetzungsantrag wurde am 29.11.2001 eingereicht und der letzte hier angeklagte Sterbefall war am 26.11.2001 verzeichnet worden.[57]

Eine durch die Polizei 2018 durchgeführte Telekommunikationsüberwachung (TKÜ) eines der angeklagten und ehemals vorgesetzten Personen von Niels H. lässt ebenfalls den Schluss zu, dass lediglich eine Unsicherheit in Bezug auf die Vorkommnisse vorlag, aber kein Vorsatz.[58]

So heißt es in dem Telefonat eines der Angeklagten gegenüber einem Bekannten:

> *„Ja, weil es war niemand bei mir, der mir gesagt hat, dass [Niels H.] ein Mörder ist. Mir hat auch niemand gesagt, man hat ihn beobachtet, klar es gibt Vermutungen, es gibt Getuschel und irgendwann … ja …war man froh, dass man ihn auch nicht auf Station hatte. Aber das hat alles nichts damit zu tun, dass man einen Mörder losgeworden ist.*“[59]

---

[53] Vgl. LG Oldenburg, Urteil v. 13. Oktober 2022, 5 Ks 23/19, medstra 2023, 122 (127).

[54] Vgl. LG Oldenburg, Urteil v. 13. Oktober 2022, 5 Ks 23/19, medstra 2023, 122 (127).

[55] LG Oldenburg, Urteil v. 13. Oktober 2022, 5 Ks 23/19, medstra 2023, 122 (128).

[56] LG Oldenburg, Urteil v. 13. Oktober 2022, 5 Ks 23/19, medstra 2023, 122 (128).

[57] Vgl. LG Oldenburg, Urteil v. 13. Oktober 2022, 5 Ks 23/19, medstra 2023, 122 (128).

[58] LG Oldenburg, Urteil v. 13. Oktober 2022, 5 Ks 23/19, medstra 2023, 122 (128).

[59] LG Oldenburg, Urteil v. 13. Oktober 2022, 5 Ks 23/19, medstra 2023, 122 (128).

Des Weiteren berichtet er, dass auf der Station in Bezug auf die Mortalität der kardiologischen Patientinnen und Patienten ein Überprüfungssystem vorlag. In dem System werden jedoch nur Zahlen über das gesamte Jahr hinweg und rückblickend betrachtet.[60]

> *„Das ist prozentual nicht aufgefallen seine 30 Toten, die er da produziert hat. Aber wenn man genau diese Zeit, dieser Ende Sommer Herbst nimmt, da hat's rein geknallt und das hätten wir vielleicht im nächsten Jahr gesehen. Kann man uns das zum Vorwurf machen?"*[61]

> *„[...] Ich habe einfach eine Liste erstellt. Ja und dann stand auf einmal ein [Niels H.] da, mit 17 oder 18 Reanimationen. Ja und? Hab ich da irgendeine Schlussfolgerung draus gezogen? Weil für mich gab es das nicht, dass jemand neben mir arbeitet und mordet. Nee".*[62]

In einem Telefongespräch mit seiner Mutter wurde folgende Kommunikation festgehalten:

> *„Ich habe diese Liste ja im Auftrag von Herrn [...] erstellt. So und als das Ergebnis fertig war, da war [Niels H.] auffällig, das ist überhaupt keine Frage [...]."*[63]

> *„Ich hab dann gesagt ‚Mensch, jetzt haben wir eine Auffälligkeit hier, wir haben was untersucht, wir haben ein Ergebnis. Müssen wir jetzt die Polizei anrufen?' Und da ist der [...], der damalige Geschäftsführer ‚Jetzt reicht's aber! Wir haben jetzt hier gesessen, wir haben alle durchgefragt, hat jemand irgendwie Beweise und was soll denn dieser Spruch jetzt?' ‚Ja na gut dann sind wir uns jetzt einig, ruft man nicht die Polizei.' So hab ich das damals gesagt. [...]"*[64]

Das Wissen um die Tötungsdelikte war bei keinem der angeklagten Personen derart groß, dass ihnen das Landgericht Oldenburg die Schwelle zum vorsätzlichen Handeln nachweisen konnte. Es kann auf Grundlage der Erkenntnisse nicht davon ausgegangen werden, dass die angeklagten Personen mit hinreichender Wahrscheinlichkeit davon ausgehen mussten, dass Niels H. tödliche Manipulationen vornimmt.[65]

[60] Vgl. LG Oldenburg, Urteil v. 13. Oktober 2022, 5 Ks 23/19, medstra 2023, 122 (128).
[61] LG Oldenburg, Urteil v. 13. Oktober 2022, 5 Ks 23/19, medstra 2023, 122 (128).
[62] LG Oldenburg, Urteil v. 13. Oktober 2022, 5 Ks 23/19, medstra 2023, 122 (128).
[63] LG Oldenburg, Urteil v. 13. Oktober 2022, 5 Ks 23/19, medstra 2023, 122 (128).
[64] LG Oldenburg, Urteil v. 13. Oktober 2022, 5 Ks 23/19, medstra 2023, 122 (128).
[65] Vgl. LG Oldenburg, Urteil v. 13. Oktober 2022, 5 Ks 23/19, medstra 2023, 122 (128).

Für bedingten Vorsatz wäre erforderlich, dass die Täterin oder der Täter den Eintritt des tatbestandlichen Erfolgs für möglich und nicht für ganz fernliegend hält. Des Weiteren ist erforderlich, dass die Täterin oder der Täter den Erfolg billigt oder sich zumindest mit der tatbestandlichen Verwirklichung abfindet.[66]

Im Gegensatz zu dolus eventualis liegt bewusste Fahrlässigkeit vor, wenn die Täterin oder der Täter mit der als möglich erkannten Verwirklichung der Tat nicht einverstanden ist und nicht nur vage, sondern ernsthaft darauf vertraut, dass der tatbestandliche Erfolg nicht eintreten werde.[67]

Für die Beihilfe kommt es bei der Abgrenzung zwischen bedingtem Vorsatz und bewusster Fahrlässigkeit darauf an, „*[...] ob der Gehilfe nach dem ihm bekannten Grad der Wahrscheinlichkeit des Erfolgseintritts noch auf dessen Ausbleiben vertrauen konnte oder ob sich sein Vertrauen auf einen guten Ausgang ohne tatsächliche Grundlage als bloß vage Hoffnung auf einen völlig dem Zufall überlassenen anderen Geschehensablauf darstellt.*“[68]

Das Verhalten der Angeklagten zeigt nach Auffassung der Kammer, dass sie fahrlässig und nicht mit bedingtem Vorsatz, den ihnen bekannten gewordenen Unregelmäßigkeiten nicht in der gebotenen Weise nachgegangen sind.[69] Sie haben aus Rücksicht auf persönliche Belange bzw. auf die des Klinikums die Hinweise nicht in der nötigen Konsequenz aufgearbeitet.[70]

Die angeklagten und früheren vorgesetzten Personen von Niels H. wurden durch das Landgericht Oldenburg somit aus tatsächlichen Gründen freigesprochen.[71] Eine mögliche Verfolgung von Fahrlässigkeitsdelikten war auf Grund der Fristen i. S. d. § 78 Abs. 3 Nr. 4 StGB bereits verjährt.[72]

---

[66] Vgl. LG Oldenburg, Urteil v. 13. Oktober 2022, 5 Ks 800 Js 69047/14 (20/16), juris, S. 13.

[67] Vgl. LG Oldenburg, Urteil v. 13. Oktober 2022, 5 Ks 800 Js 69047/14 (20/16), juris, S. 13.

[68] LG Oldenburg, Urteil v. 13. Oktober 2022, 5 Ks 800 Js 69047/14 (20/16), juris, S. 13.

[69] Vgl. LG Oldenburg, Urteil v. 13. Oktober 2022, 5 Ks 23/19, medstra 2023, 122 (128).

[70] Vgl. LG Oldenburg, Urteil v. 13. Oktober 2022, 5 Ks 23/19, medstra 2023, 122 (128).

[71] Vgl. LG Oldenburg, Urteil v. 13. Oktober 2022, 5 Ks 23/19, medstra 2023, 122 (128).

[72] Vgl. LG Oldenburg, Urteil v. 13. Oktober 2022, 5 Ks 23/19, medstra 2023, 122 (128).

7.2 Verfahren gegen Verantwortliche des Klinikums Delmenhorst

Dem Stationsleiter, zwei seiner Stellvertreterinnen, zwei Oberärzten sowie zwei Intensivpflegekollegen von Niels H. wurde vorgeworfen, dass diese spätestens ab dem 09.05.2005 die Tötungsdelikte von Niels H. tatsächlich für möglich hielten, jedoch nicht einschritten und die Begehung weiterer Tötungen von Patientinnen und Patienten billigend in Kauf nahmen. Sie wurden, wie auch die Verantwortlichen aus dem Klinikum Oldenburg wegen Beihilfe zum Totschlag durch Unterlassen gem. §§ 13 Abs. 1, 27 Abs. 1, 212 Abs. 1 StGB angeklagt. Bei den vorgeworfenen Taten soll es sich um drei vollendete Tötungsdelikte sowie zwei Versuche gehandelt haben.[73]

In unterschiedlichen Konstellationen hätten die angeklagten Personen die fünf Taten „*[…] durch gebotenes und ihnen zumutbares Handeln mit an Sicherheit grenzender Wahrscheinlichkeit [verhindern können], namentlich durch die Information der Ermittlungsbehörden über die Verdachtslage gegen [Niels H.] oder umgehende Freistellung vom Dienst.*“[74]

> „*Alle Angeschuldigten erkannten [die] für die Patienten ausgehende Gefahr und fanden sich mit den – wenn auch unerwünschten – weiteren Taten ab, obwohl sie erkannten, dass die Möglichkeit der Verhinderung weiterer Taten gegeben war.*“[75]

Die angeklagten Personen „*[…] blieben quasi untätig*“, leiteten keinerlei Maßnahmen ein, um weitere Taten zu verhindern, sodass Niels H. bis zu seinem geplanten Urlaub ungestört weitere Taten verüben konnte.[76]

Motiv für das Unterlassen soll die „*[…] Sorge um die Reputation der Klinik und Angst sich dem Vorwurf des ‚Mobbings‘ und der falschen Verdächtigung auszusetzen*“ gewesen sein.[77]

Auf Grund seiner Erfahrungen, die Niels H. auf der Intensivstation des Klinikums Oldenburg sammeln konnte, wurde Niels H. zunächst im Klinikum Delmenhorst viel Anerkennung entgegengebracht.[78]

---

[73] Vgl. LG Oldenburg, Urteil v. 13. Oktober 2022, 5 Ks 800 Js 69047/14 (20/16), juris, S. 1 f.

[74] LG Oldenburg, Urteil v. 13. Oktober 2022, 5 Ks 800 Js 69047/14 (20/16), juris, S. 3.

[75] LG Oldenburg, Urteil v. 13. Oktober 2022, 5 Ks 800 Js 69047/14 (20/16), juris, S. 3.

[76] LG Oldenburg, Urteil v. 13. Oktober 2022, 5 Ks 800 Js 69047/14 (20/16), juris, S. 3.

[77] LG Oldenburg, Urteil v. 13. Oktober 2022, 5 Ks 800 Js 69047/14 (20/16), juris, S. 4.

[78] Vgl. LG Oldenburg, Urteil v. 13. Oktober 2022, 5 Ks 800 Js 69047/14 (20/16), juris, S. 5.

Häufiger als andere Mitarbeitende war Niels H. bei medizinischen Notfällen sowie Todesfällen von Patientinnen und Patienten anwesend.[79] Mit der Zeit fiel Niels H. durch unangemessenes Verhalten, konkret durch aktionistische Handlungen sowie durch das in den Vordergrund drängen bei medizinischen Notfallsituationen und Reanimationen auf.[80]

Weitere Einzelheiten zum Verlauf des Verhaltens von Niels H. sowie der Auffälligkeiten sind dem Gliederungspunkt 3.4.4.4 „Niels H. - Vorhandensein von und Umgang mit Hinweisen sowie mögliche Aufdeckungsbarrieren" in dem Kapitel 3 zu entnehmen.

Wie im Klinikum Oldenburg auch, tötete Niels H. auf der Intensivstation in Delmenhorst stets auf ähnliche Weise.[81] Um die Manipulationen zu verwirklichen, spritzte Niels H. ohne medizinische Indikation die Medikamente Kaliumchlorid, Gilurytmal (Wirkstoff: Ajmalin), Sotalex (Wirkstoff: Sotalol), Xylocain (Wirkstoff: Lidocain) und Cordarex (Wirkstoff: Amiodaron), um medizinische Notfallsituationen und in der Folge Reanimationen zu verursachen.[82] Den Tod der Patientinnen und Patienten nahm Niels H. hierbei billigend in Kauf.[83]

Ein Kollege von Niels H. entdeckte in dem Zimmer eines zuvor nach Manipulationen verstorbenen Patienten in einem *„[...] Spritzenabwurfbehälter leere Gilurytmal-Ampullen, die er mit einer Kornzange sicherstellte."*[84]

Der Kollege verdächtigte Niels H., das Medikament dem Patienten ohne Anordnung verabreicht zu haben. Er übergab die leeren Ampullen *„[...] unter Benennung seines Verdachts"* einer vorgesetzten Person.[85] Diese wendete sich wiederum an den Stationsleiter, erhielt von diesem jedoch keine Unterstützung. Er *„[...] wies sie zurecht und mahnte, sie solle ihre Kompetenzen nicht überschreiten."*[86] Sie habe die Anweisung des Stationsleiters zur Kenntnis genommen und beugte sich dieser.[87]

---

[79] Vgl. LG Oldenburg, Urteil v. 13. Oktober 2022, 5 Ks 800 Js 69047/14 (20/16), juris, S. 3.
[80] Vgl. LG Oldenburg, Urteil v. 13. Oktober 2022, 5 Ks 800 Js 69047/14 (20/16), juris, S. 4.
[81] Vgl. LG Oldenburg, Urteil v. 13. Oktober 2022, 5 Ks 800 Js 69047/14 (20/16), juris, S. 5.
[82] Vgl. LG Oldenburg, Urteil v. 13. Oktober 2022, 5 Ks 800 Js 69047/14 (20/16), juris, S. 5.
[83] Vgl. LG Oldenburg, Urteil v. 13. Oktober 2022, 5 Ks 800 Js 69047/14 (20/16), juris, S. 5.
[84] LG Oldenburg, Urteil v. 06.06.2019, 5 Ks 800 Js 54254/17 (1/18), juris, S. 58.
[85] LG Oldenburg, Urteil v. 06.06.2019, 5 Ks 800 Js 54254/17 (1/18), juris, S. 58.
[86] LG Oldenburg, Urteil v. 13. Oktober 2022, 5 Ks 800 Js 69047/14 (20/16), juris, S. 6.
[87] LG Oldenburg, Urteil v. 13. Oktober 2022, 5 Ks 800 Js 69047/14 (20/16), juris, S. 6.

Ob der Stationsleiter in Folge des Hinweises tätig geworden ist und weitere Maßnahmen veranlasste, konnte nicht abschließend aufgeklärt werden.[88]

Zumindest führte der Fund bei dem Zeugen zu einer erhöhten Wachsamkeit in Bezug auf das Verhalten von Niels H.. Im Kreis des Kollegiums wurde der Vorfall bekannt und führte gegenüber Niels H. spätestens ab diesem Zeitpunkt ebenfalls zu Argwohn auf Seiten weiterer Kolleginnen und Kollegen.[89]

Am 22.06.2005 wurde Niels H. schließlich auf frischer Tat von einer Kollegin ertappt.[90] Die Kollegin hat nach dem Vorfall in dem Patientenzimmer sofort die Stationsapotheke aufgesucht und festgestellt, dass Packungen des Medikaments Gilurytmal (Wirkstoff: Ajmalin) fehlten, ohne das eine Indikation für das Medikament bei Patientinnen und Patienten auf der Station vorlag. Ein weiterer Kollege, der von der Zeugin über den Vorfall informiert wurde, konnte leere Ampullen im Spritzenabwurf, die oben auflagen, finden und sicherstellen.[91] Sie nahm eine Blutprobe von dem Patienten ab, meldete den Vorfall dem Stationspflegeleiter und ließ die Blutprobe nach Rücksprache mit dem Stationspflegeleiter auf den Wirkstoff Ajmalin untersuchen. Das Ergebnis der Untersuchung war anschließend positiv.[92] Weitere Einzelheiten zu dem Vorfall vom 22.06.2005 sind dem Gliederungspunkt 3.4.4.4 „Niels H. - Vorhandensein von und Umgang mit Hinweisen sowie mögliche Aufdeckungsbarrieren“ zu entnehmen.

Am Freitag, den 24.06.2005 kam es um ca. 17 Uhr auf Hinwirken der stellvertretenden Pflegedienstleitung zu einem Gespräch u. a. mit einer Chefärztin und einer Vertreterin des ärztlichen Direktors sowie weiteren Verantwortlichen der Klinik. In diesem Gespräch wurde der Verdacht Richtung Niels H. dahingehend geäußert, dass er mindestens leichtfertig und zum wiederholten Mal ohne Indikation Medikamente verabreicht haben soll. Zunächst sollte in der darauffolgenden Woche geprüft werden, ob möglicherweise das Gilurytmal doch ärztlich angeordnet worden sein könnte. Noch am selben Tag, am Freitag, den 24.06.2005, versah Niels H. einen weiteren Dienst auf der Intensivstation.

Gegen 19:00 Uhr verabreichte Niels H., wie in den Fällen zuvor auch, einer Patientin ein nicht indiziertes Medikament. In der Folge kam es zu einem Kreislaufstillstand und die Patientin verstarb trotz eingeleiteter Reanimation.

---

[88] Vgl. LG Oldenburg, Urteil v. 13. Oktober 2022, 5 Ks 800 Js 69047/14 (20/16), juris, S. 6.

[89] Vgl. LG Oldenburg, Urteil v. 13. Oktober 2022, 5 Ks 800 Js 69047/14 (20/16), juris, S. 6.

[90] Vgl. LG Oldenburg, Urteil v. 13. Oktober 2022, 5 Ks 800 Js 69047/14 (20/16), juris, S. 8.

[91] Vgl. LG Oldenburg, Urteil v. 13. Oktober 2022, 5 Ks 800 Js 69047/14 (20/16), juris, S. 8.

[92] Vgl. LG Oldenburg, Urteil v. 13. Oktober 2022, 5 Ks 800 Js 69047/14 (20/16), juris, S. 8.

Am Montag, den 27.06.2005 trat Niels H. schließlich seinen geplanten Urlaub an. Am gleichen Tag erfolgte eine Sitzung mit Verantwortlichen der Klinik. Teilgenommen haben u. a. der Verwaltungsdirektor, die Pflegedienstleitung sowie verschiedene Ärztinnen und Ärzte. In der Besprechung wurde mitgeteilt, dass bereits im Klinikum Oldenburg „Verdachtsmomente" gegen Niels H. vorlagen.[93] Das Klinikum Delmenhorst wurde jedoch offiziell zu keinem Zeitpunkt über den Verdacht informiert. Auf die Frage weshalb keinerlei Informationen mitgeteilt wurden, wurde gesagt, „*[...] dass es sich ja eben nur um Verdachtsmomente gehandelt habe und man überdies nicht jedem Chefarzt im Klinikum Delmenhorst trauen könne.*"[94]

Es folgten zahlreiche weitere Besprechungen, bis ein Bremer Fachanwalt für Strafrecht in den Sachverhalt eingebunden wurde und am 01.07.2005 eine Strafanzeige wegen gefährlicher Körperverletzung im Hinblick auf den Vorfall vom 22.06.2005 stellte.[95]

Am 08.07.2005 wurde Niels H. durch das Klinikum Delmenhorst entlassen und vorläufig festgenommen.[96]

7.2.1 Rolle der Verantwortlichen in Delmenhorst

Nahezu alle Kolleginnen und Kollegen nahmen nach Auffassung der Kammer das Verhalten von Niels H. in Bezug auf Notfallsituationen sowie seine häufige Anwesenheit bei Reanimationen und Todesfällen wahr.[97]

Er wurde beispielsweise „*Rettungsrambo*" oder „*Da kommt [Niels H.] und sein schwarzer Schatten*" vom Kollegium genannt.[98] Ihm wurde Misstrauen entgegengebracht und mögliche Unregelmäßigkeiten wurden durch Kolleginnen und Kollegen gegenüber vorgesetzten Personen konkret formuliert. Die hinweisgebenden Personen wurden jedoch von vorgesetzten Personen wiederholt zurechtgewiesen.[99]

---

[93] LG Oldenburg, Urteil v. 13. Oktober 2022, 5 Ks 800 Js 69047/14 (20/16), juris, S. 9.

[94] LG Oldenburg, Urteil v. 13. Oktober 2022, 5 Ks 800 Js 69047/14 (20/16), juris, S. 9.

[95] Vgl. LG Oldenburg, Urteil v. 13. Oktober 2022, 5 Ks 800 Js 69047/14 (20/16), juris, S. 9.

[96] Vgl. LG Oldenburg, Urteil v. 13. Oktober 2022, 5 Ks 800 Js 69047/14 (20/16), juris, S. 9.

[97] Vgl. LG Oldenburg, Urteil v. 13. Oktober 2022, 5 Ks 800 Js 69047/14 (20/16), juris, S. 11.

[98] LG Oldenburg, Urteil v. 13. Oktober 2022, 5 Ks 800 Js 69047/14 (20/16), juris, S. 12.

[99] Vgl. LG Oldenburg, Urteil v. 13. Oktober 2022, 5 Ks 800 Js 69047/14 (20/16), juris, S. 12.

Eine Zeugin teilte beispielsweise dem Pflegedienstleiter mit, dass etwas nicht stimmen könne. Sie wurde daraufhin auf die Gefahr eines Rufmordes hingewiesen und dass sie ggf. auch die Station wechseln könne, wenn sie mit den Belastungen auf der Station nicht zurechtkäme.[100]

Die Zeugin wandte sich ebenfalls an eine weitere Vorgesetzte, die sie nicht direkt zurückwies, sondern darum bat, auf Niels H. zu achten. Die Vorgesetzte bat mindestens einen weiteren Mitarbeiter der Station, *„ein Auge auf [Niels H.] zu haben."*[101]

Nach dem Fund von Gilurytmalampullen im Abwurfbehälter unmittelbar nach einer Reanimation verstärkte sich das allgemeine Misstrauen auf der Station gegenüber Niels H.[102] Der Zeuge, der die Ampullen gefunden hatte, sie sicherstellte und dem Stationsleiter unter Mitteilung seines Verdachts übergab, ging davon aus, dass der Stationsleiter weitere Maßnahmen einleiten würde. Durch den Stationsleiter wurde jedoch nichts weiter veranlasst. In der Hauptverhandlung konnte der Verbleib der sichergestellten Ampullen nicht mehr geklärt werden.[103]

Nach dem Vorfall am 22.06.2005 und der intern durchgeführten toxikologischen Untersuchung des Blutes war der Zusammenhang zwischen Niels H. und dem Todesfall, laut der Kammer als *„deutlicher Hinweis"* zu werten.[104]

Die Angeklagten wussten über die Gerüchte und empfanden selbst *„zunehmendes Misstrauen [Niels H.] gegenüber"*.[105]

Laut der Kammer bestand trotz der positiven Blutuntersuchung auf den Wirkstoff Ajmalin noch die theoretische Möglichkeit, dass der Vorwurf gegen Niels H. nicht berechtigt sei. Wie bereits ausgeführt, konnte der Sachverhalt an dem besagten Freitag aus *„urlaubs- und wochenendbedingter Abwesenheit einiger Ärzte nicht [aufgeklärt werden]. Auf Grund dessen lag eine Gewissheit bei den Angeklagten [...] nicht vor."*[106]

---

[100] Vgl. LG Oldenburg, Urteil v. 13. Oktober 2022, 5 Ks 800 Js 69047/14 (20/16), juris, S. 12.

[101] LG Oldenburg, Urteil v. 13. Oktober 2022, 5 Ks 800 Js 69047/14 (20/16), juris, S. 12.

[102] Vgl. LG Oldenburg, Urteil v. 13. Oktober 2022, 5 Ks 800 Js 69047/14 (20/16), juris, S. 12.

[103] Vgl. LG Oldenburg, Urteil v. 13. Oktober 2022, 5 Ks 800 Js 69047/14 (20/16), juris, S. 12.

[104] LG Oldenburg, Urteil v. 13. Oktober 2022, 5 Ks 800 Js 69047/14 (20/16), juris, S. 12.

[105] LG Oldenburg, Urteil v. 13. Oktober 2022, 5 Ks 800 Js 69047/14 (20/16), juris, S. 12.

[106] LG Oldenburg, Urteil v. 13. Oktober 2022, 5 Ks 800 Js 69047/14 (20/16), juris, S. 12.

7.2.2 Urteil

Zusammenfassend stellte die Kammer des Landgerichts Oldenburg allerdings fest, dass bei keinem der Angeklagten „*[…] das Wissen um die Manipulationen und Tötungen des Zeugen [Niels H.] so groß [war], dass ihnen vorsätzliches Handeln vorwerfbar wäre.*“[107]

Die den angeklagten Personen bekanntgewordenen Umstände, begründen laut der Kammer „*[…] keine für ein vorsätzliches Handeln hinreichende Wahrscheinlichkeit, dass sie davon ausgehen mussten, der Zeuge [Niels H.] habe tödlich manipuliert.*“[108]

Vorzuwerfen sei diesen, dass sie fahrlässig den ihnen bekannt gewordenen und deutlichen Hinweisen nicht in der gebotenen Weise, aus Angst, eine Person falsch zu verdächtigen oder auch aus der Sorge um den eigenen und den Ruf des Krankenhauses, nachgegangen sind.[109]

Bei der Beihilfe zum Totschlag durch Unterlassen müssten den Angeklagten die Umstände, aus denen sich die verletzte Handlungspflicht durch sein Unterlassen ergibt, bekannt sein. Des Weiteren müssten sie im Hinblick auf die Verwirklichung der Haupttat zumindest dolus eventualis haben.[110]

Die Kammer stellte fest, dass für alle Angeklagten der Tod der Patientinnen und Patienten unerwünscht war, was grundsätzlich dem Eventualvorsatz jedoch nicht entgegenstünde. Vielmehr kommt es auf das kognitive Vorsatzelement, dem Grad der bei den Angeklagten bekannten Erfolgseintrittswahrscheinlichkeit an.[111]

Je mehr die Angeklagten von den Manipulationen wussten, desto weniger hätten sie begründet darauf vertrauen können, dass Niels H. keine weiteren Patientinnen und Patienten tötet. Bei keinem der angeklagten Personen war das Wissen über die Taten so verdichtet, dass laut der Kammer ihnen ein bedingter Vorsatz vorzuwerfen ist.[112] Das Vorgehen von Teilen der Angeklagten kann aus Sicht der Kammer „[…] *als übervorsichtig, zögerlich und wenig zupackend*

---

[107] LG Oldenburg, Urteil v. 13. Oktober 2022, 5 Ks 800 Js 69047/14 (20/16), juris, S. 12.

[108] LG Oldenburg, Urteil v. 13. Oktober 2022, 5 Ks 800 Js 69047/14 (20/16), juris, S. 12.

[109] Vgl. LG Oldenburg, Urteil v. 13. Oktober 2022, 5 Ks 800 Js 69047/14 (20/16), juris, S. 12.

[110] Vgl. LG Oldenburg, Urteil v. 13. Oktober 2022, 5 Ks 800 Js 69047/14 (20/16), juris, S. 13.

[111] Vgl. LG Oldenburg, Urteil v. 13. Oktober 2022, 5 Ks 800 Js 69047/14 (20/16), juris, S. 14.

[112] Vgl. LG Oldenburg, Urteil v. 13. Oktober 2022, 5 Ks 800 Js 69047/14 (20/16), juris, S. 14.

kritisiert werden“.[113] *„Ein wie auch immer gearteter Vorwurf in Bezug auf vorsätzliches Handeln erwächst aus alledem noch nicht. Die dennoch festzustellenden Fehler in der Reaktion auf die Verdachtsmomente wären mithin als fahrlässiges Verhalten zu kategorisieren*“, wie aus der Entscheidung des Landgerichts Oldenburg hervorgeht.[114]

Wie im o. g. Verfahren gegen die angeklagten Personen aus dem Klinikum Oldenburg auch, war eine mögliche Verfolgung von Fahrlässigkeitsdelikten auf Grund der Verjährungsfristen i. S. d. § 78 Abs. 3 Nr. 4 StGB ausgeschlossen.[115]

Die letzte Tat von Niels H. ereignete sich am 24.06.2005, bevor er schließlich am 08.07.2005 vorläufig festgenommen wurde.[116] Zwischen der letzten Tat und der Urteile gegen Kollegen und vorgesetzte Personen am 13.10.2022 vergingen rund 17 Jahre.[117]

Eine Überprüfung der Entscheidungen konnte durch den BGH nicht erfolgen, da von Seiten der Staatsanwaltschaft, der Verteidigung sowie der Nebenklagevertretung auf Rechtsmittel verzichtet wurde.[118]

Die strafrechtliche Aufarbeitung fand im Fall Niels H. mit den Freisprüchen gegen Mitarbeitende und vorgesetzte Personen sein Ende.[119] Das Verhalten der angeklagten Klinikmitarbeitenden sowie Vorgesetzten blieb somit abschließend ohne strafrechtliche Folgen. Fragen zur strafrechtlichen Mitverantwortlichkeit konnten, auch aus Umständen, die in der Strafrechtspflege zu finden sind, nicht mehr ausreichend aufgearbeitet werden. Für zukünftige Tötungsdelikte und -serien im Gesundheitswesen wäre eine vollumfängliche strafrechtliche Aufarbeitung wünschenswert gewesen, an der sich dann künftig Klinikmitarbeitende daran hätten messen lassen müssen.[120]

---

[113] LG Oldenburg, Urteil v. 13. Oktober 2022, 5 Ks 800 Js 69047/14 (20/16), juris, S. 14.

[114] LG Oldenburg, Urteil v. 13. Oktober 2022, 5 Ks 800 Js 69047/14 (20/16), juris, S. 14.

[115] Vgl. LG Oldenburg, Urteil v. 13. Oktober 2022, 5 Ks 23/19, medstra 2023, 122 (128).

[116] Vgl. LG Oldenburg, Urteil v. 06.06.2019, 5 Ks 800 Js 54254/17 (1/18), juris, S. 59.

[117] Die ursprüngliche Anklageschrift der Staatsanwaltschaft Oldenburg ist vom 30.10.2016. Wann die Ermittlungen eingeleitet wurden, ist dem Autor nicht bekannt.

[118] Vgl. *Hillenkamp*, in: Medizinrecht 529 (529).

[119] Wünschenswert wäre eine weiterführende dogmatische Auseinandersetzung mit unechten Unterlassungsdelikten sowie dem Umfang der Garantenstellung im Gesundheitswesen, die jedoch in der vorliegenden Arbeit nicht geleistet werden kann. Kritische Entscheidungsbesprechung zur strafrechtlichen Verantwortlichkeit einer Klinikleitung für spätere Tötungsdelikte (OLG Oldenburg, Beschluss v. 23.7.2021 – 1 Ws 190/2, BeckRS 2021, 21880), vgl. *Brüning*, in: Zeitschrift für das Juristische Studium 119 (119 ff.).

[120] Zu Kritik: Vgl. *Hillenkamp*, in: Medizinrecht 529 (529 ff.).

Auch wenn, wie der vorliegende Fall zeigt, die verantwortlichen Personen vom Verdacht der Beihilfe zum Totschlag durch Unterlassen gem. §§ 13 Abs. 1, 27 Abs. 1, 212 Abs. 1 StGB freigesprochen wurden, zeigt das vorliegende Beispiel anschaulich, dass bei fehlender bzw. unzureichender Aufklärung von Hinweisen auf mögliche Tötungsdelikte, ein erhebliches Strafbarkeitsrisiko ausgeht.

Befragung von Krankenhausträgern 8

8.1 Methodenwahl

Im Rahmen der vorliegenden Arbeit wurde eine empirische Untersuchung zur Erhebung von quantitativen Daten durchgeführt. Zwischen dem ersten und zweiten Quartal 2022 erfolgte eine bundesweite Befragung aller Krankenhausträger, die als privatwirtschaftliche Unternehmen, Körperschaften des öffentlichen Rechts, freigemeinnützige Träger oder Stiftungen, eine oder mehrere Kliniken betreiben. Es handelt sich somit um eine Vollerhebung aller Krankenhausträger in Deutschland.

Diese Methode wurde ausgewählt, weil sie wichtige Informationen über den Status Quo der Fehlverhaltensbekämpfung in deutschen Krankenhäusern liefern kann. Die Ergebnisse der Befragung können anschließend im Zusammenhang mit den Ergebnissen aus der Analyse verübter Tötungsserien im Gesundheitswesen betrachtet werden.

Eine andere Methode wie z. B. Experteninnen- und Experteninterviews könnten aufschlussreiche Informationen über mögliche vorhandene Systeme in einzelnen Klinken und über die individuelle Kriminalitätsbelastung sowie über den Umgang mit Missständen liefern, jedoch wären dies Einzelstimmen, die keinen umfassenden Überblick über das klinische Gesundheitswesen insgesamt liefern würden.

Ergänzende Information Die elektronische Version dieses Kapitels enthält Zusatzmaterial, auf das über folgenden Link zugegriffen werden kann https://doi.org/10.1007/978-3-658-48764-5_8.

L. Kuhlmann, *Tötungsdelikte im Gesundheitswesen und die Bedeutung von Compliance-Management-Systemen*,
https://doi.org/10.1007/978-3-658-48764-5_8

Für den Autor war insbesondere die Kombination zweier empirischer Teile (Befragung der Kliniken sowie die Auswertung verübter Tötungsserien im Gesundheitswesen) von Bedeutung, um ein möglichst umfassendes Gesamtbild in Bezug auf Tötungsdelikte im Gesundheitswesen zu erhalten.

Auf Grund dieser Überlegungen wählte der Verfasser als qualitativen empirischen Teil eine Akten- und Urteilsanalyse verübter Tötungsdelikte im Gesundheitswesen sowie als zweiten quantitativen empirischen Teil, eine Befragung von Klinikträgern in Deutschland aus.

Die quantitative Datenerhebung bietet sich an, da eine Vielzahl von Daten über eine große räumliche Distanz ermittelbar ist. Im Rahmen der gewählten Methode kann zudem eine große Stichprobe erreicht werden[1] und ist als eine in spezifischer Weise definierte Teilgesamtheit aller Krankenhäuser als Vollerhebung geplant. Die Auswahl der definierten Teilgesamtheit wird im nachfolgenden Gliederungspunkt 8.1.2 des vorliegenden Kapitels „Durchführung und Gewinnung der Stichprobe" näher dargelegt.

Die Studie ermöglicht durch die quantitative Methode eine standardisierte und strukturierte Informationsgewinnung. Für alle Teilnehmerinnen und Teilnehmer gelten dabei immer die gleichen Voraussetzungen. So handelt es sich um das immer gleiche Anschreiben mit gleichen Informationen, den gleichen Fragen in der gleichen Reihenfolge. Durch eine schriftliche Befragung lassen sich die Daten der Teilnehmenden sehr gut miteinander vergleichen und exakt quantifizierbare Ergebnisse erzielen. Im Gegensatz dazu verfolgt ein qualitativer Ansatz eine weitaus größere Offenheit sowie Flexibilität in seiner Informationsgewinnung.[2]

Das quantitative Verfahren wurde durch den Autor gewählt, da mit dieser Methode die gewählte Stichprobe gut erreichbar ist und die erlangten Daten umfangreich statistisch miteinander verglichen werden können. Die quantitative Methode eignete sich somit ideal, die Daten zu vergleichen, Hypothesen zu überprüfen und mögliche statistische Zusammenhänge zu ermitteln und durch eine große Stichprobe eine hohe Validität der Ergebnisse zu erzielen.[3]

Das Ziel der Studie besteht darin, deutschlandweit Informationen zu gewinnen über den Aufbau und die Struktur der Fehlverhaltensbekämpfung, über die Kriminalitätsbelastung sowie über die Risikoeinschätzung von aufgezählten Delikten in den jeweiligen Kliniken betroffen zu sein.

---

[1] Vgl. *Mengold*: Schriftlich-postalische Befragung, S. 3.

[2] Vgl. *Winter*: Quantitative vs. Qualitative Methoden (letzter Zugriff am 25.10.2022).

[3] Vgl. *Winter*: Quantitative vs. Qualitative Methoden (letzter Zugriff am 25.10.2022).

Fehlverhaltensbekämpfung bzw. Compliance im Gesundheitswesen gewinnt in den letzten Jahren zunehmend an Bedeutung.[4] Im Hinblick auf das Gesundheitswesen geht es hierbei um den Schutz von Patientinnen und Patienten sowie des Klinikums selbst und dessen Verantwortliche.

Die Ergebnisse der Studie sollen der Praxis zugänglich gemacht werden, um im Bereich der Fehlverhaltensbekämpfung, also in einem der sensibelsten Bereiche unserer Gesellschaft, gewappnet zu sein und das Vertrauen in die stationären Behandlungseinrichtungen nachhaltig zu steigern, die Patientensicherheit zu erhöhen und damit zu einer Stärkung des Gesundheitssystems insgesamt beizutragen.

Das Vertrauen in die Institutionen des Gesundheitswesens ist essentiell, weshalb die Bekämpfung von Fehlverhalten und damit der Einhaltung von Gesetzen, Vorschriften und Regeln einer hohen Priorität bedarf.

8.1.1 Fragebogendesign

Der Fragebogen gliedert sich in insgesamt 34 Fragen.[5] Die Fragen konnten mehrheitlich mit Hilfe von geschlossenen Fragen und vereinzelt auch offen beantwortet werden. Die Anzahl der möglichen Antworten variiert zwischen einer und vierzehn Antwortmöglichkeiten. Bei drei Fragen werden Zustimmungsskalen als Antwortmöglichkeit vorgeben sowie bei einer Frage eine Wahrscheinlichkeitsskala. Die Zustimmung bzw. die Wahrscheinlichkeit zu verschiedenen Aussagen konnten mit Hilfe einer Likert-Skala beantwortet werden. Bei allen vier Fragen hat sich der Autor jeweils für eine vierer Skala entschieden. Die befragten Personen sind durch eine gerade Skala stets angehalten, sich für eine positive oder negative Tendenz zu entscheiden. Eine neutrale Antwortmöglichkeit, die beispielsweise bei einer fünfer Skala üblicherweise vorhanden wäre, wurde nicht gewählt, um der Möglichkeit entgegenzuwirken, bei geringer Entscheidungsfreunde frühzeitig eine neutrale Kategorie zu wählen.

Im ersten Teil des Fragebogens werden allgemeine Fragen gestellt. So wird beispielsweise gefragt, welche Position die Person innehat, die den Fragebogen ausfüllt, über wie viele Standorte die Klinik/Klinikgruppe verfügt, wie viele Planbetten vorhanden sind und wie groß die Gesamtzahl der Beschäftigten ist (Frage 1–4).

---

[4] Vgl. *Bauchowitz*: Compliance Management im Gesundheitswesen, S. 9; *Geiger*, in: Medizinrecht, 373 (373).

[5] Der Fragebogen kann als Anhang im elektronischen Zusatzmaterial eingesehen werden.

Weiter schließen sich Fragen in Bezug auf den Aufbau und die Struktur der Fehlverhaltensbekämpfung in der Organisation an. Es wird in diesem Abschnitt abgefragt, ob eine eigene Abteilung zur Bekämpfung von Fehlverhalten vorhanden ist bzw. welcher Abteilung die Fehlverhaltensbekämpfung zugeordnet ist, auf welcher Managementebene sich diese befindet, ob und wie häufig der Geschäftsführung oder dem Vorstand berichtet wird, wie hoch das jährliche Budget ist und über welche Qualifikation die Leitung sowie die Mitarbeitenden der Fehlverhaltensbekämpfung verfügen (Frage 5–11).

Es folgen Fragen, die sich auf die inhaltliche Ausrichtung der Fehlverhaltensbekämpfung beziehen. Welche Ziele damit maßgeblich verfolgt werden und ob und welche Qualifizierungsmaßnahmen zur Sensibilisierungen von Mitarbeitenden in der Organisation durchgeführt werden. Es schließt sich die Frage an, ob ein sog. Compliance-Management-System sowie ein Hinweisgebersystem implementiert sind und an wen sich Mitarbeitende wenden können, wenn sie Missstände wahrnehmen und diese mitteilen wollen (Fragen 12–18).

Anschließend werden mittels einer Zustimmungsskala einzelne Aussagen in Bezug auf die Fehlverhaltensbekämpfung in der Organisation abgefragt. Es folgen zwei Fragen zur Kriminalitätsbelastung durch Mitarbeitende sowie durch externe Personen, wie mit Verstößen umgegangen wird, sowie ob und wie ein Monitoring von Risiken durchgeführt wird. Es schließen sich spezifische Fragen zur Dokumentation und Auswertung von Todes- und Notfallsituationen an (Fragen 19–30).

Im letzten Abschnitt wird mit Hilfe einer Wahrscheinlichkeitsskala die Einschätzung über die individuelle Risiko- bzw. Eintrittswahrscheinlichkeit abgefragt. Es folgt eine Bewertung durch eine Zustimmungsskala, ob ein Compliance-Management-System geeignet sein könnte, bestimmte Delikte frühzeitig zu erkennen oder diese gar zu verhindern.

Es folgen zum Abschluss noch zwei Einzelfragen, ob ggf. mit externen Beratungsunternehmen zusammengearbeitet werden soll oder bereits wird (Fragen 31–34).

Die Konzeptionierung der Fragen und der Antwortmöglichkeiten ergab sich aus der Sichtung einschlägiger Literatur sowie aus der Analyse von Strafverfahrensakten begangener und wiederholter Tötungsdelikte im Gesundheitswesen. Aus den Daten konnten insbesondere strukturelle Gemeinsamkeiten der jeweiligen Organisationen identifiziert werden, die derartige Taten zumindest erleichtert haben.[6] Mehrfach lagen in diesen Fällen den jeweiligen Organisationen schon früh Hinweise auf Unregelmäßigkeiten vor, die jedoch entweder erst sehr spät

---

[6] Mehr dazu in Kapitel 3.

oder gar nicht zur Aufdeckung der Taten führten.[7] Medikamentenbestellungen und -verbräuche sowie Todesfälle wurden beispielsweise nicht oder nur unzureichend ausgewertet.[8] Bei der Erstellung des Fragebogens wurden die Aspekte, die sich aus der Aktenanalyse ergaben, entsprechend berücksichtigt. Mehr zu den Ergebnissen aus der Analyse der Strafverfahrensakten sowie weiterer Sekundärquellen sind im Kapital 3 zu finden.

Des Weiteren bezieht sich der Autor auf die erste „CSO TOP 100“ Studie aus dem Jahr 2014 von Kestermann et al.[9] sowie auf die Studie „Compliance im Klinikmarkt“ aus dem Jahr 2017 von Gehring et al.,[10] aus denen sich ebenfalls Fragen sowie Antwortmöglichkeiten für die vorliegende Studie ergaben.

Bei der erstgenannten Studie handelt es sich um eine Befragung im Hinblick auf sicherheitsrelevante Aspekte von bedeutenden Konzernen in Deutschland, Österreich und der Schweiz.[11] Die Studie wurde ausgewählt, da sie eine der wenigen aus dem Bereich Corporate Security ist und zudem umfassende Erkenntnisse hierzu liefert. Ein Teil der Studie ist für die vorliegende Befragung geeignet, da Teile hiervon ebenfalls analog für den Bereich des Gesundheitswesens nutzbar gemacht werden können. Bei der zweitgenannten Publikation handelt es sich um eine der ersten umfassenden Datenerhebungen zu Compliance in deutschen Krankenhäusern.[12] Der Autor der vorliegenden Studie nimmt ebenfalls Bezug auf diese Publikation, da sie inhaltlich auf das Gesundheitswesen fokussiert ist, aber im Gegensatz zu der vorliegenden Studie vornehmlich Bezug auf Wirtschaftsdelikte, also sog. White-Collar-Crime[13] nimmt und weniger auf personale Gewaltdelikte, wie es beispielsweise bei Tötungsdelikten der Fall wäre.

Ziel der vorliegenden Befragung war vor allem auch die Ausweitung von einer einseitigen Betrachtung der Wirtschaftsdelinquenz auf weitere Deliktsfelder, um einen umfassenden Überblick über die Kriminalitätsbelastung, aber auch über die eigene Risikoeinschätzung zu den in der Studie genannten Delikten zu erhalten.

Zudem sollte der Ist-Zustand erhoben werden, wie Kliniken im Jahr 2022 strukturell aufgestellt sind und darüber hinaus sollte geklärt werden, ob es

---

[7] Vgl. *Beine,* in: Deutsches Ärzteblatt, 414 (415); *Krogmann/Seng*: Der Todespfleger, S. 7 f.; *Gibiec*: Tatort Krankenhaus, S. 25; *Beine*: Krankentötungen in Kliniken und Heimen, S. 17.

[8] Vgl. *Beine,* in: Intensiv, 38 (39); *Krogmann/Seng*: Der Todespfleger, S. 7 f.; mehr dazu in Kapitel 3.

[9] Vgl. *Kestermann et al.*: CSO TOP 100 (letzter Zugriff am 22.09.2022).

[10] Vgl. *Gehring et al.*: Compliance im Klinikmarkt (letzter Zugriff am 22.09.2022).

[11] Vgl. *Kestermann et al.*: CSO TOP 100 (letzter Zugriff: 22.09.2022).

[12] Vgl. *Gehring et al.*: Compliance im Klinikmarkt (letzter Zugriff: 22.09.2022).

[13] Maßgeblich durch Edwin Sutherland, Präsident der *American Sociological Association*, geprägter Begriff aus dem Jahr 1939.

ausreichende organisatorische Maßnahmen, z. B. in Form eines Compliance-Management-Systems, eines Hinweisgebersystems, der Dokumentation und Auswertung von Daten sowie der entsprechenden personellen Ressourcen zum adäquaten Umgang mit derartig gelagerten Fällen gibt.

8.1.2 Durchführung und Gewinnung der Stichprobe

Die Befragung wurde zwischen dem 13. April und dem 13. August 2022 durchgeführt. In Deutschland gab es zum Zeitpunkt der Befragung laut dem Krankenhausverzeichnis 2019[14] des Statistischen Bundesamtes insgesamt 1828 Krankenhäuser.[15] Bei dem sog. „Verzeichnis der Krankenhäuser und Vorsorge- oder Rehabilitationseinrichtungen in Deutschland" handelt es sich um ein Excel-Dokument, in dem jedes Krankenhaus mit der jeweiligen Adresse und weiteren Informationen aufgelistet ist und in der aktuellen Fassung gegen Entgelt erworben werden kann.[16]

Zum Teil gibt es Krankenhausträger, die als privatwirtschaftliche Unternehmen geführt werden, als Körperschaften des öffentlichen Rechts, freigemeinnützige Träger oder Stiftungen, die eine Vielzahl von Krankenhäusern, jedoch auch solche, die ein einzelnes Haus betreiben.

Ziel der Studie war nicht, jedes einzelne Krankenhaus selbst anzuschreiben, sondern jeweils das Unternehmen, das das Krankenhaus oder die Krankenhäuser betreibt. Die Fehlverhaltensbekämpfung ist grundsätzlich eine gesamtunternehmerische Aufgabe.[17] Die Verantwortung und Übersicht über den Aufbau und die Struktur liegt somit in der Regel bei der Muttergesellschaft. Aus Sicht des Autors erschien die Kontaktaufnahme mit dem jeweiligen Krankenhausträger, also den Muttergesellschaften sinnvoll, auch wenn eine Befragung jedes einzelnen Krankenhauses, das Teil einer Klinikgruppe oder eines Konzerns ist, auch Vorteile hätte haben können.

---

[14] Zum Zeitpunkt der Befragung handelte es sich bei der Version 2019 um die aktuellste Fassung des Verzeichnisses der Krankenhäuser und Vorsorge- oder Rehabilitationseinrichtungen des Statistischen Bundesamtes.

[15] Vgl. *Destatis* (Hrsg.): Verzeichnis der Krankenhäuser und Vorsorge- oder Rehabilitationseinrichtungen in Deutschland, 2019.

[16] Vgl. *Destatis* (Hrsg.): Verzeichnis der Krankenhäuser und Vorsorge- oder Rehabilitationseinrichtungen in Deutschland, 2019.

[17] Vgl. *Behringer*, in: Compliance kompakt, 29 (36 ff.); *IDW* (Hrsg.): DATA Governance (letzter Zugriff am 23.09.2022).

Die Entscheidung, die Befragung ausschließlich an die Trägergesellschaften zu richten, kann unter Umständen – zumindest bei großen Klinikgruppen bzw. Konzernen – dazu führen, dass die Fragen auch nur aus Sicht der Trägergesellschaft beantwortet wird und somit die Wirklichkeit in den jeweiligen Kliniken und auf den Stationen nur eingeschränkt wiedergeben werden. Des Weiteren kann sich die Ausgestaltung der Compliance-Management-Systeme (CMS) je nach Klinik stark unterscheiden.

So kann beispielsweise in einer Konzernstruktur der Fokus auf Themenschwerpunkten liegen, die weniger operativ sind, als es beispielsweise in kleineren Kliniken der Fall sein könnte. Ein zentrales CMS ist demnach nicht zwangsläufig mit dem CMS einer Einzelklinik vergleichbar.

Die zu erwartenden Ergebnisse lassen dennoch einen umfassenden Überblick über die Grundstruktur der Organisation der Fehlverhaltensbekämpfung in deutschen Krankenhäusern zu, ob Compliance-Management-Systeme vorhanden sind, wie ausgeprägt das Risikobewusstsein zum Thema Tötungsdelikte ist und wie sich die jeweilige individuelle Kriminalitätsbelastung darstellt.

In einem ersten Schritt musste jedes der 1828 Krankenhäuser den jeweiligen Trägern zugeordnet werden. In einem zweiten Schritt wurde dann überprüft, um was für ein Krankenhaus bzw. um was für Krankenhäuser es sich bei der Zuordnung handelt. Relevant für die Stichprobe sind nur solche Kliniken gewesen, die mindestens über eine Überwachungs- bzw. über eine Intensivstation verfügen, auf der Patientinnen und Patienten über einen längeren Zeitraum behandelt und versorgt werden. Ein sog. „Aufwachraum", also eine Überwachungsstation, in der sich Patientinnen und Patienten nach einer OP für Minuten oder wenige Stunden aufhalten, ist nicht gemeint. Aus den gewonnenen Erkenntnissen aus der Literatur, vor allem aber auch aus der Analyse von Strafverfahrensakten begangener und wiederholter Tötungsdelikte im Gesundheitswesen, ergab sich, dass im Vergleich zu Normalstationen vor allem auf Überwachungs- und Intensivstationen Tötungsdelikte verübt werden können, ohne sofort aufzufallen. Patientinnen und Patienten sind zum Teil schwer erkrankt und verfügen regelhaft über intravenöse Zugänge oder zentrale Venenkatheter[18], über die eine Applikation von Medikamenten möglich ist, ohne Einstichstellen zu hinterlassen.[19]

Bei sechs von acht der größten und rechtskräftig abgeurteilten Tötungsserien in deutschen Krankenhäusern und Pflegeeinrichtungen zwischen 1976 und 2019[20]

[18] Auch Venenverweilkanüle oder Venenkatheter genannt. Je nach Hersteller auch als Flexüle, Braunüle, Venflon oder Abbocath bezeichnet.

[19] Mehr dazu in Kapitel 3.

[20] Jahreszahl bezieht sich auf das jeweilige Urteil.

wurden die Opfer durch die Gabe von Medikamenten sowie in einem weiteren Fall durch sog. „Luftinjektionen" getötet.[21] Um Luft verabreichen zu können, bedarf es ebenfalls eines peripher- oder zentralvenösen Zugangs.[22] Patientinnen und Patient sind auf Überwachungs- oder Intensivstationen somit besonders vulnerabel.

In Deutschland ereignen sich laut einer Studie des Max-Planck-Instituts 46 % aller Sterbefälle in Krankenhäusern.[23] Todesfälle sind folglich keine Ausnahme und führen nicht unweigerlich zu Verwunderung, besonders, wenn sich der Todesfall auf einer Überwachungs- oder Intensivstation ereignet hat. Krankenhäuser mit derartigen medizinischen Abteilungen sind aus Sicht des Autors besonders sensibel, weshalb eine Eingrenzung der Studie auf die o. g. Einrichtungen vorgenommen wurde.

Vorsorge- und Rehabilitationseinrichtungen, Praxis- oder Facharztkliniken, Einrichtungen für Personen mit Behinderungen, psychosomatische- sowie psychiatrische Krankenhäuser, die nicht über Überwachungs- oder Intensivstationen verfügen, wurden aus den o. g. Gründen bei der Befragung nicht berücksichtigt.

Um die Zuordnung nach den letztgenannten Kriterien durchführen zu können, hat der Autor zu den jeweiligen Kliniken bzw. Klinikgruppen online recherchiert. Die Krankenhausträger, die den o.g. Kriterien entsprachen, wurden in einem Excel-Dokument mit den jeweiligen Adressen sowie den Kontaktdaten zusammengefasst.

Insgesamt ergaben sich 522 Klinikträger, die für die Studie in Betracht kamen. Der Erstkontakt zu der Befragung wurde zunächst schriftlich auf dem Postweg durchgeführt und im weiteren Verlauf der Befragung durch zwei weitere Erinnerungsmails ergänzt.

Vor dem Hintergrund der sensiblen Thematik der Befragung und um die Bereitschaft zur Teilnahme zu fördern, hatten weder das Anschreiben, der Titel oder der Fragebogen selbst Hinweise auf Key-Words zu Tötungsdelikten im Gesundheitswesen enthalten. Zudem wurde deutlich auf die Anonymisierung und Freiwilligkeit der Angaben hingewiesen. Unter Berücksichtigung der

---

[21] Vgl. *Beine*: Krankentötungen in Kliniken und Heimen, S. 346 f.; *Beine*: Psychiatrie Praxis, 63 (64 f.); mehr dazu im Gliederungspunkt 3.2.4.

[22] Hierbei handelt es sich um das Verabreichen von Luft in eine Vene, die zu einer Luftembolie durch die Verengung oder zum Verschluss von Gefäßen führen kann.

[23] Vgl. *Max-Planck-Institut* (Hrsg.): Sterben im Krankenhaus (letzter Zugriff am 19.09.2022).

wahrgenommenen Anonymität[24] wurde auf Fragen bezüglich der Krankenhausspezialisierung, der Trägerschaft[25] und des Standorts verzichtet.

Die Unterlagen beinhalteten neben einem Anschreiben, in dem der Hintergrund der Studie erläutert wurde, den 12 Seiten langen Fragebogen mit insgesamt 34 Fragen sowie einen frankierten und adressierten Rückumschlag. Als Dank für die Teilnahme an der Studie wurde den befragten Institutionen angeboten, nach Abschluss der Studie, die Ergebnisse auf Wunsch zur weiteren Verwendung zur Verfügung gestellt zu bekommen.

Sofern durch den Autor die zuständige Person für die Fehlverhaltensbekämpfung recherchiert werden konnte, wurde diese persönlich angeschrieben. Wenn keine zuständige Person ermittelt werden konnte, wurden die Unterlagen der Befragung jeweils an die Geschäftsleitung der Krankenhausträger gesendet. Die Rückumschläge wurden an das Institut für Polizei- und Sicherheitsforschung (IPoS), das Teil der Hochschule für Öffentliche Verwaltung Bremen ist, gesendet, dort entgegengenommen und gesammelt.

Im weiteren Verlauf der Befragung wurden zusätzlich, wie oben bereits erwähnt, zwei Erinnerungsmails verschickt. Dillman (1978) empfiehlt in der empirisch belegten „Total Design Method", später als „Tailored Design Method" (2000) bezeichneten und weiterentwickelten Handlungsempfehlung für schriftliche Befragungen, bis zu drei weitere Kontaktaufnahmen bzw. vier, wenn die nach Dillman empfohlene Vorankündigung mitberücksichtigt wird, um die Rücklaufquote zu steigern.[26] Der Autor hat sich jedoch entgegen der Handlungsempfehlung von Dillman für lediglich zwei Erinnerungen entschieden, um die Adressaten nicht unnötig stark zu belasten.

Die Entscheidung ist nach Ansicht des Autors ein durchaus vertretbarer Mittelweg, um die Störungen der Krankenhausträger tolerierbar zu halten und dennoch eine möglichst hohe Rücklaufquote zu erzielen.

Es handelt sich um eine anonyme Befragung, weswegen die Erinnerungsmails an alle Krankenhausträger gleichermaßen gesendet werden mussten und eine Unterscheidung der Träger, die sich bereits an der Studie beteiligt hatten und solche, die sich bis dato nicht beteiligt hatten, nicht möglich war. Die erneute Kontaktaufnahme diente zudem dazu, den bereits beteiligten Krankenhausträgern für die Teilnahme zu danken und es wurde um Verständnis gebeten, dass sie erneut kontaktiert wurden.

---

[24] *Ong/Weiss*, in: Journal of Applied Social Pyschology, 1691 (1695).

[25] Möglich wäre z.B. eine öffentliche, kirchliche oder private Trägerschaft.

[26] Vgl. *Dillman*: Mail and Internet Surveys: The Tailored Design Method, S. 149 ff.; *Dillman* zit. nach *Brake*, in: Handbuch Methoden der Organisationsforschung, S. 395.

Auf die Möglichkeit, den Fragebogen über ein Online-Tool bearbeiten zu können, wurde bewusst verzichtet. Die Ausgestaltung einer Beantwortung der Fragen mittels Online-Tools ist eine gute und mittlerweile gängige Möglichkeit, schnell Informationen zu generieren.[27]

Hintergrund der Entscheidung, auf Online-Tools zu verzichten, ist, dass der Autor von der Annahme geprägt war, dass sich durch das haptische Vorliegen der zugesendeten Unterlagen, die Rücklaufquote erhöht. Das Bearbeiten einer Printversion ist zudem über einen längeren Zeitraum mit ggf. mehrfachen Unterbrechungen möglich. Sofern beispielsweise Fragen nicht sofort beantwortet werden können, weil Daten an einer anderen Stelle innerhalb der Organisation erfragt oder besprochen werden müssen, ist das Vorliegen einer Printversion von Vorteil. Wird der Fragebogen online nur teilweise ausgefüllt und während der Bearbeitung beendet, zählt dieser zumindest in die Brutto-Rücklaufquote. Füllt die gleiche Person zu einem späteren Zeitpunkt den Fragebogen erneut aus, kann nicht unterschieden werden, ob dieselbe Person mit zwei Versuchen den Fragebogen ausgefüllt hat oder ob es sich um zwei unterschiedliche Teilnehmende gehandelt hat.

Möglicherweise weicht die Brutto-Rücklaufquote von der Netto-Rücklaufquote ab, obwohl sich tatsächlich nicht mehr Teilnehmerinnen und Teilnehmer beteiligt haben.

Des Weiteren war neben dem haptischen Vorliegen der Unterlagen eine weitere Überlegung, dass möglicherweise die interne Weiterleitung von Briefunterlagen an die Geschäftsleitung bzw. die für die Fehlverhaltensbekämpfung zuständige Person zuverlässiger durchzuführen ist, als es beispielsweise bei einer Nachricht in einem allgemeinen Info-Emailpostfach der Fall gewesen wäre. Die Teilnahmebereitschaft von Online-Befragungen kann auch dadurch gestört sein, dass der Empfänger oder die Empfängerin durch eine Vielzahl von Werbemails und Teilnahmeanfragen hinter einer ernstgemeinten und wissenschaftlich relevanten Fragestellung kommerzielle Interesse vermutet werden könnten.[28]

Bis zum 13. August 2022 wurden N = 118 Antwortbögen zurückgesandt. Dies entspricht einer Rücklaufquote von 22,6 %. Alle Fragebögen waren für die Auswertung nutzbar.

In Anbetracht der hohen Sensibilität der Thematik gegenüber, der Finanzierung ohne Drittmittel sowie ohne Kooperationsvereinbarungen beispielsweise mit

---

[27] Vgl. *Thielsch/Weltzin*, in: Praxis der Wirtschaftspsychologie, 69 (70).

[28] Vgl. *Wagner-Schelewsky/Hering*, in: Handbuch Methoden der empirischen Sozialforschung, 787 (789).

Krankenhausdachverbänden, ist die Rücklaufquote von 22,6 % als äußerst zufriedenstellend zu bezeichnen. Im Rahmen der „CSO TOP 100“ Studie wurde 2014 eine Netto-Rücklaufquote von 15,8 % erzielt und unter dem Gesichtspunkt der ebenfalls sicherheitsrelevanten Thematik als *„höchst akzeptabel“* bewertet.[29]

8.2 Stichprobe

Die Stichprobe der vorliegenden Befragung setzt sich aus insgesamt N = 118 Kliniken bzw. Klinikgruppen zusammen. Von den 118 teilgenommenen Kliniken bzw. Klinikgruppen haben in 33,9 % der Fälle (n = 38) Personen den Fragebogen bearbeitet, die der Geschäftsführung angehören. Die Position der weiteren Personen, die die Fragen beantworteten, gliedert sich in Abteilungsleiterinnen und -leiter (27,7 % bzw. n = 31), mit 22,3 % sonstige Mitarbeitende (n = 25) und 16,1 % Compliance-Beauftragte (n = 18). In der Tabelle 8.1 befinden sich unter „Position“ sechs sog. missing values. Diese kommen dadurch zustande, dass diese Angaben durch die befragten Personen nicht genannt wurden. Somit ergibt die Häufigkeit n = 112 dennoch 100 %.

Tab. 8.1 Zusammensetzung der Stichprobe

	Häufigkeit	Prozent
Position	112	
– Mitarbeitende	25	22,3 %
– Geschäftsführung	38	33,9 %
– Compliance-Beauftragte	18	16,1 %
– Abteilungsleiter/in	31	27,7 %
Standorte	118	
– 1–5 Standorte	98	83,1 %
– 6–15 Standorte	10	8,5 %
– 16–25 Standorte	1	0,8 %
– mehr als 25 Standorte	9	7,6 %
Planbetten	118	
– weniger als 200 Betten	12	10,2 %

(Fortsetzung)

[29] *Kestermann et al.*: CSO TOP 100 (letzter Zugriff am: 22.09.2022).

Tab. 8.1 (Fortsetzung)

	Häufigkeit	Prozent
– 201 bis 500 Betten	40	33,9 %
– 501–1.500 Betten	44	37,3 %
– 1.501–2.500 Betten	9	7,6 %
– über 2.500 Betten	13	11,0 %
Anzahl Mitarbeitende	118	
– weniger als 500 Mitarbeitende	13	11,0 %
– 501–1.000 Mitarbeitende	23	19,5 %
– 1.001–5.000 Mitarbeitende	57	48,3 %
– 5.001–10.000 Mitarbeitende	14	11,9 %
– mehr als 10.000 Mitarbeitende	11	9,3 %

Kliniken bzw. Klinikgruppen mit ein bis fünf Standorten werden von 83,1 % (n = 98) betrieben und ist damit die meinst genannte Anzahl von Klinikstandorten innerhalb der Stichprobe. Sechs bis 15 Standorte werden von 8,5 % (n = 10) betrieben, 16–25 Standorte von 0,8 % (n = 1) und mehr als 25 Standorte von 7,6 % (n = 9).

In Bezug auf die Anzahl der Planbetten stehen 37,3 % (n = 44) 501–1.500 Betten zur Verfügung sowie 33,9 % (n = 40) 201–500 Betten. Sehr große Kliniken bzw. Klinikgruppen mit mehr als 2.500 Planbetten sind mit 11,0 % wenig vertreten (n = 13). Ebenfalls wenig vertreten sind Einrichtungen mit weniger als 200 Planbetten (10,2 % bzw. n = 12).

In einem weiteren Schritt wurden die Kliniken bzw. Klinikgruppen nach der Anzahl der beschäftigten Mitarbeitenden gefragt. Mit 48,3 % (n = 57) gibt die Mehrheit der Kliniken an, zwischen 1.001 und 5.000 Mitarbeiterinnen und Mitarbeiter zu beschäftigen.

Es folgen 19,5 % (n = 23) der Kliniken, die 501–1.000 Mitarbeitende beschäftigen sowie 11,9 % (n = 14) mit 5.001–10.000, weitere 11,0 % (n = 13) haben weniger als 500 und 9,3 % (n = 11) beschäftigen mehr als 10.000 Mitarbeiterinnen und Mitarbeiter.

Der Tabelle 8.1 ist eine Zusammenfassung der genannten Daten zu entnehmen.

8.2.1 Darstellung der Ergebnisse

In den folgenden Gliederungspunkten werden die Ergebnisse der Umfrage mit statistischen Methoden vorgestellt.[30] Die Ergebnisse wurden hierzu deskriptiv aufbereitet und werden mit Hilfe von Kennwerten, Tabellen sowie Abbildungen dargestellt. Des Weiteren werden anhand von inferenzstatistischen Methoden u. a. mögliche Zusammenhänge zwischen Variablen mit Hilfe des Korrelationskoeffizienten sowie anhand des Chi-Quadrat-Tests auf signifikante Unterschiede überprüft.[31]

8.2.1.1 Zuordnung der Fehlverhaltensbekämpfung

Zunächst wurde gefragt, welcher Abteilung innerhalb der Klinik bzw. Klinikgruppe die Fehlverhaltensbekämpfung zugeordnet ist. Wie der Abbildung 8.1 zu entnehmen ist, geben 45,8 % (n = 54) der befragten Klinikträger an, dass die Fehlverhaltensbekämpfung dem Risiko- und Qualitätsmanagement zugeordnet ist. Über eine eigene Abteilung für die Bekämpfung von Fehlverhalten verfügen 18,6 % (n = 22) der Klinken. In 17,8 % (n = 21) ist die Fehlverhaltensbekämpfung der Rechtsabteilung sowie in 16 % (n = 19) der Internen Revision zugeordnet. Über eine Einzelbeauftragte oder einen Einzelbeauftragen verfügen 12,7 % (n = 15) der Kliniken bzw. Klinikgruppen.

In 6,8 % (n = 8) der Fälle ist die Bekämpfung von Fehlverhalten weder einer eigenen Abteilung noch einer anderen Abteilung zugeordnet. Bei den offenen Antworten, die 15,3 % bzw. n = 18 ausmachen, wurden als Ansprechpartnerinnen und -partner für Fragen für die Fehlverhaltensbekämpfung die Personalabteilung, die Geschäftsführung, der Vorstand und die Verwaltung genannt.

[30] Bei der Auswertung der Statistischen Daten erhielt der Verfasser Beratung und Unterstützung. Diese bezog sich auf die Eingabe sowie auf die Auswertung der Daten mit Hilfe des Statistikprogramms SPSS.

[31] Inferenzstatistische Methoden und das Konzept der Signifikanz dienen dazu, von einer untersuchten Stichprobe auf die Grundgesamtheit zu schließen. Vgl. *Janczyk/Pfister*: Inferenzstatistik verstehen, S. 23; *Schäfer*: Statistik II, S. 10.

Die Anwendung inferenzstatistischer Methoden auf derartige Vollerhebungen sind in der wissenschaftlichen Literatur sehr verbreitet, werden aber kontrovers diskutiert. In der vorliegenden Arbeit werden diese Methoden auch genutzt, da sie hilfreich sind, um die in den Daten der Erhebung auffindbaren Zusammenhänge näher zu beschreiben, mit den Befunden anderer Untersuchungen zu vergleichen und schließlich zu bewerten. Vgl. *Broscheid/Gschwend*, in: Politische Vierteljahresschrift, 016 (017); *Hauss*, in: Zeitschrift für Evaluation, 219 (219); *Behnke*, in: Politische Vierteljahresschrift, 01 (01).

Ein Großteil der Teilnehmenden gibt mit 83,6 % (n = 97) an, dass eine direkte Zuordnung der Fehlverhaltensbekämpfung an die Geschäftsführung bzw. an den Vorstand besteht. Somit verwundert es nicht, dass in 76,7 % bzw. n = 89 der Fälle, der Geschäftsführung bzw. dem Vorstand auch regelmäßig berichtet wird. Unregelmäßig wird der Geschäftsführung bzw. Vorstand dagegen in 21,6 % (n = 25) der Fälle berichtet und 1,7 % (n = 2) berichten gar nicht.

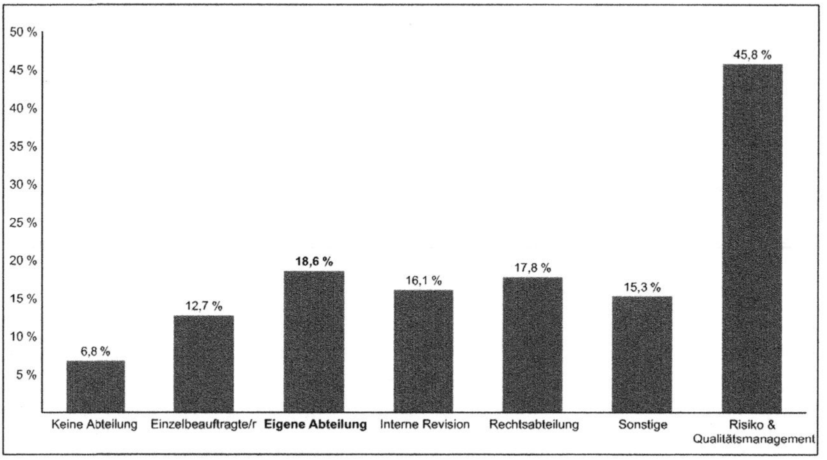

Abb. 8.1 Zuordnung der Fehlverhaltensbekämpfung

Mit 25,4 % (n = 30) gibt die Mehrheit der Befragten an, dass die Fehlverhaltensbekämpfung auf der Ebene der Geschäftsführung oder auf der zweiten Managementebene (17,8 % bzw. n = 21) angesiedelt ist.

Nach der Anzahl der in der Abteilung für Fehlverhaltensbekämpfung beschäftigten Personen gefragt, geben die Kliniken bzw. Klinikgruppen an, dass der Abteilung eine bis maximal 10 Mitarbeiterinnen und Mitarbeiter zugeordnet ist. Die Mitarbeitenden kommen jedoch auch anderen Aufgaben nach, wie aus den offenen Antwortmöglichkeit hervorgeht.

In der Abbildung 8.2 ist die Qualifikation der Leitung der Fehlverhaltensbekämpfung zu entnehmen. Juristinnen und Juristen bilden hierbei mit 27,4 % bzw. n = 32 die Mehrheit. Gefolgt von wirtschaftswissenschaftlichen Qualifikationen auf der Leitungsebene mit 17,9 % bzw. n = 21.

Bemerkenswert ist, dass 24,8 % (n = 29) und damit rund zwei Drittel der befragte Klinikträger angeben, keine eigene Leitung für die Bekämpfung von Fehlverhalten zu beschäftigen.

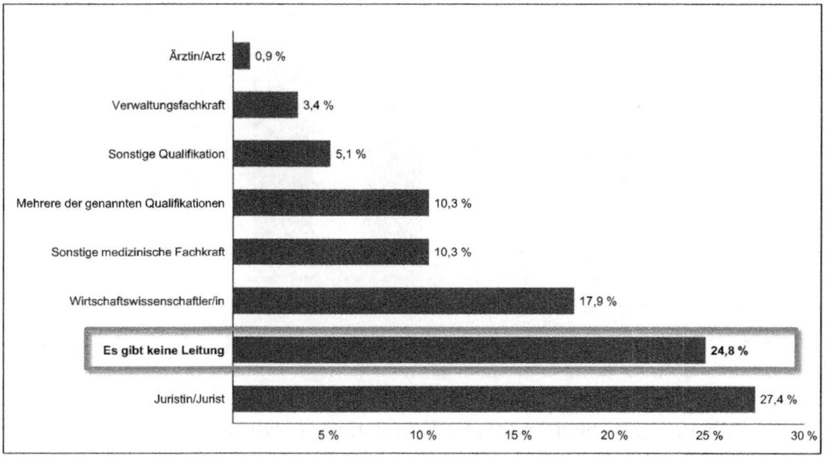

Abb. 8.2 Qualifikation der Leitung der Abteilung für Fehlverhaltensbekämpfung

Die Abbildung 8.3 zeigt die Qualifikation der Mitarbeitenden der Abteilung für Fehlverhaltensbekämpfung.[32] Hierbei fällt auf, dass die Mehrheit (25,4 % bzw. n = 30) angibt, dass keine eigenen Mitarbeitenden für die Bekämpfung von Fehlverhalten beschäftigt werden. Gefolgt wird die Angabe von Mitarbeitenden, die eine sonstige medizinische Qualifikation (24,6 % bzw. n = 29) aufweisen.

Ein juristischer Hintergrund liegt bei 22,0 % (n = 26) vor, Wirtschaftswissenschaftlerinnen und Wirtschaftswissenschaftler sind mit 17,8 % (n = 21) vertreten und bei 16,9 % (n = 20) handelt es sich um Verwaltungsfachkräfte. Ärztinnen und Ärzte sind nur selten mit 5, 9 % (n = 7) vertreten. Bei den offenen Antworten 12,7 % (n = 15) wurden insbesondere Pflegefachkräfte, sowie Qualitäts- und Risikomanagerinnen bzw. Risikomanager genannt.

[32] Mehrfachnennung möglich.

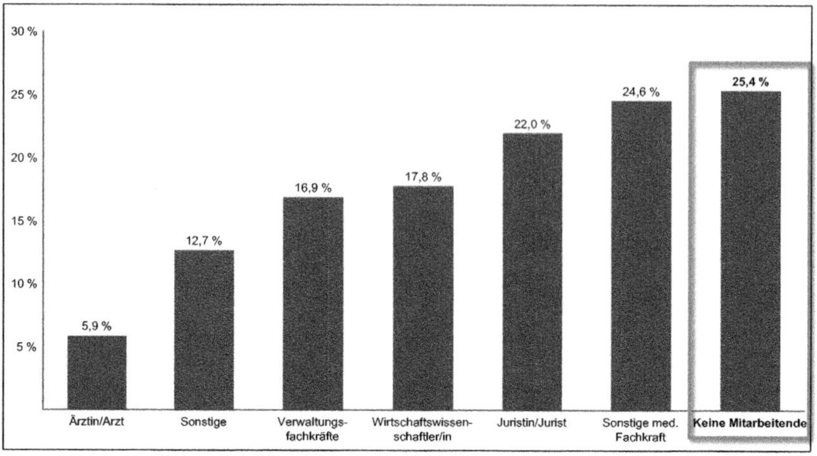

Abb. 8.3 Qualifikationen der Mitarbeitenden in der Abteilung Fehlverhaltensbekämpfung

Der Tabelle 8.2 können mögliche Korrelationen zwischen dem Vorhandensein einer Abteilung zur Bekämpfung von Fehlverhalten und der Größe der Kliniken bzw. Klinikgruppen entnommen werden. Signifikante Korrelationen ergeben sich in Bezug auf die Organisationsstruktur der Fehlverhaltensbekämpfung und der Größe der befragten Klinikträger, gemessen an der Anzahl der Mitarbeitenden, der Standorte sowie der Planbetten.

Stark positive Korrelationen sind zwischen der Anzahl der Mitarbeitenden und einer eigenen Abteilung zur Bekämpfung von Fehlverhalten ($r_S = .52$, $p < .001$) vorhanden. Ebenfalls korreliert eine eigene Abteilung zur Fehlverhaltensbekämpfung mit der Anzahl der Planbetten innerhalb der Klinik bzw. Klinikgruppe ($r_S = .40$, $p < .001$).

Positive Beziehungen sind zudem zwischen der Bekämpfung von Fehlverhalten innerhalb der Internen Revision und der Anzahl Planbetten ($r_S = .29$, $p = .001$) sowie der Internen Revision und der Anzahl der Standorte vorhanden ($r_S = .23$, $p = .011$).

In Bezug auf die Rechtsabteilung als verantwortliche Stelle für die Fehlverhaltensbekämpfung sind signifikant positive Korrelationen mit der Anzahl der Standorte ($r_S = .20$, $p = .027$), der Anzahl der Planbetten ($r_S = .21$, $p < .001$) sowie der Anzahl der Mitarbeitenden ($r_S = .22$, $p = .016$) vorhanden.

Negative Assoziationen weist hingegen das Risiko- und Qualitätsmanagement zu allen Variablen der Klinikgröße auf (Planbetten: $r_S = -.33$, $p < .001$; Standorte: $r_S = -.19$, $p = .041$, Mitarbeitende: $r_S = -.43$, $p < .001$) auf.

Es kann somit belegt werden, dass mit zunehmender Größe der Klinik bzw. der Klinikgruppe die Wahrscheinlichkeit zunimmt, dass eine eigene Abteilung zur Fehlverhaltensbekämpfung vorhanden ist. Zudem steigt mit zunehmender Größe der Klinik bzw. der Klinikgruppe die Wahrscheinlichkeit, dass die Bearbeitung innerhalb der Internen Revision oder durch die Rechtsabteilung erfolgt. Demgegenüber steht, dass mit zunehmender Größe der Klinik bzw. der Klinikgruppe die Wahrscheinlichkeit abnimmt, dass die Bekämpfung von Fehlverhalten durch die Abteilung für Risiko- und Qualitätsmanagement durchgeführt wird.

Tab. 8.2 Korrelation der Abteilung für Fehlverhaltensbekämpfung mit der Größe der Klinik bzw. Klinikgruppe

	Planbetten	Standorte	Mitarbeitende
Keine Abteilung	−.14	−.12	−.06
Einzelbeauftragte Person	.00	.03	−.01
Eigene Abteilung	.40***	.15	.52***
Interne Revision	.29**	.23*	.16
Rechtsabteilung	.31***	.20*	.22*
Sonstige	.08	−.04	.06
Risiko & Qualitätsmanagement	−.33***	−.19*	−.43***

* p < .05, ** p < .01, *** p < .001

8.2.1.2 Compliance-Management-Systeme und Hinweisgebersysteme

Ein Compliance-Management-System (CMS) ist in 36,4 % (n = 43) der befragten Klinik bzw. Klinikgruppen implementiert. Die übrigen 63,6 % (n = 75), in denen bisher kein CMS implementiert ist, wurden zudem befragt, ob und wann eine Implementierung eines CMS geplant ist.

Wie der Abbildung 8.4 zu entnehmen ist, planen 27,6 % (n = 21) der Klinikträger eine zeitnahe, 42,1 % (n = 32) eine mittelfristige und 5,3 % (n = 4) eine langfristige Implementierung eines Compliance-Management-Systems. Besonders herauszustellen ist, dass 25,0 % (n = 19) und damit ein Viertel der befragten Klinikträger keine Implementierung eines CMS plant.

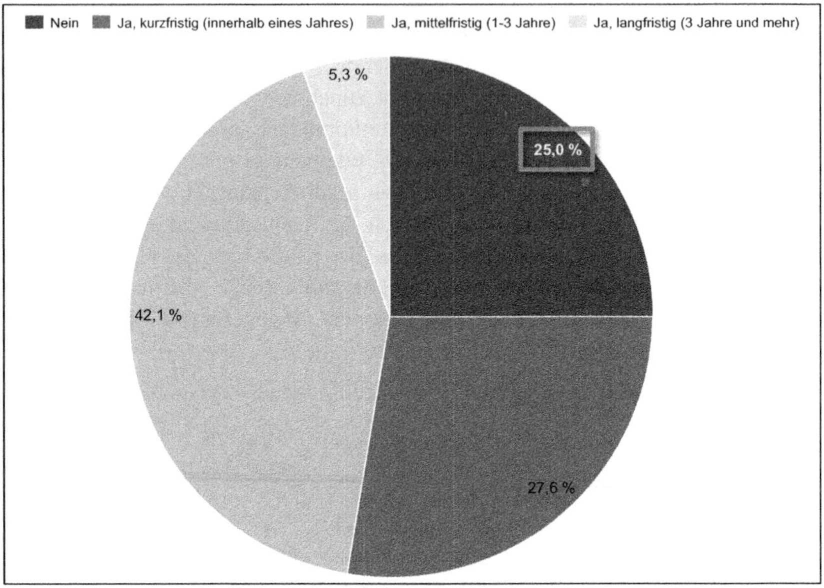

Abb. 8.4 Geplante Implementierung eines CMS bei Kliniken/Klinikgruppen ohne CMS

Neben der Frage nach dem Vorhandensein eines Compliance-Management-Systems wurde zudem gefragt, ob ein Hinweisgebersystem in den jeweiligen Kliniken bzw. Klinikgruppen eingerichtet ist. Mit 64,4 % (n = 76) gibt die Mehrheit der Teilnehmenden an, dass ein Hinweisgebersystem implementiert ist. Wie der Abbildung 8.5 zu entnehmen ist, verfügen 28,0 % (n = 33) dagegen nicht über ein Hinweisgebersystem.

Bei 7,6 % (n = 9) der Antworten wurde eine offene Antwort ergänzt. Die Antworten geben an, dass ein solches System geplant ist, ohne den Zeitplan näher zu definieren oder dass es derzeit etabliert wird. Auch wurde bei den offenen Antworten als Hinweisgebersystem das sog. Critical-Incident-Reporting-System (CIRS) (n = 5) angegeben. Bei diesem System handelt es sich um ein Berichtssystem zur Meldung von kritischen Ereignissen bei medizinischen Maßnahmen im Rahmen des Qualitäts- und Risikomanagements und unterscheidet sich maßgeblich von einem Hinweisgebersystem im Sinne eines Compliance-Management-Systems.[33]

[33] Vgl. *Thomas*: Fehlermeldeverhalten in der Pflege, S. 20 f..

Im Kapitel 9 wird auf das Critical-Incident-Reporting-System näher eingegangen und der Unterschied zu einem Hinweisgebersystem erläutert.

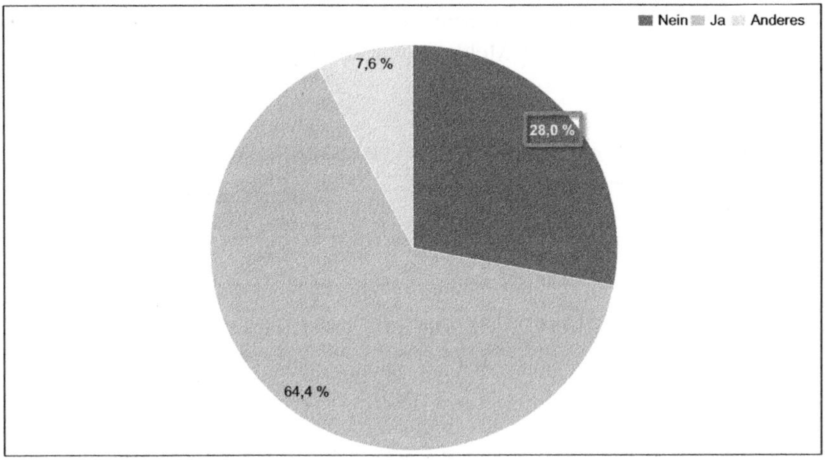

Abb. 8.5 Vorhandensein eines Hinweisgebersystems

Ob Zusammenhänge zwischen der Größe der Klinik bzw. der Klinikgruppe und dem Vorhandensein eines Compliance-Management-Systems (CMS) oder mit einem Hinweisgebersystem bestehen, wurde in einem nächsten Schritt mit Hilfe des Chi^2-Tests überprüft.[34]

Mindestens fünf Fälle pro Zelle müssen zur Erfüllung der Voraussetzung des Chi^2-Tests vorhanden sein, weshalb die kategorialen Variablen umkodiert und Kategorien mit geringen Häufigkeiten zusammengefasst wurden.

Signifikante Zusammenhänge liegen zwischen der Anzahl der Standorte (Chi^2 (1) $=$ 5.771, p $=$ .016), der Anzahl der Mitarbeitenden (Chi^2 (2) $=$ 16.873, p $=$ .001), der Anzahl der Planbetten (Chi^2 (2) $=$ 18.652, p $<$ .001) und der Implementierung eines CMS vor, wie der Tabelle 8.3 zu entnehmen ist. Auch in Bezug auf die Verteilung fällt auf, dass größere Kliniken oder Klinikgruppen häufiger über ein Compliance-Management-System verfügen als kleiner Kliniken bzw. Klinikgruppen.

[34] Beim Chi^2-Tests handelt es sich um einen Hypothesentest, der zur Feststellung von Zusammenhängen zwischen zwei kategorialen Variablen genutzt wird.

Es ergeben sich auch in Bezug auf das Vorhandensein eines Hinweisgebersystems und der Anzahl der Mitarbeitenden (Chi^2 (2) = 6.558, p = .038) sowie der Anzahl der Planbetten (Chi^2 (2) = 5.885, p = .053) signifikante Tendenzen.

Auch in Bezug auf das Vorhandensein von Compliance-Management-Systemen zeigt sich, dass größere Kliniken bzw. Klinikgruppen eher über ein Hinweisgebersystem zur Meldung von Compliance Verstößen verfügen, als kleinere Kliniken.

Tab. 8.3 Zusammenhang Größe mit CMS und Hinweisgebersystem

	CMS implementiert (n = 111)			Hinweisgebersystem vorhanden (n = 103)		
	Nein	Ja	p	Nein	Ja	p
Standorte						
– 1 bis 5 Standorte	67 (66,4 %)	31 (31,6 %)	.016	30 (33,0 %)	61 (67,0 %)	.169
– 6 Standorte und mehr	8 (40,0 %)	12 (60,0 %)		3 (16,7 %)	15 (83,3 %)	
Mitarbeitende						
– bis 1.000	30 (83,3 %)	6 (16,7 %)	.001	13 (38,2 %)	21 (61,8 %)	.038
– 1.001–5.000	37 (64,9 %)	20 (35,1 %)		18 (34,6 %)	34 (65,4 %)	
–5.001 und mehr	8 (32,0 %)	17 (68,0 %)		2 (8,7 %)	21 (91,3 %)	
Planbetten						
– bis 500	43 (82,7 %)	9 (17,3 %)	< .001	19 (39,6 %)	29 (60,4 %)	.053
– 501–1500	25 (56,8 %)	19 (43,2 %)		12 (29,3 %)	29 (70,7 %)	
– 1.500 und mehr	7 (31,8 %)	15 (68,2 %)		2 (10,0 %)	18 (90,0 %)	

Ob zwischen dem Vorhandensein einer Abteilung zur Bekämpfung von Fehlverhalten und der Implementierung eines Compliance-Management-Systems sowie eines Hinweisgebersystems Zusammenhänge bestehen, wurde in einem weiteren Analyseschritt überprüft.

Es zeigt sich, dass Kliniken bzw. Klinikgruppen mit einer eigenen Abteilung zur Fehlverhaltensbekämpfung auch signifikant häufiger über ein CMS verfügen (Chi^2 (1) = 8.342, p = .004). Es zeigt sich zudem, dass signifikant häufiger ein CMS implementiert ist, wenn die Bekämpfung von Fehlverhalten innerhalb der Rechtsabteilung angesiedelt (Chi^2 (1) = 7.152, p = .007) oder Teil des Risiko- und Qualitätsmanagements ist (Chi^2(1) = 6.574, p = .010).

Auffallende Zusammenhänge zeigen sich darüber hinaus in Bezug auf das Vorhandensein eines Hinweisgebersystems. Kliniken oder Klinikgruppen, die eine eigene Abteilung zur Fehlverhaltensbekämpfung betreiben, verfügen im Gegensatz zu Kliniken bzw. Klinikgruppen ohne eine eigene Abteilung, über ein solches System zur Meldung von Unregelmäßigkeiten (Chi^2 (1) = 7.552, p = .006).

Im Rahmen der Befragung wurden die teilnehmenden Klinikträger dahingehend befragt, an wen sich die Mitarbeitenden wenden können, sofern diese Fehlverhalten feststellen. In der Abbildung 8.6 sind die verschiedenen Meldewege näher dargestellt. Die teilnehmenden Personen konnten in diesem Befragungsteil mehrere Antworten nennen.

Der am häufigsten genannte Meldeweg ist mit 78,8 % (n = 93) die vorgesetzte Person als erster Kontakt. Ebenfalls häufig wurde mit 67,8 % (n = 80) die nächsthöhere Managementebene sowie der Betriebsrat mit 66,9 % (n = 79) genannt. Die Abteilung für die Bekämpfung von Fehlverhalten wurde in 64,4 % (n = 76) der Antworten genannt.

Werden die Gesamtnennungen aufsummiert, ergeben sich in Bezug auf alle Meldewege, die den Mitarbeitenden der Kliniken zur Verfügung stehen, zwischen einem und acht Meldewege. Der Durchschnitt liegt bei M = 4.14 (SD = 1.55).

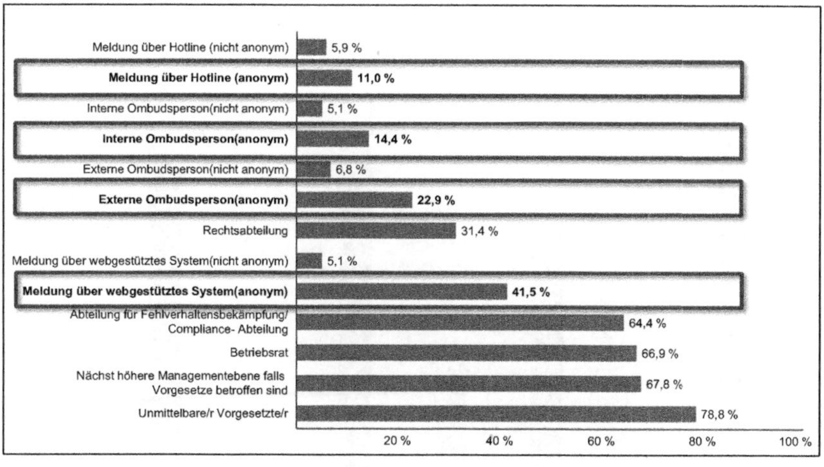

Abb. 8.6 Ansprechpartner für Mitarbeitende zur Meldung von Fehlverhalten

Mit inferenzstatistischen Methoden wurde zudem überprüft, ob Zusammenhänge zwischen dem Vorhandensein einer Abteilung zur Bekämpfung von Fehlverhalten und den Optionen Missstände melden zu können, vorliegen. Hierbei zeigt sich, dass signifikante Zusammenhänge zwischen dem Vorhandensein einer eigenen Abteilung zur Bekämpfung von Fehlverhalten und der Option, mögliches Fehlverhalten an die Abteilung zu melden (Chi^2 (1) = 10.229, p < .001), vorliegen.

Zudem ergeben sich signifikante Zusammenhänge zu der Option, Fehlverhalten an die Rechtsabteilung zu melden (Chi^2 (1) = 12.025, p < .001), der Möglichkeit, Fehlverhalten an vorgesetzte Personen zu melden (Chi^2 (1) = 4.976, p = .026) sowie der Option, mögliche Missstände an die nächst höhere Managementebene (Chi^2 (1) = 5.711, p = .017) zu melden.

Die Ergebnisse zeigen, dass die Wahrscheinlichkeit erhöht ist, dass die genannten Meldewege als Option zur Verfügung stehen, wenn eine eigene Abteilung zur Bekämpfung von Fehlverhalten in der Klinik bzw. Klinikgruppe vorhanden ist. In der Abbildung 8.7 sind die Zusammenhänge hierzu grafisch abgebildet.

Auch die Gesamtzahl der möglichen Meldewege, die Mitarbeitenden zur Verfügung stehen, wurde in Bezug auf die Existenz einer eigenen Compliance-Abteilung[35] untersucht. Kliniken bzw. Klinikgruppen mit einer eigenen Abteilung zur Bekämpfung von Fehlverhalten bieten deutlich mehr Meldewege an (M = 5.75, SD = 0.77) als Kliniken bzw. Klinikgruppen ohne eine solche Compliance-Abteilung (M = 3.88, SD = 1.49). Es zeigt sich, dass der Unterschied signifikant ist (t(35.717) = -7.669, p < .001).

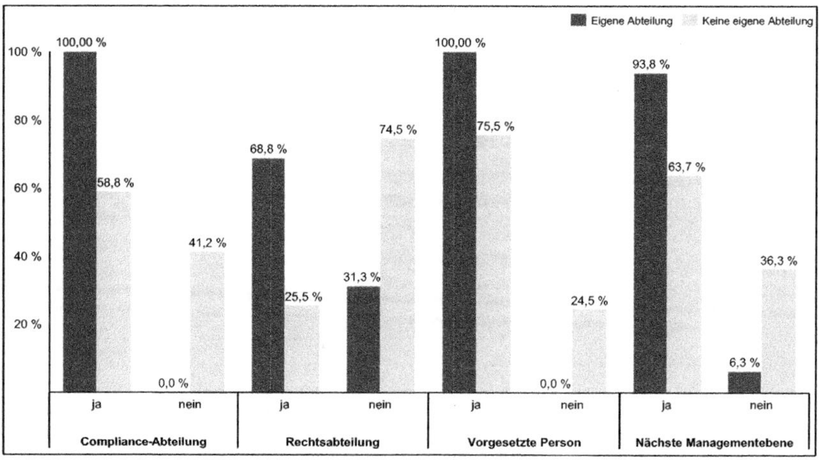

Abb. 8.7 Meldewege nach Vorhandensein einer Compliance-Abteilung

[35] Compliance und Fehlverhaltensbekämpfung wird synonym verwendet.

8.2.1.3 Aufgaben und Awareness

In einem weiteren Schritt, wurden die Klinikträger zu den Zielen der Bekämpfung von Fehlverhalten befragt. Mit der Möglichkeit mehrere Antworten zu geben, konnten die befragten Personen zwischen (1.) der Einhaltung gesetzlicher Vorschriften, (2.) der Einhaltung interner Regeln, (3.) der Einhaltung externer/vertraglicher Regeln oder (4.) sonstige Gründe auswählen.

Insbesondere die Einhaltung gesetzlicher Vorschriften (93,2 % bzw. n = 110) sowie die Einhaltung interner Regeln (83,1 % bzw. n = 98) wurden von den befragten Personen mehrheitlich genannt. In 49,2 % (n = 58) der Antworten wurde die Einhaltung externer/vertraglicher Regeln benannt. Bei den offenen Antworten wurden zudem die Korruptionsbekämpfung sowie die Einhaltung ethischer Grundsätze angegeben.

Die Teilnehmenden wurde nach den Aufgaben der Compliance-Abteilung befragt. Unter der Möglichkeit der Mehrfachnennung wurde hierzu eine Auswahl von möglichen Tätigkeitsfeldern zur Auswahl gestellt.

Mit 57,6 % (n = 68) wurde die Aussage, dass die Compliance-Abteilung regelmäßig von anderen Abteilungen kontaktiert wird, von einem Großteil der Teilnehmenden angegeben, gefolgt von der Aussage, dass die Abteilung Awareness-Schulungen (40,7 % bzw. n = 48) vornimmt. Die Durchführung von Audits wurde von 39,8 % (n = 47) der Teilnehmenden genannt sowie die Durchführung von internen Untersuchungen ebenfalls von 39,8 % (n = 47) (Abbildung 8.8).

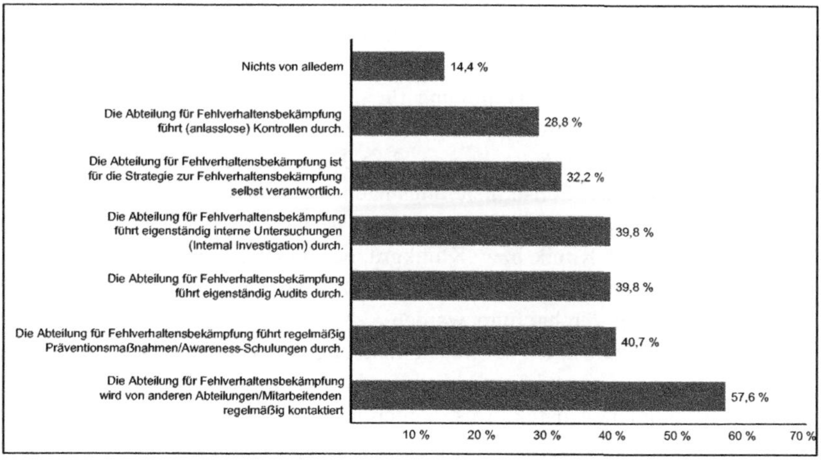

Abb. 8.8 Aufgaben der Abteilung für Fehlverhaltensbekämpfung

Des Weiteren wurden die Klinikträger dazu befragt, wie hoch das jährliche Budget für die Bekämpfung von Fehlverhalten ist. Besonders auffallend ist, dass 66,1 % (n = 74) und somit der Großteil der Teilnehmenden angab, kein ausgewiesenes Budget zur Verfügung zu haben. Weitere 25,9 % (n = 29) gaben an, zum jährlichen Budget keine Informationen zu haben. In nur 8,0 % (n = 9) der Fälle, wurde eine Summe genannt, die sich zwischen 0 € und 400.000 € p. a. bewegt.

In der vorliegenden Befragung wurde bei insgesamt vier Fragen die Zustimmung bzw. die Wahrscheinlichkeit zu verschiedenen Aussagen mit Hilfe einer Likert-Skala abgefragt. Bei den vier Fragen hat der Autor jeweils eine vierstufige Skala eingesetzt.

Der Abbildung 8.9 können die Zustimmungswerte verschiedener Aussagen zum Thema Fehlverhaltensbekämpfung entnommen werden. Die Mehrheit der befragten Klinikträger stimmen der Aussage zu, dass in ihrer Klinik bzw. ihrer Klinikgruppe ein konstruktiver Umgang mit Fehlern von Mitarbeitenden herrscht. Dieser Aussage stimmen 7,7 % (n = 9) voll zu und weitere 65,0 % (n = 76) stimmen zu. Neben dem konstruktiven Umgang mit Fehlverhalten, wurde zudem nach der Einschätzung gefragt, ob die Vermeidung von Fehlverhalten in den Kliniken bzw. Klinikgruppen hoch eingeschätzt wird.

Dieser Aussage stimmen insgesamt 84,6 % (n = 99) zu oder voll zu.

Nach einer offenen Fehlerkultur gefragt, geben 6,9 % (n = 8) an, dass sie dieser Aussage zustimmen und 61,2 % (n = 71) stimmen dieser Aussage voll zu.

In diesem Abschnitt der Befragung erfährt die Aussage, dass Schulungen zum Thema Fehlverhaltensbekämpfung nicht notwendig sind, die geringste Zustimmung. So geben 60,7 % (n = 71) an, dass diese Aussage für ihre Klinik oder Klinikgruppe nicht zutrifft.

Auch wurde nach der Zustimmung für die Aussage gefragt, dass keine eindeutigen Regeln für die Bekämpfung von Fehlverhalten vorhanden sind. 39,0 % (n = 46) der Teilnehmenden geben an, dass diese Aussage für sie nicht zutrifft.

Zudem wurde nach Sensibilisierungsmaßnahmen in Bezug auf die Bekämpfung von Fehlverhalten von Mitarbeitenden gefragt. Hier geben 70,1 % (n = 82) an, dass in ihrer Klinik bzw. Klinikgruppe Maßnahmen zur Sensibilisierung durchgeführt und wiederum 29,9 % (n = 35) geben an, dass keine Maßnahmen zur Sensibilisierung durchgeführt werden.

Als konkrete Maßnahmen zur Sensibilisierung von Mitarbeitenden wurden insbesondere Schulungen und Fortbildungen, Handlungsanweisungen, Rundschreiben und Richtlinien genannt. Des Weiteren werden auch Audits, Beratungen, Newsletter und Praxisbeispiele zur Sensibilisierung verwendet.

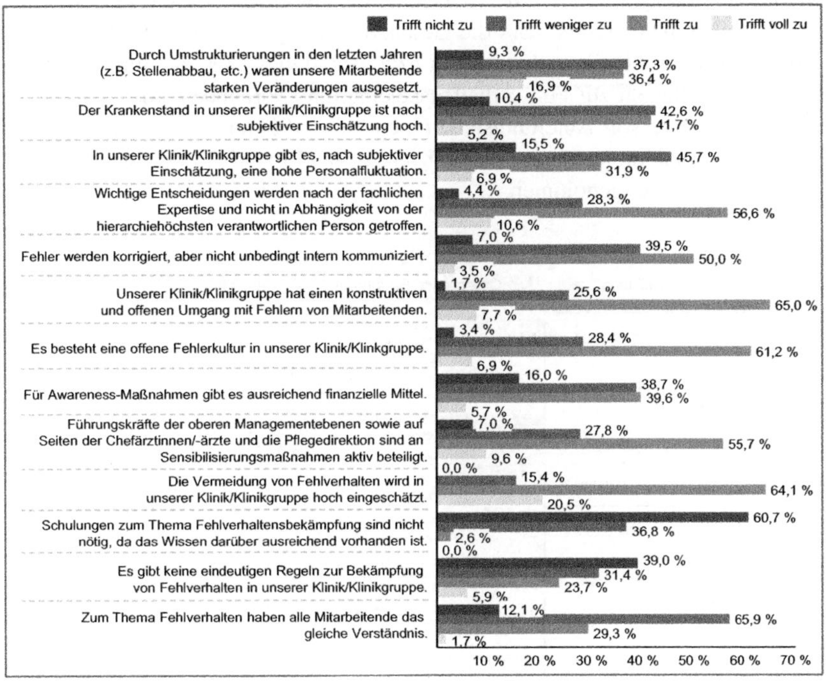

Abb. 8.9 Beurteilung von Aussagen zur Fehlverhaltensbekämpfung in der eigenen Klinik/ Klinikgruppe

Insgesamt ergeben sich bei der Zustimmung zu den verschiedenen Aussagen zur Bekämpfung von Fehlverhalten nur wenige Unterschiede. Bei den folgenden drei Aussagen sind jedoch auffallende Unterschiede festzustellen:

- „Es gibt keine eindeutigen Regeln zur Bekämpfung von Fehlverhalten in unserer Klinik/Klinikgruppe." (H(3) = 10.255, p = .017),
- „In unserer Klinik/Klinikgruppe gibt es, nach subjektiver Einschätzung, eine hohe Personalfluktuation" (H(3) = 14.579, p = .002),
- „Der Krankenstand in unserer Klinik/Klinikgruppe ist nach subjektiver Einschätzung hoch" (H(3) = 8.111, p = .044).

In der Abbildung 8.10 sind die Unterschiede grafisch aufbereitet. Der Abbildung kann entnommen werden, dass die Geschäftsführung bedeutend häufiger als Mitarbeitende oder Abteilungsleiterinnen bzw. Abteilungsleiter zustimmt, dass keine eindeutigen Regeln zur Fehlverhaltensbekämpfung vorhanden sind.

Insbesondere von Abteilungsleiterinnen bzw. Abteilungsleiter wird eine hohe Personalfluktuation sowie ein hoher Krankenstand innerhalb der Klinik bzw. der Klinikgruppe wahrgenommen.

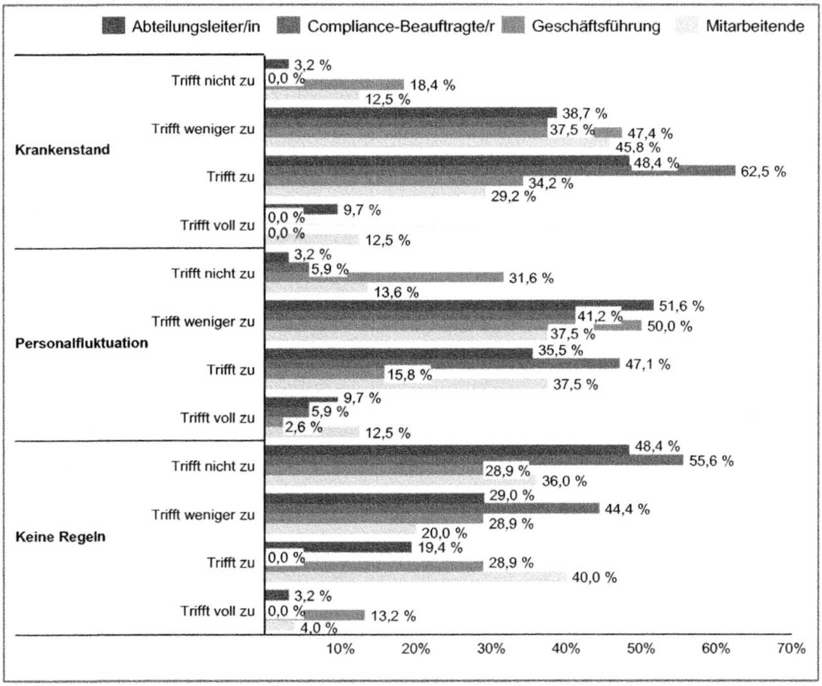

Abb. 8.10 Unterschiede in der Beantwortung der Fragen nach Position der befragten Personen

8.2.1.4 Kriminalitätsbelastung

In einem weiteren Schritt wurden die Teilnehmenden nach der Kriminalitätsbelastung innerhalb der Klinik bzw. der Klinikgruppe befragt. Der Autor unterschied in der Befragung zwischen der Kriminalitätsbelastung durch Mitarbeitende sowie durch externe Personen.

In der folgenden Abbildung 8.11 ist zunächst die Kriminalitätsbelastung durch Mitarbeitende abgebildet. Bei den aufgeschlüsselten Verstößen handelt es sich um vollendete und versuchte Straftaten sowie Ordnungswidrigkeiten. Verdachtsfälle sind ebenfalls inbegriffen. Eine nähere Differenzierung in Bezug auf den Tatzeitpunkt sowie auf die Anzahl der Delikte einer jeweiligen Antwortmöglichkeit, erfolgte im Rahmen der Datenerhebung nicht.

Die am häufigsten genannten Taten sind mit 64,4 % (n = 76) Datenschutz-Verstöße und mit 63,6 % (n = 75) Diebstähle. Verstöße gegen die Arbeitssicherheit wurde von 42,4 % (n = 50) der Teilnehmenden angegeben, gefolgt von Beleidigungen (38,1 % bzw. n = 45) sowie Verstößen gegen das Arbeitsrecht[36] in 37,3 % (n = 44) der Fälle. Von Tötungsdelikten betroffen zu sein, wurde von n = 13 (11,0 %) der Klinikträger angegeben sowie von Unterlassungsdelikten (11,0 % bzw. n = 13) und Korruption (11,0 % bzw. n = 13).

Auf Grund der – zumindest in bestimmten Konstellationen denkbaren – Garantenpflicht pflegerischer sowie ärztlicher Mitarbeitenden von Einrichtungen des Gesundheitswesens, sind alle unechten Unterlassungsdelikte in dieser Kategorie zusammengefasst.[37] Diese können u. a. Körperverletzung oder Tötung durch Unterlassen sein. Auch wenn Tötungsdelikte zu den Delikten gehören, die am wenigsten häufig genannt wurden, überrascht doch, dass immerhin 11 % der teilgenommenen Kliniken und Klinikgruppen dieses Delikt angegeben haben. Die Teilnehmenden haben bei den sonstigen Antwortmöglichkeiten insgesamt drei Antworten gegeben, so dass diese für die inferenzstatische Auswertung nicht weiter berücksichtigt wurden.

[36] Gemeint sind arbeitsrechtliche Verstöße wie z.B. Arbeitszeitüberschreitungen (vgl. ArbZG), fehlende Arbeitsverträge, Verstöße gegen die Arbeitnehmerüberlassung (vgl. AÜG). Derartige Verstöße stellen gemeinhin keine strafrechtlichen Delikte dar und sind somit keine Kriminalität im engeren Sinne. Dennoch hat sich der Autor entschieden diese Kategorie ebenfalls zu erfassen, weil im Gesundheitswesen derartige Verstöße regelmäßig erfüllt werden, wie auch die Befragung zeigt.

[37] Vgl. § 13 Abs. 1 StGB.

Der Durchschnittswert der genannten Delikte beträgt M = 4.12 (SD = 2.63). Auf Grund der Möglichkeit der Mehrfachnennung wurden somit vier Delikte im Mittel genannt und erstrecken sich von null bis zwölf Nennungen.

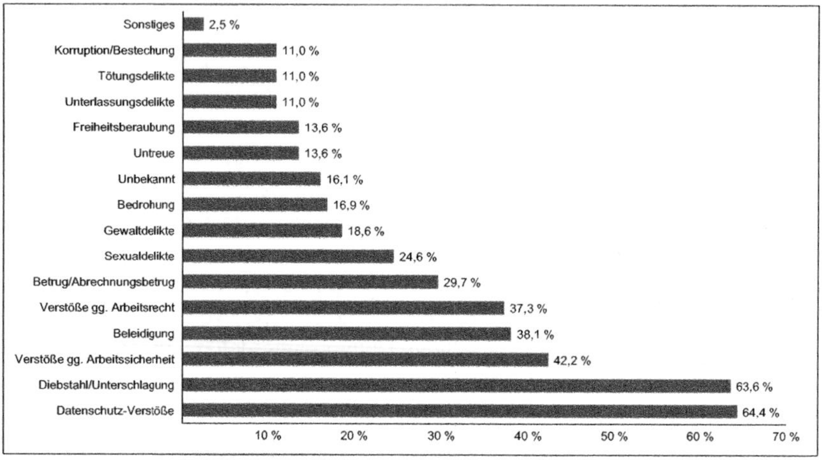

Abb. 8.11 Kriminalitätsbelastung durch Mitarbeitende

Für die Feststellung, ob signifikante Unterschiede zwischen der Position der teilnehmenden Person und der genannten Kriminalitätsbelastung vorliegen, wurden die Antworten statistisch näher untersucht. Hier zeigt sich, dass die Position der teilnehmenden Personen kaum Einfluss auf die abgegebenen Nennungen hat. In Bezug auf das Deliktsfeld Betrug zeigen sich jedoch signifikante Unterschiede ($Chi^2(3) = 7.999$, $p = .046$). Compliance-Beauftragte haben deutlich häufiger angegeben, dass ihre Klinik bzw. Klinikgruppe von Betrug betroffen war oder ist, wie der Abbildung 8.12 zu entnehmen ist.

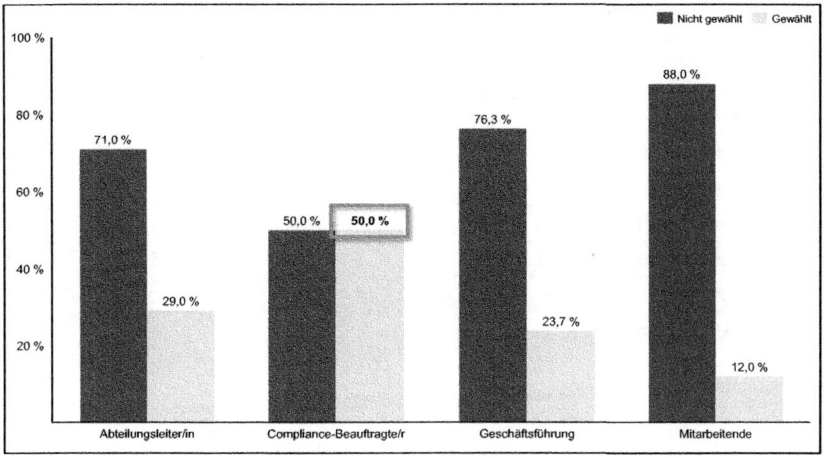

Abb. 8.12 Betrug durch Mitarbeitende nach Position der befragten Person

Abweichungen in Bezug auf die Kriminalitätsbelastung zeigen sich ebenfalls im Hinblick auf Kliniken mit einer Abteilung zur Bekämpfung von Fehlverhalten und Kliniken ohne eine solche Abteilung. Der Tabelle 8.4 sind die signifikanten Unterschiede aus den 15 möglichen Verstößen zu entnehmen. Hier zeigt sich, dass sich Fehlverhalten gegen den Datenschutz, Diebstahl bzw. Unterschlagung, (Abrechnungs-) Betrug, Gewaltdelikte, Untreue und Tötungsdelikte signifikant in ihrer Nennung zwischen Kliniken bzw. Klinikgruppen mit und ohne eine Abteilung für die Bekämpfung von Fehlverhalten unterscheiden.

Alle Verstöße, die im Rahmen der Kriminalitätsbelastung abgefragt wurden, wurden stets häufiger genannt, wenn eine eigene Abteilung zur Bekämpfung von Fehlverhalten in der jeweiligen Klinikorganisation vorhanden ist. Die Anzahl aller genannten Delikte wurde in einem weiteren Schritt aufsummiert und über die beiden Gruppen (Kliniken bzw. Klinikgruppen mit und ohne Compliance-Abteilung) verglichen. Es zeigen sich hierbei signifikante Unterschiede in Bezug auf die Häufigkeit der Nennungen ($t(116) = -4.275$, $p < .001$). Dabei weisen Kliniken bzw. Klinikgruppen mit einer eigenen Abteilung für Compliance ($M = 6.56$, $SD = 3.03$) einen höheren Mittelwert auf als solche ohne eine eigene Compliance-Abteilung ($M = 3.74$, $SD = 2.36$).

Tab. 8.4 Kriminalitätsbelastung durch Mitarbeitende in Bezug auf das Vorhandensein einer Abteilung für Fehlverhaltensbekämpfung

	Keine Abteilung	Eigene Abteilung	Chi^2 (df)	p
Datenschutz-Verstöße				
– wurde nicht genannt	41 (40,2 %)	1 (6,3 %)	6.952 (1)	.008
– wurde genannt	61 (59,8 %)	15 (93,8 %)		
Diebstahl/ Unterschlagung				
– wurde nicht genannt	41 (40,2 %)	2 (12,5 %)	4.580 (1)	.032
– wurde genannt	61 (59,8 %)	14 (87,5 %)		
Betrug/ Abrechnungsbetrug				
– wurde nicht genannt	77 (75,5 %)	6 (37,5 %)	9.568 (1)	.002
– wurde genannt	25 (24,5 %)	10 (62,5 %)		
Gewaltdelikte				
– wurde nicht genannt	88 (86,3 %)	8 (50,0 %)	11.998 (1)	< .001
– wurde genannt	14 (13,7 %)	8 (50,0 %)		
Untreue				
– wurde nicht genannt	91 (89,2 %)	11 (68,8 %)	4.942 (1)	.026
– wurde genannt	11 (10,8 %)	5 (31,3 %)		
Tötungsdelikte				
– wurde nicht genannt	98 (96,1 %)	7 (43,8 %)	38.632 (1)	< .001
– wurde genannt	4 (3,9 %)	9 (56,3 %)		

Neben der Kriminalitätsbelastung durch Mitarbeitende, wurde auch die Kriminalitätsbelastung durch Externe betrachtet.[38] Beleidigungen wurden mit 57,6 % (n = 68) von den Teilnehmenden am häufigsten genannt. Bedrohungen (51,7 % bzw. n = 61) sowie Diebstahl (50,0 % bzw. n = 59) wurden neben Gewaltdelikten (39,0 % bzw. n = 46) ebenfalls häufig angegeben. Die Ergebnisse sind der Abbildung 8.13 zu entnehmen.

[38] Hierbei sind beispielsweise Patientinnen und Patienten oder angehörige Personen gemeint.

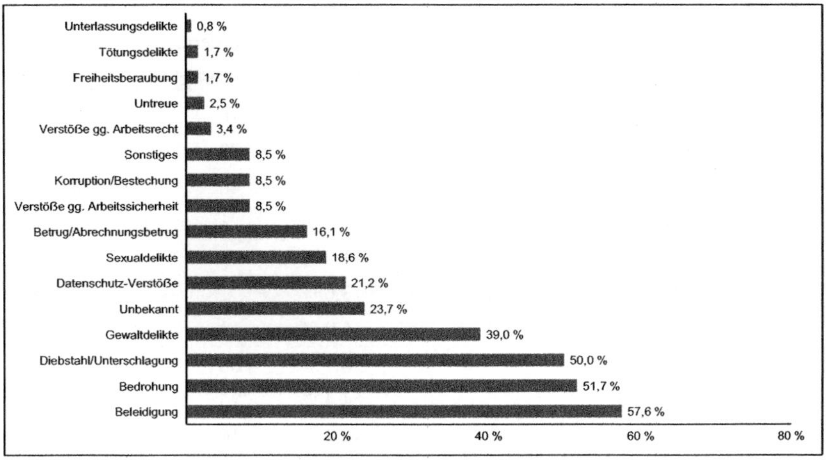

Abb. 8.13 Kriminalitätsbelastung durch Externe

Zwischen null bis neun Verstöße wurden je Klinikträger angegeben. Der Durchschnittswert der durch externe Personen begangenen Verstöße beträgt M = (SD = 2.10). Im Mittel wurden somit drei Verstöße genannt.

Bei den offenen Antwortmöglichkeiten sind insbesondere Datenschutz, Diebstahl und Korruption genannt worden, die häufig bearbeitet werden. Gewaltdelikte, Bedrohungen und Sexualdelikte werden ebenfalls häufig von den Kliniken bzw. Klinikgruppen bearbeitet.

In der Tabelle 8.5 sind die absoluten Zahlen und die Prozentwerte der Kriminalitätsbelastung durch Mitarbeitende sowie externen Personen zusammengefasst. Hier zeigt sich, dass sich die Nennungen der Kriminalitätsbelastung in der Anzahl teilweise bedeutend unterscheiden.

Tab. 8.5 Kriminalitätsbelastung durch Mitarbeitende und Externe im Vergleich

	Mitarbeitende		Externe	
	Häufigkeit	Prozent	Häufigkeit	Prozent
Betrug/Abrechnungsbetrug	35	29,7 %	19	16,1 %
Diebstahl/Unterschlagung	75	63,6 %	59	50,0 %
Untreue	16	13,6 %	3	2,5 %

(Fortsetzung)

Tab. 8.5 (Fortsetzung)

	Mitarbeitende		Externe	
	Häufigkeit	Prozent	Häufigkeit	Prozent
Korruption/Bestechung	13	11,0 %	10	8,5 %
Sexualdelikte	29	24,6 %	22	18,6 %
Gewaltdelikte	22	18,6 %	46	39,0 %
Unterlassungsdelikte	13	11,0 %	1	0,8 %
Tötungsdelikte	13	11,0 %	2	1,7 %
Freiheitsberaubung	16	13,6 %	2	1,7 %
Bedrohung	20	16,9 %	61	51,7 %
Beleidigung	45	38,1 %	68	57,6 %
Datenschutz-Verstöße	76	64,4 %	25	21,2 %
Arbeitssicherheit	50	42,4 %	10	8,5 %
Arbeitsrecht	44	37,3 %	4	3,4 %
Sonstiges	3	2,5 %	10	8,5 %
Unbekannt	19	16,1 %	28	23,7 %

8.2.1.5 Auswertung und Monitoring

In einem weiteren Auswertungsschritt wurde analysiert, ob die Teilnehmenden der Befragung die eigene Kriminalitätsbelastung strukturiert erfassen. 60,2 % (n = 68) der befragten Kliniken bzw. Klinikträger geben an, dass sie alle Delikte, von denen sie selbst betroffen sind, erfassen. Ausgewählte Delikte werden von 9,7 % (n = 11) erfasst und 30,1 % (n = 34) erfassen keinerlei Delikte.

Ein regelmäßiges Monitoring von Compliance-Risiken wird von 34,4 % (n = 39) durchgeführt. Bei 28,6 % (n = 32) der Kliniken bzw. Klinikgruppen erfolgt ein Monitoring unregelmäßig und 36,6 % (n = 41) führen kein Monitoring von Compliance-Risiken durch.

Sofern kein Monitoring von Compliance-Risiken erfolgt, wurde nach den Gründen gefragt. 34,3 % (n = 24) geben an, dass fehlende Personalressourcen der Grund für das fehlende Monitoring sind. 12,9 % (n = 9) halten ein Monitoring für zu aufwendig und weitere 7,1 % (n = 5) begründen dies mit mangelnder Digitalisierung. 28,6 % (n = 20) der Teilnehmenden haben mehrere dieser Gründe angegeben.

Weitere 17,1 % (n = 12) haben unter sonstige Gründe angegeben, dass ein CMS im Aufbau sei oder geplant ist. Unter diesen Angaben findet sich auch die Antwort, dass für ein CMS keine Notwendigkeit erkannt wird.

In diesem Abschnitt wurde zudem gefragt, ob Hinweise auf Unregelmäßigkeiten strukturiert bearbeitet werden. 56,0 % (n = 65) geben hier an, dass dies in ihrer Organisation der Fall ist und 38,9 % bzw. n = 44 geben an, dass je nach Einzelfall entschieden wird. 4,3 % (n = 5) bearbeiten Hinweise nicht strukturiert.

Ein weiterer Aspekt, der analysiert wurde, bezog sich auf die Frage, ob in Kliniken mit einer Abteilung für die Bekämpfung von Fehlverhalten Risiken auch eher monitoren und Hinweise strukturiert erfassen sowie bearbeiten, als solche ohne eine Compliance-Abteilung.

Das Ergebnis zeigt, dass kein Zusammenhang zwischen dem Vorhandensein einer eigenen Compliance-Abteilung und einer Erfassung von Vorfällen vorhanden ist (Chi^2 (1) = 2.741, p = .098).

Allerdings gibt es signifikante Unterschiede zwischen Kliniken mit eigener und ohne eigene Compliance-Abteilung (Chi^2 (2) = 8.052, p = .018) hinsichtlich der Beantwortung der Frage, ob ein Monitoring von Compliance-Risiken durchgeführt wird.

Gleiches gilt für die Antworten auf die Frage, ob Hinweise auf ein Fehlverhalten strukturiert bearbeitet werden (Chi^2 (2) = 7.430, p = .024).

In der Abbildung 8.14 sind die beiden letzten Ergebnisse grafisch dargestellt. Es zeigt sich, dass Kliniken mit eigener Compliance Abteilung auch ein regelmäßiges Monitoring sowie eine strukturierte Bearbeitung von Hinweisen durchführen.

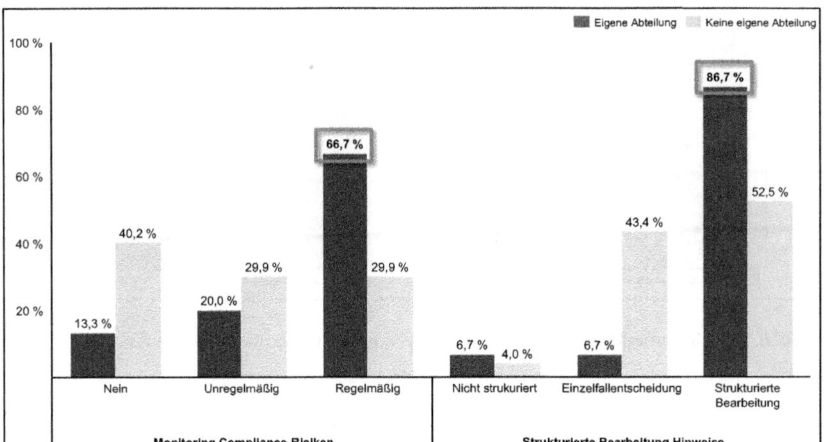

Abb. 8.14 Monitoring von Risiken und strukturierte Bearbeitung von Fällen nach Vorhandensein einer eigenen Compliance-Abteilung

Inwiefern eine Dokumentation und eine strukturierte Auswertung von Todesfällen sowie von medizinischen Notfällen durchgeführt wird, ist der Abbildung 8.15 zu entnehmen. Hier zeigt sich, dass 97,4 % (n = 111) der Todesfälle innerhalb der gesamten Stichprobe dokumentiert werden und die Kliniken zu 76,8 % (n = 86) auch eine strukturierte Auswertung vornehmen. 86,5 % (n = 96) der Personen, die an der Befragung teilgenommen haben, geben an, dass im Fall von medizinischen Notfallsituationen diese auch dokumentiert werden. Immerhin 69,1 % (n = 76) geben an, dass im Nachhinein auch eine strukturierte Auswertung der Notfallsituationen stattfindet.

Untersucht man die Ergebnisse nach der Größe der Kliniken, ist festzustellen, dass vor allem große Kliniken mit mehr als 5.000 Mitarbeitenden eine hohe Dokumentations- und Auswertungsquote aufweisen. Todesfälle werden auch in kleineren und mittelgroßen Kliniken weitgehend vollständig dokumentiert, eine Auswertung findet in diesen Kliniken jedoch seltener statt. Auch medizinische Notfälle werden in kleineren und mittleren Kliniken weniger häufig dokumentiert und ausgewertet als das in großen Einrichtungen der Fall ist.

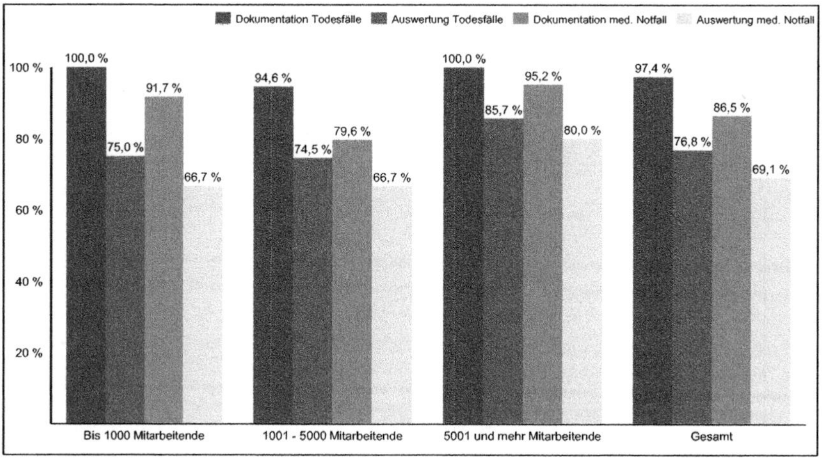

Abb. 8.15 Dokumentation und Auswertung von Zwischenfällen nach Anzahl Mitarbeitende

In der Stichprobe wird von 93,8 % (n = 106) der teilnehmenden Klinikträger angegeben, dass Medikamentenbestellungen sowie Medikamentenverbräuche zum überwiegenden Teil dokumentiert werden. 80,7 % (n = 88) geben an, dass diese darüber hinaus auch strukturiert ausgewertet werden (Abbildung 8.16).

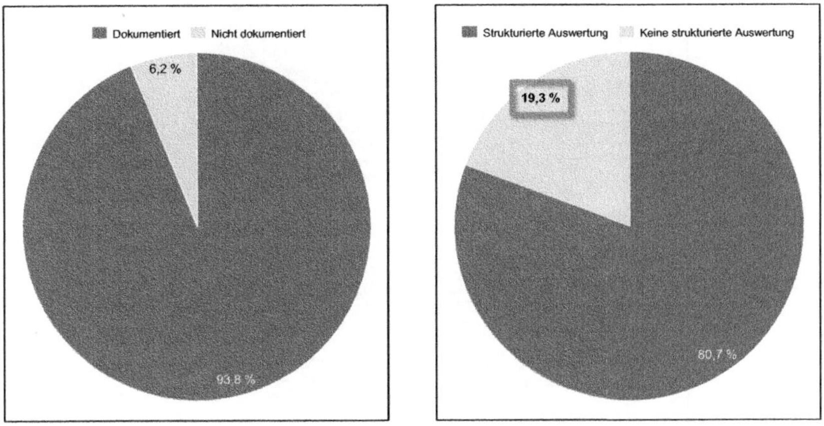

Abb. 8.16 Medikamentenbestellungen und -verbräuche

Von den befragten Klinikträgern nutzen 62,5 % (n = 76) für die Auswertung von Unregelmäßigkeiten keine entsprechende Software (Abbildung 8.17).

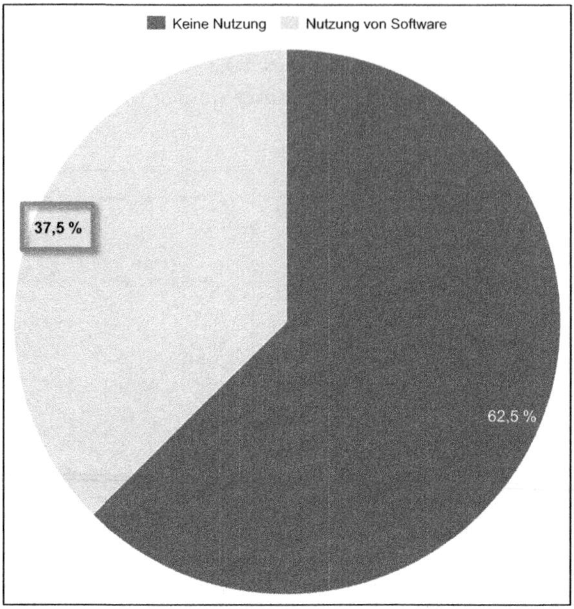

Abb. 8.17 Nutzung von Analysesoftware

8.2.1.6 Eintrittswahrscheinlichkeit

Wie der Tabelle 8.6 entnommen werden kann, ist auffällig, dass die Einschätzung des Risikos hinsichtlich der Eintrittswahrscheinlichkeit in der eigenen Klinik für Delikte wie Diebstahl, Bedrohungen, Beleidigungen sowie Datenschutzverstöße für relativ wahrscheinlich gehalten werden, während das Risiko für Tötungs-, Untreue- oder Unterlassungsdelikte eher als unwahrscheinlich eingeschätzt werden.

Ob sich Kliniken mit eigener Compliance-Abteilung sowie größere Kliniken hinsichtlich ihrer Wahrnehmung von Risiken gegenüber Kliniken ohne eigene Compliance-Abteilung und kleineren Kliniken unterscheiden, wurde ebenfalls untersucht und in einer Skala erfasst.

Es wurde die Eintrittswahrscheinlichkeit für verschiedene Delikte abgefragt, die von sehr hoch (1) bis sehr gering (4) bewertet werden konnten. Das Ergebnis einer Reliabilitätsanalyse zeigt, dass eine gute interne Konsistenz mit $\alpha = .88$ vorliegt. Es wurde eine Mittelwertskala erstellt, in der hohe Werte für ein geringer wahrgenommenes Risiko stehen.

Tab. 8.6 Eintrittswahrscheinlichkeit bestimmter Delikte

	sehr hoch	hoch	gering	sehr gering
Betrug/Abrechnungsbetrug	8	24	64	16
	7,1 %	21,4 %	57,1 %	14,3 %
Diebstahl/Unterschlagung	17	47	46	3
	15,0 %	41,6 %	40,7 %	2,7 %
Untreue	0	12	71	28
	0,0 %	10,8 %	64,0 %	25,2 %
Korruption/Bestechung	5	16	60	30
	4,5 %	14,4 %	54,1 %	27,0 %
Sexualdelikte	1	23	59	26
	0,9 %	21,1 %	54,1 %	23,9 %
Gewaltdelikte	6	36	53	15
	5,5 %	32,7 %	48,2 %	13,6 %
Unterlassungsdelikte	0	14	67	27
	0,0 %	13,0 %	62,0 %	25,0 %
Tötungsdelikte	**1**	**7**	**29**	**74**
	0,9 %	**6,3 %**	**26,1 %**	**66,7 %**
Freiheitsberaubung	4	17	55	35
	3,6 %	15,3 %	49,5 %	31,5 %
Bedrohung	9	43	42	16
	8,2 %	39,1 %	38,2 %	14,5 %
Beleidigung	16	50	38	7
	14,4 %	45,0 %	34,2 %	6,3 %
Datenschutz-Verstöße	16	56	33	6
	14,4 %	50,5 %	29,7 %	5,4 %
Arbeitssicherheit	8	42	52	9
	7,2 %	37,8 %	46,8 %	8,1 %
Arbeitsrecht	9	39	51	13
	8,0 %	34,8 %	45,5 %	11,6 %

Die Unterschiede der Kliniken hinsichtlich der Anzahl der Standorte, der Anzahl der Mitarbeitenden, der Anzahl der Planbetten sowie dem Vorhandensein einer eigenen Compliance-Abteilung werden in Tabelle 8.7 gezeigt. Es wird deutlich, dass es lediglich in Bezug auf die Risikobewertung nach Anzahl der Mitarbeitenden ($F(2, 110) = 6.752$, $p = .002$) einen signifikanten Unterschied gibt.

Werden die Mittelwerte miteinander verglichen, dann zeigt sich, dass große Kliniken ($M = 2.59$, $SD = 0.45$) weniger Risiken wahrnehmen, als mittelgroße ($M = 2.74$, $SD = 0.45$) und kleine Einrichtungen ($M = 3.00$, $SD = 0.42$).

Kleinere Kliniken unterscheiden sich signifikant von mittleren ($p = 0.24$) und großen Kliniken ($p = .002$), wie post-hoc Vergleiche deutlich machen.

Nicht bedeutsam unterscheiden sich dagegen mittelgroße und große Kliniken in ihrer Risikoeinschätzung voneinander ($p = .462$).

Tab. 8.7 Gruppenunterschiede wahrgenommener Risiken

	M	SD	t(df)/F(df)	p
Standorte				
– 1 bis 5 Standorte	2.80	0.47	0.530 (111)	.597
– 6 Standorte und mehr	2.74	0.45		
Mitarbeitende				
– bis 1000	3.00	0.42	6.752 (2, 110)	.002
– 1001–5000	2.74	0.45		
– 5001 und mehr	2.59	0.45		
Planbetten				
– bis 500	2.89	0.42	2.250 (2, 110)	.110
– 501–1500	2.74	0.49		
– 1500 und mehr	2.66	0.49		
Eigene Abteilung				
– Nein	2.82	0.44	1.411 (111)	.271
– Ja	2.63	0.59		

Ein weiterer Aspekt, der in der Stichprobe untersucht wurde, war die Frage, ob und inwiefern die Position der ausfüllenden Person (Geschäftsführung, Abteilungsleiterin bzw. Abteilungsleiter, sonstige Mitarbeitende und Compliance-Beauftragte) einen Einfluss auf die Sensibilität gegenüber dem Thema Fehlverhaltensbekämpfung hat.

Ob die Position des/der Befragten einen Einfluss darauf hat, ob die Frage nach Maßnahmen zur Sensibilisierung für die Bekämpfung von Fehlverhalten in der jeweiligen Klinik positiv oder negativ beantwortet wird, kann verneint werden (Chi^2 (3) = 3.235, p = .357). Die Position hat demnach keinen Einfluss auf die Beantwortung der Frage.

Dies gilt auch für die Beantwortung der Frage nach der Bewertung der wahrgenommenen Risiken im Unternehmen. Sie hat ebenfalls keinen Einfluss (F (3, 103) = 0.855, p = .467).

8.2.1.7 Eignung von CMS für das Aufdecken von Fehlverhalten

Die Teilnehmenden wurden ebenfalls danach befragt, inwiefern sie ein CMS für geeignet halten, um die genannten Verstöße frühzeitig zu erkennen oder gar zu verhindern. Bei den Verstößen handelt es sich um die, die bereits in Bezug auf die Eintrittswahrscheinlichkeit aufgezählt wurden. Die Abbildung 8.18 gibt Aufschluss über die dazugehörigen Antworten.

Es zeigt sich, dass der überwiegende Teil der Befragten (32,4 %, n = 36) ein CMS für voll geeignet oder für geeignet hält (45 %, n = 50), um Korruption zu erkennen und zu verhindern. In Bezug auf Datenschutzverstöße wird ein CMS von 27,0 % (n = 30) ebenfalls für voll geeignet bzw. für geeignet 46,8 % (n = 52) angesehen.

Für das Aufdecken und das Verhindern von Sexual-, Gewalt- und Tötungsdelikten wird ein CMS dagegen für wenig geeignet erachtet. Bei Sexualdelikten wird ein CMS von 33,9 % (n = 37) für ungeeignet gehalten, bei Gewaltdelikten sind es 38,7 % (n = 43) und bei Tötungsdelikten 44 % (n = 48).

Sämtliche Delikte, die der personellen Gewalt zuzuordnen sind, werden von den befragten Personen mehrheitlich für nicht bzw. nur für bedingt geeignet gehalten, um sie mittels eines CMS aufzudecken oder gar zu verhindern sind, wie der Abbildung 8.18 durch die gestrichelte eckige Markierung in der Mitte zu entnehmen ist.

Ob bzw. inwiefern die Position der ausfüllenden Person (Geschäftsführung, Abteilungsleiterin bzw. Abteilungsleiter, sonstige Mitarbeitende oder Compliance-Beauftragte) Einfluss auf die Bewertung der Eignung von Compliance-Systemen zur Bekämpfung bestimmter Verstöße hat, zeigt sich keine signifikante Beziehung zur Position der/des Befragten (F(3, 103) = 0.506, p = .679).

Dies ist auch dann der Fall, wenn man die einzelnen wahrgenommenen Risiken sowie die Erkennung sämtlicher aufgeführten Delikte untersucht. Insofern kann festgestellt werden, dass die Position der ausfüllenden Personen keinen Einfluss auf die Bewertung hat.

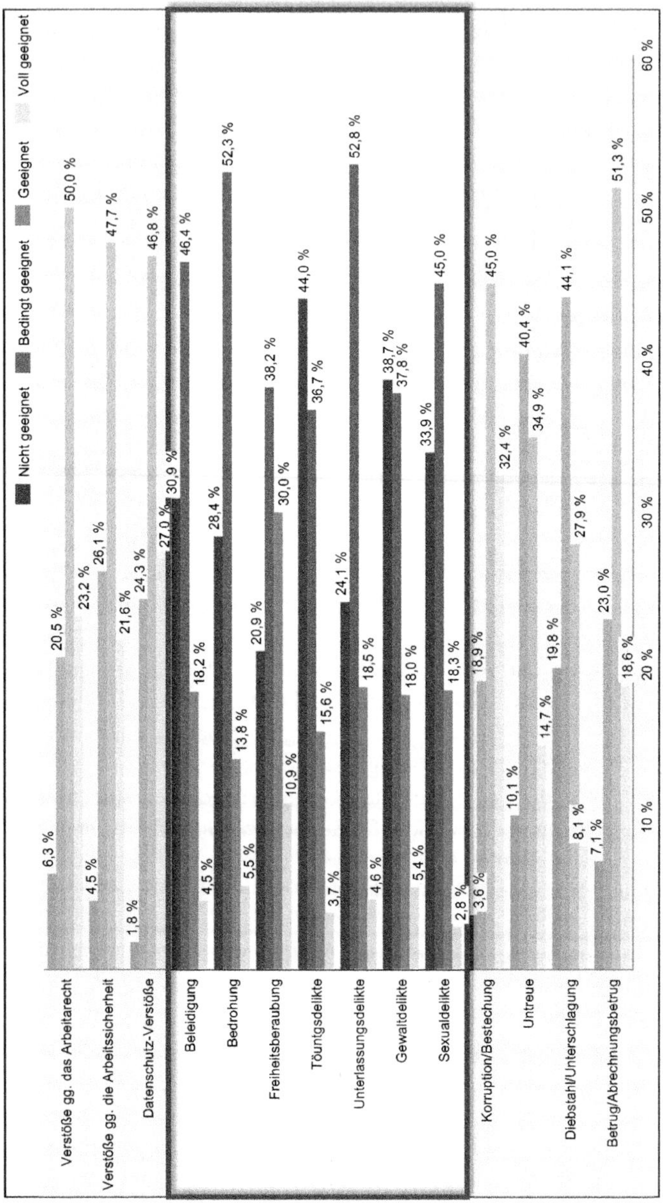

Abb. 8.18 Eignung von CMS für die Erkennung und Prävention bestimmter Delikte

8.2.1.8 Einbindung externer Unternehmen

Die abschließende Frage bezog sich darauf, ob externe Unternehmen von den Kliniken eingebunden werden, wenn Unregelmäßigkeiten festgestellt werden bzw. wenn geplant wird, ein CMS zu implementieren.

Die meisten Befragten geben mit 65,5 % (n = 76) an, dass bisher nur selten externe Unternehmen eingebunden werden. Weitere 13,8 % (n = 16) geben an, dass externe Unternehmen nie eingebunden werden und 20,3 % (n = 24) geben an, dass diese regelmäßig zur Bekämpfung von Fehlverhalten herangezogen werden.

Für die Zukunft können sich 29,8 % (n = 34) der Klinikträger vorstellen, ein externes Unternehmen zu beauftragen, während 23,7 % (n = 27) sich dies nicht vorstellen können. Der überwiegende Teil der Stichprobe ist mit 46,5 % (n = 53) in dieser Hinsicht jedoch noch unentschlossen.

8.2.2 Zusammenfassung – Befragung zur Fehlverhaltensbekämpfung

Es kann zusammenfassend festgestellt werden, dass lediglich eine geringe Anzahl der befragten Klinikträger, nämlich 6,8 % (n = 8), über keine Fehlverhaltensbekämpfung, weder in einer eigenen noch als Teil einer anderen Abteilung verfügen. 18,6 % (n = 22) der teilgenommenen Kliniken bzw. Klinikgruppen verfügen über eine eigene Abteilung zur Fehlverhaltensbekämpfung.

27,4 % der Teilnehmenden gaben an, dass Juristinnen und Juristen für die Leitung der Fehlverhaltensbekämpfung verantwortlich sind. Allerdings gaben 24,8 % (n = 29) an, also fast ein Viertel aller befragten Kliniken/Klinikgruppen, dass es für die Fehlverhaltensbekämpfung keine eigens dafür benannte Leitung gibt. Weitere 25,4 % der Befragten haben zudem angegeben, dass der Fehlverhaltensbekämpfung keine eigenen Mitarbeitenden zugeordnet sind.

Nach dem Umfang des jährlich zur Verfügung stehenden Budgets für die Bekämpfung von Fehlverhalten befragt, gaben die befragten Kliniken/ Klinikgruppen an, dass ihnen zwischen 0,- € und 400.000 € pro Jahr zur Verfügung stehen.

Die Ergebnisse der Befragung konnten belegen, dass je größer die Klinik/ Klinikgruppe, desto größer ist die Wahrscheinlichkeit, dass es eine Abteilung zur Bekämpfung von Fehlverhalten gibt.

63,6 % der Befragten gaben an, dass sie nicht über ein Compliance-Management-System verfügen. Etwas mehr, nämlich 64,4 % (n = 76) der befragten Kliniken/Klinikgruppen gaben jedoch an, über ein Hinweisgebersystem zu verfügen.

Unklarheiten bestehen bei wenigen der Befragten (n = 5) in Bezug auf ein Hinweisgebersystem im Sinne eines Compliance-Management-Systems zum Aufdecken von Compliance-Verstößen und einem sog. Critical Incident Reporting System (CIRS). Bei dem letztgenannten System handelt es sich um ein Berichtssystem zur Meldung von kritischen Ereignissen bei medizinischen Maßnahmen im Rahmen des Qualitäts- und Risikomanagements. Beide Systeme unterscheiden sich maßgeblich voneinander und sind nicht vergleichbar.[39]

Wenn ein Compliance-Management-System implementiert ist, dann verfügen große Kliniken/Klinikgruppen auch häufiger über ein solches System, als kleine Klinikträger. Zudem konnte gezeigt werden, dass größere Kliniken/ Klinikgruppen auch häufiger über ein Hinweisgebersystem zur Meldung von Compliance-Verstößen verfügen.

Signifikant häufiger ist zudem ein Compliance-Management-System implementiert, wenn die Klinik/Klinikgruppe über eine eigene Abteilung zur Fehlverhaltensbekämpfung verfügt. Kliniken mit einer eigenen Abteilung verfügen auch häufiger als jene ohne eigene Abteilung über ein Hinweisgebersystem.

Kliniken mit einer eigenen Compliance-Abteilung bieten deutlich mehr Möglichkeiten zur Meldung von Missständen bzw. Unregelmäßigkeiten an, als Kliniken ohne eine solche Abteilung.

Hinsichtlich der Fragen zur Kriminalitätsbelastung zeigt sich, dass Datenschutz-Verstöße mit 64,4 % (n = 76) und Diebstahl mit 63,6 % (n = 75) durch die Befragten am häufigsten angegeben wurden. Tötungs- und unechte Unterlassungsdelikte, wie beispielsweise Körperverletzung durch Unterlassen wurden mit 11 % (n = 13) nur selten genannt. Auch wenn die zuletzt genannten Delikte seltener genannt wurden, überrascht die hohe Zahl der Nennungen, insbesondere bei Tötungsdelikten, dennoch.

Wenn eine Compliance-Abteilung vorhanden ist, wurden alle Delikte bei der Kriminalitätsbelastung auch häufiger genannt, als bei Befragten ohne eine eigene Abteilung zur Bekämpfung von Fehlverhalten.

In Bezug auf das Risikomanagement ist auffällig, dass 41 der befragten Kliniken/Klinikgruppen kein Monitoring von Compliance-Risiken durchführen (36,6 %).

Sofern eine Abteilung zur Bekämpfung von Fehlverhalten vorhanden ist, wird signifikant häufiger ein Monitoring von Compliance-Risiken durchgeführt sowie

---

[39] Siehe hierzu Kapitel 9 „Abgrenzung klinischer Meldesysteme zur Qualitätssicherung und Hinweisgebersysteme“.

Hinweisen auf Missstände auch strukturierter bearbeitet, als es bei Kliniken bzw. Klinikgruppen ohne eine Abteilung zur Bekämpfung von Fehlverhalten.

Todesfälle werden von allen befragten Kliniken/Klinikgruppen nahezu vollständig dokumentiert, allerdings findet eine Auswertung in kleineren Kliniken/ Klinikgruppen seltener als in großen Einrichtungen statt. Medizinische Notfälle werden bei mittleren und kleinen Einrichtungen ebenfalls seltener als bei großen Kliniken dokumentiert sowie ausgewertet.

Große Kliniken mit mehr als 5.000 Mitarbeiterinnen und Mitarbeiter weisen insgesamt eine hohe Dokumentations- und Auswertungsquote auf.

In 93,8 % der Fälle werden Medikamentenbestellungen und -verbräuche dokumentiert, eine strukturierte Auswertung wird allerdings nur in 80,7 % der Kliniken und Klinikgruppen vorgenommen.

Nur wenige Kliniken/Klinikgruppen 37,5 % (n = 42) nutzen zur Auswertung von gemeldeten Unregelmäßigkeiten eine spezielle Software.

Es konnte zudem gezeigt werden, dass große Kliniken bzw. Klinikgruppen Risiken weniger stark wahrnehmen sowie deren Eintrittswahrscheinlichkeit auch für unwahrscheinlicher halten, als mittelgroße und kleine Einrichtungen.

65,5 % der befragten Kliniken/Klinikgruppen geben an, dass externe Unternehmen bisher nur selten im Kontext der Fehlverhaltensbekämpfung bzw. für deren Aufklärung eingebunden werden.

Das Vorhandensein von Risikobewusstsein in Bezug auf die Wahrscheinlichkeit ihres Eintretens in der eigenen Klinik/Klinikgruppe wurde ebenfalls abgefragt.

Als relativ wahrscheinliche Risiken werden Datenschutzverstöße, Bedrohungen, Beleidigungen und Diebstahl betrachtet.

Im Rahmen der Befragung wurde auch abgefragt, wie das Risikobewusstsein in Bezug auf die Wahrscheinlichkeit von bestimmten Delikten betroffen zu sein, vorhanden ist. Es fällt auf, dass Datenschutzverstöße, Beleidigungen, Bedrohungen und Diebstahl als relativ wahrscheinliche Risiken betrachtet werden.

Bei der Eintrittswahrscheinlichkeit von Tötungsdelikten verhalten sich die Angaben genau entgegengesetzt. Von den befragten Personen halten 66,7 % die Eintrittswahrscheinlichkeit von Tötungsdelikten in der eigenen Klinik bzw. Klinikgruppe betroffen zu sein, für sehr gering. Nur 7,2 % der befragten Personen halten die Wahrscheinlichkeit für hoch (6,3 %) oder sehr hoch (0,9 %) von Tötungsdelikten betroffen sein zu können.

Es wurde zudem abgefragt, für wie geeignet ein CMS gehalten wird, um die genannten Risiken bzw. Verstöße frühzeitig zu erkennen oder ggf. sogar zu verhindern.

Hier zeigt sich, dass viele befragte Personen ein CMS für voll geeignet (32,4 % bzw. n = 36) oder geeignet (45,0 % bzw. n = 50) halten, um Korruption zu erkennen und vorzubeugen.

Als wenig geeignet wird ein CMS dagegen für Delikte gehalten, die der personellen Gewalt zugeordnet werden können. 44,0 % (n = 48) der befragten Personen halten ein CMS für ungeeignet, um Tötungsdelikte frühzeitig zu erkennen und weitere Taten ggf. zu verhindern.

Insgesamt kann festgestellt werden, dass die befragten Kliniken bzw. Klinikgruppen im Bereich der Fehlverhaltensbekämpfung zum Teil unzureichend aufgestellt sind. Mangelnde Strukturen und fehlendes Bewusstsein können Fehlverhalten begünstigen, zumindest aber das Aufdecken erschweren, wie die Fälle aus dem ersten empirischen Teil der vorliegenden Arbeit gezeigt haben.

8.3 Methodenkritik

Unter den vorangegangenen Gliederungspunkten wurden die Studiendurchführung sowie die Ergebnisse eingehend beschrieben, eingeordnet und im Folgenden kritisch gewürdigt. Die gewählte Durchführung und die Ergebnisse der Studie sind zudem einzuordnen.

Aus methodischer Sicht ergeben sich Interpretationsgrenzen im Hinblick auf Antworten, die aus der persönlichen Perspektive der befragten Personen beantwortet wurden.

So werden beispielsweise bei der Frage 19 unterschiedliche Aussagen durch die befragten Personen beurteilt.[40] Zwei Teilfragen befassen sich mit einer Einschätzung, ob nämlich alle Mitarbeitenden das gleiche Verständnis zum Thema Fehlverhalten haben und ob es keine eindeutigen Regeln zur Bekämpfung von Fehlverhalten gibt. Die Einzelaspekte der Frage 19 können somit subjektiv sehr unterschiedlich bewertet werden. Die Sichtweise der Geschäftsleitung bzw. der Personen, die die Frage beantwortet haben, kann durchaus von denen der Mitarbeitenden abweichen.

Des Weiteren wird in den Fragen 20 und 21 die Kriminalitätsbelastung erfragt. Der Autor hat explizit darauf hingewiesen, dass auch Verdachtsfälle sowie versuchte Taten gemeint und inkludiert sind. Auch hier ist – zumindest bei großen Klinikgruppen bzw. Konzernen einschränkend darauf hinzuweisen – dass mögliche Verdachtsfälle, versuchte Taten oder sogar vollendete Taten nicht zwangsläufig der zuständigen und verantwortlichen Person gemeldet werden.

[40] Der Fragebogen kann in der Anlage eingesehen werden.

Besonders bei Verdachtsfällen ist anzunehmen, dass die Hürde, einen Verdacht tatsächlich zu melden, insbesondere dann hoch ist, wenn die Meldung nicht anonym erfolgen kann.[41] Des Weiteren müsste eine Verdachtsmeldung, sofern kein Hinweisgebersystem implementiert ist, den regulären Dienstweg über die Vorgesetzten bis hin zu der für die Fehlverhaltensbekämpfung zuständigen Person durchlaufen. So kann angenommen werden, dass ein Verdacht auf Unregelmäßigkeiten beispielsweise auf einer Station eines Krankenhauses durchaus bestehen könnte, der Verdacht aber u. U. nicht durch alle Instanzen weitergegeben wird und somit nie bei der für die Fehlverhaltensbekämpfung zuständigen Person, die die Fragen beantwortet hat, ankommt. Zumindest im Kontext der o. g. Fragestellungen wäre eine Befragung einer größeren Stichprobe beispielsweise der einzelnen Krankenhäuser, von verantwortlichen Personen der Stationen in den Krankenhäusern oder gar dem gesamten Personal der Kliniken selbst geeigneter, um genauere Ergebnisse insbesondere zu Verdachtsfällen, also einem möglichen Dunkelfeld, zu erzielen.

Die oben beschriebenen Interpretationsgrenzen sind nicht in der vollen Ausdehnung auf die gesamte Stichprobe anzuwenden, da der Anteil von kleineren Kliniken mit 1 bis 5 Standorten (83,1 % n = 98) den der sehr großen Kliniken und Klinikgruppen mit mehr als 25 Standorten (7,6 % n = 9) deutlich übersteigt und somit die o. g. Kritik, die sich nur auf große Klinikgruppen bezieht, relativieren.

Des Weiteren ist anzumerken, dass die Frage nach der Kriminalitätsbelastung keinerlei Rückschlüsse auf die Anzahl oder den Zeitpunkt der angegebenen Delikte zulässt. So muss ein genanntes Delikt mindestens einmal vorgelegen haben. Möglich ist aber auch, das das Krankenhaus bzw. die Klinikgruppe von dem jeweiligen Delikt mehrfach betroffen war. Des Weiteren bleibt unklar, ob die Delikte, die genannt wurden, regelmäßig vorkommen oder nur selten und in welcher Schwere.

Die Antwortmöglichkeit „Tötungsdelikte“ wurde bei der Kriminalitätsbelastung durch Mitarbeitende von insgesamt 11 % der Klinken/Klinikgruppen (n = 13) angegeben. Trotz des eindeutigen Bezugs auf die Kriminalitätsbelastung und somit auf strafrechtlich relevante intentional lebensbeendende Handlungen (Mord, Totschlag, Tötung auf Verlangen), ist nicht auszuschließen, dass unter dem Item „Tötungsdelikte“ auch nicht strafbare Handlungen im Sinne der sog. passiven oder indirekten Sterbehilfe verstanden wurden. Nicht strafbar sind ebenfalls die Suizidbeihilfe bzw. der assistierte Suizid. Näheres zu der Abgrenzung

---

[41] Vgl. *Werner*: Compliance und couragiertes Handeln, S. 124.

zwischen strafrechtlich relevanten Tötungsdelikten und der Sterbehilfe wird im theoretischen Teil der vorliegenden Arbeit unter Abschnitt 2.3 erläutert.

Die vorliegende Studie umfasst das Thema Fehlverhaltensbekämpfung im Gesundheitswesen insgesamt und nicht allein das der Kriminalitätsbelastung sowie einem möglichen Dunkelfeld. Der Abschnitt der Studie stellt somit einen Nebenaspekt der Gesamterhebung dar und liefert im Kontext der Gesamterhebung und dem Thema der vorliegenden Arbeit ausreichende Erkenntnisse.

Trotz der anonymen Befragung sind mögliche Limitationen in Bezug auf ethisch und strafrechtlich relevantes Verhalten in der vorliegenden Studie denkbar, insbesondere hinsichtlich der Kriminalitätsbelastung sowie des Risikobewusstseins durch sozial erwünschte Antwortverzerrungen.[42] Sozial erwünschte Antwortverzerrungen oder auch „social desirability bias" (SD-Bias) sind systematische Antwortverzerrungen in eine bestimmte Richtung, von der angenommen wird, dass eine solche Antwort sozial stärker akzeptiert ist, als die Realität es wäre.[43] Bewusste oder unbewusste Antwortverzerrungen sind bei nicht anonymen Befragungen, die Rückschlüsse auf die Person oder die Institution zulassen, eher zu erwarten, als dies bei einer anonymen Befragung der Fall wäre.[44]

[42] Vgl. *Krumpal*, in: *Quality & Quantity*, 2025 (2025).

[43] Vgl. *Stocké*, in: Zeitschrift für Soziologie 303 (303).

[44] Vgl. *Langenmaier et al.*, in: Der Schmerz 456 (456).

9 Abgrenzung von CIRS und Hinweisgebersystemen

In dem zweiten empirischen Teil der vorliegenden Arbeit hat der Autor nach dem Vorhandensein eines Hinweisgebersystems im Rahmen der Befragung von Klinikträger zum Thema Fehlverhaltensbekämpfung gefragt. Bei der Antwortmöglichkeit gaben, wie bereits angemerkt, n = 5 der befragten Personen an, dass dies zutreffend sei und ergänzten, dass es sich bei dem System um ein sog. Critical-Incident-Reporting-Systems (CIRS) handelt.

Ein Hinweisgebersystem im Sinne eines Compliance-Management-Systems (CMS) ist ein Meldesystem zum Aufklären, Abstellen sowie zum Sanktionieren von Compliance-Verstößen.[1] Gemeint sind hier Rechts- sowie interne Regelverstöße.[2] Es geht somit um einen repressiven Ansatz zur Verfolgung von Verstößen, aber auch darum, aus den gewonnenen Informationen Maßnahmen abzuleiten, um künftige Verstöße präventiv zu verhindern.[3] Bei einem Critical-Incident-Reporting-System handelt es sich ebenfalls um ein Meldesystem, jedoch unterscheiden sich die Ziele der Systeme maßgeblich voneinander.[4]

In der Bundesrepublik Deutschland ist das CIRS typischerweise Teil des klinischen Risikomanagements und dient der Sicherung des Qualitätsmanagements.[5]

---

[1] Vgl. *Veit*: Compliance und interne Ermittlungen, S. 103.

[2] Vgl. *Fissenewert*, in:Compliance kompakt, 49 (52).

[3] Vgl. *Leu*: Unternehmensinterne Corporate-Compliance-Untersuchungen, S. 12; *Veit*: Compliance und interne Ermittlungen, S. 160 ff.

[4] Vgl. *Thüß*: Rechtsfragen des Critical Incident Reportings in der Medizin, S. 3; *Fissenewert*, in:Compliance kompakt, 49 (52); *Leu*: Unternehmensinterne Corporate-Compliance-Untersuchungen, S. 12.

[5] Vgl. *Merkle*: Risikomanagement und Fehlervermeidung im Krankenhaus, S. 104; *Buchner*, in: Kodifikation der Patientenrechte 145 (145); *Wiese*: Kardiotechnik, 37 (37); *Fernández*

L. Kuhlmann, *Tötungsdelikte im Gesundheitswesen und die Bedeutung von Compliance-Management-Systemen*,
https://doi.org/10.1007/978-3-658-48764-5_9

Das Qualitäts- und Risikomanagement ist zur Sicherstellung und Überwachung der Prozesse sowie zur Optimierung der Abläufe vorgesehen.[6] Die Anforderungen zur Qualitätssicherung sind im Fünften Sozialgesetzbuch gem. §§ 135 ff. SGB V geregelt. Die Leistungserbringer sind gem. § 135a Abs. 1 Satz 1 SGB V *„[…] zur Sicherung und Weiterentwicklung der Qualität der von ihnen erbrachten Leistungen verpflichtet."*

Aus § 135a Abs. 2 SGB V i. V. m. 136a Absatz 3 SGB V ergibt sich u. a. für zugelassene Krankenhäuser, dass diese ein Risikomanagement- sowie Fehlermeldesysteme betreiben müssen. Im Rahmen des klinischen Risikomanagements werden *„[…] systematische Analysen klinischer Zwischenfälle, die von Schadensfällen und Komplikationen über kritische Ereignisse bis hin zu unsicheren Handlungen oder Zuständen reichen können, [bearbeitet]."*[7] Das klinische Risikomanagement hat zum Ziel, die Patientensicherheit zu erhöhen, Gefahren zu identifizieren und zu reduzieren.[8] Die Beschäftigten eines Krankenhauses sollen mit Hilfe des Risikomanagements auf Gefahren in Bezug auf die medizinische Versorgung von Patientinnen und Patienten frühzeitig aufmerksam gemacht und durch entsprechende Handlungsempfehlungen sowie Prozessanpassungen sollen Gefahren reduziert werden.[9]

9.1 Historische Einordnung CIRS

Nach Thüß (2012) haben heutige Fehlermeldesysteme und damit auch das Critical-Incident-Reporting-System seinen Ursprung in der Critical Incident Technique.[10] Bei der Critical Incident Technique handelt es sich um eine Beobachtungsmethode, die negative sowie positive Ereignisse auf ein bestimmtes

et al.: Deutsche Medizinische Wochenschrift, 1229 (1229); *Thüß*: Rechtsfragen des Critical Incident Reportings in der Medizin, S. 3; *Rohe et al.*: Notfall + Rettungsmedizin 25 (25).

[6] Vgl. *Buchner*, in: Kodifikation der Patientenrechte 145 (145); *Thüß*: Rechtsfragen des Critical Incident Reportings in der Medizin, S. 15.

[7] *Thüß*: Rechtsfragen des Critical Incident Reportings in der Medizin, S. 84.

[8] Vgl. *Thomas*: Fehlermeldeverhalten in der Pflege, S. 9; *Merkle*: Risikomanagement und Fehlervermeidung im Krankenhaus, S. 104; *Thüß*: Rechtsfragen des Critical Incident Reportings in der Medizin, S. 19; *Rohe et al.*: Notfall + Rettungsmedizin 25 (25).

[9] Vgl. *Merkle*: Risikomanagement und Fehlervermeidung im Krankenhaus, S. 104; *Thomas*: Fehlermeldeverhalten in der Pflege, S. 9; *Thüß*: Rechtsfragen des Critical Incident Reportings in der Medizin, S. 19.

[10] Vgl. *Thüß*: Rechtsfragen des Critical Incident Reportings in der Medizin, S. 4.

Handlungsziel bezogen betrachtet.[11] Risikoreiche Tätigkeiten können mit Hilfe der Datenerhebung sicherheitsrelevante Aspekte sowie deren Folgereaktionen, die sich beispielsweise aus dem Verhalten ergeben, identifiziert werden.[12] Die Methode wurde in der Luftfahrt eingesetzt und man erhielt durch sie Erkenntnisse über Orientierungsverluste von Pilotinnen und Piloten, die durch die Anordnung von Instrumenten sowie Schaltern im Cockpit während bestimmter Flugmanöver verursacht wurden.[13] Die NASA nutzte die Erkenntnisse und führte das Aviation Safety Reporting System (ASRS) ein, an dem sich auch andere Fehlermeldesysteme wie z. B. das CIRS orientieren.[14]

Erstmals wurde in Europa in einem Krankenhaus in der Schweiz 1995 ein dauerhaftes Fehlermeldesystem eingeführt, um unerwünschte Vorfälle zu identifizieren und die Fehlerquellen zu reduzieren.[15]

In Deutschland wurde Anfang der 2000er-Jahre die Einführung derartiger Systeme im klinischen Bereich diskutiert.[16] Im Jahr 2002 führte die Universitätsklinik Marburg im Rahmen eines Pilotprojektes ein CIRS in ihrer Organisationsstruktur ein.[17]

Im Jahr 2007 wurde die Einführung von Fehlermeldesystemen durch das Aktionsbündnis Patientensicherheit erstmals empfohlen und 2014 auf Grund eines Beschlusses des Gemeinsamen Bundesausschusses die Einführung eines Critical-Incident-Reporting-Systems in Krankenhäusern verpflichtend. Das Fehlermeldesystem soll *„[…] für alle Mitarbeiter abteilungs- und berufsgruppenübergreifend niederschwellig zugänglich [sein]“*, wie es in dem Beschluss heißt.[18]

---

[11] Vgl. Flanagan: *Psychological Bulletin, 327 (327).*

[12] Vgl. Flanagan: *Psychological Bulletin, 327 (327 ff.).*

[13] Vgl. Thüß: Rechtsfragen des Critical Incident Reportings in der Medizin, S. 4.

[14] Vgl. Rohe et al.: Notfall + Rettungsmedizin 25 (26); Thüß: Rechtsfragen des Critical Incident Reportings in der Medizin, S. 4.

[15] Vgl. Thüß: Rechtsfragen des Critical Incident Reportings in der Medizin, S. 4.

[16] Vgl. *Thüß*: Rechtsfragen des Critical Incident Reportings in der Medizin, S. 4.

[17] Vgl. *Thüß*: Rechtsfragen des Critical Incident Reportings in der Medizin, S. 4.

[18] Vgl. *Gemeinsamer Bundesausschuss* (Hrsg.): Risikomanagement- und Fehlermeldesysteme zur Verbesserung der Patientensicherheit in Klinik und Praxis (letzter Zugriff am 14.07.2023).

9.2 Critical-Incident-Reporting-System (CIRS)

Das Critical-Incident-Reporting-System kann aus dem Englischen mit *Melde- bzw. Berichtssystem für kritische Ereignisse* übersetzt werden. Es handelt sich um ein System für die Meldung von kritischen Ereignissen oder Beinahezwischenfällen.[19] Es handelt sich um ein Instrument, „*[…] welches die Analyse von systemrelevanten Fehlern, Risiken, kritischen Ereignissen und Beinahe-Schäden unterstützt.*“[20] Dem Krankenhaus soll so die Möglichkeit geben werden, durch Vorfälle zu lernen und durch Prävention sowie Anpassung der Abläufe ähnlich gelagerte Fälle zu verhindern.[21] Ebenfalls können fehlerhafte Medizinprodukte identifiziert werden und ggf. auf Grund der Daten aus dem Meldesystem ausgetauscht werden.[22]

Ziel ist, im Rahmen des Risiko- und Qualitätsmanagements die Patientenversorgung und -sicherheit zu gewährleisten und stetig zu verbessern.[23]

Das CIRS trägt maßgeblich dazu bei, im Rahmen des Qualitätsmanagements alle Organisations-, sowie Behandlungsabläufe regelmäßig einer internen Kontrolle zu unterziehen und unter Berücksichtigung der durch CIRS gewonnenen Erkenntnisse, diese anzupassen sowie zu verbessern.[24] Im Mittelpunkt steht die Prozessoptimierung zur Förderung der Patientensicherheit.[25] Ähnlich wie bei Hinweisgebersystemen im Sinne von Compliance-Management-Systemen haben auch bei CIRS die Mitarbeiterinnen und Mitarbeiter der jeweiligen Organisation i. d. R. die Möglichkeit, kritische Ereignisse auch anonym zu melden. Die Abgabe von Meldungen ist jedoch freiwillig.[26]

---

[19] Vgl. *Thomas*: Fehlermeldeverhalten in der Pflege, S. 20.

[20] *Thomas*: Fehlermeldeverhalten in der Pflege, S. 21.

[21] Vgl. *Thüß*: Rechtsfragen des Critical Incident Reportings in der Medizin, S. 10; *Fernández et al.*, in: Deutsche Medizinische Wochenschrift, 1229 (1229).

[22] Vgl. *Fernández et al.*, in: Deutsche Medizinische Wochenschrift, 1229 (1232).

[23] Vgl. *Gemeinsamer Bundesausschuss* (Hrsg.): Beschluss des Gemeinsamen Bundesausschusses über eine Qualitätsmanagement-Richtlinie (letzter Zugriff am 15.11.2022); *Thüß*: Rechtsfragen des Critical Incident Reportings in der Medizin, S. 4.

[24] Vgl. *Fernández et al.*, in: Deutsche Medizinische Wochenschrift, 1229 (1230).

[25] Vgl. *Gemeinsamer Bundesausschuss* (Hrsg.): Beschluss des Gemeinsamen Bundesausschusses über eine Qualitätsmanagement-Richtlinie (letzter Zugriff am 15.11.2022).

[26] Vgl. *Merkle*: Risikomanagement und Fehlervermeidung im Krankenhaus, S. 104; *Thomas*: Fehlermeldeverhalten in der Pflege, S. 21; *Fernández et al.*, in: Deutsche Medizinische Wochenschrift, 1229 (1230).

Es wird deutlich, dass sich CIRS und Hinweisgebersysteme, wie im vorherigen Gliederungspunkt bereits ausgeführt, in ihrer Zielsetzung und dem Zweck voneinander unterscheiden und somit nicht gleichzusetzen sind. Nicht auszuschließen ist jedoch, dass eine für das jeweils andere System bestimmte Meldung abgegeben wird. Es bedarf somit stets einer Prüfung der Meldung, durch wen diese zu bearbeiten ist.

Schlussbetrachtung 10

Organisatorisch und strukturell kann mit Hilfe eines Compliance-Management-Systems Fehlverhalten insgesamt und damit auch Tötungsdelikten, zumindest theoretisch entgegengewirkt werden. Die vorliegende Arbeit konnte aufzeigen, dass auch praktisch ein Compliance-Management-System – bei richtiger Anwendung und wie dargestellt – in den jeweiligen Organisationen zumindest die Möglichkeit geschaffen hätte, die Taten in einem früheren Stadium aufzudecken und somit auch Tötungsdelikte zu verhindern.

In den vier untersuchten Tatkomplexen von Tötungsserien im Gesundheitswesen konnte nachgewiesen werde, dass in allen Fällen Hinweise auf die Taten vorlagen.[1] Zudem kam es zu Unregelmäßigkeiten bzw. Auffälligkeiten in Bezug auf Not- und Sterbefälle sowie in drei Fällen bei den Medikamentenbeständen und -verbräuchen, die jedoch keine oder nur unzureichende Folgen nach sich zogen.[2]

In allen Fällen kam es zudem durch das Kollegium zu Hinweisen über die Täterinnen und Täter. In keinem Fall folgten auf die Hinweise substanzielle

---

[1] Vgl. „Zusammenfassung – Vorhandensein von und Umgang mit Hinweisen sowie mögliche Aufdeckungsbarrieren" unter 3.4.9.3.2.

[2] Vgl. StA Bonn, Ks 900 Js 581/05 – 24 G 3/05, Hauptakte, Band III, Blatt 269; LG Bonn, Urteil v. 22.02.2006, Ks 900 Js 581/05 – 24 G 3/05, S. 34, Hauptakte Band II, Blatt 36; StA Kempten, 1 Ks 212 Js 14068/04, Hauptakte, Band 5, Blatt 72 u. 110; LG Berlin, Urteil v. 29.06.2007, (522) 1 Kap Js 1904/06 Ks (1/07), juris, S. 4, 11 u. 30; LG Oldenburg, Urteil v. 06.06.2019, 5 Ks 800 Js 54254/17 (1/18), juris, S. 58 ff.

L. Kuhlmann, *Tötungsdelikte im Gesundheitswesen und die Bedeutung von Compliance-Management-Systemen*,
https://doi.org/10.1007/978-3-658-48764-5_10

Konsequenzen. Zum Teil wurden Beschwerden unter Androhung von arbeitsrechtlichen Schritten gegen die hinweisgebenden Personen von verantwortlichen Personen in den Organisationen zurückgewiesen.[3]

Der Verbrauch der Tatmittel, also der Arzneimittel, die zum Teil für die Tötungen genutzt wurden, stiegen auf den betreffenden Stationen teilweise stark an, ohne dass dies dem Leitungspersonal auffiel. Hätte ein Monitoring von Medikamentenverbräuchen und -bestellungen, Sterberaten und Notfällen stattgefunden, hätten die Unregelmäßigkeiten schnell auffallen müssen.

Einzelne erste Tötungen können nie gänzlich verhindert werden und sind auch schwer aufzudecken, weitere Taten innerhalb einer Serie sind es aber sehr wohl. Wie die vorliegende Arbeit zeigen konnte, hätte mit Hilfe eines Monitorings von Risiken, dem strukturierten Umgang mit Hinweisen sowie der Sicherstellung des Hinweisgeberschutzes und internen Untersuchungen, Tötungsserien mit hoher Wahrscheinlichkeit früher aufgedeckt und somit hätten weitere Taten verhindert werden können.

In keinem der untersuchten Fälle konnten Hinweise auf das Vorhandensein eines Compliance-Management-Systems und eines Hinweisgebersystems zum Zeitpunkt der jeweiligen Taten gefunden werden.[4] Des Weiteren konnte nicht festgestellt werden, dass innerhalb der jeweiligen Organisation ein Risikomonitoring durchgeführt wurde und fachkundige Personen für interne Untersuchungen sowie Compliance-Vorfälle beschäftigt wurden. Ebenso wenig hatten die betroffenen Einrichtungen spezialisierte Beratungsunternehmen kontaktiert, um die Unregelmäßigkeiten überprüfen zu lassen.

Im theoretischen Teil der vorliegenden Arbeit[5] wurden zur Entstehungserklärung von Gewalt im medizinisch- pflegerischen Kontext zwei psychologische und zwei soziologische Erklärungsansätze vorgestellt, die möglicherweise auch für die Erklärung von Tötungsdelikten hätten herangezogen werden können.

Als psychologische Erklärungsansätze wurde die „Frustrations-Aggressions-Hypothese“ von Dollard et al. aus dem Jahr 1939 sowie die „Lerntheorie“ von Bandura aus dem Jahr 1973 dargestellt.

Bei der Analyse der in der vorliegenden Arbeit ausgewerteten Tötungsserien konnten in Bezug auf die „Frustrations-Aggressions-Hypothese“ in den betroffenen Organisationen durchaus Frustrationen sowie weitere Belastungsfaktoren

---

[3] Vgl. StA Kempten, 1 Ks 212 Js 14068/04, Hauptakte, Band 5, Blatt 20.

[4] Vgl. Kapitel 3 „Auswertung verübter Tötungsserien im Gesundheitswesen“; *Grade*: Whistleblowing im Klinikum Oldenburg (letzter Zugriff am 27.09.2022); *von Leszczynski/ Barthélémy*: Kliniken setzten auf Whistleblower (letzter Zugriff am 27.09.2022).

[5] Vgl. Kapitel 2.2 „Erklärungsansätze“.

auf Seiten der Mitarbeitenden festgestellt werden, diese belegen jedoch die o.g. Hypothese nicht ausreichend, um sie als Bestätigung für die Erklärung der erfolgten Tötungen anzusehen. Die Arbeitsbedingungen wurden teilweise kritisiert und auch eine psychosoziale Begleitung der Mitarbeitenden erfolgte nicht.

So litten beispielsweise Mitarbeitende der Intensivstation auf der auch die Krankenpflegerin Irene B. arbeitete wie auch andere Stationen in der Universitätsklinik unter zunehmenden Stellenkürzungen.[6] Die Arbeit auf der Station war durch ein hierarchisches System zwischen dem ärztlichen und dem pflegerischen Personal gekennzeichnet.[7] Bei der pflegerischen Belegschaft bestand teilweise Unzufriedenheit und eine *„angemessene psychologische Teambegleitung“* erfolgte auf der Station nicht.[8] Insgesamt wurde den Schwierigkeiten auf der Station *„nicht optimal Rechnung getragen“*, wie das Berliner Landgericht feststellte.[9]

Auch im Fall von Niels H. wurde durch die 5. Strafkammer des Landgerichts Oldenburg festgestellt,[10] dass das „passive“ Verhalten der stellvertretenden Stationsleiterin *„ersichtlich aus Frustration bzw. Hilflosigkeit [erfolgte].“*[11] Insofern muss also davon ausgegangen werden, dass die Arbeitsbedingungen bzw. das Betriebsklima auf der Intensivstation, zumindest im Klinikum Delmenhorst, auch durch Frustration auf Seiten der Mitarbeitenden gekennzeichnet war.[12]

Im Fall von Michela G. hatte die Täterin ein enges Verhältnis zur Pflegedienstleitung inne.[13] Durch diese besondere Beziehung haben andere Mitarbeitende in der Pflegeeinrichtung das Vertrauen zu der Pflegedienstleiterin verloren und das wiederum führte teilweise zu Resignation auf Seiten der Mitarbeitenden.[14]

Wie in den drei genannten Fällen, kam es auch im Fall von Stephan L. zu Frustration unter den Mitarbeitenden auf der betroffenen Station. Das Kollegium hatte das Gefühl, dass Kritik in Bezug auf den Täter nicht zu Konsequenzen führte, sondern eher dazu, dass Stephan L. in Schutz genommen wurde und Beschwerden ins Leere liefen.[15]

---

[6] Vgl. LG Berlin, Urteil v. 29.06.2007, (522) 1 Kap Js 1904/06 Ks (1/07), juris, S. 3.
[7] Vgl. LG Berlin, Urteil v. 29.06.2007, (522) 1 Kap Js 1904/06 Ks (1/07), juris, S. 8.
[8] LG Berlin, Urteil v. 29.06.2007, (522) 1 Kap Js 1904/06 Ks (1/07), juris, S. 3.
[9] LG Berlin, Urteil v. 29.06.2007, (522) 1 Kap Js 1904/06 Ks (1/07), juris, S. 9.
[10] Vgl. Kapitel 7 „Strafrechtliche Haftung verantwortlicher Personen“.
[11] OLG Oldenburg, Beschluss v. 28.02.2018 – 1 Ws 202/17, medstra 2019, 101 (102).
[12] Vgl. Kapitel 7 „Strafrechtliche Haftung verantwortlicher Personen“.
[13] Vgl. Sta Bonn, Ks 900 Js 581/05 – 24 G 3/05, Hauptakte, Band III, Blatt 141.
[14] Vgl. Sta Bonn, Ks 900 Js 581/05 – 24 G 3/05, Hauptakte, Band III, Blatt 141.
[15] Vgl. StA Kempten, 1 Ks 212 Js 14068/04, Hauptakte, Band 5, Blatt 72.

Auch wenn, wie dargestellt, Frustration auf den Stationen festgestellt werden konnte, kann daraus jedoch nicht der Rückschluss gezogen werden, dass dadurch auch Aggressionsreaktionen hervorgerufen wurden und die Taten somit mit der „Frustrations-Aggressions-Hypothese" erklärbar sind. Zudem konnten keine Anhaltspunkte gefunden werden, die auf Seiten der Täterinnen und Täter Aggression in Folge von Frustration belegen könnten, zumal experimentelle Forschungen zur „Frustrations-Aggressions-Hypothese" aufzeigen konnten, dass Aggression in Folge von Frustration als monokausales Konzept zur Erklärung von Aggression nur eingeschränkt herangezogen werden kann, da in Folge von Frustration keineswegs nur aggressive Reaktionen, sondern auch andere reaktive Verhaltensmuster hervorgerufen werden können.[16]

Das Konzept der „Frustrations-Aggressions-Hypothese" kann, wenn überhaupt, nur als einzelner Baustein für die Erklärung von Aggression und Gewalt herangezogen werden und spielt für die vorliegende Arbeit somit nur eine untergeordnete Rolle.

Als weitere mögliche psychologische Erklärung für Gewalt wurde die „Lerntheorie" von Bandura durch den Verfasser genannt. Bei der Untersuchung der Fälle konnten jedoch keine Belege gefunden werden, die darauf hindeuten, dass gewalttätige Handlungen der Täterinnen und Täter in den jeweiligen Biographien „erlernt" wurden und somit für die Erklärung von Tötungsdelikten im Gesundheitswesen herangezogen werden können. Die Lerntheorie bestätigt sich in diesem Kontext somit nicht.

Als soziologische Modelle wurden die „Austauschtheorie" von Hörl (1986) und die „Totale Institution" von Goffman aus dem Jahr 1973 vorgestellt.

Im Kontext der durchgeführten Fallanalysen käme für die Anwendung der Austauschtheorie, ausschließlich der Fall von Michaela G. in Betracht, da nur in diesem Fall ein längeres Beziehungsverhältnis zwischen der Täterin und den Opfern vorhanden war. Bei dem Tatort handelte es sich um ein Pflegeheim, in dem die zu pflegenden Bewohnerinnen und Bewohner üblicherweise zwischen Wochen und Jahren leben.[17] Bei der Auswertung der Tötungsserie von Michaela G. konnten jedoch keine Hinweise gefunden werden, die belegen könnten, dass die Täterin Erwartungen gegenüber den zu pflegenden Personen als Ausgleich für ihre Pflegetätigkeit entwickelte, die dann zu Unzufriedenheit und schließlich zu Konflikten führten, die in Gewalt und Tötungen endeten.

---

[16] Vgl. *Breiner/Kolibus*: Computerspiele im Diskurs, S. 14; *Sell*: Anatomie des Amoklaufs, S. 24; *Straßmeier/Werbik*: Aggression und Gewalt, S. 106.

[17] Vgl. *Caritas* (Hrsg.): Lebenszeit in Pflegeeinrichtungen immer kürzer (letzter Zugriff am 08.02.2025).

Bei den Fällen Stephan L., Irene B. und Niels H. fanden sich ebenfalls keine Hinweise auf längerfristige bzw. tiefgreifende Beziehungen zwischen den Täterinnen und Tätern sowie den Opfern. Das Gegenteil ist der Fall. Teilweise wurden die Opfer noch am Tag der Aufnahme auf die Station getötet.[18]

Es finden sich in den hier untersuchten Tötungsserien somit keine Hinweise, die darauf hindeuten, dass die Tötungsdelikte mit der Austauschtheorie zu erklären sind.

In Bezug auf das Modell der „Totale[n] Institution" ist zunächst anzumerken, dass auf den ersten Blick die Rahmenbedingungen von stationären Organisationseinheiten des Gesundheitswesens auf das Modell der „Totale[n] Institution" zutreffen können. Dies ist insbesondere bei (forensisch-) psychiatrischen Krankenhäusern[19] sowie Alten- und Pflegeeinrichtungen der Fall, da hier eine Unterbringung über einen längeren Zeitraum erfolgen kann und nicht nur der Akutversorgung dienen.

Grundsätzlich denkbar ist das Modell der „Totale[n] Institution" auch bei allen übrigen stationären Einrichtungen des Gesundheitswesens, also auch Krankenhäusern, da – wie im theoretischen Teil der vorliegenden Arbeit bereits erläutert – der eingeschränkte Kontakt zur Außenwelt und ein eindimensionaler Ort des täglichen Lebens, der durch Autoritäten bestimmt wird, gekennzeichnet ist. Ein besonderes Augenmerk ist auf Intensivstationen zu richten, da diese Orte innerhalb der jeweiligen Organisationen nochmal gesondert abgeschirmt und verschlossen sind, zu denen, abgesehen von Dritten, nicht einmal jede mitarbeitende Person des Krankenhauses Zugang hat.

Es muss also konstatiert werden, dass die Rahmenbedingungen der „Totale[n] Institution", zumindest teilweise, zutreffen. Diese betreffen dann alle Mitarbeitenden gleichermaßen und müssten demnach Einfluss auf diese haben. Folglich müsste die Anzahl von Täterinnen und Täter im Gesundheitswesen deutlich größer sein, als bekannt. Die Bedeutung der „Totale[n] Institution" für Tötungsdelikte im Gesundheitswesen, ist zumindest im Kontext der vorliegenden Arbeit, als limitiert anzusehen.

Zudem wird kritisiert, dass das von Goffman untersuchte St. Elizabeth's Hospital in Washington, D.C. nicht stellvertretend für andere psychiatrische Krankenhäuser stehen kann und die Erkenntnisse aus seiner Untersuchung nicht ohne weiteres auf andere Einrichtungen und Formen von „Totale[n] Institution[en]",

---

[18] Vgl. Kapitel 3.4.1 „Tathandlung".

[19] Bei der von Goffman untersuchten Einrichtung, handelte es sich um ein psychiatrisches Krankenhaus in Washington, D.C., USA.

übertragen werden können, da sich die Strukturen der Einrichtungen von einer zur anderen unterscheiden können.[20]

Insgesamt können die im theoretischen Teil der vorliegenden Arbeit vorgestellten Erklärungsmodelle nur eingeschränkt oder gar nicht als Erklärung für Tötungsdelikte im Gesundheitswesen herangezogen werden. Gegen die Erklärungsansätze spricht auch, dass insbesondere in Bezug auf die Frustrations-Aggressions-Hypothese sowie auf das Modell der „Totale[n] Institution]“ es in Gesundheitseinrichtungen deutlich mehr bekanntgewordene Gewalttäterinnen und -täter geben und Tötungsdelikte gehäuft auftreten müssten, da alle Mitarbeitenden den Bedingungen in den Einrichtungen gleichermaßen ausgesetzt sind.[21] Vielmehr spielt eine Kombination komplexer multikausaler Faktoren, wie auch die festgestellten Motive und Motivbündel zeigen,[22] eine entscheidende Rolle und liefern plausible Erklärungen, die eben nicht nur mit eindimensionalen Erklärungsmodellen belegt werden können.

Zusammenfassend können auf Grund der untersuchten Fälle folgende Aussagen über die Täter- und Opferprofile, über die Motive sowie über die Tötungsmethoden getätigt werden:

1. Bei den Täterinnen und Tätern handelte es sich um Krankenpflegerinnen oder -pfleger sowie einer Pflegeassistentin.[23] Die Verteilung nach dem Geschlecht ist bei den Täterinnen und Täter in den vier mit Hilfe von Primärquellen analysierten Fälle gleich (2 × männlich, 2 × weiblich). Werden die weiteren mit Hilfe von Sekundärquellen zusammengefassten Fällen berücksichtigt, ergibt sich insgesamt eine Verteilung von fünf männlichen Tätern und drei weiblichen Täterinnen.[24] Der Frauenanteil unter beschäftigten Personen in

[20] Vgl. *Bravo:* Sicherheit auf See, S. 26 f.; *Ayaß*, in: Goffman Handbuch 201 (204); *Dollinger/Schmidt*, in: Handbuch Jugendstrafvollzug – Handlungsfelder und Konzepte 245 (257),

[21] Tötungsserien treten zwar regelmäßig auf, sie sind dennoch im Verhältnis zu der Anzahl von Einrichtungen, der Behandlungsfälle und der Anzahl der Mitarbeitenden im deutschen Gesundheitswesen, selten.

[22] Vgl. Kapitel 3.4.7.1 „Motiv“.

[23] Vgl. LG Bonn, Urteil v. 22.02.2006, Ks 900 Js 581/05 – 24 G 3/05, S. 5, Hauptakte, Band II, Blatt 7; LG Kempten, Urteil v. 30.11.2006, 1 Ks 212 Js 14068/04, S. 8, Hauptakte, Band XVI, Blatt 9; LG Berlin, Urteil v. 29.06.2007, (522) 1 Kap Js 1904/06 Ks (1/07), juris, S. 2; LG Oldenburg, Urteil v. 06.06.2019, 5 Ks 800 Js 54254/17 (1/18), juris, S. 2.

[24] Rudi Z., Reinhard B., Michaela R., Wolfgang L., Michaela G., Stephan L., Irene B., Niels H.

den Pflegeberufen beträgt 82 %.[25] Der Anteil von männlichen Tätern ist, zumindest bei den bekanntgewordenen Fällen, somit überproportional hoch.

2. Im Kollegium waren die Täterinnen und Täter zunächst anerkannt und galten als kompetent.[26] Im Verlauf änderte sich die Sichtweise auf die Täterinnen und Täter, sodass sie schließlich eher eine Außenseiterrolle innehatten.[27]

In der Persönlichkeitsstruktur findet sich ein auffälliges Bedürfnis nach Anerkennung und Respekt für sich und die geleistete Arbeit. Zudem findet sich in dem Charakterbild aller untersuchten Täterinnen und Täter eine ausgeprägte Selbstunsicherheit.[28]Bleiben bei der beruflichen Tätigkeit Anerkennung und Erfolge aus und kommen zudem Schwierigkeiten im privaten Umfeld dazu, können verschiedenste Symptome, wie z. B. Frustration oder Überlastung entstehen. Der psychische Leidensdruck kann in der Folge ansteigen und führt u. U. zu einer Übertragung des eigenen Leidens auf das Leid der Patientinnen und Patienten.[29] Die Unterscheidung der eigenen Situation und der der zu behandelnden Personen, fällt immer schwerer und kann zu einer Vermischung führen. Die Tötung von Patientinnen und Patienten kann in bestimmten Konstellationen dann einen vermeintlichen Ausweg aus den eigenen Problemen darstellen. Als Tatmotivation wird dann angegeben, aus Mitleid zu handeln.[30] Bis auf Niels H. wurde in allen Fällen von den Täterinnen und Tätern u. a. angegeben, aus einer Mitleidsmotivation heraus getötet zu haben.[31] Die scheinbare Erlösung des vermeintlichen Leidens auf Seiten

---

[25] Vgl. *Statista* (Hrsg.): Geschlechterverteilung unter sozialversicherungspflichtig Beschäftigten in der Pflege und insgesamt in Deutschland im Jahr 2022 (letzter Zugriff am 07.01.2024).

[26] Im Fall von Stephan L. kam es bereits kurz nach Beginn seiner Tätigkeit auf der Station zu Beschwerden, vgl. 3.4.3.1.2.

[27] Vgl. LG Berlin, Urteil v. 29.06.2007, (522) 1 Kap Js 1904/06 Ks (1/07), juris, S. 9; StA Bonn, Ks 900 Js 581/05 – 24 G 3/05, Spurenakte 1, Blatt 71; LG Oldenburg, Urteil v. 06.06.2019, 5 Ks 800 Js 54254/17 (1/18), juris, S. 134; StA Kempten, 1 Ks 212 Js 14068/04, Hauptakte, Band 5, Blatt 105; siehe auch Kapitel 3.

[28] Vgl. „Schuldfähigkeit“: Michaela G. unter 3.4.7.2.1; Irene B. unter 3.4.7.2.3; „Motiv“: Niels H. unter 3.4.7.2.4; *Doberentz et al.*, in: Rechtsmedizin, 155 (166).

[29] Vgl. „Motiv“: Stephan L. unter 3.4.7.1.2; Irene B. unter 3.4.7.1.3; *Doberentz et al.*, in: Rechtsmedizin, 155 (167).

[30] Vgl. LG Kempten, Urteil v. 30.11.2006, 1 Ks 212 Js 14068/04, Seite 94, Hauptakte, Band XVI, Blatt 95; LG Berlin, Urteil v. 29.06.2007, (522) 1 Kap Js 1904/06 Ks (1/07), juris, S. 23.

[31] In insgesamt sechs Fällen haben die Gerichte angenommen, dass tatsächlich aus einer objektiv nachvollziehbaren Mitleidsmotivation gehandelt wurde. (Michaela G.: Opfer Nr. 1,2,3 und 5; Stephan L.: Opfer Nr. 9 und 19).

der Opfer kann dann zu einer vorübergehenden Reduktion des eigenen Leidensdrucks führen, die jedoch nur kurzzeitig anhält und in der Folge erneut zur Tötung einer weiteren Person führen kann. Nach der ersten Tötung sinkt die Hemmschwelle derart stark herab, das weitere Tötungen einfacher und in der Folge routiniert möglich werden können.[32]

Im Fall von Niels H. war u. a. sein starkes Geltungsbedürfnis Motiv für die Tötungsdelikte.[33] Der Intensivkrankenpfleger hat durch Manipulationen Notfallsituationen hervorgerufen, um sich anschließend bei den lebensrettenden Interventionshandlungen durch kompetentes Handeln zu inszenieren und sein Ansehen im Kollegium zu steigern.[34] Das Versterben der Opfer wird in dieser Fallkonstellation dolus eventualis in Kauf genommen, ist aber nicht eigentliches Ziel der Tathandlung.[35]

3. In den untersuchten Fällen konnte bei allen vier Täterinnen und Tätern keine psychiatrische Erkrankung festgestellt werden, die zu einer verminderten oder vollen Schuldunfähigkeit geführt hat, auch wenn bei allen Auffälligkeiten in der jeweiligen Persönlichkeitsstruktur festgestellt wurden.[36]
4. Insgesamt konnten keine Gemeinsamkeiten gefunden werden, die den Rückschluss zulassen, dass Tötungsdelikte im Gesundheitswesen eine Form der Eskalation von bereits vorangegangenen aggressiven Verhaltensweisen und/oder gewalttätigen Übergriffen von medizinischem Personal gegenüber Patientinnen und Patienten sind. Lediglich im Fall von Irene B. ist im Vorfeld der Taten ihre *„ruppige"* Art in Bezug auf die Versorgung der pflegebedürftigen Personen aufgefallen.[37] Auch soll es zu körperlichen Übergriffen in Form von Schlägen auf die Finger von Patientinnen und Patienten gekommen sein. Des Weiteren soll sie zu versorgende Personen *„[...] aggressiv auf die Seite gedreht oder auch mal an den Haaren gezogen haben."*[38] Übergriffe oder sonstiges aggressives Verhalten ist in den Fällen, Michaela G., Stephan L. und Niels H. nicht dokumentiert.[39]

---

[32] Vgl. StA Bonn, Ks 900 Js 581/05 – 24 G 3/05, Hauptakte, Band III, Blatt 38; LG Oldenburg, Urteil v. 06.06.2019, 5 Ks 800 Js 54254/17 (1/18), juris, S. 36; *Doberentz et al.*, in: Rechtsmedizin, 155 (167).

[33] Vgl. LG Oldenburg, Urteil v. 06.06.2019, 5 Ks 800 Js 54254/17 (1/18), juris, S. 62.

[34] Vgl. „Motiv" Niels H. unter 3.4.7.1.4.

[35] Vgl. LG Oldenburg, Urteil v. 06.06.2019, 5 Ks 800 Js 54254/17 (1/18), juris, S. 136.

[36] Vgl. „Schuldfähigkeit" unter 3.4.7.2.

[37] LG Berlin, Urteil v. 29.06.2007, (522) 1 Kap Js 1904/06 Ks (1/07), juris, S. 4.

[38] LG Berlin, Urteil v. 29.06.2007, (522) 1 Kap Js 1904/06 Ks (1/07), juris, S. 10.

[39] Vgl. Auswertung verübter Tötungsserien im Gesundheitswesen im Kapitel 3.

Aus dem Tatkomplex um die Berliner Intensivkrankenschwester kann demnach nicht allgemein abgeleitet werden, dass auf Grund von Übergriffen oder aggressiven Verhaltensweisen gegenüber Patientinnen und Patienten Tötungsdelikte resultieren.

5. Bei den Opfern handelte es sich zumeist um alte und multimorbide, teilweise auch um Patientinnen und Patienten im präfinalen Zustand. Im Mittel betrug das Alter der Opfer 74,71 Jahre und im Median 76 Jahre.[40] Mit dem Ableben ist somit zu rechnen und fällt nicht zwangsläufig auf. Der Tötungsentschluss auf Seiten der Täterinnen und Täter fiel zumeist spontan.[41] In der Untersuchung konnten keine spezifischen Opferauswahlkriterien in Bezug auf das Alter oder das Geschlecht identifiziert werden.[42] So war beispielsweise das jüngste Opfer in der vorliegenden Untersuchung eine 40-jährige Patientin, die von Stephan L. getötet wurde.[43] Es ist dennoch festzuhalten, dass schwerkranke und alte Menschen eher gefährdet sind, als junge und einfach erkrankte Personen. Auch konnte kein spezifischer Tatzeitpunkt (bspw. Tages- oder Nachtzeit) ausgemacht werden, die von den Täterinnen und Tätern vornehmlich gewählt wurden und stellt somit ebenfalls kein mögliches Auswahlkriterium dar.
6. Zwischen den Täterinnen und Tätern sowie den Opfern bestand zumeist ein kurzes Pflegeverhältnis ohne tiefe emotionale Beziehung zueinander sowie ohne eine umfassende Auseinandersetzung mit den persönlichen Krankheits- und Lebensumständen der Opfer.[44] Teilweise wurden die Patientinnen und Patienten noch am Tag der Aufnahme und im Beisein von Kolleginnen und Kollegen getötet.[45]

---

[40] In zwei Fällen konnte kein Alter bestimmt werden bzw. ging aus dem Urteil nicht hervor. Die Berechnung des Mittelwertes sowie des Medianwertes beziehen sich somit auf 129 Opfer.

[41] Vgl. LG Bonn, Urteil v. 22.02.2006, Ks 900 Js 581/05 – 24 G 3/05, S. 15 ff., Hauptakte, Band II, Blatt 17 ff.; LG Kempten, Urteil v. 30.11.2006, 1 Ks 212 Js 14068/04, Seite 12 ff., Hauptakte, Band XVI, Blatt 13 ff.; LG Berlin, Urteil v. 29.06.2007, (522) 1 Kap Js 1904/06 Ks (1/07), juris, S. 4; LG Oldenburg, Urteil v. 06.06.2019, 5 Ks 800 Js 54254/17 (1/18), juris, S. 36.

[42] Von den 129 Opfern waren 62 weiblichen und 67 männlichen Geschlechts.

[43] Vgl. LG Kempten, Urteil v. 20.11.2006, 1 Ks 212 Js 14068/04, Seite 16, Hauptakte, Band XVI, Blatt 17.

[44] Vgl. Auswertung verübter Tötungsserien im Gesundheitswesen im Kapitel 3.

[45] Vgl. Kapitel „Tathandlung“: Irene B. unter 3.4.1.3; Niels H. unter 3.4.1.4.

7. Bei den ausgewerteten Fällen handelte es sich um Zufallsentdeckungen, die nicht durch zielgerichtete interne Ermittlungen aufgedeckt wurden.[46]
8. Bis auf den Fall Michaela G. wurden alle Opfer durch das Injizieren von Medikamenten getötet. Als Tötungsmethode kann somit insbesondere die Gabe von Medikamenten identifiziert werden. Michaela G. erstickte die Opfer mit weichen Gegenständen, wie z. B. Kissen.[47] Die Fälle der vorliegenden Untersuchung decken sich somit mit den Ergebnissen der weltweit durchgeführten Studie von Yorker et al. (2006) zu Tötungsdelikten im Gesundheitswesen.

In Bezug auf die Befragung sämtlicher Krankenhausträger konnte die vorliegende Arbeit belegen, dass über eine eigene Abteilung zur Fehlverhaltensbekämpfung nur 18,6 % der teilgenommenen Kliniken/Klinikgruppen verfügen. Auffällig ist, dass rund ein Viertel aller befragten Kliniken bzw. Klinikgruppen (24,8 %) angegeben haben, dass keine eigene Leitung für die Fehlverhaltensbekämpfung vorhanden ist. Zudem haben 25,4 % der Befragten angegeben, dass der Fehlverhaltensbekämpfung keine eigenen Mitarbeitenden zugeordnet sind.

Ein Großteil der Befragten (63,6 %) hat angegeben, dass sie nicht über ein Compliance-Management-System verfügen. Über ein Hinweisgebersystem verfügen dagegen 64,4 % der Kliniken/Klinikgruppen.

Die Ergebnisse der Befragung konnten belegen, dass mit zunehmender Größe der Klinik/Klinikgruppe die Wahrscheinlichkeit zunimmt, dass eine Abteilung zur Bekämpfung von Fehlverhalten vorhanden ist sowie ein Compliance-Management-System und/oder ein Hinweisgebersystem implementiert ist.

Bei der Kriminalitätsbelastung durch Mitarbeitende zeigt sich, dass Gewaltdelikte mit 18,6 % und Sexualdelikte mit 24,6 % relativ häufig genannt wurden. Nur relativ selten wurden dagegen mit 11,0 % Tötungsdelikte genannt. Auch wenn Tötungsdelikte als Kriminalitätsbelastung durch Mitarbeitende zwar seltener genannt wurden, überrascht die Zahl von 11,0 % dennoch.

In Bezug auf das Risikomanagement ist auffällig, dass 41 der befragten Kliniken/Klinikgruppen kein Monitoring von Compliance-Risiken durchführen (36,6 %).

Sofern eine Abteilung zur Bekämpfung von Fehlverhalten vorhanden ist, wird signifikant häufiger ein Monitoring von Compliance-Risiken durchgeführt sowie Hinweise auf Missstände auch strukturierter bearbeitet werden, als es bei Kliniken bzw. Klinikgruppen ohne eine Abteilung zur Bekämpfung von Fehlverhalten.

---

[46] Vgl. Kapitel „Umstände der Tataufdeckung" unter 3.4.6.

[47] Vgl. Kapitel „Tathandlung" unter 3.4.1.

Große Kliniken mit mehr als 5.000 Mitarbeiterinnen und Mitarbeiter weisen insgesamt eine hohe Dokumentations- und Auswertungsquote auf.

Eine strukturierte Auswertung der Medikamentenbestellungen werden in 19,3 % der Kliniken und Klinikgruppen nicht vorgenommen. Analysesoftware zur Auswertung von Verdachtsfällen nutzen nur 37,5 % der Kliniken/Klinikgruppen.

Externe Beratungsunternehmen werden lediglich von 34,5 % der Klinik/ Klinikträger im Kontext der Fehlverhaltensbekämpfung bzw. für deren Aufklärung eingebunden.

Wenn eine Compliance-Abteilung vorhanden sein sollte, kann daraus jedoch nicht automatisch abgeleitet werden, dass diese auch geeignet ist, mit dem Verdacht auf mögliche Kapitalverbrechen in der eigenen Organisation in geeigneter Weise umzugehen, da der Fokus auf andere Deliktsfelder wie z. B. Betrug, Untreue oder Korruption gerichtet ist.

Im Rahmen der Befragung wurde auch abgefragt, ob das Risikobewusstsein auf Seiten der verantwortlichen Personen der Kliniken, in Bezug auf Tötungsdelikte ausreichend vorhanden ist. Die vorliegenden Ergebnisse lassen an einem ausreichenden Risikobewusstsein zweifeln. 66,7 % halten die Eintrittswahrscheinlichkeit von Tötungsdelikten in der eigenen Klinik bzw. Klinikgruppe betroffen zu sein, für sehr gering. Nur 7,2 % der befragten Personen halten die Wahrscheinlichkeit für hoch (6,3 %) oder sehr hoch (0,9 %) von Tötungsdelikten betroffen sein zu können.

Viele befragte Personen halten darüber hinaus ein CMS für wenig geeignet, Delikte, die der personellen Gewalt zugeordnet werden können, aufzuklären oder zu verhindern. 44,0 % (n = 48) der befragten Personen halten ein CMS für ungeeignet, um Tötungsdelikte frühzeitig zu erkennen und weitere Taten zu verhindern. Die vorliegende Studie konnte jedoch das Gegenteil aufzeigen.

Die in der vorliegenden Arbeit ausgewerteten Fälle konnten aufzeigen, dass u. a. auch auf Grund von fehlender Vorstellungskraft, dass derartige Taten überhaupt möglich sind, Aufdeckungsbarrieren entstehen können. Insofern kommt dem Bewusstsein für mögliche Tötungsdelikte in der eigenen Organisation eine große Bedeutung zu.

Tötungsserien im Gesundheitswesen sind grundsätzlich nicht mit *klassischen Tötungsdelikten* vergleichbar. Besonders ist hierbei das Ausnutzen des beruflichen Wissens zur Vollendung der Tötungsdelikte, die – besonders bei der am häufigsten genutzten Tötungsart – der Injektion von Medikamenten, zu einem unauffälligen und spurenarmen Tatablauf führt.[48] Des Weiteren ist der Tatort nicht nur berufliche Wirkungsstätte, sondern auch ein hoch sensibler Schutzbereich,

---

[48] Vgl. Kapitel „Tathandlung“ unter 3.4.1.

in dem Patientinnen und Patienten arglos und durch Erkrankungen besonders ausgeliefert sind. Tötungsdelikte im Gesundheitswesen treten zudem mit hoher Wahrscheinlichkeit seriell auf, sofern sich die Motivlage, wie ausgeführt ergibt und unterscheiden sich somit maßgeblich von klassischen Tötungsdelikten.[49]

Bei kleinen bis mittleren Kliniken bzw. Klinikgruppen besteht ein größeres Risiko, vorsätzliche Tötungsdelikte durch Mitarbeitende nicht frühzeitig aufdecken zu können. Wie sich aus den Ergebnissen der Befragung ergibt, fehlen häufiger Compliance-Systeme und dazugehörige Ressourcen, um Fehlverhalten frühzeitig zu erkennen, auch wenn das Risikobewusstsein von Fehlverhalten insgesamt betroffen sein zu können ausgeprägter ist als bei großen Kliniken bzw. Klinikgruppen.[50]

Insgesamt kann festgestellt werden, dass die befragten Kliniken bzw. Klinikgruppen im Bereich der Fehlverhaltensbekämpfung zum Teil unzureichend aufgestellt sind, das Bewusstsein für Tötungsdelikte im Gesundheitswesen weitgehend fehlt und auch das Wissen, dass Managementsysteme, wie z. B. ein CMS, ein bedeutendes Hilfsmittel bei der Aufklärung und Verhinderung von Tötungsdelikten sein kann. Mangelnde strukturelle Maßnahmen können Fehlverhalten begünstigen, zumindest aber, wie die in der vorliegenden Arbeit untersuchten Fälle gezeigt haben, das Aufdecken erschweren.

10.1 Empfehlungen

Sofern Hinweise auf Unregelmäßigkeiten in Bezug auf Todesfälle bekannt werden, sollten Arbeitgeberinnen und Arbeitgeber zunächst derartige Hinweise stets ernst nehmen und den Schutz der hinweisgebenden Person sicherstellen. Auch wenn sich aus den möglichen Auffälligkeiten nur vage Hinweise ergeben, sollte diesen nachgegangen werden und darüber ein schriftlicher Bericht verfasst werden. Eine Prüfung sollte im Rahmen von internen Ermittlungen (Internal Investigation) strukturiert durchgeführt werden.[51] Interne Ermittlungen sollten beispielsweise Datenauswertungen sowie die Befragungen von Mitarbeitenden beinhalten. Die einzelnen Prüfschritte sollten schriftlich dokumentiert werden.[52] Sofern keine ausreichenden personellen und/oder materiellen sowie technischen

---

[49] Vgl. *Doberentz et al.*, in: Rechtsmedizin, 155 (155).

[50] Vgl. Kapitel „Befragung von Krankenhäusern" unter 8.

[51] Vgl. Interne Ermittlungen unter dem Gliederungspunkt 5.8.

[52] Vgl. *Veit*: Compliance und interne Ermittlungen, S. 102 ff.

Ressourcen vorhanden sein sollten, sollten großzügig externe Beratungsunternehmen für interne Untersuchungen eingebunden werden, insbesondere dann, wenn es sich um mögliche Tötungsdelikte handelt. Sollte sich im Verlauf der Untersuchung der Verdacht erhärten, ist auf keinen Fall ein Aufhebungsvertrag mit einem guten Arbeitszeugnis zu vereinbaren, um damit das „Problem" zu verschieben. Zunächst sollte die betroffene Person, ggf. unter einem Vorwand, in einem Bereich eingesetzt werden, in dem kein Kontakt zu Patientinnen und Patienten besteht. Möglich wäre auch eine Fortbildung oder eine für diesen Zweck gegründete Arbeitsgruppe zu einem beliebigen Thema, in dem die betroffene Person dann eingesetzt wird.

Der Zeitgewinn ermöglicht eine umfassende weitere Prüfung, auch in Bezug auf arbeitsrechtliche Schritte sowie dem möglichen vorbereiteten Kontaktieren von Ermittlungsbehörden.

Arbeitgeberinnen und Arbeitgeber sollten konsequent auf jedes relevante Fehlverhalten reagieren und dies zur Sensibilisierung und Vorbeugung vor erneutem Fehlverhalten offen kommunizieren.[53]

Sollten Arbeitgeberinnen und Arbeitgeber Hinweisen und Auffälligkeiten nicht oder nur unzureichend nachgehen, setzen sie sich einem erheblichen Strafbarkeitsrisiko aus.[54] Ein mögliches Strafverfahren stellt für eine angeschuldigte Person in der Regel eine erhebliche psychische Belastung dar.[55] Die Reputation der angeklagten Person kann in der Öffentlichkeit, aber auch im privaten Umfeld im Sinne des Sprichworts „Semper aliquid haeret" nachhaltig geschädigt sein.[56] Auch wenn das Strafverfahren in einem Freispruch enden sollte, kann es für die angeklagte Person neben immateriellen Schäden, auch materielle Schäden, beispielsweise den Verlust des Arbeitsplatzes, bedeuten.[57] Daneben besteht ein beachtliches Reputationsrisiko und somit auch ein umfassendes finanzielles Risiko durch z. B. Umsatzeinbußen, mögliche Schadensersatzansprüche sowie

---

[53] Was relevantes Fehlverhalten ist, muss im Rahmen der Implementierung eines Compliance-Management-Systems definiert werden, in jedem Fall aber vorsätzliches patientengefährdendes Verhalten.

[54] Im Fall von Niels H. waren die Reaktionen auf vorliegende Hinweise zum Teil derart mangelhaft, dass Ermittlungsverfahren gegen verantwortliche Personen der Kliniken eingeleitet wurden. Mehr zu dem Strafverfahren gegen verantwortliche Personen der Kliniken, ist dem Kapitel 7 zu entnehmen.

[55] Vgl. *Stelly et al.*, in: Monatsschrift für Kriminologie und Strafrechtsreform 1 (8); *Müller-Dietz*, in: Zeitschrift für die gesamte Strafrechtswissenschaft, 1176 (1219).

[56] Vgl. *Müller-Dietz*, in: Zeitschrift für die gesamte Strafrechtswissenschaft, 1176 (1219).

[57] Vgl. BAG, Urteil v. 25.11.2010 – 2 AZR 801/09, NZA-RR 2012, 222 (222); BAG, Urteil v. 25.10.2012 - 2 AZR 700/11, NZA 2013, 371 (371).

hohe Prozesskostenrisiken für die Organisationen.[58] Einrichtungen des Gesundheitswesens sollten sich insofern personell, materiell und technisch entsprechend aufstellen oder externe Beratungsunternehmen zu regelmäßigen Weiterbildungen sowie zur Prüfung von Verdachtsfällen einbinden.

Um in der Praxis Tötungsdelikten im Gesundheitswesen entgegenwirken zu können, sollten folgende Punkte, die als Leitfaden zu verstehen sind, in Kliniken und Pflegeeinrichtungen berücksichtigt werden:

Regelmäßiges Werben und Bekanntmachen des Hinweisgebersystems

Ein Hinweisgebersystem kann seinem Zweck nur dann gerecht werden, wenn das Vorhandensein eines solchen auch bekannt ist. Es sollte somit regelmäßig über ein solches System sowie über seinen Zweck und den Unterschied zu anderen Systemen, wie z. B. CIRS informiert werden.[59] Des Weiteren sollte der Zugang zu dem System ohne Hürden möglich sein. Beispielsweise sollte im Intranet die Möglichkeit zur Nutzung nicht in einem schwer zu findenden Dropdown-Menü möglich sein und verschiedene Auswahlmöglichkeiten zur Meldung (anonym, nicht anonym, etc.) beinhalten.

Zugangsregime für Medikamente

Die Ergebnisse aus der vorliegenden Untersuchung konnten zeigen, dass dem Tatmittel Medikament besondere Aufmerksamkeit zu schenken ist und somit insbesondere das Medikamentenmanagement in Bezug auf die Zugangsmöglichkeit und die Bestell- sowie Verbrauchskontrollen angepasst werden sollte. Medikamentenschränke sollten stets abgeschlossen sein und beispielsweise durch die Nutzung von elektronischen Schlosssystemen z. B. i. V. m. den Ausweisen gesichert sein, sodass weiterhin ein schneller Zugang im Notfall möglich ist.

Arzneimittelkommission

Krankenhäuser sollten Arzneimittelkommissionen gründen und für diesen Zweck zudem Ansprechpartnerinnen oder -partner je Station benennen. Ziel ist die Überwachung des laufenden Verbrauchs sowie die leitliniengerechte Verwendung von

[58] Vgl. *Deffland*, in: Handbuch Klinisches Risikomanagement, 207 (208); *Bauchowitz*: Compliance Management im Gesundheitswesen, S. 24; *Vetter*, in: Compliance in der Unternehmerpraxis, 29 (34); *Kölbel/Herold*: Zeitschrift für Unternehmens- und Gesellschaftsrecht 961 (968); *Müller/Schabbeck*, in: Heilberufe, 44 (45).

[59] Ein Critical Incident Reporting System (CIRS) ist ein Meldesystem des Qualitätsmanagements. Mehr zu dem System ist dem Kapitel 9 zu entnehmen.

Arzneimitteln im Sinne der Arzneimittel- sowie der Patientinnen- und Patientensicherheit. Des Weiteren sollte die Überwachung ordnungsgemäßer Anforderungen von Medikamenten und deren Lagerung erfolgen.

Monitoring von Risiken / Digitalisierung

IT-basierte Systeme und Tools nehmen im Rahmen des Risikomanagements eine wichtige Rolle ein. So könnten mit Schnittstellen zu einem Managementsystem innerhalb der Organisation, automatisch Auffälligkeiten gemeldet werden. Auch sollte der Dienstplan in das System integriert sein. Unter Berücksichtigung des Datenschutzes, können mit Hilfe einer automatisierten Erfassung sowie der Analyse von Medikamentenverbräuchen/- bestellungen, Sterberaten, medizinischer Notfallsituationen (mindestens Reanimationen) und Dienstplänen, Unregelmäßigkeiten früh auffallen und diesen entsprechend nachgegangen werden. Die Erfassung von Notfällen, insbesondere von Reanimationen, sind bei der Auswertung zu berücksichtigen, weil sich in allen untersuchten Fällen zeigte, dass auch die Notfälle in den Dienstzeiten der jeweiligen Täterinnen und Täter angestiegen sind.[60]

Bereits vor einer ersten vollendeten Tötung könnten u. U. so Unregelmäßigkeiten auffallen und einer weiteren Eskalation entgegengewirkt werden. Derartige Systeme sollten im Idealfall so aufgebaut sein, dass der Aufwand für die Erfassung der Daten gering ist und die Abläufe insgesamt vereinfacht und automatisiert werden, da die Systeme sonst Gefahr laufen, durch die Anwenderinnen und Anwender abgelehnt zu werden. Die Akzeptanz der Systeme ist auf Seiten der Mitarbeitenden von großer Bedeutung, weil sie u. U. sonst umgangen oder nicht korrekt bedient werden könnten.

Mortalitätskonferenzen

Ursachen für unerwartete Sterbefälle sollten in sog. Mortalitätskonferenzen fortlaufend besprochen und analysiert werden. Darüber hinaus sollten regelmäßige Patientenfallbesprechungen, insbesondere bei Sterbe- und Notfällen, auch ohne Anhaltspunkte auf Unregelmäßigkeiten durchgeführt werden.

Fehlerkultur

Fehler sollten stets – auch im Sinne der betroffenen Personen selbst – zu Konsequenzen führen und zudem offen kommuniziert werden. Jede und jeder

---

[60] Vgl. Niels H. „Vorhandensein von und Umgang mit Hinweisen sowie mögliche Aufdeckungsbarrieren" unter Abschnitt 3.4.4.4.

kann aus Fehlverhalten lernen. Ohne Konsequenzen kann jedoch Gleichgültigkeit gegenüber Regeln entstehen. Einrichtungen des Gesundheitswesens sollten zudem einen Verhaltenskodex verabschieden, um die Bedeutung der Vermeidung von Fehlverhalten zu verdeutlichen. Awareness, also das Bewusstsein sowie die Sensibilität, kann durch das Wissen um Altfälle sowie durch regelmäßige Fortbildung zum Thema Tötungsdelikte sowie Informationen zum Hinweisgebersystem innerhalb der Belegschaft gesteigert werden und stellt so eine wesentliche Präventionsmaßnahme dar.

Aufdeckungsbarrieren abbauen

Das Töten von schutzbedürftigen und arglosen Menschen steht dem Kern der Tätigkeit im Gesundheitswesen diametral gegenüber. Eine Kollegin oder einen Kollegen im Gesundheitswesen anzuschuldigen, Patientinnen und Patienten vorsätzlich zu töten, stellt eine außerordentliche Hürde dar. Kommen zudem Frustration und Apathie im Kollegium dazu, können die Umstände zu einem *kollektiven Wegschauen* führen.[61]

Kommt es dennoch durch das Kollegium zu Hinweisen, die als absurd oder auch als denunziatorisch zurückgewiesen werden, können derartige Rahmenbedingungen zu Aufdeckungsbarrieren führen, die ein Aufdecken von Tötungsdelikten erheblich erschweren oder gar verhindern.

Supervision

Supervision kann dabei helfen, psychische Belastungen zu bewältigen und kann durch entsprechende Angebote vor Überforderung schützen. Supervision und Hilfsangebote, wie z. B. ein psychologischer Dienst, sollten in Einrichtungen des Gesundheitswesens obligatorisch sein. Möglich wären diesbezüglich auch Kooperationen mit anderen Gesundheitseinrichtungen, um die Ressourcen optimal nutzen zu können.

10.2 Frühwarnzeichen

Im Rahmen der vorliegenden Untersuchung konnten Gemeinsamkeiten bei den jeweiligen Tatkomplexen herausgearbeitet werden, die im Rahmen von Frühwarnzeichen zusammengefasst wurden und für die Praxis nutzbar sind. Sachliche Frühwarnzeichen werden durch den Verfasser als „hard hints" und persönliche Frühwarnzeichen als „soft hints" bezeichnet.

[61] Vgl. OLG Oldenburg, Beschluss v. 28.02.2018 – 1 Ws 202/17, medstra 2019, 101 (102).

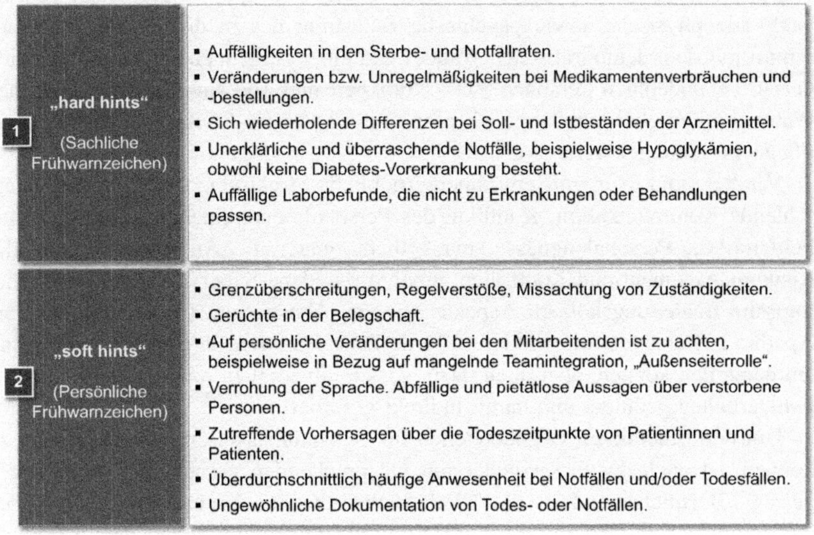

Abb. 10.1 Frühwarnzeichen[62]

Auch bei Vorliegen der aufgelisteten Frühwarnzeichen, muss konstatiert werden, dass jeder Fall individuell ist und sich unterschiedliche Hinweise ergeben können, die hier u. U. nicht genannt sind. Des Weiteren müssen nicht alle Frühwarnzeichen vorliegen. Einzelne oder eine Kombination der Frühwarnzeichen können bereits auf Taten hindeuten, müssen es jedoch nicht. Einzelne Frühwarnzeichen, insbesondere der soft hints, machen noch keine Mitarbeiterin oder keinen Mitarbeiter zu einer Täterin bzw. einem Täter und sollten daher bei einer Überprüfung sensibel behandelt werden. Die Kombination von Hinweisen und auch einzelne hard hints sollten jedoch stets zu einer umfangreichen Prüfung führen.

10.3 Ausblick

Tötungsserien im Gesundheitswesen liegt häufig eine Wechselwirkung von organisatorischen Gegebenheiten innerhalb der Gesundheitseinrichtung sowie einer begünstigenden Persönlichkeitsstruktur auf Seiten der Täterinnen und Täter

[62] Eigene Darstellung.

zugrunde, die durch verschiedene Motive, teilweise auch Motivbündel geprägt ist.[63] Die physische sowie psychische Belastung des medizinischen Personals nimmt mit dem demografischen Wandel und einer zunehmenden Multimorbidität der zu behandelnden Personen zu.[64] Krankheit und Tod sind in der öffentlichen Wahrnehmung eher tabuisierte Themen und werden in die Krankenhäuser sowie Pflegeeinrichtungen verlagert.[65]

Veraltete und unorganisierte innerbetriebliche Strukturen, strenge Hierarchien, fehlende Kommunikation, Konflikte des Personals untereinander, unzureichende Fehlerkultur, Personalengpässe, mangelhafte materielle Ausstattung, fehlendes Risikomanagement und Kontrollen, nicht vorhandene Supervision sowie psychologische Begleitung können Aspekte sein, die Frustration, Unzufriedenheit und Apathie begünstigen, die wiederum förderliche Faktoren für direktes Fehlverhalten darstellen können, aber auch dazu, dass Fehlverhalten nicht gemeldet und so Fehlverhalten geduldet und damit indirekt gefördert wird.[66]

Um den besonderen Gegebenheiten im Gesundheitswesen gerecht werden zu können, ist auch der Gesetzgeber mit entsprechenden gesetzlichen Regelungen gefragt. Beispielgebend ist das Niedersächsische Krankenhausgesetz, das nach den aufgedeckten Tötungsserien im Klinikum Oldenburg sowie dem Klinikum Delmenhorst überarbeitet wurde und im fünften Teil den Patientenschutz sowie die Patientensicherheit neu regelt. Aus dem Gesetz ergibt sich u. a. das gem. § 21 Fehlermeldesysteme einzuführen sind, die anonyme Meldungen ermöglichen und gem. § 24 Abs. 1 NKHG mindestens monatlich Mortalitäts- und Morbiditätskonferenzen abzuhalten sind, „*[…] um Entwicklungen in der Patientenversorgung zu beobachten und Risiken frühzeitig zu erkennen.*"

Zudem sind Arzneimittelkommissionen i. S. v. § 25 Abs. 1 NKHG vorgesehen sowie gem. § 26 Abs. 1 NKHG Stationsapothekerinnen oder Stationsapotheker, die u. a. i. S. v. Abs. 2 Satz 3 darauf hinwirken, dass Arzneimittel ordnungsgemäß angefordert, verwendet sowie Maßnahmen zur Patientensicherheit getroffen werden. Des Weiteren ist gem. § 27 Abs. 1 NKHG vorgeschrieben,

---

[63] Vgl. Kapitel 3 „Auswertung verübter Tötungsserien im Gesundheitswesen"; so auch *Doberentz et al.*, in: Rechtsmedizin, 155 (155).

[64] Vgl. *RKI* (Hrsg.): Gesundheit in Deutschland. Gesundheitsberichterstattung des Bundes, S. 446 f.; *Destatis* (Hrsg.): Auswirkungen auf Krankenhausbehandlungen und Pflegebedürftige im Bund und in den Ländern, S. 8 ff.; *Schneider*: Sterben zuhause im Heim – Hospizkultur und Palliativkompetenz in der stationären Langzeitpflege, S. 7.

[65] Vgl. *Weber/Wirtz*: Krankheit, Tod und Trauer in der Schule, S. 7; *Knoblauch/Zingerle*: Thanatosoziologie – Tod, Hospiz und die Institutionalisierung des Sterbens, S. 12.

[66] Vgl. OLG Oldenburg, Beschluss v. 28.02.2018 – 1 Ws 202/17, medstra 2019, 101 (102); *Doberentz et al.*, in: Rechtsmedizin, 243 (244).

dass Krankenhäuser das mit der Patientenversorgung beschäftigte Personal, bei der Bewältigung von berufsbezogenen Belastungen zu unterstützen hat und gem. Abs. 2 einzelfallbezogene sowie allgemeine Maßnahmen zu planen sind.[67]

Neben den Regelungen des Niedersächsischen Krankenhausgesetzes zeigt das Hinweisgeberschutzgesetz, dass dem Thema der Fehlverhaltensbekämpfung, auch auf Seiten der Europäischen Union, eine wichtige Rolle beigemessen wird und insgesamt die Entwicklung in die richtige Richtung geht.[68] Dennoch sind die Maßnahmen nur einzelne Bausteine und keinesfalls als abschließend und abgeschlossen anzusehen. Die in der vorliegenden Arbeit herausgearbeiteten Handlungsempfehlungen für Arbeitgeberinnen und Arbeitgeber sowie der Leitfaden zur Vermeidung und Aufklärung von Tötungsdelikten geht deutlich über die bisherigen gesetzgeberischen Anforderungen hinaus.

Die hohe Aktualität und die Bedeutung der wissenschaftlichen Auseinandersetzung mit Tötungsdelikten im Gesundheitswesen, wird erneut durch weitere aktuelle Fälle verdeutlicht.[69] Am 24. März 2025 begann beispielsweise am Landgericht Aachen der Prozess gegen einen 44-jährigen Krankenpfleger.[70] Die Staatsanwaltschaft wirft dem Krankenpfleger Mord in neun Fällen und versuchten Mord in 34 Fällen vor.[71] Der mutmaßliche Täter soll im Rhein-Maas-Klinikum in der nordrheinwestfälischen Stadt Würselen zwischen Dezember 2023 und Mai

---

[67] Ähnliche Regelungen ergeben sich auch aus dem Saarländischen Krankenhausgesetz (SKHG).

[68] Vgl. Kapitel 6 „Hinweisgeberschutzgesetz".

[69] Vgl. *Deutsches Ärzteblatt* (Hrsg.): Pfleger soll neun Patienten ermordet haben: 44-jähriger in Aachen vor Gericht (letzter Zugriff am 25.03.2025); *Wenkert*: Prozessstart in Aachen: Pfleger soll Palliativ-Patienten getötet haben (letzter Zugriff am 25.03.2025); *Ärztezeitung* (Hrsg.): Pfleger in Klinik bei Aachen soll insgesamt neun Patienten ermordet haben (letzter Zugriff am 25.03.2025).

[70] Vgl. *FAZ* (Hrsg.): „Herr über Leben und Tod" – Pfleger wegen neunfachen Mordes vor Gericht (letzter Zugriff am 25.03.2025); *Deutsches Ärzteblatt* (Hrsg.): Pfleger soll neun Patienten ermordet haben: 44-jähriger in Aachen vor Gericht (letzter Zugriff am 25.03.2025); *Wenkert*: Prozessstart in Aachen: Pfleger soll Palliativ-Patienten getötet haben (letzter Zugriff am 25.03.2025).

[71] Vgl. *Deutsches Ärzteblatt* (Hrsg.): Pfleger soll neun Patienten ermordet haben: 44-jähriger in Aachen vor Gericht (letzter Zugriff am 25.03.2025); *Wenkert*: Prozessstart in Aachen: Pfleger soll Palliativ-Patienten getötet haben (letzter Zugriff am 25.03.2025); *Ärztezeitung* (Hrsg.): Pfleger in Klinik bei Aachen soll insgesamt neun Patienten ermordet haben (letzter Zugriff am 25.03.2025).

2024 durch die Verabreichung von nicht indizierten Arzneimitteln die Taten begangen haben.[72]

Weitere umfangreiche Ermittlungen sind anhängig, da es u. a. auch in den Städtischen Kliniken Köln, in denen der mutmaßliche Täter zwischen 2014 und 2020 gearbeitet hat, zu Unregelmäßigkeiten gekommen sein soll.[73]

Um Verantwortungsträgerinnen und -träger in den Einrichtungen des Gesundheitswesens vor Strafverfolgung, aber auch die Unternehmen selbst vor Reputationsschäden sowie Schadenersatzansprüchen zu schützen, sollten die Ergebnisse und Empfehlungen der vorliegenden Untersuchung in der Praxis berücksichtigt werden und können somit einen Beitrag leisten, das Vertrauen in die stationären Behandlungseinrichtungen zu steigern, die Patientensicherheit zu erhöhen und auf diese Weise insgesamt zu einer Stärkung des Gesundheitssystems beizutragen.

[72] Vgl. *FAZ* (Hrsg.): „Herr über Leben und Tod" – Pfleger wegen neunfachen Mordes vor Gericht (letzter Zugriff am 25.03.2025); *Deutsches Ärzteblatt* (Hrsg.): Pfleger soll neun Patienten ermordet haben: 44-jähriger in Aachen vor Gericht (letzter Zugriff am 25.03.2025); *Wenkert*: Prozessstart in Aachen: Pfleger soll Palliativ-Patienten getötet haben (letzter Zugriff am 25.03.2025).

[73] Vgl. *Wenkert*: Prozessstart in Aachen: Pfleger soll Palliativ-Patienten getötet haben (letzter Zugriff am 25.03.2025).

Literaturverzeichnis

Albrecht, Peter-Alexis: Kriminologie, Eine Grundlegung zum Strafrecht, 4. Auflage, München 2010

Altvater, Gerhard: Leipziger Kommentar-StGB, Rissing-van Saan et al. (Hrsg.), 12. Auflage, Berlin 2019

Altvater, Gerhard: Rechtsprechungsübersicht Tötungsdelikte, in: Neue Zeitschrift für Strafrecht, 2006, S. 86–93

Anders, Ralf: Privatisierung staatlicher Strafverfolgung durch interne Ermittlungen, in: Innovative Entwicklungen in den deutschen Staatsanwaltschaften, Anders et al. (Hrsg.), S. 373–394, Wiesbaden 2021

Ayaß, Ruth: Totale Institution, in: Goffman Handbuch, Lenz/Hettlage (Hrsg.), S. 201–206

Ärzteblatt (Hrsg.): Portugals Parlament billigt aktive Sterbehilfe, https://www.aerzteblatt.de/nachrichten/143186/Portugals-Parlament-billigt-aktive-Sterbehilfe, letzter Zugriff am 06.11.2022

Ärzteblatt (Hrsg.): Portugals Parlament stimmt für Legalisierung von Sterbehilfe, https://www.aerzteblatt.de/nachrichten/120660/Portugals-Parlament-stimmt-fuer-Legalisierung-von-Sterbehilfe, letzter Zugriff am 12.12.2021

Ärzteblatt (Hrsg.): Sterbehilfe tritt in Spanien in Kraft, https://www.aerzteblatt.de/nachrichten/125060/Sterbehilfegesetz-tritt-in-Spanien-in-Kraft, letzter Zugriff am 01.06.2024.

Ärzteblatt (Hrsg.): Sterbehilfegesetz tritt in Spanien in Kraft, https://www.aerzteblatt.de/nachrichten/125060/Sterbehilfegesetz-tritt-in-Spanien-inKraft#:~:text=Juni%202021&text=Madrid%20%E2%80%93%20In%20Spanien%20ist%20heute,das%20eine%20aktive%20Sterbehilfe%20legalisiert., letzter Zugriff am 31.01.2022

Ärztezeitung (Hrsg.): Pfleger in Klinik bei Aachen soll insgesamt neun Patienten ermordet haben, https://www.aerztezeitung.de/Wirtschaft/Pfleger-in-Klinikum-bei-Aachen-soll-noch-mehr-Patienten-ermordet-haben-457238.html, (letzter Zugriff am 25.03.2025).

B. Braun (Hrsg.): Gebrauchsinformation Etomidat, https://zentralapotheke.mathias-stiftung.de/media/pdf/Etomidat-Lipuro-20-mg-10-ml.pdf, letzter Zugriff am 27.02.2023

Bachmann, Gregor: Münchener Kommentar-BGB, Säcker (Hrsg.), 9. Auflage, München 2022

BaFin (Hrsg.): Rundschreiben 05/2018 (WA) – Mindestanforderungen an die Compliance-Funktion und weitere Verhaltens-, Organisations- und Transparenzpflichten – MaComp,

L. Kuhlmann, *Tötungsdelikte im Gesundheitswesen und die Bedeutung von Compliance-Management-Systemen*,
https://doi.org/10.1007/978-3-658-48764-5

https://www.bafin.de/SharedDocs/Veroeffentlichungen/DE/Rundschreiben/2018/rs_18_05_wa3_macomp.html, letzter Zugriff am 13.10.2023

Bajanowski, Thomas et al.: Tötungsserie durch Luftembolie, in: Lebensverkürzung, Tötung und Serientötung – eine interdisziplinäre Analyse der „Euthanasie", Oehmichen (Hrsg.), Lübeck 1996, S. 195–203

BÄK (Hrsg.): Grundsätze der Bundesärztekammer zur ärztlichen Sterbebegleitung, in: Deutsches Ärzteblatt, Jg. 108, Heft 7, 2011, S. 346–348

Bandura, Albert: Aggression: Eine sozial-lerntheoretische Analyse, Stuttgart 1979

Bartel, Louisa: Karlsruher Kommentar-StPO, Barthe / Gericke (Hrsg.), 9. Auflage, München 2023

Bartz, Tim / Hesse, Martin: Der Totalschaden, https://www.spiegel.de/wirtschaft/-unternehmen/worum-es-im-wirecard-skandal-geht-a-96c88437-bdd5-4613-87dc-6f6360868fcc, letzter Zugriff am 02.11.2022

Bauchowitz, Anja: Compliance Management im Gesundheitswesen, Hamburg 2021

Bayrischer Rundfunk (Hrsg.): Altenheim: Verdacht auf Körperverletzung bei 88 Bewohnern, https://www.br.de/nachrichten/bayern/altenheim-verdacht-auf-koerper-verletzung-bei-88-bewohnern,SSUO80n, letzter Zugriff am 15.07.2021

Bayrischer Rundfunk (Hrsg.): Altenheim: Verdacht auf Körperverletzung bei 88 Bewohnern, https://www.br.de/nachrichten/bayern/altenheim-verdacht-auf-koerperverletzung-bei-88-bewohnern,SSUO80n, letzter Zugriff am 15.07.2021

Beck, Sabine et al.: A "little bit illegal"? Withholding and withdrawing of mechanical ventilation in the eyes of German intensive care physicians, in: Medicine, Health Care and Philosophy, 2007, S. 7–16

Beck-Online (Hrsg.): Bundestag beschließt Verbot geschäftsmäßiger Sterbehilfe, https://beckonline.beck.de/Dokument?vpath=bibdata%2Freddok%2Fbecklink%2F2001584.htm&pos=4&hlwords=on, letzter Zugriff am 17.12.2021

Beck-Online (Hrsg.): BVerfG kippt Verbot der geschäftsmäßigen Sterbehilfe,https://beckonline.beck.de/Dokument?vpath=bibdata%2Freddok%2Fbecklink%2F2015573.htm&pos=1&hlwords=on&lasthit=True, letzter Zugriff am 16.11.2021

Behnke, Joachim: Lassen sich Signifikanztests auf Vollerhebungen anwenden, in: Politische Vierteljahresschrift, Jg. 46, 2005, S. 1–15.

Behring, Stefan: Kommunikation und Offenlegung von Informationen, in: CSR und Compliance, Kleinfeld/Martens (Hrsg.), S. 191–208

Behringer, Stefan: Compliance – Prüfstein für die Unternehmensführung, in: Compliance kompakt, Behringer (Hrsg.), 4. Auflage, Berlin 2018, S. 29–47

Beine, Karl-Heinz / Schubert, Torben: Das Dunkelfeld intentional lebensbeendender Handlungen durch Ärzte und Pflegekräfte, in: Deutsche Medizinische Wochenschrift, 2017, S. 83–88

Beine, Karl-Heinz / Turczynski, Jeanne: Tatort Krankenhaus. Wie ein kaputtes System Misshandlungen und Morde an Kranken fördert, München 2017

Beine, Karl-Heinz: Falsches Mitleid – tödliche Konsequenzen. Wie aus Helfern Täter werden, in: Psychiatrische Praxis, 2014, S. 63–68

Beine, Karl-Heinz: Krankentötungen in Kliniken und Heimen, 2. Auflage, Freiburg im Breisgau 2011

Beine, Karl-Heinz: Morden gegen das Leiden, in: Deutsches Ärzteblatt, 2007, S. 414–418

Beine, Karl-Heinz: Sehen Hören Schweigen, Patiententötungen und aktive Sterbehilfe, Freiburg 1998

Beine, Karl-Heinz: Tatort Klinik, in: Intensiv, 2018, S. 38–45

Bicker, Eike / Reischl, Marcus: Rechtliche Grundlagen – Möglichkeiten und Grenzen vertraulicher Hinweise, in: Handbuch Compliance-Management, Wieland et al. (Hrsg.), 3. Auflage, Berlin 2020, S. 837–869

BKA (Hrsg.): PKS Richtlinien 2018, Wiesbaden 2019

Blankenburg, Erhard et al.: Die Staatsanwaltschaft im Prozess strafrechtlicher Sozialkontrolle, Strafrecht und Kriminologie, Strafrecht und Kriminologie (SK), Band 5, Berlin 1978

BMI (Hrsg.): Polizeiliche Kriminalstatistik 2020. Ausgewählte Zahlen im Überblick, Berlin 2021

BMI (Hrsg.): Polizeiliche Kriminalstatistik 2022, Ausgewählte Zahlen im Überblick, Berlin 2023

BMI (Hrsg.): Polizeiliche Kriminalstatistik 2024, Ausgewählte Zahlen im Überblick, Berlin 2025

BMI/BMJ (Hrsg.): Zweiter Periodischer Sicherheitsbericht, Berlin 2006

BMI/BMJ (Hrsg.): Dritter Periodischer Sicherheitsbericht, Berlin 2021

BMJ (Hrsg.): Aktuelle Gesetzgebungsverfahren, https://www.bmj.de/SharedDocs/Gesetzgebungsverfahren/DE/Hinweisgeberschutz.html, letzter Zugriff am 31.03.2023

BMJ (Hrsg.): Begründung Gesetzesentwurf HinSchG, https://www.bmjv.de/SharedDocs/Downloads/DE/Gesetzgebung/RefE/RefE_Hinweisgeberschutz.pdf?__blob=publicationFile&v=4, letzter Zugriff am 24.04.2023

Bock, Michael: Kriminologie, 4. Auflage, München 2013

Bosch, Nikolaus: Schönke/Schröder-StGB, 30. Auflage, München 2019

Bosshard, Georg: Sterbehilfe, in: Lehrbuch Palliative Care, Steffen-Bürgi et al. (Hrsg.), 3. Auflage, Göttingen 2017, S. 863–872

Brake, Anna: Schriftliche Befragung, in: Handbuch Methoden der Organisationsforschung, Kühl et al. (Hrsg.), Wiesbaden 2009, S. 392–412

Braunschweiger Zeitung (Hrsg.): Skandal um Organspende – Ermittler prüfen bis in 90er Jahre, https://www.braunschweiger-zeitung.de/niedersachsen/article150720-853/Skandal-um-Organspenden-Ermittler-pruefen-bis-in-90er-Jahre.html, letzter Zugriff am 04.11.2022

Bravo, Felicia: Sicherheit auf See. Eine empirische Analyse der Bedeutung des Schiffes als totale Institution, Wiesbaden 2023

Brinkmann, Bernd et al.: Fehlleistungen bei der Leichenschau in der Bundesrepublik Deutschland: Ergebnisse einer multizentrischen Studie (I), in: Archiv für Kriminologie, Band 199, 1997, S. 1–12

Broscheid, Andreas / Gschwend, Thomas: Zur statistischen Analyse von Vollerhebungen, in: Politische Vierteljahresschrift, Jg. 46, 2005, S. 16–26

Breiner, Tobias/Kolibus, Luca: Computerspiele im Diskurs, Aggression, Amokläufe und Sucht, Berlin 2019

Brunhöber, Beatrice: Münchener Kommentar-StGB, Erb/Schäfer (Hrsg.), 4. Auflage, München 2021

Buchner, Benedikt: Risikomanagement- und Fehlermeldesysteme nach dem Patientenrechtegesetz, in: Kodifikation der Patientenrechte, Rosenau/Hakeri (Hrsg.), Beiträge des X.

Deutsch-Türkischen Symposiums zum Medizin- und Biorecht, Baden-Baden 2015, S. 145–154

Bundesrat (Hrsg.): Whistleblower-Schutz, https://www.bundesrat.de/DE/plenum/-bundesrat-kompakt/23/1033/59.html, letzter Zugriff am 22.08.2023

Buschmann, Marco: Regierungskommission DCGK, https://www.dcgk.de/-de/kommission.html, letzter Zugriff am 20.09.2023

Brüning, Janique: Entscheidungsbesprechung, in: Zeitschrift für das Juristische Studium, S. 119–126

BZgA (Hrsg.): Statistiken zur Organspende für Deutschland und Europa, https://www.organspende-info.de/zahlen-undfakten/statistiken/#:~:text=Etwa%208.496%20Menschen%20stehen%20in, letzter Zugriff am 16.10.2023

Caritas (Hrsg.): Lebenszeit in Pflegeeinrichtungen immer kürzer https://www.caritas.de/presse/pressemeldungen-dcv/caritas-erhebung-lebenszeit-in-pflegeeinrichtungen-immer-kuerzer-44fe4abe-4ad1-418d-80cd-c97c87618a0d, letzter Zugriff am 08.02.2025.

Daldrup, Thomas: Todesfälle in einer Wuppertaler Klinik, in: Lebensverkürzung, Tötung und Serientötung – eine interdisziplinäre Analyse der „Euthanasie", Hrsg. Oehmichen, Lübeck 1996, S. 171–181

DAV (Hrsg.): Nach Klinikmorden: Einführung von Stationsapothekern und Meldestellung, in: Deutsche Apotheker Zeitung, 2019, S. 20

DCGK (Hrsg.): Deutscher Corporate Governance Kodex, https://www.dcgk.de/de/kodex/aktuelle-fassung/praeambel.html, letzter Zugriff am 16.10.2023

Deffland, Marc: Compliance in der Medizin, in: Handbuch Klinisches Risikomanagement, Euteneier (Hrsg.), Berlin u.a. 2015, S. 207–216

Destatis (Hrsg.): Auswirkungen auf Krankenhausbehandlungen und Pflegebedürftige im Bund und in den Ländern, Wiesbaden 2010

Destatis (Hrsg.): Verzeichnis der Krankenhäuser und Vorsorge- oder Rehabilitationseinrichtungen in Deutschland, Wiesbaden 2019

Dettmeyer, Reinhard et al.: Versuchte und vollendete Serientötungen in Krankenhäusern, Heimen und in der Pflege, in: Deutsches Ärzteblatt, 2023, S. 526–533

Dettmeyer, Reinhard: Medizin & Recht für Ärzte, Berlin u.a. 2001

Deutsches Ärzteblatt (Hrsg.): Pfleger soll neun Patienten ermordet haben: 44-jähriger in Aachen vor Gericht, https://www.aerzteblatt.de/news/pfleger-soll-neun-patienten-ermordet-haben-44-jahriger-in-aachen-vor-gericht-b437bd5e-3ee6-4af2-bae6-5614c0420253, (letzter Zugriff am 25.03.2025).

Deutscher Bundestag (Hrsg.): Einigung beim Hinweisgeberschutz im Vermittlungsausschuss erzielt, https://www.bundestag.de/dokumente/textarchiv/-2023/kw19-pa-vermittlungsausschuss-946190, letzter Zugriff am 22.08.2023

Deutscher Bundestag (Hrsg.): KonTraG, https://dip.bundestag.de/vorgang/gesetz-zur-kontrolle-und-transparenz-imunternehmensbereich-kontrag-g-sig-13020839/136069, letzter Zugriff am 25.09.2023

Die Zeit (Hrsg.): Staatsanwaltschaft ermittelt weiter gegen Pfleger, https://www.zeit.de/news/2023-11/08/staatsanwaltschaft-ermittelt-weiter-gegen-pfleger, letzter Zugriff am 13.12.2023

Dillman, Don A.: Mail and Internet Surveys: The Tailored Design Method, Hoboken 2007

Doberentz, Elke et al.: Tötungsdelikte im Gesundheitswesen – Teil 1, in: Rechtsmedizin, 2021, S. 155–171

Doberentz, Elke et al.: Tötungsdelikte im Gesundheitswesen – Teil 2, in: Rechtsmedizin, 2021, S. 243–253

Dollard, John et al.: Frustration und Aggression, 4. Auflage, Weinheim 1972

Dollinger, Bernd/Schmidt, Holger: Zur Aktualität von Goffmans Konzept „totaler Institutionen", in: Handbuch Jugendstrafvollzug – Handlungsfelder und Konzepte, S. 245–259

Drupp, Michael/Meyer, Markus: Belastungen und Arbeitsbedingungen bei Pflegeberufen – Arbeitsunfähigkeitsdaten und ihre Nutzung im Rahmen eines Betrieblichen Gesundheitsmanagements, in: Pflege-Report 2019, Jacobs (Hrsg.), S. 25–45

Eddy, Melissa: German Nurse Convicted of Killing 85 Patients, https://www.nytimes.com/2019/06/06/world/europe/germany-nurse-killed-patients.html, letzter Zugriff am 25.09.2023

Eschelbach, Ralf: Beck´scher Online-Kommentar StGB, von Heitschel-Heinegg/Kudlich (Hrsg.) 61. Edition, München 2024

Eser, Albin / Sternberg-Lieben, Detlef: Schönke/Schröder-StGB, 30. Auflage, München 2019

Eufinger, Alexander: Hinweisgeber im Krankenhaus, in: Medizinrecht, Ausgabe 37, 2019, S. 547–553

Euteneier, Alexander: Einführung – Was bedeutet klinisches Risikomanagement?, in: Handbuch klinisches Risikomanagement, Euteneier (Hrsg.), Heidelberg 2015, S. 3–8

Ewelt-Knauer, Corinna / Bauer, Anastasia: Compliance-Management-Systeme – Definition, Bedeutung und Berichterstattung, in: Langfristige Perspektiven und Nachhaltigkeit in der Rechnungslegung, Berlin 2017 S. 75–88

FAZ (Hrsg.): „Herr über Leben und Tod" – Pfleger wegen neunfachen Mordes vor Gericht, https://www.faz.net/aktuell/gesellschaft/krimi-nalitaet/pfleger-in-aachen-wegen-neunfachen-mordes-vor-gericht-110376414.html, (letzter Zugriff am 25.03.2025).

Feest, Johannes et al.: Totale Institution und Rechtschutz, Opladen 199

Feilcke, Burkhard: Münchener Kommentar-StGB, Erb/Schäfer (Hrsg.), 4. Auflage, München 2021

Fernández, Emilio Domínguez et al.: Einführung eines Critical Incident Reporting System in einer chirurgischen Universitätsklinik: Was kann kurzfristig erreicht werden?, in: Deutsche Medizinische Wochenschrift, 133, 2018, S. 1229–1234

Fischer, Thomas: Strafgesetzbuch, Fischer (Hrsg.), 65. Auflage, München 2018

Fissenewert, Peter / Wendt, Mathias: Compliance Management in der Immobilienwirtschaft, Wiesbaden 2019

Fissenewert, Peter: Compliance und Corporate Governance, in: Compliance kompakt, Behringer (Hrsg.), 4. Auflage, Berlin 2018, S. 49–52

Flanagan, John: The critical incident technique, in: Psychological Bulletin, 1954, S. 327–358

Fleischer, Holger: Vorstandsverantwortlichkeit und Fehlverhalten von Unternehmensangehörigen – Von einer Einzelüberwachung zur Errichtung einer Compliance-Organisation, in: Die Aktiengesellschaft, 2003, S. 291–300

Friedrich, Dietrich: Die Todesfälle von Rheinfelden, in: Lebensverkürzung, Tötung und Serientötung – eine interdisziplinäre Analyse der „Euthanasie", Oehmichen (Hrsg.), Lübeck 1996, S. 159–170

Gabriel, Peter / Huckenbeck, Wolfgang: Todesfeststellung: Grundregeln, Durchführung und häufige Fehler, in: Zeitschrift für Allgemeinmedizin, 2009, S. 460–465

García, José: Aktive Sterbehilfe in Portugal vorläufig gestoppt, https://www.die-tagespost.de/politik/aktive-sterbehilfe-in-portugal-vorlaeufig-gestoppt-art-216941, letzter Zugriff am 17.12.2021

Gehring, Christoph Leo et al.: Compliance im Klinikmarkt. Studie zum Stand und zur Entwicklung von Compliance-Strukturen in deutschen Krankenhäusern, Deutscher Krankenhaus Kompass et al. (Hrsg.), Stuttgart 2017

Geiger, Daniel: Healthcare Compliance. Praxisleitfaden für Unternehmen und Leistungserbringer im Gesundheitswesen, in: Medizinrecht, 2022, S. 373–374

Gelbe Liste (Hrsg.): Midazolam https://www.gelbe-liste.de/wirkstoffe/Midazolam_2598#:~:text=Midazolam%20ist%20ein%20Beruhigungsmittel%20aus,w%C3%A4hrend%20der%20Eingriffe%20zu%20sedieren, letzter Zugriff am 27.02.2023

Gemeinsamer Bundesausschuss (Hrsg.): Beschluss des Gemeinsamen Bundesausschusses über eine Qualitätsmanagement-Richtlinie, https://www.g-ba.de/downloads/39-261-2434/2015-12-17_2016-09-15_QM-RL_Erstfassung_konsolidiert_BAnz.pdf, letzter Zugriff am 15.11.2022

Gemeinsamer Bundesausschuss (Hrsg.): Risikomanagement- und Fehlermelde-systeme zur Verbesserung der Patientensicherheit in Klinik und Praxis, https://www.g-ba.de/downloads/34-215-516/02-2014-01-23_Risiko-Fehlermanagement.pdf, letzter Zugriff am 14.07.2023

Generalstaatsanwaltschaft Nürnberg (Hrsg.): Bayerische Zentralstelle zur Bekämpfung von Betrug und Korruption im Gesundheitswesen (ZKG), https://www.justiz.bayern.de/gerichte-und-behoerden/generalstaatsanwaltschaft/-nuernberg/spezial_2.php, letzter Zugriff am 30.10.2023

GeNo (Hrsg.): Durchführung der qualifizierten Leichenschau, https://www.gesundheitnord.de/kbm/institute/rechtsmedizin/durchfuehrung-der-qualifizierten-leichenschau.html, letzter Zugriff am 30.06.2023

Gerber, Thomas / Staut, Anne: U-Ausschuss stellt Abschlussbericht zu Vorfällen an Uniklinik vor,https://www.sr.de/sr/home/nachrichten-/panorama/abschlussbericht_untersuchungsausschuss_missbrauch_uniklinik_100.html, letzter Zugriff am 04.11.2022

Gerrig, Richard J.: Psychologie, 21. Auflage, München 2018

Gesundheitsbehörde Bremen (Hrsg.): Berichtsbitte der SPD zur qualifizierten Leichenschau in Bremerhaven, file:///C:/Users/Luca-%20Kuhlmann/Downloads-/DGV-2017-03-15%20L7219%20Berichtsbitte%20Qualifizierte%20Leichen-schau_final_100317_final.pdf, letzter Zugriff am 30.06.2023

Gesundheitsbehörde Bremen (Hrsg.): FAQ-Liste zur Umsetzung der qualifizierten Leichenschau im Land Bremen, https://www.gesundheitnord.de/fileadmin/daten/kbm_pdf/rechtsmedizin/FAQ_Version_2_Final.pdf, letzter Zugriff am 29.06.2023

Gesundheitsbehörde Bremen (Hrsg.): Rechtsmedizinische Versorgung im Land Bremen: Ausblick und Perspektiven, file:///C:/Users/Luca%20Kuhlmann/Downloads/DG-2015-04-16%20L-177-18%20IRVM%20Leichenschau%20(1).pdf, letzter Zugriff am 30.06.2023

Gesundheitsdeputation Bremen (Hrsg): Qualifizierte Ärztliche Leichenschau, file:///C:/Users/Luca%20Kuhlmann/Downloads/Anlage++L-142-18+Qualifizierte-+Leichenschau%20(1).pdf, letzter Zugriff am 29.06.2023

Gibiec, Christiane: Tatort Krankenhaus – Der Fall Michaela Roeder, Bonn 1990

Gieg, Georg: Karlsruher Kommentar zur Strafprozessordnung, Barthe (Hrsg.), 9. Auflage, München 2023

Goffman, Erving: Asyle: Über die soziale Situation psychiatrischer Patienten und andere Insassen, Frankfurt am Main 1972

Görgen, Thomas: Ältere Menschen als Opfer polizeilich registrierter Straftaten, Forschungsberichte Nr. 93, Kriminologisches Forschungsinstitut Niedersachsen (KFN), Hannover 2004

Görgen, Thomas: Wissen über das Phänomen Gewalt in der Pflege, in: Gewaltprävention in der Pflege, Zentrum für Qualität in der Pflege (Hrsg.), 2. Auflage, Berlin 2017, S. 8–12

Grade, Benjamin: Whistleblowing im Klinikum Oldenburg, https://www.aekn.de/fileadmin/inhalte/pdf/zq/veranstaltungen/veranstaltungsberichte/2017-06/Grade_Whistleblowing.pdf, letzter Zugriff am 27.09.2022

Graß, Hildegard: Gefahren für alte Menschen in der Pflege, Landespräventionsrat Nordrhein-Westfalen (Hrsg.), Köln 2006

Groenemeyer, Axel: Soziologie, in: Handbuch Aggression, Gewalt und Kriminalität bei Kindern und Jugendlichen, Helzer et al. (Hrsg.), Bad Heilbrunn 2015, S. 134–141

Gröning, Katharina: Über Gewalt in der Pflege, in: Neue Praxis, 30 (6), 2000, S. 587–597

Gropp, Walter / Wörner, Liane: Münchener Kommentar zum Strafgesetzbuch, Erb/Schäfer (Hrsg.), 4. Auflage, München 2021

Große Perdekamp, Markus et al.: Äußere Leichenschau. Untersuchung mit begrenzten Erkenntnismöglichkeiten, in: Rechtsmedizin, 2009, S. 413–417

Grüninger et al.: Compliance Governance, in: Handbuch Compliance-Management, Wieland et al. (Hrsg.), 3. Auflage, Berlin 2020, S. 73–108

Grüninger, Stephan / Wanzek, Matthias: Einführung: Anforderungen an ein Compliance-Management-System, in: Handbuch Compliance-Management Wieland et al. (Hrsg.), 3. Auflage, Berlin 2020, S. 401–425

Hagedorn, Marc: Ermittlungen gegen Pflegehelfer: Mehr als 100 weitere Verdachtsfälle, https://www.weser-kurier.de/bremen/ermittlungen-gegen-bremer-pflegehelfer-mehr-als-100-verdachtsfaelle-doc7sq1sf8aqf4b5ynuiv3, letzter Zugriff am 13.12.2023

Hagedorn, Marc: Lebenslang für Pflegehelfer: Bremer Gericht sieht Heimtücke https://www.weser-kurier.de/bremen/bremen-pflegehelfer-manuel-w-zu-lebenslanger-haft-verurteilt-doc7uwo5r7qvo014ayx9on8, letzter Zugriff am 16.04.2024

Hanschke, Claudia: Medizinische Versorgung am Lebensende noch häufig im Krankenhaus, Bertelsmann-Stiftung (Hrsg.), https://www.bertelsmann-stiftung.de/de/themen/aktuellemeldungen/2015/november/medizinische-versorgung-am-lebensende-noch-zu-haeufig-im-krankenhaus, letzter Zugriff am 06.01.2024

Hardtung, Bernhard: Münchener Kommentar zum Strafgesetzbuch, Erb/Schäfer (Hrsg.), 4. Auflage, München 2021

Hartwig, Sven: Leichenschau, in: Notfall + Rettungsmedizin, 2016, S. 63–74

Hauss, Kalle: Zur Anwendung inferenzstatistischer Methoden auf nicht probabilistische Stichproben und Vollerhebungen. Probleme und Lösungsansätze in der Evaluation, in: Zeitschrift für Evaluation, Bd. 17, Ausgabe 2, 2018, S. 219–240

Heger, Martin: Lackner/Kühl/Heger-StGB, 30. Auflage, München 2023

Heinke, Daniel: Tottreten – eine kriminalwissenschaftliche Untersuchung, Lengerich 2010

Heißner, Stefan: Erfolgsfaktor Integrität, Wiesbaden 2014

Hellmann, Wolfgang: Risikomanagement neu gedacht, Umfassendes Risikomanagement (URM), neue Risiken, in: Betriebswirtschaftliches Risikomanagement im Krankenhaus, Hellmann (Hrsg.), Stuttgart 2020, S. 19–27

Herdegen, Matthias: Dürig/Herzog/Scholz-GG, Scholz et al. (Hrsg.), 103. Auflage, München 2024

Hessische Landesregierung (Hrsg.): Neue Zentrale Staatsanwaltschaft für Medizinwirtschaftsstrafrecht, https://hessen.de/presse/neue-zentrale-staatsanwaltschaft-fuer-medizinwirtschaftsstrafrecht, letzter Zugriff am 30.10.2023

Hilger, Hans: Löwe-Rosenberg-StPO, Becker et al. (Hrsg.), 26. Auflage, Berlin 2010

Hillenkamp, Thomas: Freispruch trotz Mitverantwortlichkeit?, in: Medizinrecht, 2023, S. 529–533.

Hörl, Josef: Betreuungserfahrungen und Sozialbeziehungen älterer Menschen, in: Zeitschrift für Gerontologie, 1986, S. 348–354

Hörl, Joseph / Spannring, Reingard: Gewalt gegen alte Menschen, in: Rechtsmedizin, 2007, S. 308–342

Hortel, Markus: Die Hochrisikoorganisation Krankenhaus – Umfassendes Risikomanagement ist unverzichtbar, in: Betriebswirtschaftliches Risikomanagement im Krankenhaus, Hellmann et al. (Hrsg.), Stuttgart 2020, S. 28–44

IDW (Hrsg): Kurzportrait, https://www.idw.de/idw/ueber-uns/Kurzportrait, letzter Zugriff am 22.09.2023

IDW (Hrsg.): DATA Governance, https://www.idw.de/blob/135400/d838678a32242450fed29d6a7a6b2505/down-data-governance-data.pdf, letzter Zugriff am 23.09.2022

IDW (Hrsg.): IDW Prüfungsstandard: Grundsätze ordnungsgemäßer Prüfung von Compliance-Management-Systemen (IDW PS 980 n.F. (09.2022)), Düsseldorf 2022

Janczyk, Markus / Pfister, Roland: Inferenzstatistik verstehen, Heidelberg 2013

Jenne, Moritz: Die Überprüfung und Zertifizierung von Compliance-Management-Systemen, Abhandlungen zum Deutschen und Europäischen Gesellschafts- und Kapitalmarktrecht, Fleischer et al. (Hrsg.), Band 110, Berlin 2017

Journalmed (Hrsg.): Organspende: Weiterhin erheblicher Nachholbedarf in Deutschland, https://www.journalmed.de/news/lesen/schwache-organspende-be-reitschaft-deutschland, letzter Zugriff am 16.10.2023

JuMiKo (Hrsg.): Beschluss: Verbesserung der Qualität der äußeren Leichenschau, https://www.mj.niedersachsen.de/startseite/aktuelles/justizminsterkonferenz_jumiko/links/-10275.html, letzter Zugriff am 29.06.2023

Jungnitz, Ludger et al.: Gewaltfreie Pflege, Prävention von Gewalt gegen Ältere in der pflegerischen Langzeitversorgung, Essen 2017

Kaiser, Günther: Kriminologie, 10. Auflage, Heidelberg 1997

Karger, Bernd et al.: Analysis of 155 consecutive forensic exhumations with emphasis on undetected homicides, in: International Journal of Legal Medicine, Luxemburg 2004

Karrasch, Raphael-Michael: Gewalt im Rahmen der Pflege eines Partners im höheren Lebensalter – eine Analyse der Ursachen und daraus abzuleitender Interventionsmaßnahmen, zugleich Diss., Dortmund 2005

Kestermann, Claudia et al.: CSO TOP 100, https://www.fh-campuswien.ac.at/fileadmin/redakteure/Publikationen/CSO_Top100.pdf, letzter Zugriff am 22.09.2022

Kett-Straub, Gabriele: NK-StGB, Kindhäuser et al. (Hrsg.), 6. Auflage, Baden-Baden 2023

Kienzle, Theo / Paul-Ettinger, Barbara: Aggression in der Pflege, 6. Auflage, Stuttgart 2012

Knauer, Christoph / Brose, Johannes: Spickhoff Medizinrecht-StGB, Spickhoff (Hrsg.) 4. Auflage, München 2022

Knoblauch, Hubert / Zingerle, Arnold: Thanatosoziologie – Tod, Hospiz und die Institutionalisierung des Sterbens, Band 27, Berlin 2005

Köhler, Roland: Innerbetriebliches Kontrollsystem (Tax Compliance Management System), in: Die steuerliche Betriebsprüfung, 2018, S. 369–375.

Kölbel, Ralf / Herold, Nico: Grundfragen zur Einrichtung unternehmenseigener Hinweisgebersysteme: Der Forschungsstand zu deren Funktionen und Funktionalität, in: Zeitschrift für Unternehmens- und Gesellschaftsrecht 2020, S. 961–998

Kraatz, Erik: Aus der Rechtsprechung zum Arztstrafrecht 2021, in Neue Zeitschrift für Strafrecht-Rechtsprechungs-Report 2022, S. 33–38

Krogmann, Karsten / Seng, Marco: Der Todespfleger, München 2021

Krumpal, Ivar: Determinants of social desirability bias in sensitive surveys: A literature review, in: *Quality & Quantity,* International Journal of Methodology, 47, 2013, S. 2025–2047

Kuderna, Michael: Kindesmissbrauch-Skandal: Ausschuss beanstandet Vertuschungen bei Uniklinik Saarland, https://www.aerztezeitung.de/Nachrichten/Kindesmissbrauch-Skandal-Ausschuss-beanstandet-Vertuschungen-bei-Uniklinik-Saarland-426151.html, letzter Zugriff am 04.11.2022

Kunz, Karl-Ludwig / Singelnstein, Tobias: Kriminologie, 7. Auflage, Bern 2016

Lamnek, Siegfried et al.: Tatort Familie, 3. Auflage, Wiesbaden 2012

Landesarchiv NRW (Hrsg.): https://www.archive.nrw.de/landesarchiv-nrw/finden-und-benutzen/archivgut-im-lesesaal, letzter Zugriff am 10.05.2023

Langenmaier, Anna et al.: Anonymisieren oder personalisieren?, in: Der Schmerz, 6, 2018, S. 456–463

Leopold, Reinhard: Gewalt in der Pflege – Schweigen ist üblich, Reden ist Gold, in: bewegt euch!, Streitschrift für eine würdevolle Pflege in Deutschland, Pflege in Bewegung (Hrsg.), Frankfurt am Main 2018, S. 30-33

Lessing, Nora / Greve, Werner: Psychologie, in: Handbuch Aggression, Gewalt und Kriminalität bei Kindern und Jugendlichen, Helzer et al. (Hrsg.), Bad Heilbrunn 2015 S. 128–134

Leu, Jens: Unternehmensinterne Corporate-Compliance-Untersuchungen, Hamburg 2019

Lisch, Ralf: Totale Institution Schiff, Soziologische Schriften, Berlin 1976

LKA Bayern (Hrsg.): 15. November 2006 – Milliardenschwerer Schmiergeldskandal bei Siemens,https://www.polizei.bayern.de/wir-ueberuns/geschichte/003211/index.html, letzter Zugriff am 02.11.2022

LKA Nds.: PKS-Jahrbuch 2015. Die Kriminalität in Niedersachsen 2015 auf Basis der Polizeilichen Kriminalstatistik, Hannover 2016

LKA Nds.: PKS-Jahrbuch 2016. Die Kriminalität in Niedersachsen 2016 auf Basis der Polizeilichen Kriminalstatistik, Hannover 2017

LKA Nds.: PKS-Jahrbuch 2017. Die Kriminalität in Niedersachsen 2017 auf Basis der Polizeilichen Kriminalstatistik, Hannover 2018

Mackert, Manuela: Zusatzprozess Compliance Management, in: Praxishandbuch Legal Operations Management, Falta/Dueblin (Hrsg.), S. 755–794

Madea, Burkhard / Dettmeyer, Reinhard: Ärztliche Leichenschau und Todesbescheinigung, in: Deutsches Ärzteblatt, 2003, S. 3161–3179

Madea, Burkhard: Praxis Rechtsmedizin, Berlin 2003
Maier, Stefan: Matt/Renzikowski-StGB, Matt/Renzikowski (Hrsg.), 2. Auflage, München 2020
Maisch, Herbert: Patiententötungen. Dem Sterben nachgeholfen, München 1997
Mansel, Heinz-Peter: Jauernig-BGB, Stürner (Hrsg.), 19 Auflage, München 2023
Max-Planck-Institut (Hrsg.): Sterben im Krankenhaus, https://www.mpg.de/12545976/sterben-im-krankenhaus, letzter Zugriff am 19.09.2022
McKenzie, Sheena / Otto, Claudia: German nurse who killed at least 85 patients jailed for life,https://edition.cnn.com/2019/06/06/europe/german-nurse-niels-hoegel-jailed-grm-intl/index.html, letzter Zugriff am 25.09.2023
Meier, Birte / Schnurr, Nico: Tatort Pflegeheim: Bremer Pflegehelfer steht unter mehrfachem Mordverdacht, https://www.stern.de/gesellschaft/tatort-pflegeheim--bremer-pflegehelfer-unter-mehrfachem-mordverdacht-33605552.html, letzter Zugriff am 13.12.2023
Melzer, Wolfgang / Schubarth, Wilfried: Gewalt, in: Handbuch Aggression, Gewalt und Kriminalität bei Kindern und Jugendlichen, Melzer et al. (Hrsg.), Bad Heilbrunn 2014, S. 23–29
Mengold, Natalja: Schriftlich-postalische Befragung, Mannheim 2015
Merkle, Walter: Risikomanagement und Fehlervermeidung im Krankenhaus, Heidelberg 2014
Meyer, Monika: Gewalt gegen alte Menschen in Pflegeeinrichtungen, Bern 1998
Mittendorf, Martina: Compliance Management System als Haftungsbegrenzungsinstrument in der mittelständischen Wirtschaft, zugl. Diss., Berlin 2017
Moosmayer, Klaus: Compliance, Praxisleitfaden für Unternehmen, 4. Auflage, München 2021
Müller, Thorsten / Schabbeck, Jan: Die Pflicht der Vorgesetzten, in: Heilberufe, 71, 2019, S. 44–45
Müller-Dietz, Heinz: Die Stellung des Beschuldigten im Strafprozeß, in: Zeitschrift für die gesamte Strafrechtswissenschaft, 2009, S. 1176 -1270
Nationaler Ethikrat (Hrsg.): Selbstbestimmung und Fürsorge am Lebensende, Berlin 2006
NDR (Hrsg.): Die VW-Abgas-Affäre: Eine Chronologie, https://www.ndr.de/nachrichten/niedersachsen/braunschweig_harz_goettingen/Die-VW-Abgas-Affaere-eine-Chronologie,volkswagen892.html, letzter Zugriff am 02.11.2022
Neise, Michael / Zank, Susanne: Gewalterfahrungen älterer Menschen im sozialen Nahraum – Befunde und Herausforderungen, in: Alternsforschung. Handbuch für Wissenschaft und Praxis, Hank et al. (Hrsg.), S. 459–490
Neubacher, Frank: Kriminologie, 4. Auflage, Baden-Baden 2020
Neumann, Ulfrid / Saliger, Frank: NK-StGB, Kindhäuser et al. (Hrsg.), 5. Auflage, Baden-Baden 2017
Neumann, Ulfrid / Saliger, Frank: Nomos Kommentar-StGB, Kindhäuser et al. (Hrsg.), 6. Auflage, Baden-Baden 2023
Oduncu, Fuat: In Würde sterben, Göttingen 2007
Oltermann, Philip: German nurse given second life sentence for murder of 85 patients, https://www.theguardian.com/world/2019/jun/06/german-nurse-niels-hogel-second-life-sentence-murder-of-85-patients, letzter Zugriff am 25.09.2023

Ong, Anthony D. / Weiss, David J.: The Impact of Anonymity on Responses to Sensitive Questions, in: Journal of Applied Social Pyschology, Ausgabe 30, Heft 8, 2006, S. 1691–1708
Osterbrink, Jürgen / Andratsch, Franziska: Gewalt in der Pflege, München 2015
Paeffgen, Hans-Ulrich / Klesczewski, Diethelm: Nomos Kommentar-StGB, Kindhäuser et al. (Hrsg.), 6. Auflage, Baden-Baden 2023
Passarge, Malte: Zertifizierung von Compliance-Management-Systemen, in: Compliance kompakt, Behringer (Hrsg.), 4. Auflage, Berlin 2018, S. 363–378
Peglau, Jens: Beck´scher Online Kommentar StPO, Graf (Hrsg.), 51. Edition, München 2024
Philipp, Hanna-Katharina: Sterbehilfe – Welche Argumente zählen? Eine Befragung unter Marburger Jura-, Medizin- und Theologie-Studierenden, zugleich Diss., Marburg 2018
PONS (Hrsg.): Großwörterbuch, Stuttgart 2004
Preusche, Reinhard / Würz, Karl: Compliance, 3. Auflage, Freiburg 2020
Pschyrembel (Hrsg.): Pschyrembel, Klinisches Wörterbuch, 259. Auflage, Berlin 2002
Püschel, Klaus / Lach, Holger: Tötungsdelikte durch Ärzte und die Hintergründe, in Deutsches Ärzteblatt, 2003, S. 2285–2288
Putz, Wolfgang: Sterbehilfe: juristische Grundlagen, in: Deutsche Medizinische Wochenschrift, 2016, S. 389–393
Rackow, Peter: Beck´scher Online-Kommentar StGB, von Heitschel-Heinegg/Kudlich (Hrsg.) 61. Edition, München 2024
Radio Bremen (Hrsg.): Bremer Altenpfleger wird weiter mutmaßlicher Morde verdächtigt, https://www.butenunbinnen.de/nachrichten/bremen-pflegehelfer-mord-prozess-100.html, letzter Zugriff am 10.12.2023
Raiser, Thomas: Grundlagen der Rechtssoziologie, 6. Auflage, Tübingen 2013
Regierungskommission DCGK (Hrsg.): Deutscher Corporate Governance Kodex, https://www.dcgk.de/de/, letzter Zugriff am 21.10.2022
Regierungskommission DCGK (Hrsg.): Deutscher Corporate Governance Kodex, Frankfurt am Main 2022
Rheinische Post (Hrsg.): Die Chronik des Organspendeskandals, https://rp-online.de/leben/gesundheit/news/die-chronik-des-organspendeskandals_iid-8945887#20, letzter Zugriff am 21.10.2022
Richter, Dirk / Sauter, Dorothea: Patiententötungen und Gewaltakte durch Pflegekräfte. Beweggründe, Hintergründe, Auswege, Eschborn 1997
Rissing-van Saan, Ruth / Zimmermann, Georg: Leipziger Kommentar-StGB, Rissing-van Saan et al. (Hrsg.), 12. Auflage, Berlin 2019
RKI (Hrsg.): Gesundheit in Deutschland – Gesundheitsberichterstattung des Bundes, Berlin 2015
Roggendorf, Sophie: Indirekte Sterbehilfe, Freiburg 2011
Rohe, Julia et al.: Critical-Incident-Reporting-System (CIRS) – Ein Baustein des Risikomanagements zur Verbesserung der Patientensicherheit, in: Notfall + Rettungsmedizin, 2012, S. 25–29
Röhl, Klaus: Rechtssoziologie, Köln u.a. 1987
Rote Liste (Hrsg.): Lysthenon Injektionslösung, https://www.patienteninfo-service.de/a-z-liste/l/lysthenonR-2--injektionsloesung, letzter Zugriff am 27.02.2023
Rux, Johannes, in: Beck´scher Online Kommentar Grundgesetz, Epping/Hillgruber (Hrsg.), 56. Edition, München 2023

Safferlin, Christoph: Matt/Renzikowski-StGB, Matt/Renzikowski (Hrsg.), 2. Auflage, München 2020

Sahm, Stephan: Sterbebegleitung und Patientenverfügung, Frankfurt am Main 2006

Saliger, Frank: Nomos Kommentar-StGB, Kindhäuser et al. (Hrsg.), 6. Auflage, Baden-Baden 2023

Sander, Günther: Münchener Kommentar-StGB, Erb/Schäfer (Hrsg.), 4. Auflage, München 2021

Sartor, Franz / Bourauel, Corinna: Risikomanagement kompakt, Berlin 2013

Schäfer, Thomas: Statistik II, Wiesbaden 2011

Schirmer, Uwe et al.: Prävention von Aggression und Gewalt in der Pflege, Grundlagen und Praxis des Aggressionsmanagements für Psychiatrie und Gerontopsychiatrie, Hannover 2012

Schluchter, Wolfgang: Leben und Sterben als Widerspruch? Soziologische Aspekte zur Autonomie und Selbstbestimmung, in: Sterbehilfe – Tabuthema im Wandel?, Knoop/Schluchter (Hrsg.), Heidelberg 2004

Schmidt, Arne: Der Fall Niels Högel: Serienmorde in Krankenhäuser, in: der kriminalist, Ausgabe 3, 2019, S. 6–15

Schneider, Hartmut: Münchener Kommentar-StGB, Erb/Schäfer (Hrsg.), 4. Auflage, München 2021

Schneider, Uwe H.: Compliance als Aufgabe der Unternehmensleitung, in: Zeitschrift für Wirtschaftsrecht, 2003, S. 645–650

Schneider, Werner: Sterben zuhause im Heim – Hospizkultur und Palliativkompetenz in der stationären Langzeitpflege, Zentrum für Interdisziplinäre Gesundheitsforschung, Institut für Praxisforschung und Projektberatung (Hrsg.), Augsburg 2018

Schreiner, Paul-Werner: Gewalt in der Pflege, in: Pflegezeitschrift, Jg. 6, 2001, S. 51–63

Schröder, Ann Sophie / Püschel, Klaus: Kremationsleichenschau: Erfahrungen und rechtsmedizinische Auswertung, in: Bundesgesundheitsblatt, 12, 2019, S. 1438–1445

Schröder, Julia: Gewalt in der Pflege, Betreuung und Erziehung. Verschränkungen, Zusammenhänge, Ambivalenzen, Weinheim 2019

Schulze, Reiner: NK-BGB, Schulze (Hrsg.), 12. Auflage, Baden-Baden 2024

Schünemann, Alexandra: Nur gut gemein? Gewalt in der Intensivpflege, Berlin 2020

Schuster, Frank Peter: IT-gestützte interne Ermittlungen in Unternehmen – Strafbarkeitsrisiken nach den §§ 202a, 206 StGB, in: Zeitschrift für Internationale Strafrechtsdogmatik 2/2010, S. 68–75

Schwind, Hans-Dieter: Kriminologie und Kriminalpolitik. Eine praxisorientierte Einführung mit Beispielen. 23. Auflage, Heidelberg 2016

Sessar, Klaus: Rechtliche und soziale Prozesse einer Definition der Tötungskriminalität, Freiburg im Breisgau 1981

Sell, Madlen: Anatomie des Amoklaufs, zugl. Diss., Wiesbaden 2021

Siebnich, Holger: Landratsamt sieht Gefahr: Seniorenheim „Haus Benedikt" in Rastatt teilweise geschlossen, https://bnn.de/mittelbaden/rastatt/landratsamt-sieht-gefahr-seniorenheim-haus-benedikt-in-rastatt-teilweisegeschlossen#:~:text=Die%20Beh%C3%B6rde%20hat%20das%20Pflegeheim,im%20August%20vergangenen%20Jahres%20er%C3%B6ffnet., letzter Zugriff am 04.08.2021

Singelnstein, Tobias: Münchener Kommentar-StPO, Knauer et al. (Hrsg.), 1. Auflage, München 2019

Sinn, Arndt: Münchener Kommentar-StGB, , Erb/Schäfer (Hrsg.), 4. Auflage, München 2021
Sinn, Arndt: Systematischer Kommentar-StGB, Wolter/Hoyer (Hrsg.), 9. Auflage, Köln 2016
Sitte, Thomas: Medizinische Aspekte, in: Sterbehilfe oder Sterbebegleitung?, Brand (Hrsg.), Freiburg im Breisgau 2015, S. 10–28
Spiegel (Hrsg.): Gericht verurteilt Pfleger wegen Mordes zu lebenslanger Haft https://www.spiegel.de/panorama/justiz/muenchen-gericht-verurteilt-pfleger-wegen-mordes-zu-lebenslanger-haft-a-33a62b14-1912-45ff-b534-c64df8577887, letzter Zugriff am 13.12.2023
Spiegel (Hrsg.): Portugals Parlament billigt aktive Sterbehilfe, https://www.spiegel.de/ausland/portugal-parlament-billigt-aktive-sterbehilfe-a-cb0e21ec-fa87-4cdf-a563-114bbd7e7437, letzter Zugriff am 06.11.2022
Spiegel (Hrsg.): Zahl der Organspenden bricht dramatisch ein, https://www.spiegel.de/gesundheit/diagnose/organ-skandal-zahl-der-organspenden-sinkt-dramatisch-a-876176.html, letzter Zugriff am 01.11.2022
Statista (Hrsg.): Geschlechterverteilung unter sozialversicherungspflichtig Beschäftigten in der Pflege und insgesamt in Deutschland im Jahr 2022, https://de.statista.com/statistik/daten/studie/1029877/umfrage/verteilung-von-pflegekraefte-in-deutschland-nach-pflegeart-und-geschlecht/#:~:text=Im%20Juni%202022%20waren%20rund,Jahr%20auf%20rund%2046%20Prozent., letzter Zugriff am 07.01.2024
Staubli, Silvia et al.: Ursachen von Tötungsdelikten innerhalb der Partnerschaft, Bern 2021
Staudhammer, Martina: Prävention von Machtmissbrauch und Gewalt in der Pflege, 2. Auflage, Berlin 2023
Stelly et al.: Der Freispruch im Strafverfahren, in: Monatsschrift für Kriminologie und Strafrechtsreform, Jg. 101, Heft 1, 2018, S. 1–15
Sternberg-Lieben, Detlev / Schittenhelm, Ulrike: Schönke/Schröder-StGB, 30. Auflage, München 2019
Sternberg-Lieben, Detlev: Schönke/Schröder-StGB, 30. Auflage, München 2019
StMAS (Hrsg.): Einen Menschen töten, https://bayern-gegen-gewalt.de/gewalt-infos-und-einblicke/formen-von-gewalt/koerperliche-gewalt/toetung/, letzter Zugriff am 10.05.2024
StMWi (Hrsg.): Aktuelle normierte Managementsysteme. Qualitäts-, Umwelt-, Energie-Arbeitsschutz-, Risiko- und Nachhaltigkeitsmanagement. Ein Überblick für kleinere und mittlere Unternehmen, München 2011
Straßmeier, Stephan/Werbik, Hans: Aggression und Gewalt, Berlin 2018
Stocké, Volker: Entstehungsbedingungen von Antwortverzerrungen durch soziale Erwünschtheit, in: Zeitschrift für Soziologie, Jg. 33, Heft 4, 2004, S. 303–320
Süddeutsche Zeitung (Hrsg.): Krankenschwester ermordete sieben Badys, https://www.sueddeutsche.de/panorama/lucy-l-babys-ermordet-grossbritannien-1.6140876, letzter Zugriff am 15.12.2023
Süddeutsche Zeitung (Hrsg.): Organspende-Skandal, https://www.sueddeutsche.de/thema/Organspende-Skandal, letzter Zugriff am 21.10.2022
Süddeutsche Zeitung (Hrsg.): Seniorenheim-Betreiber droht die Kündigung, https://www.sueddeutsche.de/bayern/schliersee-altenheim-betreiber-kuendigung-1.5297014, letzter Zugriff am 15.07.2021
Süße, Sascha: Whistleblowing – Hinweisgebersysteme eines effektiven Compliance-Managements, in: Compliance-Officer, Schettgen-Sarcher et al. (Hrsg.), Wiesbaden 2014 S. 195–217

SWR (Hrsg.): Seniorenheim wegen gravierender Mängel geschlossen, https://www.swr.de/swraktuell/baden-wuerttemberg/karlsruhe/maneg-el-seniorenheim-rastatt-muss-schliessen-100.html, letzter Zugriff am 04.08.2021

Tagesschau (Hrsg.): Spanien legalisiert aktive Sterbehilfe, https://www.tagesschau.de/ausland/europa/spanien-sterbehilfe-legalisierung-101.html, letzter Zugriff am 06.06.2024

The New York Times (Hrsg.): Suits Still Pending in 1961 Electrical Trust Case, https://www.nytimes.com/1964/04/08/archives/suits-still-pending-in-1961-electrical-trust-case.html, letzter Zugriff am 06.10.2022

Thielsch, Meinald / Weltzin, Simone: Online-Befragung in der Praxis, in: Praxis der Wirtschaftspsychologie, Brandenburg/Thielsch (Hrsg.), Münster 2009, S. 69–85

Thomas, Vivienne: Fehlermeldeverhalten in der Pflege, Wiesbaden 2021

Thüß, Jasmin: Rechtsfragen des Critical Incident Reportings in der Medizin, Band 9, Berlin u.a. 2012

Toepel, Friedrich: Nomos Kommentar-StGB, Kindhäuser et al. (Hrsg.), 6. Auflage, Baden-Baden 2023

Tur, Kenan: Effektive Hinweisgebersysteme: Eigenschaften, Implementierung, Management, in: Handbuch Compliance-Management, Wieland et al. (Hrsg.), 3. Auflage, Berlin 2020, S. 871–899

Tur, Kenan: Hinweisgebersysteme, in: CSR und Compliance, Kleinfeld/Martens (Hrsg.), Berlin 2018, S. 277–290

Unger, Maximilian et al.: Primär unentdeckte Tötungsdelikte in Berlin 2007–2015, in: Archiv für Kriminologie, Band 243, 2019, S. 87–97

Valerius, Brian: Beck´scher Online-Kommentar StGB, von Heitschel-Heinegg/Kudlich (Hrsg.) 61. Edition, München 2024

van Ooyen, Robert: Öffentliche Sicherheit und Freiheit, 3. Auflage, Baden-Baden 2020

Vanini, Ute / Rieg, Robert: Risikomanagement, Grundlagen – Instrumente – Unternehmenspraxis, 2. Auflage, Stuttgart 2021

Veit, Vivien: Compliance und interne Ermittlungen, Heidelberg 2018

Vennemann, Benedikt et al.: Die Praxis der ärztlichen Leichenschau, in: Deutsche Medizinische Wochenschrift, 2001, S. 712–716

Vetter, Eberhard: Compliance in der Unternehmerpraxis, in: Compliance in der Unternehmerpraxis, Hrsg. Wecker/van Laak, 2. Auflage, Wiesbaden 2009, S. 34–47

Vincent-Höper, Sylvie et al.: Arbeitsbelastung im Krankenhaus: Gemeinsam gegen die Ökonomie, in: Deutsches Ärzteblatt, 2020, S. 1143–1147

Vollmann, Katalin: Compliance in der öffentlichen Verwaltung, zugl. Diss., Jena 2020

von Danwitz, Klaus-Stephan: Examens-Repetitorium Kriminologie, Heidelberg 2004

von Leszczynski, Ulrike / Barthélémy, Andrea: Kliniken setzten auf Whistleblower, https://www.aerztezeitung.de/Wirtschaft/Kliniken-setzen-auf-Whistleblower-245791.html, letzter Zugriff am 27.09.2022

Wagner, Hans-Joachim: Ärztliche Leichenschau, in: Deutsches Ärzteblatt, 87, 1990, S. 3428–3430

Wagner-Schelewsky, Pia / Hering, Linda: Online-Befragung, in: Handbuch Methoden der empirischen Sozialforschung, Baur/Blasius (Hrsg.), 2. Auflage, Berlin 2019, S. 787–800

Weber, Kornelia / Wirtz, Peter: Krankheit, Tod und Trauer in der Schule, Basel 2019

Weber, Max: Wirtschaft und Gesellschaft. Grundriß der verstehenden Soziologie, Tübingen 1980

Wecker, Gregor / Galla, Steffan: Pflichten der Geschäftsführung & Aufbau einer Compliance Organisation, in: Compliance in der Unternehmerpraxis, Wecker/van Laak (Hrsg.) Wiesbaden 2008, 43–64

Weimer, Tobias: Compliance im Krankenhaus – Theoretische Grundlagen, Planung und praktische Umsetzung, in: Betriebswirtschaftliches Risikomanagement im Krankenhaus, Hellmann et al. (Hrsg.), Stuttgart 2020, S. 71–80

Welge, Martin K. / Eulerich, Marc: Corporate-Governance-Management; Theorie und Praxis der guten Unternehmensführung, 2. Auflage, Wiesbaden 2014

Wenkel, Sabine: Nomos Kommentar-Gesamtes Strafrecht, Dölling et al. (Hrsg.), 4. Auflage, Baden-Baden 2017

Wenkert, Thomas: Prozessstart in Aachen: Pfleger soll Palliativ-Patienten getötet haben,https://www1.wdr.de/nachrichten/rheinland/mordprozess-pfleger-klinik-wuerselen-aachen-100.html, (letzter Zugriff am 25.03.2025)

Werner, Beate R.: Compliance und couragiertes Handeln, Hamburg 2020

Wewetzer, Hartmut: Organspende-Skandal, https://www.tagesspiegel.de/meinung/vertrauen-rettet-leben-2258860.html, letzter Zugriff am 04.11.2022

WHO: European report on preventing elder maltreatment https://www.euro.who.int/__data/assets/pdf_file/0010/144676/e95110.pdf, letzter Zugriff am 29.07.2021

WHO: The Toronto Declaration on the Global Prevention of Elder Abuse, https://www.who.int/ageing/projects/elder_abuse/alc_toronto_declaration_en.pdf, letzter Zugriff am 29.07.2021

Wieland, Josef: Integritäts- und Compliance-Management als Corporate Governance – konzeptionelle Grundlagen und Erfolgsfaktoren, in: Handbuch Compliance-Management, Wieland et al. (Hrsg.), 3. Auflage, Berlin 2020, S. 15–39

Wiese, Wolfgang-Ingo et al.: Implementierung eines Critical Incident Reporting System (CIRS) in der Herzchirurgie, in: Kardiotechnik, 2011, S. 37–40

Winter, Stefanie: Quantitative vs. Qualitative Methoden http://nosnos.synology.me/MethodenlisteUniKarlsruhe/imihome.imi.unikarlsruhe.de/nquantitative_vs_qualitative_methoden_b.html, letzter Zugriff am 25.10.2022

Woellert, Katharina / Schmiedebach, Heinz-Peter: Sterbehilfe, München 2008

Wolke, Thomas: Risikomanagement, 2. Auflage, München 2008

Yen, Kathrin et al.: Möglichkeiten und Grenzen der äußeren Leichenschau, Universitätsmedizin Heidelberg, Institut für Rechtsmedizin und Verkehrsmedizin, Heidelberg 2017

Yorker, Beatrice et al.: Serial Murder by Healthcare Professionals, in: Journal of Forensic Sciences, 2006, S. 1362–1371

Zack, Fred et al.: Fehler bei der Ausstellung der Todesbescheinigung – Eine Analyse von 10.000 Sterbefällen aus Mecklenburg, in: Rechtsmedizin, 27, 2017, S. 516–527

ZDF (Hrsg.): Missstände im Pflegeheim Schliersee, https://www.zdf.de/politik/frontal/nachgehakt-seniorenresidenz-schliersee-100.html, letzter Zugriff am 15.07.2021

Zimmermann, Matthias: Missbrauchs-Fall an der Uni-Klinik sorgt bundesweit für Aufsehen, https://www.saarbruecker-zeitung.de/saarland/saar-pfalz-kreis/homburg/nach-zdf-doku-missbrauchs-fall-an-der-uni-klinik-homburg-sorgt-fuer-aufsehen_aid-63384483, letzter Zugriff am 04.11.2022

GPSR Compliance

The European Union's (EU) General Product Safety Regulation (GPSR) is a set of rules that requires consumer products to be safe and our obligations to ensure this.

If you have any concerns about our products, you can contact us on ProductSafety@springernature.com

In case Publisher is established outside the EU, the EU authorized representative is:

Springer Nature Customer Service Center GmbH
Europaplatz 3
69115 Heidelberg, Germany

Batch number: 08977774

Printed by Printforce, the Netherlands